유형 + 내신

고쟁이

수학 개념과 원리를 꿰뚫는

내신 대비 집중 훈련서

유형 + 내신

고쟁이

이 책에 도움을 주신 선생님

서울

강동민 뉴파인 서초고등관
강민수 전문과외
강민종 명석학원
강연주 상도뉴스터디학원
강영미 슬로비매쓰
강예린 한국삼육고등학교
강윤기 아이겐수학학원
강은녕 탑수학학원
강정모 한영외국어고등학교
강종철 쿠메수학교습소
강현숙 유니크학원
고문숙 멘토스학원
고선양 윤선생 동작센터
고수환 상승곡선학원
고영민 해볼수학학원
고혜원 전문과외
고희권 교우보습학원
공예린 진실한애플트리
공정현 대공수학 교습소
곽의순 TSM 하이츠수학학원
구난영 셀프스터디수학학원
구본근 뷰티풀마인드 수학학원
구순모 세진학원
구정아 정현수학학원
구희선 선수학학원
권가영 로드맵수학학원
권경아 매쓰몽 대치본원
권나영 전문과외
권민학 대학나무학원
권상호 수학은권상호 수학학원
권용만 은광여자고등학교
권유혜 전문과외
권은진 참수학뿌리국어학원
권정기 배움틀수학학원
권혜정 패턴수학교습소
김강현 대치이강학원
김강환 뉴파인 안국고등관
김경아 성지사관학원
김경진 대치 파인만
김경진 창일중학교
김경화 금천로드맵 수학전문학원
김국환 매쓰플러스수학학원
김규연 강서수력발전소수학교습소
김규은 경기여자고등학교
김금화 라플라스 수학
김기덕 메가매쓰수학학원
김나리 강남예일학원
김덕락 티포인트 에듀
김도규 김도규수학학원
김동철 청산학원
김명후 김명후 수학학원
김문경 연세YT어학원
김미란 스마트해법수학
김미아 일등수학 교습소
김미영 하이스트 금천
김미영 명수학교습소
김미영 동대문대성학원
김미진 채움수학
김미희 행복한수학쌤 전문과외
김민수 PGA전문가집단학원
김민아 송파청솔학원
김민재 탑엘리트학원
김민정 전문과외
김민지 강북 메가스터디학원
김민창 전문과외
김범준 수풀림수학전문가학원
김병호 국선수학학원
김보민 이투스수학학원 상도점
김삼섭 뉴파인
김상철 미래탐구마포
김상혁 세종학원
김선경 개념폴리아학원
김선용 목동 미래탐구
김선정 시그마수학
김성경 개념폴리아 대치관
김성민 카이수학교습소
김성재 맑음수학밝음국어학원
김세훈 대성다수인학원
김수림 개념폴리아 대치관
김수민 통수학학원
김수영 뉴파인 반포고등관
김수진 CMS
김수진 깊은수학학원
김수진 싸인매쓰
김승원 솔(sol)수학학원
김애경 이지수학
김어진 목동PGA중등부 본원
김여옥 매쓰홀릭수학
김연재 대치 미래탐구
김영유 김샘학원 성북캠퍼스
김영재 한그루수학
김영준 강남압구정매쓰탑학원
김영진 전문과외
김예름 세이노수학
김예진 강안교육
김예진 오디세이
김용배 뉴파인 반포고등관
김용우 참수학
김윤길 매쓰뷰수학전문학원
김윤태 김종철 국어수학전문학원
김윤희 유니수학교습소
김은경 대치영어수학전문학원
김은영 황혜영수학과학학원
김은영 선우수학
김은찬 엑시엄수학전문학원
김이현 고덕에듀플렉스
김인기 중계 학림학원
김인영 압구정 파인만
김재연 알티씨 수학
김재헌 CMS고등연구소
김재현 GMS학원
김정아 지올수학
김정철 티포인트에듀학원 대치점
김정화 시매쓰방학센터
김정훈 이투스수학학원 왕십리뉴타운점
김종필 격상수학교습소
김주현 홍익대학교부속중학교
김주희 장한학원
김지연 더올림학원
김지연 전문과외
김지혜 수학,리본
김진구 뉴파인
김진규 서울바움수학
김진영 이대부속고등학교
김진우 쏘월학원
김진웅 MorningEdu
김진희 씽크매쓰수학교습소
김창재 중계 세일학원
김창주 고등부관 스카이학원
김창환 대치프라임/강북청솔
김철중 뉴파인 압구정관
김태영 신대방페르마수학학원
김태현 미투스카이 수학학원
김태환 GnB영어학원
김하늘 역경패도 수학전문
김하민 서강학원
김하연 전문과외
김항기 숭인중학교
김해찬 The 다원수학 목동관
김현미 김현미수학학원
김현수 세빛학원
김현아 전문과외
김현욱 리마인드수학
김현주 숙명여자고등학교
김현지 전문과외
김형근 무명수학
김형진 수학혁명학원
김홍수 김홍학원
김효선 토이300컴퓨터교습소
김효정 상위권수학
김흥규 광신고등학교
김희야 공부방
김희훈 수학에 미친 사람들
나소민 파인만 영재고센터
나태산 중계 학림학원
남호성 퍼씰수학전문학원
도영경 올라수학교습소
류다인 전문과외 및 수박씨닷컴 인강강사
류도현 류샘수학학원
류동석 수학사냥
류재권 서초TOT학원
류정민 사사모플러스수학학원
류지혜 대치동
류현의 개념폴리아
만금조 미래인재
목지아 수리티수학학원
문선주 IVY수학
문성호 차원이다른수학학원
문소정 SNT 에듀
문용근 칼수학 학원
문재웅 성북메가스터디
문지훈 Moon Math
민남홍 김현미수학전문학원
민수진 엔학고레
박경보 최고수챌린지에듀 학원
박경원 파인만 영재고센터
박교국 목동 로드맵수학학원
박근백 맨토스학원
박기은 베리타스학원
박동진 토마스아카데미, 대치이강프리미엄
박명훈 김샘학원 성북캠퍼스
박미라 매쓰몽
박상언 파인만 영재고센터
박상후 강북 메가스터디학원
박서희 펌핑영어수학학원
박설아 수학을 삼키다
박세리 대치 시대인재 수학스쿨
박세원 최고수챌린지에듀
박세찬 쎄이학원
박소라 나다어 학원
박소영 전문과외
박수견 비채 수학원
박수정 대원국제중학교
박시현 뉴파인 반포고등관
박연주 전문과외
박연희 박연희깨침수학교습소
박영규 하이스트핏 수학교습소
박용우 일신학원
박용우 신등용문학원
박유림 개념폴리아 대치관
박은순 명성영재사관학원
박이슬 로드맵수학전문학원
박정화 청어람수학원
박정훈 전문과외
박종수 뉴파인
박종원 구로 상아탑학원
박종윤 발산에듀플렉스
박주현 장훈고등학교
박준현 집중수학교습소
박지견 비채 수학원
박진아 빨간펜수학의달인 면목1호점 수학교습소
박진희 박선생수학전문학원
박태흥 CMS서초영재관
박현 압구정 파인만
박현미 개념폴리아학원
박현주 나는별학원
박혜성 이튼앤뉴튼 학원
박혜진 강북수재학원
박흥식 연세수학원
방효건 서준학원
배용현 감탄교육화곡학원
배재형 배재형수학
백송이 YBM학원
백운경 일신학원
백운경 전문과외
백지현 전문과외
변세정 더원학원(대치점)
서근환 대진고등학교
서다인 수학의봄학원
서동혁 이화여자고등학교
서민국 대치 시대인재 특목센터
서수연 수학전문 순수학원
서순진 참좋은학원
서용준 전문과외
서원준 잠실시그마수학학원
서재윤 하이텐수학교습소
서중은 블루플렉스학원
서지원 성덕여자중학교
서한나 라엘수학
서호근 깊은생각 대치
석현욱 잇올스파르타
선철 일신학원
성기주 라플라스수학학원
성성아 SNS수학전문학원
성우진 CMS서초영재관
손권민경 원인학원
손민정 두드림에듀
손석운 대치해강학원
손충모 공감수학
송경호 마트스터디빨간펜 수학의달인학원
송동인 대치명인학원
송준민 송수학
송진우 도진우 수학 연구소
송태주 뷰티풀마인드수학학원
송해선 불곰에듀
송희 유리한 수 수학교습소 수리안학원
신관식 동작미래탐구
신기호 신촌 메가스터디학원
신대용 신수학교습소
신연우 삼성대성다수인학원
신우림 대치 다원교육
신은진 상위권수학학원
신인철 매쓰스터디 수학 교습소
신지현 미래탐구 대치
신채민 정수학학원
심지현 심지수학 교습소
심창섭 피앤에스수학학원
심혜영 열린문수학학원
안대호 말글국어 더함수학 학원
안도연 목동AMC수학
안명준 심해하이츠학원
안수진 사당 유진보습학원
안태선 대원고등학교
양강일 대원고등학교
양광열 구주이배학원 카이관
양원규 일신학원
양철웅 Kevin Math Clinic
양해영 청출어람학원
양희석 열정신념수학
엄상희 최강명진학원
엄유빈 유빈쌤수학
엄지영 세이노학원
엄지희 티포인트에듀학원
엄지희 티포인트에듀학원
엄태웅 엄선생수학교습소
엄태진 뉴파인 반포고등관
여혜연 전문과외
오동건 이룸수학학원
오명석 중계미래탐구 영재과고센터
오민호 서초TOT학원
오선진 선덕고등학교
오유림 뉴파인 반포고등관
오정임 대치 파인만
오주연 수학의기술
오한별 광문고등학교
옥광일 미들맨의참견수학학원
왕한비 왕쌤수학학원
용호준 cbc수학학원
우교영 수학에미친사람들
원상연 CMS서초영재관
원종운 뉴파인 압구정고등관
원준희 CMS 대치영재관
위명훈 황수비수학학원
위형채 에이치앤제이형설학원
유가영 으뜸수학학원
유동근 대원여자고등학교
유라헬 스톨키아

유병철 성북미래탐구
유봉영 류선생 수학 교습소
유상빈 서초TOT학원
유석원 서초TOT학원
유승빈 서울예술고등학교
유승우 중계탑클래스은행사거리학원
유재영 뉴파인 압구정관
유재현 일신학원
유지훈 뉴파인 압구정관
유철문 유철문 수학교습소
유형기 유형기 수학교습소
유혜리 상위권수학 반포자이점
윤상문 청어람수학원
윤수현 조이학원
윤여균 전문과외
윤여훈 위례광장엠베스트해법영어학원
윤영숙 윤영숙수학학원
윤오상 윤오상수학학원
윤원기 세종과학고등학교
윤인환 대치 미래탐구
윤정욱 대치 파인만
윤형중 씨알학당
윤혜영 수수배학원
윤희영 해냄수학학원
은현 목동 CMS 입시센터
이건우 송파이지엠 수학학원
이경용 열공학원
이경주 이지수학학원
이규만 수퍼수학학원
이다혜 강한영수학원
이동훈 PGA전문가집단학원
이루마 김샘학원 성북캠퍼스
이무송 황혜영수학과학학원
이문희 이문희수학
이민수 씨알학당
이민아 정수학
이민지 대원고등학교
이민호 강안교육
이병근 2C나라수학학원
이보름 다원교육
이산 다원교육
이상문 P&S 학원
이상현 1타수학 전문학원
이상훈 골든벨수학학원
이선우 전문과외
이선혜 쎈수학러닝센터
북아현수학교습소
이선호 서울바움수학
이성용 이성용수학
이성재 지앤정 학원
이세복 일타수학학원
이송이 더쌤 수학 전문학원
이수지 GMA개념원리국제수학교육원
은평역촌제1교육원
이수호 수학의미래
이승재 대원여자고등학교
이승현 CMS서초영재관
이승호 동작 미래탐구
이예림 대원여자고등학교
이완규 TOPIA ACADEMY
이용우 올림피아드학원 강동고덕캠퍼스
이용준 수학의비밀로고스학원
이원용 필과수학학원
이원제 삼성 대성 다수인 학원
이원희 수학공작소
이유예 스카이플러스학원
이유진 마포고등학교
이윤구 최강수학학원
이윤주 와이제이 수학
이은선 대치올림피아드2관
이은숙 포르테 수학교습소
이은영 은수학교습소
이재명 수라밸강동본원제1관수학학원
이재복 동작미래탐구학원
이재서 최상위수학학원
이재용 이재용 수학학원
이재흥 라임영어수학원
이재환 조재필 수학학원
이정석 CMS서초영재관
이정아 제이에이학원
이정호 정샘수학교습소
이정훈 수참수학
이정희 이쌤수학
이종욱 미래탐구학원
이주경 생각의숲수학교습소
이주연 하이씨앤씨
이주하 TOP고려학원
이주희 고덕엠수학
이준철 강동구주이배
이지연 단디수학학원
이지연 필탑학원
이지우 제이앤수학원
이지혜 세레나영어수학학원
이지혜 대치 파인만
이진 수박에듀학원
이진덕 카이스트수학학원
이진명 메가에스디학원
이진용 청어람수학원
이진희 서준학원
이채민 개념폴리아학원 대치본관
이충안 채움수학
이충훈 대광고등학교
이학송 뷰티풀마인드 수학학원
이혁 강동메르센수학학원
이현우 뉴파인 반포고등관
이현주 방배 스카이에듀
이현환 백상영수학원
이혜림 다오른수학교습소
이혜림 대동세무고등학교
이혜수 슈리샘 수학교실
이혜영 미림여자고등학교
이혜인 대치 미래탐구 학원
이호재 성북메가스터디학원
이효준 꿈선생
이희제 PGA오목관
임갑봉 중계학림학원
임계연 미래지도자학원
임규철 원수학
임다혜 시대인재 수학스쿨
임민정 전문과외
임민호 마이티마우스학원
임민희 셈수학교습소
임성국 전문과외
임소연 오주중학교
임소영 123수학
임수진 열공학원
임은희 세종학원
임지우 수학싸부
임현우 선덕고등학교
임현정 전문과외
장석진 이덕재수학이미선국어
장성우 파인만 영재고센터
장성훈 미독수학학원
장세영 스펀지 영어수학 학원
장영신 위례솔중학교
장우진 짱쌤의공감수학교습소
장우혁 목동깡수학2호관학원
장지식 피큐브아카데미
장진구 CMS 서초영재관
장현진 장현진수학보습학원
장혜윤 수리원교육수학학원
장효진 블랙백수학학원
전병훈 전병훈수학학원
전성식 맥스360전성식수학학원
전성환 깊은생각
전수정 개념폴리아
전은경 제이매쓰 수학발전소
전은나 상상수학학원
전정현 강동 청어람 수학원
전종현 강안교육
전지수 전문과외
전지영 탑클래스영수학원
전진남 지니어스논술교습소
전현실 전현실 수학공부방
전형주 메이저수학학원
전혜인 성북메가스터디
정다운 올림수학
정다운 해내다수학교습소
정다운 정다운수학교습소
정대교 피큐브 아카데미
정대영 대치 파인만
정무웅 강동드림보습학원
정민경 바른마테마티카
정민준 성북메가스터디
정민환 뉴파인 서초고등관
정보람 (주)베스티안학원
정봉석 산책학원
정선미 선미쌤 수학과외교실
정소영 목동깡수학2호관학원
정영아 정이수학교습소
정원길 제일보습학원
정원선 전문과외
정유미 휴브레인 학원
정유진 전문과외
정은경 꼼꼼수학
정장현 나다어 학원
정재윤 성덕고등학교
정준 서울 동대문구 장안동
정지연 제이수학 교습소
정지윤 대치 파인만
정진아 정선생 수학
정찬민 목동매쓰원수학학원
정태섭 강북세일학원
정하윤 랑수학교습소
정현광 광성고등학교
정혜영 최상위권수학학원
정혜진 브레인매쓰
정화진 진화수학학원
정환동 CNC 0.1%의대수학
정효석 수심달 수학학원
조명선 대치 파인만
조병훈 꿈을담는수학
조성환 파스칼수학교습소
조성환 파스칼수학교습소
조수진 다원교육
조아람 로드맵수학
조원해 연세YT어학원
조은경 아이파크해법수학
조은우 한솔플러스수학학원
조재묵 잉글리시무무 차수학
조햇봄 조햇봄 수학 학습실
조현탁 전문가집단
조희정 T&S STUDY
주병준 남다른 이해
주선미 1001의행복한학원
주용호 아찬수학교습소
주은재 강동청산학원
주재우 미래탐구성북학원
주정미 수학의 꽃, JUDY MATH
주정식 최강수학학원
주종대 강북세일학원
주진교 월계셈스터디학원
주한나 남강고등학교
지명훈 선덕고등학교
지민경 고래수학교습소
진주현 전문과외
진충완 더블유수학학원
차민준 프리미엄이투스수학학원
차용우 서울외국어고등학교
차일훈 엠솔교육
채미진 이안학원
채성진 수학에빠진학원
채정하 해봄수학교습소
채종원 분석수학강서1관
최광섭 엔콕학원
최동욱 숭의여자고등학교
최문석 압구정 파인만
최미진 압구정 파인만
최병옥 최코치수학학원
최병진 현진학원
최병호 니엘리더스스쿨(기독교대안학교)
최보솜 파인만 영재고센터
최서훈 피큐브 아카데미
최성재 수학공감학원
최성희 최쌤수학학원
최연진 세화여자고등학교
최영준 문일고등학교
최용희 알파벨학원
최우정 두드림 에듀
최윤아 대원여자고등학교
최종석 강북수재학원
최지선 함영원 수학학원
최찬희 CMS서초영재관
최철우 탑수학학원
최현수 메이드학원
최형준 더하이스트수학학원
최희서 최상위권수학교습소
탁승환 파인만 영재고센터(잠원)
편순창 알면쉽다연세수학학원
하상연 강동구주이배 카이관
하태성 은평G1230
하현엽 청어람수학원(강동)
한나희 우리해법수학
한동용 이투스앤써
한명석 아드폰테스
한민희 목동한수학학원
한병욱 깊은생각
한선아 공감수학학원
한승우 씨앗매쓰
한승환 짱솔학원 반포점
한인숙 제이엘학원
한지우 홀론학원
한진광 퍼펙트수학보습학원
한태인 러셀 강남
한현주 PMG학원
함정훈 압구정함수학
허민 뷰티풀마인드 수학학원
허윤정 미래탐구 대치
허지숙 아특학원
허지은 진실한 애플트리 학원
형민우 대원여자고등학교
홍상민 수학도서관
홍설 백인대장 훈련소
홍성주 굿매쓰수학교습소
홍성진 대치 김&홍 수학전문학원
홍성현 서초TOT학원
홍슬기 깐깐한슬기수학
홍재화 티다른수학교습소
홍준기 CMS 서초영재관
황남상 수학의 황제 학원, 레인메이커 학원, 세일학원, 강안학원, 하이스트학원
황병남 대원고등학교
황유진 가재울중학교
황의숙 The나은학원
황정미 카이스트수학학원

부산

고경희 대연고등학교
권병국 케이스학원
권영린 과사람학원
김경희 해운대 영수전문 와이스터디
김대현 연제고등학교
김명선 김쌤 수학
김민규 다비드수학교습소
김수현 베스트스쿨학원
김유상 끝장수학
김은경 전문과외
김은진 수딴's 수학전문학원
김정화 온영수학원
김정선 해법단과학원
김정은 한수연하이매쓰수학학원
김지연 김지연수학교습소
김지연 한수연하이매쓰수학학원
김지훈 블랙박스수학전문학원
김진호 해운대 에듀플렉스
김태경 Be수학학원
김태진 한빛단과학원
김학진 학림학원
김현경 민샘수학
김효상 코스터디학원
김훈 매쓰힐수학학원
나기열 프로매스수학교습소
노하영 확실한수학학원

류형수 연제한샘학원
모란 매씨아영수학원
문서현 명품수학
문은진 우리들학원
박대성 키움수학교습소
박서현 선재학원
박성찬 프라임학원
박연주 연주수학
박재용 해운대 영수전문 와이스터디
배철우 하단종로학원
서평승 신의학원
손희옥 손선생사고력수학학원
송민정 송샘수학
송유림 하이매쓰수학
심정영 서문단과학원
심혜정 명품수학
안찬종 더에듀기장학원
여지윤 수딴's 수학학원
오인혜 하단초등학교 방과후 수학교실
오창희 폴인수학학원
우화영 명지국제해법수학과외 (공부방)
원옥영 괴정스타삼성영수학원
유소영 파플수학
윤서현 이제스트
윤희정 하이매쓰수학
이경덕 수딴's 수학학원
이경수 경:수학
이연희 오른수학
이영웅 전문과외
이은련 더플러스수학교습소
이정동 국제수학원
이정화 가야 수학의 힘
이종민 전문과외
이지연 확실한수학학원
이지영 렛츠스터디공부방
이지은 한수연하이매쓰
이하영 뉴런학습코칭센터
이현광 현광수학학원
이효정 이효정 고등/입시/대학수학
임소정 폴인수학학원
장인숙 더베스트학원
장정화 하이원수학
장혜선 자하연학원
전경훈 이츠매쓰
전완재 강앤전 수학학원
전우성 이안단과학원
정원미 효림학원
정은주 전문과외
정의진 남천다수인
정희정 정쌤수학
조민지 삼환공부방고등부
조우영 위드유수학학원
조은영 MIT수학아카데미
조훈 캔필학원
채송화 채송화수학
최수정 이루다 수학
최윤경 Be수학학원
최정현 더쎈수학학원
최준승 남천다수인학원
한주환 과사람학원(해운센터)
허윤정 올림수학전문학원
허재화 프리메수학
황보미 전문과외
황성필 대치명인학원
황인재 마스터 플랜 수학학원
황진영 전문과외
황하남 수학의봄날학원

인천

강옥수 수학의 온도
강원우 수학을탐하다
고준호 유베스트학원
곽경은 쭌에듀학원
구서영 시크릿아카데미학원
기미나 기쌤수학
기혜선 체리온탑수학영어학원
김교희 홍수학최영어학원
김국련 용현G1230학원
김남신 S수학과학학원
김도영 태풍학원
김미희 희수학
김보경 오아수학 공부방
김세윤 강화펜타스학원
김유미 꼼꼼수학교습소
김윤호 종로학원하늘교육 동춘학원
김응수 케이엠수학교습소
김재웅 감성수학 송도점
김재현 예스에이블
김준 쭌에듀학원
김진완 성일올림학원
김현정 무결수학학원
김현호 온풀이 수학 1관 학원
김혜영 전문과외
김혜지 중앙에이플러스학원
김효선 코다에듀
나원균 공부방
남덕우 Fun수학클리닉
노기성 노기성개인과외교습
문성진 청라페르마
문초롱 인천자유자재학원
박소이 다빈치창의수학교습소
박용석 절대학원
박은주 NGU math
박재섭 구월SKY수학과학전문학원
박정아 인천자유자재학원
박정우 이지앤강영어수학학원
박찬수 뉴파인
박창수 온풀이 1관 수학 학원
박치문 제일고등학교
박한민 감탄교육
박해석 비상영수학원
박효성 지코스수학학원
변은경 델타수학
서대원 구름주전자
서미란 파이데이아학원
석동방 송도GLA학원
석호열 인천 숭덕여자고등학교
손선진 송도일품수학과학전문학원
손영훈 개리함수학
송대익 청라 ATOZ수학과학학원
송세진 부평페르마수학학원
신진수 강화펜타스학원
신현준 전문과외
안예원 에임수학
안혜림 U2M 올림피아드 교육
엄진웅 서인천고등학교
오상원 불로종로엠학원
오선아 시나브로수학
오정민 갈루아수학
오지연 오지연수학학원
오현석 삼산고등학교
왕건일 토모수학학원
유미선 전문과외
유상현 프라임 수학학원
유성규 현수학전문학원
유연준 두드림클래스
유진희 지니수학
이경희 드림수학
이달주 문일여자고등학교
이미선 전문과외
이선미 이수수학
이승주 명신여자고등학교
이애희 부평해법수학교실
이영수 위니드수학학원 부개캠퍼스
이원재 이루다 교육학원
이은영 캠퍼스수학
이재섭 903 ACADEMY
이충열 루원로드맵수학학원
이필규 신현엠베스트
이혜경 이혜경고등수학학원
이혜선 (씨크릿)우리공부
이호자 전문과외
임지원 전문과외
장혜림 와풀수학
장효근 유레카수학학원
전우진 인사이트수학학원
정대웅 와이드수학
정은휘 연수김샘수학
정윤교 온풀이 수학 1관 학원
정은영 밀턴학원
조민관 서이학원
조민기 더배움보습학원 조쓰매쓰
조윤주 동암수학놀이터
조준호 인명여자고등학교
조현숙 부일클래스
지경일 팁탑학원
진샘 시크릿아카데미
채선영 전문과외
채수현 밀턴수학
최경수 코다에듀학원
최덕호 엠스퀘어 수학교습소
최문경 영웅아카데미
최민환 PTM영어수학전문학원
최수현 수학의길수학교습소
최정운 강화펜타스학원
최지인 이공고등영수전문학원
최진 절대학원
최진아 엘리트학원
추승형 무결학원
한영진 라야스케이브
한예슬 웅진스마트 중등센터
허진선 공부방 (수학나무)
현미선 써니수학
현진명 에임학원
홍미영 연세 영어 수학
홍은영 홍이수학교습소
홍종우 인명여자고등학교
홍창우 인성여자고등학교
황면식 늘품과학수학학원

대구

강민영 선재수학
고민정 전문과외
곽미선 좀다른수학
곽병무 다원MDS학원
구정모 대구여자상업고등학교
구현태 나인쌤 수학전문학원
권기현 이렇게좋은수학교습소
권보경 수%수학
김갑철 계성고등학교
김동영 통쾌한수학
김득현 차수학 사월보성점
김미소 에스엠과학수학학원
김미정 일등수학
김수영 봉덕김쌤수학학원
김수진 지니수학
김영진 더퍼스트 김진학원
김용운 조성애세움영어수학
김재홍 경일여자중학교
김종희 킨수학학원
김지연 찐수학공부방
김지연 전문과외
김지은 성화여자고등학교
김진욱 정화여자고등학교
김창섭 섭수학과학학원
김채영 믿음수학학원
김태진 구정남수학전문학원
김태환 로고스 수학학원(침산원)
김해은 한상철수학과학학원
김혜빈 정직한 선생님들
김혜빈 학남고등학교
류지혜 도이엔수학학원
문소연 장선생수학학원
문윤정 능인고등학교
문철희 송원학원
민병문 엠플수학 학원
박경득 파란수학
박도희 샤인수학
박민정 빡쎈수학교습소
박산성 Venn 수학
박선희 전문과외
박옥기 매쓰플랜수학학원
박원철 경원고등학교
박정욱 연세스카이(SKY)수학학원
박준 전문과외
박준혁 Pnk수학교습소
박태호 프라임수학교습소
박현주 Math 플래너
방소연 나인쌤수학학원
백상민 매천필즈수학원
백태민 수% 수학
백현식 바른입시학원
서경도 보승수학study
성웅경 더빡쎈수학학원
신수진 폴리아수학학원
신현영 수학신 수학교습소
양강일 양쌤수학과학학원
양은실 제니스클래스
오세욱 IP수학과학
오지은 엠프로수학
유화진 진수학
윤기호 샤인수학학원
윤서영 대구 대륜고등학교
윤선하 윤쌤수학
윤준희 전문과외
이규철 좋은수학
이나경 대구 지성학원
이남희 이남희수학
이명희 잇츠생각수학
이상범 전문과외
이우승 이우승수학전문학원
이은주 전문과외
이인호 본투비수학교습소
이일균 수학의달인수학교습소
이지교 이쌤수학
이지민 아이플러스 수학
이진욱 시지이룸수학학원
이태형 가토수학과학학원
이한조 닥터엠에스 수학과학학원
임신옥 KS수학학원
임유진 박진수학
장두영 가토수학과학학원
장세완 장선생수학학원
장현정 전문과외
전수민 전문과외
전지영 전지영수학
정동근 빡쎈수학학원
정민호 스테듀입시학원
정은숙 페르마학원
정재현 율사학원
조필재 샤인수학학원
주기험 경원고등학교
진국령 업앤탑수학과학학원
최대진 엠프로수학학원
최시연 이롬수학교습소
최재영 세르파수학교습소
최현정 MQ멘토수학
최현희 다온스터디
하태호 하이퍼수학학원
황가영 루나수학
황지현 위드제스트수학학원

광주

강민결 전문과외
강승완 첨단시매쓰수학학원
고민정 레벨업 수학공부방
공민지 전문과외
기유식 기유식수학학원
김국진 김국진짜학원
김국철 필즈수학학원
김귀순 광명1203수학과외교실
김대균 김대균수학학원
김미경 임팩트수학학원
김미라 막강수학영어전문학원
김성문 창평고등학교
김수홍 김수홍수학학원
김원진 메이블수학전문학원
김은석 만문제수학전문학원
김재광 디투엠영수전문보습학원
김종민 하이퍼수학
김태성 일곡 손수진 과학&수학 전문학원
나혜경 고수학학원

류창암 멘토영수학원
문여림 열림수학전문학원
문정연 전문과외
박상현 EZ수학
박충현 본수학과학전문학원
변석주 153유클리드수학전문학원
빈선욱 빈선욱수학전문학원
손광일 송원고등학교
손영준 페르마 수학학원
송광혜 두란노학원
송슬기 538수학 학원
송승용 송승용수학학원
신서영 신샘수학전문학원
신예준 JS영수영재학원
안기운 이지수학학원
양귀제 광주 양선생수학전문학원
양동식 A+수리수학원
오지영 광주수학날개
윤정숙 R=V+D(알브이디학원)
윤현미 더조은영어수학학원
이강우 대치공감학원
이상혁 류영종시그마유수학전문학원
이승열 루트원수학학원
이요한 제일수학학원
이윤희 공부방
이주현 리얼매쓰수학전문학원
이창현 알파수학학원
이채연 알파수학학원
이채원 고수학 학원
이헌기 보문고등학교
임태관 매쓰멘토수학전문학원
장민경 장민경플랜수학학원
장성태 장성태수학학원
장영진 새움수학전문학원
정다원 광주인성고등학교
정다희 다희쌤수학
정미연 차수학더큰영어학원
정원섭 수리수학학원
정태규 가우스수학전문학원
정형진 BMA영수학원
정희현 현수학
조용남 조선생수학전문학원
조은주 조은수학교습소
조일양 서안수학
조현진 조현진수학학원
조형서 전문과외
천소현 SDL영수학원
천지선 한수위 수학 전문 학원
최선미 헤다학원
최성호 광주동신여자고등학교
최승원 최승원수학학원
최지웅 매쓰피아
최호영 본수학과학전문학원

대전

강유식 연세제일학원
강은옥 쎈수학영어공부방
강홍규 최강학원
강희규 종로학원 하늘교육
고지훈 지적공감학원
고현석 고구려학원
김근아 닥터매쓰205
김기범 경일학원
김기평 둔산필즈학원
김복응 더브레인코어 학원
김상진 일인주의 입시학원
김수현 생각하는황소
김승환 청운학원
김옥자 대전구봉중학교
김지현 파스칼 대덕학원
김진 발상의전환 수학전문학원
김태형 청명대입학원
김하은 고려바움수학학원
김한빛 한빛수학
김홍철 토브수학교습소
나효명 열린아카데미
류재원 대전 양영학원
박병휘 양영학원
박세훈 생각의 힘 수학학원
박연실 빅마마수학
배용제 엘엔케이한울학원
배지후 해마특목학원
서동원 수학의 중심학원
서영준 힐탑학원
선진규 로하스학원
손일형 손일형수학
송규성 하이클래스학원
송정은 바른수학전문교실
양상규 생각의힘수학학원
우현석 EBS수학우수학원
유준호 더브레인코어학원
윤석주 윤석주수학전문학원
이규영 쉐마수학학원
이선희 매쓰인메이 학원
이수진 대전관저중학교
이일녕 양영학원
이지훈 이지훈 수학과학
인승열 리드인수학나무수학교습소
임병수 모티브에듀학원
장용훈 프라임수학
장현상 진명학원
전하윤 전문과외
정서인 안녕,수학
조민건 브레인뱅크
조용호 오르고 수학학원
조충현 로하스학원
조태제 대전티제이(TJ)수학전문학원
차영진 연세언더우드수학
최지영 둔산마스터학원
홍진국 와이즈만 대덕테크노센터
황성필 일인주의학원
황은실 대전 모티브에듀학원

울산

강규리 퍼스트클래스수학전문학원
고영준 비엠더블유수학전문학원
공경민 삼산영재영수학원
권상수 호크마수학전문학원
권희선 국과수단과학원
김경문 와이즈만 영재교육
김민정 전문과외
김봉조 퍼스트클래스 수학영어전문학원
김성현 전문과외
김수영 학명수학학원
김영배 김쌤수학과학학원
김용선 FX수학전문학원
김제득 퍼스트클래스수학전문학원
김현조 깊은생각수학
나순현 물푸레수학교습소
문준호 파워영수학원
문호영 울산 pmp영어수학전문학원
박민식 위더스수학전문학원
박원기 에듀프레소종합학원
박정임 에임하이학원
박혜민 강한수학전문학원
배성문 더프라임수학학원
서예원 해법멘토영어수학학원
성수경 위룰수학영어전문학원
안지환 에스티에스교육학원
오종민 수학공작소학원
유지대 유지대수학학원
이명섭 퍼센트수학 전문학원
이한나 꿈꾸는 고래 학원
정운용 울산옥동멘토수학영어학원
최규종 울산 뉴토모수학전문학원
최영희 재미진최쌤수학
최이영 한양수학학원
한창희 한선생&최선생studyclass
허다민 김쌤수학과학학원

세종

강태원 원수학
권현수 권현수 수학전문학원
김수경 김수경 수학교실
김양수 도담고등학교
김영웅 새롬고등학교
김재현 세종국제고등학교
김혜림 너희가 꽃이다
김홍주 도담고등학교
박지연 리얼매쓰
송조아 프롬수학
오현지 오쌤수학
윤여민 전문과외
이경미 매쓰 히어로
이민호 세종과학예술영재학교
이정환 세종과학예술영재학교
이지희 보람고등학교
이태호 상상이상학원
임희석 최선수학학원
장은지 비앤피공부방
장준영 백년대계입시학원
허욱 전문과외

경기

강덕영 김샘학원
강민석 연세나로학원
강민정 한진홈스쿨
강민지 필업단과전문학원
강상욱 교일학원
강서연 수학의 아침
강성천 이강학원
강수정 노마드 수학학원
강영미 쌤과통하는학원
강예슬 수학의품격
강유정 참좋은 보습학원
강정희 쓱싹쌤 과외
강춘기 마테마타 수학학원 후곡캠퍼스
강태희 파주 한민고등학교
강현우 11페이지수학전문학원
강혜경 메릭스해법수학교습소
경지현 화서탑이지수학학원
고동국 고동국수학학원
고명지 고쌤수학
고민지 최강영수학원
고상준 엠제이준수학학원
고안나 기찬에듀기찬수학
고은우 다원교육
고정림 고수학 학원
고지윤 고수학전문학원
고효정 최고다학원
곽도영 퇴계원고등학교
구태우 여주비상에듀기숙학원
권민선 이든샘학원
권민희 이든샘학원
권세욱 하피수학학원
권소연 한빛에듀
권소영 이자경고등수학학원
권은주 나만수학
권정현 LMPS수학학원
권지우 수학앤마루
금상원 광명 리케이온
김건우 전문과외
김경래 수학공장
김경민 평촌 바른길수학학원
김경진 경진수학학원
김경호 호수학
김경훈 전문과외
김경희 유레카수학 교습소
김규철 콕수학오드리영어보습학원
김기영 NK 인피니트 영수 전문 학원
김남진 산본파스칼학원
김도완 프라매쓰 수학 학원
김도윤 유투엠 풍무본원
김동수 낙생고등학교
김동수 김동수 학원
김동은 전문과외
김동현 JK영어수학전문학원
김동현 수학의 아침 수내 특목자사관
김명길 엔터스카이입시학원
김명철 팽성참좋은보습학원
김미경 최상위권수학교습소
김미미 수학놀이터
김미선 예일영수학원
김미옥 알프 수학교실
김민경 더원수학
김민경 경화여자중학교
김민정 김민정 입시연구소
김민정 어울림수학
김민정 독한수학학원
김바른 판다교육
김병욱 청평 한샘 학원
김보경 필수학학원
김복순 금빛영수전문학원
김복현 시온고등학교
김상오 리더포스학원
김상윤 막강한수학학원
김새로미 입실론수학학원
김서영 다인수학교습소
김석원 김석원수학학원
김선옥 수학n진쌤
김선정 수공감학원
김선혜 수학의 아침 영재관
김성민 아라매쓰학원
김성은 블랙박스수학과학전문학원
김성진 수학의아침
김성현 제일학원
김세준 SMC수학
김소영 예스셈올림피아드
김소희 멘토해법수학
김수지 독한수학학원
김수진 동탄2대림수학
김순호 더원매쓰수학학원
김승현 대치매쓰포유 동탄캠퍼스
김신행 꿈의발걸음영수학원
김영남 갓매쓰학원
김영빈 이든학원
김영식 수학대가
김영아 브레인캐슬 수학공부방
김영옥 서원고등학교
김영준 청솔수학
김옥기 더(the) 바른수학학원
김용대 입시코드학원
김용덕 매쓰토리수학제2관학원
김용환 마타수학 수지
김용희 솔로몬 학원
김원철 수학의 아침 중등영재관
김유성 SG청운학원
김유진 씨드학원
김윤경 구리국빈학원
김윤재 이투스신영통학원
김은선 오길수학전문학원
김은영 칸영수학원
김은정 플레이매쓰
김은지 탑브레인수학과학학원
김은향 최강엠베스트
김이철 이칠이수학학원
김재영 공부방
김정현 수학의아침
김정환 필립스아카데미-Math센터
김정훈 센텀수학학원
김종균 케이수학학원
김종남 제너스학원
김종대 김앤문연세학원
김종찬 김종찬입시전문학원
김종화 퍼스널개별지도학원
김주용 스타수학
김준 제이엠학원
김준형 석필학원
김지명 정상수학학원
김지선 전문과외
김지영 엠베스트se쌍령본원
김지원 대치명인학원
김지윤 광교오드수학
김지현 엠코드학원
김지효 수담학원
김지훈 오산 G1230학원
김지훈 안양외국어고등학교
김진국 스터디엠케이
김진민 에듀스템수학전문학원
김진성 아우리수학교육
김창영 에듀포스학원

김초록 메가스터디러셀
김태우 연세나로학원 (수원점)
김태익 여주자영농업고등학교
김태진 프라임리만수학학원
김태학 평택드림에듀(공부방)
김태형 에이플수학학원
김하현 전문과외
김학림 수만휘기숙학원
김학준 수담수학학원
김해청 에듀엠 수학학원
김현경 소사스카이보습학원
김현숙 일산대진고등학교
김현우 최강영수학원
김현자 생각하는수학공간학원
김현정 더클레버수학학원
김현정 생각하는Y.와이수학
김현정 정원학원
김현주 서부세종학원
김현지 이투스수학(수지 신봉점)
김현지 수리샘홈스쿨
김형수 생각의 수학
김형수 마이멘토수학학원
김혜미 에이블학원
김혜정 수학을 말하다
김호숙 호수학원
김호원 원수학전문학원
김후광 LMS학원
김희성 멘토수학교습소
김희영 신의수학학원
김희주 생각하는 수학공간학원
나상오 향동대세학원
나영우 평촌에듀플렉스
나혜림 마녀수학
나혜원 청북고등학교
남상보 청평 한샘 학원
남선규 윌러스영수학원
남세희 영수공부방
남현미 해법수학원동초점
노예리 더바른수학전문학원
노희정 마테마타학원
류용수 메가스터디 러셀 분당
문근호 더오름수학
문벼라 그로우매쓰학원
문성환 정자영통서울학원
문승민 더바른수학전문학원
문영인 M2수학학원
문의열 MIT 학원
문장원 에스원 영수학원
문지현 문쌤수학
문태현 한올입시학원
문혜연 입실론수학전문학원
민동건 전문과외
민병옥 동수원 김샘교육
민윤기 알파수학
박가을 SMC수학
박경 수학의 아침
박다희 부천범박한솔플러스수학학원
박도솔 도솔샘수학
박민주 카라Math
박병호 에듀스카이수학학원
박상근 뉴스터디 학원
박상일 수학의아침 수내캠퍼스
박상준 대입몬스터
박성찬 수원 정자 이강학원
박소연 이투스247용인기숙학원
박수현 씨앗학원
박수현 리더가되는수학교습소
박순옥 아이퍼스트학원
박시현 수학의아침
박여진 플로우교육 수학의아침
박연지 상승에듀
박영주 일산 후곡 쉬운수학
박용범 용범수학
박우희 푸른보습학원
박원용 동탄트리즈나루수학학원
박윤호 이룸학원
박은주 탑이지수학/이지수학과학
박은진 지오수학학원
박의순 Why수학전문학원
박인영 성사중학교
박인영 평촌 종로학원
박장우 기찬에듀기찬수학
박재철 12월의 영광
박재홍 열린학원
박정길 엠코드학원
박정아 안산 세꿈영·수 전문학원
박정현 서울삼육고등학교
박종모 화성고등학교
박종선 채원영수학원
박종순 명품학원
박종필 정석수학학원
박종헌 하이탑 수학교습소
박종환 이노센트수학학원
박주리 수학에반하다
박준석 오산G1230학원
박준선 SLB입시학원
박준영 닉고등입시학원
박지은 전문과외
박지현 수학의아침
박지환 디파인수학교습소
박진 수학의아침
박진한 엡실론학원
박찬현 박종호수학교습소
박하늘 일산 후곡 쉬운수학
박한솔 SnP수학학원
박현정 빡꼼수학학원
박혜림 다산미래학원
박희애 수학의아침 광교캠퍼스
방미영 JMI수학학원
방상웅 성지학원
배건태 데카르트수학학원
배문한 양명고등학교
배재준 연세영어고려수학학원
배호영 수이학원
백경주 파인만학원
백미라 신흥유투엠 수학학원
백윤희 유클리드 수학
백흥룡 성공학원
변은정 파라곤 스카이수학
봉우리 하이클래스 수학학원
봉현수 청솔 김창훈 수학학원
서가영 누리수학교습소
서두진 홍성문수학2학원
서재화 올탑학원
서정환 아이디수학학원
서지은 JMI 수학학원
서한울 수학의품격
서한주 공부방
서희원 함께하는수학 학원
선정연 광주비상에듀
설성환 설샘수학학원
설인호 토비공부방
성인영 정석공부방
성지희 snt수학학원
손동학 청어람수학학원
손승태 와부고등학교
손종규 수학의 아침
손지영 엠베스트에스이프라임학원
손해철 강의하는 아이들 광교캠퍼스
손홍지 아람입시학원
송숙희 평택소마수학
송승은 구리고등학교
송용선 수학의아침
송치호 대치명인학원(미금캠퍼스)
송태원 맑은숲수학학원
송혜빈 나무학원
송효은 에듀플렉스
신경성 한수학전문학원
신동형 청어람 학원
신동휘 김덕환 수리연구소
신선아 이즈원 영어수학 전문학원
신수연 김샘학원 동탄캠퍼스
신응순 연세스피드학원
신정화 SnP수학학원
신준효 열정과의지 수학보습학원
신현민 김샘학원 동수원캠퍼스
신혜선 유투엠구리인창
안계원 탑솔루션수학학원
안명근 의정부 맨투맨학원
안영균 생각하는 수학공간
안영임 안쌤공부방
안영주 포스텍 수학학원
안주홍 전문과외
안효진 진수학
양은진 수플러스수학
양진철 영복여자고등학교
양태모 분당영덕여자고등학교
양학선 YHS에듀
어성룡 위너영수학원
어성웅 어쌤수학학원
어완수 대세학원
어재성 수학의아침
염민식 일로드수학학원
염승호 전문과외
염철호 하비투스
오경미 쎈수학
오수진 오름학원
오지혜 수톡수학학원
용다혜 용인동백에듀플렉스
우선혜 엠코드수학
우수종 우수학학원
원종혁 제이멘톡학원
유광준 능력학원(본원)
유금숙 수학발전소
유금표 탑브레인수학과학학원
유남기 의치한학원
유리 수학의 아침 영재관
유승진 E&T 수학학원
유연재 유연재수학
유영준 S&T입시전문학원
유진성 마테마티카 수학학원
유채린 한수경에듀보드
유현종 에스엠티 수학전문학원
유호애 J & Y MATH
유호영 전문과외
육동조 HSP 수학학원
윤덕환 여주비상에듀
윤도형 PST 캠프입시학원
윤명호 MH에듀
윤문성 평촌수학의봄날입시학원
윤미영 상원고등학교
윤상완 강의하는아이들 로드수학학원
윤여태 103 수학
윤정민 필탑학원
윤정윤 수학의 아침
윤지혜 천개의바람영수학원
윤지훈 고수학
윤지훈 탑클래스
윤채린 전문과외
윤현웅 수학을 수학하다
윤희 희쌤의수학교습소
이강우 광명대성N스쿨
이건도 대치아론수학
이걸재 고수학학원
이경미 고잔고등학교
이경민 차수학앤국풍2000학원 1관, 2관, 3관
이경수 수학의 아침 광교캠퍼스
이경희 플랜비공부방
이광후 수학의아침
이규상 유클리드수학
이규진 교일학원
이규태 이규태수학학원
이나래 토리스터디
이나현 엠브릿지수학
이대은 여주비상에듀
이대훈 현수학영어학원
이도일 Ola수학학원
이명환 다산 더원 수학학원
이미영 수학의아침
이민정 전문과외
이봉주 분당성지수학
이상윤 엘에스수학전문학원
이상일 캔디학원
이상준 E&T수학전문학원
이상호 양명고등학교
이상훈 다영국어수학
이서령 더바른수학전문학원
이선영 이선영영어
이설기 영설수학학원
이설빈 진성고등학교
이성용 카이수학학원
이성일 IL학원
이성환 메티우스 수학학원
이성희 피타고라스 셀파수학교실
이세연 수학의아침 중등입시센터 이매프리미엄관
이세현 2H수학학원
이소진 수학의 아침 광교 중등입시센터
이수동 부천 E&T 수학전문학원
이수민 으뜸장의영재교육연구소
이수정 매쓰투미
이순희 리더스에듀학원
이슬 라온학원
이승만 에릭수학교실
이승진 안중 Q.E.D수학
이승철 대치명인학원 후고캠퍼스
이승현 sn독학기숙학원
이아현 전문과외
이영현 대치명인학원
이영훈 펜타수학학원
이용희 필탑학원
이우선 효성고등학교
이원녕 이퓨스터디학원
이윤희 전문과외
이은 명품M수학전문학원
이은지 TRC티알씨수학학원
이인선 후곡분석수학
이인성 장안여자중학교
이장훈 북부 세일학원, 개인 교습
이재민 제이엠학원
이재민 원탑학원
이재욱 태화국제학교
이재희 꿈으로가는길학원
이정빈 폴라리스학원
이정은 쎈수학러닝센터 평택비전학원
이정찬 하길중학교
이정현 필탑학원
이정훈 한샘학원 덕계
이정희 JH영어수학학원
이종문 전문과외
이종익 분당 파인만 고등부
이종훈 빨리강해지는학원
이주혁 수학의 아침
이지연 브레인리그
이지예 뿌리깊은나무학원
이지인 신한고등학교
이지혜 이야기로여는생명수학 정자다니엘학원
이진국 김수영보습학원
이진아 공감수학학원
이진주 원수학학원
이진택 고려유에스학원
이창수 일산화정와이즈만
이창용 A1에듀
이창훈 나인에듀학원
이채열 하제입시학원
이철호 파스칼수학
이태희 펜타수학학원
이한빈 뉴스터디수학학원
이한솔 더바른수학전문학원
이현이 함께하는수학
이현희 폴리아에듀
이형강 HK수학
이혜령 프로젝트매쓰
이혜민 대감수학영어
이혜수 송산고등학교
이호형 고수학학원
이화원 탑수학학원
이화진 쌤통학원
인병철 시스템학원
임맑은 이지매쓰수학학원
임선아 이화수학학원
임영주 쎈수학 다산학원
임우빈 리얼수학학원

임율인 탑수학교습소
임은경 대명학원
임은정 마테마티카 수학학원
임진우 전문과외
임찬혁 차수학 동삭캠퍼스
임현주 온수학교습소
임형석 전문과외
임홍석 엔터스카이 학원
장경현 차수학학원
장동철 Q.E.D.학원
장민수 신미주수학공부방
장수현 백영고등학교
장영석 영설수학학원
장재영 이자경 수학학원
장종민 장종민의 열정수학
장지훈 수원 예일학원
장혜민 수학의아침 수지캠퍼스
전경은 가온수학
전경진 늘푸른수학학원
전미란 이룸학원
전미영 영재공부방
전욱현 필탑학원
전은혜 전문과외
전일 생각하는수학공간학원
전지원 원프로교육
전진아 명인학원
전진우 명성교육
전진우 플랜지에듀학원
전희나 대치명인학원 이매캠퍼스
정경주 광교 공감수학
정광현 지트에듀케이션
정국천 안성탑클래스
정금재 혜윰수학전문학원
정길성 필탑학원
정다운 수학의 품격
정동실 수학의아침
정미숙 쑥쑥수학교실
정미윤 함께하는수학
정선희 플로우 교육(수학의 아침)
정소영 (주)판다교육학원
정순원 동탄목동초등학교
정승호 이프수학
정양헌 상승에듀
정연순 탑클래스
정영일 해윰수학영어학원
정영진 공부의자신감학원
정영채 평촌 페르마 수학학원
정용석 수학마녀학원
정우열 필업단과전문학원
정원구 레벨업학원
정원철 블루원수학전문학원
정유정 수학VS영어학원
정유진 와이엔매쓰
정은선 용인필탑학원
정은지 옥정 샤인학원
정의권 Why 수학전문학원
정장선 생각하는황소수학 동탄점
정재경 산돌수학학원
정지영 용쌤수학교육학원
정지영 SJ대치수학학원
정진섭 큐매쓰수학전문학원
정진영 J멘톡
정진욱 수원메가스터디학원

정태원 방선생수학학원
정태준 구주이배수학학원 구리본원
정필규 명품수학
정하준 2H수학학원
정한울 한울스터디
정해도 목동혜윰수학교습소
정현재 수만휘기숙학원
정현주 삼성영어쎈수학 은계학원
정황우 운정정석수학학원
조경희 E해법수학
조기민 장성중학교
조길한 제니스일등급학원
조미연 미연샘의 시김새
조병욱 생각과원리학원
조상숙 수학의 아침
조서민 유클리드수학학원
조석희 수학의 아침 수지캠퍼스
조선영 이야기로여는생명수학
정자다니엘학원
조성화 SH수학
조영곤 휴브레인수학전문학원
조영주 수학의 아침 증등입시센터
조욱 청산유수 수학
조은 전문과외
조은정 최강수학
조의상 강북/분당/서초메가스터디
기숙학원
조이정 온스마트
조정원 수학정원
조태현 경화여자고등학교
조현웅 추담교육컨설팅
조현정 깨단수학
조현화 온스마트수학
주광현 옥정 엠베스트학원
지슬기 지수학학원
진동준 용인필탑학원
진인수 지트에듀케이션
차무근 차원이다른수학학원
차세영 탑공부방
차슬기 브레인리그
차재선 경화여자고등학교
차재호 코나투스재수종합학원
차혁진 휴브레인위례학원
채희승 수학의 아침(수내)
최경천 연세에이플러스보습학원
최근정 SKY영수학원
최근혁 업앤업보습학원
최다해 싹수학학원
최대원 수학의아침
최범균 경기 부천
최병희 원탑영어수학학원
최성실 씨큐브학원
최수지 싹수학학원
최수진 재밌는수학
최승권 스터디올킬학원
최애순 정자이지수학교습소
최영성 에이블 수학영어 학원
최영식 수학의신학원
최용재 연세나로학원
최유미 분당파인만
최윤형 청운수학전문학원
최정우 MAG수학
최정환 서울대S.E.M학원

최지나 스터디 3.0
최지윤 엠코드학원
최필녀 필쌤융합교실
최한나 수학의아침
최한샘 멘토학원
최현기 김포고등학교
최형근 안성탑클래스
최효원 레벨업수학
표광수 수지 풀무질 수학전문학원
하정훈 하쌤학원
한경태 한경태수학전문학원
한규욱 마테마타 수학학원
한기언 한스수학교습소
한동희 38인의 수학생각
한미애 청북리더스보습학원
한미정 한쌤수학
한성윤 스카이웰수학학원
한성필 더프라임
한수민 SM수학학원
한수연 2WAY수학학원
한유호 에듀셀파 독학기숙학원
한은기 참선생학원 오산원동점
한인화 전문과외
한정우 동원고등학교
한준희 매스탑수학전문사동분원학원
한지희 이음수학
함영호 함영호고등전문수학클럽
허문수 삼성영어해법수학 능실학원
허형근 HK STUDY
현승평 화성고등학교
홍가영 성문학원
홍규성 전문과외
홍성문 홍성문 수학학원
홍성미 홍수학
홍성수 파스칼영재수학학원
홍세정 인투엠수학과학학원
홍승억 영앤수
홍유진 지수학학원(평촌)
홍의찬 원수학
황두연 딜라이트영어&수학
황미진 SG에듀
황삼철 멘토수학
황석진 낙생고등학교
황선아 서나수학
황애리 애리수학교습소
황영미 일신학원
황유미 대치명인학원 김포캠퍼스
황은지 멘토수학과학학원
황인영 더올림수학교습소
황재철 성빈학원
황준하 수학의아침중등관
황지훈 황지훈제2교실
황하나 수학의 아침 중등 영재관
황희찬 아이엘에스 학원

경남

강경희 T.O.P에듀 학원
강도윤 강도윤수학컨설팅학원
강장헌 T.O.P에듀 학원
강지혜 강선생수학학원
고민정 고민정수학교습소
고병옥 옥쌤수학과학
고성대 Math911
고성덕 진해용원고등학교
구아름 전문과외
권영애 아이비츠수학학원
권주희 피네 수학공부방
김광은 통영여자고등학교
김근우 더클래스학원
김동원 통영여자고등학교
김두성 두성수학학원
김미양 오렌지클래스학원
김민석 한수위 수학원
김민일 거창 대성일고등학교
김병철 CL학숙
김보경 오름수학
김상철 마산여자고등학교
김선희 책벌레학원
김양준 양산
김옥경 반디수학과학학원
김인덕 성지여자고등학교
김일용 GH 영수전문학원
김종서 마산중앙고등학교
김진형 수풀림수학학원
김치남 수나무학원
김태희 전문과외
김해성 김해성수학
김혜영 프라임 공부방
남준기 거제고등학교
노선균 에듀플렉스
노은애 핀아수학
노현석 비코즈수학전문학원
민동록 민쌤수학
박규태 에듀탑영수학원
박범수 마산제일고등학교
박소현 오름 수학전문학원
박영진 대치스터디수학학원
박인식 성지여자그등학교
박임수 고탑(GO TOP)수학
박정길 아쿰수학학원
박주연 마산무학여자고등학교
박진수 창원큰나래학원
박혜영 수과람영재학원
박혜인 참좋은과외전문학원
배미나 이루다학원
배종우 매쓰팩토리수학학원
백은애 매쓰플랜수학학원
백지현 백지현 수학교습소
서주량 한입수학 교습소
성중재 창원중앙고등학교
송상윤 비상한수학학원
안지영 모두의수학학원
안현령 해냄수학
여길동 더오름영수학원
염인순 전문과외
오성현 다락방 남양지점 학원
유인영 마산중앙고등학교
윤민혜 윤쌤수학
윤지희 마하사고력수학교습소
이근영 매스마스터 수학전문학원
이아름 애시앙 수학맛집
이유진 멘토수학교습소
이정호 창원경일고등학교
이정훈 장정미수학학원
이종호 미리벌학습관
이지수 수과람영재에듀
이지훈 엠베스트SE학원 신진주캠퍼스
이진우 마스터클래스학원
이채윤 거창대성고등학교
이현주 즐거운 수학
임병언 임병언수학전문교습소
임영기 마산무학여자고등학교
전창근 수과원 학원
정수문 혜성여자중학교
정승엽 해냄학원
정희섭 길이보인다원격학원
조창래 한빛국제학교
주하진 상남진수학교습소
천보문 산양중학교
최광실 공감영수전문학원
최소현 창원 큰나래학원
최은미 전문과외
하강만 하이수학학원(양산)
하윤석 거제 정금학원
한희광 성사학원
황연희 황's Study
황진호 타임수학
황초롱 마산중앙고등학교

경북

강경훈 예천여자고등학교
강혜연 Bk영수전문학원
공영대 늘품학원
권오준 필수학영어
권정숙 권샘 과외
권호준 인투학원
김대훈 이상렬입시학원
김동수 문화고등학교
김동욱 구미정보고등학교
김득락 우석여자고등학교
김미란 대성초이스학원
김보아 매쓰킹공부방
김상윤 더카이스트수학학원
김성용 이리풀수학학원
김영욱 차수학과학
김영희 김쌤수학
김유리 청림학원
김재경 필즈수학영어학원
김정훈 현일고등학교
김현범 수학스케치
김효현 반올림수학학원
류부윤 수학만영어도학원
박경빈 풍산고등학교
박동수 헤세드입시학원
박명호 로고스수학학원
박명훈 현일고등학교
박유건 닥터박 수학학원
박윤신 한국수학교습소
박정민 박정민수학과학학원
박준태 정석수학교습소
박진성 포항제철고등학교
박찬 박샘의 리얼수학 학원
배재현 수학만영어도학원
백기남 수학만영어도학원
성세현 이투스수학두호장량학원
성치경 포항제철고등학교, EBS
소효진 전문과외

손나래 이든샘영수학원
손주희 이루다수학과학
신승규 영남삼육고등학교
신은경 스터디멘토학원
신은경 스타매쓰사고력
신지헌 문영수 학원
염성군 근화여자고등학교
오예운 전문과외
윤장영 윤쌤아카데미
이경하 풍산고등학교
이경후 바이블수학(율곡동)
이기훈 필즈수학영어학원(주)
이다례 문매쓰 달쌤수학
이명숙 전문과외
이민선 공감수학학원
이상원 전문가집단 영수학원
이상현 인투학원
이서정 전문과외
이성국 포스카이학원
이성민 대성 초이스 학원
이승민 김천고등학교
이영석 영주여자고등학교
이완오 제일다비수
이인영 이상렬입시학원
이재억 안동고등학교
이형우 전문과외
이혜은 안동풍산고등학교
장금석 아름수학
장아름 아름수학
장창원 문명고등학교
전동형 필즈수학영어학원
전정현 YB일등급수학학원
정은주 전문과외
정주용 문일학원
조진우 늘품수학학원
조현정 올댓수학교습소
지한울 울쌤수학교습소
최선미 채움수학교습소
최수영 수학만영어도학원
최용규 한뜻입시학원
최이광 혜움학원
표현석 안동풍산고등학교
하홍민 홍수학
홍순복 정석수학에듀
홍영준 하이맵수학학원
홍현기 비상아이비츠학원

전남

강성현 에토스학원
고호성 벌교고등학교
김광현 한수위수학학원
김영은 나주금천중학교
김영충 이지수학학원
김은경 목포덕인고등학교
박미옥 목포폴리아학원
박진성 해남한가람학원
백지하 엠앤엠
성준우 광양제철고등학교
이강화 강승학원
이유선 하이탑학원
이태현 하이탑학원
임동묵 문향고등학교

임정원 순천매산고등학교
정운화 정운수학
조두희 예 수학교습소
조예은 한솔수학학원
진양수 목포덕인고등학교
한지선 전문과외
한화형 한수학 학원

전북

권정욱 전문과외
김광현 마리학원
김민하 송앤박 영수학원
김석진 영스타트학원
김성혁 S수학전문학원
김재순 김재순수학
김학용 로드맵수학 과학 학원
민연화 YMS입시전문학원
박광수 박선생해법수학
박미화 엄쌤수학전문학원
박선미 박선생해법수학
박세진 부안고등학교
박세희 멘토이젠수학
박소영 전주 혁신 최상위 수학
박영진 필즈수학학원
박은경 더해봄수학학원
박은미 박은미수학교습소
박지유 박지유수학전문학원
박지은 리더스영수전문학원
박철우 청운학원
서지연 전문과외
성영재 성영재수학학원
송시영 블루오션수학학원
신영진 유나이츠 학원
심우성 오늘은수학학원
안형진 혁신 청람수학전문학원
양서진 오늘도신이나학원
양은지 군산중앙고등학교
양재호 양재호카이스트학원
양형준 대들보 수학
오윤하 오늘도 신이나
원동한 하이업 수학전문학원
유현수 수학당
유혜정 수학당
윤병오 이투스247익산
이송심 와이엠에스입시전문학원
이정현 로드맵수학학원
이태임 해냄공부방
이하은 성영재수학전문학원
이혜상 S수학전문학원
임미수 마스터수학학원
임승진 이터널수학영어학원
장재은 와이엠에스
정광호 이카루스학원
정미현 전주 이투스 수학학원 평화점
정용재 성영재수학전문학원
정혜승 샤인학원
정환희 릿지수학학원
조세진 수학의길
최명희 MH수학클리닉학원
최성훈 최성훈수학학원
최윤 엠투엠(MtoM)수학학원
현수지 S&P 영수 전문학원

충남

곽선예 올팍수학학원
권덕한 서령고등학교
권순필 에이커리어학원
권오운 G.O.A.T 수학학원
권효정 전문과외
김근하 김샘수학
김나영 에듀플러스 학원
김민석 공문수학학원
김정연 전문과외
김정화 도도수학논술
김태윤 라온수학학원
김태화 김태화수학학원
김현영 마루공부방
남구현 강의하는 아이들 내포캠퍼스
남기현 부여여자고등학교
박유진 제이홈스쿨
박재혁 명성학원
서승우 천안담다수학
서정기 시너지S클래스
성유림 Jns오름학원
송명준 JNS오름학원
송은선 전문과외
송화정 북일고등학교
신경미 Honeytip(전문과외)
신유미 무한수학학원
신태천 수학영재학원
옥정화 수학나무&독해숲
원동진 서일고등학교
유정수 천안고등학교
유창훈 시그마학원
윤도경 고트수학학원
윤보희 충남삼성고등학교
윤재웅 베테랑수학전문학원
윤지훈 대성n학원
이근영 천북중학교
이봉이 봉쌤수학
이승훈 탑씨크리트교육
이아람 퍼펙트브레인학원
이영우 수학의아침
이예솔 헬로미스터에듀
이은아 한다수학학원
이재장 깊은수학학원
이종원 개념폴리아
이종혁 안면도 이투스 기숙학원
이주휘 공부방
임재남 매쓰티지수학학원
장정수 GOAT수학학원
전성호 시너지S클래스학원
전혜영 타임수학학원
정광수 혜윰국영수단과학원
정은실 복자여자고등학교
조미선 전문과외
조현정 J.J수학전문학원
채영미 미매쓰
최문근 천안중앙고등학교
최소영 빛나는수학
최원석 명사특강
한상훈 신불당 한일학원
한진규 한뜻학원
한호선 두드림 영어수학학원
허영재 와이즈만 영재센터

충북

강지은 전문과외
구강서 상류수학전문학원
권기윤 스카이학원
권용운 권용운수학학원
김가희 매쓰프라임수학학원
김경희 점프업수학공부방
김대호 온수학전문학원
김동영 이룸수학학원
김미선 선쌤수학
김미화 참수학공간학원
김병용 수학하는 사람들 학원
김윤주 타임수학
김재광 노블가온수학학원
김정호 생생수학
김주희 매쓰프라임수학학원
김현주 루트수학학원
남가겸 키움수학학원장
노희경 용암드림탑학원
류동균 탑N수 수학학원
류재혜 카이스트학원
문지혁 수학의 문
민정욱 훈민수학
박연경 전문과외
박준범 충주고등학교
서호철 충주대원고등학교
설세령 페르마학원
신병욱 패러다임학원
양세경 세경수학교습소
오금지 라온수학
윤성길 엑스클래스 수학학원
윤성희 윤성수학
이경미 행복한수학
이예찬 입실론수학학원
이지수 일신여자고등학교
전병호 충주시
정수연 정수학
조병교 필립올림푸스학원 에르매쓰학원
조선경 혜윰수학
조수현 에이치 영어 수학 학원
조영수 수학의문
조윤화 전문과외
조형우 와이파이수학학원
최민주 가경루트수학학원
한상호 한매쓰 수학전문학원(주)

강원

강장섭 강장섭수학전문학원
길종현 강원대학교사범대학부설 고등학교
김선희 MDA교육
김성영 빨리강해지는 수학과학 학원
김성준 김성준 수학학원
김윤 잇올스파르타
김은경 세모가꿈꾸는수학당학원
김현성 단관김현성수학전문학원
김홍기 더 쉬운수학
김희중 공부에반하다학원
노명훈 노명훈쌤의 알수학학원
모지홍 XYZ수학학원
민보라 사유에듀학원

박교식 삼육어학원
박도은 뉴메트학원
박미경 수올림수학전문학원
박상윤 박상윤수학교습소
박세정 간동고등학교
박준규 홍인학원
배형진 화천학습관
백경수 수학의 부활 이코수학
송현욱 반전팩토리학원
신인선 진광고등학교
신현정 Hj 스터디
안현지 전문과외
오준환 수학다움학원
오현주 오선생수학
온성진 ASK수학학원
이경복 전문과외
이두환 키움수학학원
이보람 이보람 수학과학 학원
이상록 입시전문유승학원
이승우 이쌤수학전문학원
정문영 초석학원
정복인 하이탑수학학원
정인혁 수학과통하다
최문호 춘천고등학교
최수남 강릉 영.수배움교실
최재현 고대수학과학학원
최정현 최강수학전문학원
한효관 수학의부활이코수학

제주

고민호 알파수학 교습소
김대환 The원 수학
김연희 whyplus 수학교습소
김정미 제이매쓰
김지영 생각틔움수학교실
김태근 전문과외
김홍남 셀파우등생학원
류혜선 RnK영어수학학원
박승우 남녕고등학교
박찬 찬수학학원
오동조 에임하이학원
오재일 재동학원
유지훈 신제주 뉴스터디
이상민 서이현아카데미학원
이수정 온새미로수학학원
이승환 예일분석수학
이현우 루트원플러스입시학원
장영환 제로링수학교실
편미경 편쌤수학
현수진 학고제 입시학원

유형 + 내신

고쟁이

유 형 + 내 신

기하

STAFF

발행인 | 정선욱

퍼블리싱 총괄 | 남형주

기획 · 개발 | 조비호 김한길 김태원 이유미 이수현

디자인 · 마케팅 | 김정인 김라니 강윤정 한명희

제작 · 유통 | 신성철 서준성

유형+내신 고쟁이 기하 | 202304 제2판 1쇄 202412 제2판 2쇄

펴낸곳 이투스에듀㈜ 서울시 서초구 남부순환로 2547

고객센터 1599-3225 **등록번호** 제2007-000035호 **ISBN** 979-11-389-1120-7 [53410]

Preface 머리말

'2015 개정 교육과정'으로 수능이 치러지는 지금, 전국 대학 기준으로 교과전형 선발 인원이 확대되는 등 학생부(내신)은 여전히 중요하며 내신에서 점차 수능형 문제의 비중이 높아지고 있어 이를 반영하여 최신 내신 트렌드에 최적화된 문제들을 엄선, 다양한 형태의 시험에 대비할 수 있도록 다채로운 아이디어를 담은 문항을 제작하였습니다.

이 책은 연구진들이 최근 5개년 간 실제 고등학교 중간 · 기말고사에서 출제된 1000개가 넘는 시험지를 일일이 풀어가면서 유형별, 난이도별 출제 경향을 정리하고, 많은 학교에서 공통적으로 출제되는 문제가 무엇인지, 서술형으로 준비해야 할 문제가 무엇인지를 철저하게 분석하여 적중 가능성이 높은 문항만을 엄선하여 수록하였습니다. 또한 최근 수능/모평, 학평 기출문제를 분석하고, 핵심 문항들을 수록하여 수능형 문제에 대한 감각을 익히고, 문제해결력을 키울 수 있도록 하였습니다.

고난도 문제에서 해결 방향을 전혀 잡지 못하여 풀이를 시작조차 하지 못하는 일이 없으려면 단계별로 생각하는 훈련을 할 수 있는 문항이 필요합니다. 몇 가지 공식이나 유형을 암기하여 기계적으로 푸는 것은 한계가 있을 수밖에 없습니다. 물론 계산력을 키우는 것 자체도 중요하지만, 각각의 개념이 유기적으로 이해되고 활용 가능할 수 있도록 끊임없이 스스로 '왜?'라는 질문을 통해 확실하게 개념을 체화하는 것이 정말 중요합니다. 개념을 꿰뚫는 필수유형을 통해 유사한 문항을 비교 · 분석하고, 어떤 지점에서 실수가 자주 나오는지 유의하여 공부하여야 하겠습니다.

학생부(내신) 성적은 고등학교 생활 3년간의 노력을 꾸준히 쌓아 올리는 것입니다.
기초를 탄탄하게, 매일 성실하게 학습하는 것이 수학 고득점의 정답입니다.

Point 특장점

1

교과서 수준의 기본 문항부터 다양한 형태의 최고난도 문항까지 단계별로 담아내었습니다.

앞부분에는 쉬운 문제를 빠르고 정확하게 풀이하는 훈련부터 시작합니다.
뒷부분에선 독특하고 생소한 최고난도 문제를 해결하기 위한 다양한 연습을 하게 됩니다.

2

개념의 흐름을 보여주는 '개념 정리'와 유형별 문제해결방법을 알려주는 '유형 해결 TIP'을 수록하였습니다.

개념 정리에서는 선수학습과의 연결성을 통하여 개념이 발전되고 심화되는 흐름을 설명하였습니다.
유형해결 TIP 에서는 개념학습 후 유형별로 실제 문제를 푸는 데에 도움이 되는 내용을 안내하였습니다.
또한 STEP2 마지막장의 '스키마(Schema)' 코너에서는 대표문항에 대해 문제의 조건과 답을 연결할 수 있도록 풀이의 흐름을 도식화하여 문제풀이에 적용할 수 있도록 하였습니다.

3

내신 기출은 물론, 수능/모평, 학평 기출문제까지 철저하게 분석하여 요즘 내신에 최적화하였습니다.

2015 개정 교육과정이 적용되어 출제된 최근 내신 시험 및 수능/모평, 학평의 출제 경향을 정확하게 파악하여 반영하였습니다.

Structure 구성

개념 정리

• 새로 학습하는 내용과 연결되는 이전 학습 내용을 함께 정리했습니다.

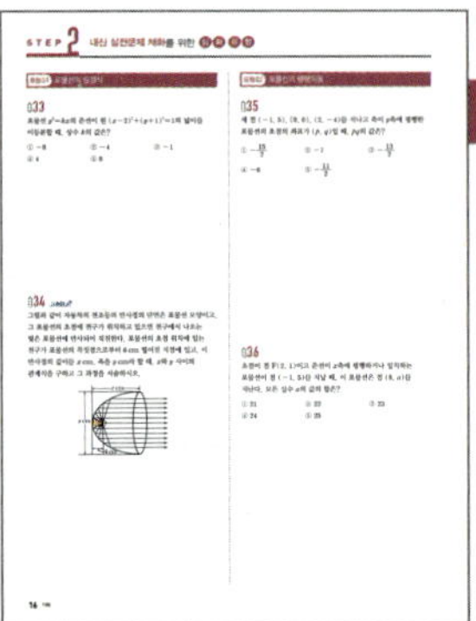

STEP 1

교과서를 정복하는 핵심 유형

• 개념을 적용하는 기본 훈련을 할 수 있는 중하 난이도의 문항들을 단원별 핵심 유형별로 분류하여 제공하였습니다.
• 유형별 문제 해결 방법을 알려주는 유형해결 TIP 을 제공합니다.

STEP 2

내신 실전문제 체화를 위한 심화 유형

• 학교 내신 시험에서 변별력 있는 문제로 자주 출제되는 중상 난이도의 문항들을 유형별로 분류하여 제공하였습니다.
• 배점이 높게 출제되는 **단답형 및 서술형 문항**에 대한 대비를 할 수 있도록 하였습니다.
• 대표문항 스키마(schema)를 제공합니다.

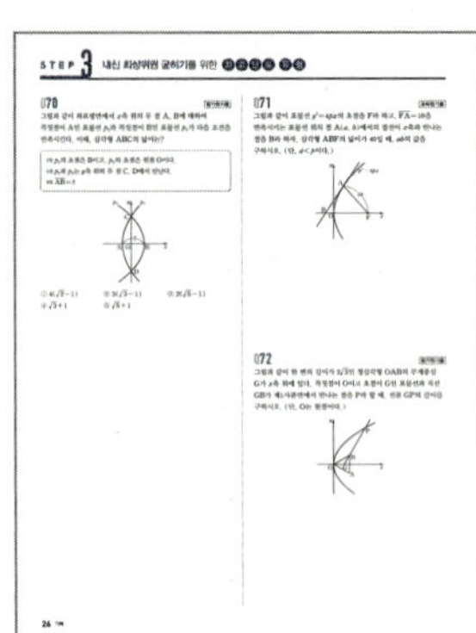

STEP 3

내신 최상위권 굳히기를 위한 최고난도 유형

• 종합적 사고력이 요구되는 최고난도 문항들을 제공하였습니다.
• 배점이 높게 출제되는 **단답형 및 서술형 문항**에 대한 대비를 할 수 있도록 하였습니다.

정답과 풀이

• 본풀이와 함께 다양한 아이디어 학습을 위한 다른 풀이 를 수록하였습니다.
• 좀 더 나이스한 풀이를 위한 추가 설명은 TIP 으로, 부가적이거나 심층적인 설명이 필요한 경우 참고 로 제공하여 풍부한 해설을 담았습니다.

■ 아이콘 활용하기

057 빈출 | 선행 025 |

포물선 $y^2=2x$ 위의 점과 직선 $x+y+1=0$ 사이의 최단거리는?

① $\frac{\sqrt{2}}{8}$ ② $\frac{\sqrt{2}}{4}$ ③ $\frac{\sqrt{2}}{2}$
④ $\sqrt{2}$ ⑤ $2\sqrt{2}$

635 서술형 선생님 Pick! 교육청기출

구 $x^2+y^2+z^2-2x-4y+2z-3=0$을 xy평면으로 자른 단면을 밑면으로 하고 이 구에 내접하는 원뿔의 부피의 최댓값을 구하고, 그 과정을 서술하시오.

빈출
반드시 눈여겨보아야 하는 출제율이 높은 문항을 나타냅니다.

서술형
서술형 문제로 자주 출제되는 문항을 나타냅니다.
문제를 풀면서 스스로 서술형 답안지를 작성하는 훈련을 할 수 있습니다.

| 선행 025 |
비슷한 아이디어를 사용하는 좀 더 쉬운 문항을 안내합니다. 풀이의 접근법을 생각하기 어려울 때 안내된 선행문제를 먼저 풀어보면 심화 문제에 대한 접근에 도움이 됩니다.

평가원기출 | 평가원변형 | 교육청기출 | 교육청변형
평가원, 교육청 기출문제 또는 그 기출문제가 변형된 문항을 나타냅니다.

선생님 Pick!
현장에 계신 선생님들이 Pick한, 내신에 출제되는 평가원·교육청 모의고사 기출(변형) 문제를 나타냅니다.

Contents 차례

I 이차곡선

01 포물선 ········ 007

02 타원 ········ 028

03 쌍곡선 ········ 054

II 평면벡터

01 벡터의 연산 ········ 081

02 평면벡터의 성분과 내적 ········ 095

03 벡터를 이용한 직선과 원의 방정식 ········ 118

III 공간도형과 공간좌표

01 공간도형 ········ 131

02 공간좌표 ········ 166

I

이차곡선

01 포물선

02 타원

03 쌍곡선

01 포물선

| 이전 학습 내용 |

| 현재 학습 내용 |

• 포물선

1. 포물선의 정의 ······ 유형 03 포물선의 정의의 활용

평면 위의 한 점 F와 F를 지나지 않는 한 직선 l이 주어질 때, 점 F와 직선 l에 이르는 거리가 같은 점들의 집합을 **포물선**이라 한다.

이때, 점 F를 포물선의 **초점**, 직선 l을 포물선의 **준선**이라 하며, 포물선의 초점 F를 지나고 준선 l에 수직인 직선을 포물선의 **축**, 포물선과 축의 교점을 포물선의 **꼭짓점**이라 한다.

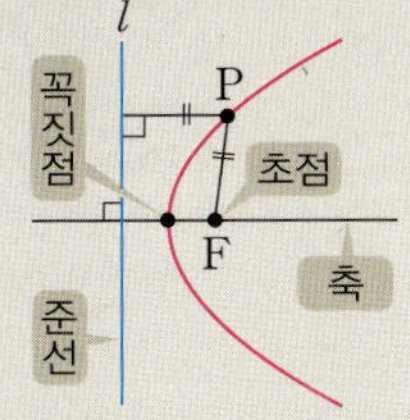

2. 포물선의 방정식 ······ 유형 01 포물선의 방정식

(1) 초점이 F$(p, 0)$, 준선이 $x=-p$인 포물선의 방정식 $y^2=4px$ (단, $p\neq0$)

(2) 초점이 F$(0, p)$, 준선이 $y=-p$인 포물선의 방정식 $x^2=4py$ (단, $p\neq0$)

직선 $y=x$에 대하여 대칭

포물선	$y^2=4px$	$x^2=4py$
그래프	$p>0$: $y^2=4px$, O, F$(p, 0)$, x, y, $x=-p$ $p<0$: $y^2=4px$, F$(p, 0)$, O, x, y, $x=-p$	$p>0$: $x^2=4py$, F$(0, p)$, O, x, y, $y=-p$ $p<0$: $y=-p$, O, x, y, F$(0, p)$, $x^2=4py$
꼭짓점	$(0, 0)$	$(0, 0)$
초점	F$(p, 0)$	F$(0, p)$
준선	$x=-p$	$y=-p$
축	$y=0$ (x축)	$x=0$ (y축)

3. 포물선의 평행이동 ······ 유형 02 포물선의 평행이동

(1) 포물선 $y^2=4px$를 x축의 방향으로 m만큼, y축의 방향으로 n만큼 평행이동한 포물선의 방정식은 $(y-n)^2=4p(x-m)$

포물선	$y^2=4px$	$(y-n)^2=4p(x-m)$
꼭짓점	$(0, 0)$	(m, n)
초점	$(p, 0)$	$(p+m, n)$
준선	$x=-p$	$x=-p+m$
축	$y=0$ (x축)	$y=n$

(2) 포물선 $x^2=4py$를 x축의 방향으로 m만큼, y축의 방향으로 n만큼 평행이동한 포물선의 방정식은 $(x-m)^2=4p(y-n)$

포물선	$x^2=4py$	$(x-m)^2=4p(y-n)$
꼭짓점	$(0, 0)$	(m, n)
초점	$(0, p)$	$(m, p+n)$
준선	$y=-p$	$y=-p+n$
축	$x=0$ (y축)	$x=m$

• 도형의 평행이동 수학 Ⅲ. 도형의 방정식

방정식 $f(x, y)=0$이 나타내는 도형을 x축의 방향으로 a만큼, y축의 방향으로 b만큼 평행이동한 도형의 방정식은 $f(x-a, y-b)=0$이다.

| 이전 학습 내용 |

- **이차함수의 그래프와 직선의 위치 관계** (수학 Ⅱ. 방정식과 부등식)

이차함수 $y=ax^2+bx+c$의 그래프와 직선 $y=mx+n$의 위치 관계는 이차방정식 $ax^2+bx+c=mx+n$의 판별식 D의 부호에 따라 결정된다.

$D>0$	$D=0$	$D<0$
서로 다른 두 점에서 만난다.	한 점에서 만난다. (접한다.)	만나지 않는다.

- **원의 접선의 방정식** (수학 Ⅱ. 도형의 방정식)

원 $x^2+y^2=r^2$에 접하고 기울기가 m인 직선의 방정식은

$$y=mx\pm r\sqrt{m^2+1}$$

원 $x^2+y^2=r^2$ 위의 점 $\mathrm{P}(x_1, y_1)$에서의 접선의 방정식은

$$x_1x+y_1y=r^2$$

현재 학습 내용

4. 포물선의 방정식의 일반형

(1) 축이 x축에 평행한 포물선의 방정식

$$y^2+Ax+By+C=0 \text{ (단, } A\neq0)$$

(2) 축이 y축에 평행한 포물선의 방정식

$$x^2+Ax+By+C=0 \text{ (단, } B\neq0)$$

유형04 자취의 방정식

- **포물선과 직선**

1. 포물선과 직선의 위치 관계 ······ 유형05 포물선과 직선의 위치 관계

포물선과 직선 $y=mx+n$ $(m\neq0)$의 위치 관계는 다음과 같다.
포물선의 방정식과 직선 $y=mx+n$ $(m\neq0)$의 방정식을 연립하여 얻은 x 또는 y에 대한 이차방정식의 판별식을 D라 하면

$D>0 \Leftrightarrow$ 서로 다른 두 점에서 만난다.

$D=0 \Leftrightarrow$ 한 점에서 만난다. (접한다.)

$D<0 \Leftrightarrow$ 만나지 않는다.

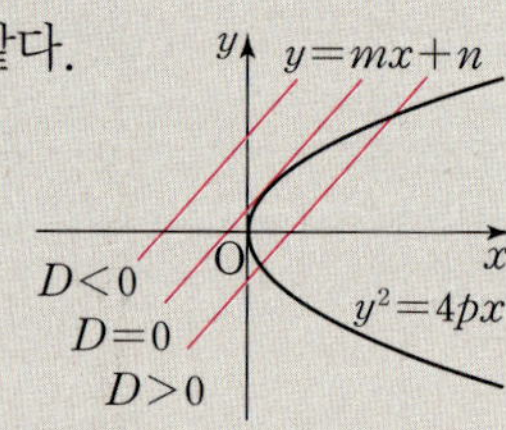

2. 포물선의 접선의 방정식

(1) 기울기가 주어질 때 ······ 유형06 포물선의 접선의 방정식 - 기울기가 주어질 때

포물선 $y^2=4px$에 접하고 기울기가 m $(m\neq0)$인 직선의 방정식은

$$y=mx+\frac{p}{m}$$

$m=0$인 경우, 즉 직선 $y=n$은 포물선 $y^2=4px$와 항상 한 점에서 만난다. (이때, 접하지 않는다.)

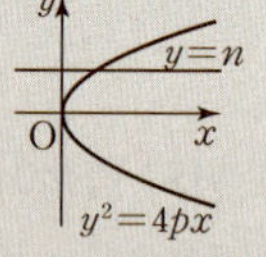

포물선 $x^2=4py$에 접하고 기울기가 m인 직선의 방정식은

$$y=mx-m^2p$$

(2) 접점의 좌표가 주어질 때 ······ 유형07 포물선의 접선의 방정식 - 접점의 좌표가 주어질 때

포물선 $y^2=4px$ 위의 점 (x_1, y_1)에서의 접선의 방정식은

$$y_1y=2p(x+x_1)$$ y^2 대신 y_1y 대입, x 대신 $\frac{x+x_1}{2}$ 대입

포물선 $x^2=4py$ 위의 점 (x_1, y_1)에서의 접선의 방정식은

$$x_1x=2p(y+y_1)$$ x^2 대신 x_1x 대입, y 대신 $\frac{y+y_1}{2}$ 대입

유형08 포물선의 접선의 방정식 - 포물선 밖의 한 점의 좌표가 주어질 때

유형09 수학 Ⅰ 통합 유형

유형 01 포물선의 방정식

$y^2=4px$ 또는 $x^2=4py$ 꼴의 포물선의 방정식에서 '초점의 좌표, 준선의 방정식' 등을 구하거나, 이 조건들을 이용하여 포물선의 방정식을 구하는 문제를 분류하였다.

유형 해결 TIP

아래의 두 경우를 혼동하지 않도록 주의하자.

(1) 초점이 x축 위에 있고, 꼭짓점이 원점인 포물선
- ❶ 초점 : $(p, 0)$
- ❷ 준선 : $x=-p$
- ❸ 방정식 : $y^2=4px$

(2) 초점이 y축 위에 있고, 꼭짓점이 원점인 포물선
- ❶ 초점 : $(0, p)$
- ❷ 준선 : $y=-p$
- ❸ 방정식 : $x^2=4py$

001

포물선 $y^2=2x$의 초점의 좌표는?

① $\left(\frac{1}{4}, 0\right)$　② $\left(\frac{1}{2}, 0\right)$　③ $(1, 0)$
④ $\left(0, \frac{1}{4}\right)$　⑤ $\left(0, \frac{1}{2}\right)$

002

포물선 $x^2=-20y$의 준선의 방정식은?

① $y=-10$　② $y=-5$　③ $y=5$
④ $x=5$　⑤ $x=10$

003

포물선 $y^2=10x$의 초점에서 준선까지의 거리는?

① $\frac{5}{8}$　② $\frac{5}{4}$　③ $\frac{5}{2}$
④ 5　⑤ 10

004

초점이 $F(2, 0)$이고 준선이 $x=-2$인 포물선의 방정식은?

① $x^2=-8y$　② $x^2=8y$　③ $y^2=4x$
④ $y^2=-8x$　⑤ $y^2=8x$

005

초점이 $F(0, 3)$이고 준선이 $y=-3$인 포물선의 방정식은?

① $x^2=6y$　② $x^2=-12y$　③ $x^2=12y$
④ $y^2=6x$　⑤ $y^2=12x$

006

꼭짓점이 원점이고 준선이 $x=-2$인 포물선이 점 $(a, 4)$를 지날 때, a의 값은?

① 1　② $\frac{3}{2}$　③ 2
④ $\frac{5}{2}$　⑤ 3

유형 02 포물선의 평행이동

평행이동한 포물선의 초점 · 꼭짓점의 좌표, 준선의 방정식을 구하는 문제를 분류하였다.

유형 해결 TIP

포물선 '$y^2=4px$ 또는 $x^2=4py$'를 x축의 방향으로 m만큼, y축의 방향으로 n만큼 평행이동하면 포물선

$(y-n)^2=4p(x-m)$ 또는 $(x-m)^2=4p(y-n)$

이다. 이 포물선의 초점 · 꼭짓점의 좌표와 준선의 방정식을 구하는 순서는 다음과 같다.

❶ 포물선 $y^2=4px$ 또는 $x^2=4py$의 초점 · 꼭짓점의 좌표, 준선의 방정식 구하기

❷ ❶에서 구한 초점 · 꼭짓점의 좌표, 준선의 방정식에서
초점 · 꼭짓점의 좌표 : 'x좌표에 $+m$, y좌표에 $+n$'을 한다.
준선의 방정식 : 'x 대신 $x-m$, y 대신 $y-n$'을 대입한다.

한편, 평행이동을 하여도 그래프의 모양은 변하지 않는다.

007

포물선 $y^2=4x$를 x축의 방향으로 1만큼, y축의 방향으로 -2만큼 평행이동한 포물선의 방정식은 $ax^2+y^2+bx+cy+d=0$이다. $a+b+c+d$의 값은? (단, a, b, c, d는 상수이다.)

① -8 ② -4 ③ 0 ④ 4 ⑤ 8

008 빈출

포물선 $(y-1)^2=4(x-2)$의 초점의 좌표를 (a, b), 준선의 방정식을 $x=c$라 할 때, $a+b+c$의 값은? (단, a, b, c는 상수이다.)

① 1 ② 2 ③ 3 ④ 4 ⑤ 5

009 빈출

포물선 $y^2+2x-6y+13=0$의 초점의 좌표를 (p, q), 준선의 방정식을 $x=r$라 할 때, $p+q+r$의 값은? (단, p, q, r는 상수이다.)

① -4 ② -2 ③ -1 ④ 1 ⑤ 2

010

포물선 $x^2-8y-4x-4=0$의 초점의 좌표와 준선의 방정식을 구하시오.

011 교육청기출

두 포물선 $(x-1)^2=4y$, $(y+2)^2=-8x$의 초점을 각각 F_1, F_2라 할 때, $\overline{F_1F_2}^2$의 값을 구하시오.

012

두 포물선 $(x-1)^2=3(y-m)$, $y^2=-4(x-n)$의 초점이 일치할 때, $m+n$의 값은? (단, m, n은 상수이다.)

① 1 ② $\frac{5}{4}$ ③ $\frac{3}{2}$ ④ $\frac{7}{4}$ ⑤ 2

013

포물선 $(y+4)^2=2(x-1)$을 x축의 방향으로 a만큼, y축의 방향으로 b만큼 평행이동하면 초점이 원점이 될 때, $a+b$의 값은?

① $\frac{3}{2}$ ② 2 ③ $\frac{5}{2}$
④ 3 ⑤ $\frac{7}{2}$

014

초점이 F(3, 1)이고, 준선이 $x=-1$인 포물선의 방정식은?

① $y^2=4(x-1)$ ② $(y-1)^2=4(x-1)$
③ $(y-1)^2=8(x-1)$ ④ $(y+1)^2=8(x-1)$
⑤ $(y-1)^2=8(x+1)$

유형 03 포물선의 정의의 활용

포물선은 초점 F와 준선 l에 이르는 거리가 같은 점들의 집합이다.
포물선 위의 임의의 점 P에서 준선 l에 내린 수선의 발을 H라 할 때, $\overline{PF}=\overline{PH}$임을 활용하는 문제를 분류하였다.

015

그림과 같이 초점이 F(3, 0)이고 준선이 $x=-3$인 포물선 위의 두 점 P, Q에서 준선에 내린 수선의 발을 각각 H_1, H_2라 할 때, $\overline{PH_1}=5$, $\overline{QH_2}=8$이다. $\overline{QF}-\overline{PF}$의 값은?

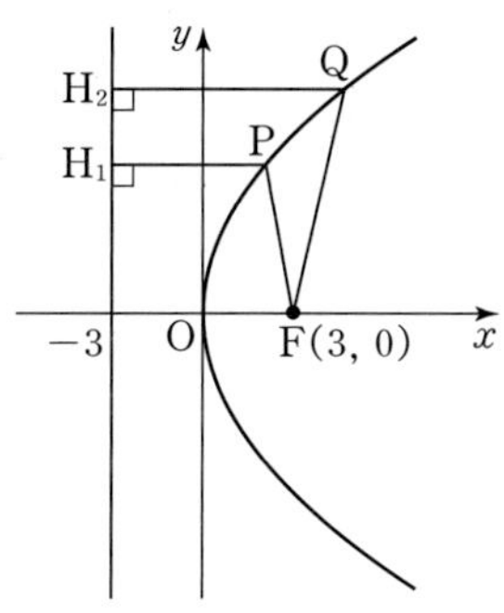

① 1 ② 2 ③ 3
④ 4 ⑤ 5

016

포물선 $y^2=4x$ 위의 한 점 A와 이 포물선의 초점 F 사이의 거리가 4일 때, 점 A의 y좌표는?

(단, 점 A는 제1사분면 위의 점이다.)

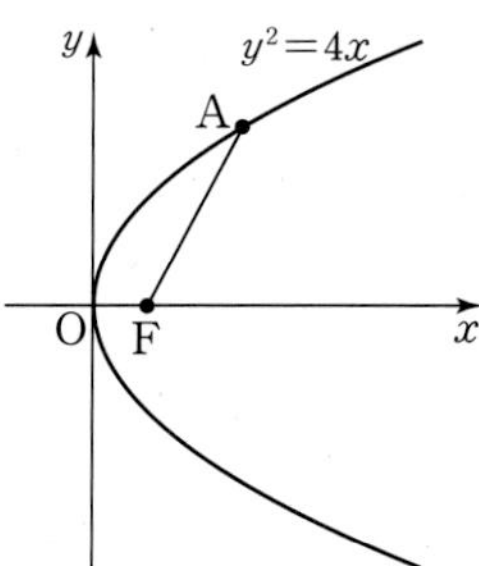

① $\frac{\sqrt{3}}{2}$ ② $\sqrt{3}$ ③ $\frac{3\sqrt{3}}{2}$
④ $2\sqrt{3}$ ⑤ $\frac{5\sqrt{3}}{2}$

017

그림과 같이 점 A(7, 6)과 포물선 $y^2=16x$ 위를 움직이는 점 P가 있다. 포물선의 초점을 F라 할 때, $\overline{AP}+\overline{PF}$의 최솟값은?

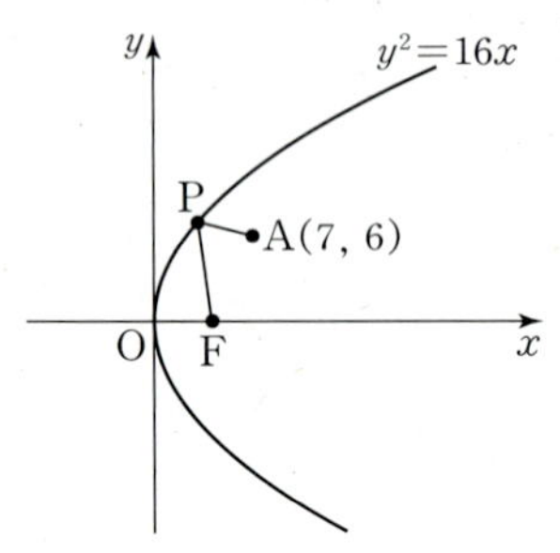

① 9 ② 10 ③ 11
④ 12 ⑤ 13

유형 04 자취의 방정식

어떤 조건을 만족시키는 점 P가 나타내는 도형이 포물선인 문제를 분류하였다.

유형 해결 TIP

이때, 다음 내용이 많이 사용된다.

(1) 포물선의 정의
정점 F와 직선 l에 대하여 점 P에서 직선 l에 내린 수선의 발을 H라 할 때, $\overline{PF}=\overline{PH}$를 만족시키는 점 P는 점 F를 초점으로 하고 직선 l을 준선으로 하는 포물선을 나타낸다.

(2) 두 원의 내접과 외접 (교육과정 외) 예) 054번
두 원의 위치 관계는 교육과정에서 벗어나는 내용이다.
만약 학교에서 학습하게 되는 경우에는 해당 유형이 내신 시험에 출제될 수 있으니 학습하도록 하자.
〈두 원이 접하는 경우〉
❶ 외접 : 한 원이 다른 원의 외부에서 접할 때, 외접한다고 한다.
❷ 내접 : 한 원이 다른 원의 내부에서 접할 때, 내접한다고 한다.
❶, ❷의 경우 두 원의 중심과 접점은 한 직선 위에 있고, 두 원의 중심 사이의 거리를 d, 두 원의 반지름의 길이를 각각 r_1, r_2라 하면 다음과 같은 관계식이 성립한다.

❶ 외접

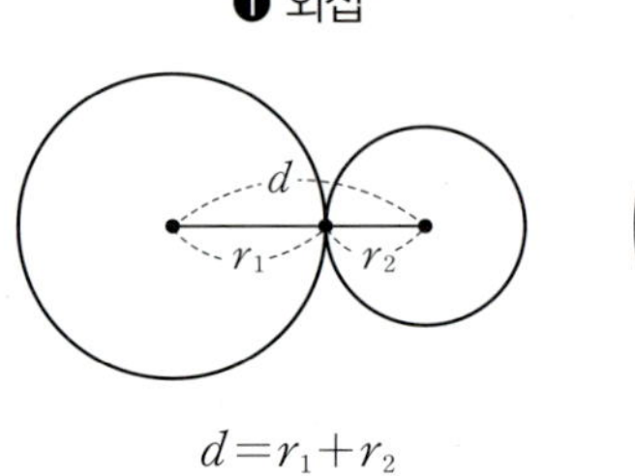

$d=r_1+r_2$

❷ 내접

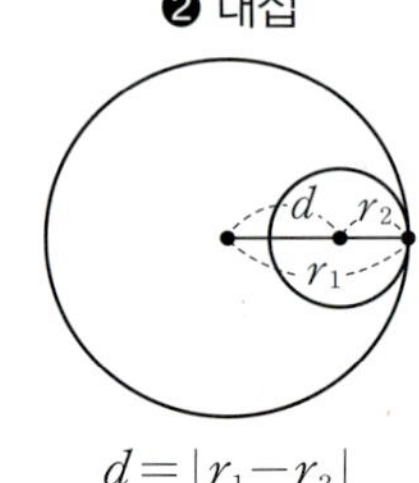

$d=|r_1-r_2|$

018

점 F(4, -1)과 직선 $x=-2$로부터 같은 거리에 있는 점들이 그리는 도형의 방정식은?

① $x^2=12y$ ② $y^2=12x$
③ $(x+1)^2=12(y-1)$ ④ $(y+1)^2=12(x-1)$
⑤ $(y-1)^2=12\left(x-\frac{1}{2}\right)$

019

점 $\mathrm{F}(-1,\ -2)$와 직선 $y=4$로부터 같은 거리에 있는 점의 자취의 방정식은?

① $x^2-2x-12y-11=0$　② $x^2-2x+12y-11=0$
③ $x^2+2x+12y-11=0$　④ $x^2+2x+12y-13=0$
⑤ $x^2+2x+14y-13=0$

유형 05 포물선과 직선의 위치 관계

포물선과 직선 $y=mx+n$의 위치 관계를 이용하는 문제를 분류하였다.

유형해결 TIP

이때, 다음과 같은 순서로 풀이하자.
❶ 포물선의 방정식에 $y=mx+n$을 대입하기
❷ ❶에서 구한 x에 관한 이차방정식의 판별식 D 구하기
❸ $D>0 \Longleftrightarrow$ 서로 다른 두 점에서 만난다.
$D=0 \Longleftrightarrow$ 한 점에서 만난다. (접한다.)
$D<0 \Longleftrightarrow$ 만나지 않는다.

020

포물선 $y^2=4x$와 직선 $y=-x+k$가 만나도록 하는 상수 k의 최솟값은?

① -4　② -2　③ -1
④ $-\frac{1}{2}$　⑤ $-\frac{1}{4}$

021

포물선 $y^2=x$와 직선 $y=x+k$가 서로 다른 두 점에서 만날 때, 실수 k의 값이 될 수 없는 것은?

① $-\frac{1}{3}$　② $-\frac{1}{4}$　③ 0
④ $\frac{1}{5}$　⑤ $\frac{1}{3}$

022

포물선 $y^2=-8x$와 직선 $y=mx+3$이 만나지 않을 때, 정수 m의 최댓값은?

① -2　② -1　③ 0
④ 1　⑤ 2

023

포물선 $y^2-4x+2y+13=0$과 직선 $x+my-1=0$이 오직 한 점에서 만날 때, 가능한 실수 m의 값을 모두 구하시오.

유형 06 포물선의 접선의 방정식 - 기울기가 주어질 때

포물선에 접하는 기울기가 m인 접선의 방정식을 구하는 문제를 분류하였다.

유형해결 TIP

(1) 포물선 $y^2=4px$에 접하고 기울기가 $m\ (m\neq0)$인 직선
$$y=mx+\frac{p}{m}$$
(2) 포물선 $x^2=4py$에 접하고 기울기가 m인 직선
$$y=mx-m^2p$$

024

다음 물음에 답하시오.

(1) 포물선 $y^2=20x$에 접하고 기울기가 $-\frac{1}{2}$인 직선의 방정식을 구하시오.
(2) 포물선 $x^2=6y$에 접하고 기울기가 4인 직선의 방정식을 구하시오.

025

포물선 $y^2=-12x$에 접하고 직선 $2x+y=3$에 평행한 직선의 방정식은?

① $2x+y-6=0$　② $2x-y+6=0$
③ $4x-2y-3=0$　④ $4x+2y+3=0$
⑤ $4x+2y-3=0$

026 빈출

포물선 $y^2=-8x$에 접하고 직선 $x+2y+1=0$에 수직인 직선이 점 $(0,\ k)$를 지날 때, k의 값은?

① -2　② -1　③ 0
④ 1　⑤ 2

027 교육청기출

좌표평면에서 포물선 $y^2=16x$에 접하는 기울기가 $\frac{1}{2}$인 직선과 x축, y축으로 둘러싸인 삼각형의 넓이를 구하시오.

유형 07 포물선의 접선의 방정식 - 접점의 좌표가 주어질 때

포물선 위의 점 $(x_1,\ y_1)$에서의 접선의 방정식을 구하는 문제를 분류하였다.

유형 해결 TIP

(1) 포물선 $y^2=4px$ 위의 점 $(x_1,\ y_1)$에서의 접선
$y_1y=2p(x+x_1)$
(2) 포물선 $x^2=4py$ 위의 점 $(x_1,\ y_1)$에서의 접선
$x_1x=2p(y+y_1)$

028

다음 물음에 답하시오.

(1) 포물선 $y^2=-8x$ 위의 점 $(-2,\ 4)$에서의 접선의 방정식을 구하시오.

(2) 포물선 $x^2=12y$ 위의 점 $(6,\ 3)$에서의 접선의 방정식을 구하시오.

029

포물선 $y^2=4x$ 위의 점 $(4,\ 4)$에서의 접선과 포물선의 초점 사이의 거리는?

① $\frac{\sqrt{5}}{2}$　② $\sqrt{5}$　③ $\frac{3\sqrt{5}}{2}$
④ $2\sqrt{5}$　⑤ $\frac{5\sqrt{5}}{2}$

유형 08 포물선의 접선의 방정식 - 포물선 밖의 한 점의 좌표가 주어질 때

포물선 $y^2=4px$ (또는 $x^2=4py$) 밖의 한 점 (a, b)에서 포물선에 그은 접선의 방정식을 구하는 문제를 분류하였다.

유형 해결 TIP

(1) 접점의 좌표를 (x_1, y_1)로 놓고 구하는 방법
- ❶ $y_1y=2p(x+x_1)$에 점 (a, b)의 좌표 대입하기
- ❷ $y^2=4px$에 점 (x_1, y_1)의 좌표 대입하기
- ❸ ❶, ❷에서 구한 식 연립하여 점 (x_1, y_1) 구하기
- ❹ 접선의 방정식 구하기

(2) 접선의 방정식을 $y=m(x-a)+b$로 놓고 구하는 방법
- ❶ $y^2=4px$에 $y=m(x-a)+b$ 대입하기
- ❷ ❶에서 구한 x에 관한 이차방정식의 판별식 $D=0$을 만족시키는 m의 값 구하기
- ❸ 접선의 방정식 구하기
- ❹ 특히, $a=0$인 경우 한 접선은 $x=0$이다.

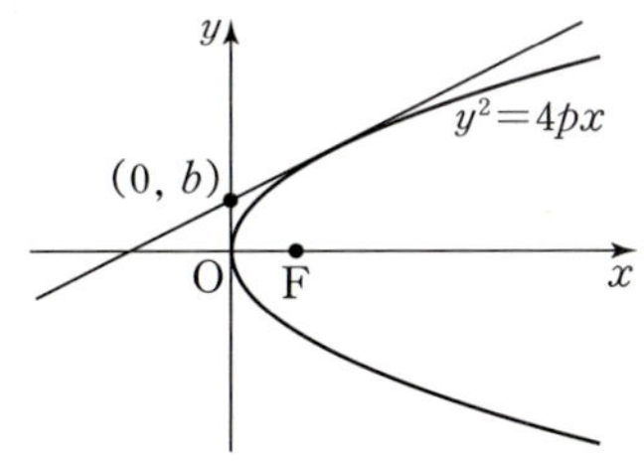

❶, ❷의 과정 대신 $y=mx+\frac{p}{m}$에 점 (a, b)의 좌표를 대입하여 m의 값을 구한 뒤 접선의 방정식을 구할 수도 있다.

포물선 $x^2=4py$인 경우도 위와 같이 풀이하면 된다.

030

점 $(-2, 2)$에서 포물선 $y^2=4x$에 그은 두 접선의 기울기의 합은?

① -1 ② $-\frac{1}{2}$ ③ $\frac{1}{2}$ ④ 1 ⑤ 2

031

포물선 $y^2=8x$에 접하고 점 $(-1, 1)$을 지나는 직선이 점 $(1, a)$를 지날 때, 실수 a의 값을 모두 구하시오.

유형 09 수학 I 통합 유형

〈기하〉의 선수학습 과목은 〈수학〉 뿐이므로 〈수학 I 〉에서 학습한 내용이 포함된 문제를 따로 분류하였다. 따라서 위 과목을 학습한 학생만 이 유형의 문제를 풀어 보자.

032

평가원기출

로그함수 $y=\log_2(x+a)+b$의 그래프가 포물선 $y^2=x$의 초점을 지나고, 이 로그함수의 그래프의 점근선이 포물선 $y^2=x$의 준선과 일치할 때, 두 상수 a, b의 합 $a+b$의 값은?

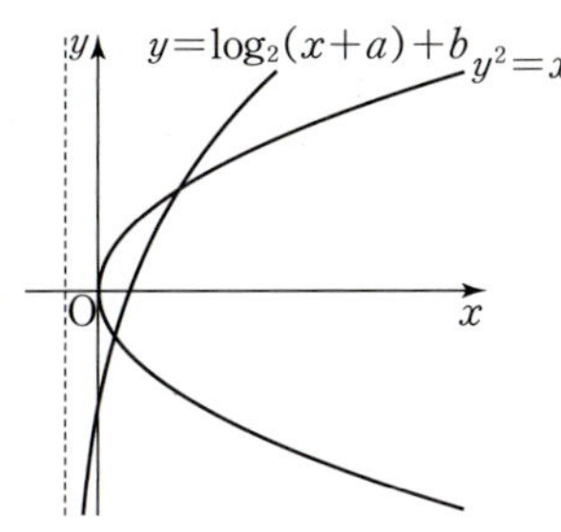

① $\frac{5}{4}$ ② $\frac{13}{8}$ ③ $\frac{9}{4}$ ④ $\frac{21}{8}$ ⑤ $\frac{11}{4}$

유형01 포물선의 방정식

033

포물선 $y^2=kx$의 준선이 원 $(x-2)^2+(y+1)^2=1$의 넓이를 이등분할 때, 상수 k의 값은?

① -8　② -4　③ -1
④ 4　⑤ 8

034 서술형

그림과 같이 자동차의 전조등의 반사경의 단면은 포물선 모양이고, 그 포물선의 초점에 전구가 위치하고 있으면 전구에서 나오는 빛은 포물선에 반사되어 직진한다. 포물선의 초점 위치에 있는 전구가 포물선의 꼭짓점으로부터 6 cm 떨어진 지점에 있고, 이 반사경의 깊이를 x cm, 폭을 y cm라 할 때, x와 y 사이의 관계식을 구하고 그 과정을 서술하시오.

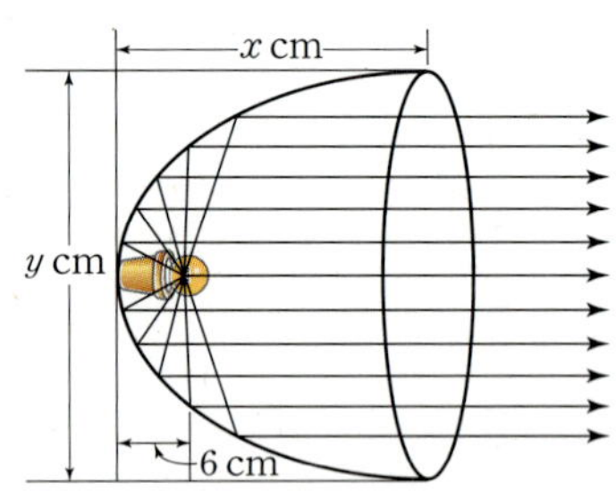

유형02 포물선의 평행이동

035

세 점 $(-1,\ 5)$, $(0,\ 0)$, $(2,\ -4)$를 지나고 축이 y축에 평행한 포물선의 초점의 좌표가 $(p,\ q)$일 때, pq의 값은?

① $-\frac{15}{2}$　② -7　③ $-\frac{13}{2}$
④ -6　⑤ $-\frac{11}{2}$

036

초점이 점 $\mathrm{F}(2,\ 1)$이고 준선이 x축에 평행하거나 일치하는 포물선이 점 $(-1,\ 5)$를 지날 때, 이 포물선은 점 $(8,\ a)$를 지난다. 모든 실수 a의 값의 합은?

① 21　② 22　③ 23
④ 24　⑤ 25

유형 03 포물선의 정의의 활용

037

교육청기출 | 선행 016 |

그림과 같이 포물선 $y^2=4x$ 위의 점 A에서 x축에 내린 수선의 발을 H라 하자. 포물선 $y^2=4x$의 초점 F에 대하여 $\overline{AF}=5$일 때, 삼각형 AFH의 넓이는?

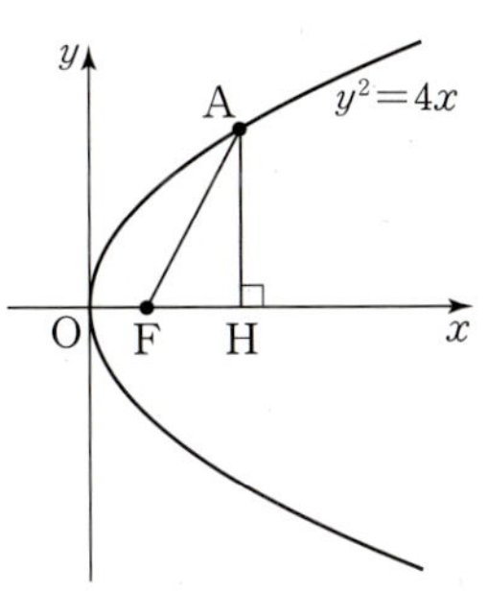

① 6 ② $\frac{13}{2}$ ③ 7
④ $\frac{15}{2}$ ⑤ 8

038

포물선 $y^2=16x$의 초점 F에서 거리가 7인 이 포물선 위의 두 점을 각각 A, B라 할 때, 삼각형 ABF의 넓이는?

① $\sqrt{3}$ ② $2\sqrt{3}$ ③ $3\sqrt{3}$
④ $4\sqrt{3}$ ⑤ $5\sqrt{3}$

039

교육청기출

좌표평면에서 점 $(2, 0)$을 지나고 기울기가 양수인 직선이 포물선 $y^2=8x$와 만나는 두 점을 각각 P, Q라 하자. 선분 PQ의 길이가 17일 때, 두 점 P, Q의 x좌표의 합을 구하시오.

040

포물선 $y^2=-16x$와 직선 $y=m(x+4)$가 두 점 A, B에서 만나고, $\overline{AB}=16$일 때, 선분 AB의 중점의 x좌표는?

(단, m은 상수이다.)

① $-\frac{7}{2}$ ② -4 ③ $-\frac{9}{2}$
④ -5 ⑤ $-\frac{11}{2}$

041

포물선 $y^2=8x$ 위의 서로 다른 세 점 A, B, C를 꼭짓점으로 하는 삼각형 ABC의 무게중심이 포물선 $y^2=8x$의 초점 F와 일치할 때, $\overline{AF}+\overline{BF}+\overline{CF}$의 값은?

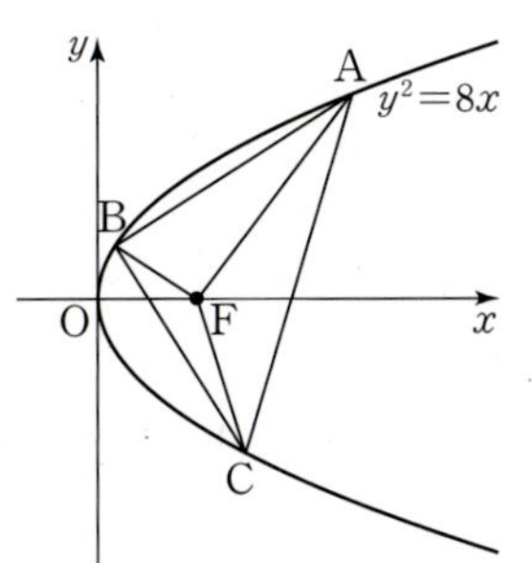

① 10 ② 11 ③ 12
④ 13 ⑤ 14

042

평가원기출

좌표평면에서 초점이 F인 포물선 $x^2=4y$ 위의 점 A가 $\overline{AF}=10$을 만족시킨다. 점 B$(0,\ -1)$에 대하여 $\overline{AB}=a$일 때, a^2의 값을 구하시오.

043

평가원기출

초점이 F인 포물선 $y^2=x$ 위에 $\overline{FP}=4$인 점 P가 있다. 그림과 같이 선분 FP의 연장선 위에 $\overline{FP}=\overline{PQ}$가 되도록 점 Q를 잡을 때, 점 Q의 x좌표는?

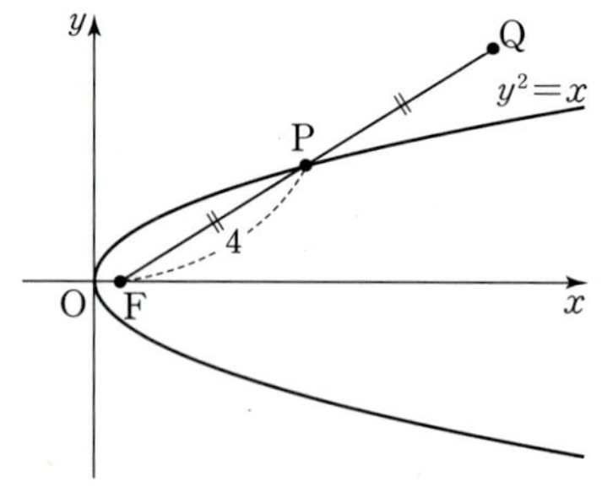

① $\frac{29}{4}$ ② 7 ③ $\frac{27}{4}$

④ $\frac{13}{2}$ ⑤ $\frac{25}{4}$

044

평가원기출

포물선 $y^2=4px\ (p>0)$의 초점을 F, 포물선의 준선이 x축과 만나는 점을 A라 하자. 포물선 위의 점 B에 대하여 $\overline{AB}=7$이고 $\overline{BF}=5$가 되도록 하는 p의 값이 a 또는 b일 때, a^2+b^2의 값을 구하시오. (단, $a\neq b$이다.)

045

| 선행 017 |

그림과 같이 포물선 $y^2=4x$ 위의 점 P와 두 점 A$(4,\ 2)$, F$(1,\ 0)$에 대하여 삼각형 AFP의 둘레의 길이가 최소일 때, 삼각형 AFP의 넓이는?

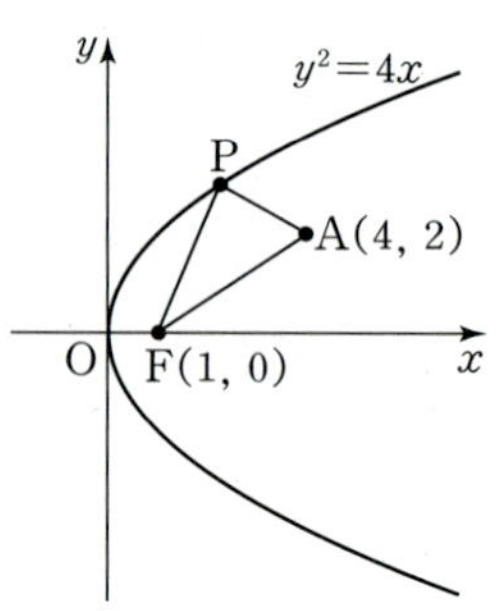

① 1 ② $\frac{3}{2}$ ③ 2

④ $\frac{5}{2}$ ⑤ 3

046

그림과 같이 직선 $y=4$ 위를 움직이는 두 점 P, Q와 포물선 $x^2=6y$의 초점 F에 대하여 초점 F를 지나는 직선과 포물선의 교점 R, S에 대하여 $\overline{PR}+\overline{RS}+\overline{SQ}$의 최솟값은?

(단, 두 점 R, S의 y좌표는 4보다 작다.)

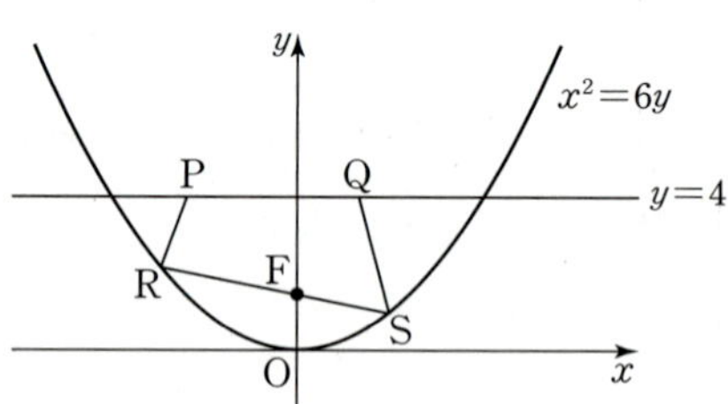

① $\frac{19}{2}$ ② 10 ③ $\frac{21}{2}$

④ 11 ⑤ $\frac{23}{2}$

I

047

그림과 같이 포물선 $y^2=\frac{1}{2}x$의 초점을 F, 포물선 위의 한 점 P에서 준선 l에 내린 수선의 발을 H라 하자. 삼각형 PHF가 정삼각형일 때, 점 P의 좌표는 (a, b)이다. ab의 값은?

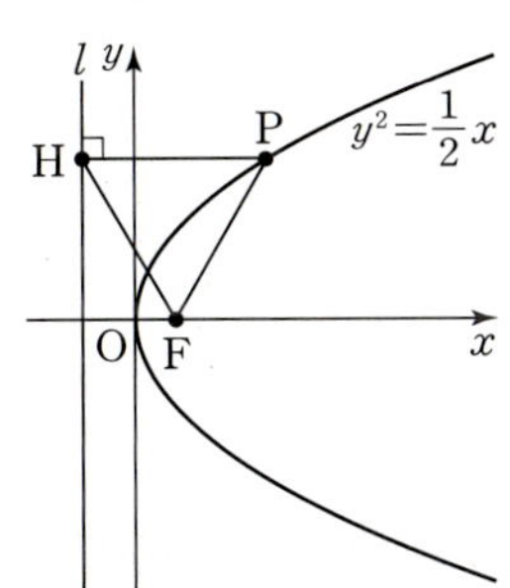

① $\frac{3\sqrt{3}}{64}$ ② $\frac{3\sqrt{3}}{32}$ ③ $\frac{3\sqrt{3}}{16}$
④ $\frac{3\sqrt{3}}{8}$ ⑤ $\frac{3\sqrt{3}}{4}$

048

교육청기출

그림과 같이 초점이 F인 포물선 $y^2=12x$ 위에 $\angle OFA=\angle AFB=60^\circ$인 두 점 A, B가 있다. 삼각형 AFB의 넓이는?

(단, O는 원점이고, 두 점 A, B는 제1사분면 위의 점이다.)

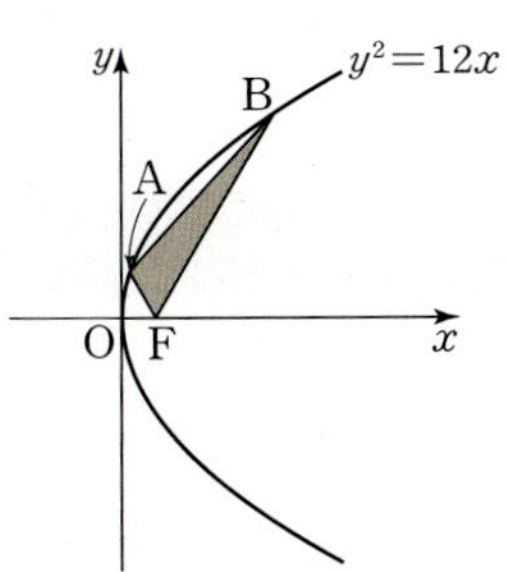

① $8\sqrt{3}$ ② $10\sqrt{3}$ ③ $12\sqrt{3}$
④ $14\sqrt{3}$ ⑤ $16\sqrt{3}$

049

선생님 Pick! 평가원기출

그림과 같이 포물선 $y^2=12x$의 초점 F를 지나는 직선과 포물선이 만나는 두 점 A, B에서 준선 l에 내린 수선의 발을 각각 C, D라 하자. $\overline{AC}=4$일 때, 선분 BD의 길이는?

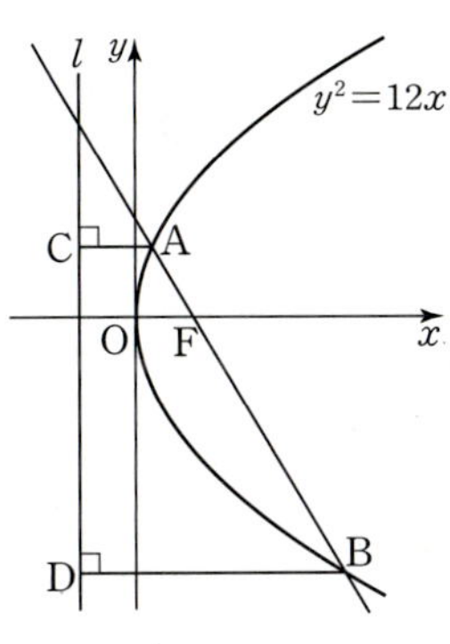

① 12 ② $\frac{25}{2}$ ③ 13
④ $\frac{27}{2}$ ⑤ 14

050

교육청기출

그림과 같이 포물선 $y^2=8x$ 위의 네 점 A, B, C, D를 꼭짓점으로 하는 사각형 ABCD에 대하여 두 선분 AB와 CD가 각각 y축과 평행하다. 사각형 ABCD의 두 대각선의 교점이 포물선의 초점 F와 일치하고 $\overline{DF}=6$일 때, 사각형 ABCD의 넓이는?

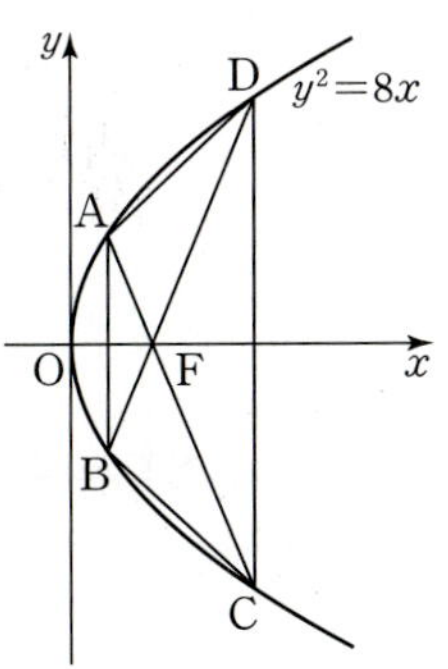

① $14\sqrt{2}$ ② $15\sqrt{2}$ ③ $16\sqrt{2}$
④ $17\sqrt{2}$ ⑤ $18\sqrt{2}$

051

평가원기출

포물선 $y^2=4x$의 초점을 F, 준선이 x축과 만나는 점을 P, 점 P를 지나고 기울기가 양수인 직선 l이 포물선과 만나는 두 점을 각각 A, B라 하자. $\overline{FA}:\overline{FB}=1:2$일 때, 직선 l의 기울기는?

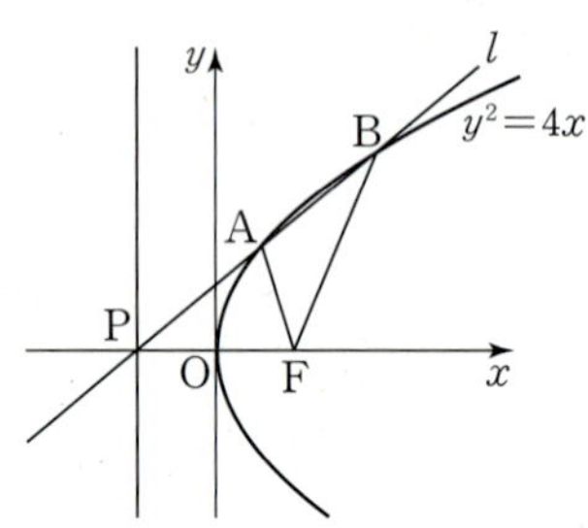

① $\frac{2\sqrt{6}}{7}$　② $\frac{\sqrt{5}}{3}$　③ $\frac{4}{5}$　④ $\frac{\sqrt{3}}{2}$　⑤ $\frac{2\sqrt{2}}{3}$

유형04 자취의 방정식

052

| 선행 018 |

직선 $x=-1$에 접하고 점 $(4, 4)$를 지나는 원의 중심 P의 자취의 방정식을 구하시오.

053

| 선행 019 |

점 $(0, 1)$을 지나고 직선 $y=3$에 접하는 원들의 중심을 P라 할 때, 점 P가 그리는 도형의 방정식은?

① $x^2=-4(y-2)$　② $x^2=-4(y-1)$　③ $y^2=-4(x-2)$　④ $y^2=-4(x-1)$　⑤ $(x+1)^2=-4(y-2)$

054

원 $x^2+y^2=9$에 외접하면서 직선 $y=-5$에 접하는 원의 중심을 P라 할 때, 점 P의 자취의 방정식은?

① $x^2-16y-64=0$　② $x^2-16y+64=0$　③ $x^2+16y-64=0$　④ $x^2+16y+64=0$　⑤ $x^2-32y-128=0$

유형05 포물선과 직선의 위치 관계

055

실수 k에 대하여 포물선 $y^2=5x$와 직선 $y=-x+k$의 위치 관계에 대한 설명으로 〈보기〉에서 옳은 것만을 있는 대로 고른 것은?

보기

ㄱ. $k=0$이면 서로 다른 두 점에서 만난다.

ㄴ. $k=-\frac{5}{4}$일 때, 접한다.

ㄷ. $k\le -2$이면 만나지 않는다.

① ㄱ　② ㄴ　③ ㄱ, ㄴ　④ ㄴ, ㄷ　⑤ ㄱ, ㄴ, ㄷ

유형06 포물선의 접선의 방정식 - 기울기가 주어질 때

056

평가원기출

좌표평면에서 포물선 $y^2=8x$에 접하는 두 직선 l_1, l_2의 기울기가 각각 m_1, m_2이다. m_1, m_2가 방정식 $2x^2-3x+1=0$의 서로 다른 두 근일 때, l_1과 l_2의 교점의 x좌표는?

① 1　② 2　③ 3　④ 4　⑤ 5

057 빈출

| 선행 025 |

포물선 $y^2=2x$ 위의 점과 직선 $x+y+1=0$ 사이의 최단거리는?

① $\frac{\sqrt{2}}{8}$ ② $\frac{\sqrt{2}}{4}$ ③ $\frac{\sqrt{2}}{2}$
④ $\sqrt{2}$ ⑤ $2\sqrt{2}$

유형 07 포물선의 접선의 방정식 - 접점의 좌표가 주어질 때

058

평가원기출

포물선 $y^2=4x$ 위의 점 A(4, 4)에서의 접선을 l이라 하자. 직선 l과 포물선의 준선이 만나는 점을 B, 직선 l과 x축이 만나는 점을 C, 포물선의 준선과 x축이 만나는 점을 D라 하자. 삼각형 BCD의 넓이는?

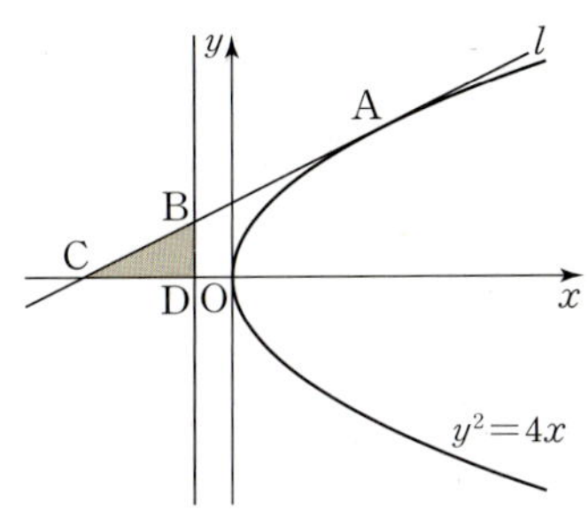

① $\frac{7}{2}$ ② 2 ③ $\frac{9}{4}$
④ $\frac{5}{2}$ ⑤ $\frac{11}{4}$

059 빈출

평가원기출

포물선 $y^2=4x$ 위의 점 P(a, b)에서의 접선이 x축과 만나는 점을 Q라 하자. $\overline{PQ}=4\sqrt{5}$일 때, a^2+b^2의 값은?

① 21 ② 32 ③ 45
④ 60 ⑤ 77

060

평가원기출

다음은 포물선 $y^2=x$ 위의 꼭짓점이 아닌 임의의 점 P에서의 접선과 x축과의 교점을 T, 포물선의 초점을 F라 할 때, $\overline{FP}=\overline{FT}$임을 증명한 것이다.

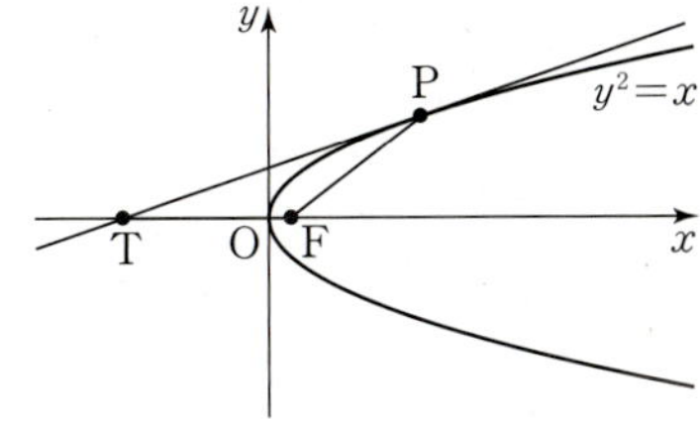

증명

점 P의 좌표를 (x_1, y_1)이라 하면,
접선의 방정식은
[(가)]
이 식에 $y=0$을 대입하면 교점 T의 좌표는 $(-x_1, 0)$이다.
초점 F의 좌표는 [(나)]이므로
$\overline{FT}=$ [(다)]
한편 $\overline{FP}=\sqrt{\left(x_1-\frac{1}{4}\right)^2+(y_1)^2}=$ [(다)]
따라서 $\overline{FP}=\overline{FT}$이다.

위의 증명에서 (가), (나), (다)에 알맞은 것을 차례로 나열한 것은?

	(가)	(나)	(다)
①	$y_1y=\frac{1}{2}(x+x_1)$	$\left(\frac{1}{2}, 0\right)$	$x_1+\frac{1}{2}$
②	$y_1y=\frac{1}{2}(x+x_1)$	$\left(\frac{1}{4}, 0\right)$	$x_1+\frac{1}{4}$
③	$y_1y=\frac{1}{2}(x+x_1)$	$\left(\frac{1}{4}, 0\right)$	$x_1+\frac{1}{2}$
④	$y_1y=x+x_1$	$\left(\frac{1}{4}, 0\right)$	$x_1+\frac{1}{4}$
⑤	$y_1y=x+x_1$	$\left(\frac{1}{2}, 0\right)$	$x_1+\frac{1}{2}$

061 서술형

그림과 같이 초점이 F인 포물선 $y^2=4px$ 위의 점 $P(a, b)$에서의 접선이 x축과 만나는 점을 R라 하고, 점 P에서 포물선의 준선 l에 내린 수선의 발을 H라 할 때, 사각형 PFRH는 어떤 사각형인지 쓰고, 그 이유를 서술하시오. (단, 점 P는 원점이 아니다.)

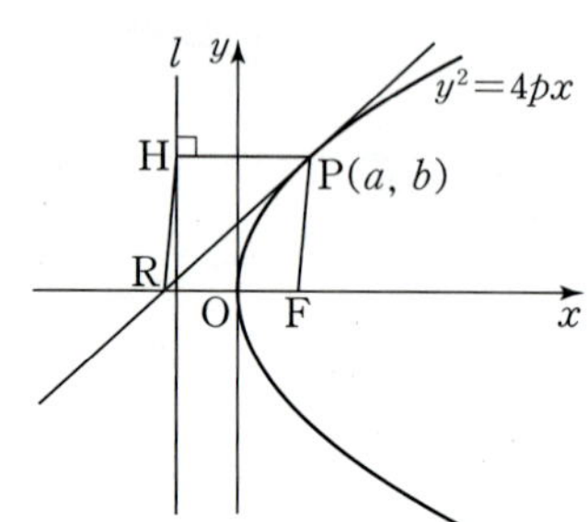

062 평가원기출

포물선 $y^2=nx$의 초점과 포물선 위의 점 (n, n)에서의 접선 사이의 거리를 d라 하자. $d^2\geq 40$을 만족시키는 자연수 n의 최솟값을 구하시오.

유형 08 포물선의 접선의 방정식 - 포물선 밖의 한 점의 좌표가 주어질 때

063

점 $(a, 2)$에서 포물선 $y^2=16x$에 그은 두 접선이 서로 수직일 때, 실수 a의 값은?

① -8 ② -4 ③ -2
④ 4 ⑤ 8

064

직선 $y=x+5$ 위의 한 점 $P(a, b)$에서 포물선 $y^2=12x$에 그은 두 접선이 서로 수직일 때, ab의 값은?

① -6 ② -5 ③ -4
④ -3 ⑤ -2

065 서술형

포물선 $y^2=4px$ ($p\neq 0$인 상수)의 준선 위의 임의의 점에서 이 포물선에 그은 두 접선은 서로 수직임을 증명하고, 그 과정을 서술하시오.

066

점 $(4, a)$에서 포물선 $x^2=a(y+1)$에 그은 두 접선이 서로 수직일 때, 실수 a의 값은?

① $-\frac{4}{5}$　② $-\frac{2}{5}$　③ 0　④ $\frac{2}{5}$　⑤ $\frac{4}{5}$

067

점 $P(-2, 0)$에서 포물선 $y^2=kx$ $(k\neq0)$에 그은 두 접선과 이 포물선과의 교점을 각각 A, B라 하자. 삼각형 PAB의 넓이가 8일 때, 상수 k의 값은?

① $\frac{1}{4}$　② $\frac{1}{2}$　③ 1　④ 2　⑤ 4

유형09 수학 I 통합 유형

068

교육청기출

자연수 n에 대하여 점 $(-n, 0)$을 지나고 제1사분면에서 포물선 $y^2=4x$에 접하는 직선의 기울기를 a_n이라 하자. $\sum_{n=1}^{10}\left(\frac{1}{a_n}\right)^2$의 값을 구하시오.

069

평가원기출

그림과 같이 초점이 F인 포물선 $y^2=4x$ 위의 한 점 P에서의 접선이 x축과 만나는 점의 x좌표가 -2이다. $\cos(\angle PFO)$의 값은? (단, O는 원점이다.)

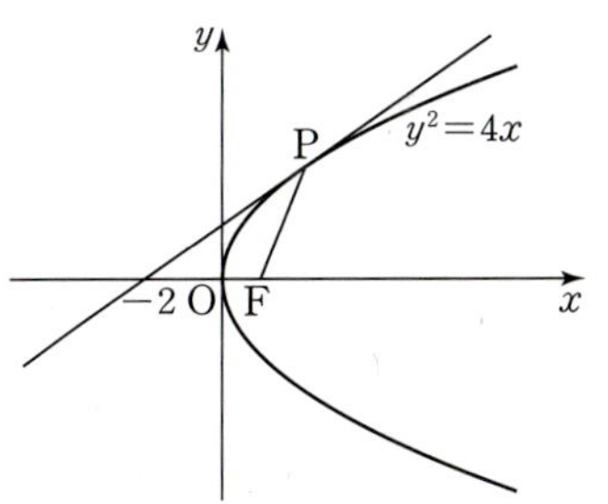

① $-\frac{5}{12}$　② $-\frac{1}{3}$　③ $-\frac{1}{4}$　④ $-\frac{1}{6}$　⑤ $-\frac{1}{12}$

스키마로 풀이 흐름 알아보기

그림과 같이 포물선 $y^2=4x$ 위의 점 P와 두 점 A(4, 2), F(1, 0)에 대하여 삼각형 AFP의 둘레의 길이가 최소일 때, 삼각형 AFP의 넓이는? (밑줄: 조건①, 조건②, 답)

① 1　② $\frac{3}{2}$　③ 2　④ $\frac{5}{2}$　⑤ 3

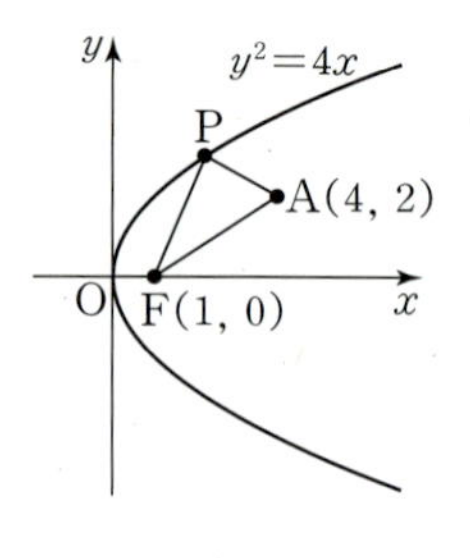

유형03 포물선의 정의의 활용 045

스키마 schema

주어진 조건은 무엇인지? 구하는 답은 무엇인지? 이 둘을 어떻게 연결할지?

1단계

조건
① 포물선 $y^2=4x$ 위의 점 P와 두 점 A(4, 2), F(1, 0) → $\overline{PF}=\overline{PH}$
② 삼각형 AFP의 둘레의 길이가 최소

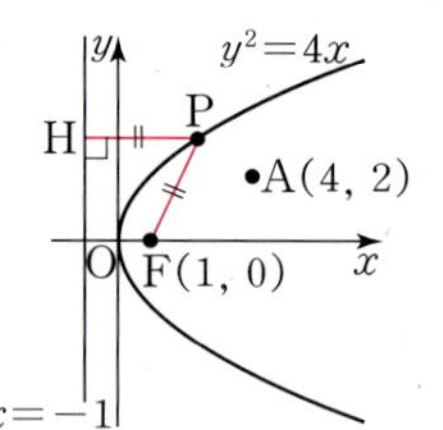

포물선 $y^2=4x$의 초점은 F(1, 0)이고 준선의 방정식은 $x=-1$이다. 포물선 위의 점 P에서 준선에 내린 수선의 발을 H라 하면 포물선의 정의에 의하여 $\overline{PF}=\overline{PH}$이다.

2단계

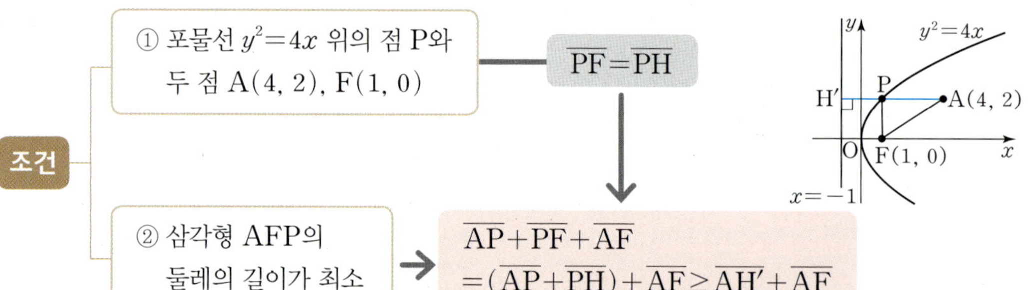

따라서 삼각형 AFP의 둘레의 길이는
$\overline{AP}+\overline{PF}+\overline{AF}=\overline{AP}+\overline{PH}+\overline{AF}$
이때, 점 A에서 준선 $x=-1$에 내린 수선의 발을 H′이라 하면 점 P가 선분 AH′ 위에 있을 때 $\overline{AP}+\overline{PH}+\overline{AF}$의 값이 최소이다.

3단계

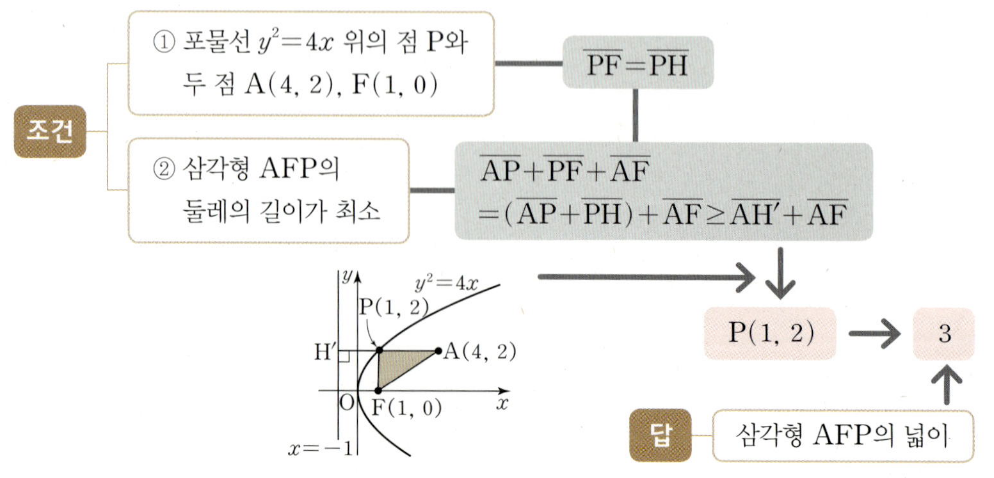

즉, 이때의 점 P의 y좌표는 2이고 점 P가 포물선 $y^2=4x$ 위에 있으므로 점 P의 좌표는 (1, 2)이다.

$\overline{PF}=2$, $\overline{AP}=4-1=3$

∴ (삼각형 AFP의 넓이)

$=\frac{1}{2}\times\overline{PF}\times\overline{AP}$

$=\frac{1}{2}\times2\times3=3$

답 ⑤

스키마로 풀이 흐름 알아보기

직선 $y=x+5$ 위의 한 점 $\mathrm{P}(a, b)$에서 포물선 $y^2=12x$에 그은 두 접선이 서로 수직일 때, ab의 값은?
(조건① : 직선 $y=x+5$ 위의 한 점 $\mathrm{P}(a, b)$ / 조건② : 포물선 $y^2=12x$에 그은 두 접선이 서로 수직 / 답 : ab의 값)

① -6 ② -5 ③ -4 ④ -3 ⑤ -2

유형 08 포물선의 접선의 방정식 - 포물선 밖의 한 점의 좌표가 주어질 때 064

스키마 schema

주어진 조건은 무엇인지? 구하는 답은 무엇인지? 이 둘을 어떻게 연결할지?

1단계

조건
① 직선 $y=x+5$ 위의 점 $\mathrm{P}(a, b)$ → $b=a+5$
② 점 P에서 포물선 $y^2=12x$에 그은 두 접선이 서로 수직
↓ 기울기 m인 접선
$y=mx+\frac{3}{m}$

점 $\mathrm{P}(a, b)$가 직선 $y=x+5$ 위의 점이므로 $b=a+5$ …… ㉠

점 $\mathrm{P}(a, b)$에서 포물선 $y^2=12x$에 그은 접선의 기울기를 m이라 하면 접선의 방정식은

$y=mx+\frac{3}{m}$

2단계

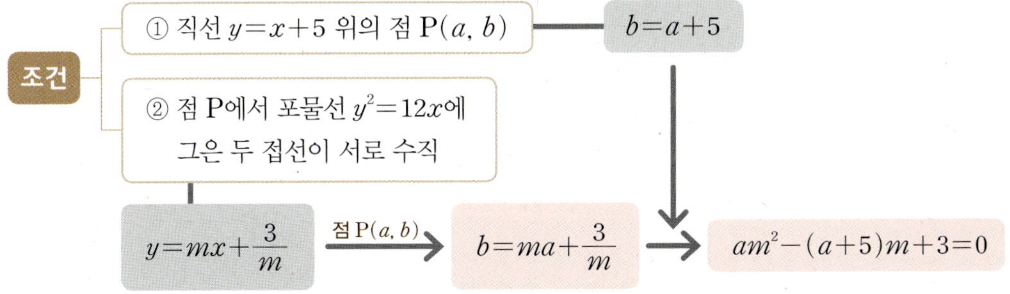

이 접선이 점 $\mathrm{P}(a, b)$를 지나므로

$b=ma+\frac{3}{m}$

이 식을 ㉠에 대입하면

$a+5=ma+\frac{3}{m}$

$am^2-(a+5)m+3=0$ …… ㉡

3단계

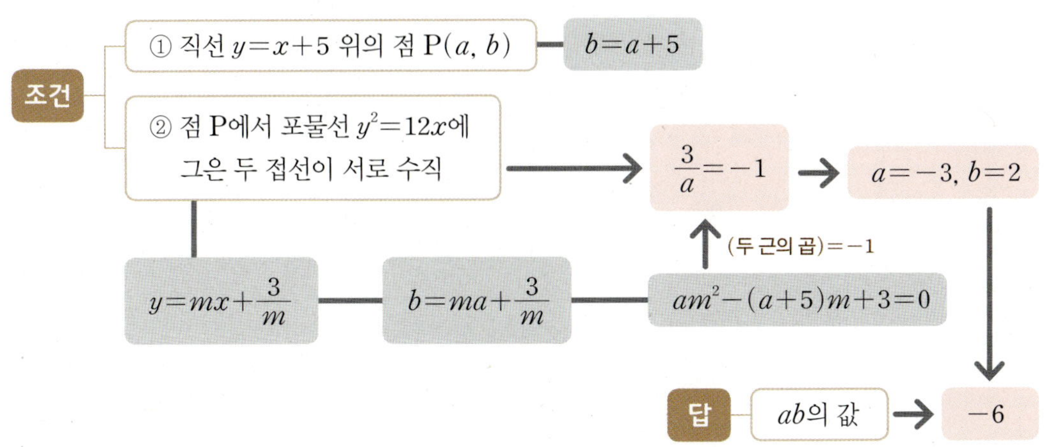

점 $\mathrm{P}(a, b)$에서 포물선 $y^2=12x$에 그은 두 접선이 서로 수직이므로 m에 대한 이차방정식 ㉡의 두 근의 곱이 -1이다.

따라서 근과 계수의 관계에 의하여

$\frac{3}{a}=-1$이므로

$a=-3, b=2$ ($\because$ ㉠)

$\therefore ab=-6$

답 ①

070

평가원기출

그림과 같이 좌표평면에서 x축 위의 두 점 A, B에 대하여 꼭짓점이 A인 포물선 p_1과 꼭짓점이 B인 포물선 p_2가 다음 조건을 만족시킨다. 이때, 삼각형 ABC의 넓이는?

(가) p_1의 초점은 B이고, p_2의 초점은 원점 O이다.
(나) p_1과 p_2는 y축 위의 두 점 C, D에서 만난다.
(다) $\overline{AB}=2$

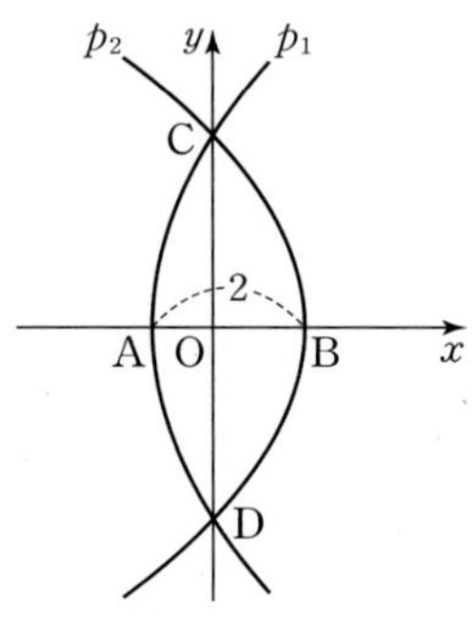

① $4(\sqrt{2}-1)$　② $3(\sqrt{3}-1)$　③ $2(\sqrt{5}-1)$
④ $\sqrt{3}+1$　⑤ $\sqrt{5}+1$

071

교육청기출

그림과 같이 포물선 $y^2=4px$의 초점을 F라 하고, $\overline{FA}=10$을 만족시키는 포물선 위의 점 A(a, b)에서의 접선이 x축과 만나는 점을 B라 하자. 삼각형 ABF의 넓이가 40일 때, ab의 값을 구하시오. (단, $a<p$이다.)

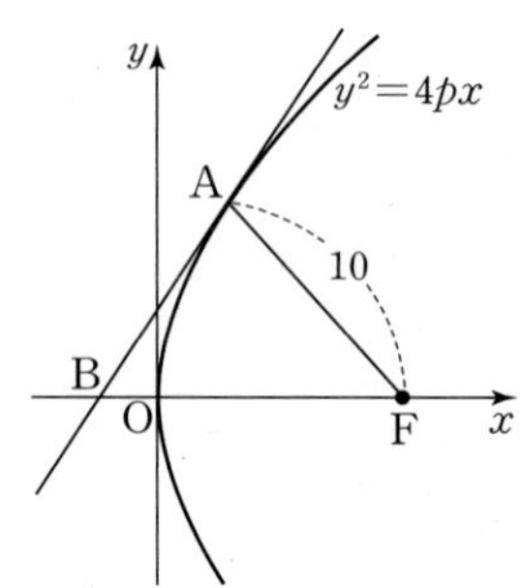

072

평가원기출

그림과 같이 한 변의 길이가 $2\sqrt{3}$인 정삼각형 OAB의 무게중심 G가 x축 위에 있다. 꼭짓점이 O이고 초점이 G인 포물선과 직선 GB가 제1사분면에서 만나는 점을 P라 할 때, 선분 GP의 길이를 구하시오. (단, O는 원점이다.)

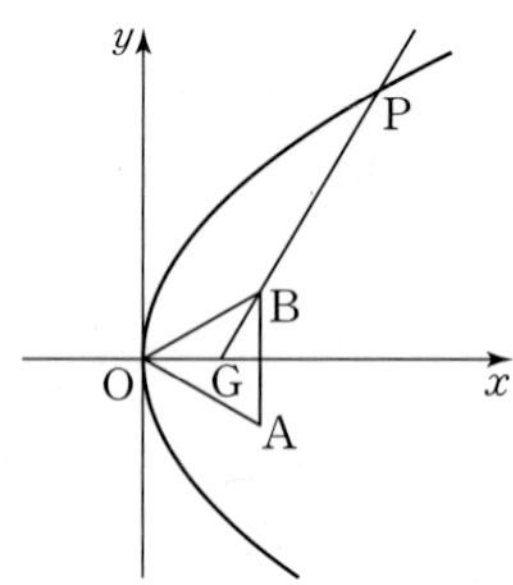

073

포물선 $y^2=4x$와 직선 $y=-2x+k$가 서로 다른 두 점 A, B에서 만난다. $\overline{\mathrm{AB}}=10$일 때, 상수 k의 값은?

① 8　② $\frac{17}{2}$　③ 9　④ $\frac{19}{2}$　⑤ 10

074

교육청기출

그림과 같이 초점이 F인 포물선 $y^2=12x$가 있다. 포물선 위에 있고 제1사분면에 있는 점 A에서의 접선과 포물선의 준선이 만나는 점을 B라 하자. $\overline{\mathrm{AB}}=2\overline{\mathrm{AF}}$일 때, $\overline{\mathrm{AB}}\times\overline{\mathrm{AF}}$의 값을 구하시오.

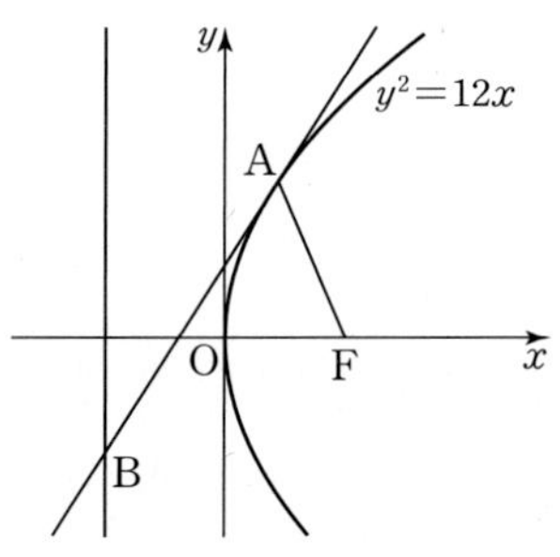

075

평가원기출

좌표평면에서 포물선 $y^2=16x$ 위의 점 A에 대하여 점 B는 다음 조건을 만족시킨다.

> (가) 점 A가 원점이면 점 B도 원점이다.
> (나) 점 A가 원점이 아니면 점 B는 점 A, 원점 그리고 점 A에서의 접선이 y축과 만나는 점을 세 꼭짓점으로 하는 삼각형의 무게중심이다.

점 A가 포물선 $y^2=16x$ 위를 움직일 때 점 B가 나타내는 곡선을 C라 하자. 점 $(3, 0)$을 지나는 직선이 곡선 C와 두 점 P, Q에서 만나고 $\overline{\mathrm{PQ}}=20$일 때, 두 점 P, Q의 x좌표의 합을 구하시오.

02 타원

현재 학습 내용

• 타원

1. 타원의 정의 ········· 유형 03 타원의 정의의 활용

평면 위의 서로 다른 두 점 F, F′으로부터의 거리의 합이 일정한 점들의 집합을 타원이라 한다. 이때, 두 점 F, F′을 타원의 초점이라 한다. 두 초점을 이은 직선이 타원과 만나는 두 점을 각각 A, A′이라 하고, 선분 FF′의 수직이등분선이 타원과 만나는 두 점을 각각 B, B′이라 할 때, 네 점 A, A′, B, B′을 타원의 꼭짓점, 선분 AA′을 타원의 장축, 선분 BB′을 타원의 단축이라 하며, 장축과 단축의 교점을 타원의 중심이라 한다.

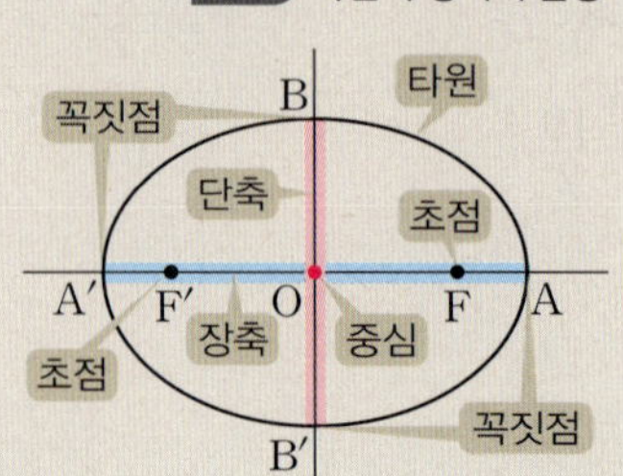

초점이 F, F′인 타원 위의 점 P에 대하여 $\overline{PF}+\overline{PF'}=$(장축의 길이)
타원은 장축, 단축, 중심에 대하여 각각 대칭이다.

2. 타원의 방정식 ········· 유형 01 타원의 방정식

(1) 두 초점 F$(c, 0)$, F′$(-c, 0)$으로부터의 거리의 합이 $2a$인 타원의 방정식은

$$\frac{x^2}{a^2}+\frac{y^2}{b^2}=1 \text{ (단, } a>b>0,\ b^2=a^2-c^2)$$

(2) 두 초점 F$(0, c)$, F′$(0, -c)$으로부터의 거리의 합이 $2b$인 타원의 방정식은

$$\frac{x^2}{a^2}+\frac{y^2}{b^2}=1 \text{ (단, } b>a>0,\ a^2=b^2-c^2)$$

타원의 방정식	$\frac{x^2}{a^2}+\frac{y^2}{b^2}=1\ (a>b>0)$	$\frac{x^2}{a^2}+\frac{y^2}{b^2}=1\ (b>a>0)$
그래프	y, b, P(x, y), F′, F, $-a$, $-c$, O, c, a, x, $-b$	y, b, c, F, P(x, y), $-a$, O, a, x, $-c$, F′, $-b$
$\overline{PF}+\overline{PF'}$	$2a$	$2b$
초점	F$(c, 0)$, F′$(-c, 0)$ (단, $c=\sqrt{a^2-b^2}$)	F$(0, c)$, F′$(0, -c)$ (단, $c=\sqrt{b^2-a^2}$)
꼭짓점	$(\pm a, 0)$, $(0, \pm b)$	$(\pm a, 0)$, $(0, \pm b)$
장축의 길이	$2a$	$2b$
단축의 길이	$2b$	$2a$
중심	$(0, 0)$	$(0, 0)$

a, b 중 어떤 값이 더 큰지에 따라 타원의 모양을 알 수 있다.
($a>b$일 때 두 초점은 x축 위, $b>a$일 때 두 초점은 y축 위에 있다.)

| 이전 학습 내용 |

• **도형의 평행이동** (수학 Ⅲ. 도형의 방정식)

방정식 $f(x, y)=0$이 나타내는 도형을 x축의 방향으로 a만큼, y축의 방향으로 b만큼 평행이동한 도형의 방정식은 $f(x-a, y-b)=0$이다.

• **이차함수의 그래프와 직선의 위치 관계** (수학 Ⅱ. 방정식과 부등식)

이차함수 $y=ax^2+bx+c$의 그래프와 직선 $y=mx+n$의 위치 관계는 이차방정식 $ax^2+bx+c=mx+n$의 판별식 D의 부호에 따라 결정된다.

$D>0$	$D=0$	$D<0$
서로 다른 두 점에서 만난다.	한 점에서 만난다. (접한다)	만나지 않는다.

• **원의 접선의 방정식** (수학 Ⅲ. 도형의 방정식)

원 $x^2+y^2=r^2\ (r>0)$에 접하고 기울기가 m인 직선의 방정식은

$$y=mx\pm r\sqrt{m^2+1}$$

원 $x^2+y^2=r^2$ 위의 점 $P(x_1, y_1)$에서의 접선의 방정식은

$$x_1x+y_1y=r^2$$

현재 학습 내용

3. 타원의 평행이동 ······ 유형02 타원의 평행이동

타원 $\frac{x^2}{a^2}+\frac{y^2}{b^2}=1$을 x축의 방향으로 m만큼, y축의 방향으로 n만큼 평행이동한 타원의 방정식은 $\frac{(x-m)^2}{a^2}+\frac{(y-n)^2}{b^2}=1$

타원의 방정식	$\frac{x^2}{a^2}+\frac{y^2}{b^2}=1$	$\frac{(x-m)^2}{a^2}+\frac{(y-n)^2}{b^2}=1$
초점	$(c, 0), (-c, 0)$ (단, $c=\sqrt{a^2-b^2}$)	$(c+m, n), (-c+m, n)$ (단, $c=\sqrt{a^2-b^2}$)
꼭짓점	$(\pm a, 0), (0, \pm b)$	$(\pm a+m, n), (m, \pm b+n)$
장축의 길이	$2a$	$2a$
단축의 길이	$2b$	$2b$
중심	$(0, 0)$	(m, n)

4. 타원의 방정식의 일반형

$$Ax^2+By^2+Cx+Dy+E=0 \text{ (단, } AB>0,\ A\neq B)$$

유형04 자취의 방정식

유형05 타원과 원, 포물선

• **타원과 직선**

1. 타원과 직선의 위치 관계 ······ 유형06 타원과 직선의 위치 관계

타원의 방정식과 직선 $y=mx+n$의 방정식을 연립하여 얻은 x 또는 y에 대한 이차방정식의 판별식을 D라 하면

$D>0 \Longleftrightarrow$ 서로 다른 두 점에서 만난다.

$D=0 \Longleftrightarrow$ 한 점에서 만난다. (접한다.)

$D<0 \Longleftrightarrow$ 만나지 않는다.

2. 타원의 접선의 방정식

(1) 기울기가 주어질 때 ······ 유형07 타원의 접선의 방정식 – 기울기가 주어질 때

타원 $\frac{x^2}{a^2}+\frac{y^2}{b^2}=1$에 접하고 기울기가 m인 직선의 방정식은

$$y=mx\pm\sqrt{a^2m^2+b^2}$$

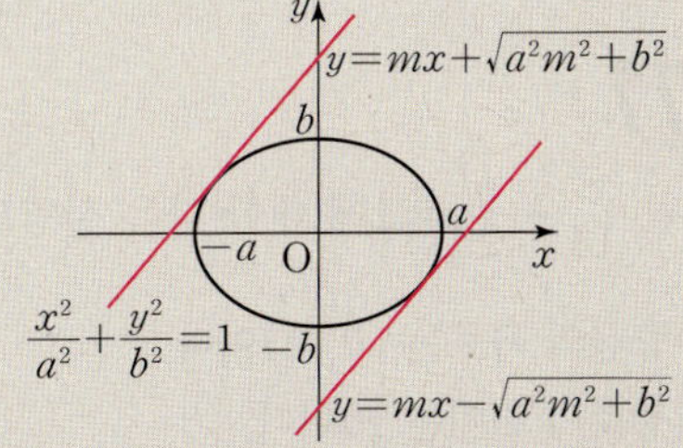

(2) 접점의 좌표가 주어질 때 ······ 유형08 타원의 접선의 방정식 – 접점의 좌표가 주어질 때

타원 $\frac{x^2}{a^2}+\frac{y^2}{b^2}=1$ 위의 점 $P(x_1, y_1)$에서의 접선의 방정식은

$$\frac{x_1x}{a^2}+\frac{y_1y}{b^2}=1 \leftarrow x^2 \text{ 대신 } x_1x,\ y^2 \text{ 대신 } y_1y \text{ 대입}$$

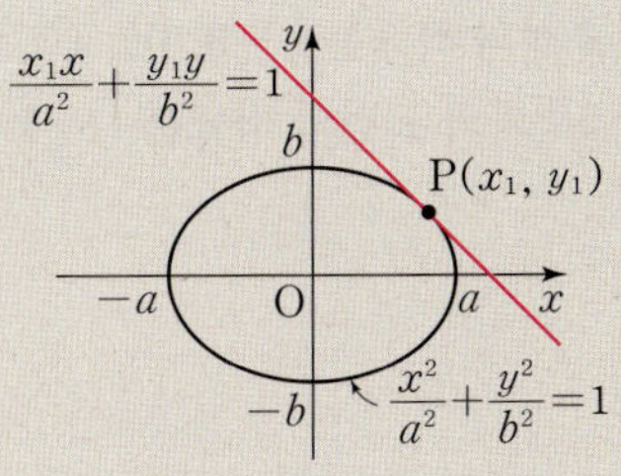

유형09 타원의 접선의 방정식 – 타원 밖의 한 점의 좌표가 주어질 때

유형10 수학 I 통합 유형

유형01 타원의 방정식

$\frac{x^2}{a^2}+\frac{y^2}{b^2}=1$ 꼴의 타원의 방정식에서 '초점의 좌표, 꼭짓점의 좌표, 장축의 길이, 단축의 길이, 두 초점으로부터의 거리의 합' 등을 구하거나, 이 조건들을 이용하여 타원의 방정식을 구하는 문제를 분류하였다.

유형해결 TIP

타원 $\frac{x^2}{a^2}+\frac{y^2}{b^2}=1$에서

(1) $a^2>b^2$인 경우 두 초점은 x축 위에 있다.

❶ 초점 : $(\pm\sqrt{a^2-b^2}, 0)$

❷ 장축의 길이 : $2|a|$, 단축의 길이 : $2|b|$

(2) $a^2<b^2$인 경우 두 초점은 y축 위에 있다.

❶ 초점 : $(0, \pm\sqrt{b^2-a^2})$

❷ 장축의 길이 : $2|b|$, 단축의 길이 : $2|a|$

076

타원 $\frac{x^2}{9}+\frac{y^2}{4}=1$의 장축의 길이를 m, 단축의 길이를 n이라 할 때, $m+n$의 값은?

① 4 ② 6 ③ 8 ④ 10 ⑤ 12

077

타원 $\frac{x^2}{16}+\frac{y^2}{25}=1$에 대한 다음 설명으로 옳지 않은 것은?

① 중심의 좌표는 $(0, 0)$이다.
② 장축의 길이는 10이다.
③ 단축의 길이는 8이다.
④ 초점의 좌표는 $(-3, 0)$, $(3, 0)$이다.
⑤ x축과의 교점의 좌표는 $(-4, 0)$, $(4, 0)$이다.

078

평가원기출

타원 $x^2+9y^2=9$의 두 초점 사이의 거리를 d라 할 때, d^2의 값을 구하시오.

079

중심이 원점이고 장축의 길이가 10, 단축의 길이가 6인 타원의 두 초점 사이의 거리는?

① 4 ② 5 ③ 6 ④ 7 ⑤ 8

080

두 초점이 $F(4, 0)$, $F'(-4, 0)$이고 장축의 길이와 단축의 길이의 차가 4인 타원의 방정식은?

① $\frac{x^2}{9}+\frac{y^2}{25}=1$ ② $\frac{x^2}{20}+\frac{y^2}{36}=1$ ③ $\frac{x^2}{25}+\frac{y^2}{9}=1$ ④ $\frac{x^2}{36}+\frac{y^2}{20}=1$ ⑤ $\frac{x^2}{49}+\frac{y^2}{33}=1$

081 빈출

타원 $9x^2+5y^2=45$와 두 초점을 공유하고 점 $(0,\ 2\sqrt{2})$를 지나는 타원의 방정식은?

① $\frac{x^2}{4}+\frac{y^2}{8}=1$　② $\frac{x^2}{6}+\frac{y^2}{10}=1$
③ $\frac{x^2}{8}+\frac{y^2}{12}=1$　④ $\frac{x^2}{10}+\frac{y^2}{14}=1$
⑤ $\frac{x^2}{12}+\frac{y^2}{16}=1$

082 빈출

두 초점 $F(3,\ 0)$, $F'(-3,\ 0)$에서의 거리의 합이 8인 점이 나타내는 타원의 방정식을 $\frac{x^2}{m}+\frac{y^2}{n}=1$이라 할 때, 두 상수 m, n에 대하여 $m+n$의 값은?

① 23　② 25　③ 27
④ 29　⑤ 31

083

두 초점 $F(0,\ 4)$, $F'(0,\ -4)$에서의 거리의 합이 10인 타원의 단축의 길이는?

① 4　② 5　③ 6
④ 7　⑤ 8

084

| 선행 079 |

가로의 길이와 세로의 길이가 각각 8, 6인 직사각형에 장축이 선분 AD와 평행한 타원이 내접하고 있다. 이 타원의 두 초점 사이의 거리는?

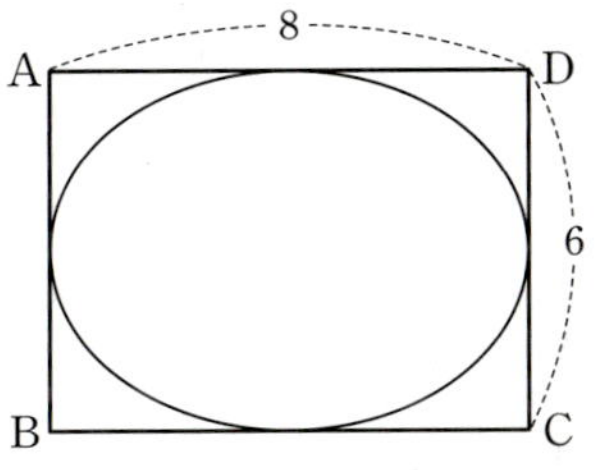

① $2\sqrt{6}$　② $2\sqrt{7}$　③ $4\sqrt{2}$
④ 6　⑤ $2\sqrt{10}$

유형 02 타원의 평행이동

평행이동한 타원의 중심 · 초점 · 꼭짓점의 좌표, 장축의 길이, 단축의 길이를 구하는 문제를 분류하였다.

유형해결 TIP

중심이 원점 $(0,\ 0)$인 타원 $\frac{x^2}{a^2}+\frac{y^2}{b^2}=1$을 x축의 방향으로 m만큼, y축의 방향으로 n만큼 평행이동하면
중심이 점 $(m,\ n)$인 타원 $\frac{(x-m)^2}{a^2}+\frac{(y-n)^2}{b^2}=1$이다.
이 타원의 초점 · 꼭짓점의 좌표를 구하는 순서는 다음과 같다.
❶ 타원 $\frac{x^2}{a^2}+\frac{y^2}{b^2}=1$의 초점 · 꼭짓점의 좌표 구하기
❷ '❶에서 구한 x좌표에 $+m$, y좌표에 $+n$'을 한다.
한편, 평행이동을 하여도 '장축의 길이'와 '단축의 길이'는 변하지 않는다.

085

타원 $\frac{x^2}{16}+\frac{(y+2)^2}{9}=1$에 대한 다음 설명 중 옳지 않은 것은?

① 타원 $\frac{x^2}{16}+\frac{y^2}{9}=1$을 y축의 방향으로 -2만큼 평행이동한 것이다.
② 장축의 길이는 8이다.
③ 단축의 길이는 6이다.
④ 초점의 좌표는 $(0,\ \sqrt{7}-2)$, $(0,\ -\sqrt{7}-2)$이다.
⑤ 중심의 좌표는 $(0,\ -2)$이다.

086

평가원기출

타원 $4x^2+9y^2-18y-27=0$의 한 초점의 좌표가 (p, q)일 때, p^2+q^2의 값을 구하시오.

087

평가원기출

타원 $\frac{(x-2)^2}{a}+\frac{(y-2)^2}{4}=1$의 두 초점의 좌표가 $(6, b)$, $(-2, b)$일 때, ab의 값은? (단, a는 양수이다.)

① 40 ② 42 ③ 44 ④ 46 ⑤ 48

유형03 타원의 정의의 활용

타원은 두 초점으로부터 거리의 합이 일정(장축의 길이)한 점들의 집합이다.

유형 해결 TIP

타원 $\frac{x^2}{a^2}+\frac{y^2}{b^2}=1$ 위의 임의의 점 P와 두 초점 F, F′에 대하여

(1) $a^2>b^2$인 경우 $\overline{PF}+\overline{PF'}=2|a|$ (일정)

(2) $a^2<b^2$인 경우 $\overline{PF}+\overline{PF'}=2|b|$ (일정)

088

그림과 같이 타원 $\frac{x^2}{16}+\frac{y^2}{7}=1$ 위의 점 P와 타원의 두 초점 F, F′으로 이루어진 삼각형 PFF′의 둘레의 길이는?

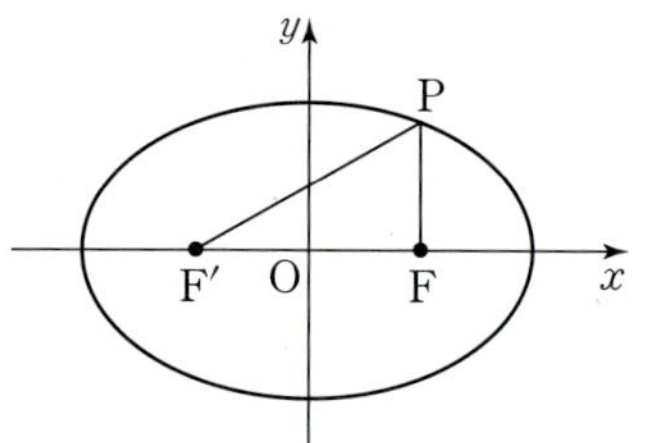

① 10 ② 12 ③ 14 ④ 16 ⑤ 18

089

타원 $\frac{x^2}{9}+\frac{y^2}{3}=1$ 위의 한 점 P와 두 초점 F, F′에 대하여 $\angle FPF'=90°$일 때, $\overline{PF}\times\overline{PF'}$의 값은?

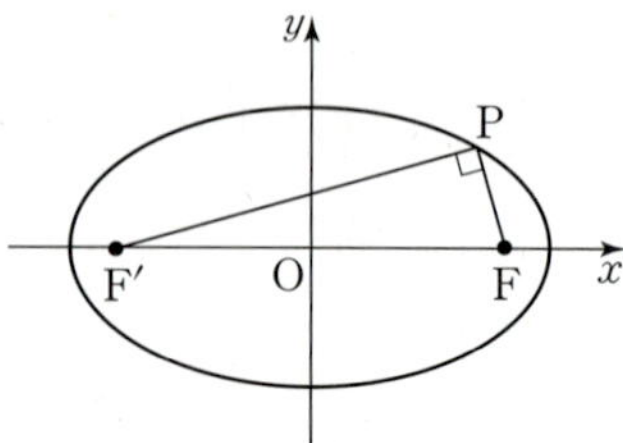

① 4 ② 5 ③ 6 ④ 7 ⑤ 8

유형 04 자취의 방정식

어떤 조건을 만족시키는 점 P가 나타내는 도형이 타원인 문제를 분류하였다.

유형 해결 TIP

(1) 타원의 정의
두 정점 F, F'과 동점 P에 대하여 $\overline{\mathrm{PF}}+\overline{\mathrm{PF'}}=k$로 일정할 때, 점 P는 두 점 F, F'을 초점으로 하고 장축의 길이가 k인 타원을 나타낸다.

(2) 선분의 내분점과 외분점
두 점 $\mathrm{A}(x_1, y_1)$, $\mathrm{B}(x_2, y_2)$에 대하여
❶ 선분 AB를 $m:n$ $(m>0, n>0)$으로 내분하는 점의 좌표는
$$\left(\frac{mx_2+nx_1}{m+n}, \frac{my_2+ny_1}{m+n}\right)$$
❷ 선분 AB를 $m:n$ $(m>0, n>0)$으로 외분하는 점의 좌표는
$$\left(\frac{mx_2-nx_1}{m-n}, \frac{my_2-ny_1}{m-n}\right) \text{ (단, } m\neq n)$$

(3) 두 원의 내접과 외접(교육과정 외) 예 137번, 138번
두 원의 위치 관계는 교육과정에서 벗어나는 내용이다. 만약 학교에서 학습하게 되는 경우에는 해당 유형이 내신 시험에 출제될 수 있으니 학습하도록 하자.
<두 원이 접하는 경우>
❶ 외접 : 한 원이 다른 원의 외부에서 접할 때, 외접한다고 한다.
❷ 내접 : 한 원이 다른 원의 내부에서 접할 때, 내접한다고 한다.
❶, ❷의 경우 두 원의 중심과 접점은 한 직선 위에 있고, 두 원의 중심 사이의 거리를 d, 두 원의 반지름의 길이를 각각 r_1, r_2라 하면 다음과 같은 관계식이 성립한다.

❶ 외접

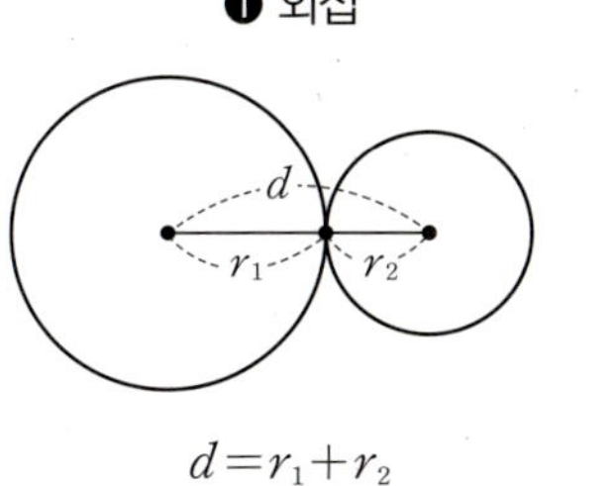

$d=r_1+r_2$

❷ 내접

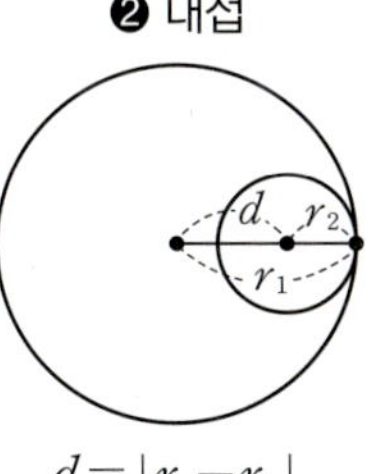

$d=|r_1-r_2|$

090 서술형

원 $x^2+y^2=9$ 위를 움직이는 점 P에서 x축에 내린 수선의 발을 H라 하고, 선분 PH를 $2:1$로 내분하는 점을 Q라 할 때, 점 Q가 나타내는 도형의 방정식을 구하고, 그 그래프를 그리시오.

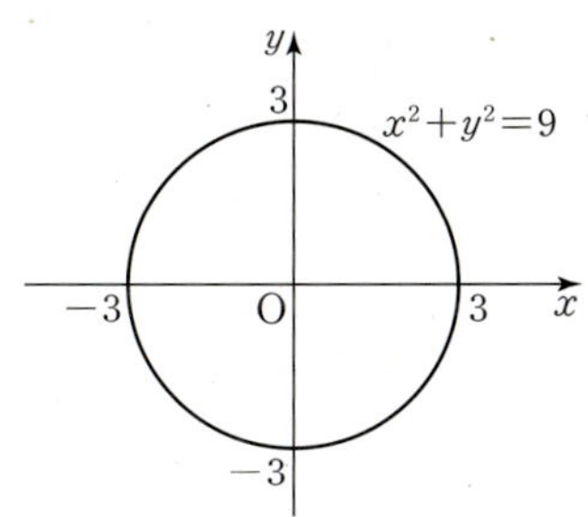

유형 05 타원과 원, 포물선

타원과 원 또는 포물선이 함께 등장하는 문제를 분류하였다.

유형 해결 TIP

(1) 원 · 포물선 · 타원의 정의
(2) 타원의 두 초점 F, F'을 지름의 양 끝점으로 하고, 타원 위의 한 점 P를 지나는 원에서 $\angle\mathrm{F'PF}=90°$

091 교육청기출

원 $(x-6)^2+(y-5)^2=36$과 x축의 두 교점을 초점으로 하고, 원의 중심을 지나는 타원의 장축의 길이를 구하시오.

092

포물선 $y^2=8x$의 초점이 타원 $\dfrac{x^2}{a^2}+y^2=1$ $(a>1)$의 한 초점과 같을 때, 이 타원의 장축의 길이는?

① 2　② $2\sqrt{2}$　③ $2\sqrt{3}$
④ 4　⑤ $2\sqrt{5}$

유형 06 타원과 직선의 위치 관계

타원 $\frac{x^2}{a^2}+\frac{y^2}{b^2}=1$과 직선 $y=mx+n$의 위치 관계를 이용하는 문제를 분류하였다.

유형 해결 TIP

이때, 다음과 같은 순서로 풀이하자.

❶ $\frac{x^2}{a^2}+\frac{y^2}{b^2}=1$에 $y=mx+n$을 대입하기

❷ ❶에서 구한 x에 관한 이차방정식의 판별식 D 구하기

❸ $D>0 \Longleftrightarrow$ 서로 다른 두 점에서 만난다.
$D=0 \Longleftrightarrow$ 한 점에서 만난다. (접한다.)
$D<0 \Longleftrightarrow$ 만나지 않는다.

093

타원 $2x^2+y^2=2$와 직선 $y=x+k$가 만나도록 하는 실수 k의 값의 범위는?

① $-\sqrt{3}\le k<0$
② $-\sqrt{3}<k<\sqrt{3}$
③ $-\sqrt{3}\le k\le\sqrt{3}$
④ $k<-\sqrt{3}$ 또는 $k>\sqrt{3}$
⑤ $k\le-\sqrt{3}$ 또는 $k\ge\sqrt{3}$

094

타원 $\frac{x^2}{20}+\frac{y^2}{5}=1$과 직선 $y=x+k$가 서로 다른 두 점에서 만나도록 하는 정수 k의 최댓값을 M, 최솟값을 m이라 할 때, Mm의 값은?

① -1 ② -4 ③ -9
④ -16 ⑤ -25

095

타원 $10x^2+y^2=6$과 직선 $y=mx+3$이 만나지 않도록 하는 정수 m의 개수는?

① 1 ② 2 ③ 3
④ 4 ⑤ 5

유형 07 타원의 접선의 방정식 - 기울기가 주어질 때

타원 $\frac{x^2}{a^2}+\frac{y^2}{b^2}=1$에 접하고 기울기가 m인 직선의 방정식 $y=mx\pm\sqrt{a^2m^2+b^2}$을 구하는 문제를 분류하였다.

096

타원 $\frac{x^2}{2}+y^2=1$에 접하고 기울기가 2인 직선의 방정식은?

① $y=2x\pm1$ ② $y=2x\pm2$ ③ $y=2x\pm3$
④ $y=2x\pm4$ ⑤ $y=2x\pm5$

097

타원 $\frac{x^2}{5}+\frac{y^2}{4}=1$에 접하고 직선 $x+y-3=0$에 평행한 접선의 방정식을 구하시오.

098

타원 $\frac{x^2}{4}+\frac{y^2}{9}=1$에 접하고 직선 $x-2y+1=0$에 수직인 접선의 방정식의 y절편을 a라 할 때, 모든 a의 값의 곱은?

① -1　② -4　③ -9
④ -16　⑤ -25

099

타원 $3x^2+5y^2=30$에 접하고 x축의 양의 방향과 이루는 각의 크기가 $60°$인 두 접선 사이의 거리는?

① $3\sqrt{2}$　② $2\sqrt{3}$　③ 3
④ $\frac{6}{5}\sqrt{5}$　⑤ 6

유형 08 타원의 접선의 방정식 - 접점의 좌표가 주어질 때

타원 $\frac{x^2}{a^2}+\frac{y^2}{b^2}=1$ 위의 점 (x_1, y_1)에서의 접선의 방정식 $\frac{x_1x}{a^2}+\frac{y_1y}{b^2}=1$을 구하는 문제를 분류하였다.

100

타원 $x^2+6y^2=10$ 위의 한 점 $\mathrm{A}(2, -1)$에서의 접선의 방정식은?

① $-x+3y=5$　② $x-3y=5$　③ $x+3y=5$
④ $2x-3y=5$　⑤ $2x+3y=5$

101

타원 $\frac{x^2}{4}+\frac{y^2}{12}=1$ 위의 점 $(-1, 3)$에서의 접선과 x축, y축으로 둘러싸인 도형의 넓이는?

① 4　② 6　③ 8
④ 10　⑤ 12

유형 09 타원의 접선의 방정식 - 타원 밖의 한 점의 좌표가 주어질 때

타원 $\frac{x^2}{a^2}+\frac{y^2}{b^2}=1$ 밖의 한 점 (p, q)에서 타원에 그은 접선의 방정식을 구하는 문제를 분류하였다.

유형 해결 TIP

(1) 접점의 좌표를 (x_1, y_1)로 놓고 구하는 방법

❶ $\frac{x_1x}{a^2}+\frac{y_1y}{b^2}=1$에 점 (p, q)의 좌표 대입하기

❷ $\frac{x^2}{a^2}+\frac{y^2}{b^2}=1$에 점 (x_1, y_1)의 좌표 대입하기

❸ ❶, ❷에서 구한 식을 연립하여 점 (x_1, y_1)의 좌표 구하기

❹ 접선의 방정식 구하기

(2) 접선의 방정식을 $y=m(x-p)+q$로 놓고 구하는 방법

❶ $\frac{x^2}{a^2}+\frac{y^2}{b^2}=1$에 $y=m(x-p)+q$ 대입하기

❷ ❶에서 구한 x에 관한 이차방정식의 판별식 $D=0$을 만족시키는 m의 값 구하기

❸ 접선의 방정식 구하기

❹ 특히, $p=\pm a$인 경우 한 접선은 $x=\pm a$이니 빠트리지 않도록 주의하자.

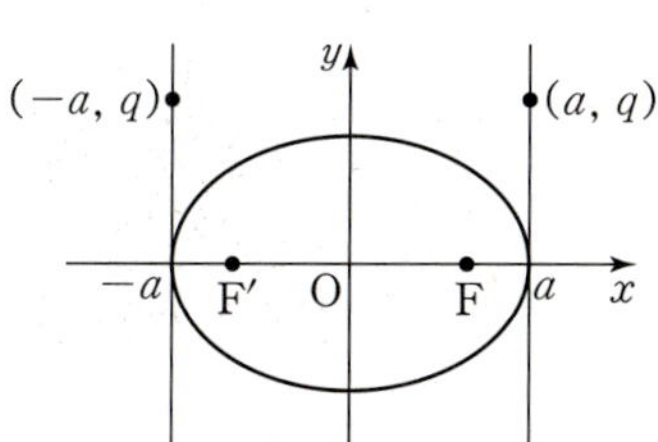

(1), (2)의 과정 대신 $y=mx\pm\sqrt{a^2m^2+b^2}$에 점 (p, q)의 좌표를 대입하여 m의 값을 구한 뒤 접선의 방정식을 구할 수도 있다.

102

다음 물음에 답하시오.

(1) 점 $(4, 2)$에서 타원 $3x^2+4y^2=16$에 그은 접선의 방정식을 모두 구하시오.

(2) 점 $(1, 1)$에서 타원 $x^2+\frac{y^2}{4}=1$에 그은 접선의 방정식을 모두 구하시오.

103

점 (0, 2)에서 타원 $x^2+\frac{y^2}{2}=1$에 그은 두 접선의 기울기가 각각 m_1, m_2일 때, m_1m_2의 값은?

① -1　② -2　③ -3
④ -4　⑤ -5

104

점 (3, 2)에서 타원 $4x^2+y^2=4$에 그은 접선 중 기울기가 0이 아닌 접선의 기울기는?

① $-\frac{3}{2}$　② -1　③ $\frac{1}{2}$
④ 1　⑤ $\frac{3}{2}$

105

점 $(-1, 2)$에서 타원 $\frac{x^2}{3}+\frac{y^2}{a}=1$에 그은 두 접선이 서로 수직일 때, 양수 a의 값은?

① $\frac{1}{2}$　② 1　③ $\frac{3}{2}$
④ 2　⑤ $\frac{5}{2}$

106

점 (3, 0)에서 타원 $\frac{x^2}{3}+\frac{y^2}{6}=1$에 그은 두 접선과 y축으로 둘러싸인 삼각형의 넓이는?

① 6　② 7　③ 8
④ 9　⑤ 10

유형 10 수학 I 통합 유형

〈기하〉의 선수학습 과목은 〈수학〉뿐이므로 〈수학 I〉에서 학습한 내용이 포함된 문제를 따로 분류하였다. 따라서 위 과목들을 학습한 학생만 이 유형의 문제를 풀어 보자.

107

점 (2, 9)에서 타원 $9x^2+4y^2=36$에 그은 두 접선이 이루는 예각의 크기를 θ라 할 때, $\sin\theta$의 값은?

① $\frac{\sqrt{5}}{5}$　② $\frac{1}{2}$　③ $\frac{\sqrt{3}}{3}$
④ $\frac{\sqrt{2}}{2}$　⑤ 1

유형01 타원의 방정식

108

길이가 10 cm인 실의 양 끝을 거리가 6 cm인 두 점 A, B에 고정하고 연필 끝으로 실을 팽팽하게 당기면서 곡선을 그리면 타원이 된다. 다음 설명 중 옳지 않은 것은?

① 두 점 A, B는 타원의 초점이다.
② 두 초점 사이의 거리는 6 cm이다.
③ 장축의 길이는 10 cm이다.
④ 단축의 길이는 8 cm이다.
⑤ 좌표평면에 두 점 A, B를 x축 위에, 타원의 중심을 원점 위에 놓으면 타원의 방정식은 $\frac{x^2}{9}+\frac{y^2}{16}=1$이다.

109

그림과 같이 밑면의 반지름의 길이가 4이고 높이가 6인 원기둥의 옆면을 잘랐을 때 생기는 단면은 타원이다. 이 타원의 두 초점 사이의 거리는?

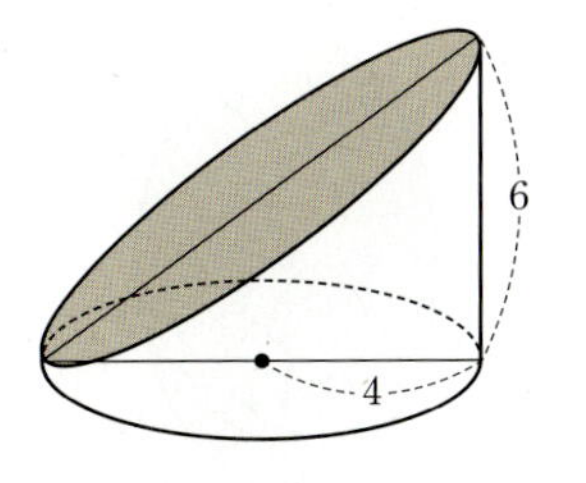

① 4　② 5　③ 6
④ 7　⑤ 8

110

그림과 같이 어느 터널은 타원을 그 장축을 따라 반으로 자른 모양이다. 이 터널의 폭이 8 m, 높이가 2 m이고, 터널 바닥의 중간 지점인 O에서 오른쪽, 왼쪽으로 각각 2 m가 되는 지점의 천장 A, B에 조명이 설치되어 있다. 지면으로부터 조명까지의 높이는 몇 m인가?

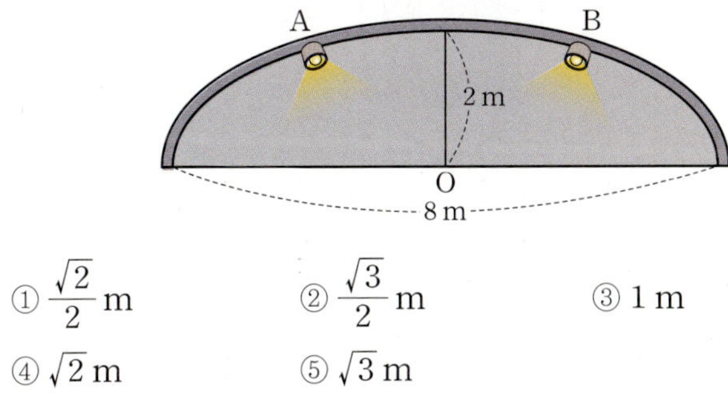

① $\frac{\sqrt{2}}{2}$ m　② $\frac{\sqrt{3}}{2}$ m　③ 1 m
④ $\sqrt{2}$ m　⑤ $\sqrt{3}$ m

111

태양 주위를 돌고 있는 행성들은 타원 궤도를 따라 공전하고 있고, 이 궤도는 태양을 한 초점으로 하는 타원이다. 행성이 태양으로부터 가장 멀리 떨어진 지점을 원일점이라 하고, 가장 가까이 있는 지점을 근일점이라 하며 이 두 점은 장축의 양 끝점이다. 어떤 행성의 타원 궤도에서 태양에서 근일점까지의 거리는 4×10^4 km이고, 태양에서 원일점까지의 거리는 16×10^4 km라 한다. 이때, 행성 궤도의 단축의 길이는?

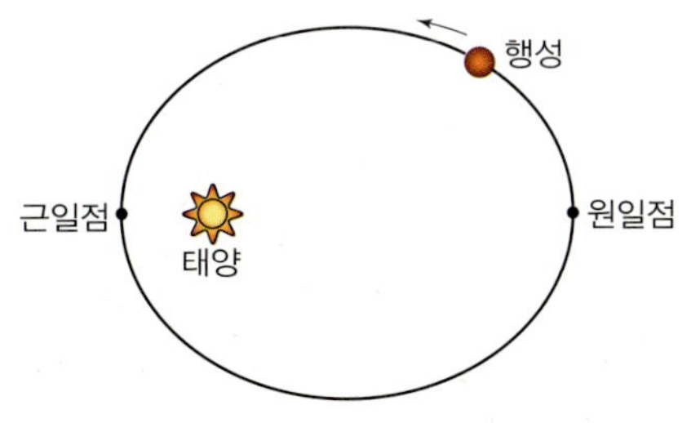

① 4×10^4 km　② 8×10^4 km
③ 12×10^4 km　④ 16×10^4 km
⑤ 20×10^4 km

112

타원 $\frac{x^2}{4}+\frac{y^2}{9}=1$에 내접하는 직사각형의 넓이의 최댓값은?

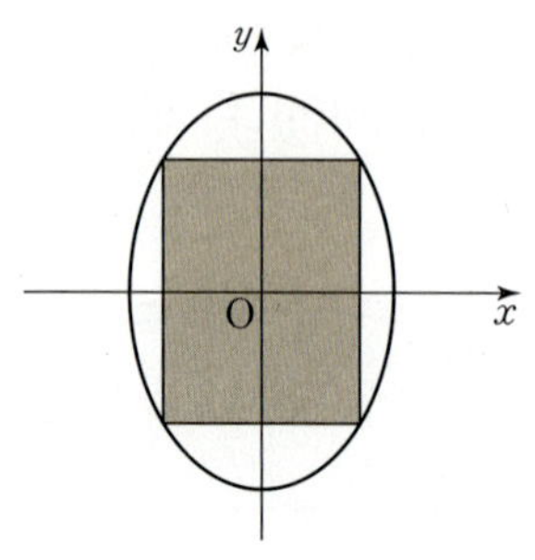

① 3 ② 6 ③ 9
④ 12 ⑤ 15

113

평가원기출

타원 $\frac{x^2}{a^2}+\frac{y^2}{b^2}=1$의 한 초점을 $\mathrm{F}(c, 0)$ $(c>0)$, 이 타원이 x축과 만나는 점 중에서 x좌표가 음수인 점을 A, y축과 만나는 점 중에서 y좌표가 양수인 점을 B라 하자. $\angle\mathrm{AFB}=60°$이고 삼각형 AFB의 넓이는 $6\sqrt{3}$일 때, a^2+b^2의 값은? (단, a, b는 상수이다.)

① 22 ② 24 ③ 26
④ 28 ⑤ 30

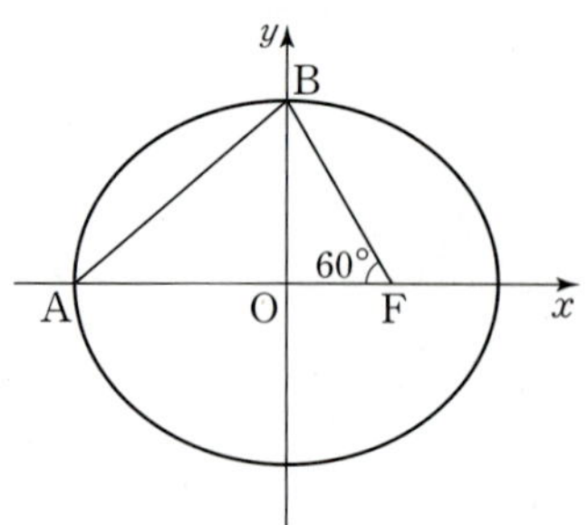

114

평가원기출

그림은 한 변의 길이가 10인 정육각형 ABCDEF의 각 변을 장축으로 하고, 단축의 길이가 같은 타원 6개를 그린 것이다. 그림과 같이 정육각형의 꼭짓점과 이웃하는 두 타원의 초점으로 이루어진 삼각형 6개의 넓이의 합이 $6\sqrt{3}$일 때, 타원의 단축의 길이는?

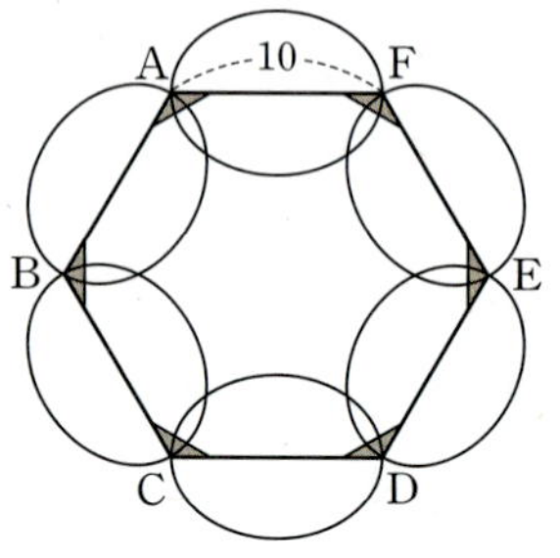

① $4\sqrt{2}$ ② 6 ③ $4\sqrt{3}$
④ 8 ⑤ $6\sqrt{2}$

115

그림과 같이 장축의 길이가 8 cm이고, 단축의 길이가 4 cm인 타원 모양의 나뭇잎이 있다. 이 나뭇잎의 옆으로 뻗은 잎맥이 중앙의 잎맥과 45°의 각을 이루고 있을 때, 타원의 중심 O에서 옆으로 뻗은 잎맥인 두 선분 OA, OB의 길이의 합은?

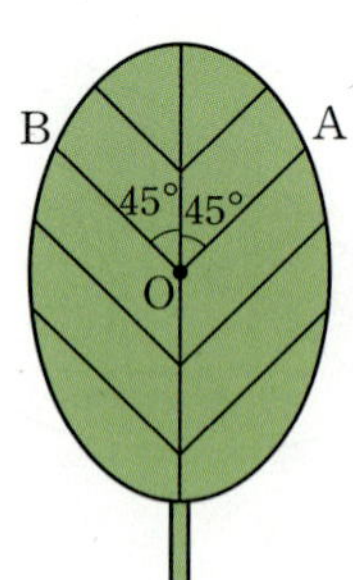

① $\frac{8\sqrt{10}}{5}$ ② $\frac{6\sqrt{10}}{5}$ ③ $\frac{4\sqrt{10}}{5}$
④ $\frac{2\sqrt{10}}{5}$ ⑤ $\frac{\sqrt{10}}{5}$

유형 02 타원의 평행이동

116

장축이 x축에 평행한 타원 $x^2+ay^2+bx+cy+d=0$의 두 꼭짓점의 좌표가 $(0, 1)$, $(2, 0)$일 때, 네 상수 a, b, c, d에 대하여 $a+b+c+d$의 값은?

① -4 ② -2 ③ 0
④ 2 ⑤ 4

117

중심이 원점이고 두 초점이 y축 위에 있는 타원 C를 x축의 방향으로 m만큼, y축의 방향으로 n만큼 평행이동한 타원 C'의 두 초점의 좌표를 (a, b), (c, d)라 할 때, $a+b+c+d=12$이고, 타원 C'의 중심은 직선 $x=-2$ 위에 있다. 두 상수 m, n에 대하여 $m-n$의 값은?

① -10 ② -5 ③ 0
④ 5 ⑤ 10

유형 03 타원의 정의의 활용

118 빈출

선행 088

직선 $y=x+1$이 타원 $\frac{x^2}{4}+\frac{y^2}{3}=1$과 만나는 두 점 A, B와 점 C$(1, 0)$에 대하여 삼각형 ABC의 둘레의 길이는?

① 4 ② 6 ③ 8
④ 10 ⑤ 12

119 빈출

그림과 같이 두 점 F$(\sqrt{5}, 0)$, F$'(-\sqrt{5}, 0)$을 초점으로 하는 타원 $\frac{x^2}{a^2}+\frac{y^2}{b^2}=1$에서 점 F를 지나는 직선이 타원과 만나는 두 점을 각각 A, B라 하자. 삼각형 ABF$'$의 둘레의 길이가 12일 때, 두 양수 a, b에 대하여 ab의 값은? (단, $a>b$)

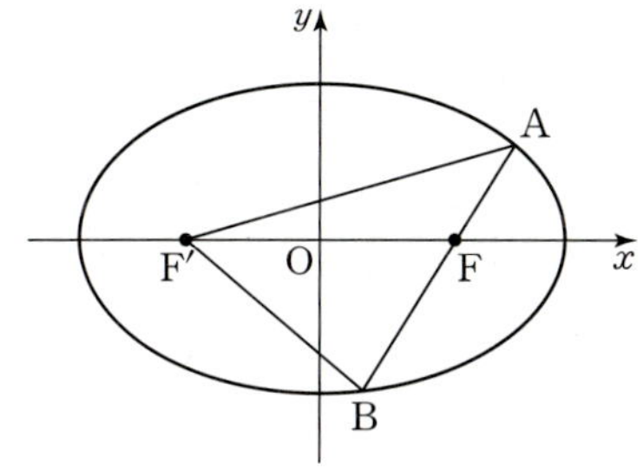

① 6 ② 8 ③ 10
④ 12 ⑤ 14

120

평가원기출

그림과 같이 타원 $\frac{x^2}{36}+\frac{y^2}{27}=1$의 두 초점은 F, F$'$이고, 제1사분면에 있는 두 점 P, Q는 다음 조건을 만족시킨다.

> (가) $\overline{\text{PF}}=2$
> (나) 점 Q는 직선 PF$'$과 타원의 교점이다.

삼각형 PFQ의 둘레의 길이와 삼각형 PF$'$F의 둘레의 길이의 합을 구하시오.

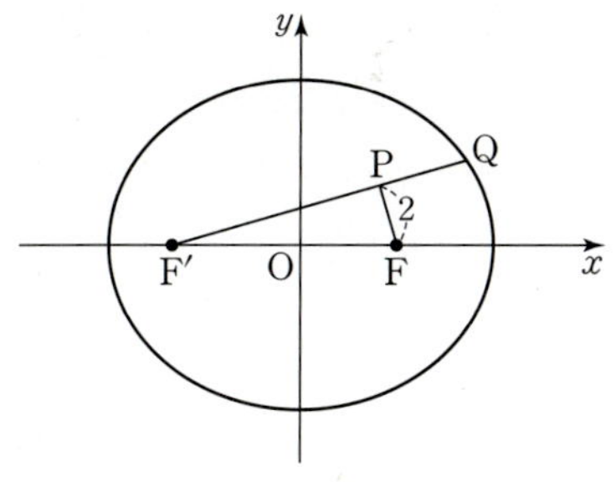

121

교육청기출 | 선행 089 |

타원 $\frac{x^2}{25}+\frac{y^2}{9}=1$의 두 초점을 F, F′이라 하자. 타원 위의 점 P가 $\angle\text{FPF}'=90°$를 만족시킬 때, 삼각형 FPF′의 넓이는?

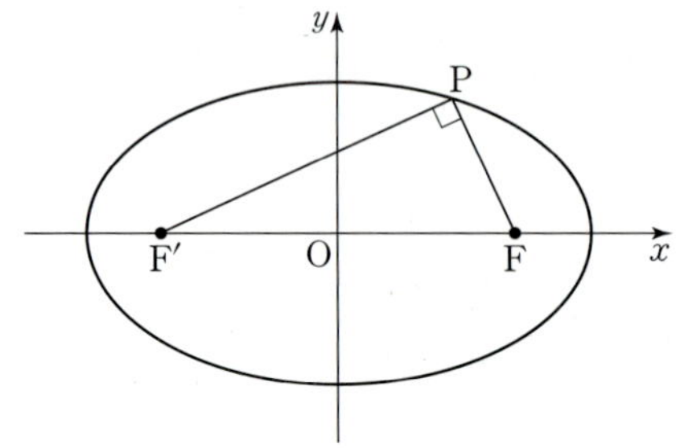

① 6 ② 7 ③ 8
④ 9 ⑤ 10

122

그림과 같이 타원 모양으로 만들어진 운동장의 두 초점 F, F′에 축구 골대가 위치한다. 두 축구 골대 사이의 거리가 80 m이고, 운동장의 둘레의 한 점 P에서 두 축구 골대까지의 거리의 합이 100 m일 때, 삼각형 PFF′의 넓이의 최댓값은?

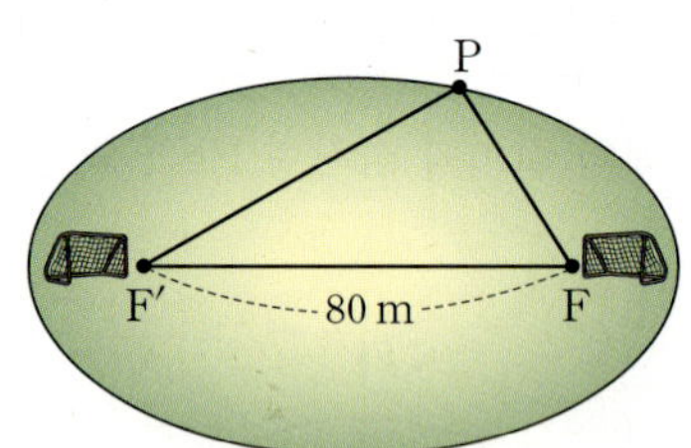

① 1000 m^2 ② 1200 m^2 ③ 1400 m^2
④ 1600 m^2 ⑤ 1800 m^2

123

타원 $\frac{x^2}{16}+\frac{y^2}{7}=1$의 두 초점 F, F′과 타원 위의 점 P에 대하여 $\overline{\text{FP}}\times\overline{\text{F'P}}$의 최댓값은?

① 10 ② 12 ③ 14
④ 16 ⑤ 18

124

타원 $\frac{x^2}{16}+\frac{y^2}{8}=1$ 위의 점 P와 두 초점 F, F′에 대하여 $\overline{\text{PF}}^2+\overline{\text{PF'}}^2$의 최솟값은?

① 32 ② 34 ③ 36
④ 38 ⑤ 40

125

교육청기출

그림과 같이 타원 $\frac{x^2}{a^2}+\frac{y^2}{b^2}=1$ $(0<b<a)$에 내접하는 정삼각형 ABC가 있다. 타원의 두 초점 F, F′이 각각 선분 AC, AB 위에 있을 때, $\frac{b}{a}$의 값은? (단, 점 A는 y축 위에 있다.)

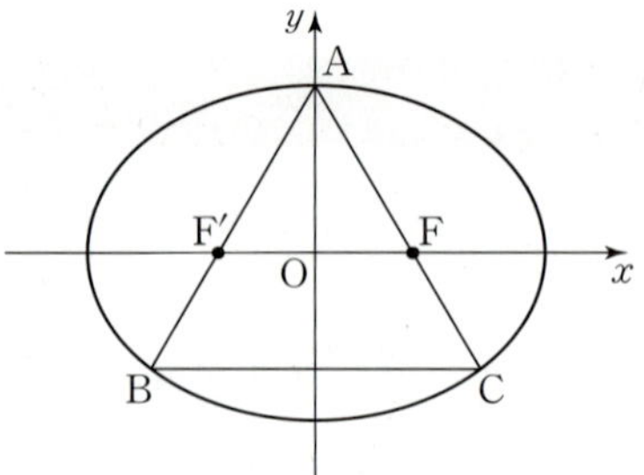

① $\frac{3}{5}$ ② $\frac{2}{3}$ ③ $\frac{3}{4}$
④ $\frac{\sqrt{3}}{3}$ ⑤ $\frac{\sqrt{3}}{2}$

I

126

교육청변형

그림과 같이 타원 $\frac{x^2}{49}+\frac{y^2}{20}=1$의 두 초점을 F, F′이라 하자. 선분 OF와 선분 OF′을 각각 3등분한 점을 지나고 x축에 수직인 네 직선이 x축 위쪽에 있는 타원과 만나는 점을 점 F에 가까운 순서대로 각각 P_1, P_2, P_3, P_4라 할 때, $\overline{FP_1}+\overline{FP_2}+\overline{FP_3}+\overline{FP_4}$의 값은? (단, O는 원점이다.)

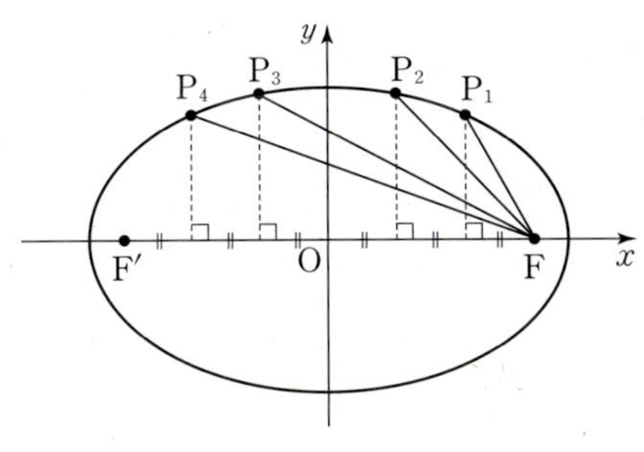

① 7 ② 14 ③ 21
④ 28 ⑤ 35

127

그림과 같이 타원 $\frac{x^2}{8}+\frac{y^2}{24}=1$의 두 초점을 F, F′이라 하자. 선분 OF와 선분 OF′을 각각 3등분한 점을 지나고 y축에 수직인 네 직선이 타원과 만나는 점을 점 F에 가까운 순서대로 각각 P_1, Q_1, P_2, Q_2, P_3, Q_3, P_4, Q_4라 할 때, $\overline{F'P_1}+\overline{F'P_2}+\overline{FQ_1}+\overline{FQ_2}$의 값은? (단, O는 원점이다.)

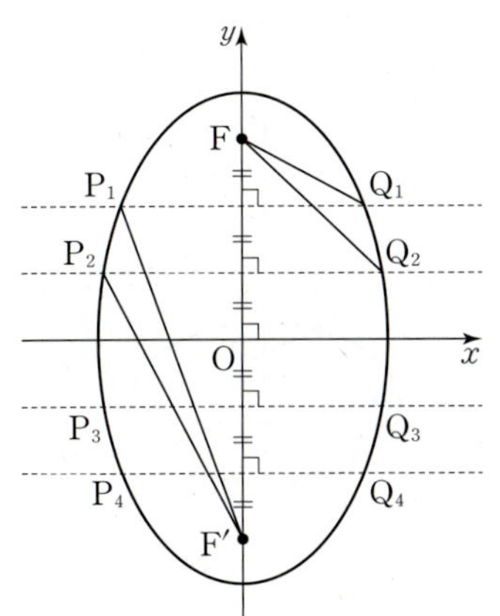

① $2\sqrt{6}$ ② $4\sqrt{6}$ ③ $6\sqrt{6}$
④ $8\sqrt{6}$ ⑤ $10\sqrt{6}$

128

그림과 같이 점 F를 한 초점으로 공유하고 장축의 길이가 각각 4, 6인 두 타원이 서로 다른 두 점 A, B에서 만난다. 두 타원의 나머지 초점 F_1, F_2에 대하여 사각형 AF_1BF_2의 둘레의 길이가 12일 때, $\overline{AF}+\overline{BF}$의 값은?

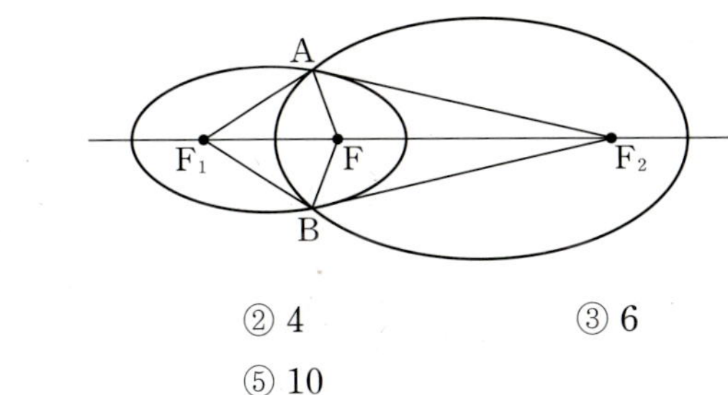

① 2 ② 4 ③ 6
④ 8 ⑤ 10

129

점 F를 한 초점으로 공유하고 장축의 길이가 각각 8, 14인 두 타원이 서로 다른 두 점 P, Q에서 만난다. 두 타원의 나머지 초점을 각각 F_1, F_2라 할 때, $|\overline{PF_1}-\overline{PF_2}|+|\overline{QF_1}-\overline{QF_2}|$의 값은? (단, 세 점 F, F_1, F_2는 한 직선 위에 있다.)

① 6 ② 8 ③ 10
④ 12 ⑤ 14

130

| 선행 121 |

그림과 같이 두 초점이 F, F′인 타원 $\frac{x^2}{a^2}+\frac{y^2}{b^2}=1$ $(a>b>0)$ 위의 두 점 A, B에 대하여 사각형 AFBF′은 직사각형이다. 직사각형 AFBF′의 둘레의 길이는 24이고 그 넓이가 32일 때, 두 상수 a, b에 대하여 $a+b$의 값은?

(단, 두 점 A, B의 y좌표의 부호는 서로 다르다.)

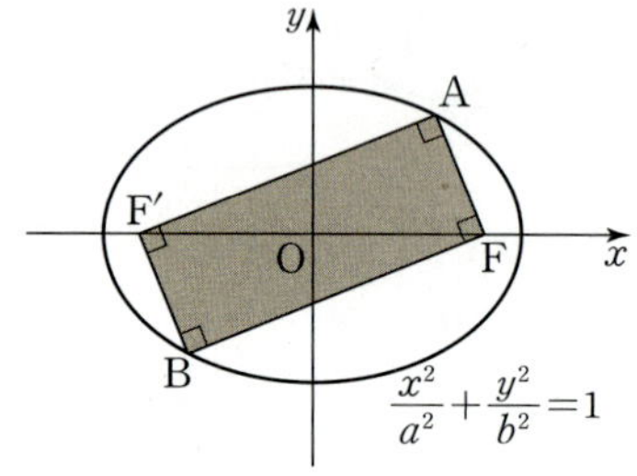

① 7　② 8　③ 9
④ 10　⑤ 11

131

평가원기출

그림과 같이 두 초점 F, F′이 x축 위에 있는 타원 $\frac{x^2}{49}+\frac{y^2}{a}=1$ 위의 점 P가 $\overline{\mathrm{FP}}=9$를 만족시킨다. 점 F에서 선분 PF′에 내린 수선의 발 H에 대하여 $\overline{\mathrm{FH}}=6\sqrt{2}$일 때, 상수 a의 값은?

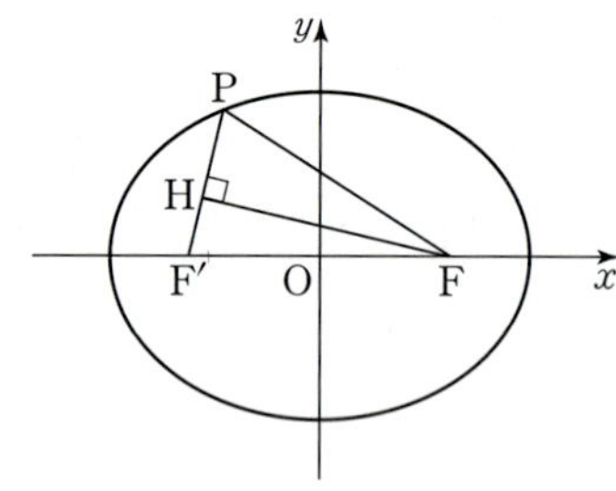

① 29　② 30　③ 31
④ 32　⑤ 33

132

교육청기출

그림과 같이 좌표평면에 x축 위의 두 점 F, F′과 점 P$(0, n)$ $(n>0)$이 있다. 삼각형 PF′F가 $\angle\mathrm{FPF'}=90°$인 직각이등변삼각형일 때, 두 점 F, F′을 초점으로 하고 점 P를 지나는 타원과 직선 PF′이 만나는 점 중 점 P가 아닌 점을 Q라 하자. 삼각형 FPQ의 둘레의 길이가 $12\sqrt{2}$일 때, 삼각형 FPQ의 넓이는?

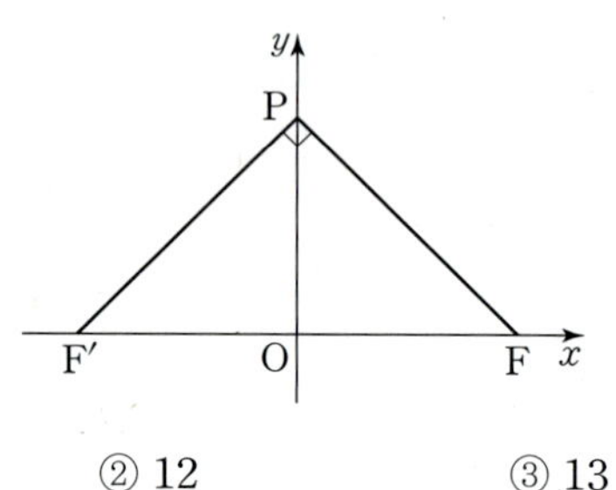

① 11　② 12　③ 13
④ 14　⑤ 15

133

선생님 Pick!　평가원기출

그림과 같이 y축 위의 점 A$(0, a)$와 두 점 F, F′을 초점으로 하는 타원 $\frac{x^2}{25}+\frac{y^2}{9}=1$ 위를 움직이는 점 P가 있다. $\overline{\mathrm{AP}}-\overline{\mathrm{FP}}$의 최솟값이 1일 때, a^2의 값을 구하시오.

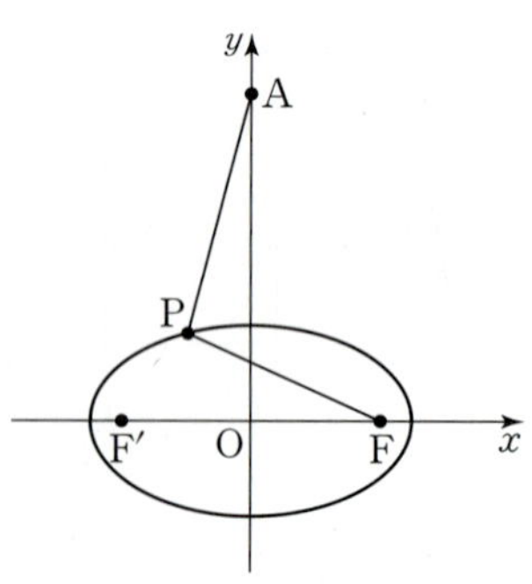

유형 04 자취의 방정식

134

x축 위의 점 A, y축 위의 점 B가 $\overline{\text{AB}}=4$를 만족시키면서 움직일 때, 선분 AB를 1 : 3으로 내분하는 점 P의 자취의 방정식은?

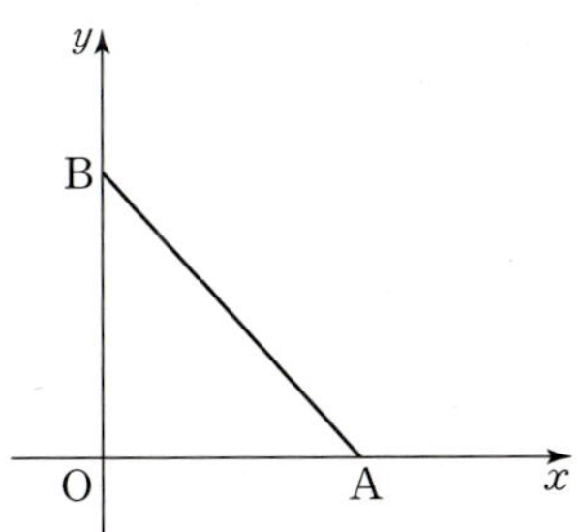

① $x^2+\dfrac{y^2}{9}=1$　② $\dfrac{x^2}{4}+\dfrac{y^2}{9}=1$　③ $\dfrac{x^2}{9}+y^2=1$

④ $\dfrac{x^2}{9}+\dfrac{y^2}{4}=1$　⑤ $\dfrac{x^2}{9}+\dfrac{y^2}{5}=1$

135

중심이 O이고 반지름의 길이가 r인 원 C가 있다. 다음은 원 C의 내부의 한 정점 A와 원 C 위를 움직이는 점 P에 대하여 선분 AP의 수직이등분선 l과 선분 OP의 교점을 Q라 할 때, 점 Q의 자취는 '타원'임을 증명하는 과정이다.

그림에서 선분 AP의 수직이등분선 l과 선분 AP의 교점을 M이라 하자.

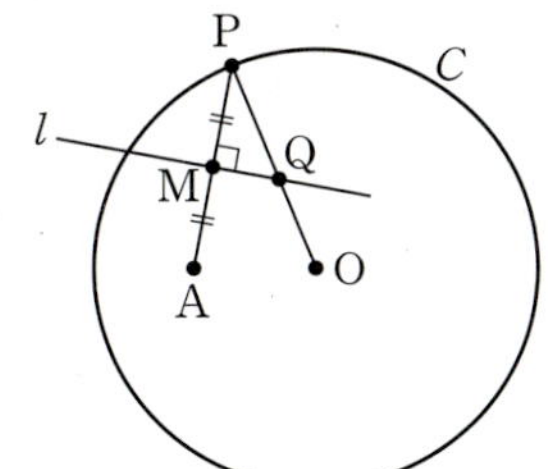

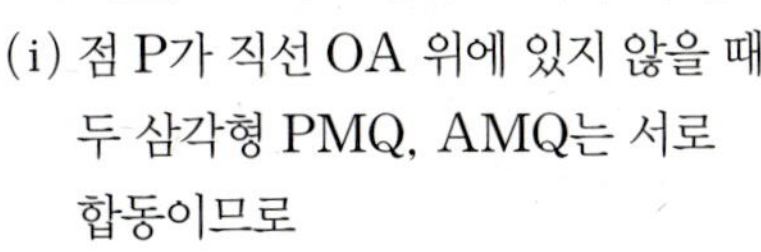

(i) 점 P가 직선 OA 위에 있지 않을 때,
두 삼각형 PMQ, AMQ는 서로 합동이므로
$\overline{\text{PQ}}=$ (가) 이다. 따라서
$\overline{\text{OP}}=\overline{\text{OQ}}+\overline{\text{QP}}=\overline{\text{OQ}}+$ (가) $=r$

(ii) 점 P가 직선 OA 위에 있을 때,
$\overline{\text{OP}}=\overline{\text{OQ}}+$ (가) $=r$

(i), (ii)에 의하여 점 Q의 자취는 초점이 두 점 O, (나) 이고, 장축의 길이가 (다) 인 타원이다.

위의 과정에서 (가), (나), (다)에 알맞은 것을 차례대로 나열한 것은?

① $\overline{\text{AM}}$, A, r　② $\overline{\text{AM}}$, Q, r　③ $\overline{\text{AQ}}$, A, r

④ $\overline{\text{AQ}}$, Q, r　⑤ $\overline{\text{AQ}}$, A, $2r$

136

평가원기출

좌표평면에서 원 $x^2+y^2=36$ 위를 움직이는 점 P$(a,\ b)$와 점 A$(4,\ 0)$에 대하여 다음 조건을 만족시키는 점 Q 전체의 집합을 X라 하자. (단, $b\neq0$)

(가) 점 Q는 선분 OP 위에 있다.
(나) 점 Q를 지나고 직선 AP에 평행한 직선이 ∠OQA를 이등분한다.

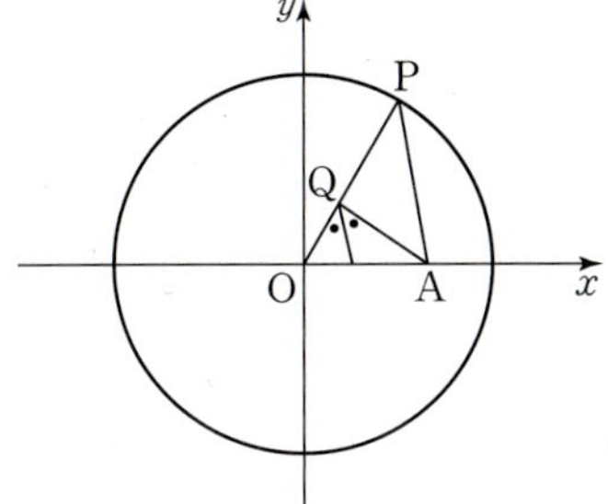

집합의 포함 관계로 옳은 것은?

① $X\subset\left\{(x,\ y)\left|\dfrac{(x-1)^2}{9}-\dfrac{(y-1)^2}{5}=1\right.\right\}$

② $X\subset\left\{(x,\ y)\left|\dfrac{(x-2)^2}{9}+\dfrac{(y-1)^2}{5}=1\right.\right\}$

③ $X\subset\left\{(x,\ y)\left|\dfrac{(x-1)^2}{9}-\dfrac{y^2}{5}=1\right.\right\}$

④ $X\subset\left\{(x,\ y)\left|\dfrac{(x-1)^2}{9}+\dfrac{y^2}{5}=1\right.\right\}$

⑤ $X\subset\left\{(x,\ y)\left|\dfrac{(x-2)^2}{9}+\dfrac{y^2}{5}=1\right.\right\}$

137

그림과 같이 점 A(2, 0)을 지나고 원 $x^2+y^2=16$에 내접하는 원의 중심을 P라 할 때, 점 P가 나타내는 도형에 대한 설명 중 〈보기〉에서 옳은 것만을 있는 대로 고른 것은? (단, O는 원점이다.)

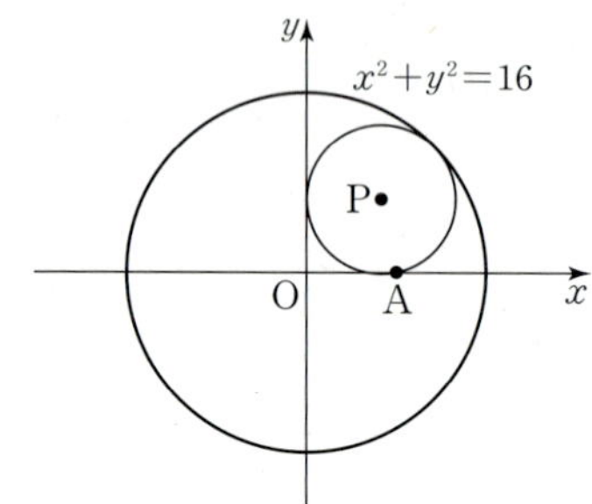

보기

ㄱ. $\overline{AP}+\overline{PO}=4$

ㄴ. 단축의 길이가 $2\sqrt{3}$인 타원이다.

ㄷ. 도형의 방정식은 $3(x-1)^2+4y^2=12$이다.

① ㄱ ② ㄴ ③ ㄱ, ㄴ
④ ㄴ, ㄷ ⑤ ㄱ, ㄴ, ㄷ

138

원 $x^2+(y-1)^2=1$에 외접하고 원 $x^2+(y+1)^2=25$에 내접하는 원의 중심 P가 나타내는 도형의 방정식은?

① $4x^2+3y^2=12$ ② $4x^2+9y^2=36$
③ $8x^2+9y^2=72$ ④ $9x^2+4y^2=36$
⑤ $9x^2+8y^2=72$

유형 05 타원과 원, 포물선

139

타원 $x^2+\frac{y^2}{p^2}=1$ $(p>1)$의 두 초점과 포물선 $y^2=16x$의 초점을 꼭짓점으로 하는 삼각형의 넓이가 20일 때, p^2의 값은?

① 22 ② 23 ③ 24
④ 25 ⑤ 26

140

| 선행 121 |

타원 $\frac{x^2}{16}+\frac{y^2}{7}=1$의 두 초점 F, F′을 지름의 양 끝으로 하는 원이 있다. 타원과 원의 교점 중 제1사분면에 있는 교점을 A라 할 때, 삼각형 AFF′의 넓이는?

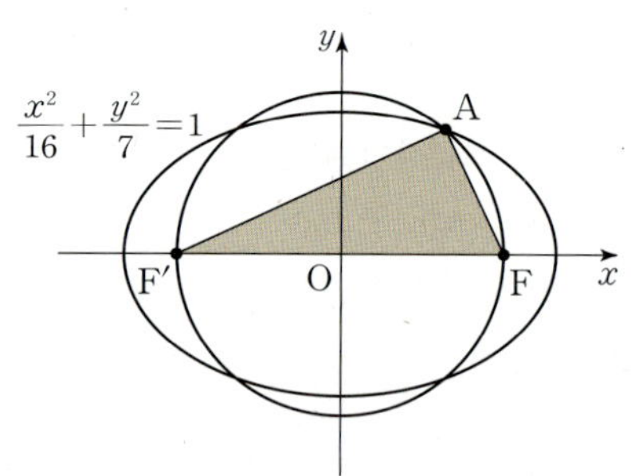

① $\frac{7}{4}$ ② $\frac{7}{2}$ ③ 7
④ 14 ⑤ 28

I

141 빈출

타원 $\frac{x^2}{16}+\frac{y^2}{12}=1$과 포물선 $y^2=8x$의 한 교점을 A라 하고 직선 $x=-2$와 x축의 교점을 B라 하자. 점 A에서 직선 $x=-2$에 내린 수선의 발을 H라 할 때, $\overline{AB}+\overline{AH}$의 값은?

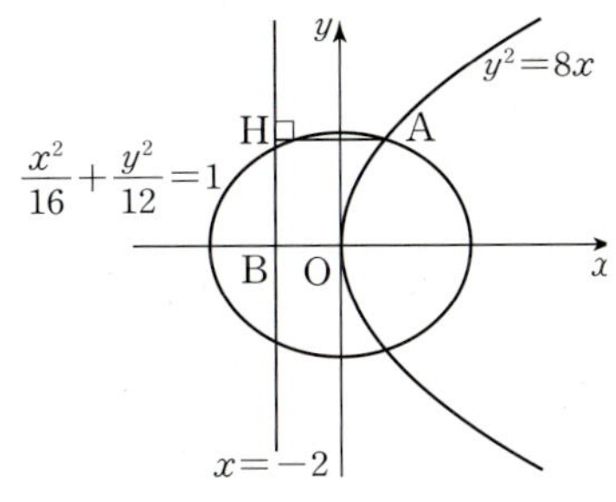

① 4 ② 5 ③ 6
④ 7 ⑤ 8

142 빈출

그림과 같이 타원 $\frac{x^2}{12}+\frac{y^2}{3}=1$의 두 초점이 F, F′이고 포물선 $y^2=kx$ $(k>0)$의 초점이 F이다. 타원과 포물선이 만나는 점 P에서 포물선의 준선 l에 내린 수선의 발을 H라 할 때, $k(\overline{PF'}+\overline{PH})$의 값은?

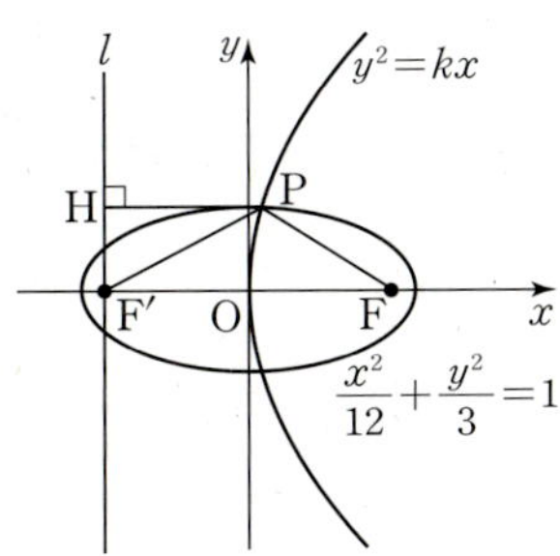

① $12\sqrt{3}$ ② $24\sqrt{3}$ ③ $36\sqrt{3}$
④ $48\sqrt{3}$ ⑤ $60\sqrt{3}$

143 평가원기출

좌표평면에서 두 점 A(5, 0), B(−5, 0)에 대하여 장축이 선분 AB인 타원의 두 초점을 F, F′이라 하자. 초점이 F이고 꼭짓점이 원점인 포물선이 타원과 만나는 두 점을 각각 P, Q라 하자. $\overline{PQ}=2\sqrt{10}$일 때, 두 선분 PF와 PF′의 길이의 곱 $\overline{PF}\times\overline{PF'}$의 값은 $\frac{q}{p}$이다. $p+q$의 값을 구하시오.

(단, p와 q는 서로소인 자연수이다.)

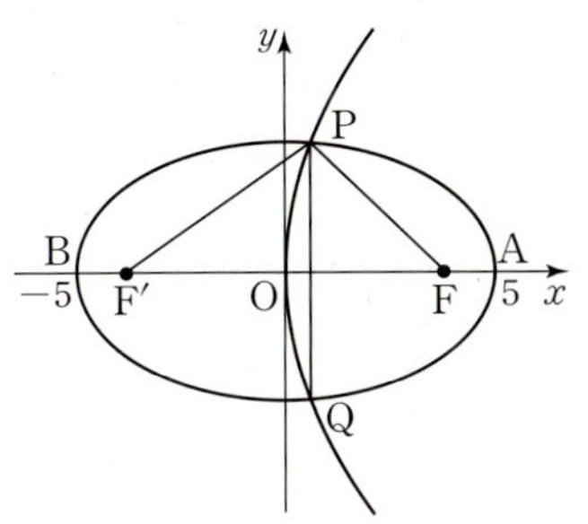

144 평가원기출

그림과 같이 두 점 F$(c, 0)$, F′$(-c, 0)$ $(c>0)$을 초점으로 하고 장축의 길이가 4인 타원이 있다. 점 F를 중심으로 하고 반지름의 길이가 c인 원이 타원과 점 P에서 만난다. 점 P에서 원에 접하는 직선이 점 F′을 지날 때, c의 값은?

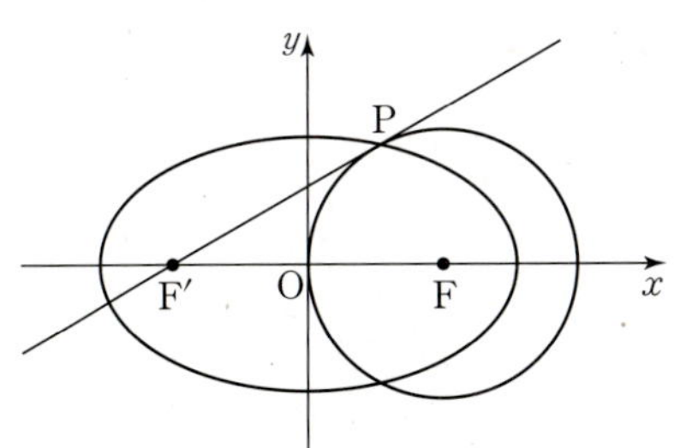

① $\sqrt{2}$ ② $\sqrt{10}-\sqrt{3}$ ③ $\sqrt{6}-1$
④ $2\sqrt{3}-2$ ⑤ $\sqrt{14}-\sqrt{5}$

145

평가원기출

두 초점이 F, F′이고, 장축의 길이가 10, 단축의 길이가 6인 타원이 있다. 중심이 F이고 점 F′을 지나는 원과 이 타원의 두 교점 중 한 점을 P라 하자. 삼각형 PFF′의 넓이는?

① $2\sqrt{10}$ ② $3\sqrt{5}$ ③ $3\sqrt{6}$
④ $3\sqrt{7}$ ⑤ $\sqrt{70}$

146

교육청기출

타원 $\frac{x^2}{a^2}+\frac{y^2}{b^2}=1$의 두 초점 F$(6, 0)$, F′$(-6, 0)$에 대하여 선분 F′F를 지름으로 하는 원이 있다. 타원과 원의 교점 중 제1사분면에 있는 점을 P라 하자. 원 위의 점 P에서의 접선이 x축의 양의 방향과 이루는 각의 크기가 $150°$일 때, 타원의 장축의 길이는? (단, a, b는 $0<\sqrt{2}b<a$인 상수이다.)

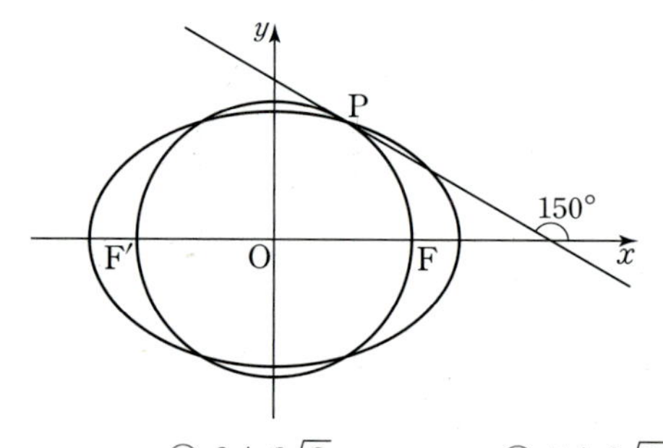

① $5+6\sqrt{3}$ ② $6+6\sqrt{3}$ ③ $7+6\sqrt{3}$
④ $6+7\sqrt{3}$ ⑤ $7+7\sqrt{3}$

유형 06 타원과 직선의 위치 관계

147

서술형

혜원이는 직선 $y=-x$를 x축의 방향으로 a만큼 평행이동해서 타원 $\frac{x^2}{4}+y^2=1$과 만나지 않도록 하는 양수 a의 값의 범위를 다음과 같이 구하였다. 풀이 과정에서 잘못된 부분을 찾고, 바른 풀이로 서술하시오.

> 직선 $y=-x$는 원점을 지나고 타원의 네 꼭짓점의 좌표는 $(2, 0)$, $(-2, 0)$, $(0, 1)$, $(0, -1)$이다. 따라서 직선 $y=-x$를 x축의 방향으로 a만큼 평행이동해서 타원과 만나지 않기 위해서는 $a>2$이어야 한다.

유형 07 타원의 접선의 방정식 – 기울기가 주어질 때

148

빈출

| 선행 097 |

타원 $\frac{x^2}{6}+\frac{y^2}{3}=1$ 위의 점 P와 직선 $y=x+5$ 사이의 거리의 최댓값을 M, 최솟값을 m이라 할 때, $M+m$의 값은?

① $\frac{9}{2}\sqrt{2}$ ② $5\sqrt{2}$ ③ $\frac{11}{2}\sqrt{2}$
④ $6\sqrt{2}$ ⑤ $\frac{13}{2}\sqrt{2}$

149

그림과 같이 타원 $\frac{x^2}{4}+y^2=1$ 위의 점 A(0, 1)과 초점 F가 있다. 타원 위를 움직이는 점 P에 대하여 삼각형 AFP의 넓이의 최댓값은?

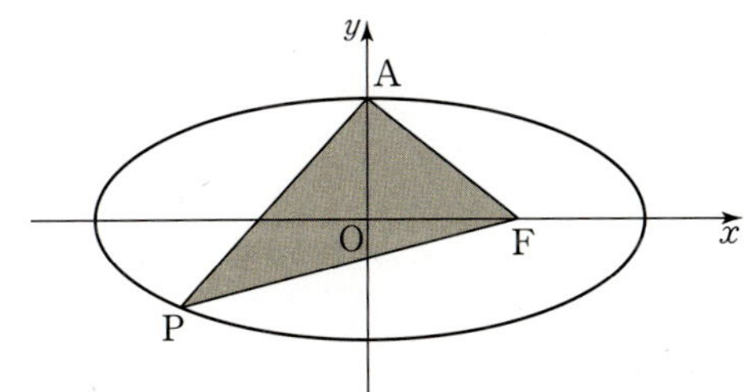

① $\frac{\sqrt{7}-\sqrt{3}}{2}$ ③ $\sqrt{7}-\sqrt{3}$ ② $\frac{\sqrt{7}+\sqrt{3}}{4}$

④ $\frac{\sqrt{7}+\sqrt{3}}{2}$ ⑤ $\sqrt{7}+\sqrt{3}$

150

타원 $3x^2+4y^2=12$ 위의 점 P(x, y)에 대하여 $3x+2y$의 최댓값은?

① $-4\sqrt{3}$ ② $-2\sqrt{3}$ ③ $2\sqrt{3}$

④ $4\sqrt{3}$ ⑤ $6\sqrt{3}$

유형 08 타원의 접선의 방정식 - 접점의 좌표가 주어질 때

151

포물선 $y^2=8x$와 타원 $x^2+\frac{y^2}{k}=1$이 만나는 점에서 두 곡선에 각각 그은 접선이 서로 수직이 되도록 하는 상수 k의 값은?

① 2 ② 3 ③ 4

④ 5 ⑤ 6

152

타원 $x^2+8y^2=12$ 위의 두 점 A$(-2, 1)$, B$(2, 1)$에서의 두 접선의 교점을 C라 할 때, 삼각형 ABC의 넓이는?

① $\frac{1}{8}$ ② $\frac{1}{4}$ ③ $\frac{1}{2}$

④ 1 ⑤ 2

153 빈출

| 선행 101 |

타원 $\frac{x^2}{8}+\frac{y^2}{4}=1$ 위의 제1사분면에 있는 점 P(a, b)에서의 접선이 x축, y축과 만나는 점을 각각 A, B라 할 때, 삼각형 AOB의 넓이 S의 최솟값은? (단, O는 원점이다.)

① $\sqrt{2}$ ② $2\sqrt{2}$ ③ $3\sqrt{2}$

④ $4\sqrt{2}$ ⑤ $5\sqrt{2}$

154

그림과 같이 두 초점이 F, F′인 타원 $\frac{x^2}{16}+\frac{y^2}{4}=1$ 위의 점 $(2, \sqrt{3})$에서의 접선을 l이라 하고, 두 점 F, F′에서 직선 l에 내린 수선의 발을 각각 H_1, H_2라 하자. $\overline{FH_1}+\overline{F'H_2}$의 값은?

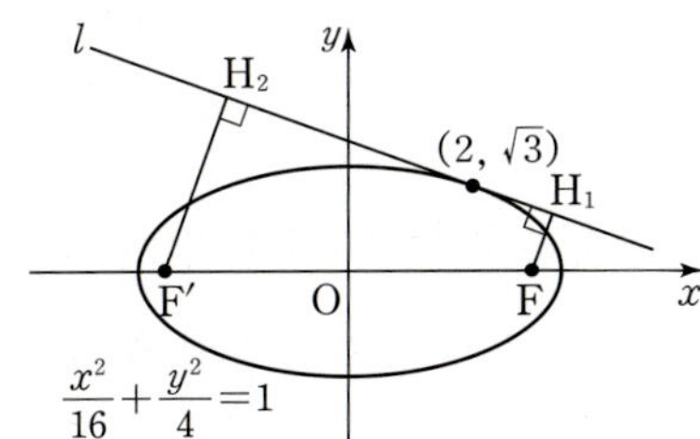

① $\sqrt{13}$ ② $\frac{14}{13}\sqrt{13}$ ③ $\frac{15}{13}\sqrt{13}$

④ $\frac{16}{13}\sqrt{13}$ ⑤ $\frac{17}{13}\sqrt{13}$

155

타원 $\frac{x^2}{a^2}+\frac{y^2}{b^2}=1$ 위의 점 $(2,\ 1)$에서의 접선의 기울기가 -1일 때, 이 타원과 같은 초점을 가지고 단축의 길이가 8인 타원 위의 점 $P(s,\ t)$에 대하여 s^2+t^2의 최댓값은? (단, a, b는 상수이다.)

① 16 ② 19 ③ 22 ④ 25 ⑤ 28

156

타원 $4x^2+y^2=4$ 위의 제1사분면에 있는 점 $P(a,\ b)$에서의 접선이 x축, y축과 만나는 점을 각각 A, B라 하자. 두 삼각형 AOP, BOP의 넓이를 각각 S_1, S_2라 할 때, $S_1 : S_2=1 : 3$을 만족시키는 두 상수 a, b에 대하여 ab의 값은?

(단, O는 원점이다.)

① $\frac{\sqrt{6}}{2}$ ② $\frac{\sqrt{5}}{2}$ ③ 1 ④ $\frac{\sqrt{3}}{2}$ ⑤ $\frac{\sqrt{2}}{2}$

유형 09 타원의 접선의 방정식 – 타원 밖의 한 점의 좌표가 주어질 때

157

타원 $\frac{x^2}{4}+y^2=1$ 밖의 한 점 $P(4,\ 1)$에서 이 타원에 그은 두 접선의 접점을 각각 A, B라 할 때, 삼각형 ABP의 무게중심의 x좌표는?

① $\frac{8}{5}$ ② $\frac{5}{3}$ ③ $\frac{26}{15}$ ④ $\frac{9}{5}$ ⑤ $\frac{28}{15}$

158

점 $P(5,\ 2)$에서 타원 $x^2+5y^2=10$에 그은 두 접선이 타원과 만나는 점의 좌표를 각각 $(a,\ b)$, $(c,\ d)$라 할 때, $a+b+c+d$의 값은?

① 3 ② $\frac{28}{9}$ ③ $\frac{29}{9}$ ④ $\frac{10}{3}$ ⑤ $\frac{31}{9}$

159

평가원기출

점 $(0,\ 2)$에서 타원 $\frac{x^2}{8}+\frac{y^2}{2}=1$에 그은 두 접선의 접점을 각각 P, Q라 하고, 타원의 두 초점 중 하나를 F라 할 때, 삼각형 PFQ의 둘레의 길이는 $a\sqrt{2}+b$이다. a^2+b^2의 값을 구하시오.

(단, a, b는 유리수이다.)

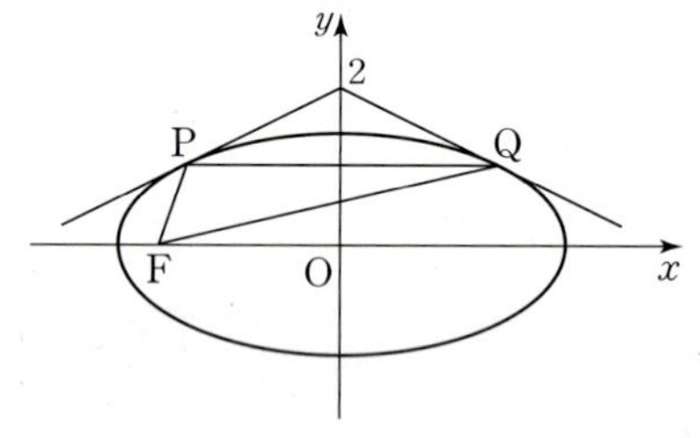

유형 10 수학 I 통합 유형

160

타원 $\frac{x^2}{25}+\frac{y^2}{9}=1$ 위의 점 P와 두 초점 F, F′에 대하여 $\angle \mathrm{FPF'}=60^\circ$일 때, $\overline{\mathrm{PF}}\times\overline{\mathrm{PF'}}$의 값은?

① 18 ② 12 ③ 9 ④ $\frac{36}{5}$ ⑤ 6

161

타원 $x^2+4y^2=36$ 위의 점 P와 두 초점 F, F′에 대하여 $\overline{\mathrm{PF}}:\overline{\mathrm{PF'}}=1:2$일 때, $\cos(\angle \mathrm{FPF'})$의 값은?

① $-\frac{7}{16}$ ② $-\frac{5}{16}$ ③ $-\frac{3}{16}$ ④ $-\frac{1}{16}$ ⑤ $\frac{1}{16}$

162

자연수 n에 대하여 타원 $\frac{x^2}{20}+\frac{y^2}{4}=1\ (y\geq 0)$과 원 $(x-4)^2+y^2=n^2$이 만나는 점을 P_n이라 하자. 점 $\mathrm{A}(-4,\ 0)$에 대하여 $\sum_{n=1}^{8}\overline{\mathrm{P}_n\mathrm{A}}=p+q\sqrt{5}$일 때, 두 유리수 p, q에 대하여 $p+q$의 값은?

① 0 ② -2 ③ -4 ④ -6 ⑤ -8

163

| 선행 113, 160 |

타원 $\frac{x^2}{36}+\frac{y^2}{20}=1$의 두 초점을 F, F′이라 하고, 초점 F에 가장 가까운 꼭짓점을 A라 하자. 이 타원 위의 한 점 P에 대하여 $\angle \mathrm{PFF'}=60^\circ$일 때, $\overline{\mathrm{PA}}^2$의 값을 구하시오.

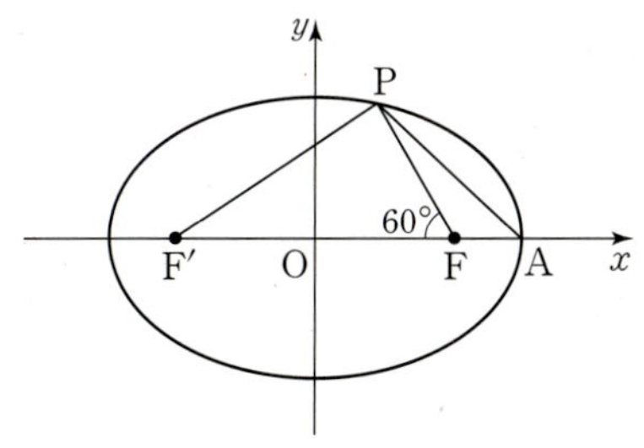

스키마로 풀이 흐름 알아보기

그림과 같이 타원 $\frac{x^2}{12}+\frac{y^2}{3}=1$의 두 초점이 F, F′이고 포물선 $y^2=kx\ (k>0)$의 초점이 F이다.
조건① 조건②
타원과 포물선이 만나는 점 P에서 포물선의 준선 l에 내린 수선의 발을 H라 할 때,
조건③
$k(\overline{\mathrm{PF'}}+\overline{\mathrm{PH}})$의 값은?
답

① $12\sqrt{3}$ ② $24\sqrt{3}$ ③ $36\sqrt{3}$ ④ $48\sqrt{3}$ ⑤ $60\sqrt{3}$

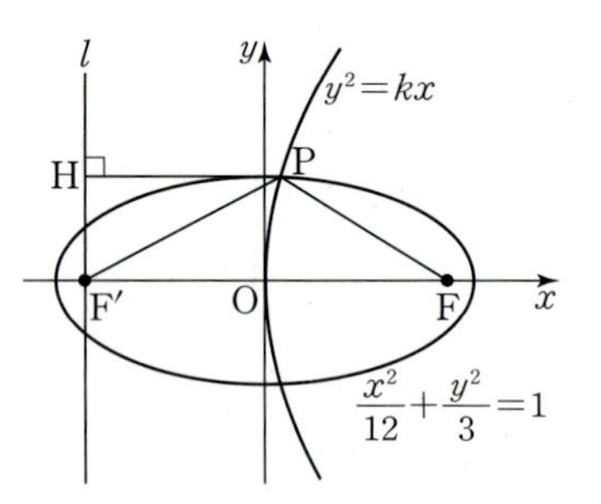

유형05 타원과 원, 포물선 142

스키마 schema

주어진 조건 은 무엇인지? 구하는 답 은 무엇인지? 이 둘을 어떻게 연결할지?

1단계

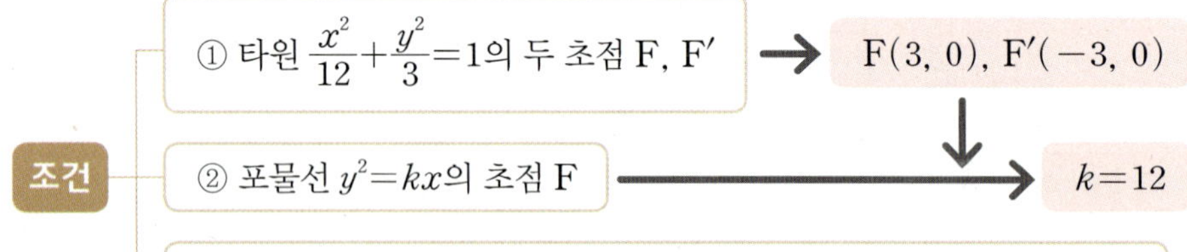

타원 $\frac{x^2}{12}+\frac{y^2}{3}=1$의 두 초점의 좌표는 $12-3=9$에서
F(3, 0), F′(−3, 0)
이때, 포물선의 초점 F의 좌표가 (3, 0)이므로
$k=4\times3=12$

2단계

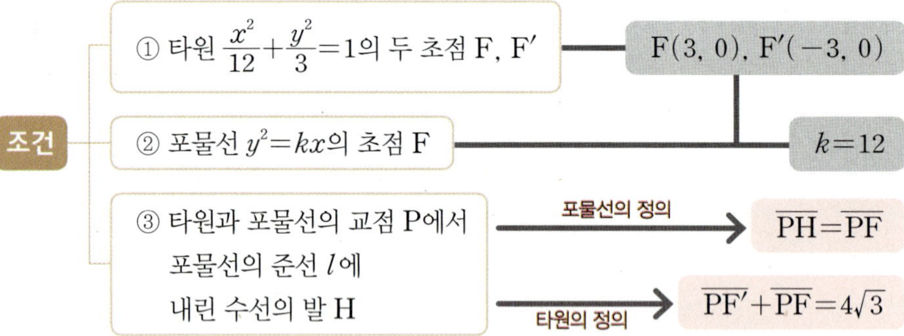

한편, 포물선의 정의에 의하여 $\overline{\mathrm{PH}}=\overline{\mathrm{PF}}$이고,
타원의 장축의 길이는 $2\times2\sqrt{3}=4\sqrt{3}$이므로
타원의 정의에 의하여
$\overline{\mathrm{PF'}}+\overline{\mathrm{PF}}=4\sqrt{3}$이다.

3단계

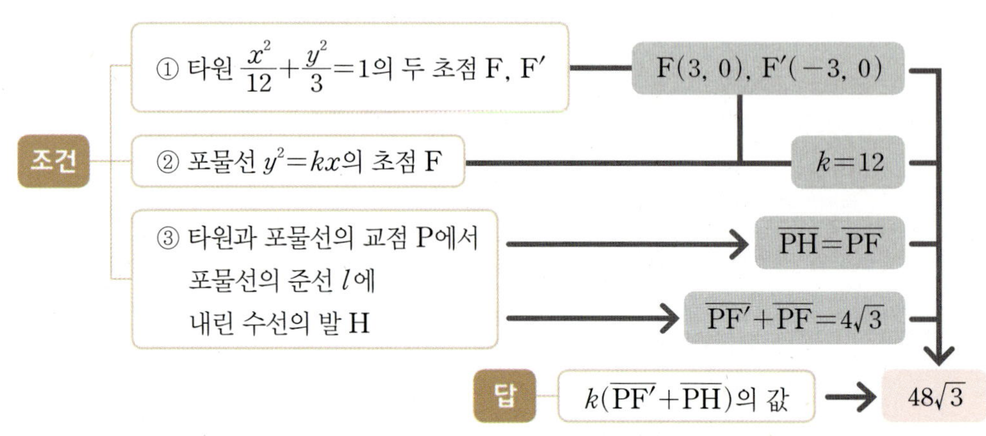

$\therefore k(\overline{\mathrm{PF'}}+\overline{\mathrm{PH}})=k(\overline{\mathrm{PF'}}+\overline{\mathrm{PF}})$
$=12\times4\sqrt{3}$
$=48\sqrt{3}$

답 ④

스키마로 풀이 흐름 알아보기

타원 $\frac{x^2}{8}+\frac{y^2}{4}=1$ 위의 제1사분면에 있는 점 P$(a,\ b)$에서의 접선이 x축, y축과 만나는 점을 각각 A, B라 할 때, 삼각형 AOB의 넓이 S의 최솟값은? (단, O는 원점이다.)

조건① 조건② 조건③ 답

① $\sqrt{2}$ ② $2\sqrt{2}$ ③ $3\sqrt{2}$ ④ $4\sqrt{2}$ ⑤ $5\sqrt{2}$

유형08 타원의 접선의 방정식 - 접점의 좌표가 주어질 때 153

스키마 schema

주어진 조건은 무엇인지? 구하는 답은 무엇인지? 이 둘을 어떻게 연결할지?

1단계

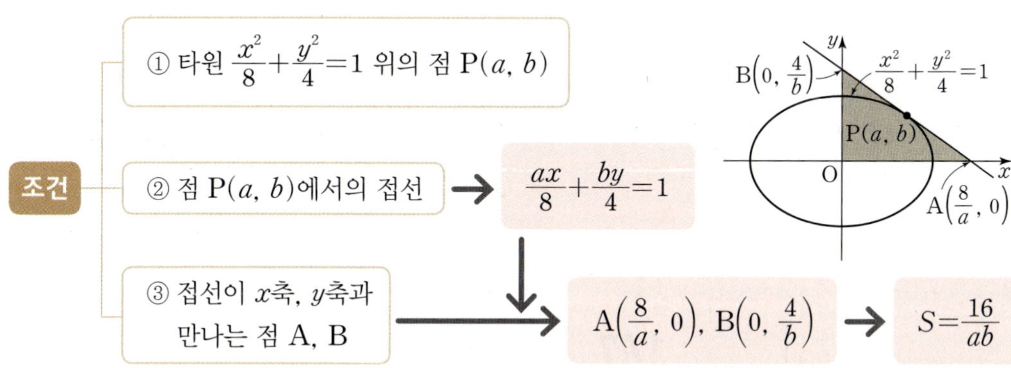

타원 $\frac{x^2}{8}+\frac{y^2}{4}=1$ 위의 점 P$(a,\ b)$에서의 접선의 방정식은 $\frac{ax}{8}+\frac{by}{4}=1$이므로

A$\left(\frac{8}{a},\ 0\right)$, B$\left(0,\ \frac{4}{b}\right)$

이때, $a>0$, $b>0$이므로 삼각형 AOB의 넓이 S는

$S=\frac{1}{2}\times\frac{8}{a}\times\frac{4}{b}=\frac{16}{ab}$ ...... ㉠

2단계

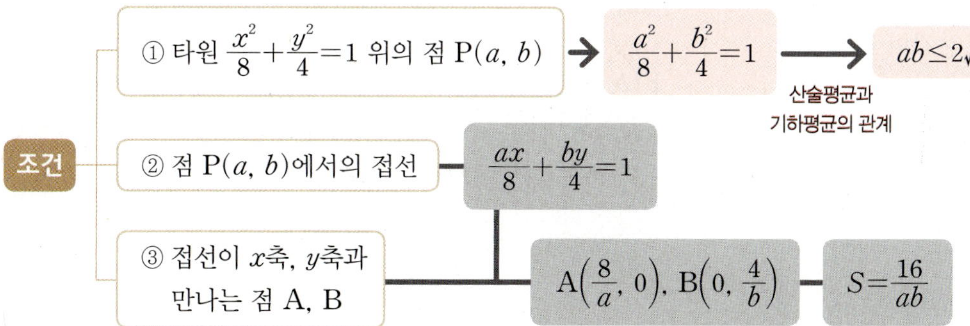

점 P는 타원 위의 점이므로

$\frac{a^2}{8}+\frac{b^2}{4}=1$

이때, $a^2>0$, $b^2>0$이므로 산술평균과 기하평균의 관계에 의하여

$1=\frac{a^2}{8}+\frac{b^2}{4}\ge 2\sqrt{\frac{a^2}{8}\times\frac{b^2}{4}}=\frac{ab}{2\sqrt{2}}$

(단, 등호는 $\frac{a}{2\sqrt{2}}=\frac{b}{2}$일 때 성립)

$\therefore ab\le 2\sqrt{2}$

3단계

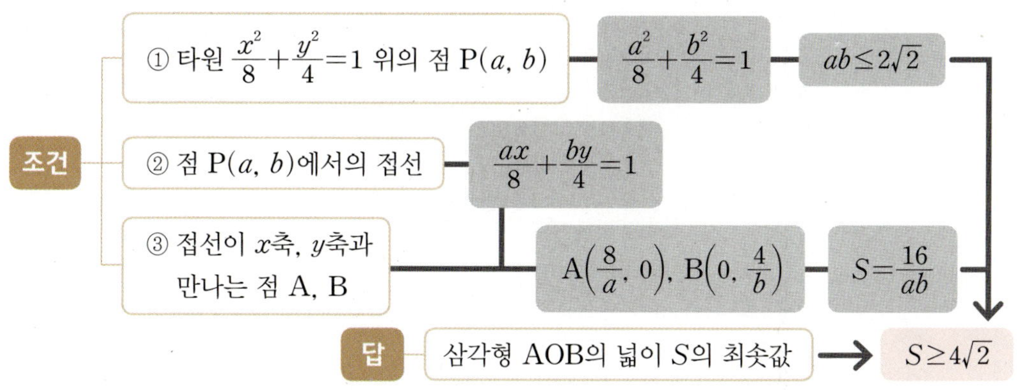

이때, ㉠에서

$S=\frac{16}{ab}\ge\frac{16}{2\sqrt{2}}=4\sqrt{2}$이므로

삼각형 AOB의 넓이 S의 최솟값은 $4\sqrt{2}$이다.

답 ④

164

평가원기출 | 선행 089, 140

타원 $\frac{x^2}{36}+\frac{y^2}{16}=1$의 두 초점을 F, F′이라 하자. 이 타원 위의 점 P가 $\overline{OP}=\overline{OF}$를 만족시킬 때, $\overline{PF}\times\overline{PF'}$의 값을 구하시오.

(단, O는 원점이다.)

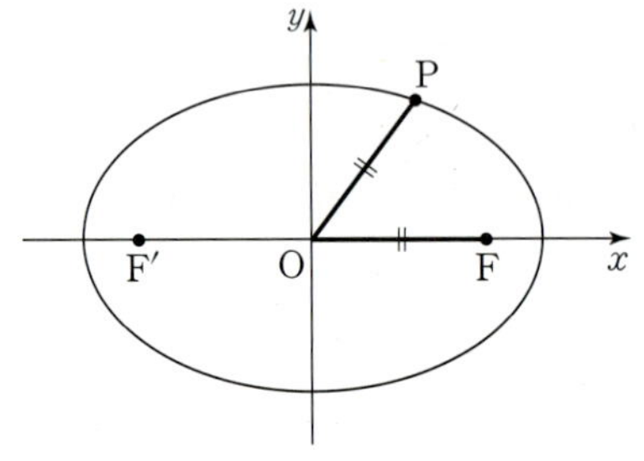

165 서술형

그림과 같이 두 점 F, F′이 초점인 타원의 내부의 한 정점 A와 타원 위를 움직이는 점 P에 대하여 $\overline{PA}+\overline{PF}$의 값이 최소가 되는 점 P의 위치를 설명하시오.

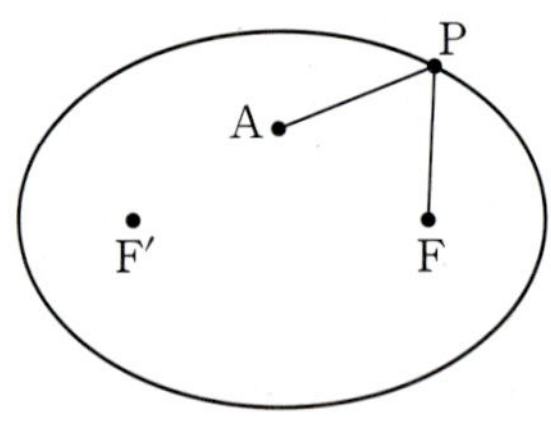

166

평가원기출

두 점 F(5, 0), F′(−5, 0)을 초점으로 하는 타원 위의 서로 다른 두 점 P, Q에 대하여 원점 O에서 선분 PF와 선분 QF′에 내린 수선의 발을 각각 H와 I라 하자. 점 H와 점 I가 각각 선분 PF와 선분 QF′의 중점이고, $\overline{OH}\times\overline{OI}=10$일 때, 이 타원의 장축의 길이를 l이라 하자. l^2의 값을 구하시오. (단, $\overline{OH}\neq\overline{OI}$)

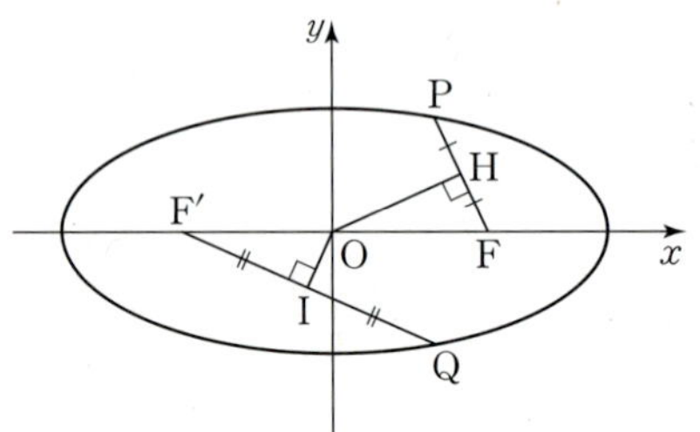

167

평가원기출

타원 $\frac{x^2}{4}+y^2=1$의 네 꼭짓점을 연결하여 만든 사각형에 내접하는 타원 $\frac{x^2}{a^2}+\frac{y^2}{b^2}=1$이 있다. 타원 $\frac{x^2}{a^2}+\frac{y^2}{b^2}=1$의 두 초점이 F$(b, 0)$, F′$(-b, 0)$일 때, $a^2b^2=\frac{q}{p}$이다. $p+q$의 값을 구하시오. (단, p, q는 서로소인 자연수이다.)

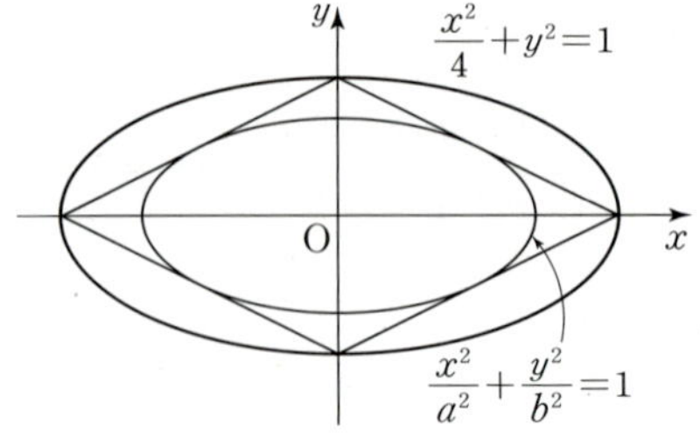

168

평가원기출

좌표평면에서 초점이 $\mathrm{A}(a,\ 0)$ $(a>0)$이고 꼭짓점이 원점인 포물선과 두 초점이 $\mathrm{F}(c,\ 0)$, $\mathrm{F}'(-c,\ 0)$ $(c>a)$인 타원의 교점 중 제1사분면 위의 점을 P라 하자.

$\overline{\mathrm{AF}}=2$, $\overline{\mathrm{PA}}=\overline{\mathrm{PF}}$, $\overline{\mathrm{FF'}}=\overline{\mathrm{PF'}}$

일 때, 타원의 장축의 길이는 $p+q\sqrt{7}$이다. p^2+q^2의 값을 구하시오. (단, p, q는 유리수이다.)

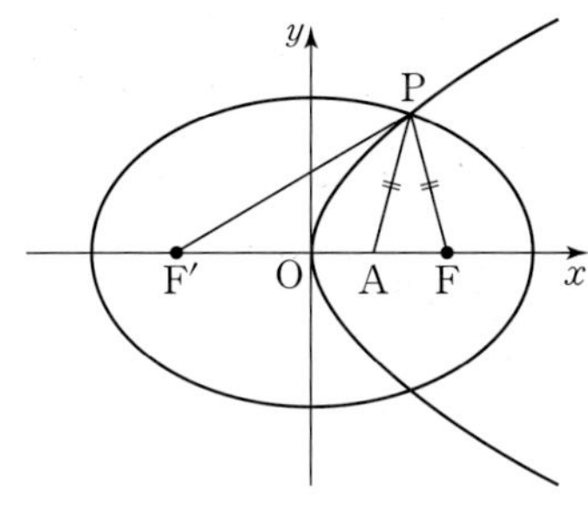

169

교육청기출

그림과 같이 점 $\mathrm{A}(-5,\ 0)$을 중심으로 하고 반지름의 길이가 r인 원과 타원 $\frac{x^2}{25}+\frac{y^2}{16}=1$의 한 교점을 P라 하자. 점 $\mathrm{B}(3,\ 0)$에 대하여 $\overline{\mathrm{PA}}+\overline{\mathrm{PB}}=10$일 때, $10r$의 값을 구하시오.

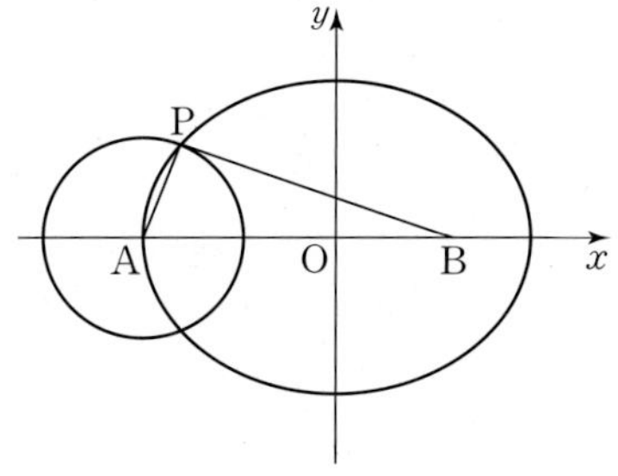

170

평가원기출

좌표평면에서 점 $\mathrm{A}(0,\ 4)$와 타원 $\frac{x^2}{5}+y^2=1$ 위의 점 P에 대하여 두 점 A와 P를 지나는 직선이 원 $x^2+(y-3)^2=1$과 만나는 두 점 중에서 A가 아닌 점을 Q라 하자. 점 P가 타원 위의 모든 점을 지날 때, 점 Q가 나타내는 도형의 길이는?

① $\frac{\pi}{6}$ ② $\frac{\pi}{4}$ ③ $\frac{\pi}{3}$
④ $\frac{2}{3}\pi$ ⑤ $\frac{3}{4}\pi$

171

평가원기출

두 양수 k, p에 대하여 점 $\mathrm{A}(-k,\ 0)$에서 포물선 $y^2=4px$에 그은 두 접선이 y축과 만나는 두 점을 각각 F, F′, 포물선과 만나는 두 점을 각각 P, Q라 할 때, $\angle\mathrm{PAQ}=60°$이다. 두 점 F, F′을 초점으로 하고 두 점 P, Q를 지나는 타원의 장축의 길이가 $4\sqrt{3}+12$일 때, $k+p$의 값은?

① 8 ② 10 ③ 12
④ 14 ⑤ 16

03 쌍곡선

현재 학습 내용

• 쌍곡선

1. 쌍곡선의 정의

유형03 쌍곡선의 정의의 활용

평면 위의 서로 다른 두 점 F, F′으로부터의 거리의 차가 일정한 점들의 집합을 쌍곡선이라 한다. 이때, 두 점 F, F′을 쌍곡선의 초점이라 한다. 두 초점을 이은 직선이 쌍곡선과 만나는 점을 각각 A, A′이라 할 때, 두 점 A, A′을 쌍곡선의 꼭짓점, 선분 AA′을 쌍곡선의 주축, 선분 AA′의 중점을 쌍곡선의 중심이라 한다.

초점이 F, F′인 쌍곡선 위의 점 P에 대하여 $|\overline{\mathrm{PF}}-\overline{\mathrm{PF'}}|$=(주축의 길이)
쌍곡선은 주축을 포함하는 직선과 중심에 대하여 대칭이다.

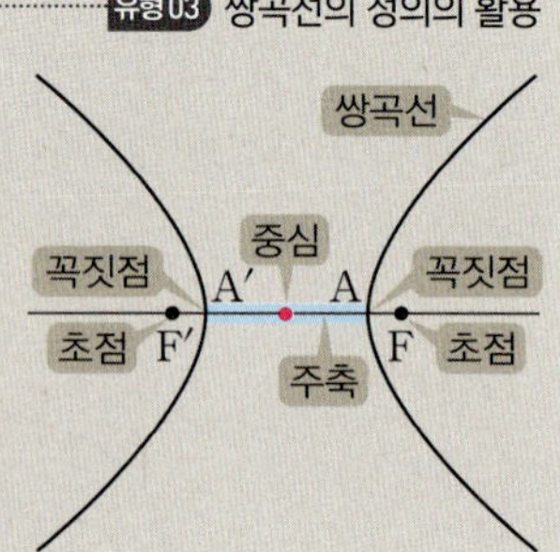

2. 쌍곡선의 방정식

유형01 쌍곡선의 방정식

⑴ 두 초점 $\mathrm{F}(c,\ 0)$, $\mathrm{F'}(-c,\ 0)$으로부터의 거리의 차가 $2a$인 쌍곡선의 방정식은

$$\frac{x^2}{a^2}-\frac{y^2}{b^2}=1\ (\text{단, } c>a>0,\ b^2=c^2-a^2)$$

⑵ 두 초점 $\mathrm{F}(0,\ c)$, $\mathrm{F'}(0,\ -c)$로부터의 거리의 차가 $2b$인 쌍곡선의 방정식은

$$\frac{x^2}{a^2}-\frac{y^2}{b^2}=-1\ (\text{단, } c>b>0,\ a^2=c^2-b^2)$$

⑶ **쌍곡선의 점근선** 어떤 곡선이 한 직선에 한없이 가까워질 때, 이 직선을 점근선이라 한다.

쌍곡선 $\frac{x^2}{a^2}-\frac{y^2}{b^2}=\pm1$의 점근선의 방정식은 $y=\pm\frac{b}{a}x$이다.

쌍곡선의 방정식	$\frac{x^2}{a^2}-\frac{y^2}{b^2}=1$	$\frac{x^2}{a^2}-\frac{y^2}{b^2}=-1$
그래프	$y=-\frac{b}{a}x$, $y=\frac{b}{a}x$, P$(x,\ y)$, F, F′, $-c$, $-a$, a, c, b, $-b$, O	$y=-\frac{b}{a}x$, $y=\frac{b}{a}x$, P$(x,\ y)$, F, F′, c, $-c$, b, $-b$, $-a$, a, O
$\lvert\overline{\mathrm{PF}}-\overline{\mathrm{PF'}}\rvert$	$2a$	$2b$
초점	$\mathrm{F}(c,0)$, $\mathrm{F'}(-c,0)$ (단, $c=\sqrt{a^2+b^2}$)	$\mathrm{F}(0,c)$, $\mathrm{F'}(0,-c)$ (단, $c=\sqrt{a^2+b^2}$)
꼭짓점	$(a,0)$, $(-a,0)$	$(0,b)$, $(0,-b)$
주축의 길이	$2a$	$2b$
중심	$(0,0)$	$(0,0)$
점근선	$y=\pm\frac{b}{a}x$	$y=\pm\frac{b}{a}x$

| 이전 학습 내용 |

• **도형의 평행이동** 수학 Ⅲ. 도형의 방정식

방정식 $f(x, y)=0$이 나타내는 도형을 x축의 방향으로 a만큼, y축의 방향으로 b만큼 평행이동한 도형의 방정식은 $f(x-a, y-b)=0$이다.

• **이차함수의 그래프와 직선의 위치 관계** 수학 Ⅱ. 방정식과 부등식

이차함수 $y=ax^2+bx+c$의 그래프와 직선 $y=mx+n$의 위치 관계는 이차방정식 $ax^2+bx+c=mx+n$의 판별식 D의 부호에 따라 결정된다.

$D>0$	$D=0$	$D<0$
서로 다른 두 점에서 만난다.	한 점에서 만난다. (접한다.)	만나지 않는다.

• **원의 접선의 방정식** 수학 Ⅲ. 도형의 방정식

원 $x^2+y^2=r^2$에 접하고 기울기가 m인 직선의 방정식은

$y=mx\pm r\sqrt{m^2+1}$

원 $x^2+y^2=r^2$ 위의 점 (x_1, y_1)에서의 접선의 방정식은

$x_1x+y_1y=r^2$

현재 학습 내용

3. 쌍곡선의 평행이동 ········ 유형02 쌍곡선의 평행이동

쌍곡선 $\frac{x^2}{a^2}-\frac{y^2}{b^2}=\pm1$을 x축의 방향으로 m만큼, y축의 방향으로 n만큼 평행이동한 쌍곡선의 방정식은 $\frac{(x-m)^2}{a^2}-\frac{(y-n)^2}{b^2}=\pm1$

쌍곡선의 방정식	$\frac{x^2}{a^2}-\frac{y^2}{b^2}=1$	$\frac{(x-m)^2}{a^2}-\frac{(y-n)^2}{b^2}=1$
초점	$(c, 0)$, $(-c, 0)$ (단, $c=\sqrt{a^2+b^2}$)	$(c+m, n)$, $(-c+m, n)$ (단, $c=\sqrt{a^2+b^2}$)
꼭짓점	$(a, 0)$, $(-a, 0)$	$(a+m, n)$, $(-a+m, n)$
주축의 길이	$2a$	$2a$
중심	$(0, 0)$	(m, n)
점근선	$y=\pm\frac{b}{a}x$	$y=\pm\frac{b}{a}(x-m)+n$

4. 쌍곡선의 방정식의 일반형

$Ax^2+By^2+Cx+Dy+E=0$ (단, $AB<0$)

유형04 자취의 방정식

유형05 쌍곡선과 원, 포물선, 타원

• **쌍곡선과 직선**

1. 쌍곡선과 직선의 위치 관계 ········ 유형06 쌍곡선과 직선의 위치 관계

쌍곡선의 방정식과 직선 $y=mx+n$의 방정식을 연립하여 얻은 x 또는 y에 대한 이차방정식의 판별식을 D라 하면

$D>0 \Longleftrightarrow$ 서로 다른 두 점에서 만난다.

$D=0 \Longleftrightarrow$ 한 점에서 만난다. (접한다.)

$D<0 \Longleftrightarrow$ 만나지 않는다.

2. 쌍곡선의 접선의 방정식

(1) 기울기가 주어질 때 ········ 유형07 쌍곡선의 접선의 방정식 – 기울기가 주어질 때

쌍곡선 $\frac{x^2}{a^2}-\frac{y^2}{b^2}=1$에 접하고 기울기가 m인 직선의 방정식은

$y=mx\pm\sqrt{a^2m^2-b^2}$ (단, $a^2m^2>b^2$)

쌍곡선 $\frac{x^2}{a^2}-\frac{y^2}{b^2}=-1$에 접하고 기울기가 m인 직선의 방정식은

$y=mx\pm\sqrt{b^2-a^2m^2}$ (단, $b^2>a^2m^2$)

(2) 접점의 좌표가 주어질 때 ········ 유형08 쌍곡선의 접선의 방정식 – 접점의 좌표가 주어질 때

쌍곡선 $\frac{x^2}{a^2}-\frac{y^2}{b^2}=\pm1$ 위의 점 (x_1, y_1)에서의 접선의 방정식은

$$\frac{x_1x}{a^2}-\frac{y_1y}{b^2}=\pm1$$

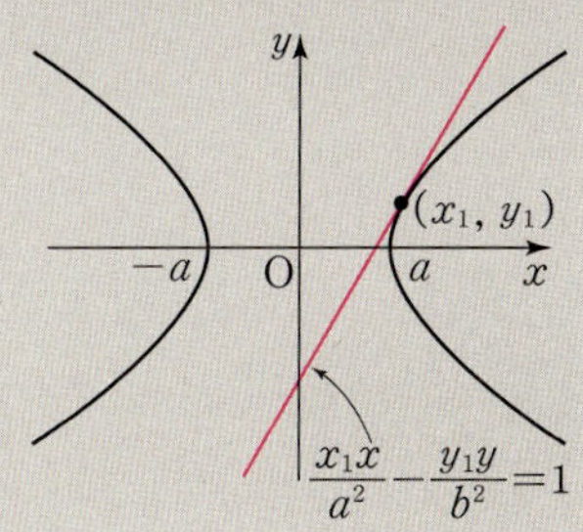

유형09 쌍곡선의 접선의 방정식 – 쌍곡선 밖의 한 점의 좌표가 주어질 때

유형10 수학 Ⅰ, 수학 Ⅱ, 미적분 통합 유형

현재 학습 내용

• **이차곡선(원뿔곡선)**

1. 이차곡선

원, 포물선, 타원, 쌍곡선은 모두 x, y에 대한 이차방정식으로 나타난다.
이와 같이 계수가 실수인 x, y에 대한 이차방정식 $Ax^2+By^2+Cx+Dy+E=0$으로 나타나는 곡선을 이차곡선이라 한다.
A, B, C, D, E의 조건에 따라 이차곡선은 다음과 같이 분류된다.

조건	이차곡선
$A=B$, $C^2+D^2-4AE>0$	원
$A=0$, $BC\neq0$ 또는 $B=0$, $AD\neq0$	포물선
$AB>0$, $A\neq B$	타원
$AB<0$	쌍곡선

2. 원뿔곡선

다음 그림과 같이 마주 보는 두 원뿔을 평면으로 자를 때, 자르는 각도에 따라 그 단면이 원, 포물선, 타원, 쌍곡선을 나타낸다.
이와 같이 원뿔을 꼭짓점을 지나지 않는 평면으로 자를 때 생기는 단면이 나타내는 곡선을 원뿔곡선이라 하고, 이차곡선을 원뿔곡선이라고도 한다.

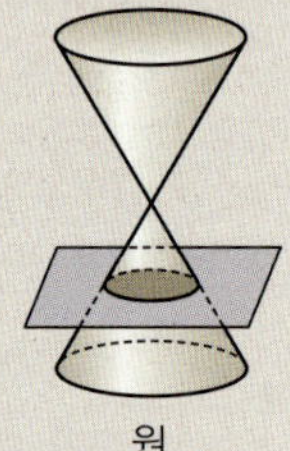
원

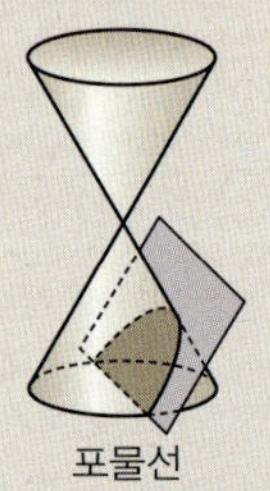
포물선

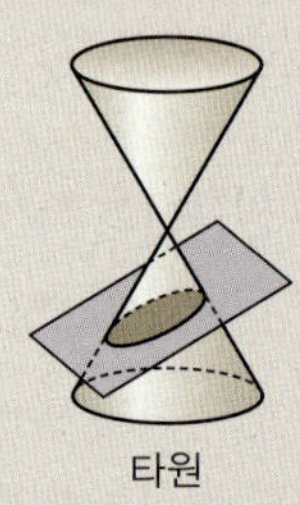
타원

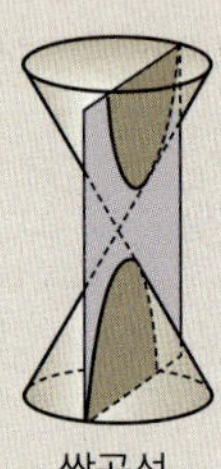
쌍곡선

밑면에 평행한 평면으로 잘랐을 때는 원, 모선에 평행한 평면으로 잘랐을 때는 포물선,
평면을 기울여서 모선에 평행하기 전까지의 기울기로 잘랐을 때는 타원,
모선보다 기울기가 더 급한 평면으로 잘랐을 때는 쌍곡선이 된다.

유형 01 쌍곡선의 방정식

주어진 쌍곡선의 방정식에서 '초점의 좌표, 꼭짓점의 좌표, 주축의 길이, 두 초점으로부터의 거리의 차' 등을 구하거나, 이 조건들을 이용하여 쌍곡선의 방정식을 구하는 문제를 분류하였다.

유형 해결 TIP

쌍곡선 $\frac{x^2}{a^2}-\frac{y^2}{b^2}=\pm1$에서

(1) $\frac{x^2}{a^2}-\frac{y^2}{b^2}=1$인 경우 두 초점은 x축 위에 있다.

❶ 초점 : $(\pm\sqrt{a^2+b^2},\ 0)$

❷ 꼭짓점 : $(\pm a,\ 0)$

❸ 주축의 길이 : $2|a|$

(2) $\frac{x^2}{a^2}-\frac{y^2}{b^2}=-1$인 경우 두 초점은 y축 위에 있다.

❶ 초점 : $(0,\ \pm\sqrt{a^2+b^2})$

❷ 꼭짓점 : $(0,\ \pm b)$

❸ 주축의 길이 : $2|b|$

위의 두 경우를 혼동하지 않도록 주의하자.

한편, (1), (2)에서 점근선의 방정식은 $y=\pm\frac{b}{a}x$로 동일하다.

172

쌍곡선 $\frac{x^2}{4}-\frac{y^2}{9}=1$의 주축의 길이는?

① 2　② 4　③ 6　④ 8　⑤ 10

173

다음 중 쌍곡선 $\frac{x^2}{16}-\frac{y^2}{9}=-1$에 대한 설명으로 옳은 것은?

① 두 초점이 x축 위에 있다.
② 주축의 길이는 8이다.
③ 꼭짓점의 좌표는 $(-4,\ 0)$, $(4,\ 0)$이다.
④ 초점의 좌표는 $(0,\ -5)$, $(0,\ 5)$이다.
⑤ 점근선의 방정식은 $y=\pm\frac{9}{16}x$이다.

174

두 초점 $\mathrm{F}(3,\ 0)$, $\mathrm{F}'(-3,\ 0)$으로부터의 거리의 차가 4인 쌍곡선의 방정식이 $\frac{x^2}{a^2}-\frac{y^2}{b^2}=1$일 때, ab의 값은?

(단, $a>0$, $b>0$)

① $\frac{\sqrt{5}}{4}$　② $\frac{\sqrt{5}}{2}$　③ $\sqrt{5}$　④ $2\sqrt{5}$　⑤ $4\sqrt{5}$

175

쌍곡선 $\frac{x^2}{a^2}-\frac{y^2}{13}=1$의 두 초점을 $\mathrm{F}(7,\ 0)$, $\mathrm{F}'(-7,\ 0)$이라 하자. 쌍곡선 위의 점 P에 대하여 $|\overline{\mathrm{PF}}-\overline{\mathrm{PF'}}|$의 값은? (단, $a>0$)

① 8　② 9　③ 10　④ 11　⑤ 12

176

쌍곡선 $\frac{x^2}{16}-\frac{y^2}{k^2}=-1$의 두 초점 F, F'과 쌍곡선 위의 임의의 점 P에 대하여 $|\overline{\mathrm{PF}}-\overline{\mathrm{PF'}}|=6$일 때, 양수 k의 값은?

① 1　② $\frac{3}{2}$　③ 3　④ 6　⑤ 9

177 빈출

평가원기출

주축의 길이가 4인 쌍곡선 $\frac{x^2}{a^2}-\frac{y^2}{b^2}=1$의 점근선의 방정식이 $y=\pm\frac{5}{2}x$일 때, a^2+b^2의 값은? (단, a와 b는 상수이다.)

① 21 ② 23 ③ 25
④ 27 ⑤ 29

178

점근선의 방정식이 $y=\pm 2x$이고 초점이 x축 위에 있고 주축의 길이가 6인 쌍곡선의 두 초점 사이의 거리는?

① $2\sqrt{5}$ ② $3\sqrt{5}$ ③ $4\sqrt{5}$
④ $5\sqrt{5}$ ⑤ $6\sqrt{5}$

179

점근선의 방정식이 $y=\pm\frac{3}{4}x$이고, 한 초점의 좌표가 $(10, 0)$인 쌍곡선의 주축의 길이를 구하시오.

180

쌍곡선 $\frac{x^2}{a^2}-\frac{y^2}{b^2}=1$이 점 $(5, 3)$을 지나고 두 점근선의 방정식이 $y=x$, $y=-x$이다. 이 쌍곡선의 주축의 길이를 구하시오.

(단, a, b는 상수이다.)

유형 02 쌍곡선의 평행이동

평행이동한 쌍곡선의 초점, 꼭짓점의 좌표, 점근선의 방정식을 구하는 문제를 분류하였다.

유형해결 TIP

중심이 원점 $(0, 0)$인 쌍곡선 $\frac{x^2}{a^2}-\frac{y^2}{b^2}=\pm 1$을 x축의 방향으로 m만큼, y축의 방향으로 n만큼 평행이동하면

중심이 점 (m, n)인 쌍곡선 $\frac{(x-m)^2}{a^2}-\frac{(y-n)^2}{b^2}=\pm 1$이다.

이 쌍곡선의 초점, 꼭짓점의 좌표와 점근선을 구하는 방법은 다음과 같다.

❶ 쌍곡선 $\frac{x^2}{a^2}-\frac{y^2}{b^2}=\pm 1$의 초점 · 꼭짓점의 좌표, 점근선의 방정식 구하기

❷ ❶에서 구한 초점 · 꼭짓점의 좌표, 점근선의 방정식에서
초점 · 꼭짓점의 좌표 : 'x좌표에 $+m$, y좌표에 $+n$'을 한다.
점근선의 방정식 : 'x 대신 $x-m$, y 대신 $y-n$'을 대입한다.

한편 평행이동을 하여도 '주축의 길이'는 변하지 않는다.

181

다음 중 쌍곡선 $\frac{(x+1)^2}{4}-\frac{(y-3)^2}{5}=1$에 대한 설명으로 옳지 않은 것은?

① 중심의 좌표는 $(-1, 3)$이다.
② 주축의 길이는 4이다.
③ 꼭짓점의 좌표는 $(1, 3)$, $(-3, 3)$이다.
④ 초점의 좌표는 $(3, 2)$, $(3, -4)$이다.
⑤ 점근선의 방정식은 $y-3=\pm\frac{\sqrt{5}}{2}(x+1)$이다.

182

쌍곡선 $4x^2-9y^2-16x-18y-29=0$의 점근선 중 기울기가 양수인 점근선의 y절편은?

① $-\frac{7}{3}$　② $-\frac{3}{2}$　③ -1
④ $-\frac{1}{3}$　⑤ $\frac{1}{3}$

183

쌍곡선 $\frac{(x-1)^2}{p^2}-\frac{(y+3)^2}{16}=-1$의 두 초점 사이의 거리가 10일 때, 점근선의 방정식은 $y=ax+b$, $y=cx+d$이다. $a+b+c+d$의 값은? (단, p, a, b, c, d는 실수이다.)

① -2　② -3　③ -4
④ -5　⑤ -6

유형 03 쌍곡선의 정의의 활용

쌍곡선은 두 초점으로부터의 거리의 차가 일정(주축의 길이)한 점들의 집합이다.

유형해결 TIP

쌍곡선 $\frac{x^2}{a^2}-\frac{y^2}{b^2}=\pm1$ 위의 임의의 점 P와 두 초점 F, F′에 대하여

(1) $\frac{x^2}{a^2}-\frac{y^2}{b^2}=1$인 경우, $|\overline{PF}-\overline{PF'}|=2|a|$ (일정)

(2) $\frac{x^2}{a^2}-\frac{y^2}{b^2}=-1$인 경우, $|\overline{PF}-\overline{PF'}|=2|b|$ (일정)

임을 활용하자.

184

그림과 같이 쌍곡선 $\frac{x^2}{9}-\frac{y^2}{16}=1$ 위의 제1사분면에 있는 점 A와 두 초점 F, F′에 대하여 삼각형 AF′F의 둘레의 길이가 22일 때, 선분 AF의 길이는? (단, 점 F의 x좌표는 양수이다.)

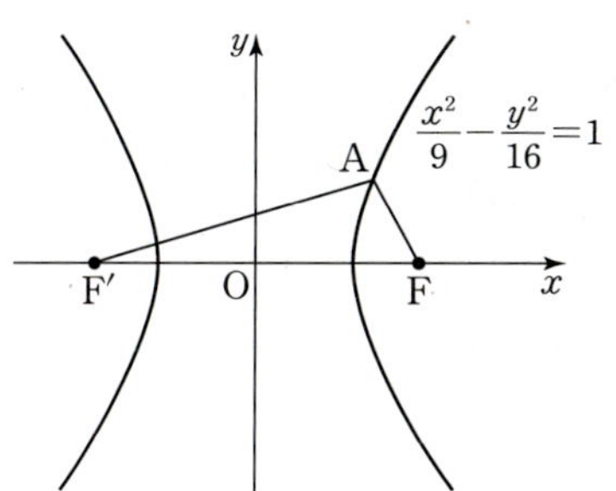

① 1　② 3　③ 5
④ 7　⑤ 9

185

평가원기출

그림과 같이 쌍곡선 $\frac{x^2}{16}-\frac{y^2}{9}=1$의 두 초점을 F, F′이라 하자. 제1사분면에 있는 쌍곡선 위의 점 P와 제2사분면에 있는 쌍곡선 위의 점 Q에 대하여 $\overline{PF'}-\overline{QF'}=3$일 때, $\overline{QF}-\overline{PF}$의 값을 구하시오.

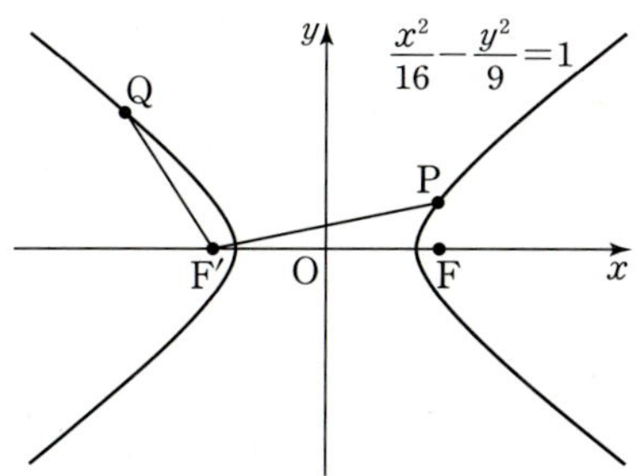

유형 04 자취의 방정식

어떤 조건을 만족시키는 점 P가 나타내는 도형이 쌍곡선인 문제를 분류하였다.

유형 해결 TIP

(1) 쌍곡선의 정의
두 정점 F, F′과 점 P에 대하여 $|\overline{PF}-\overline{PF'}|=k$로 일정할 때, 점 P는 두 점 F, F′을 초점으로 하고 주축의 길이가 k인 쌍곡선을 나타낸다.

(2) 두 원의 내접과 외접(교육과정 외) 예 227번
두 원의 위치 관계는 교육과정에서 벗어나는 내용이다. 만약 학교에서 학습하게 되는 경우에는 해당 유형이 내신 시험에 출제될 수 있으니 학습하도록 하자.
〈두 원이 접하는 경우〉
❶ 외접 : 한 원이 다른 원의 외부에서 접할 때, 외접한다고 한다.
❷ 내접 : 한 원이 다른 원의 내부에서 접할 때, 내접한다고 한다.
❶, ❷의 경우 두 원의 중심과 접점은 한 직선 위에 있고, 두 원의 중심 거리를 d, 두 원의 반지름의 길이를 각각 r_1, r_2라 하면 다음과 같은 관계식이 성립한다.

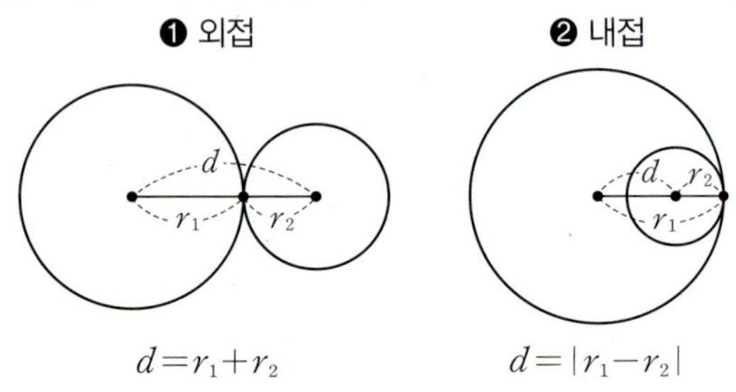

186 서술형

점 F(1, 0)과 직선 $x=6$에 이르는 거리의 비가 3 : 2인 점들의 집합이 나타내는 도형에 대하여 다음 물음에 답하고, 그 과정을 서술하시오.

(1) 조건을 만족시키는 도형의 방정식을 구하시오.
(2) (1)에서 구한 도형이 어떤 도형인지 말하시오.

유형 05 쌍곡선과 원, 포물선, 타원

쌍곡선과 원 또는 포물선 또는 타원이 함께 등장하는 문제를 분류하였다.

유형 해결 TIP

(1) 원 · 포물선 · 타원 · 쌍곡선의 정의
(2) 타원의 두 초점 F, F′을 지름의 양 끝점으로 하고, 타원 위의 한 점 P를 지나는 원에서 $\angle F'PF=90°$

187

포물선 $y^2=12x$의 초점이 쌍곡선 $x^2-ay^2=a\ (a>0)$의 한 초점과 일치할 때, 이 쌍곡선의 주축의 길이는?

① $\sqrt{2}$ ② $2\sqrt{2}$ ③ $3\sqrt{2}$
④ $4\sqrt{2}$ ⑤ $5\sqrt{2}$

188 평가원기출

쌍곡선 $\frac{x^2}{a^2}-\frac{y^2}{9}=1$의 두 꼭짓점은 타원 $\frac{x^2}{13}+\frac{y^2}{b^2}=1$의 두 초점이다. a^2+b^2의 값은?

① 10 ② 11 ③ 12
④ 13 ⑤ 14

189

타원 $\frac{x^2}{25}+\frac{y^2}{9}=1$과 초점의 좌표가 같고, 주축의 길이가 4인 쌍곡선의 방정식은?

① $2x^2-y^2=8$ ② $x^2-3y^2=12$
③ $3x^2-y^2=12$ ④ $x^2-4y^2=16$
⑤ $4x^2-y^2=16$

190

평가원기출

두 초점을 공유하는 타원 $\frac{x^2}{5^2}+\frac{y^2}{4^2}=1$과 쌍곡선이 있다. 이 쌍곡선의 한 점근선이 $y=\sqrt{35}x$일 때, 이 쌍곡선의 두 꼭짓점 사이의 거리는?

① $\frac{1}{4}$ ② $\frac{1}{2}$ ③ $\frac{3}{4}$
④ 1 ⑤ $\frac{5}{4}$

유형 06 쌍곡선과 직선의 위치 관계

쌍곡선 $\frac{x^2}{a^2}-\frac{y^2}{b^2}=\pm1$과 직선 $y=mx+n$의 위치 관계를 이용하는 문제를 분류하였다.

유형 해결 TIP

다음과 같은 순서로 풀이하자.

❶ $\frac{x^2}{a^2}-\frac{y^2}{b^2}=\pm1$에 $y=mx+n$을 대입하기
❷ ❶에서 구한 x에 관한 이차방정식의 판별식 D 구하기
❸ $D>0 \Longleftrightarrow$ 서로 다른 두 점에서 만난다.
$D=0 \Longleftrightarrow$ 한 점에서 만난다. (접한다.)
$D<0 \Longleftrightarrow$ 만나지 않는다.

191

쌍곡선 $\frac{x^2}{2}-\frac{y^2}{4}=1$과 직선 $y=2x+k$의 위치 관계가 다음과 같을 때, 실수 k의 값 또는 k의 값의 범위를 구하시오.

(1) 서로 다른 두 점에서 만난다.
(2) 접한다.
(3) 만나지 않는다.

192

다음 중 쌍곡선 $\frac{x^2}{16}-\frac{y^2}{4}=1$과 만나지 않는 직선은?

① $y=\frac{1}{4}x$ ② $y=\frac{1}{8}x$ ③ $y=0$
④ $y=-\frac{1}{3}x$ ⑤ $y=-x$

유형 07 쌍곡선의 접선의 방정식 - 기울기가 주어질 때

쌍곡선 $\frac{x^2}{a^2}-\frac{y^2}{b^2}=\pm1$에 접하고 기울기가 m인 직선의 방정식을 구하는 문제를 분류하였다.

유형 해결 TIP

(1) $\frac{x^2}{a^2}-\frac{y^2}{b^2}=1$인 경우 점근선의 기울기 $\pm\frac{b}{a}$를 기준으로 $|m|>\left|\frac{b}{a}\right|$일 때 접선이 존재한다.
$y=mx\pm\sqrt{a^2m^2-b^2}$ (단, $a^2m^2>b^2$)
(2) $\frac{x^2}{a^2}-\frac{y^2}{b^2}=-1$인 경우 점근선의 기울기 $\pm\frac{b}{a}$를 기준으로 $|m|<\left|\frac{b}{a}\right|$일 때 접선이 존재한다.
$y=mx\pm\sqrt{b^2-a^2m^2}$ (단, $b^2>a^2m^2$)

193

쌍곡선 $x^2-y^2=1$에 접하고 기울기가 2인 직선의 방정식을 모두 구하시오.

194

쌍곡선 $\frac{x^2}{3}-\frac{y^2}{7}=-1$에 접하고 직선 $x+y-1=0$에 평행한 직선의 방정식의 y절편은?

① -1 또는 1 ② $-\sqrt{2}$ 또는 $\sqrt{2}$
③ $-\sqrt{3}$ 또는 $\sqrt{3}$ ④ -2 또는 2
⑤ -3 또는 3

195

쌍곡선 $3x^2-y^2=3$에 접하고 직선 $x+3y-2=0$에 수직인 직선의 방정식을 모두 구하시오.

196

쌍곡선 $\frac{x^2}{9}-\frac{y^2}{6}=1$에 접하고 기울기가 2인 두 접선 사이의 거리는?

① $2\sqrt{2}$ ② $2\sqrt{3}$ ③ 4
④ $2\sqrt{5}$ ⑤ $2\sqrt{6}$

197

평가원기출

직선 $y=3x+5$가 쌍곡선 $\frac{x^2}{a}-\frac{y^2}{2}=1$에 접할 때, 쌍곡선의 두 초점 사이의 거리는?

① $\sqrt{7}$ ② $2\sqrt{3}$ ③ 4
④ $2\sqrt{5}$ ⑤ $4\sqrt{3}$

유형 08 쌍곡선의 접선의 방정식 – 접점의 좌표가 주어질 때

쌍곡선 $\frac{x^2}{a^2}-\frac{y^2}{b^2}=\pm1$ 위의 점 (x_1, y_1)에서의 접선의 방정식 $\frac{x_1x}{a^2}-\frac{y_1y}{b^2}=\pm1$을 구하는 문제를 분류하였다.

198

쌍곡선 $x^2-\frac{y^2}{3}=1$ 위의 점 $(2, 3)$에서의 접선이 y축과 만나는 점의 y좌표는?

① -1 ② $-\frac{1}{2}$ ③ 0
④ $\frac{1}{2}$ ⑤ 1

199

쌍곡선 $\frac{x^2}{2}-\frac{y^2}{3}=-1$ 위의 점 $(-2, 3)$에서의 접선의 기울기는?

① $-\frac{1}{9}$ ② $-\frac{1}{3}$ ③ -1
④ -3 ⑤ -9

200

쌍곡선 $x^2-y^2=8$ 위의 점 $(3,\ 1)$에서의 접선의 방정식이 점 $(a,\ 4)$를 지날 때, a의 값은?

① 1　② 2　③ 3　④ 4　⑤ 5

유형 09 쌍곡선의 접선의 방정식 – 쌍곡선 밖의 한 점의 좌표가 주어질 때

쌍곡선 $\frac{x^2}{a^2}-\frac{y^2}{b^2}=\pm1$ 밖의 한 점 $(p,\ q)$에서 쌍곡선에 그은 접선의 방정식을 구하는 문제를 분류하였다.

유형해결 TIP

(1) 접점의 좌표를 $(x_1,\ y_1)$로 놓고 구하는 방법

❶ $\frac{x_1x}{a^2}-\frac{y_1y}{b^2}=\pm1$에 점 $(p,\ q)$의 좌표 대입하기

❷ $\frac{x^2}{a^2}-\frac{y^2}{b^2}=\pm1$에 점 $(x_1,\ y_1)$의 좌표 대입하기

❸ ❶, ❷에서 구한 식을 연립하여 x_1, y_1의 값 구하기

❹ 접선의 방정식 구하기

(2) 접선의 방정식을 $y=m(x-p)+q$로 놓고 구하는 방법

❶ $\frac{x^2}{a^2}-\frac{y^2}{b^2}=\pm1$에 $y=m(x-p)+q$ 대입하기

❷ ❶에서 구한 x에 관한 이차방정식의 판별식 $D=0$을 만족시키는 m의 값 구하기

❸ 접선의 방정식 구하기

❹ 특히, $\frac{x^2}{a^2}-\frac{y^2}{b^2}=1$에서 $p=\pm a$인 경우 한 접선은 $x=\pm a$이니 빠트리지 않도록 주의하자.

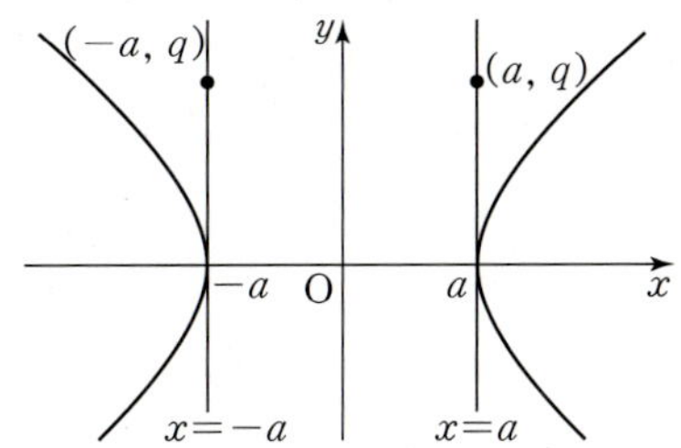

❶, ❷의 과정 대신 $y=mx\pm\sqrt{a^2m^2-b^2}$ 또는 $y=mx\pm\sqrt{b^2-a^2m^2}$에 점 $(p,\ q)$의 좌표를 대입하여 m의 값을 구한 다음 접선의 방정식을 구할 수도 있다.

201

점 $(2,\ 2)$에서 쌍곡선 $x^2-y^2=4$에 그은 접선의 방정식을 〈보기〉에서 있는 대로 고른 것은?

보기

ㄱ. $x=2$　ㄴ. $y=x$　ㄷ. $y=2x-2$

① ㄱ　② ㄴ　③ ㄱ, ㄴ　④ ㄴ, ㄷ　⑤ ㄱ, ㄴ, ㄷ

202

평가원기출

좌표평면 위의 점 $(-1,\ 0)$에서 쌍곡선 $x^2-y^2=2$에 그은 접선의 방정식을 $y=mx+n$이라 할 때, m^2+n^2의 값은? (단, m, n은 상수이다.)

① $\frac{5}{2}$　② 3　③ $\frac{7}{2}$　④ 4　⑤ $\frac{9}{2}$

203

점 (0, 1)을 지나는 직선이 쌍곡선 $\frac{x^2}{4}-\frac{y^2}{3}=-1$에 접할 때, 이 직선의 모든 기울기의 곱은?

① -1 ② $-\frac{1}{2}$ ③ $-\frac{1}{4}$
④ $\frac{1}{4}$ ⑤ $\frac{1}{2}$

204

점 (3, 4)에서 쌍곡선 $4x^2-9y^2=36$에 그은 접선의 접점을 A, B라 할 때, 선분 AB의 길이는?

① $\frac{5\sqrt{10}}{3}$ ② $2\sqrt{10}$ ③ $\frac{7\sqrt{10}}{3}$
④ $\frac{8\sqrt{10}}{3}$ ⑤ $3\sqrt{10}$

유형 10 수학 Ⅰ, 수학 Ⅱ, 미적분 통합 유형

〈기하〉의 선수학습 과목은 〈수학〉 뿐이므로 〈수학 Ⅰ〉, 〈수학 Ⅱ〉, 〈미적분〉에서 학습한 내용이 포함된 문제를 따로 분류하였다. 따라서 위 과목들을 학습한 학생만 이 유형의 문제를 풀어 보자.

205

쌍곡선 $x^2-y^2=4$의 두 초점 F, F′과 좌표평면 위의 점 $\mathrm{P}(k, k)$에 대하여 $\lim_{k \to \infty} |\overline{\mathrm{PF}}-\overline{\mathrm{PF'}}|$의 값은?

① 1 ② 2 ③ 3
④ 4 ⑤ 5

206

쌍곡선 $x^2-3y^2=-3$의 두 점근선이 이루는 예각의 크기는?

① $15°$ ② $30°$ ③ $45°$
④ $60°$ ⑤ $75°$

유형01 쌍곡선의 방정식

207

평가원기출

다음 조건을 만족시키는 쌍곡선의 주축의 길이는?

> (가) 두 초점의 좌표는 $(5,\ 0)$, $(-5,\ 0)$이다.
> (나) 두 점근선이 서로 수직이다.

① $2\sqrt{2}$ ② $3\sqrt{2}$ ③ $4\sqrt{2}$
④ $5\sqrt{2}$ ⑤ $6\sqrt{2}$

208

평가원기출

쌍곡선 $9x^2-16y^2=144$의 초점을 지나고 점근선과 평행한 4개의 직선으로 둘러싸인 도형의 넓이는?

① $\frac{75}{16}$ ② $\frac{25}{4}$ ③ $\frac{25}{2}$
④ $\frac{75}{4}$ ⑤ $\frac{75}{2}$

209

쌍곡선 $3x^2-y^2=-3$의 한 초점 F를 중심으로 하고 이 쌍곡선의 두 점근선에 접하는 원의 넓이는?

① $\frac{\pi}{4}$ ② $\frac{\pi}{2}$ ③ π
④ 2π ⑤ 4π

210

빈출

쌍곡선 $\frac{x^2}{4}-\frac{y^2}{3}=1$ 위의 임의의 점 P에서 이 쌍곡선의 두 점근선에 내린 수선의 발을 각각 Q, R라 할 때, $\overline{PQ}\times\overline{PR}$의 값은?

① $\frac{6}{7}$ ② $\frac{8}{7}$ ③ $\frac{10}{7}$
④ $\frac{12}{7}$ ⑤ 2

211

평가원기출

쌍곡선 $\frac{x^2}{5}-\frac{y^2}{4}=1$의 두 초점을 각각 F, F′이라 하고, 꼭짓점이 아닌 쌍곡선 위의 한 점 P의 원점에 대하여 대칭인 점을 Q라 하자. 사각형 F′QFP의 넓이가 24가 되는 점 P의 좌표를 $(a,\ b)$라 할 때, $|a|+|b|$의 값은?

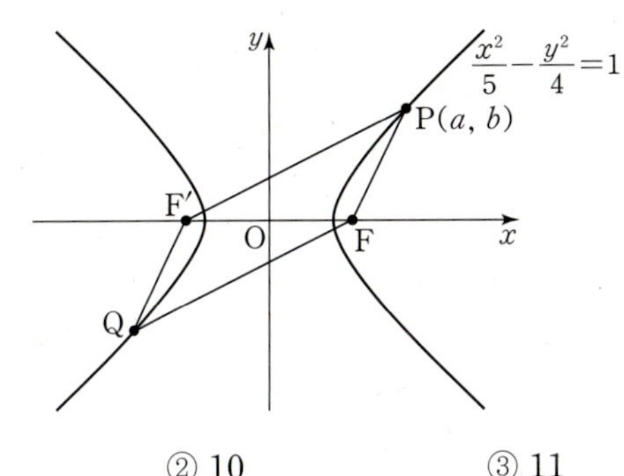

① 9 ② 10 ③ 11
④ 12 ⑤ 13

유형02 쌍곡선의 평행이동

212

| 선행 183 |

쌍곡선 $x^2-4y^2+8x+8ky-16=0$의 주축이 y축과 평행하고 중심이 직선 $y=3$ 위에 있을 때, 이 쌍곡선의 점근선 중 기울기가 양수인 점근선의 방정식은 $y=mx+n$이다. 세 상수 m, n, k에 대하여 $m+n+k$의 값은?

① 7 ② $\frac{15}{2}$ ③ 8
④ $\frac{17}{2}$ ⑤ 9

213

점근선의 방정식이 $y=\pm\frac{\sqrt{3}}{3}x$인 쌍곡선

$\frac{x^2}{a^2}-\frac{y^2}{b^2}=-1$ $(a>0,\ b>0)$을 x축의 방향으로 1만큼, y축의 방향으로 -2만큼 평행이동하면 점 $(1,\ 2)$를 지난다. 쌍곡선 $\frac{x^2}{a^2}-\frac{y^2}{b^2}=-1$의 주축의 길이는?

① 4　② $4\sqrt{3}$　③ 8
④ $8\sqrt{3}$　⑤ 16

유형 03 쌍곡선의 정의의 활용

214 빈출

| 선행 184 |

그림과 같이 점 $(3,\ 0)$을 지나는 직선과 쌍곡선 $\frac{x^2}{4}-\frac{y^2}{5}=1$이 두 점 A, B에서 만난다. 두 점 A, B와 점 C$(-3,\ 0)$을 꼭짓점으로 하는 삼각형 ABC의 둘레의 길이가 16일 때, 선분 AB의 길이는?
(단, 두 점 A, B의 x좌표는 양수이다.)

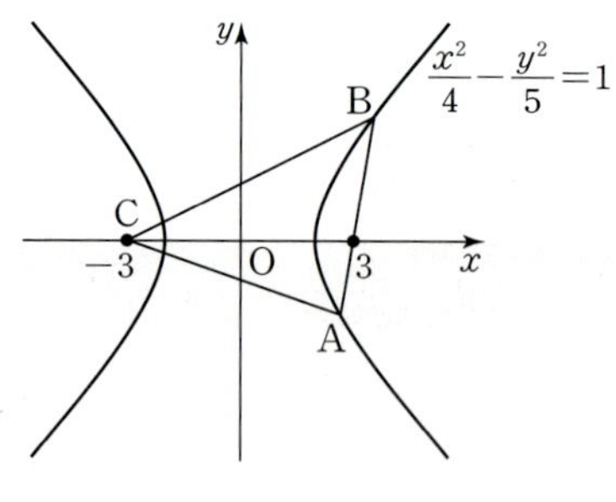

① 2　② 4　③ 6
④ 8　⑤ 10

215

교육청기출

쌍곡선 $\frac{x^2}{4}-\frac{y^2}{5}=1$의 두 초점을 F, F′이라 하자. 쌍곡선 위의 한 점 P에 대하여 $\angle$F′PF의 이등분선이 x축과 점 A$(1,\ 0)$에서 만날 때, 삼각형 PF′F의 둘레의 길이를 구하시오.

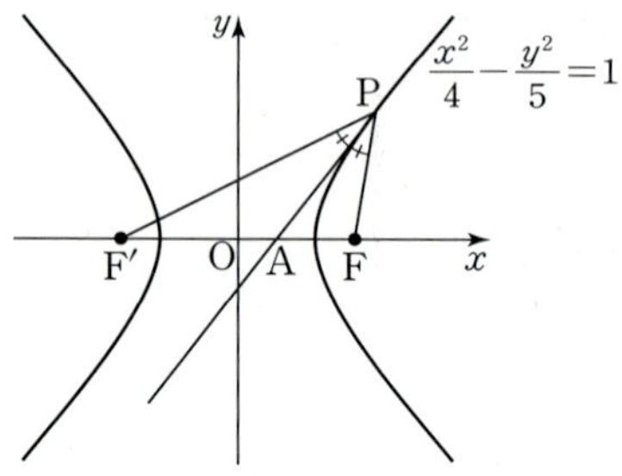

216

쌍곡선 $\frac{x^2}{4}-\frac{y^2}{12}=1$의 두 초점 F, F′과 쌍곡선 위의 한 점 P에 대하여 $\overline{\mathrm{PF'}}=2\overline{\mathrm{PF}}$가 성립할 때, 삼각형 F′FP의 넓이는?

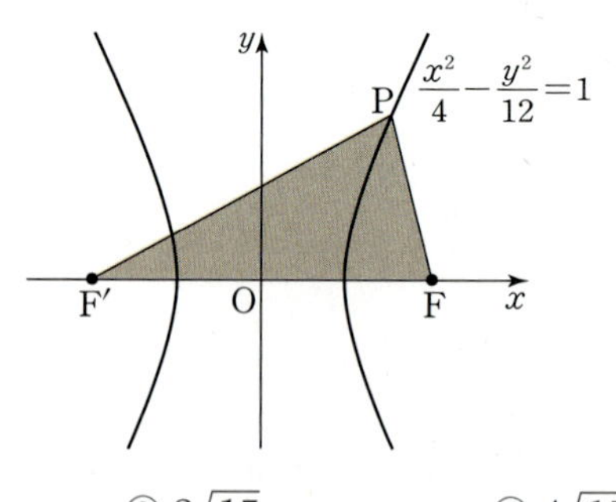

① $\sqrt{15}$　② $2\sqrt{15}$　③ $4\sqrt{15}$
④ $8\sqrt{15}$　⑤ $16\sqrt{15}$

217

쌍곡선 $\frac{x^2}{10}-\frac{y^2}{6}=1$의 두 초점 F, F′과 쌍곡선 위의 제2사분면의 한 점 P에 대하여 ∠FPF′=90°일 때, 삼각형 FPF′의 넓이는?

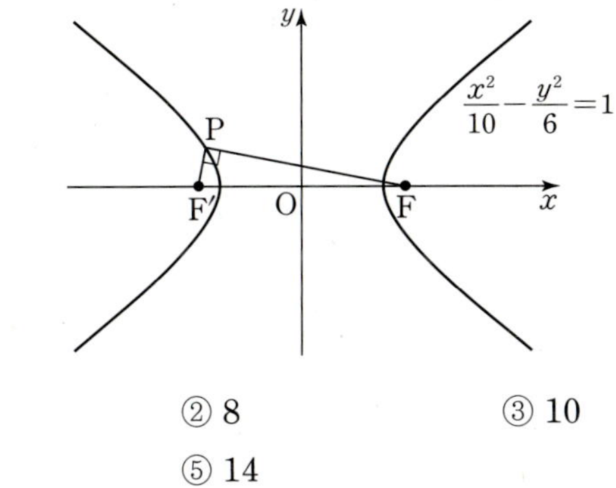

① 6　② 8　③ 10　④ 12　⑤ 14

218

두 점 F, F′을 초점으로 하는 쌍곡선 $\frac{x^2}{a^2}-\frac{y^2}{b^2}=1$ 위의 한 점 P에 대하여 ∠FPF′=90°, $\overline{\mathrm{PF}}:\overline{\mathrm{PF'}}=3:4$이다. 이 쌍곡선의 두 초점 사이의 거리가 20일 때, 양수 a, b에 대하여 ab의 값은?

① $2\sqrt{6}$　② $4\sqrt{6}$　③ $6\sqrt{6}$　④ $8\sqrt{6}$　⑤ $10\sqrt{6}$

219

| 선행 184 |

그림과 같이 두 초점이 F, F′이고 한 꼭짓점이 A인 쌍곡선의 기울기가 양수인 점근선의 방정식은 $y=\frac{3}{4}x$이다. 이 쌍곡선 위의 점 P에 대하여 삼각형 FPF′의 둘레의 길이가 72이고, $1\le\overline{\mathrm{AF}}\le2$일 때, 선분 PF의 길이의 최댓값을 M, 최솟값을 m이라 하자. $M+m$의 값은?

(단, 세 점 A, F, P의 x좌표는 양수이다.)

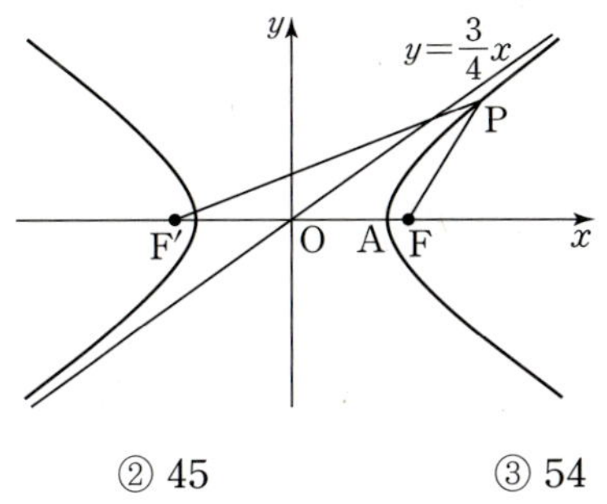

① 36　② 45　③ 54　④ 63　⑤ 72

220

쌍곡선 $\frac{x^2}{16}-\frac{y^2}{9}=1$의 두 초점 중 x좌표가 음수인 점을 A라 하자. 점 B(0, 12)와 제1사분면에 있는 이 쌍곡선 위의 점 P에 대하여 $\overline{\mathrm{PA}}+\overline{\mathrm{PB}}$의 최솟값은?

① 17　② 18　③ 19　④ 20　⑤ 21

221

평가원기출

그림과 같이 초점이 각각 F, F′과 G, G′이고 주축의 길이가 2, 중심이 원점 O인 두 쌍곡선이 제1사분면에서 만나는 점을 P, 제3사분면에서 만나는 점을 Q라 하자. $\overline{PG}\times\overline{QG}=8$, $\overline{PF}\times\overline{QF}=4$일 때, 사각형 PGQF의 둘레의 길이는?

(단, 점 F의 x좌표와 점 G의 y좌표는 양수이다.)

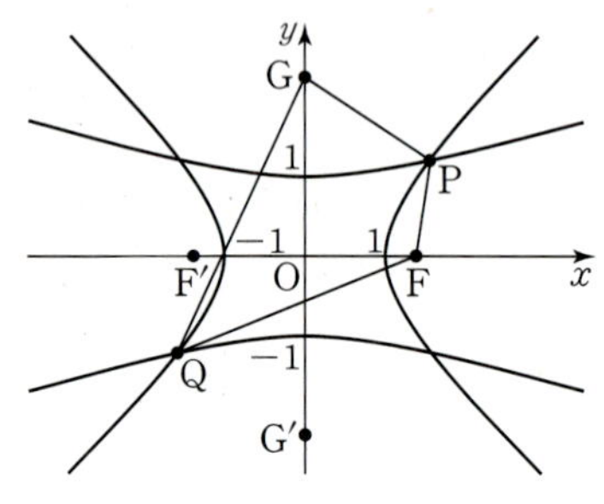

① $6+2\sqrt{2}$ ② $6+2\sqrt{3}$ ③ 10
④ $6+2\sqrt{5}$ ⑤ $6+2\sqrt{6}$

222

평가원기출 | 선행 216

두 초점이 F, F′인 쌍곡선 $x^2-\frac{y^2}{3}=1$ 위의 점 P가 다음 조건을 만족시킨다.

> (가) 점 P는 제1사분면에 있다.
> (나) 삼각형 PF′F가 이등변삼각형이다.

삼각형 PF′F의 넓이를 a라 할 때, 모든 a의 값의 곱은?

① $3\sqrt{77}$ ② $6\sqrt{21}$ ③ $9\sqrt{10}$
④ $21\sqrt{2}$ ⑤ $3\sqrt{105}$

223

교육청기출

한 변의 길이가 2인 정육각형 ABCDEF와 쌍곡선 H가 다음 조건을 만족시킨다.

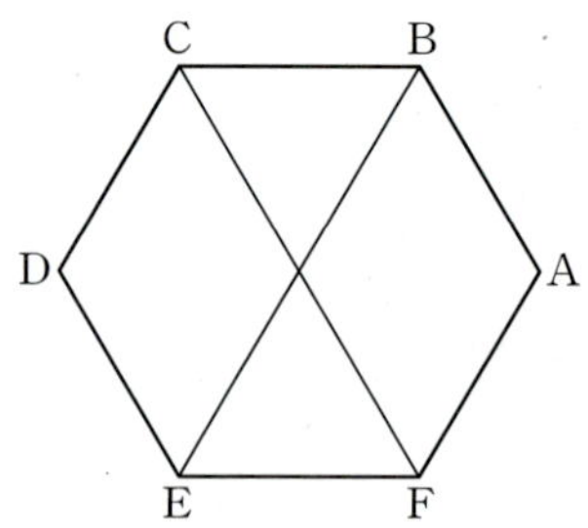

> (가) 쌍곡선 H의 초점은 점 A와 점 D이다.
> (나) 쌍곡선 H의 점근선은 직선 BE와 직선 CF이다.

쌍곡선 H와 변 AB가 만나는 점을 P라 할 때, $\overline{DP}-\overline{AP}$의 값은?

① $\frac{1}{2}$ ② 1 ③ $\sqrt{2}$
④ $\sqrt{3}$ ⑤ 2

224

교육청기출

그림과 같이 한 초점이 F이고 점근선의 방정식이 $y=2x$, $y=-2x$인 쌍곡선이 있다. 제1사분면에 있는 쌍곡선 위의 점 P에 대하여 선분 PF의 중점을 M이라 하자. $\overline{OM}=6$, $\overline{MF}=3$일 때, 선분 OF의 길이는? (단, O는 원점이다.)

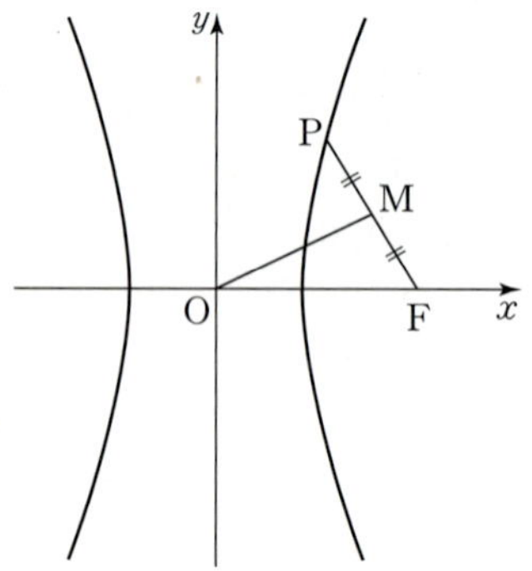

① $2\sqrt{10}$ ② $3\sqrt{5}$ ③ $5\sqrt{2}$
④ $\sqrt{55}$ ⑤ $2\sqrt{15}$

유형 04 자취의 방정식

225

두 점 F(4, 3), F′(−2, 3)에 대하여 $|\overline{PF}-\overline{PF'}|=4$를 만족시키는 점 P의 자취의 방정식은?

① $\frac{(x-1)^2}{4}-\frac{(y-3)^2}{5}=-1$　② $\frac{(x-1)^2}{4}-\frac{(y-3)^2}{5}=1$

③ $\frac{(x-1)^2}{4}+\frac{(y-3)^2}{5}=1$　④ $\frac{(x-1)^2}{5}-\frac{(y-3)^2}{4}=1$

⑤ $\frac{(x-1)^2}{5}-\frac{(y-3)^2}{4}=-1$

226

두 점 F(1, −1), F′(1, −5)로부터의 거리의 차가 2인 자취의 방정식을 구하시오.

227 서술형

그림과 같이 점 A(−10, 0)을 중심으로 하고 반지름의 길이가 10인 원과 점 B(10, 0)을 중심으로 하고 반지름의 길이가 4인 원에 동시에 외접하는 원이 있다. 이 원의 중심 P가 나타내는 도형의 방정식을 구하고, 그 과정을 서술하시오.

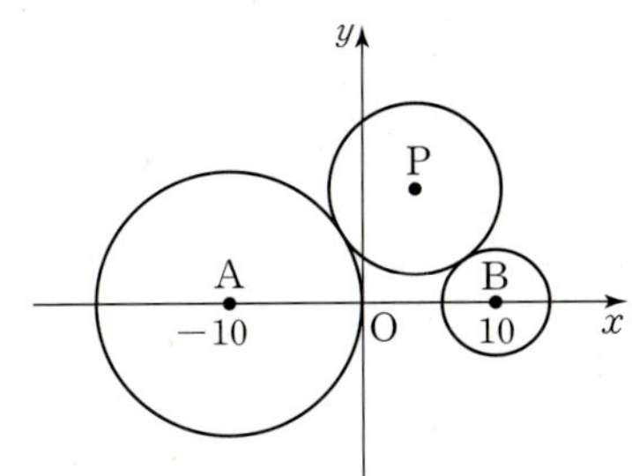

유형 05 쌍곡선과 원, 포물선, 타원

228

평가원기출

1보다 큰 실수 a에 대하여 타원 $x^2+\frac{y^2}{a^2}=1$의 두 초점과 쌍곡선 $x^2-y^2=1$의 두 초점을 꼭짓점으로 하는 사각형의 넓이가 12일 때, a^2의 값을 구하시오.

229

평가원기출

원 $(x-4)^2+y^2=r^2$과 쌍곡선 $x^2-2y^2=1$이 서로 다른 세 점에서 만나기 위한 양수 r의 최댓값은?

① 4　② 5　③ 6
④ 7　⑤ 8

230

두 초점 F, F′을 공유하는 타원 $\frac{x^2}{36}+\frac{y^2}{24}=1$과 쌍곡선 $\frac{x^2}{a}-\frac{y^2}{8}=1$ $(a>0)$의 교점 중에서 제1사분면에 있는 점을 A라 할 때, $|\overline{AF}^2-\overline{AF'}^2|$의 값은?

① 36　② 40　③ 44
④ 48　⑤ 52

231 빈출

그림과 같이 두 점 F$(3, 0)$, F$'(-3, 0)$을 초점으로 하고 두 점 $(2, 0)$, $(-2, 0)$을 꼭짓점으로 하는 쌍곡선 위의 점 P에서 x축에 내린 수선의 발이 점 F일 때, 두 점 F, F$'$을 초점으로 하고 점 P를 지나는 타원의 장축의 길이는? (단, 점 P는 제1사분면에 있다.)

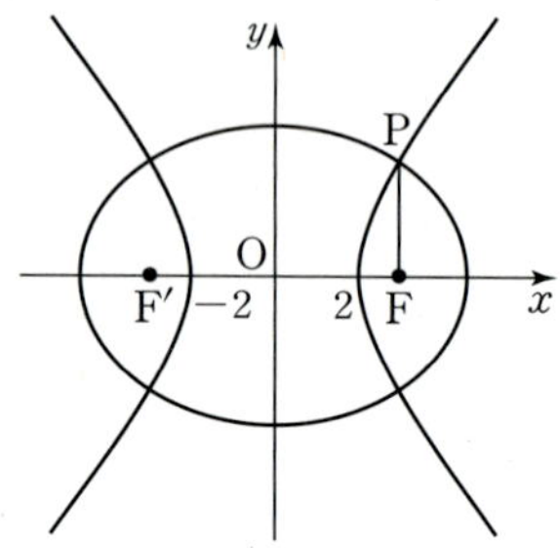

① 7　② $\frac{15}{2}$　③ 8
④ $\frac{17}{2}$　⑤ 9

232

두 초점이 F, F$'$인 쌍곡선 $\frac{x^2}{9}-\frac{y^2}{7}=1$ 위의 한 점 P에 대하여 $\overline{\text{PF}}:\overline{\text{PF}'}=1:3$이 성립할 때, 두 점 F, F$'$을 초점으로 하고 점 P를 지나는 타원의 단축의 길이는?

① $2\sqrt{5}$　② $\frac{8\sqrt{5}}{3}$　③ $\frac{10\sqrt{5}}{3}$
④ $4\sqrt{5}$　⑤ $\frac{14\sqrt{5}}{3}$

233

| 선행 217 |

쌍곡선 $x^2-\frac{y^2}{4}=1$과 원 $x^2+y^2=5$의 교점 중 제1사분면에 있는 점을 A라 하고, 이 원과 x축과의 두 교점을 각각 B, C라 할 때, 삼각형 ABC의 둘레의 길이는?

① $3+\sqrt{5}$　② $6+\sqrt{5}$　③ $3+2\sqrt{5}$
④ $6+2\sqrt{5}$　⑤ $3+4\sqrt{5}$

234

그림과 같이 쌍곡선 $\frac{x^2}{4}-\frac{y^2}{6}=1$의 두 초점을 F$(c, 0)$, F$'(-c, 0)$이라 하자. 두 점 F, F$'$을 지름의 양 끝점으로 하는 원과 쌍곡선 $\frac{x^2}{4}-\frac{y^2}{6}=1$이 제1사분면에서 만나는 점을 P라 할 때, $\cos(\angle\text{PFF}')$의 값은? (단, c는 양수이다.)

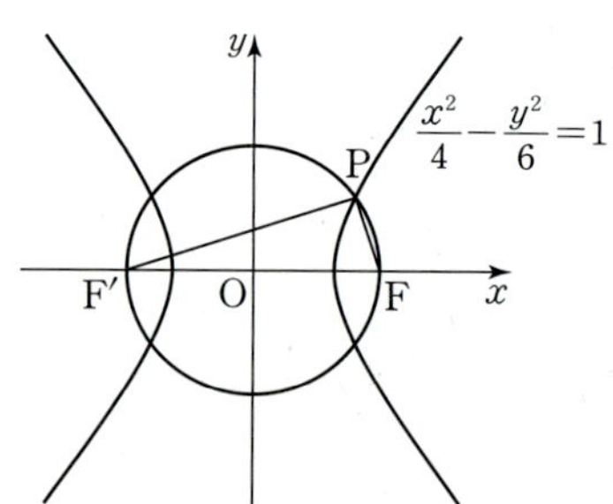

① $\frac{\sqrt{10}}{15}$　② $\frac{\sqrt{10}}{10}$　③ $\frac{2\sqrt{10}}{15}$
④ $\frac{\sqrt{10}}{5}$　⑤ $\frac{3\sqrt{10}}{10}$

235

두 초점 F, F′을 공유하는 타원 $\frac{x^2}{25}+\frac{y^2}{a^2}=1$과 쌍곡선 $x^2-\frac{y^2}{b^2}=1$의 교점 중 제1사분면에 있는 점 P에 대하여 $\angle$FPF′$=90°$일 때, a^2b^2의 값은? (단, a, b는 상수이다.)

① 96　② 108　③ 120　④ 132　⑤ 144

236

그림과 같이 x축 위에 있는 꼭짓점의 좌표가 $(-4, 0)$, $(4, 0)$인 타원과 두 꼭짓점의 좌표가 $(1, 0)$, $(-1, 0)$인 쌍곡선은 두 초점 F$(2, 0)$, F′$(-2, 0)$을 공유한다. 쌍곡선 위의 한 점 P에 대하여 선분 F′P가 타원과 만나는 점을 Q라 할 때, $\overline{\text{PQ}}=\overline{\text{QF}}$가 성립한다. 선분 PF의 길이는? (단, 점 P는 제1사분면에 있다.)

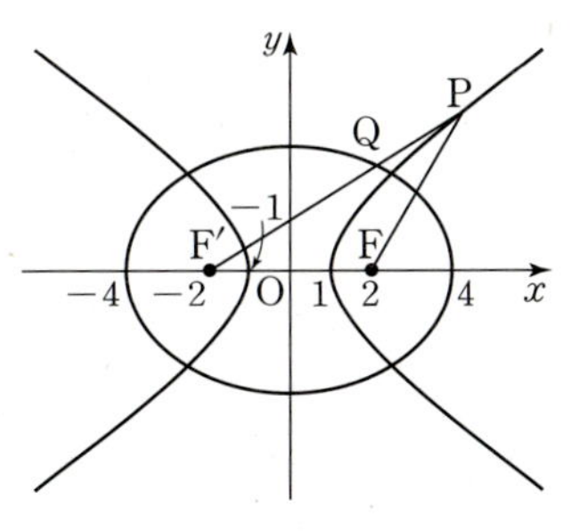

① 2　② 3　③ 4　④ 5　⑤ 6

237

평가원기출

그림과 같이 쌍곡선 $\frac{4x^2}{9}-\frac{y^2}{40}=1$의 두 초점은 F, F′이고, 점 F를 중심으로 하는 원 C는 쌍곡선과 한 점에서 만난다. 제2사분면에 있는 쌍곡선 위의 점 P에서 원 C에 접선을 그었을 때 접점을 Q라 하자. $\overline{\text{PQ}}=12$일 때, 선분 PF′의 길이는?

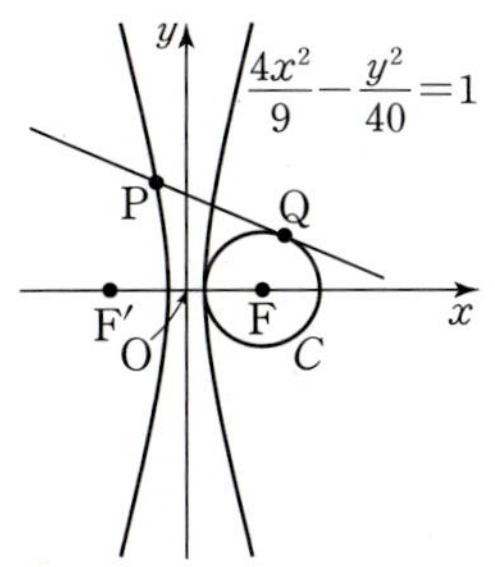

① 10　② $\frac{21}{2}$　③ 11　④ $\frac{23}{2}$　⑤ 12

238

평가원기출

그림과 같이 쌍곡선 $\frac{x^2}{16}-\frac{y^2}{9}=1$의 두 초점을 F, F′이라 하고, 이 쌍곡선 위의 점 P를 중심으로 하고 선분 PF′을 반지름으로 하는 원을 C라 하자. 원 C 위를 움직이는 점 Q에 대하여 선분 FQ의 길이의 최댓값이 14일 때, 원 C의 넓이는? (단, $\overline{\text{PF}'}<\overline{\text{PF}}$)

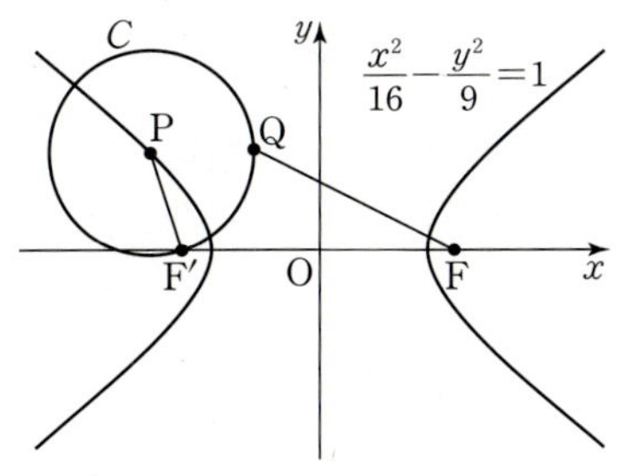

① 7π　② 8π　③ 9π　④ 10π　⑤ 11π

239

그림과 같이 두 점 $F(k, 0)$, $F'(-k, 0)$을 초점으로 하는 쌍곡선 $\frac{x^2}{a^2}-\frac{y^2}{b^2}=1$과 점 F를 초점으로 하는 포물선 $y^2=56(x+c)$가 있다. 쌍곡선 위의 임의의 점 P에 대하여 $|\overline{PF}-\overline{PF'}|=10$이 성립하고, 포물선의 꼭짓점 A에 대하여 $\overline{AF'}:\overline{FF'}=1:6$이 성립한다. $\frac{c^2}{a^2-b^2}$의 값은?

(단, a, b, c는 상수이고, $0<k<c$이다.)

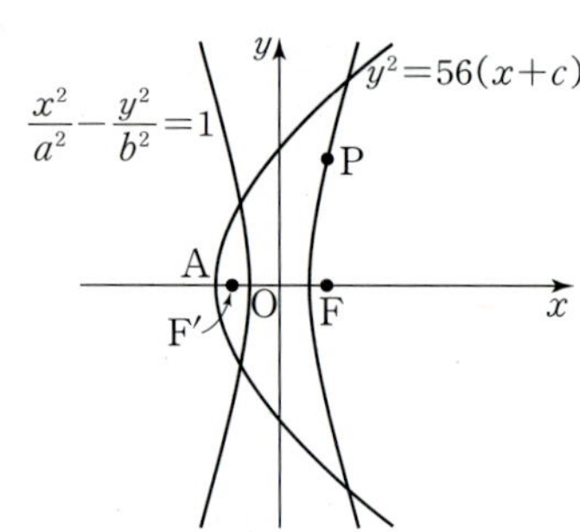

① $\frac{53}{14}$ ② $\frac{55}{14}$ ③ $\frac{30}{7}$
④ $\frac{32}{7}$ ⑤ $\frac{34}{7}$

240

원 $x^2+y^2=8$과 쌍곡선 $\frac{x^2}{a^2}-\frac{y^2}{b^2}=1$이 서로 다른 네 점에서 만나고 이 네 점은 원의 둘레를 4등분한다. 이 쌍곡선의 한 점근선의 방정식이 $y=\sqrt{2}x$일 때, a^2+b^2의 값은?

(단, a, b는 상수이다.)

① 4 ② 5 ③ 6
④ 7 ⑤ 8

유형06 쌍곡선과 직선의 위치 관계

241

쌍곡선 $x^2-\frac{y^2}{4}=1$과 직선 $y=mx+n$이 실수 n의 값에 관계없이 항상 만나기 위한 실수 m의 값의 범위는?

① $0\le m\le 2$ ② $-2\le m\le 0$
③ $-2<m<2$ ④ $-2\le m<2$
⑤ $-2\le m\le 2$

242

교육청기출

쌍곡선 $\frac{x^2}{2}-\frac{y^2}{18}=1$과 직선 $y=ax+b$ (a, b는 상수)의 교점의 개수에 대한 설명 중 〈보기〉에서 옳은 것만을 있는 대로 고른 것은?

보기

ㄱ. $a=-4$이고 $b=0$일 때 교점은 없다.
ㄴ. $a=3$이고 $b>0$일 때 교점은 1개이다.
ㄷ. $a=\frac{1}{3}$이고 $b<0$일 때 교점은 2개이다.

① ㄱ ② ㄴ ③ ㄱ, ㄷ
④ ㄴ, ㄷ ⑤ ㄱ, ㄴ, ㄷ

243

자연수 n에 대하여 쌍곡선 $\frac{x^2}{6^2}-\frac{y^2}{n^2}=-1$과 직선 $y=x+\frac{n}{2}$이 만나는 점의 개수를 $f(n)$이라 할 때, 〈보기〉에서 옳은 것만을 있는 대로 고른 것은?

보기

ㄱ. $f(1)=2$
ㄴ. 모든 자연수 n에 대하여 $f(n)\ne 1$이다.
ㄷ. $f(n)=0$인 n의 최솟값은 7이다.

① ㄱ ② ㄴ ③ ㄱ, ㄴ
④ ㄱ, ㄷ ⑤ ㄱ, ㄴ, ㄷ

I

유형07 쌍곡선의 접선의 방정식 - 기울기가 주어질 때

244

| 선행 193 |

쌍곡선 $4x^2-y^2=4$ 위의 점과 직선 $3x+y=0$ 사이의 거리의 최솟값은?

① $\frac{\sqrt{2}}{2}$ ② 1 ③ $\frac{\sqrt{6}}{2}$
④ $\sqrt{2}$ ⑤ $\frac{\sqrt{10}}{2}$

유형08 쌍곡선의 접선의 방정식 -접점의 좌표가 주어질 때

245

평가원기출

쌍곡선 $\frac{x^2}{8}-y^2=1$ 위의 점 $\mathrm{A}(4, 1)$에서의 접선이 x축과 만나는 점을 B라 하자. 이 쌍곡선의 두 초점 중 x좌표가 양수인 점을 F라 할 때, 삼각형 FAB의 넓이는?

① $\frac{5}{12}$ ② $\frac{1}{2}$ ③ $\frac{7}{12}$
④ $\frac{2}{3}$ ⑤ $\frac{3}{4}$

246

쌍곡선 $x^2-y^2=3$ 위의 점 $(2, 1)$에서의 접선과 두 점근선으로 둘러싸인 도형의 넓이는?

① $\frac{3}{2}$ ② $\frac{3\sqrt{2}}{2}$ ③ 3
④ $3\sqrt{2}$ ⑤ 6

247

평가원기출

쌍곡선 $x^2-4y^2=a$ 위의 점 $(b, 1)$에서의 접선이 쌍곡선의 한 점근선과 수직이다. $a+b$의 값은? (단, a, b는 양수이다.)

① 68 ② 77 ③ 86
④ 95 ⑤ 104

248

평가원기출

쌍곡선 $\frac{x^2}{12}-\frac{y^2}{8}=1$ 위의 점 (a, b)에서의 접선이 타원 $\frac{(x-2)^2}{4}+y^2=1$의 넓이를 이등분할 때, a^2+b^2의 값을 구하시오.

249

평가원기출

그림과 같이 두 초점이 $\mathrm{F}(3, 0)$, $\mathrm{F}'(-3, 0)$인 쌍곡선 $\frac{x^2}{a^2}-\frac{y^2}{b^2}=1$ 위의 점 $\mathrm{P}(4, k)$에서의 접선과 x축과의 교점이 선분 $\mathrm{F'F}$를 $2:1$로 내분할 때, k^2의 값을 구하시오.

(단, a, b는 상수이다.)

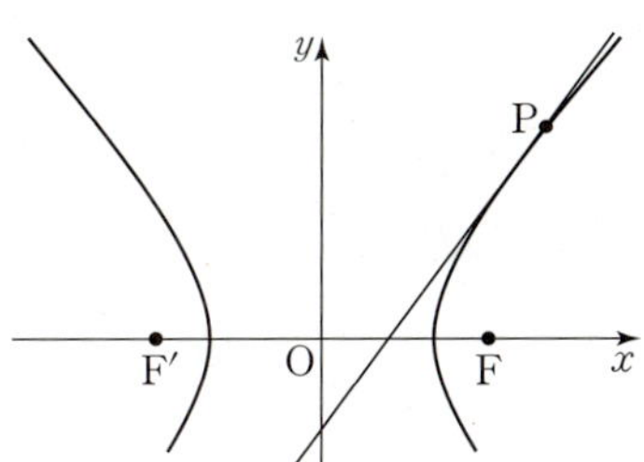

250

좌표평면에서 쌍곡선 $\frac{x^2}{a^2}-\frac{y^2}{b^2}=1$의 점근선의 방정식이 $y=\pm\frac{\sqrt{3}}{3}x$이고 한 초점이 $F(4\sqrt{3},\ 0)$이다. 점 F를 지나고 x축에 수직인 직선이 이 쌍곡선과 제1사분면에서 만나는 점을 P라 하자. 쌍곡선 위의 점 P에서의 접선의 기울기는? (단, a, b는 상수이다.)

① $\frac{2\sqrt{3}}{3}$　② $\sqrt{3}$　③ $\frac{4\sqrt{3}}{3}$　④ $\frac{5\sqrt{3}}{3}$　⑤ $2\sqrt{3}$

251 빈출

그림과 같이 쌍곡선 $3x^2-2y^2=6$ 위의 점 $(2,\ \sqrt{3})$에서의 접선에 쌍곡선의 두 초점 F, F′에서 내린 수선의 발을 각각 A, B라 할 때, 선분 AB의 길이는?

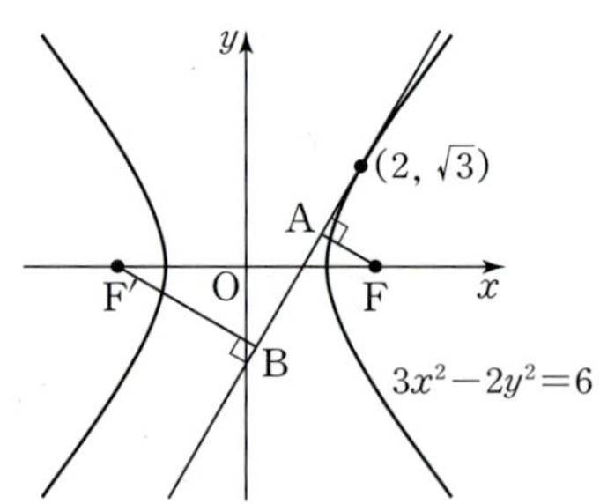

① $\frac{\sqrt{5}}{4}$　② $\frac{\sqrt{5}}{2}$　③ $\sqrt{5}$　④ $2\sqrt{5}$　⑤ $4\sqrt{5}$

252 평가원기출

쌍곡선 $x^2-y^2=32$ 위의 점 $P(-6,\ 2)$에서의 접선 l에 대하여 원점 O에서 l에 내린 수선의 발을 H, 직선 OH와 이 쌍곡선이 제1사분면에서 만나는 점을 Q라 하자. 두 선분 OH와 OQ의 길이의 곱 $\overline{OH}\times\overline{OQ}$를 구하시오.

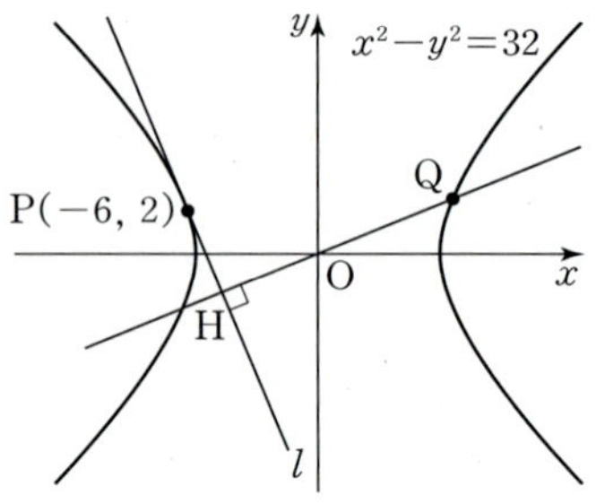

253

타원 $\frac{x^2}{24}+\frac{y^2}{3}=1$과 쌍곡선 $\frac{x^2}{a^2}-\frac{y^2}{b^2}=1$이 점 $A(4,\ 1)$에서 만나고, 점 A에서의 타원의 접선과 쌍곡선의 접선이 서로 수직일 때, a^2+b^2의 값은? (단, a, b는 상수이다.)

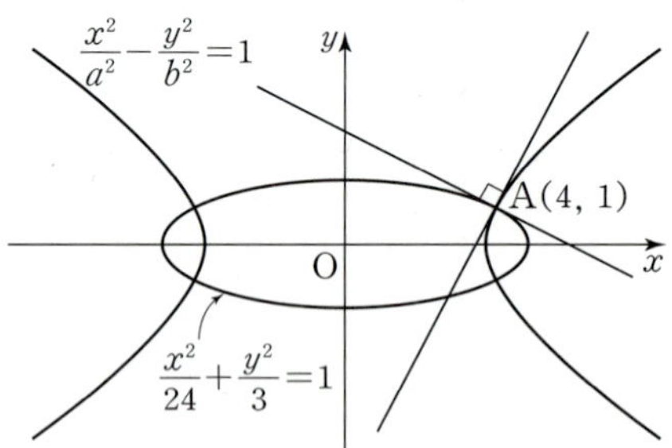

① 7　② 14　③ 21　④ 28　⑤ 35

유형 09 쌍곡선의 접선의 방정식 - 쌍곡선 밖의 한 점의 좌표가 주어질 때

254

점 $(2, a)$에서 쌍곡선 $4x^2-9y^2=36$에 그은 두 접선이 서로 수직일 때, 양수 a의 값은?

① 1　② 2　③ 3　④ 4　⑤ 5

유형 10 수학 I, 수학 II, 미적분 통합 유형

255

점 $A(-1, 4)$와 쌍곡선 $\dfrac{x^2}{4}-\dfrac{y^2}{9}=1$의 제1사분면 위의 점 $P(a, b)$에 대하여 직선 AP의 기울기를 $f(a)$라 하자. $\lim\limits_{a\to\infty}f(a)$의 값은?

① $\dfrac{1}{2}$　② 1　③ $\dfrac{3}{2}$　④ 2　⑤ $\dfrac{5}{2}$

256

쌍곡선 $\dfrac{x^2}{9}-\dfrac{y^2}{16}=-1$ 위의 한 점 P와 두 초점 F, F′에 대하여 $\angle FPF'=\theta$라 하자. $\overline{PF'}:\overline{PF}=3:1$일 때, $\cos\theta$의 값은?

① $\dfrac{1}{8}$　② $\dfrac{1}{4}$　③ $\dfrac{3}{8}$　④ $\dfrac{1}{2}$　⑤ $\dfrac{5}{8}$

257

쌍곡선 $\dfrac{x^2}{16}-\dfrac{y^2}{9}=1$ 위의 한 점 P와 두 초점 F, F′에 대하여 $\angle FPF'=60°$일 때, 삼각형 PFF′의 넓이는?

① $6\sqrt{2}$　② $8\sqrt{2}$　③ $8\sqrt{3}$　④ $9\sqrt{2}$　⑤ $9\sqrt{3}$

258

쌍곡선 $6x^2-y^2=a$ 위의 제2사분면의 점 $P(b, 3)$에서의 접선과 직선 $y=3x$가 이루는 각의 크기를 θ $\left(0<\theta<\dfrac{\pi}{2}\right)$라 하자. $\sin\theta=\dfrac{3}{5}$일 때, $a+b$의 값은? (단, a, b는 실수이다.)

① $\dfrac{3}{2}$　② 2　③ $\dfrac{5}{2}$　④ 3　⑤ $\dfrac{7}{2}$

259

교육청기출

그림과 같이 $F(p, 0)$을 초점으로 하는 포물선 $y^2=4px$와 $F(p, 0)$과 $F'(-p, 0)$을 초점으로 하는 쌍곡선 $\dfrac{x^2}{a^2}-\dfrac{y^2}{b^2}=1$ $(a>0, b>0)$이 제1사분면에서 만나는 점을 A라 하자. $\overline{AF}=5$, $\cos(\angle AFF')=-\dfrac{1}{5}$일 때, ab의 값은?

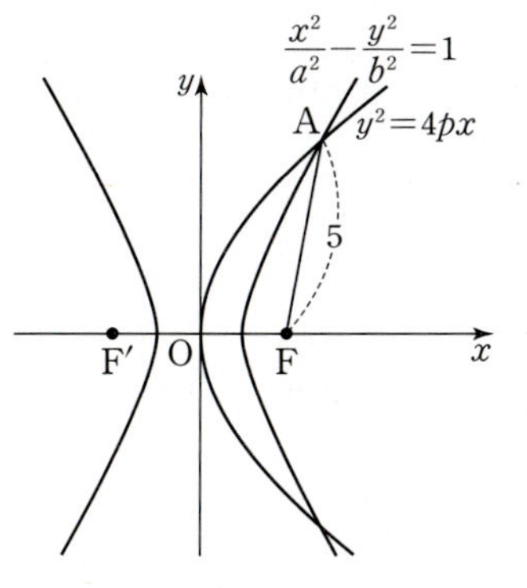

① 1　② $\sqrt{3}$　③ $\sqrt{5}$　④ $\sqrt{7}$　⑤ 3

스키마로 풀이 흐름 알아보기

그림과 같이 두 점 $\mathrm{F}(3, 0)$, $\mathrm{F}'(-3, 0)$을 초점으로 하고(조건①) 두 점 $(2, 0)$, $(-2, 0)$을 꼭짓점으로 하는(조건②) 쌍곡선 위의 점 P에서 x축에 내린 수선의 발이 점 F일 때,(조건③) 두 점 F, F′을 초점으로 하고 점 P를 지나는 타원의 장축의 길이는?(답) (단, 점 P는 제1사분면에 있다.)

① 7 ② $\frac{15}{2}$ ③ 8 ④ $\frac{17}{2}$ ⑤ 9

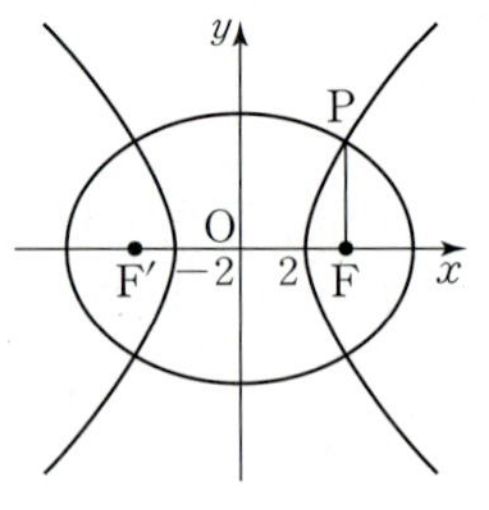

유형05 쌍곡선과 원, 포물선, 타원 231

스키마 schema

주어진 조건은 무엇인지? 구하는 답은 무엇인지? 이 둘을 어떻게 연결할지?

1단계

조건
① 쌍곡선의 두 초점 $\mathrm{F}(3, 0)$, $\mathrm{F}'(-3, 0)$
② 쌍곡선의 두 꼭짓점 $(2, 0)$, $(-2, 0)$ —쌍곡선의 정의→ $\overline{\mathrm{PF}'}-\overline{\mathrm{PF}}=4$
③ 쌍곡선 위의 점 P에서 x축에 내린 수선의 발 F (제1사분면 위의 점 P)

조건 ②에서 쌍곡선의 두 꼭짓점은 $(2, 0)$, $(-2, 0)$이므로 주축의 길이는 4이다. 이때, 점 P는 제1사분면 위의 점이므로 $\overline{\mathrm{PF}'}>\overline{\mathrm{PF}}$

따라서 쌍곡선의 정의에 의하여

$\overline{\mathrm{PF}'}-\overline{\mathrm{PF}}=4$ ······ ㉠

2단계

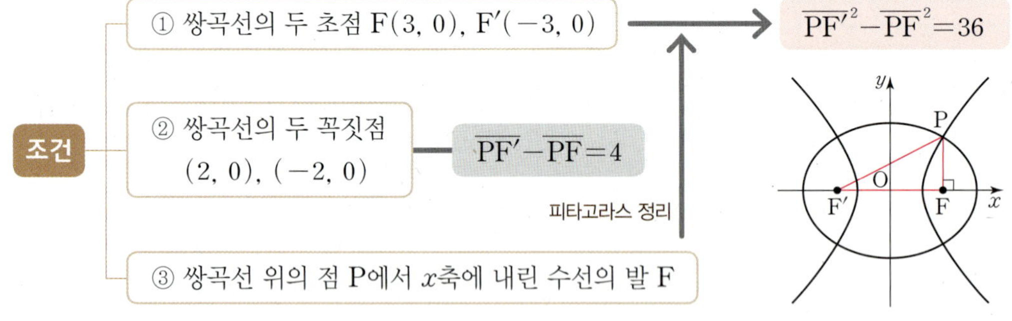

조건 ①에서 쌍곡선의 두 초점은 $\mathrm{F}(3, 0)$, $\mathrm{F}'(-3, 0)$이므로 $\overline{\mathrm{F}'\mathrm{F}}=6$

이때, 조건 ③에 의하여 $\angle\mathrm{PFF}'=90^\circ$이다.

따라서 직각삼각형 FPF'에서 피타고라스 정리에 의하여

$\overline{\mathrm{PF}'}^2-\overline{\mathrm{PF}}^2=36$ ······ ㉡

3단계

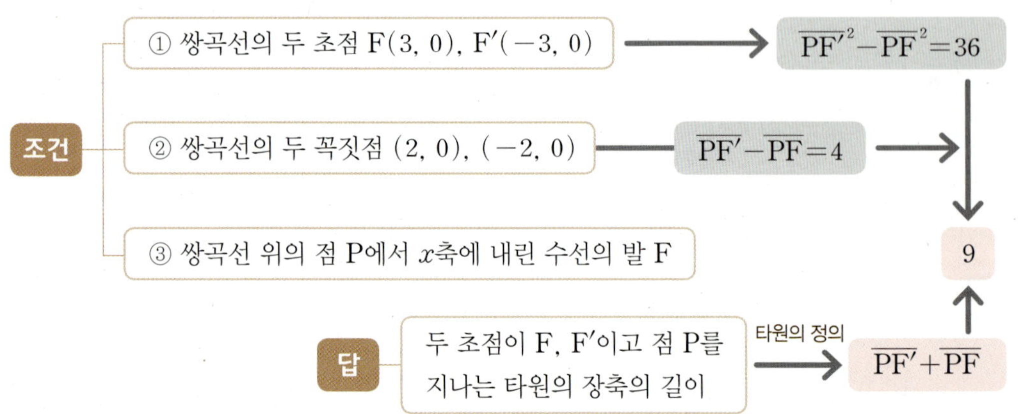

㉠, ㉡에 의하여

$(\overline{\mathrm{PF}'}-\overline{\mathrm{PF}})(\overline{\mathrm{PF}'}+\overline{\mathrm{PF}})=36$

$4\times(\overline{\mathrm{PF}'}+\overline{\mathrm{PF}})=36$

$\therefore \overline{\mathrm{PF}'}+\overline{\mathrm{PF}}=9$

따라서 구하는 타원의 장축의 길이는 타원의 정의에 의하여 점 P에서 두 초점 F, F′까지의 거리의 합과 같으므로 9이다.

답 ⑤

스키마로 풀이 흐름 알아보기

좌표평면에서 쌍곡선 $\frac{x^2}{a^2}-\frac{y^2}{b^2}=1$의 점근선의 방정식이 $y=\pm\frac{\sqrt{3}}{3}x$이고 (조건①) 한 초점이 $\mathrm{F}(4\sqrt{3},\ 0)$이다. (조건②) 점 F를 지나고 x축에 수직인 직선이 이 쌍곡선과 제1사분면에서 만나는 점을 P라 하자. (조건③) 쌍곡선 위의 점 P에서의 접선의 기울기는? (답) (단, a, b는 상수이다.)

① $\frac{2\sqrt{3}}{3}$　② $\sqrt{3}$　③ $\frac{4\sqrt{3}}{3}$　④ $\frac{5\sqrt{3}}{3}$　⑤ $2\sqrt{3}$

유형08 쌍곡선의 접선의 방정식-접점의 좌표가 주어질 때 250

스키마 schema

주어진 조건 은 무엇인지? 구하는 답 은 무엇인지? 이 둘을 어떻게 연결할지?

1단계

조건
- ① 쌍곡선 $\frac{x^2}{a^2}-\frac{y^2}{b^2}=1$의 점근선의 방정식 $y=\pm\frac{\sqrt{3}}{3}x$ → $a^2=3b^2$
- ② 쌍곡선의 한 초점 $\mathrm{F}(4\sqrt{3},\ 0)$ → $a^2+b^2=48$
- ③ 점 F를 지나고 x축에 수직인 직선이 쌍곡선과 제1사분면에서 만나는 점 P

쌍곡선 $\frac{x^2}{a^2}-\frac{y^2}{b^2}=1$의 점근선의 방정식이 $y=\pm\frac{\sqrt{3}}{3}x$이므로

$\frac{b^2}{a^2}=\left(\frac{\sqrt{3}}{3}\right)^2$에서 $a^2=3b^2$ ...... ㉠

한 초점이 $\mathrm{F}(4\sqrt{3},\ 0)$이므로

$a^2+b^2=(4\sqrt{3})^2=48$이다. ...... ㉡

2단계

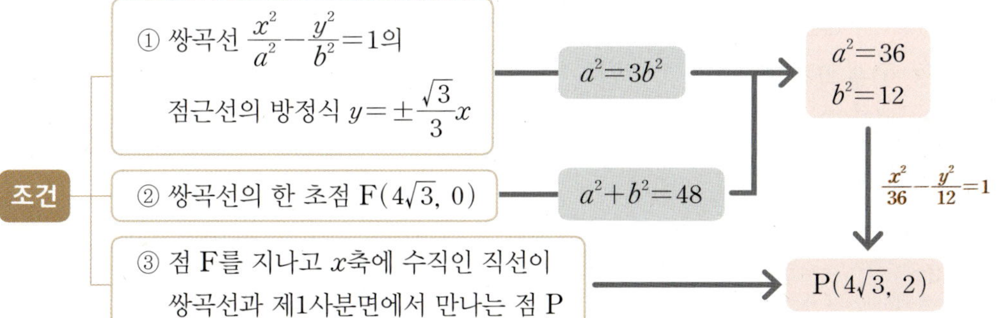

㉠, ㉡을 연립하여 풀면

$a^2=36$, $b^2=12$

쌍곡선 $\frac{x^2}{36}-\frac{y^2}{12}=1$과 직선 $x=4\sqrt{3}$이 제1사분면에서 만나는 점 P의 y좌표는 $\frac{48}{36}-\frac{y^2}{12}=1$에서 $y^2=4$,

$y=2$ ($\because y>0$)이다.

$\therefore \mathrm{P}(4\sqrt{3},\ 2)$

3단계

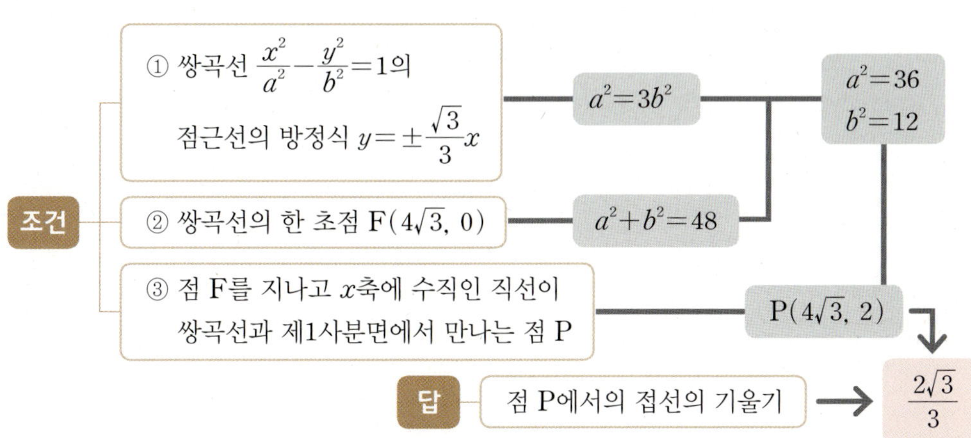

따라서 쌍곡선 $\frac{x^2}{36}-\frac{y^2}{12}=1$ 위의 점 $\mathrm{P}(4\sqrt{3},\ 2)$에서의 접선의 방정식은 $\frac{4\sqrt{3}x}{36}-\frac{2y}{12}=1$, 즉 $y=\frac{2\sqrt{3}}{3}x-6$이므로

접선의 기울기는 $\frac{2\sqrt{3}}{3}$이다.

답 ①

260

평가원기출

쌍곡선 $x^2-y^2=1$에 대하여 〈보기〉에서 옳은 것만을 있는 대로 고른 것은?

보기

ㄱ. 점근선의 방정식은 $y=x$, $y=-x$이다.
ㄴ. 쌍곡선 위의 점에서 그은 접선 중 점근선과 평행한 접선이 존재한다.
ㄷ. 포물선 $y^2=4px$ $(p\neq0)$는 쌍곡선과 항상 두 점에서 만난다.

① ㄱ ② ㄴ ③ ㄱ, ㄷ
④ ㄴ, ㄷ ⑤ ㄱ, ㄴ, ㄷ

261

평가원기출

쌍곡선 $\frac{x^2}{9}-\frac{y^2}{3}=1$의 두 초점 $(2\sqrt{3},\ 0)$, $(-2\sqrt{3},\ 0)$을 각각 F, F′이라 하자. 이 쌍곡선 위를 움직이는 점 $\mathrm{P}(x,\ y)(x>0)$에 대하여 선분 F′P 위의 점 Q가 $\overline{\mathrm{FP}}=\overline{\mathrm{PQ}}$를 만족시킬 때, 점 Q가 나타내는 도형 전체의 길이는?

① π ② $\sqrt{3}\pi$ ③ 2π
④ 3π ⑤ $2\sqrt{3}\pi$

262

평가원기출 | 선행 219 |

점근선의 방정식이 $y=\pm\frac{4}{3}x$이고 두 초점이 $\mathrm{F}(c,\ 0)$, $\mathrm{F'}(-c,\ 0)$ $(c>0)$인 쌍곡선이 다음 조건을 만족시킨다.

(가) 쌍곡선 위의 한 점 P에 대하여 $\overline{\mathrm{PF'}}=30$, $16\leq\overline{\mathrm{PF}}\leq20$이다.
(나) x좌표가 양수인 꼭짓점 A에 대하여 선분 AF의 길이는 자연수이다.

이 쌍곡선의 주축의 길이를 구하시오.

263

평가원기출

그림과 같이 두 초점이 F, F′인 쌍곡선 $\frac{x^2}{8}-\frac{y^2}{17}=1$ 위의 점 P에 대하여 직선 FP와 직선 F′P에 동시에 접하고 중심이 y축 위에 있는 원 C가 있다. 직선 F′P와 원 C의 접점 Q에 대하여 $\overline{\mathrm{F'Q}}=5\sqrt{2}$일 때, $\overline{\mathrm{FP}}^2+\overline{\mathrm{F'P}}^2$의 값을 구하시오. (단, $\overline{\mathrm{F'P}}<\overline{\mathrm{FP}}$)

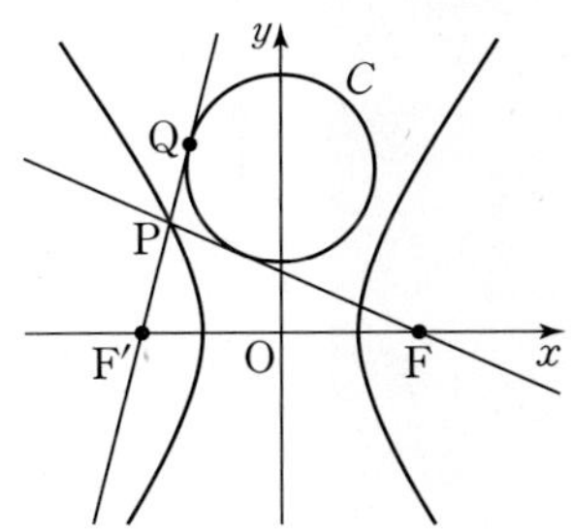

264

그림과 같이 쌍곡선 $x^2-y^2=4$ 위의 점 P에서의 접선 l이 쌍곡선의 두 점근선과 만나는 점을 각각 Q, R라 할 때, 〈보기〉에서 옳은 것만을 있는 대로 고른 것은?

(단, O는 원점이다.)

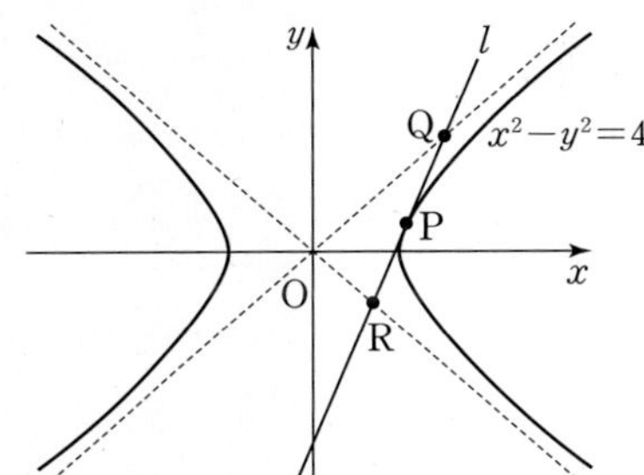

보기

ㄱ. 점 P는 선분 QR의 중점이다.

ㄴ. $\overline{\mathrm{OP}}=\frac{1}{2}\overline{\mathrm{QR}}$

ㄷ. 점 P의 위치에 관계없이 삼각형 OQR의 넓이는 4이다.

① ㄱ　　② ㄴ　　③ ㄷ
④ ㄱ, ㄴ　　⑤ ㄱ, ㄴ, ㄷ

Ⅱ

평면벡터

01 벡터의 연산

02 평면벡터의 성분과 내적

03 벡터를 이용한 직선과 원의 방정식

01 벡터의 연산

현재 학습 내용

• 벡터의 정의 ······ 유형01 벡터의 크기

1. 벡터의 정의

(1) 크기와 방향을 함께 가지는 양을 **벡터**라 한다. 크기만 갖는 양을 '스칼라'라 한다.

(2) 방향이 점 A에서 점 B로 향하고 크기가 선분 AB의 길이와 같은 벡터를 $\overrightarrow{AB}$와 같이 나타낸다.
이때, 점 A를 벡터 $\overrightarrow{AB}$의 **시점**, 점 B를 벡터 $\overrightarrow{AB}$의 **종점**이라 하고, **벡터 $\overrightarrow{AB}$의 크기**를 기호로 $|\overrightarrow{AB}|$와 같이 나타낸다.

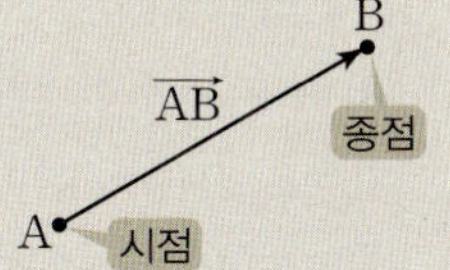

(3) 벡터를 한 문자로 나타낼 때는 $\vec{a}$와 같이 나타내고, 벡터 $\vec{a}$의 크기는 기호로 $|\vec{a}|$와 같이 나타낸다.

(4) 평면에 주어진 벡터를 **평면벡터**라 한다.

2. 단위벡터, 영벡터

(1) 크기가 1인 벡터를 **단위벡터**라 한다.

(2) 벡터 $\overrightarrow{AA}$와 같이 시점과 종점이 일치하는 벡터, 즉 크기가 0인 벡터를 **영벡터**라 하고, 기호로 $\vec{0}$와 같이 나타낸다.

주의 $\vec{0}\neq 0$, $|\vec{0}|=0$
영벡터의 방향은 생각하지 않는다.

3. 두 벡터가 서로 같을 조건 ······ 유형02 서로 같은 벡터

두 벡터 $\vec{a}$, $\vec{b}$의 크기와 방향이 같을 때, 두 벡터는 서로 같다고 하며 기호로 $\vec{a}=\vec{b}$와 같이 나타낸다.

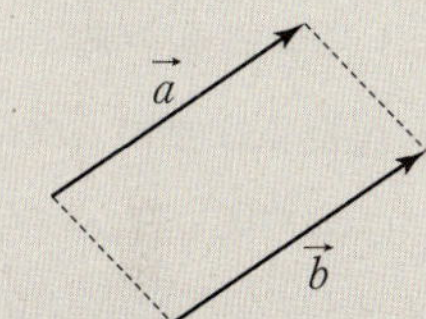

평행이동하여 겹쳐지는 모든 벡터는 서로 같다.

4. 크기가 같고 방향이 반대인 벡터

벡터 $\vec{a}$와 크기는 같지만 방향이 반대인 벡터를 기호로 $-\vec{a}$와 같이 나타낸다.
이때, $|-\vec{a}|=|\vec{a}|$이고, 벡터 $\overrightarrow{AB}$에 대하여 $\overrightarrow{BA}=-\overrightarrow{AB}$이다.

• 벡터의 덧셈과 뺄셈 ······ 유형03 벡터의 덧셈과 뺄셈

1. 벡터의 덧셈

(1) 두 벡터 $\vec{a}$, $\vec{b}$에 대하여 $\vec{a}=\overrightarrow{AB}$, $\vec{b}=\overrightarrow{BC}$가 되도록 세 점 A, B, C를 잡을 때, 벡터 $\overrightarrow{AC}$로 나타내어지는 벡터 $\vec{c}$를 두 벡터 $\vec{a}$, $\vec{b}$의 합이라 하고, 기호로

$$\vec{a}+\vec{b}=\vec{c} \text{ 또는 } \overrightarrow{AB}+\overrightarrow{BC}=\overrightarrow{AC}$$

와 같이 나타낸다. 벡터 $\vec{a}$의 종점과 벡터 $\vec{b}$의 시점을 일치시킨다.

(2) 두 벡터 $\vec{a}=\overrightarrow{OA}$, $\vec{b}=\overrightarrow{OB}$에 대하여 사각형 OACB가 평행사변형이 되도록 점 C를 잡으면

$$\vec{a}+\vec{b}=\overrightarrow{OA}+\overrightarrow{OB}=\overrightarrow{OA}+\overrightarrow{AC}=\overrightarrow{OC}$$ 두 벡터 $\vec{a}$, $\vec{b}$의 시점을 일치시킨다.

이다. 이와 같이 두 벡터의 합은 평행사변형을 이용하여 구할 수도 있다.

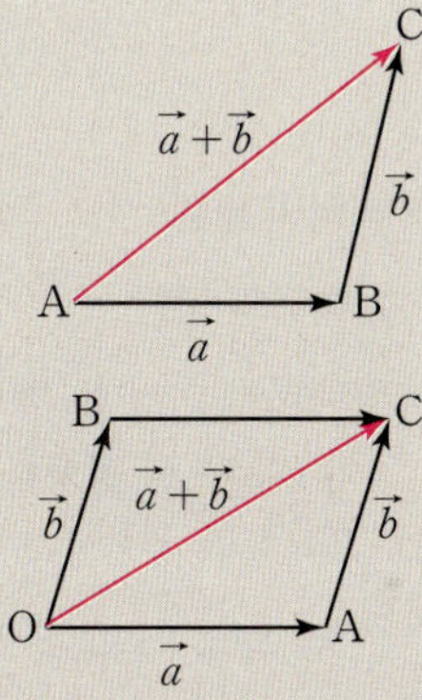

2. 벡터의 덧셈에 대한 연산법칙

세 벡터 $\vec{a}$, $\vec{b}$, $\vec{c}$에 대하여

(1) 교환법칙: $\vec{a}+\vec{b}=\vec{b}+\vec{a}$

(2) 결합법칙: $(\vec{a}+\vec{b})+\vec{c}=\vec{a}+(\vec{b}+\vec{c})$ 결합법칙이 성립하므로 간단히 $\vec{a}+\vec{b}+\vec{c}$로 나타낼 수 있다.

현재 학습 내용

3. 영벡터와 벡터의 덧셈

(1) $\vec{a}+\vec{0}=\vec{0}+\vec{a}=\vec{a}$

(2) $\vec{a}+(-\vec{a})=(-\vec{a})+\vec{a}=\vec{0}$

4. 벡터의 뺄셈

두 벡터 $\vec{a}$, $\vec{b}$에 대하여 $\vec{b}+\vec{x}=\vec{a}$를 만족시키는 벡터 $\vec{x}$를 $\vec{a}$에서 $\vec{b}$를 뺀 차라 하고, 기호로 $\vec{a}-\vec{b}$와 같이 나타낸다.

(1) $\vec{a}=\overrightarrow{\mathrm{OA}}$, $\vec{b}=\overrightarrow{\mathrm{OB}}$일 때,
$\vec{a}-\vec{b}=\overrightarrow{\mathrm{BA}}$, 즉 $\overrightarrow{\mathrm{OA}}-\overrightarrow{\mathrm{OB}}=\overrightarrow{\mathrm{BA}}$

(2) $\vec{a}-\vec{b}=\vec{a}+(-\vec{b})$

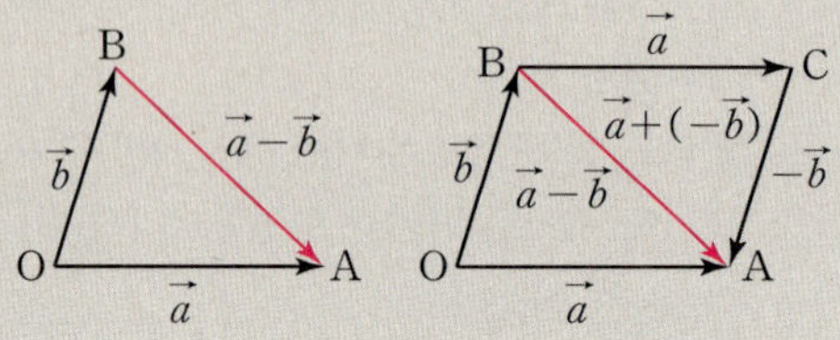

• 벡터의 실수배

유형04 벡터의 실수배와 연산

1. 벡터의 실수배

실수 k와 벡터 $\vec{a}$의 곱 $k\vec{a}$를 벡터 $\vec{a}$의 실수배라 하고, 다음과 같이 정의한다.

(1) $\vec{a}\neq\vec{0}$일 때,

(i) $k>0$이면 $k\vec{a}$는 $\vec{a}$와 방향이 같고, 크기가 $k|\vec{a}|$인 벡터이다. $1\vec{a}=\vec{a}$

(ii) $k<0$이면 $k\vec{a}$는 $\vec{a}$와 방향이 반대이고, 크기가 $|k||\vec{a}|$인 벡터이다. $(-1)\vec{a}=-\vec{a}$

(iii) $k=0$이면 $k\vec{a}=\vec{0}$이다. $0\vec{a}=\vec{0}$

(2) $\vec{a}=\vec{0}$일 때, $k\vec{a}=\vec{0}$ $k\vec{0}=\vec{0}$

벡터 $\vec{a}$와 방향이 같은 단위벡터 : $\dfrac{\vec{a}}{|\vec{a}|}$

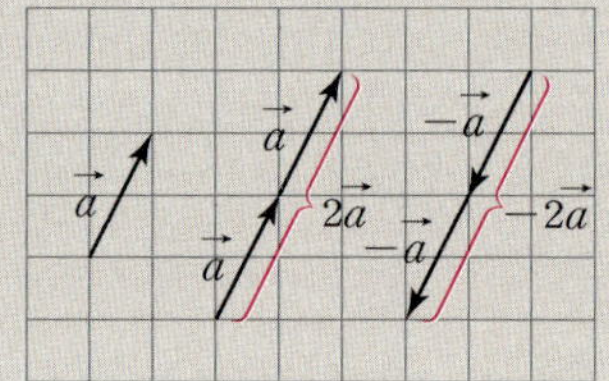

2. 벡터의 실수배에 대한 연산법칙

두 실수 k, l과 두 벡터 $\vec{a}$, $\vec{b}$에 대하여

(1) 결합법칙: $k(l\vec{a})=(kl)\vec{a}$

(2) 분배법칙: $(k+l)\vec{a}=k\vec{a}+l\vec{a}$
$k(\vec{a}+\vec{b})=k\vec{a}+k\vec{b}$

• 벡터의 평행

유형05 도형에서의 벡터의 연산
유형06 벡터의 평행

1. 벡터의 평행

영벡터가 아닌 두 벡터 $\vec{a}$, $\vec{b}$가 방향이 같거나 반대일 때, $\vec{a}$와 $\vec{b}$는 서로 평행하다고 하고, 기호로 $\vec{a}/\!/\vec{b}$와 같이 나타낸다.

2. 두 벡터가 평행할 조건

영벡터가 아닌 두 벡터 $\vec{a}$, $\vec{b}$에 대하여

$\vec{a}/\!/\vec{b} \Longleftrightarrow \vec{b}=k\vec{a}$ (단, k는 0이 아닌 실수이다.)

3. 세 점이 한 직선 위에 있을 조건

유형07 세 점이 한 직선 위에 있을 조건

서로 다른 세 점 A, B, C에 대하여 세 점 A, B, C가 한 직선 위에 있기 위한 필요충분조건은

$\overrightarrow{\mathrm{AC}}=k\overrightarrow{\mathrm{AB}}$ (k는 0이 아닌 실수)

이다.

정답과 풀이 p.52

유형 01 벡터의 크기

벡터의 정의와 크기를 묻는 문제를 분류하였다.

유형해결 TIP

벡터 $\overrightarrow{AB}$, $\vec{a}$의 크기를 각각 기호로 $|\overrightarrow{AB}|$, $|\vec{a}|$와 같이 나타낸다.
이때, $|\overrightarrow{AB}|$는 선분 AB의 길이와 같다.

265

그림과 같이 $\overline{AB}=1$, $\overline{AD}=2$인 직사각형 ABCD에서 $|\overrightarrow{AC}|$의 값은?

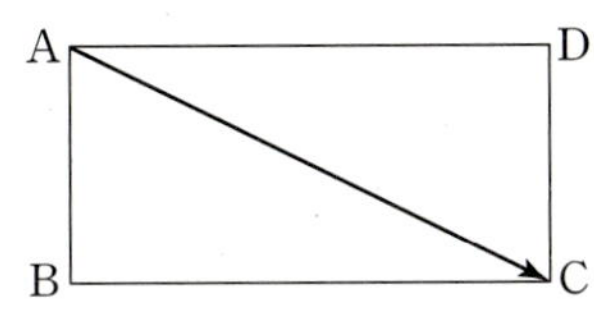

① $\frac{\sqrt{5}}{5}$　② $\frac{2\sqrt{5}}{5}$　③ $\frac{3\sqrt{5}}{5}$
④ $\frac{4\sqrt{5}}{5}$　⑤ $\sqrt{5}$

유형 02 서로 같은 벡터

두 벡터 $\overrightarrow{AB}$, $\overrightarrow{CD}$의 크기와 방향이 각각 같을 때, $\overrightarrow{AB}=\overrightarrow{CD}$로 나타내는 문제를 분류하였다.

유형해결 TIP

벡터는 시점의 위치에 관계없이 크기와 방향으로만 정해지므로 한 벡터를 평행이동한 것은 모두 같은 벡터이다.

266

그림과 같이 한 변의 길이가 2인 정육각형 ABCDEF의 세 대각선의 교점이 O일 때, 〈보기〉에서 옳은 것만을 있는 대로 고른 것은?

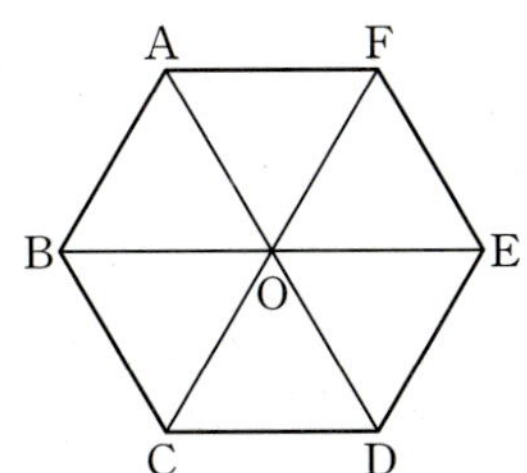

보기

ㄱ. $\overrightarrow{BC}=\overrightarrow{FE}$　ㄴ. $\overrightarrow{CD}=\overrightarrow{FA}$　ㄷ. $|\overrightarrow{EO}|=2$

① ㄱ　② ㄱ, ㄴ　③ ㄱ, ㄷ
④ ㄴ, ㄷ　⑤ ㄱ, ㄴ, ㄷ

267

그림과 같이 한 눈금의 길이가 1인 모눈종이 위에 벡터들이 있을 때, 〈보기〉에서 옳은 것만을 있는 대로 고른 것은?

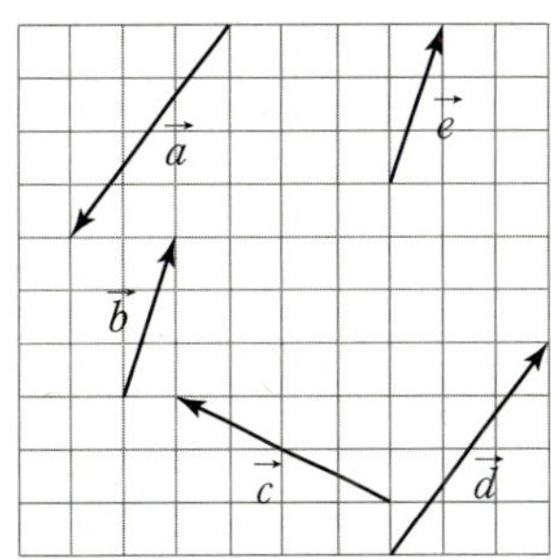

보기

ㄱ. $\vec{a}$와 $\vec{d}$는 크기는 같지만 방향이 반대이므로 서로 다른 벡터이다.
ㄴ. $\vec{b}$와 $\vec{e}$는 크기는 같지만 시점이 다르므로 서로 다른 벡터이다.
ㄷ. $\vec{c}$의 크기는 $2\sqrt{5}$이다.

① ㄱ　② ㄷ　③ ㄱ, ㄷ
④ ㄴ, ㄷ　⑤ ㄱ, ㄴ, ㄷ

268

그림과 같이 정육각형 ABCDEF의 세 대각선의 교점이 O일 때, 7개의 점 A, B, C, D, E, F, O를 시점과 종점으로 하는 벡터 중 $\overrightarrow{OA}$와 서로 같은 벡터가 아닌 것을 모두 고르면? (정답 2개)

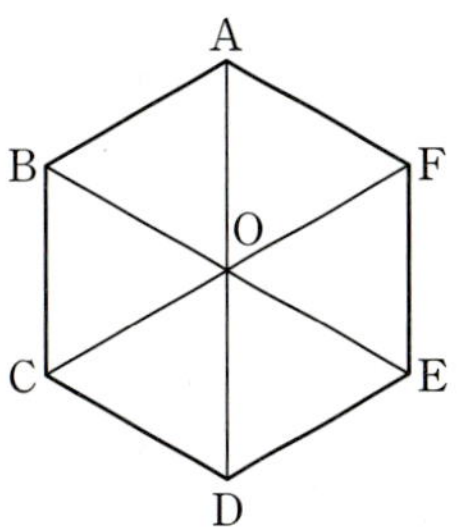

① $\overrightarrow{AO}$　② $\overrightarrow{BC}$　③ $\overrightarrow{CB}$
④ $\overrightarrow{DO}$　⑤ $\overrightarrow{EF}$

269

그림과 같이 삼각형 ABC에서 세 변 AB, BC, CA의 중점을 각각 D, E, F라 할 때, 6개의 점 A, B, C, D, E, F를 시점과 종점으로 하는 벡터 중 $\overrightarrow{AF}$와 같은 벡터를 모두 고르면? (정답 2개)

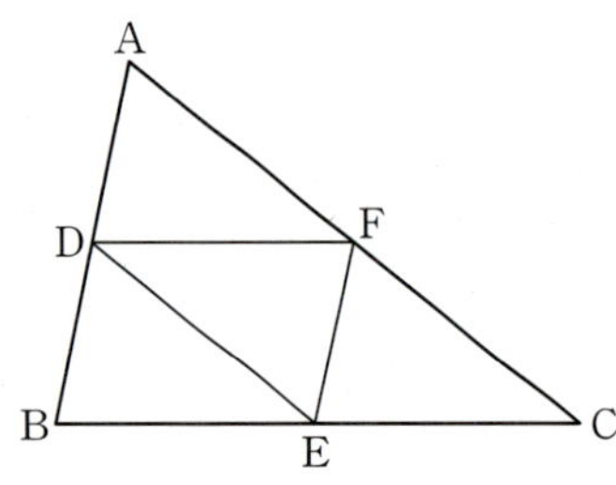

① $\overrightarrow{AD}$ ② $\overrightarrow{CF}$ ③ $\overrightarrow{DE}$
④ $\overrightarrow{FA}$ ⑤ $\overrightarrow{FC}$

유형 03 벡터의 덧셈과 뺄셈

벡터의 덧셈과 뺄셈과 관련된 문제를 분류하였다.

유형해결 TIP

(1) 벡터의 덧셈
$\overrightarrow{AB}+\overrightarrow{BC}=\overrightarrow{AC}$

(2) 벡터의 뺄셈
❶ 시점이 일치할 때, $\overrightarrow{AB}-\overrightarrow{AC}=\overrightarrow{CB}$
❷ 종점이 일치할 때, $\overrightarrow{AB}-\overrightarrow{CB}=\overrightarrow{AB}+\overrightarrow{BC}=\overrightarrow{AC}$

270

다음을 간단히 하시오.

(1) $\overrightarrow{AB}+\overrightarrow{BC}+\overrightarrow{CD}$
(2) $\overrightarrow{AB}+\overrightarrow{BC}+\overrightarrow{DE}+\overrightarrow{CD}$

271 빈출

서로 다른 세 점 A, B, C에 대하여 다음 중 옳지 <u>않은</u> 것은?

① $\overrightarrow{BC}+\overrightarrow{CA}=\overrightarrow{BA}$ ② $\overrightarrow{AB}-\overrightarrow{CB}=\overrightarrow{AC}$
③ $\overrightarrow{AC}+\overrightarrow{CA}=\vec{0}$ ④ $\overrightarrow{AC}-\overrightarrow{CB}=\overrightarrow{BA}$
⑤ $\overrightarrow{AB}+\overrightarrow{BC}+\overrightarrow{CA}=\vec{0}$

유형 04 벡터의 실수배와 연산

벡터의 실수배와 연산을 이용하여
(1) 실수를 계수, 벡터를 문자로 생각하여 주어진 벡터를 간단히 하는 문제
(2) 조건에서 주어진 벡터들을 단위벡터의 실수배의 합으로 표현하는 문제
를 분류하였다.

272

두 벡터 $\vec{a}$, $\vec{b}$에 대하여 $2(3\vec{a}-\vec{b})-(-2\vec{a}+3\vec{b})$를 간단히 한 것은?

① $4\vec{a}-5\vec{b}$ ② $4\vec{a}+5\vec{b}$ ③ $8\vec{a}-5\vec{b}$
④ $8\vec{a}+5\vec{b}$ ⑤ $8\vec{a}+10\vec{b}$

273 빈출

등식 $\vec{x}+2(\vec{a}+\vec{b})=3\vec{a}-\vec{b}-2\vec{x}$를 만족시키는 벡터 $\vec{x}$를 두 벡터 $\vec{a}$, $\vec{b}$로 나타낸 것은?

① $\frac{1}{3}\vec{a}-2\vec{b}$ ② $\frac{1}{3}\vec{a}-\vec{b}$ ③ $\frac{1}{3}\vec{a}+\vec{b}$
④ $\vec{a}-\frac{1}{3}\vec{b}$ ⑤ $\vec{a}+\frac{1}{3}\vec{b}$

274 빈출

등식 $2(2\vec{x}+\vec{a}+3\vec{b})=3(\vec{x}-\vec{a}+\vec{b})$를 만족시키는 벡터 $\vec{x}$가 $\vec{x}=m\vec{a}+n\vec{b}$일 때, 두 실수 m, n에 대하여 $m+n$의 값은?

① -8 ② -4 ③ 0
④ 4 ⑤ 8

275 빈출

그림과 같이 한 눈금의 길이가 1인 모눈종이 위의 두 벡터 $\overrightarrow{OA}=\vec{a}$, $\overrightarrow{OB}=\vec{b}$에 대하여 $\overrightarrow{PQ}=m\vec{a}+n\vec{b}$일 때, $m+n$의 값은? (단, m, n은 상수이다.)

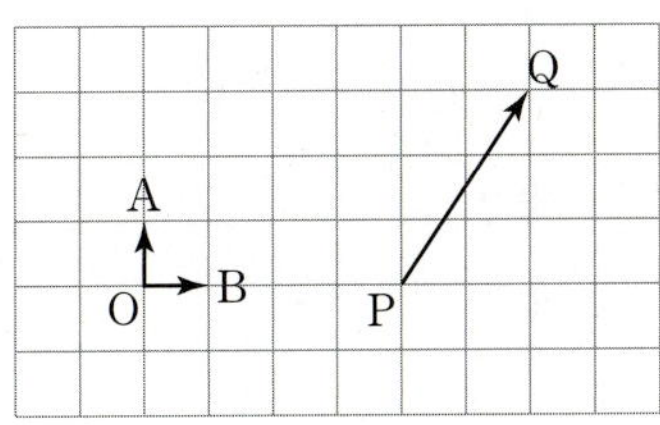

① 1 ② 2 ③ 3
④ 4 ⑤ 5

유형 05 도형에서의 벡터의 연산

도형에서 서로 같은 벡터나 벡터의 덧셈과 뺄셈을 이용하여 어떤 벡터를 나타내거나 그 크기를 구하는 문제를 분류하였다.

유형 해결 TIP

이때, 선분 AB를 1 : 1로 내분하는 점, 즉 중점 M에 대하여 성립하는 다음 내용이 많이 활용된다.

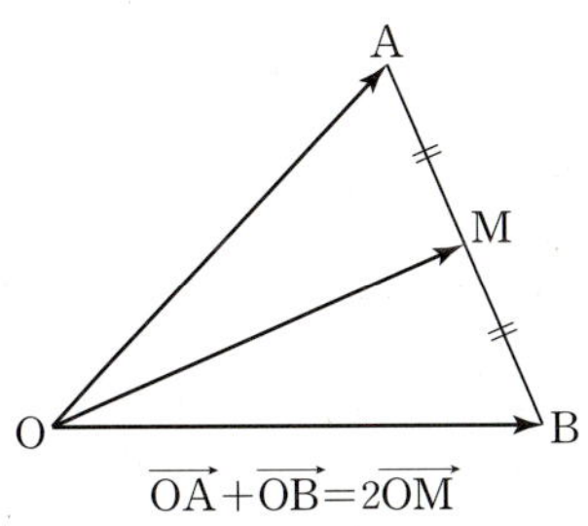

$\overrightarrow{OA}+\overrightarrow{OB}=2\overrightarrow{OM}$

276 빈출

그림과 같이 평행사변형 ABCD에서 대각선의 교점을 O라 하고 $\overrightarrow{OA}=\vec{a}$, $\overrightarrow{OB}=\vec{b}$라 할 때, 벡터 $\overrightarrow{DA}$를 $\vec{a}$, $\vec{b}$로 나타낸 것은?

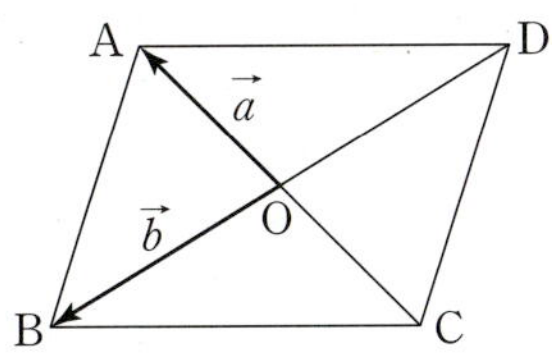

① $-2\vec{a}-\vec{b}$ ② $-\vec{a}+\vec{b}$ ③ $\vec{a}-\vec{b}$
④ $\vec{a}+\vec{b}$ ⑤ $\vec{a}+2\vec{b}$

277

그림과 같은 정육각형 ABCDEF에서 벡터 $\overrightarrow{BA}-\overrightarrow{DC}$와 같은 벡터는?

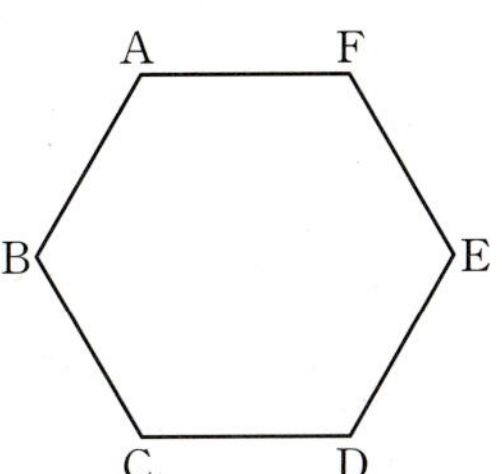

① $\overrightarrow{AC}$ ② $\overrightarrow{BC}$ ③ $\overrightarrow{CE}$
④ $\overrightarrow{DF}$ ⑤ $\overrightarrow{EB}$

278

그림과 같이 삼각형 ABC에서 $|\overrightarrow{AB}|=4$, $|\overrightarrow{AC}|=6$이고, $\overrightarrow{BA}=\vec{a}$, $\overrightarrow{BC}=\vec{b}$, $\overrightarrow{CA}=\vec{c}$일 때, 벡터 $\vec{a}-\vec{b}+\vec{c}$의 크기는?

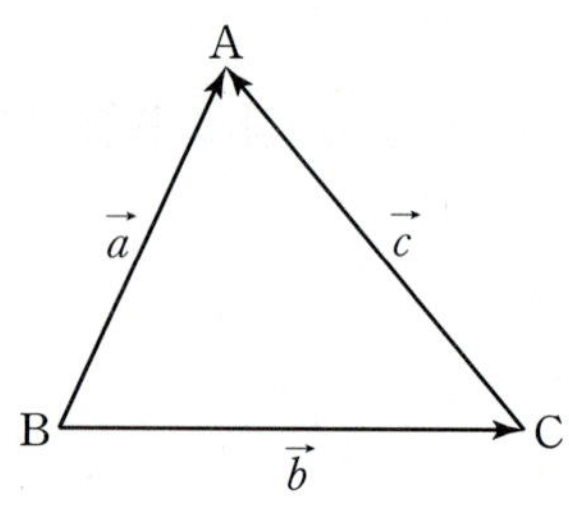

① 4 ② 6 ③ 8 ④ 10 ⑤ 12

279 빈출

그림과 같이 한 변의 길이가 1인 정사각형 ABCD에서 $|\overrightarrow{AB}-\overrightarrow{AC}-\overrightarrow{AD}|$의 값은?

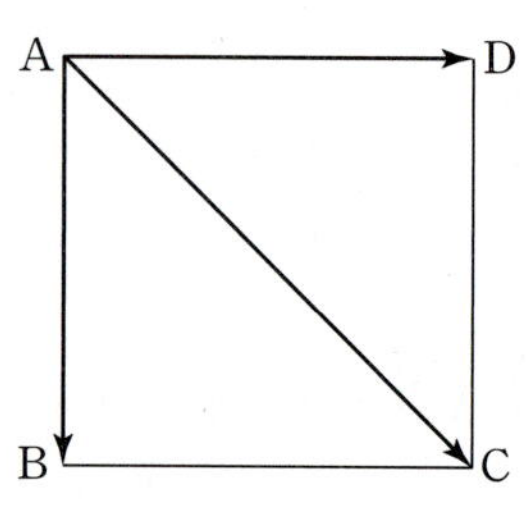

① 1 ② 2 ③ 3 ④ 4 ⑤ 5

280 빈출

그림과 같이 한 변의 길이가 3인 정사각형 ABCD에서 $\overrightarrow{AB}=\vec{a}$, $\overrightarrow{AD}=\vec{b}$, $\overrightarrow{AC}=\vec{c}$라 할 때, $|\vec{a}+\vec{b}+2\vec{c}|$의 값은?

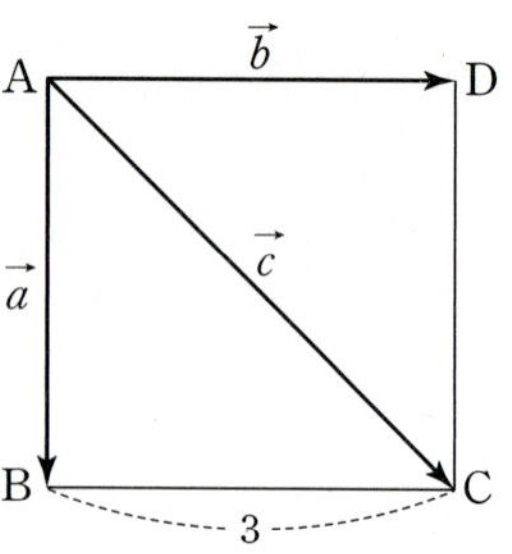

① $3\sqrt{2}$ ② $6\sqrt{2}$ ③ $9\sqrt{2}$ ④ $12\sqrt{2}$ ⑤ $15\sqrt{2}$

281

그림과 같이 한 변의 길이가 1인 정육각형 ABCDEF에서 $\overrightarrow{BA}=\vec{a}$, $\overrightarrow{BC}=\vec{b}$, $\overrightarrow{BE}=\vec{c}$라 할 때, $|\vec{a}+\vec{b}+\vec{c}|$의 값은?

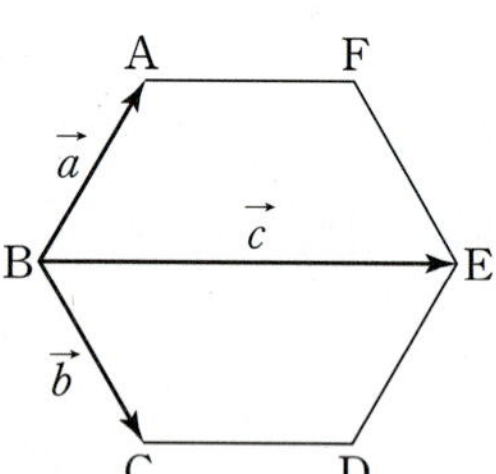

① 1 ② 2 ③ 3 ④ 4 ⑤ 5

유형 06 벡터의 평행

m, n, m', n'이 실수이고 영벡터가 아닌 두 벡터 $\vec{a}$, $\vec{b}$가 서로 평행하지 않을 때,
(1) $m\vec{a}+n\vec{b}=\vec{0}$이면 $m=n=0$
$m\vec{a}+n\vec{b}=m'\vec{a}+n'\vec{b}$이면 $m=m'$, $n=n'$
(2) $\vec{p}=m\vec{a}+n\vec{b}$, $\vec{q}=m'\vec{a}+n'\vec{b}$에 대하여
$\vec{p}/\!/\vec{q} \Longleftrightarrow \vec{p}=k\vec{q}$ (단, k는 0이 아닌 실수이다.)
$\Longleftrightarrow m=km'$, $n=kn'$
을 이용하는 문제를 분류하였다.

282 빈출

영벡터가 아닌 두 벡터 $\vec{a}$, $\vec{b}$가 서로 평행하지 않고 두 벡터 $\vec{a}-3\vec{b}$, $-2\vec{a}+m\vec{b}$가 서로 평행할 때, 실수 m의 값은?

① 2 ② 4 ③ 6
④ 8 ⑤ 10

283

영벡터가 아닌 두 벡터 $\vec{a}$, $\vec{b}$가 서로 평행하지 않을 때, $m(\vec{a}-2\vec{b})=3\vec{a}+n(-\vec{a}+3\vec{b})$를 만족시키는 두 실수 m, n에 대하여 $m-n$의 값은?

① 13 ② 14 ③ 15
④ 16 ⑤ 17

284

영벡터가 아닌 두 벡터 $\vec{a}$, $\vec{b}$가 서로 평행하지 않을 때, $(x^2-2x)\vec{a}+(x^2+x)\vec{b}=8\vec{a}+2\vec{b}$를 만족시키는 실수 x의 값은?

① -2 ② -1 ③ 0
④ 1 ⑤ 2

유형 07 세 점이 한 직선 위에 있을 조건

서로 다른 세 점 A, B, C가 한 직선 위에 있기 위한 필요충분조건이 $\overrightarrow{AC}=k\overrightarrow{AB}$ (k는 0이 아닌 실수)임을 이용하는 문제를 분류하였다.

285

$\vec{a}\neq\vec{0}$, $\vec{b}\neq\vec{0}$이고 서로 평행하지 않은 두 벡터 $\vec{a}$, $\vec{b}$에 대하여 $\overrightarrow{OA}=\vec{a}$, $\overrightarrow{OB}=\vec{b}$, $\overrightarrow{OC}=3\vec{a}+m\vec{b}$일 때, 세 점 A, B, C가 한 직선 위에 있도록 하는 실수 m의 값은?

① 4 ② 2 ③ 0
④ -2 ⑤ -4

유형01 벡터의 크기

286

벡터에 대한 설명으로 <보기>에서 옳은 것만을 있는 대로 고른 것은?

보기

ㄱ. $\vec{a}$가 단위벡터이면 $-\vec{a}$도 단위벡터이다.
ㄴ. 영벡터는 크기가 0이고, 그 방향은 생각하지 않는다.
ㄷ. 벡터는 방향을 갖는 양을 말한다.

① ㄱ ② ㄴ ③ ㄱ, ㄴ
④ ㄴ, ㄷ ⑤ ㄱ, ㄴ, ㄷ

유형02 서로 같은 벡터

287

그림과 같이 한 변의 길이가 2인 정삼각형 ABC에서 세 변 AB, BC, CA의 중점을 각각 D, E, F라 하자. 여섯 개의 점 A, B, C, D, E, F를 시점과 종점으로 하는 벡터 중 서로 다른 단위벡터의 개수는?

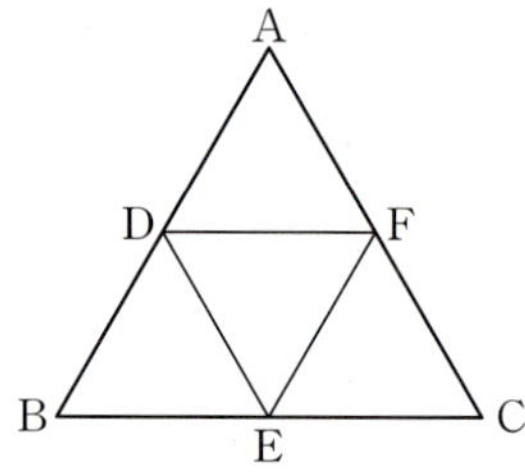

① 6 ② 9 ③ 12
④ 15 ⑤ 18

288

그림과 같이 한 변의 길이가 1인 정육각형 ABCDEF에서 꼭짓점을 시점과 종점으로 하는 벡터 중 크기가 $\sqrt{3}$인 서로 다른 벡터의 개수는?

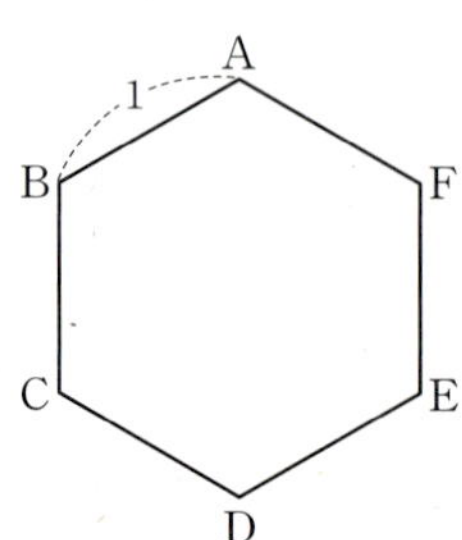

① 2 ② 3 ③ 4
④ 6 ⑤ 12

유형03 벡터의 덧셈과 뺄셈

289

평면 위의 서로 다른 세 점 A, B, C에 대하여 다음 등식이 성립할 때, 점 P는 어떤 위치에 있는지 구하시오.

(1) $\overrightarrow{AB}+\overrightarrow{BC}+\overrightarrow{CP}=\vec{0}$
(2) $\overrightarrow{AP}+\overrightarrow{BP}=\vec{0}$

290

평면 위의 점 P와 삼각형 ABC에 대하여
$2\overrightarrow{PA}+5\overrightarrow{PB}+\overrightarrow{PC}=\overrightarrow{BC}$일 때, 점 P의 위치는?

① 선분 AB를 3 : 1로 내분하는 점
② 선분 AB를 1 : 2로 내분하는 점
③ 선분 AB를 3 : 1로 외분하는 점
④ 선분 AC를 2 : 1로 외분하는 점
⑤ 선분 AC를 2 : 3으로 내분하는 점

291

그림과 같이 평면 위의 서로 다른 네 점 O, A, B, C에 대하여 벡터 $\overrightarrow{OC}$의 크기는 10이고 $\angle AOC=120°$, $\angle BOC=150°$일 때, $\overrightarrow{OA}+\overrightarrow{OB}+\overrightarrow{OC}=\vec{0}$를 만족시킨다. $|\overrightarrow{OA}|$의 값은?

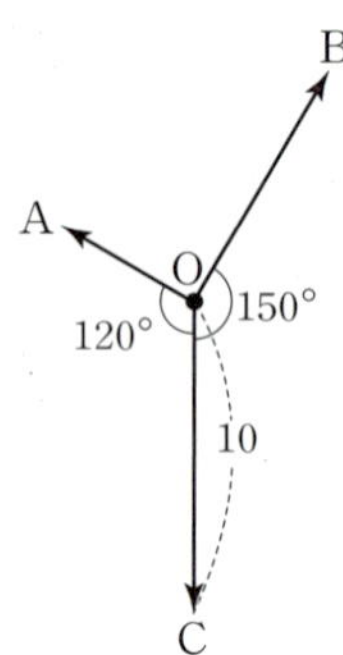

① 5 ② 10 ③ $10\sqrt{2}$
④ $10\sqrt{3}$ ⑤ 15

유형04 벡터의 실수배와 연산

292

영벡터가 아니고 서로 평행하지 않은 두 벡터 $\vec{x}$, $\vec{y}$에 대하여 두 벡터 $\vec{a}$, $\vec{b}$가 $3\vec{x}-\vec{y}=2\vec{a}$, $\vec{x}+2\vec{y}=\vec{b}$를 만족시킨다.

$\vec{x}+\vec{y}=m\vec{a}+n\vec{b}$일 때, $\frac{n}{m}$의 값은? (단, m, n은 실수이다.)

① 1 ② 2 ③ 3 ④ 4 ⑤ 5

293

| 선행 275 |

그림과 같이 일정한 간격의 평행선으로 이루어진 도형 위에 네 점 A, B, C, D가 있다. $\overrightarrow{AB}=m\overrightarrow{BC}+n\overrightarrow{DC}$일 때, 두 실수 m, n에 대하여 $m-n$의 값은?

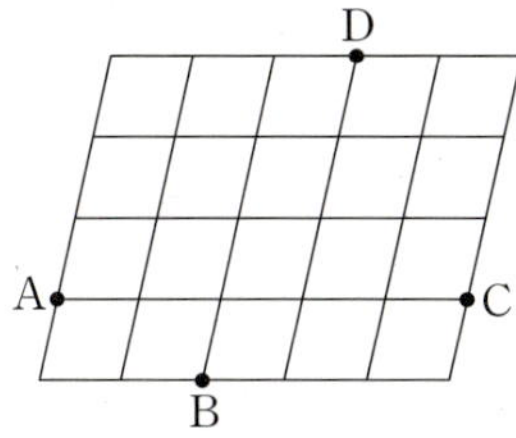

① $-\frac{4}{11}$ ② $-\frac{1}{11}$ ③ 0 ④ $\frac{1}{11}$ ⑤ $\frac{4}{11}$

294

좌표평면에서 원 $x^2+(y-6)^2=9$ 위의 한 점 P에 대하여 $\overrightarrow{OQ}=\frac{\overrightarrow{OP}}{|\overrightarrow{OP}|}$라 하자. 벡터 $\overrightarrow{OQ}$의 종점 Q가 나타내는 도형의 길이는? (단, O는 원점이다.)

① $\frac{\pi}{3}$ ② $\frac{\pi}{4}$ ③ $\frac{\pi}{5}$ ④ $\frac{\pi}{6}$ ⑤ $\frac{\pi}{7}$

유형05 도형에서의 벡터의 연산

295 빈출

| 선행 281 |

그림과 같은 정육각형 ABCDEF에서 세 선분 AD, BE, CF의 교점을 O라 하고, $\overrightarrow{OA}=\vec{a}$, $\overrightarrow{OC}=\vec{b}$라 할 때, 벡터 $\overrightarrow{EC}$를 $\vec{a}$, $\vec{b}$로 나타낸 것은?

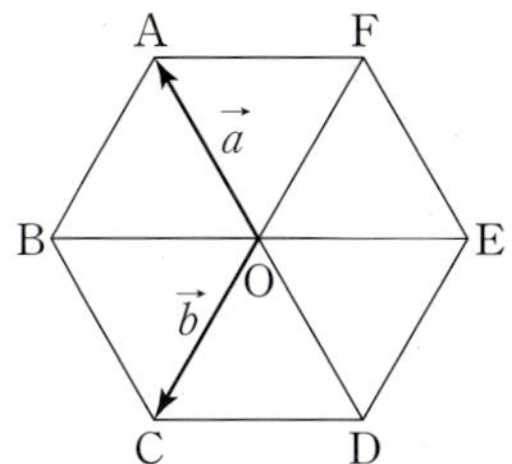

① $\vec{a}-\vec{b}$ ② $\vec{a}+\vec{b}$ ③ $\vec{a}-2\vec{b}$ ④ $\vec{a}+2\vec{b}$ ⑤ $2\vec{a}+\vec{b}$

296

그림과 같이 한 변의 길이가 2인 정육각형 ABCDEF에서 세 선분 AD, BE, CF의 교점을 O라 할 때, $\overrightarrow{OA}+\overrightarrow{OB}+\overrightarrow{OC}+\overrightarrow{OD}+\overrightarrow{OE}$의 크기는?

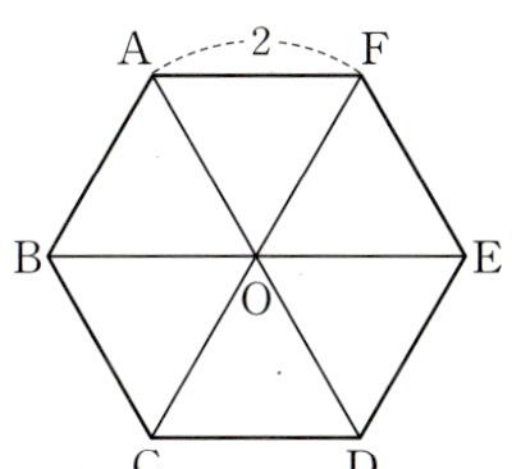

① 1 ② $\frac{1}{2}$ ③ $\frac{\sqrt{3}}{2}$ ④ $\sqrt{3}$ ⑤ 2

297

그림과 같이 $\overline{AD}\,/\!/\,\overline{BC}$, $3\overline{AD}=2\overline{BC}$인 사다리꼴 ABCD가 있다. 두 벡터 $\overrightarrow{AB}=\vec{a}$, $\overrightarrow{AD}=\vec{b}$에 대하여 $\overrightarrow{CD}=m\vec{a}+n\vec{b}$일 때, mn의 값은? (단, m, n은 실수이다.)

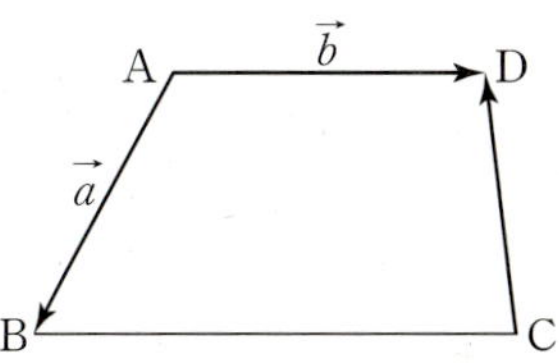

① -1 ② $-\frac{1}{2}$ ③ 0 ④ $\frac{1}{2}$ ⑤ 1

298

평가원기출

삼각형 ABC에서

$\overline{AB}=2$, $\angle B=90°$, $\angle C=30°$

이다. 점 P가 $\overrightarrow{PB}+\overrightarrow{PC}=\vec{0}$를 만족시킬 때, $|\overrightarrow{PA}|^2$의 값은?

① 5 ② 6 ③ 7
④ 8 ⑤ 9

299

| 선행 280 |

그림과 같이 정삼각형 ABC에서 $\overrightarrow{AB}=\vec{a}$, $\overrightarrow{AH}=\vec{b}$, $\overrightarrow{AC}=\vec{c}$라 할 때, $|\vec{a}+\vec{b}+\vec{c}|=12\sqrt{3}$이다. 이 정삼각형의 넓이는?

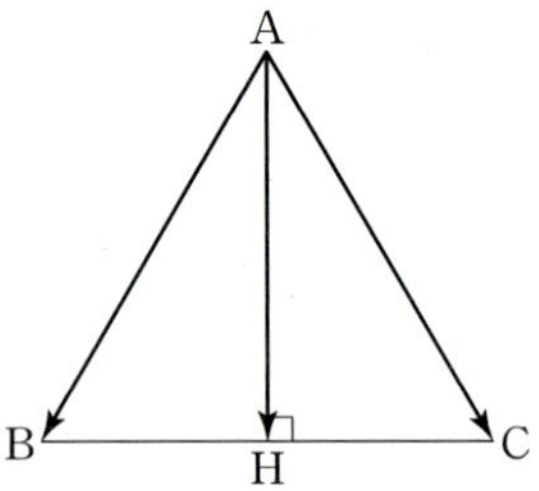

① $8\sqrt{3}$ ② $12\sqrt{3}$ ③ $16\sqrt{3}$
④ $20\sqrt{3}$ ⑤ $24\sqrt{3}$

300 빈출

그림과 같이 정육각형 ABCDEF에서 $\overrightarrow{AB}=\vec{a}$, $\overrightarrow{BC}=\vec{b}$라 할 때, $\overrightarrow{AE}=m\vec{a}+n\vec{b}$이다. 두 실수 m, n에 대하여 $m+n$의 값은?

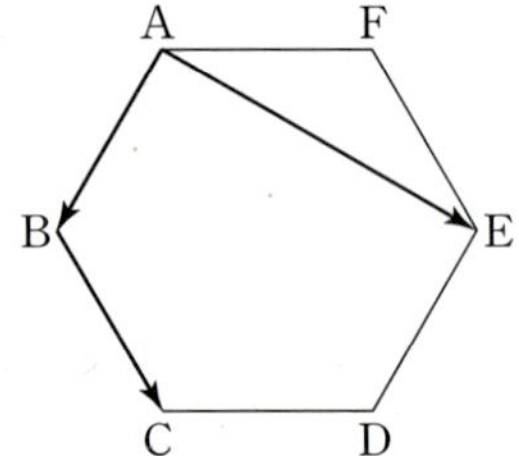

① -2 ② -1 ③ 0
④ 1 ⑤ 2

301 빈출

그림과 같이 한 변을 공유하는 두 개의 정육각형에서 $\overrightarrow{EJ}=\vec{a}$, $\overrightarrow{CD}=\vec{b}$라 할 때, $\overrightarrow{CH}=m\vec{a}+n\vec{b}$이다. 두 실수 m, n에 대하여 $m+n$의 값은?

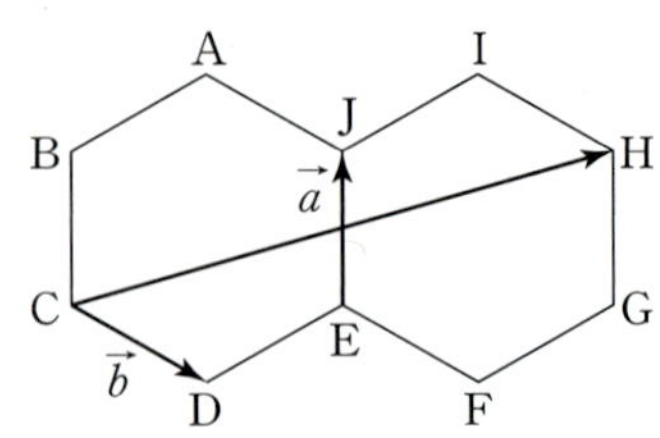

① 1 ② 3 ③ 5
④ 7 ⑤ 9

302

그림과 같이 한 변의 길이가 1인 정오각형 ABCDE가 원 O에 내접할 때, $\overrightarrow{AB}+\overrightarrow{AC}+\overrightarrow{AD}+\overrightarrow{AE}=k\overrightarrow{OA}$를 만족시키는 실수 k의 값은?

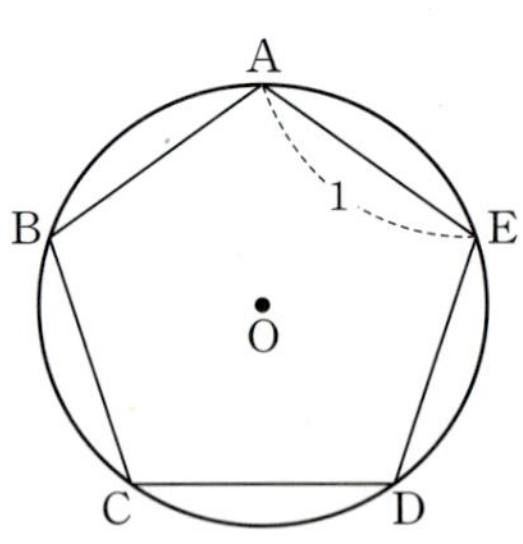

① -5 ② -3 ③ 0
④ 3 ⑤ 5

303

평가원기출

타원 $\frac{x^2}{4}+y^2=1$의 두 초점을 F, F′이라 하자. 이 타원 위의 점 P가 $|\overrightarrow{OP}+\overrightarrow{OF}|=1$을 만족시킬 때, 선분 PF의 길이는 k이다. $5k$의 값을 구하시오. (단, O는 원점이다.)

304

쌍곡선 $\frac{x^2}{9}-y^2=1$의 한 초점 $F(\sqrt{10},\ 0)$에 대하여 이 쌍곡선 위의 점 P가 $|\overrightarrow{OP}+\overrightarrow{OF}|=16$을 만족시킬 때, 선분 PF의 길이는? (단, O는 원점이고, 점 P는 제1사분면 위의 점이다.)

① 2 ② 4 ③ 6 ④ 8 ⑤ 10

유형06 벡터의 평행

305

빈출

| 선행 282 |

$\vec{a}\neq\vec{0}$, $\vec{b}\neq\vec{0}$이고 서로 평행하지 않은 두 벡터 $\vec{a}$, $\vec{b}$에 대하여 $\vec{p}=\vec{a}+3\vec{b}$, $\vec{q}=2\vec{a}-\vec{b}$, $\vec{r}=k\vec{a}+4\vec{b}$이다. 두 벡터 $\vec{p}-\vec{r}$와 $\vec{q}+\vec{r}$가 서로 평행할 때, 실수 k의 값은?

① $\frac{1}{2}$ ② 1 ③ $\frac{3}{2}$ ④ 2 ⑤ $\frac{5}{2}$

유형07 세 점이 한 직선 위에 있을 조건

306

빈출

| 선행 285 |

$\vec{a}\neq\vec{0}$, $\vec{b}\neq\vec{0}$이고 서로 평행하지 않은 두 벡터 $\vec{a}$, $\vec{b}$에 대하여 $\overrightarrow{OA}=\vec{a}+2\vec{b}$, $\overrightarrow{OB}=2\vec{a}-\vec{b}$, $\overrightarrow{OC}=m\vec{a}+3\vec{b}$일 때, 세 점 A, B, C가 한 직선 위에 있도록 하는 실수 m의 값은?

① $\frac{1}{3}$ ② $\frac{2}{3}$ ③ 1 ④ $\frac{4}{3}$ ⑤ $\frac{5}{3}$

307

그림과 같이 사각형 OBCA의 두 대각선의 교점을 P라 하고 $\overrightarrow{OA}=\vec{a}$, $\overrightarrow{OB}=\vec{b}$라 할 때, $\overrightarrow{OC}=\frac{4}{3}\vec{a}+\frac{3}{4}\vec{b}$, $\overrightarrow{OP}=k\overrightarrow{OC}$이다. 실수 k의 값은?

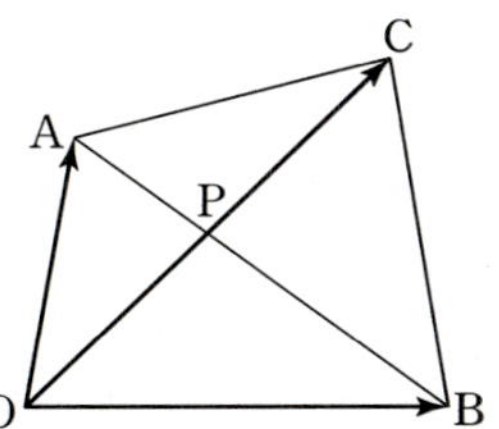

① $\frac{11}{25}$ ② $\frac{12}{25}$ ③ $\frac{13}{25}$ ④ $\frac{14}{25}$ ⑤ $\frac{3}{5}$

스키마로 풀이 흐름 알아보기

그림과 같이 한 변을 공유하는 두 개의 정육각형에서 $\overrightarrow{EJ}=\vec{a}$, $\overrightarrow{CD}=\vec{b}$라 할 때, $\overrightarrow{CH}=m\vec{a}+n\vec{b}$이다.
조건① 조건②
두 실수 m, n에 대하여 $m+n$의 값은?
답

① 1 ② 3 ③ 5 ④ 7 ⑤ 9

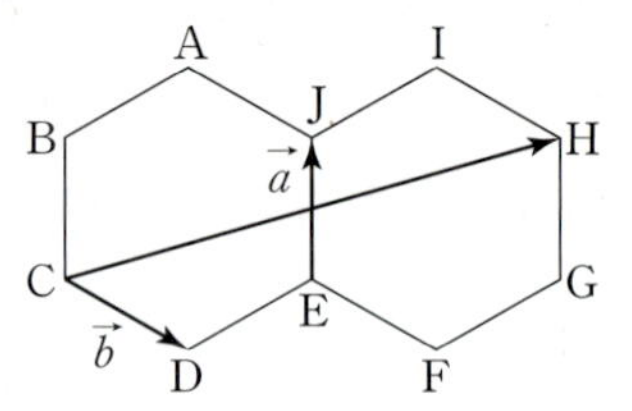

유형05 도형에서의 벡터의 연산 301

스키마 schema

주어진 조건은 무엇인지? 구하는 답은 무엇인지? 이 둘을 어떻게 연결할지?

1단계

조건

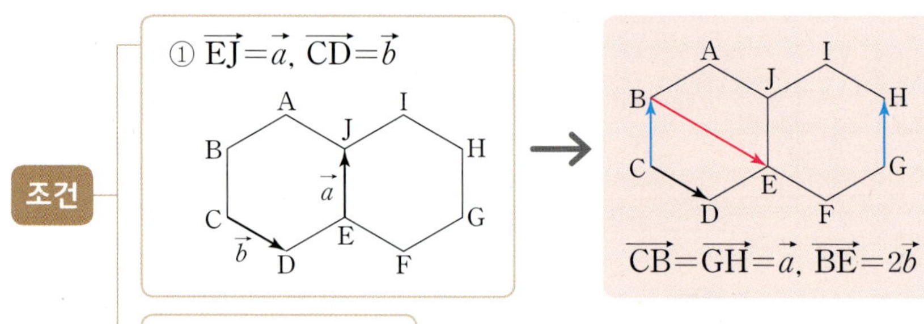

② $\overrightarrow{CH}=m\vec{a}+n\vec{b}$

한 변을 공유하는 두 개의 정육각형에서 $\overrightarrow{CB}=\overrightarrow{GH}=\overrightarrow{EJ}=\vec{a}$이고, 정육각형 ABCDEJ에서 $\overrightarrow{BE}=2\overrightarrow{CD}=2\vec{b}$

2단계

조건

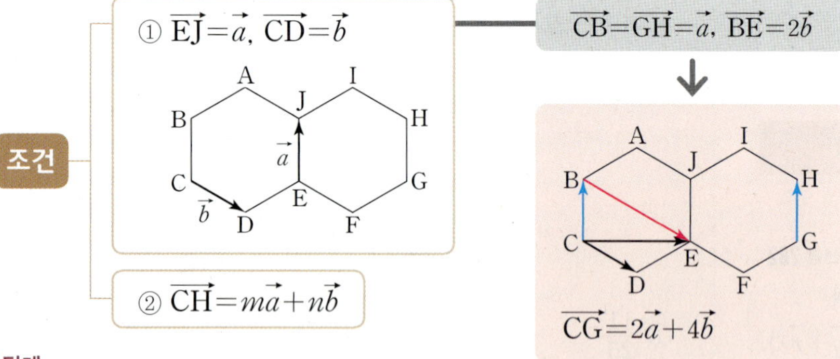

② $\overrightarrow{CH}=m\vec{a}+n\vec{b}$

$\overrightarrow{CE}=\overrightarrow{CB}+\overrightarrow{BE}=\vec{a}+2\vec{b}$이므로
$\overrightarrow{CG}=2\overrightarrow{CE}=2\vec{a}+4\vec{b}$

3단계

조건

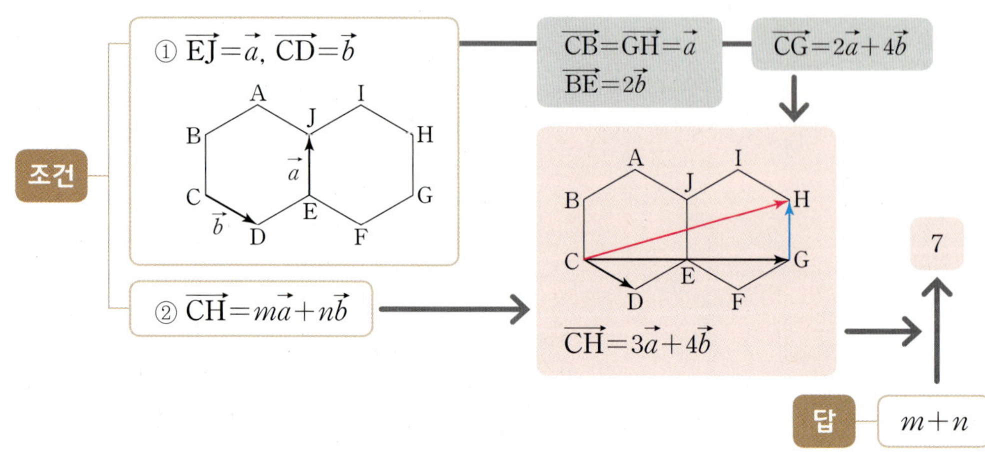

7

답 $m+n$

$\overrightarrow{CH}=\overrightarrow{CG}+\overrightarrow{GH}$
$=(2\vec{a}+4\vec{b})+\vec{a}$
$=3\vec{a}+4\vec{b}$

따라서 $m=3$, $n=4$이므로 $m+n=7$이다.

답 ④

스키마로 풀이 흐름 알아보기

$\vec{a}\neq\vec{0}$, $\vec{b}\neq\vec{0}$이고 서로 평행하지 않은 두 벡터 $\vec{a}$, $\vec{b}$에 대하여 (조건①) $\overrightarrow{OA}=\vec{a}+2\vec{b}$, $\overrightarrow{OB}=2\vec{a}-\vec{b}$, $\overrightarrow{OC}=m\vec{a}+3\vec{b}$일 때, (조건②) 세 점 A, B, C가 한 직선 위에 있도록 하는 (조건③) 실수 m의 값은? (답)

① $\frac{1}{3}$ ② $\frac{2}{3}$ ③ 1 ④ $\frac{4}{3}$ ⑤ $\frac{5}{3}$

유형07 세 점이 한 직선 위에 있을 조건 306

스키마 schema

주어진 조건은 무엇인지? 구하는 답은 무엇인지? 이 둘을 어떻게 연결할지?

1단계

조건
① $\vec{a}\neq\vec{0}$, $\vec{b}\neq\vec{0}$이고, 서로 평행하지 않은 두 벡터 $\vec{a}$, $\vec{b}$
② $\overrightarrow{OA}=\vec{a}+2\vec{b}$, $\overrightarrow{OB}=2\vec{a}-\vec{b}$, $\overrightarrow{OC}=m\vec{a}+3\vec{b}$ → $\overrightarrow{AB}=\vec{a}-3\vec{b}$, $\overrightarrow{AC}=(m-1)\vec{a}+\vec{b}$
③ 세 점 A, B, C가 한 직선 위에 있다.

$\overrightarrow{AB}=\overrightarrow{OB}-\overrightarrow{OA}$
$=(2\vec{a}-\vec{b})-(\vec{a}+2\vec{b})$
$=\vec{a}-3\vec{b}$,
$\overrightarrow{AC}=\overrightarrow{OC}-\overrightarrow{OA}$
$=(m\vec{a}+3\vec{b})-(\vec{a}+2\vec{b})$
$=(m-1)\vec{a}+\vec{b}$

2단계

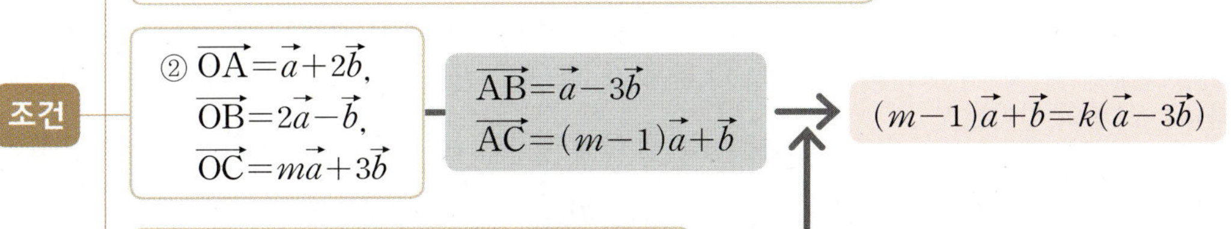

세 점 A, B, C가 한 직선 위에 있으려면 $\overrightarrow{AC}=k\overrightarrow{AB}$를 만족시키는 0이 아닌 실수 k가 존재해야한다.
즉, $(m-1)\vec{a}+\vec{b}=k(\vec{a}-3\vec{b})$

3단계

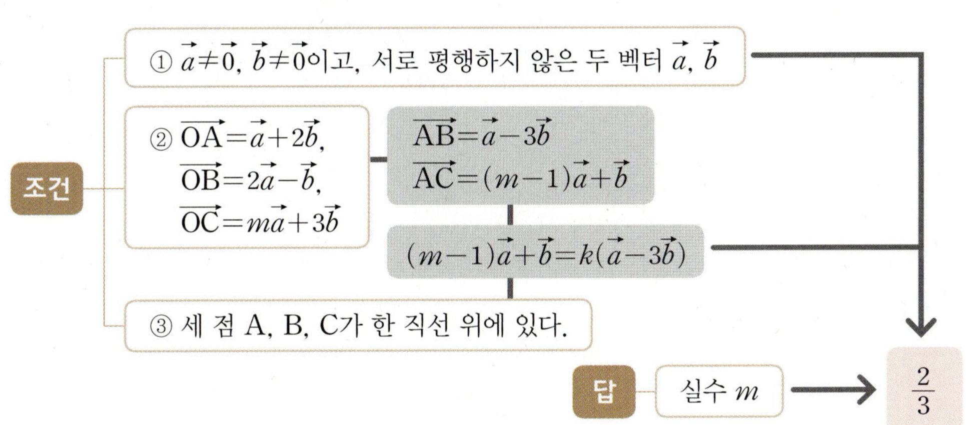

두 벡터 $\vec{a}$, $\vec{b}$는 영벡터가 아니고 서로 평행하지 않으므로
$m-1=k$, $1=-3k$
따라서 $k=-\frac{1}{3}$, $m=\frac{2}{3}$이다.

답 ①

308

그림과 같이 평행사변형 AOBC에서 선분 BC의 중점을 M이라 하고 선분 AB와 선분 OM의 교점을 P라 하자. $\overrightarrow{OA}=\vec{a}$, $\overrightarrow{OB}=\vec{b}$라 할 때, $\overrightarrow{OP}=m\vec{a}+n\vec{b}$이다. mn의 값은?

(단, m, n은 실수이다.)

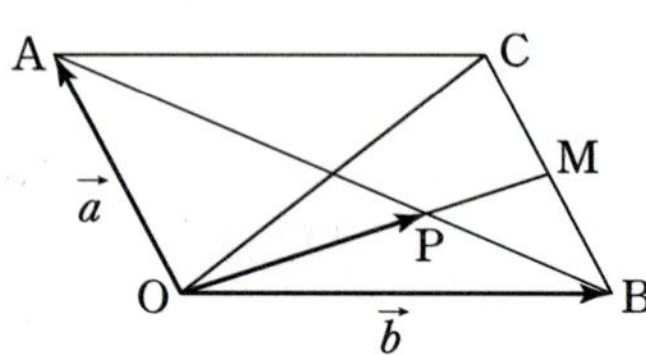

① $\frac{1}{9}$ ② $\frac{2}{9}$ ③ $\frac{1}{3}$

④ $\frac{4}{9}$ ⑤ $\frac{5}{9}$

309 빈출

| 선행 294 |

좌표평면 위의 점 P가 쌍곡선 $\frac{x^2}{3}-y^2=-1$ 위를 움직일 때, $\overrightarrow{OQ}=\frac{\overrightarrow{OP}}{|\overrightarrow{OP}|}$를 만족시키는 점 Q가 나타내는 도형의 길이는?

(단, 점 O는 원점이다.)

① $\frac{\pi}{3}$ ② $\frac{2}{3}\pi$ ③ π

④ $\frac{4}{3}\pi$ ⑤ $\frac{5}{3}\pi$

310

선생님 Pick! 교육청기출

$\overline{AB}=8$, $\overline{BC}=6$인 직사각형 ABCD에 대하여 네 선분 AB, CD, DA, BD의 중점을 각각 E, F, G, H라 하자. 선분 CF를 지름으로 하는 원 위의 점 P에 대하여 $|\overrightarrow{EG}+\overrightarrow{HP}|$의 최댓값은?

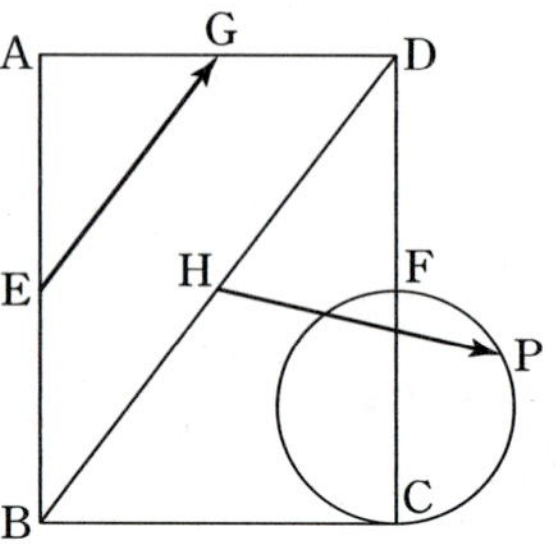

① 8 ② $2+2\sqrt{10}$ ③ $2+2\sqrt{11}$

④ $2+4\sqrt{3}$ ⑤ $2+2\sqrt{13}$

311

평가원기출

그림과 같이 선분 AB 위에 $\overline{AE}=\overline{DB}=2$인 두 점 D, E가 있다. 두 선분 AE, DB를 각각 지름으로 하는 두 반원의 호 AE, DB가 만나는 점을 C라 하고, 선분 AB 위에 $\overline{O_1A}=\overline{O_2B}=1$인 두 점을 O_1, O_2라 하자. 호 AC 위를 움직이는 점 P와 호 DC 위를 움직이는 점 Q에 대하여 $|\overrightarrow{O_1P}+\overrightarrow{O_2Q}|$의 최솟값이 $\frac{1}{2}$일 때, 선분 AB의 길이는 $\frac{q}{p}$이다. $p+q$의 값을 구하시오.

(단, $1<\overline{O_1O_2}<2$이고, p와 q는 서로소인 자연수이다.)

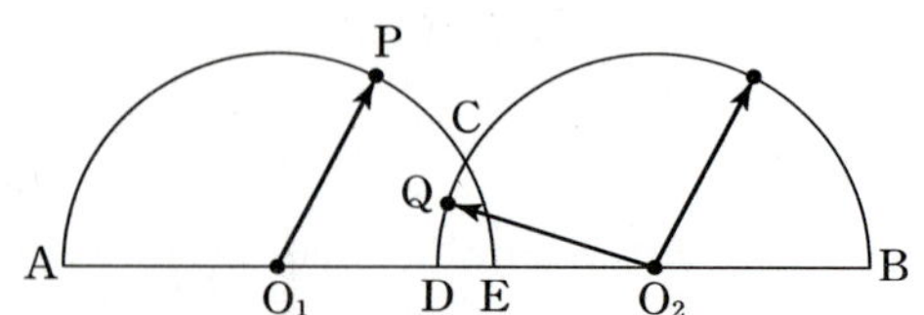

02 평면벡터의 성분과 내적

| 이전 학습 내용 |

• **선분의 내분점와 외분점**

좌표평면 위의 두 점 $A(x_1, y_1)$, $B(x_2, y_2)$에 대하여 선분 AB를 $m : n\ (m>0,\ n>0)$으로 내분하는 점 P, 외분하는 점 Q의 좌표는 각각

$P\left(\frac{mx_2+nx_1}{m+n}, \frac{my_2+ny_1}{m+n}\right)$,

$Q\left(\frac{mx_2-nx_1}{m-n}, \frac{my_2-ny_1}{m-n}\right)$ (단, $m \neq n$)

특히, 선분 AB의 중점 M의 좌표는

$M\left(\frac{x_1+x_2}{2}, \frac{y_1+y_2}{2}\right)$

• **좌표평면 위의 삼각형의 무게중심의 좌표**

세 점 $A(x_1, y_1)$, $B(x_2, y_2)$, $C(x_3, y_3)$을 꼭짓점으로 하는 삼각형 ABC의 무게중심 G의 좌표는

$G\left(\frac{x_1+x_2+x_3}{3}, \frac{y_1+y_2+y_3}{3}\right)$

• **좌표평면 위의 두 점 사이의 거리**

좌표평면 위의 두 점 $A(x_1, y_1)$, $B(x_2, y_2)$ 사이의 거리는

$\overline{AB}=\sqrt{(x_2-x_1)^2+(y_2-y_1)^2}$

특히, 원점 O와 점 $A(x_1, y_1)$ 사이의 거리는

$\overline{OA}=\sqrt{x_1^2+y_1^2}$

현재 학습 내용

• **위치벡터** ······ 유형01 위치벡터

1. 위치벡터의 뜻

시점을 한 점 O로 고정하면 점 A와 이 점의 위치를 나타내는 벡터 $\overrightarrow{OA}$는 일대일로 대응한다. 이때, 일정한 점 O를 시점으로 하는 벡터 $\overrightarrow{OA}$를 점 A의 **위치벡터**라 한다. 일반적으로 위치벡터의 시점 O는 원점으로 잡는다.

2. 위치벡터로 표현하기

두 점 A, B의 위치벡터를 각각 $\vec{a}$, $\vec{b}$라 하면

$$\overrightarrow{AB}=\vec{b}-\vec{a}$$

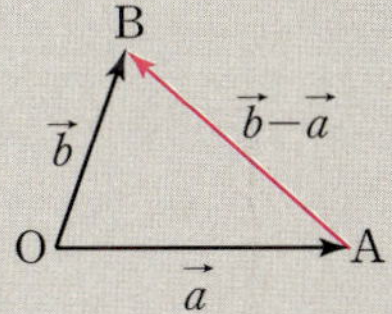

3. 내분점과 외분점의 위치벡터

두 점 A, B의 위치벡터를 각각 $\vec{a}$, $\vec{b}$라 할 때 $(m>0,\ n>0)$

(1) 선분 AB를 $m : n$으로 내분하는 점 P의 위치벡터를 $\vec{p}$라 하면

$$\vec{p}=\frac{m\vec{b}+n\vec{a}}{m+n}$$

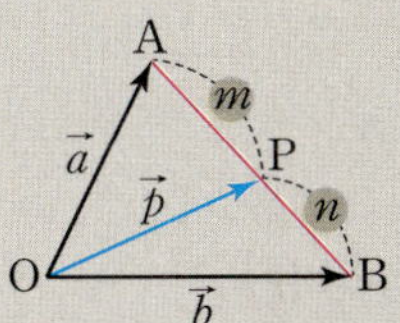

(2) 선분 AB를 $m : n$으로 외분하는 점 Q의 위치벡터를 $\vec{q}$라 하면

$$\vec{q}=\frac{m\vec{b}-n\vec{a}}{m-n}\ (\text{단, } m \neq n)$$

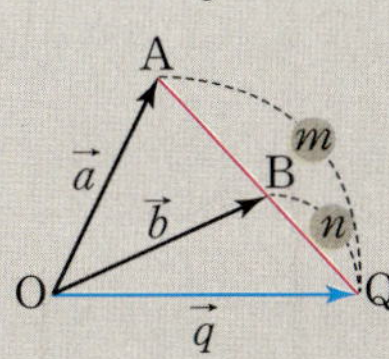

(3) 세 점 A, B, C의 위치벡터를 각각 $\vec{a}$, $\vec{b}$, $\vec{c}$라 할 때, 삼각형 ABC의 무게중심 G의 위치벡터를 $\vec{g}$라 하면

$$\vec{g}=\frac{\vec{a}+\vec{b}+\vec{c}}{3}$$

• **평면벡터의 성분** ······ 유형02 평면벡터의 성분

1. 평면벡터의 성분

좌표평면 위의 임의의 평면벡터 $\vec{a}$에 대하여 $\vec{a}=\overrightarrow{OA}$인 점 A의 좌표가 $A(a_1, a_2)$일 때, 두 점 $E_1(1, 0)$, $E_2(0, 1)$의 위치벡터 $\vec{e_1}$, $\vec{e_2}$에 대하여

$$\vec{a}=a_1\vec{e_1}+a_2\vec{e_2}$$

와 같이 나타낼 수 있다. 이때, 두 실수 a_1, a_2를 **벡터 $\vec{a}$의 성분**이라 하고, a_1, a_2를 각각 벡터 $\vec{a}$의 x성분, y성분이라 한다. 또한 벡터 $\vec{a}$는 성분을 이용하여

$$\vec{a}=(a_1, a_2)$$

와 같이 나타낸다.

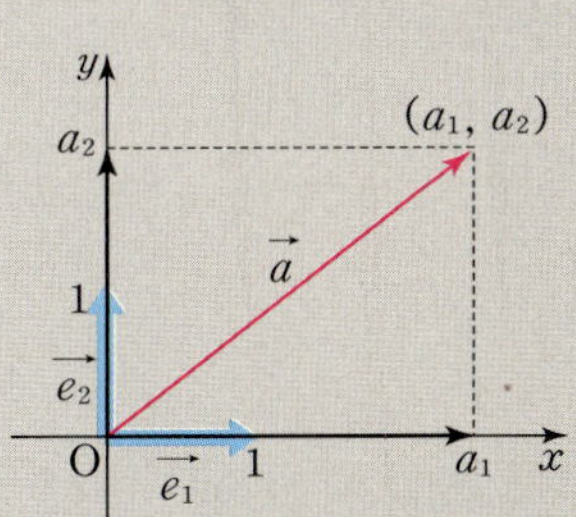

2. 두 평면벡터가 서로 같을 조건, 평면벡터의 크기

$\vec{a}=(a_1, a_2)$, $\vec{b}=(b_1, b_2)$일 때

(1) $\vec{a}=\vec{b} \Longleftrightarrow a_1=b_1,\ a_2=b_2$

(2) $|\vec{a}|=\sqrt{a_1^2+a_2^2}$

| 이전 학습 내용 |

• 삼각비 중3

$\angle C=90^\circ$인 직각삼각형 ABC에서

$\sin B=\frac{\overline{AC}}{\overline{AB}}=\frac{b}{c}$

$\cos B=\frac{\overline{BC}}{\overline{AB}}=\frac{a}{c}$

$\tan B=\frac{\overline{AC}}{\overline{BC}}=\frac{b}{a}$

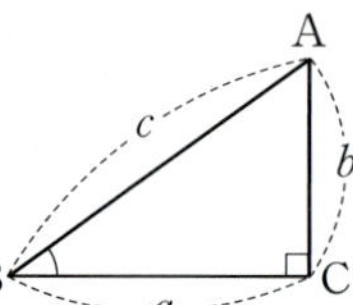

현재 학습 내용

3. 평면벡터의 합, 차, 실수배의 성분

$\vec{a}=(a_1, a_2)$, $\vec{b}=(b_1, b_2)$일 때

(1) $\vec{a}+\vec{b}=(a_1+b_1, a_2+b_2)$

(2) $\vec{a}-\vec{b}=(a_1-b_1, a_2-b_2)$

(3) $k\vec{a}=(ka_1, ka_2)$

(단, k는 실수)

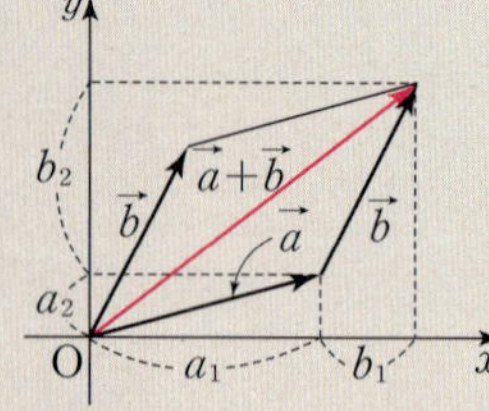

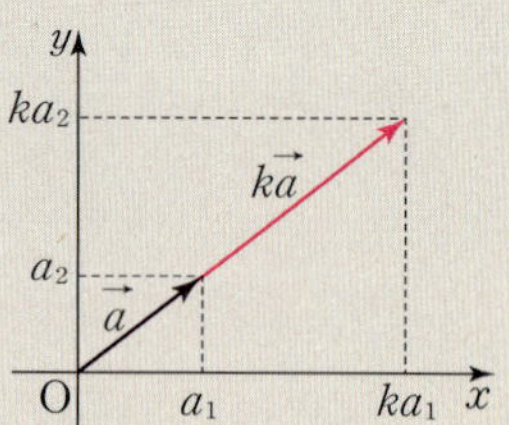

4. 두 점에 의한 평면벡터의 성분과 크기

두 점 $A(a_1, a_2)$, $B(b_1, b_2)$에 대하여

(1) $\overrightarrow{AB}=(b_1-a_1, b_2-a_2)$ $\overrightarrow{AB}=\overrightarrow{OB}-\overrightarrow{OA}=(b_1, b_2)-(a_1, a_2)$

(2) $|\overrightarrow{AB}|=\sqrt{(b_1-a_1)^2+(b_2-a_2)^2}$ $|\overrightarrow{AB}|=\overline{AB}$

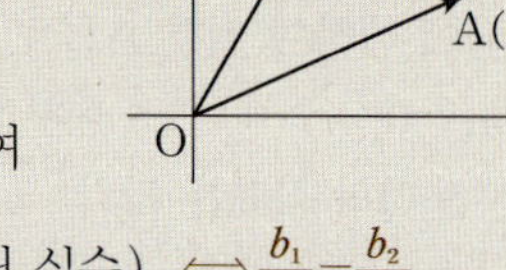

5. 성분으로 표현된 두 평면벡터의 평행 조건

영벡터가 아닌 두 벡터 $\vec{a}=(a_1, a_2)$, $\vec{b}=(b_1, b_2)$에 대하여

$$\vec{a}\,/\!/\,\vec{b} \Longleftrightarrow \vec{b}=k\vec{a} \Longleftrightarrow \begin{cases} b_1=ka_1 \\ b_2=ka_2 \end{cases} \text{(단, } k\text{는 0이 아닌 실수)} \Longleftrightarrow \frac{b_1}{a_1}=\frac{b_2}{a_2}$$

• 평면벡터의 내적 ······ 유형03 평면벡터의 내적

1. 평면벡터의 내적 두 벡터의 내적 $\vec{a}\cdot\vec{b}$는 실수이다.

두 평면벡터 $\vec{a}$, $\vec{b}$가 이루는 각의 크기를 θ $(0^\circ\le\theta\le180^\circ)$라 할 때

$$\vec{a}\cdot\vec{b}=|\vec{a}||\vec{b}|\cos\theta$$

를 두 평면벡터 $\vec{a}$, $\vec{b}$의 **내적**이라 한다.

$\vec{a}\ne\vec{0}$, $\vec{b}\ne\vec{0}$일 때
$0^\circ\le\theta<90^\circ$이면 $\vec{a}\cdot\vec{b}>0$
$\theta=90^\circ$이면 $\vec{a}\cdot\vec{b}=0$
$90^\circ<\theta\le180^\circ$이면 $\vec{a}\cdot\vec{b}<0$

특히, $\vec{a}\cdot\vec{a}=|\vec{a}|^2$이다. 벡터 $\vec{a}$와 벡터 $\vec{a}$가 이루는 각의 크기는 0°이므로 $\vec{a}\cdot\vec{a}=|\vec{a}||\vec{a}|\cos 0^\circ=|\vec{a}|^2$

2. 평면벡터의 내적과 성분

$\vec{a}=(a_1, a_2)$, $\vec{b}=(b_1, b_2)$일 때

$$\vec{a}\cdot\vec{b}=a_1b_1+a_2b_2$$

3. 평면벡터의 내적의 연산법칙 ······ 유형04 벡터의 내적의 연산

세 벡터 $\vec{a}$, $\vec{b}$, $\vec{c}$와 실수 k에 대하여

(1) $\vec{a}\cdot\vec{b}=\vec{b}\cdot\vec{a}$ (교환법칙)

(2) $\vec{a}\cdot(\vec{b}+\vec{c})=\vec{a}\cdot\vec{b}+\vec{a}\cdot\vec{c}$, $(\vec{a}+\vec{b})\cdot\vec{c}=\vec{a}\cdot\vec{c}+\vec{b}\cdot\vec{c}$ (분배법칙)

(3) $(k\vec{a})\cdot\vec{b}=\vec{a}\cdot(k\vec{b})=k(\vec{a}\cdot\vec{b})$ (결합법칙)

4. 두 평면벡터가 이루는 각의 크기 ······ 유형05 두 평면벡터가 이루는 각의 크기

영벡터가 아닌 두 벡터 $\vec{a}=(a_1, a_2)$, $\vec{b}=(b_1, b_2)$가 이루는 각의 크기를 θ $(0^\circ\le\theta\le180^\circ)$라 하면

$90^\circ<\theta\le180^\circ$이면 $\cos\theta=-\cos(180^\circ-\theta)$

$$\cos\theta=\frac{\vec{a}\cdot\vec{b}}{|\vec{a}||\vec{b}|}=\frac{a_1b_1+a_2b_2}{\sqrt{a_1^2+a_2^2}\sqrt{b_1^2+b_2^2}}$$

5. 두 벡터의 평행 조건과 수직 조건 ······ 유형06 두 벡터의 평행 조건과 수직 조건

영벡터가 아닌 두 벡터 $\vec{a}$, $\vec{b}$에 대하여

(1) 평행 조건 : $\vec{a}\,/\!/\,\vec{b} \Longleftrightarrow \vec{a}\cdot\vec{b}=\pm|\vec{a}||\vec{b}|$

(2) 수직 조건 : $\vec{a}\perp\vec{b} \Longleftrightarrow \vec{a}\cdot\vec{b}=0$

$\vec{a}$, $\vec{b}$가 평행할 때
(i) 방향이 같은 경우 : $\theta=0^\circ \Rightarrow \cos 0^\circ=1$
(ii) 방향이 반대인 경우 : $\theta=180^\circ \Rightarrow \cos 180^\circ=-1$
$\vec{a}$, $\vec{b}$가 수직일 때 $\theta=90^\circ \Rightarrow \cos 90^\circ=0$
즉, $\vec{a}=(a_1, a_2)$, $\vec{b}=(b_1, b_2)$일 때 $a_1b_1+a_2b_2=0$

유형07 평면벡터의 내적의 활용

유형08 내적의 최대·최소의 활용

유형 01 위치벡터

위치벡터와 선분의 내분점, 외분점을 이용하는 문제를 분류하였다.

유형해결 TIP

두 실수 m, n에 대하여 $\overrightarrow{OP}=m\overrightarrow{OA}+n\overrightarrow{OB}$를 만족시키는 점 P가 나타내는 도형은 다음과 같다.

❶ $m+n=1$이면 점 P가 나타내는 도형은 직선 AB이다.
특히, $0\le m\le 1$, $0\le n\le 1$이면 점 P가 나타내는 도형은 선분 AB이다.

❷ $0\le m\le 1$, $0\le n\le 1$이면 점 P가 나타내는 도형은 두 선분 OA, OB를 이웃하는 두 변으로 하는 평행사변형의 내부와 그 경계이다.

❸ $0\le m\le 1$, $0\le n\le 1$, $m+n\le 1$이면 점 P가 나타내는 도형은 삼각형 OAB의 내부와 그 경계이다.

312

세 점 A, B, C의 위치벡터를 각각 $\vec{a}$, $\vec{b}$, $\vec{c}$라 할 때, $\overrightarrow{AB}+3\overrightarrow{BC}$를 $\vec{a}$, $\vec{b}$, $\vec{c}$로 나타낸 것으로 항상 옳은 것은?

① $-\vec{a}+2\vec{b}+\vec{c}$　② $-\vec{a}+2\vec{b}+3\vec{c}$
③ $-\vec{a}-2\vec{b}+3\vec{c}$　④ $\vec{a}+\vec{b}+\vec{c}$
⑤ $\vec{a}-2\vec{b}+3\vec{c}$

313

두 점 A, B의 위치벡터를 각각 $\vec{a}$, $\vec{b}$라 할 때, 다음 점의 위치벡터를 $\vec{a}$, $\vec{b}$로 나타내시오.

(1) 선분 AB를 $1:2$로 내분하는 점
(2) 선분 AB를 $1:2$로 외분하는 점
(3) 선분 AB의 중점

314

두 점 A, B의 위치벡터를 각각 $\vec{a}$, $\vec{b}$라 하자. 선분 AB를 $3:4$로 외분하는 점 Q의 위치벡터는 $\vec{q}=m\vec{a}+n\vec{b}$이다. 두 실수 m, n에 대하여 $m+n$의 값은?

① 1　② 2　③ 3
④ 4　⑤ 5

315 빈출

그림과 같이 선분 AB를 삼등분한 점을 각각 C, D라 하고 점 O에 대한 두 점 A, B의 위치벡터를 각각 $\vec{a}$, $\vec{b}$라 하자.
$\overrightarrow{OC}+\overrightarrow{OD}=m\vec{a}+n\vec{b}$일 때, 두 실수 m, n에 대하여 $m+n$의 값은?

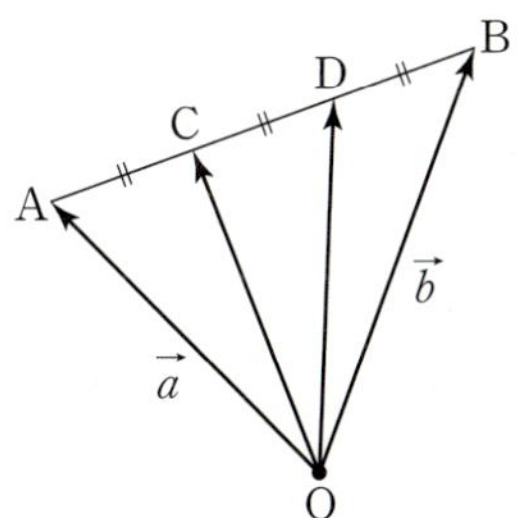

① $\frac{1}{2}$　② 1　③ $\frac{3}{2}$
④ 2　⑤ $\frac{5}{2}$

316

그림과 같은 삼각형 ABC에서 $\angle BAD=\angle CAD$이고 $\overline{AB}=5$, $\overline{AC}=3$이다. $\overrightarrow{AD}=m\overrightarrow{AB}+n\overrightarrow{AC}$일 때, 두 실수 m, n에 대하여 $m-n$의 값은?

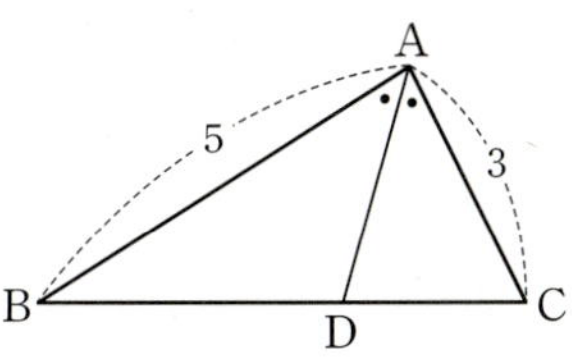

① $-\frac{1}{8}$　② $-\frac{1}{4}$　③ 0
④ $\frac{1}{4}$　⑤ $\frac{1}{8}$

유형 02 평면벡터의 성분

벡터의 성분이 주어질 때
(1) 벡터의 합, 차, 실수배의 성분을 구하는 문제
(2) 두 벡터가 같을 조건을 묻는 문제
를 분류하였다.

317 빈출

두 벡터 $\vec{a}=(x+3,\ 4)$, $\vec{b}=(6,\ x-y)$가 서로 같을 때, 두 실수 x, y에 대하여 $x+y$의 값은?

① 1　② 2　③ 3
④ 4　⑤ 5

318 평가원기출

벡터 $\vec{a}=(3,\ -1)$에 대하여 벡터 $5\vec{a}$의 모든 성분의 합은?

① -10　② -5　③ 0
④ 5　⑤ 10

319 빈출 평가원기출

두 벡터 $\vec{a}=(2,\ -1)$, $\vec{b}=(1,\ 3)$에 대하여 벡터 $\vec{a}+\vec{b}$의 모든 성분의 합은?

① 1　② 2　③ 3
④ 4　⑤ 5

320

두 벡터 $\vec{a}=(3,\ 1)$, $\vec{b}=(-1,\ 5)$에 대하여 다음 벡터를 성분으로 나타내시오.

(1) $2\vec{a}-\vec{b}$
(2) $2(\vec{a}-\vec{b})+3(\vec{a}+\vec{b})$

321

세 점 $\mathrm{A}(-2,\ 0)$, $\mathrm{B}(3,\ 2)$, $\mathrm{C}(5,\ 3)$에 대하여 $\overrightarrow{\mathrm{AB}}=\overrightarrow{\mathrm{CD}}$인 점 D의 좌표를 $(a,\ b)$라 할 때, ab의 값은?

① 30　② 35　③ 40
④ 45　⑤ 50

322

세 점 $\mathrm{A}(3,\ 0)$, $\mathrm{B}(4,\ 7)$, $\mathrm{C}(3,\ -2)$에 대하여 벡터 $\overrightarrow{\mathrm{CA}}+\overrightarrow{\mathrm{BA}}$의 모든 성분의 합은?

① -4　② -6　③ -8
④ -10　⑤ -12

323
교육청기출

세 벡터 $\vec{a}=(2,\ 3)$, $\vec{b}=(x,\ -1)$, $\vec{c}=(-4,\ y)$에 대하여 $2\vec{a}-\vec{b}=\vec{b}+\vec{c}$가 성립할 때, 두 실수 x, y의 곱 xy의 값을 구하시오.

324
빈출

세 벡터 $\vec{a}=(1,\ 2)$, $\vec{b}=(-3,\ 1)$, $\vec{c}=(-9,\ -4)$에 대하여 $\vec{c}=m\vec{a}+n\vec{b}$일 때, 두 실수 m, n에 대하여 $m+n$의 값은?

① -2 ② -1 ③ 0
④ 1 ⑤ 2

325
교육청기출

두 벡터 $\vec{a}=(2,\ 3)$과 $\vec{b}=(1,\ 1)$에 대하여 $|\vec{a}+\vec{b}|$의 값은?

① 1 ② 2 ③ 3
④ 4 ⑤ 5

326
빈출

두 벡터 $\vec{a}=(1,\ -2)$, $\vec{b}=(5,\ 2)$일 때, $|2(\vec{a}-\vec{b})+2\vec{a}|$의 값은?

① $2\sqrt{5}$ ② $3\sqrt{5}$ ③ $4\sqrt{5}$
④ $5\sqrt{5}$ ⑤ $6\sqrt{5}$

327

두 벡터 $\vec{a}=(4,\ 7)$, $\vec{b}=(1,\ -2)$에 대하여 등식 $2\vec{a}+3\vec{x}=-\vec{b}$를 만족시키는 벡터 $\vec{x}$의 크기는?

① 1 ② 3 ③ 5
④ 7 ⑤ 9

328

두 벡터 $\vec{a}=(3x+1,\ y-1)$, $\vec{b}=(2y+1,\ x+1)$에 대하여 $\vec{a}=\vec{b}$일 때, $|\vec{a}|^2$의 값은?

① 190 ② 191 ③ 192
④ 193 ⑤ 194

유형 03 평면벡터의 내적

두 벡터의 내적을 구할 때
(1) 성분으로 주어진 벡터의 내적의 값을 구하는 문제
(2) 내적의 정의를 이용하여 내적의 값을 구하는 문제
를 분류하였다.

유형해결 TIP

그림과 같이 벡터 $\overrightarrow{OA}$의 종점 A에서 직선 OB에 내린 수선의 발을 H라 할 때, 다음을 이용하면 편리하다.

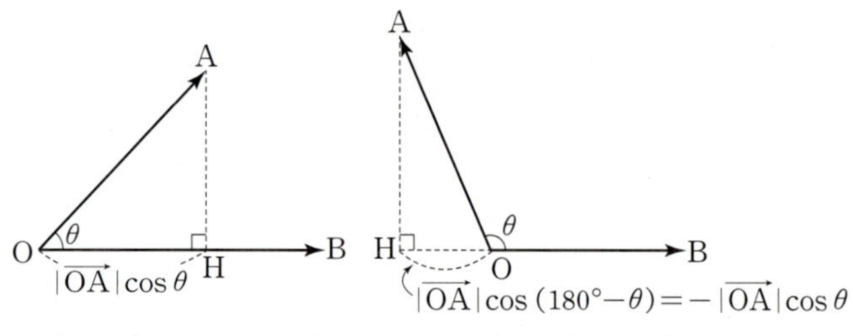

$\overrightarrow{OA}\cdot\overrightarrow{OB}=|\overrightarrow{OA}||\overrightarrow{OB}|\cos\theta$
$=|\overrightarrow{OH}||\overrightarrow{OB}|$

$\overrightarrow{OA}\cdot\overrightarrow{OB}=|\overrightarrow{OA}||\overrightarrow{OB}|\cos\theta$
$=-|\overrightarrow{OH}||\overrightarrow{OB}|$

329

두 벡터 $\vec{a}=(4,\ 1)$, $\vec{b}=(-2,\ k)$에 대하여 $\vec{a}\cdot\vec{b}=4$를 만족시키는 실수 k의 값을 구하시오.

330 빈출 교육청기출

두 벡터 $\vec{a}=(1,\ -2)$, $\vec{b}=(-2,\ 2)$에 대하여 내적 $\vec{a}\cdot(\vec{a}-2\vec{b})$의 값을 구하시오.

331 평가원기출

좌표평면 위의 네 점 O(0, 0), A(4, 2), B(0, 2), C(2, 0)에 대하여 $\overrightarrow{OA}\cdot\overrightarrow{BC}$의 값은?

① -4 ② -2 ③ 0 ④ 2 ⑤ 4

332 평가원기출

좌표평면 위의 두 점 A(1, a), B(a, 2)에 대하여 $\overrightarrow{OB}\cdot\overrightarrow{AB}=14$일 때, 양수 a의 값을 구하시오.
(단, O는 원점이다.)

333

$|\vec{a}|=2$, $|\vec{b}|=5$인 두 벡터 $\vec{a}$, $\vec{b}$가 이루는 각의 크기가 60°일 때, $\vec{a}\cdot\vec{b}$의 값은?

① 1 ② 2 ③ 3 ④ 4 ⑤ 5

334

그림과 같이 $\overline{AB}=3$, $\overline{AD}=2$인 직사각형 ABCD에서 $\overrightarrow{AC}\cdot\overrightarrow{DC}$의 값은?

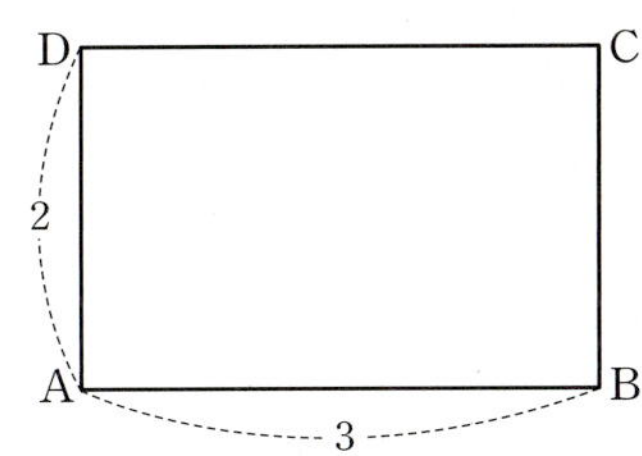

① 3 ② 6 ③ 9
④ 12 ⑤ 15

335

그림의 사각형 ABCD는 서로 합동인 두 개의 정삼각형 ABD, BCD를 한 변 DB가 겹쳐지도록 하여 만든 마름모이다. 정삼각형의 한 변의 길이가 8일 때, $\overrightarrow{AC}\cdot\overrightarrow{AD}$의 값은?

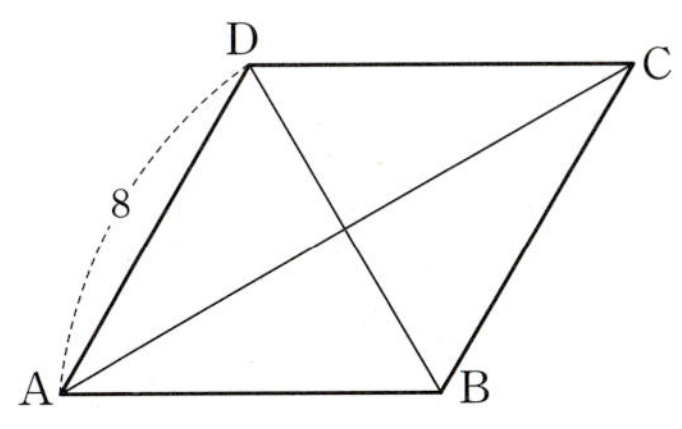

① 94 ② 96 ③ 98
④ 100 ⑤ 102

유형 04 벡터의 내적의 연산

벡터의 내적의 연산법칙과 $\vec{a}\cdot\vec{a}=|\vec{a}|^2$을 이용하는 문제를 분류하였다.

유형해결 TIP

(1) $|\vec{a}+\vec{b}|^2=(\vec{a}+\vec{b})\cdot(\vec{a}+\vec{b})=|\vec{a}|^2+2\vec{a}\cdot\vec{b}+|\vec{b}|^2$

(2) $|\vec{a}-\vec{b}|^2=(\vec{a}-\vec{b})\cdot(\vec{a}-\vec{b})=|\vec{a}|^2-2\vec{a}\cdot\vec{b}+|\vec{b}|^2$

(3) $|m\vec{a}+n\vec{b}|^2=(m\vec{a}+n\vec{b})\cdot(m\vec{a}+n\vec{b})$
$=m^2|\vec{a}|^2+2mn(\vec{a}\cdot\vec{b})+n^2|\vec{b}|^2$

336

두 벡터 $\vec{a}$, $\vec{b}$에 대하여 $|\vec{a}|=2$, $|\vec{b}|=1$, $|\vec{a}-2\vec{b}|=\sqrt{5}$일 때, $\vec{a}\cdot\vec{b}$의 값은?

① $\frac{1}{4}$ ② $\frac{1}{2}$ ③ $\frac{3}{4}$
④ 1 ⑤ $\frac{5}{4}$

337

두 벡터 $\vec{a}$, $\vec{b}$에 대하여 $|\vec{a}|=3$, $|\vec{b}|=2$이고, 두 벡터 $\vec{a}$, $\vec{b}$가 이루는 각의 크기가 $60°$일 때, $|2\vec{a}-\vec{b}|^2$의 값은?

① 14 ② 21 ③ 28
④ 35 ⑤ 42

338

두 벡터 $\vec{a}$, $\vec{b}$에 대하여 $|\vec{a}|=2\sqrt{2}$, $|\vec{b}|=3$이고, 두 벡터 $\vec{a}$, $\vec{b}$가 이루는 각의 크기가 $135°$일 때, $|\vec{a}-\vec{b}|$의 값은?

① 5 ② $\sqrt{26}$ ③ $3\sqrt{3}$
④ $2\sqrt{7}$ ⑤ $\sqrt{29}$

유형 05 두 평면벡터가 이루는 각의 크기

내적의 정의로부터 $\cos\theta=\frac{\vec{a}\cdot\vec{b}}{|\vec{a}||\vec{b}|}$임을 이용하여 두 벡터가 이루는 각의 크기 θ를 구하거나 $\cos\theta$의 값을 구하는 문제를 분류하였다.

유형해결 TIP

θ는 $0^\circ\le\theta\le180^\circ$인 경우만 생각한다.

339

두 벡터 $\vec{a}=(1,\ -2)$, $\vec{b}=(4,\ 3)$이 이루는 각의 크기를 θ라 할 때, $\cos\theta$의 값은?

① $-\frac{\sqrt{5}}{25}$ ② $-\frac{2\sqrt{5}}{25}$ ③ $-\frac{3\sqrt{5}}{25}$
④ $-\frac{4\sqrt{5}}{25}$ ⑤ $-\frac{\sqrt{5}}{5}$

340

두 벡터 $\vec{a}=(1,\ 3)$, $\vec{b}=(-1,\ 2)$가 이루는 각의 크기는?

① 0° ② 30° ③ 45°
④ 60° ⑤ 90°

341 빈출

두 벡터 $\vec{a}=(2,\ -2)$, $\vec{b}=(0,\ 3)$에 대하여 $\vec{a}+\vec{b}$, $\vec{a}+2\vec{b}$가 이루는 각의 크기를 θ라 할 때, $\cos\theta$의 값은?

① $\frac{1}{5}$ ② $\frac{2}{5}$ ③ $\frac{3}{5}$
④ $\frac{4}{5}$ ⑤ 1

유형 06 두 벡터의 평행 조건과 수직 조건

영벡터가 아닌 두 벡터 $\vec{a}=(a_1,\ a_2)$, $\vec{b}=(b_1,\ b_2)$에 대하여

(1) 평행 조건

$\vec{a}/\!/\vec{b} \Longleftrightarrow \vec{a}\cdot\vec{b}=\pm|\vec{a}||\vec{b}|$

$\Longleftrightarrow \vec{a}=k\vec{b}$ (단, k는 0이 아닌 실수)

$\Longleftrightarrow a_1=kb_1,\ a_2=kb_2$

$\Longleftrightarrow \frac{a_1}{b_1}=\frac{a_2}{b_2}=k$

(2) 수직 조건

$\vec{a}\perp\vec{b} \Longleftrightarrow \vec{a}\cdot\vec{b}=0 \Longleftrightarrow a_1b_1+a_2b_2=0$

을 이용하는 문제를 분류하였다.

342 빈출 평가원기출

두 벡터 $\vec{a}=(x+1,\ 2)$, $\vec{b}=(1,\ -x)$가 서로 수직일 때, x의 값은?

① 1 ② 2 ③ 3
④ 4 ⑤ 5

343

두 벡터 $\vec{a}=(1,\ 5)$, $\vec{b}=(2,\ x)$에 대하여 두 벡터 $\vec{a}$, $\vec{b}$가 서로 수직일 때의 x의 값을 p, 평행할 때의 x의 값을 q라 할 때, pq의 값은?

① 8 ② 4 ③ 0
④ -4 ⑤ -8

344

두 벡터 $\vec{a}=(1,\ -3)$, $\vec{b}=(x+1,\ 3x+5)$에 대하여 두 벡터 $\vec{a}$, $2\vec{a}+\vec{b}$가 서로 평행하도록 하는 x의 값은?

① $-\frac{4}{3}$ ② $-\frac{2}{3}$ ③ 0
④ $\frac{2}{3}$ ⑤ $\frac{4}{3}$

345

세 점 $A(-1, 5)$, $B(1, -4)$, $C(2, x)$가 한 직선 위에 있을 때, x의 값은?

① -7　② $-\frac{15}{2}$　③ -8　④ $-\frac{17}{2}$　⑤ -9

346

평가원기출

두 벡터 $\vec{a}$, $\vec{b}$에 대하여 $|\vec{a}|=1$, $|\vec{b}|=3$이고, 두 벡터 $6\vec{a}+\vec{b}$와 $\vec{a}-\vec{b}$가 서로 수직일 때, $\vec{a}\cdot\vec{b}$의 값은?

① $-\frac{3}{10}$　② $-\frac{3}{5}$　③ $-\frac{9}{10}$　④ $-\frac{6}{5}$　⑤ $-\frac{3}{2}$

347 빈출

평가원기출

서로 평행하지 않은 두 벡터 $\vec{a}$, $\vec{b}$에 대하여 $|\vec{a}|=2$이고 $\vec{a}\cdot\vec{b}=2$일 때, 두 벡터 $\vec{a}$와 $\vec{a}-t\vec{b}$가 서로 수직이 되도록 하는 실수 t의 값은?

① 1　② 2　③ 3　④ 4　⑤ 5

348 빈출

세 벡터 $\vec{a}=(2, 3)$, $\vec{b}=(-1, 1)$, $\vec{c}=(5, 4)$에 대하여 $\vec{a}-\vec{c}$와 $k\vec{b}+\vec{c}$가 서로 수직일 때, 실수 k의 값은?

① $\frac{15}{2}$　② 8　③ $\frac{17}{2}$　④ 9　⑤ $\frac{19}{2}$

유형 07 평면벡터의 내적의 활용

주어진 벡터를 어떤 벡터의 합으로 나타내어 내적을 계산하는 문제를 분류하였다.

349 빈출

그림과 같이 직각삼각형 ABC에서 $\overline{AB}=6$, $\overline{BC}=8$이다. 선분 BC의 중점을 M이라 할 때, $\overrightarrow{AC}\cdot\overrightarrow{AM}$의 값은?

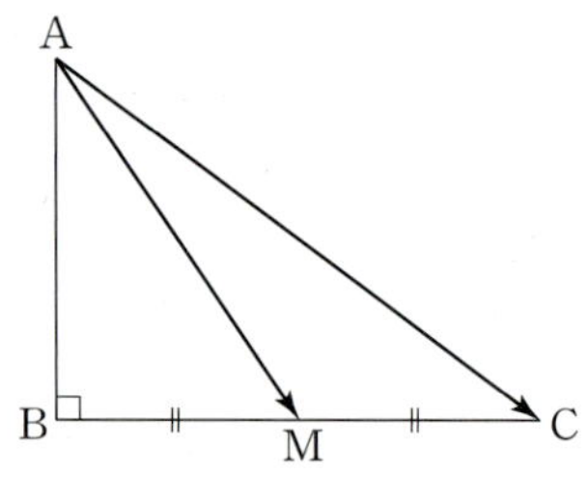

① 64 ② 66 ③ 68 ④ 70 ⑤ 72

유형 08 내적의 최대·최소의 활용

벡터의 크기 또는 방향이 변할 때 두 벡터의 내적의 최댓값과 최솟값을 구하는 문제를 분류하였다.

유형해결 TIP

$\vec{a}\cdot\vec{b}=|\vec{a}||\vec{b}|\cos\theta$이므로 두 벡터의 크기가 클수록, 두 벡터가 이루는 각의 크기가 작을수록 내적의 값이 커진다.

350 빈출

좌표평면에 쌍곡선 $4x^2-y^2=1$과 두 점 $A(-1, 0)$, $B(2, 0)$이 있다. 쌍곡선 위의 점 P에 대하여 $\overrightarrow{AP}\cdot\overrightarrow{BP}$의 최솟값은?

① $-\frac{3}{2}$ ② $-\frac{7}{4}$ ③ -2 ④ $-\frac{9}{4}$ ⑤ $-\frac{5}{2}$

351

그림과 같이 $\angle BAD=60°$이고 한 변의 길이가 4인 마름모 ABCD에서 선분 CD 위를 움직이는 점을 P라 할 때, $\overrightarrow{AB}\cdot\overrightarrow{AP}$의 최댓값은?

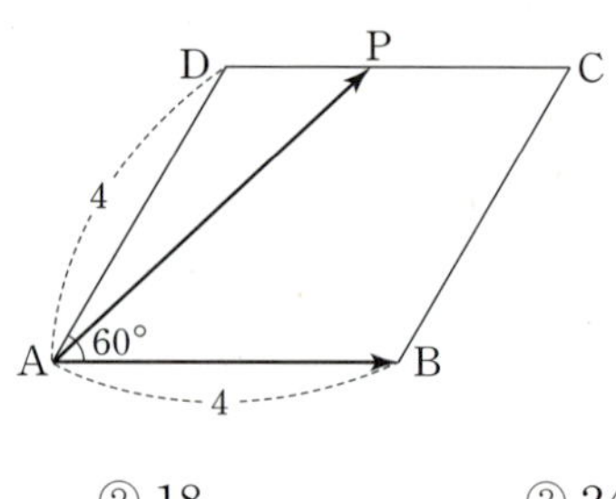

① 12 ② 18 ③ 24 ④ 30 ⑤ 36

352

그림과 같이 좌표평면 위의 한 점 $P(3, 0)$과 원 $(x-3)^2+(y-2)^2=2^2$의 경계 및 내부의 한 점 Q에 대하여 $\overrightarrow{OP}\cdot\overrightarrow{OQ}$가 최대가 되는 점 Q의 좌표를 (p, q)라 할 때, $p+q$의 값은? (단, O는 원점이다.)

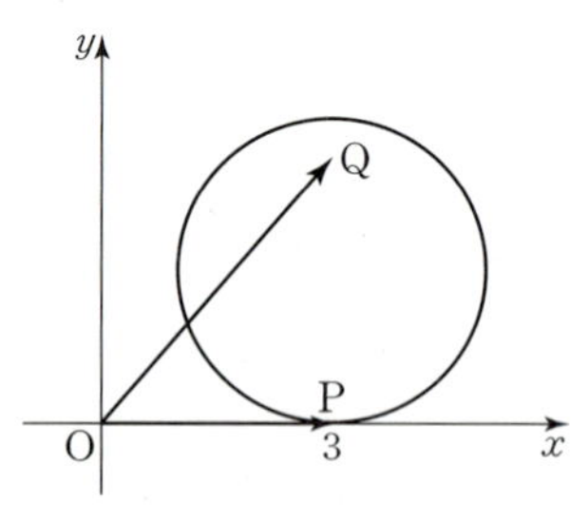

① 1 ② 3 ③ 5 ④ 7 ⑤ 9

유형 01 위치벡터

353

그림과 같이 삼각형 OAB에서 $\overrightarrow{OA}=\vec{a}$, $\overrightarrow{OB}=\vec{b}$라 하고, 선분 OB를 $1:3$으로 내분하는 점을 P, 선분 AB의 중점을 Q라 할 때, $\overrightarrow{PQ}=m\vec{a}+n\vec{b}$를 만족시키는 두 실수 m, n에 대하여 mn의 값은?

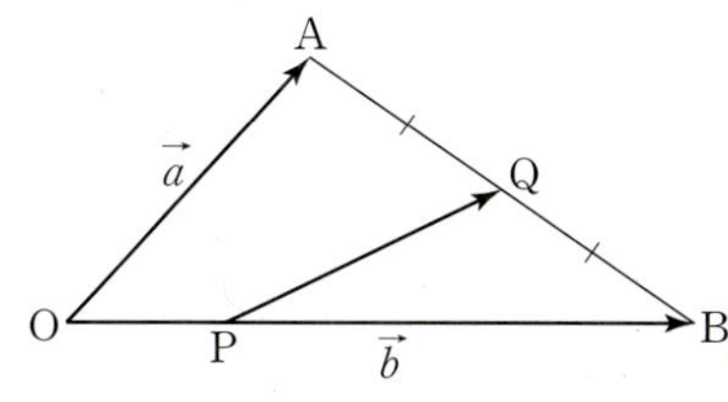

① $\frac{1}{8}$　② $\frac{1}{4}$　③ $\frac{1}{2}$
④ 1　⑤ 2

354

그림과 같이 삼각형 ABC에서 선분 BC를 $1:3$으로 내분하는 점을 P, 선분 AC의 중점을 Q라 할 때, $\overrightarrow{AP}+\overrightarrow{BQ}=m\overrightarrow{AB}+n\overrightarrow{AC}$를 만족시키는 두 실수 m, n에 대하여 $m+n$의 값은?

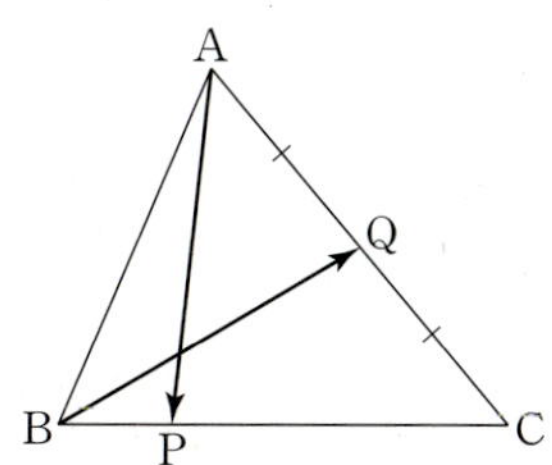

① 0　② $\frac{1}{2}$　③ 1
④ $\frac{3}{2}$　⑤ 2

355

| 선행 313 |

평면 위에 한 직선 위에 있지 않은 세 점 O, A, B에 대하여 선분 AB를 $3:7$로 내분하는 점을 P라 하고, 선분 OP를 $3:5$로 외분하는 점을 Q라 하자. $\overrightarrow{OA}=\vec{a}$, $\overrightarrow{OB}=\vec{b}$라 할 때, $\overrightarrow{BQ}=k\vec{a}+l\vec{b}$를 만족시키는 두 실수 k, l에 대하여 $k+l$의 값은?

① $-\frac{5}{2}$　② -2　③ $-\frac{3}{2}$
④ -1　⑤ $-\frac{1}{2}$

356

그림과 같이 삼각형 ABC에서 $\overrightarrow{AB}=\vec{a}$, $\overrightarrow{AC}=\vec{b}$라 하고, 선분 AB의 중점을 M, 선분 CM의 중점을 N이라 할 때, $\overrightarrow{NB}=m\vec{a}+n\vec{b}$이다. 두 실수 m, n에 대하여 $m+n$의 값은?

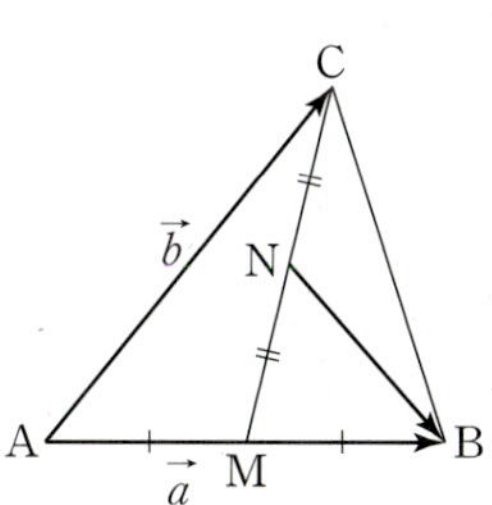

① $\frac{3}{4}$　② $\frac{1}{4}$　③ 0
④ $-\frac{1}{4}$　⑤ $-\frac{3}{4}$

357

그림과 같이 사각형 ABCD에서 두 변 AB와 DC를 1 : 3으로 내분하는 점을 각각 E, F라 하고 $\overrightarrow{AD}=\vec{a}$, $\overrightarrow{BC}=\vec{b}$라 하자. $\overrightarrow{EF}=m\vec{a}+n\vec{b}$를 만족시키는 두 실수 m, n에 대하여 $m-n$의 값은?

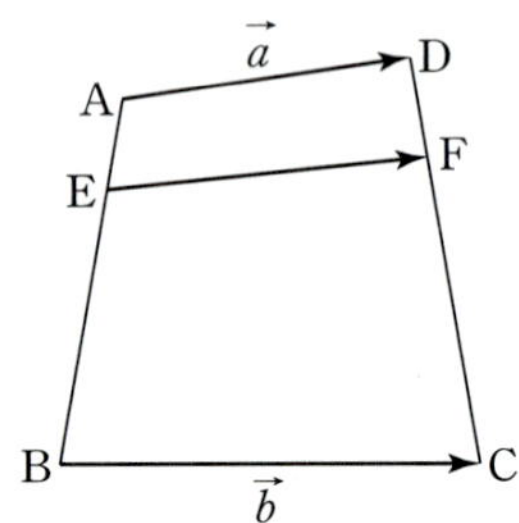

① $\frac{1}{4}$ ② $\frac{1}{2}$ ③ $\frac{3}{4}$
④ 1 ⑤ $\frac{5}{4}$

358

그림과 같이 $\overline{AB}=12$, $\overline{BC}=9$, $\overline{CA}=6$인 삼각형 ABC의 내접원의 중심을 O라 하자. $\overrightarrow{AO}=m\overrightarrow{AB}+n\overrightarrow{AC}$를 만족시키는 두 실수 m, n에 대하여 $3(m+n)$의 값은?

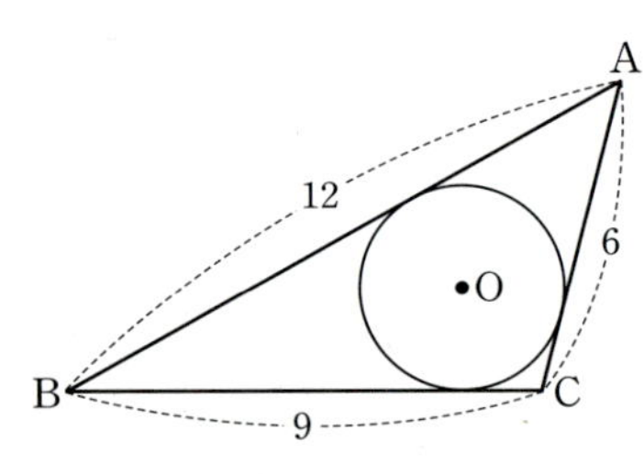

① 1 ② 2 ③ 3
④ 4 ⑤ 5

359 빈출

삼각형 OAB에서 선분 OA를 2 : 1로 내분하는 점을 C, 선분 OB를 1 : 3으로 내분하는 점을 D, 선분 AD와 선분 BC의 교점을 P라 할 때, $\overrightarrow{OP}=m\overrightarrow{OA}+n\overrightarrow{OB}$이다. 두 실수 m, n에 대하여 $m+n$의 값은?

① $\frac{1}{2}$ ② $\frac{3}{5}$ ③ $\frac{7}{10}$
④ $\frac{4}{5}$ ⑤ $\frac{9}{10}$

360 빈출

삼각형 ABC의 내부의 한 점 P가 $\overrightarrow{AP}=2\overrightarrow{PB}+6\overrightarrow{PC}$를 만족시킨다. 삼각형 PBC의 넓이가 20일 때, 삼각형 PCA의 넓이는?

① 30 ② 35 ③ 40
④ 45 ⑤ 50

361 빈출

삼각형 ABC의 내부의 한 점 P에 대하여

$$2\overrightarrow{AP}+5\overrightarrow{BP}+3\overrightarrow{CP}=\vec{0}$$

가 성립한다. 선분 BP의 연장선이 선분 CA와 만나는 점을 E라 할 때, 〈보기〉에서 옳은 것만을 있는 대로 고른 것은?

보기

ㄱ. $\overline{AE} : \overline{EC}=3 : 2$
ㄴ. $3\overrightarrow{AP}=2\overrightarrow{AB}+\overrightarrow{AE}$
ㄷ. 삼각형 APE의 넓이가 4이면 삼각형 ABC의 넓이는 20이다.

① ㄱ ② ㄷ ③ ㄱ, ㄷ
④ ㄴ, ㄷ ⑤ ㄱ, ㄴ, ㄷ

362 평가원기출

직사각형 ABCD의 내부의 점 P가

$$\overrightarrow{PA}+\overrightarrow{PB}+\overrightarrow{PC}+\overrightarrow{PD}=\overrightarrow{CA}$$

를 만족시킨다. 〈보기〉에서 옳은 것만을 있는 대로 고른 것은?

보기

ㄱ. $\overrightarrow{PB}+\overrightarrow{PD}=2\overrightarrow{CP}$
ㄴ. $\overrightarrow{AP}=\frac{3}{4}\overrightarrow{AC}$
ㄷ. 삼각형 ADP의 넓이가 3이면 직사각형 ABCD의 넓이는 8이다.

① ㄱ ② ㄷ ③ ㄱ, ㄴ
④ ㄴ, ㄷ ⑤ ㄱ, ㄴ, ㄷ

정답과 풀이 p.62

363

그림과 같이 평행사변형 ABCD에서 점 P는 선분 CD를 1 : 3으로 내분하고, 점 Q는 선분 AD의 중점이다. 두 직선 AP와 BQ의 교점을 R라 할 때, $\overrightarrow{AR}=k\overrightarrow{AP}$를 만족시키는 실수 k의 값은?

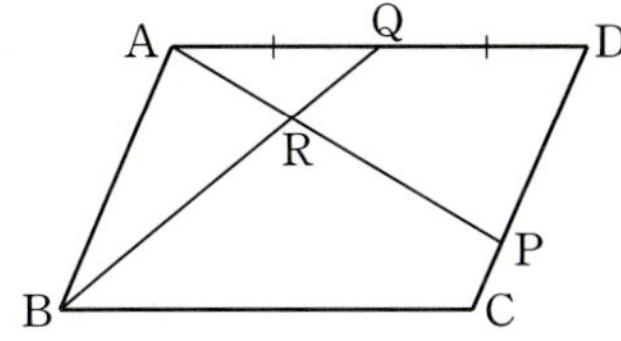

① $\frac{3}{11}$　② $\frac{4}{11}$　③ $\frac{5}{11}$
④ $\frac{6}{11}$　⑤ $\frac{7}{11}$

364

좌표평면 위의 세 점 O(0, 0), A(1, 4), B(−1, 3)에 대하여 $\overrightarrow{OP}=t\overrightarrow{OA}+(1-t)\overrightarrow{OB}$ $(0\le t\le 2)$를 만족시키는 점 P가 나타내는 도형의 길이는?

① $\sqrt{5}$　② $2\sqrt{5}$　③ $3\sqrt{5}$
④ $4\sqrt{5}$　⑤ $5\sqrt{5}$

365

좌표평면 위의 세 점 O(0, 0), A(3, 1), B(0, 6)에 대하여 다음 조건을 만족시키는 점 P가 나타내는 도형의 넓이는?

(가) $\overrightarrow{OP}=m\overrightarrow{OA}+n\overrightarrow{OB}$
(나) $m\ge 0,\ n\ge 0,\ 1\le m+n\le 2$

① 18　② 21　③ 24
④ 27　⑤ 30

유형 02 평면벡터의 성분

366 빈출

두 벡터 $\vec{a}=(1,\ -1)$, $\vec{b}=(3,\ 7)$일 때, $|t\vec{a}-\vec{b}|$의 값이 최소가 되도록 하는 실수 t의 값은?

① 4　② 2　③ 1
④ −2　⑤ −4

367

두 벡터 $\vec{a}=(3,\ 2)$, $\vec{b}=(1,\ -1)$에 대하여

$$\overrightarrow{OP}=m\vec{a}+n\vec{b}\ (0\le m\le 1,\ m+n=1)$$

를 만족시키는 점 P가 나타내는 도형의 길이는?
(단, O는 원점이다.)

① $2\sqrt{3}$　② $\sqrt{13}$　③ $\sqrt{14}$
④ $\sqrt{15}$　⑤ 4

유형 03 평면벡터의 내적

368

| 선행 331, 332 |

두 벡터 $\vec{a}=(1,\ 4)$, $\vec{b}=(2,\ k)$에 대하여 등식 $(\vec{a}-\vec{b})\cdot(2\vec{a}+3\vec{b})=10$을 만족시키는 모든 실수 k의 값의 합은?

① $\frac{1}{3}$　② $\frac{2}{3}$　③ 1
④ $\frac{4}{3}$　⑤ $\frac{5}{3}$

369

교육청기출

그림과 같이 $\overline{\mathrm{AB}}=15$인 삼각형 ABC에 내접하는 원의 중심을 I라 하고, 점 I에서 변 BC에 내린 수선의 발을 D라 하자. $\overline{\mathrm{BD}}=8$일 때, $\overrightarrow{\mathrm{BA}} \cdot \overrightarrow{\mathrm{BI}}$의 값을 구하시오.

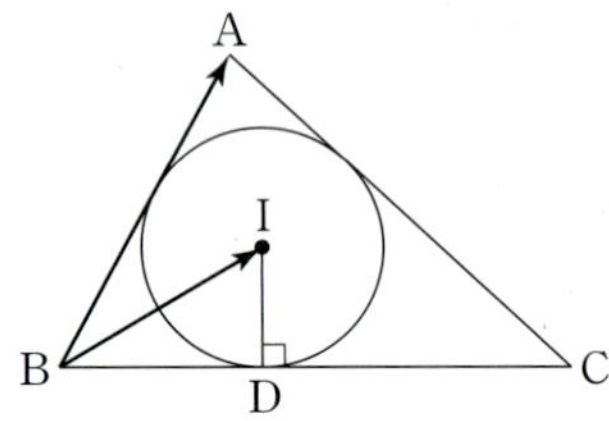

370

빈출 | 교육청기출 | 선행 335

그림과 같이 한 변의 길이가 2인 정육각형 ABCDEF가 있다. 두 벡터 $\overrightarrow{\mathrm{AD}}$, $\overrightarrow{\mathrm{AE}}$의 내적 $\overrightarrow{\mathrm{AD}} \cdot \overrightarrow{\mathrm{AE}}$의 값을 구하시오.

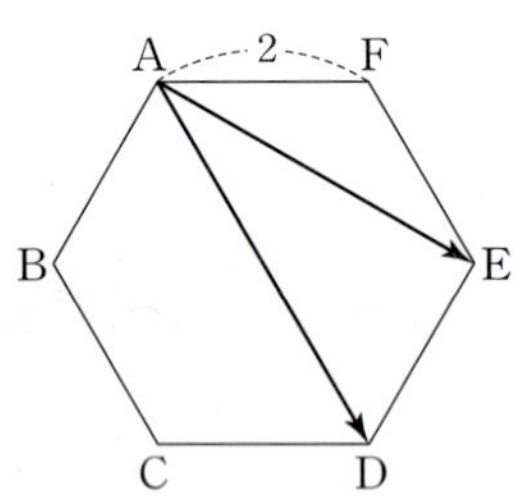

371

교육청기출

그림과 같이 삼각형 ABC에 대하여 꼭짓점 C에서 선분 AB에 내린 수선의 발을 H라 하자. 삼각형 ABC가 다음 조건을 만족시킬 때, $\overrightarrow{\mathrm{CA}} \cdot \overrightarrow{\mathrm{CH}}$의 값은?

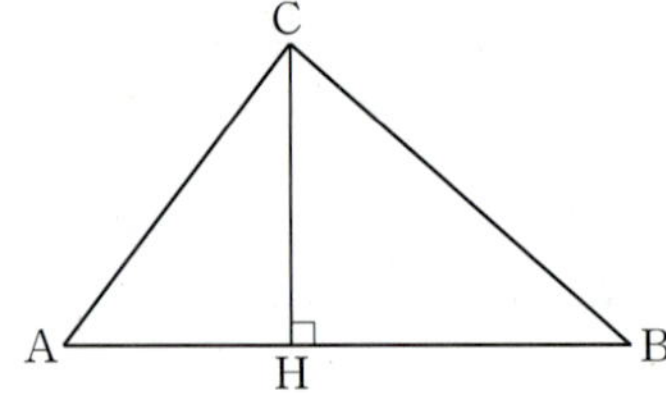

(가) 점 H가 선분 AB를 2 : 3으로 내분한다.
(나) $\overrightarrow{\mathrm{AB}} \cdot \overrightarrow{\mathrm{AC}}=40$
(다) 삼각형 ABC의 넓이는 30이다.

① 36 ② 37 ③ 38
④ 39 ⑤ 40

372

평가원기출

좌표평면 위에 원점 O를 시점으로 하는 서로 다른 임의의 두 벡터 $\overrightarrow{\mathrm{OP}}$, $\overrightarrow{\mathrm{OQ}}$가 있다. 두 벡터의 종점 P, Q를 x축 방향으로 3만큼, y축 방향으로 1만큼 평행이동시킨 점을 각각 P′, Q′이라 할 때, 〈보기〉에서 옳은 것만을 있는 대로 고른 것은?

보기

ㄱ. $|\overrightarrow{\mathrm{OP}}-\overrightarrow{\mathrm{OP'}}|=\sqrt{10}$
ㄴ. $|\overrightarrow{\mathrm{OP}}-\overrightarrow{\mathrm{OQ}}|=|\overrightarrow{\mathrm{OP'}}-\overrightarrow{\mathrm{OQ'}}|$
ㄷ. $\overrightarrow{\mathrm{OP}} \cdot \overrightarrow{\mathrm{OQ}}=\overrightarrow{\mathrm{OP'}} \cdot \overrightarrow{\mathrm{OQ'}}$

① ㄱ ② ㄷ ③ ㄱ, ㄴ
④ ㄴ, ㄷ ⑤ ㄱ, ㄴ, ㄷ

유형 04 벡터의 내적의 연산

373

선행 337

영벡터가 아닌 두 벡터 $\vec{a}$, $\vec{b}$가 이루는 각의 크기가 $45°$이고, $|\vec{a}|=2$, $|3\vec{a}-2\vec{b}|=6$일 때, $|\vec{b}|$의 값은?

① $3\sqrt{2}$ ② 6 ③ $6\sqrt{2}$
④ 12 ⑤ $12\sqrt{2}$

374

두 벡터 $\vec{a}$, $\vec{b}$에 대하여 $|\vec{a}|=3$, $|\vec{b}|=5$, $|\vec{a}+\vec{b}|=\sqrt{10}$일 때, $|\vec{a}-\vec{b}|$의 값은?

① $\sqrt{58}$ ② $2\sqrt{15}$ ③ $\sqrt{62}$
④ 8 ⑤ $\sqrt{66}$

375

두 벡터 $\vec{a}$, $\vec{b}$에 대하여 $|\vec{a}+\vec{b}|=4$, $|\vec{a}-\vec{b}|=2$일 때, $|3\vec{a}-\vec{b}|^2+|\vec{a}-3\vec{b}|^2$의 값은?

① 16 ② 25 ③ 36
④ 49 ⑤ 64

376 빈출 평가원기출

한 변의 길이가 3인 정삼각형 ABC에서 변 AB를 2 : 1로 내분하는 점을 D라 하고, 변 AC를 3 : 1과 1 : 3으로 내분하는 점을 각각 E, F라 할 때, $|\overrightarrow{BF}+\overrightarrow{DE}|^2$의 값은?

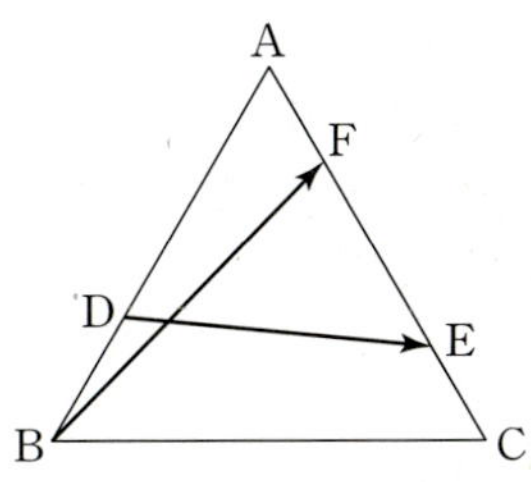

① 17 ② 18 ③ 19
④ 20 ⑤ 21

유형 05 두 평면벡터가 이루는 각의 크기

377 빈출

두 벡터 $\vec{a}$, $\vec{b}$에 대하여 $|\vec{a}|=3$, $|\vec{b}|=4$, $|2\vec{a}-3\vec{b}|=6\sqrt{3}$일 때, 두 벡터 $\vec{a}$, $\vec{b}$가 이루는 각의 크기는?

① 90° ② 60° ③ 45°
④ 30° ⑤ 0°

378 빈출

세 벡터 $\vec{a}$, $\vec{b}$, $\vec{c}$에 대하여 $\vec{a}+\vec{b}+\vec{c}=\vec{0}$, $|\vec{a}|=3$, $|\vec{b}|=5$, $|\vec{c}|=7$이다. 두 벡터 $\vec{a}$, $\vec{b}$가 이루는 각의 크기를 θ라 할 때, $\cos\theta$의 값은?

① 1 ② $\frac{1}{2}$ ③ $\frac{1}{3}$
④ $\frac{1}{4}$ ⑤ $\frac{1}{5}$

379 빈출

두 벡터 $\vec{a}$, $\vec{b}$에 대하여 $|\vec{a}|=2$, $|\vec{b}|=3$, $|\vec{a}+\vec{b}|=|2\vec{a}-3\vec{b}|$를 만족시킬 때, 두 벡터 $\vec{a}$, $\vec{b}$가 이루는 각의 크기를 θ라 하자. $\cos\theta$의 값은?

① $\frac{1}{3}$ ② $\frac{1}{2}$ ③ $\frac{2}{3}$
④ $\frac{5}{6}$ ⑤ 1

380

교육청변형

세 점 O, A, B에 대하여 두 벡터 $\vec{a}=\overrightarrow{OA}$, $\vec{b}=\overrightarrow{OB}$가 다음 조건을 만족시킨다.

> (가) $|\vec{a}|=4$, $|\vec{b}|=5$
> (나) $\vec{a}\cdot\vec{b}=10$

삼각형 OAB의 넓이를 S라 할 때, S^2의 값을 구하시오.

381

교육청기출

세 점 O, A, B에 대하여 두 벡터 $\vec{a}=\overrightarrow{OA}$, $\vec{b}=\overrightarrow{OB}$가 다음 조건을 만족시킨다.

> (가) $\vec{a}\cdot\vec{b}=2$
> (나) $|\vec{a}|=2$, $|\vec{b}|=3$

이때 두 선분 OA, OB를 두 변으로 하는 평행사변형의 넓이는?

① $3\sqrt{2}$ ② $4\sqrt{2}$ ③ $3\sqrt{3}$
④ $4\sqrt{3}$ ⑤ $5\sqrt{3}$

유형 06 두 벡터의 평행 조건과 수직 조건

382

| 선행 343 |

세 벡터 $\vec{p}=(x, y)$, $\vec{q}=(y, 2)$, $\vec{r}=(3, x)$에 대하여 두 벡터 $\vec{p}$, $\vec{q}$가 서로 평행하고, 두 벡터 $\vec{p}$, $\vec{r}$가 서로 수직일 때, $x+y$의 값은? (단, $xy\neq0$)

① 1 ② $\frac{3}{2}$ ③ 2
④ $\frac{5}{2}$ ⑤ 3

383

벡터 $\vec{a}=(-4, 1)$과 수직인 벡터 $\vec{b}=(x, y)$의 크기가 $\sqrt{17}$일 때, 두 양수 x, y에 대하여 xy의 값은?

① 2 ② 4 ③ 6
④ 8 ⑤ 10

384

평가원기출 | 선행 344 |

두 벡터 $\vec{a}=(3, 1)$, $\vec{b}=(4, -2)$가 있다. 벡터 $\vec{v}$에 대하여 두 벡터 $\vec{a}$와 $\vec{v}+\vec{b}$가 서로 평행할 때, $|\vec{v}|^2$의 최솟값은?

① 6 ② 7 ③ 8
④ 9 ⑤ 10

385

세 벡터 $\vec{a}=(1, 2)$, $\vec{b}=(-2, 3)$, $\vec{c}=(-3, 1)$이 있다. 영벡터가 아닌 두 벡터 $\vec{p}+\vec{c}$, $\vec{a}-\vec{b}$가 서로 평행하고 $|\vec{p}-\vec{c}|=2\sqrt{10}$일 때, 벡터 $\vec{p}$의 x성분과 y성분의 합은?

① -12 ② -9 ③ -6
④ -3 ⑤ 0

386

| 선행 346 |

두 벡터 $\vec{a}$, $\vec{b}$에 대하여 $|\vec{a}|=4$, $|\vec{b}|=4$이고, 두 벡터 $\vec{a}-\vec{b}$와 $2\vec{a}+3\vec{b}$가 서로 수직이다. 두 벡터 $\vec{a}$, $\vec{b}$가 이루는 각의 크기는?

① 0° ② 30° ③ 45°
④ 60° ⑤ 90°

387 빈출

영벡터가 아닌 두 벡터 $\vec{a}$, $\vec{b}$에 대하여 $2|\vec{a}|=3|\vec{b}|$이고, 두 벡터 $\vec{a}-\vec{b}$, $\vec{a}+3\vec{b}$가 서로 수직이다. 두 벡터 $\vec{a}$, $\vec{b}$가 이루는 각의 크기를 θ라 할 때, $\cos\theta$의 값은?

① $-\frac{1}{2}$ ② $-\frac{1}{4}$ ③ 0
④ $\frac{1}{4}$ ⑤ $\frac{1}{2}$

388 빈출

평행하지 않은 두 벡터 $\vec{a}$, $\vec{b}$에 대하여 $\overrightarrow{OP}=k\vec{a}+3\vec{b}$, $\overrightarrow{OQ}=4\vec{a}+\vec{b}$, $\overrightarrow{OR}=3\vec{a}+7\vec{b}$일 때, 두 벡터 $\overrightarrow{PQ}$, $\overrightarrow{PR}$가 서로 평행하기 위한 실수 k의 값은?

① $\frac{5}{3}$ ② $\frac{7}{3}$ ③ 3
④ $\frac{11}{3}$ ⑤ $\frac{13}{3}$

유형 07 평면벡터의 내적의 활용

389 빈출

| 선행 349 |

그림과 같은 삼각형 ABC에서 변 BC의 중점을 M이라 하자. $|\overrightarrow{AB}|=10$, $|\overrightarrow{BC}|=7$, $|\overrightarrow{CA}|=6$일 때, $\overrightarrow{AB}\cdot\overrightarrow{AM}-\overrightarrow{AC}\cdot\overrightarrow{AM}$의 값은?

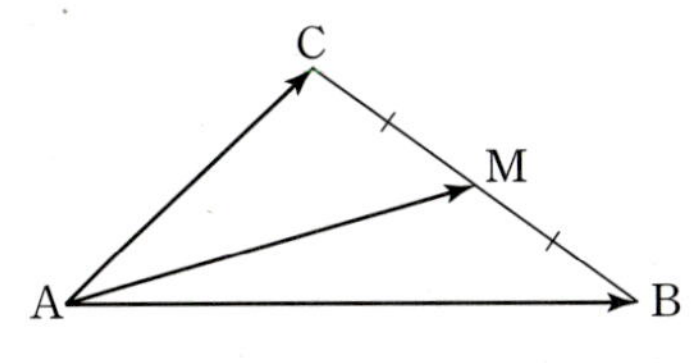

① 4 ② 8 ③ 16
④ 32 ⑤ 64

390

그림과 같이 $\overline{AB}=4$, $\overline{AC}=5$, $\overline{BC}=5$인 삼각형 ABC에 대하여 점 P가 선분 BC를 $1:2$로 내분하는 점일 때, $\overrightarrow{AP}\cdot\overrightarrow{BC}$의 값은?

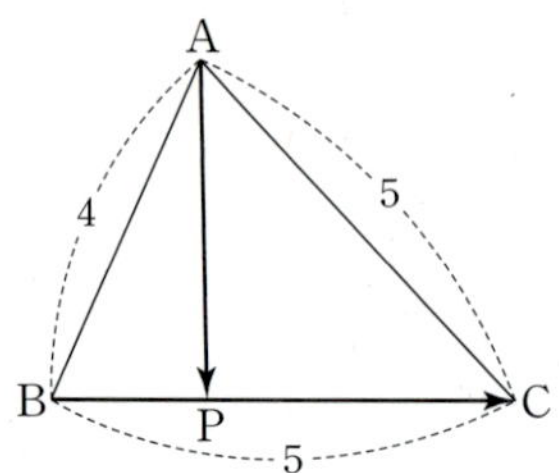

① $\frac{2}{3}$ ② $\frac{1}{3}$ ③ 0
④ $-\frac{1}{3}$ ⑤ $-\frac{2}{3}$

391 빈출

그림과 같이 한 변의 길이가 5인 정삼각형 ABC에서 변 BC를 5등분한 점을 점 B에서 가까운 점부터 차례로 D, E, F, G라 할 때, $\overrightarrow{AD}\cdot\overrightarrow{AG}$의 값은?

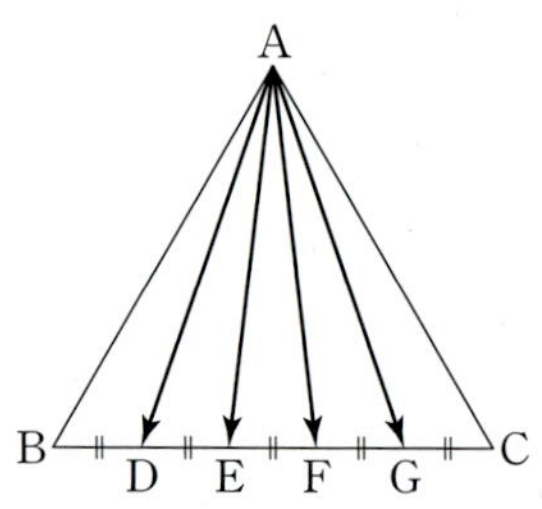

① 15 ② $\frac{31}{2}$ ③ 16
④ $\frac{33}{2}$ ⑤ 17

392

그림과 같이 반지름의 길이가 13이고 두 점 A, B를 지름의 양끝으로 하는 원 O가 있다. $|\overrightarrow{AP}|=24$를 만족시키는 원 위의 한 점 P에 대하여 선분 AP를 삼등분하는 점을 각각 D, E라 할 때, $\overrightarrow{BD}\cdot\overrightarrow{BE}$의 값은?

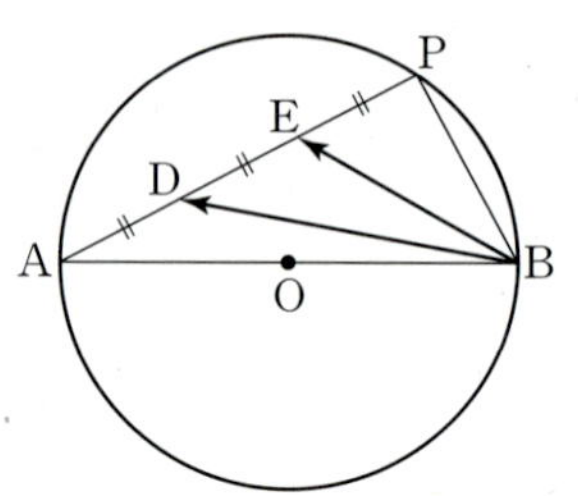

① 228 ② 230 ③ 232
④ 234 ⑤ 236

유형 08 내적의 최대·최소의 활용

393 빈출

| 선행 350 |

타원 $\frac{x^2}{36}+\frac{y^2}{16}=1$의 두 초점을 F, F′이라 할 때, 이 타원 위를 움직이는 점 P에 대하여 $\overrightarrow{FP}\cdot\overrightarrow{F'P}$의 최댓값과 최솟값의 합은?

① 8 ② 10 ③ 12
④ 14 ⑤ 16

394 빈출

그림과 같이 한 변의 길이가 6인 정삼각형 ABC와 변 BC를 지름으로 하는 원이 있다. 원 위를 움직이는 점 X에 대하여 두 벡터 $\overrightarrow{AB}$, $\overrightarrow{CX}$의 내적 $\overrightarrow{AB}\cdot\overrightarrow{CX}$의 최댓값과 최솟값의 합은?

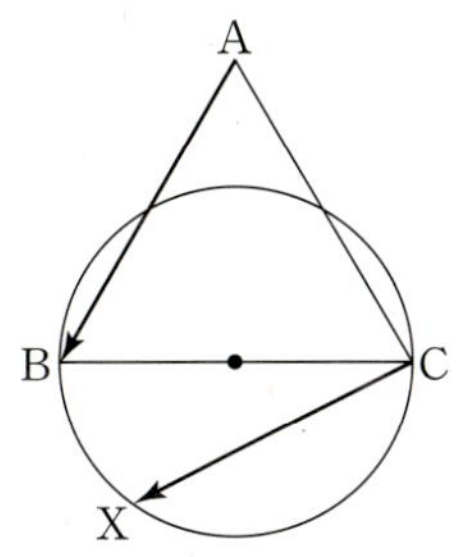

① 9　② 12　③ 15　④ 18　⑤ 21

395 평가원기출

평면 위의 두 점 O_1, O_2 사이의 거리가 1일 때 O_1, O_2를 각각 중심으로 하고 반지름의 길이가 1인 두 원의 교점을 A, B라 하자. 호 AO_2B 위의 점 P와 호 AO_1B 위의 점 Q에 대하여 두 벡터 $\overrightarrow{O_1P}$, $\overrightarrow{O_2Q}$의 내적 $\overrightarrow{O_1P}\cdot\overrightarrow{O_2Q}$의 최댓값을 M, 최솟값을 m이라 할 때, $M+m$의 값은?

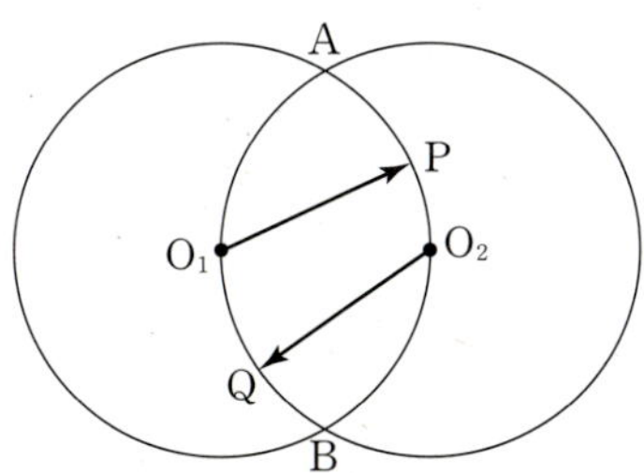

① -1　② $-\frac{1}{2}$　③ 0　④ $\frac{1}{4}$　⑤ 1

396 선생님 Pick! 평가원기출

한 변의 길이가 2인 정삼각형 ABC의 꼭짓점 A에서 변 BC에 내린 수선의 발을 H라 하자. 점 P가 선분 AH 위를 움직일 때, $|\overrightarrow{PA}\cdot\overrightarrow{PB}|$의 최댓값은 $\frac{q}{p}$이다. $p+q$의 값을 구하시오.

(단, p와 q는 서로소인 자연수이다.)

397 교육청기출

그림은 $\overline{AB}=2$, $\overline{AD}=2\sqrt{3}$인 직사각형 ABCD와 이 직사각형의 한 변 CD를 지름으로 하는 원을 나타낸 것이다. 이 원 위를 움직이는 점 P에 대하여 두 벡터 $\overrightarrow{AC}$, $\overrightarrow{AP}$의 내적 $\overrightarrow{AC}\cdot\overrightarrow{AP}$의 최댓값은?

(단, 직사각형과 원은 같은 평면 위에 있다.)

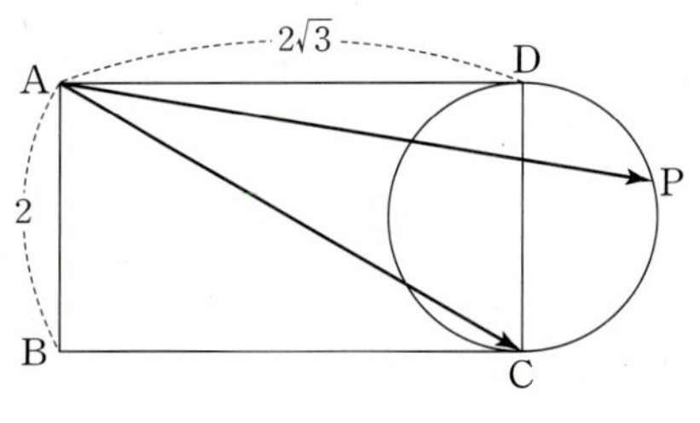

① 12　② 14　③ 16　④ 18　⑤ 20

스키마로 풀이 흐름 알아보기

삼각형 OAB에서 선분 OA를 2 : 1로 내분하는 점을 C, 선분 OB를 1 : 3으로 내분하는 점을 D, 선분 AD와 선분 BC의 교점을 P라 할 때, $\overrightarrow{OP}=m\overrightarrow{OA}+n\overrightarrow{OB}$이다. 두 실수 m, n에 대하여 $m+n$의 값은?

(조건① 선분 OA를 2 : 1로 내분하는 점을 C, 조건② 선분 OB를 1 : 3으로 내분하는 점을 D, 조건③ 선분 AD와 선분 BC의 교점을 P, 답 $m+n$의 값)

① $\frac{1}{2}$　② $\frac{3}{5}$　③ $\frac{7}{10}$　④ $\frac{4}{5}$　⑤ $\frac{9}{10}$

유형01 위치벡터 359

스키마 schema

주어진 조건 은 무엇인지? 구하는 답 은 무엇인지? 이 둘을 어떻게 연결할지?

1단계

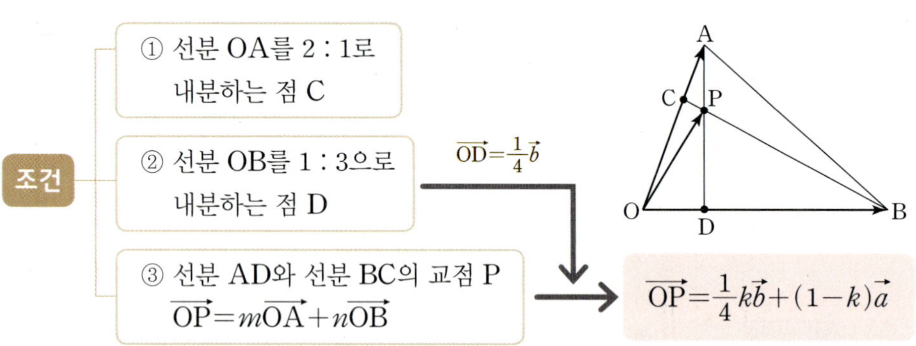

$\overrightarrow{OA}=\vec{a}$, $\overrightarrow{OB}=\vec{b}$로 놓자.
세 점 A, P, D가 한 직선 위에 있으므로 $\overrightarrow{AP}=k\overrightarrow{AD}$인 0이 아닌 실수 k가 존재한다.
즉, $\overrightarrow{OP}-\overrightarrow{OA}=k(\overrightarrow{OD}-\overrightarrow{OA})$이므로
$\overrightarrow{OP}=k\overrightarrow{OD}+(1-k)\overrightarrow{OA}$
$\overrightarrow{OD}=\frac{1}{4}\vec{b}$이므로

$\overrightarrow{OP}=\frac{1}{4}k\vec{b}+(1-k)\vec{a}$ …… ㉠

2단계

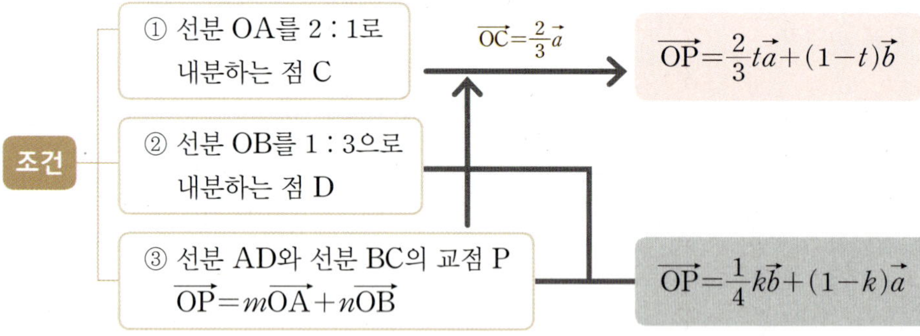

한편, 세 점 B, P, C가 한 직선 위에 있으므로 $\overrightarrow{BP}=t\overrightarrow{BC}$인 0이 아닌 실수 t가 존재한다.
즉, $\overrightarrow{OP}-\overrightarrow{OB}=t(\overrightarrow{OC}-\overrightarrow{OB})$이므로
$\overrightarrow{OP}=t\overrightarrow{OC}+(1-t)\overrightarrow{OB}$
$\overrightarrow{OC}=\frac{2}{3}\vec{a}$이므로

$\overrightarrow{OP}=\frac{2}{3}t\vec{a}+(1-t)\vec{b}$ …… ㉡

3단계

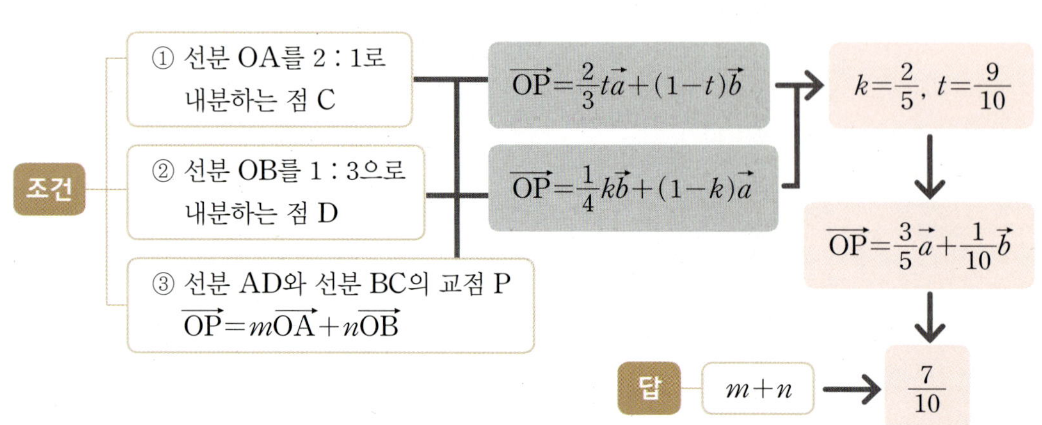

㉠, ㉡에서 $\vec{a}$, $\vec{b}$는 평행하지 않으므로
$\frac{1}{4}k=1-t$, $1-k=\frac{2}{3}t$
두 식을 연립하여 풀면
$k=\frac{2}{5}$, $t=\frac{9}{10}$이므로
$\overrightarrow{OP}=\frac{3}{5}\vec{a}+\frac{1}{10}\vec{b}$
$\therefore m+n=\frac{3}{5}+\frac{1}{10}=\frac{7}{10}$

답 ③

스키마로 풀이 흐름 알아보기

그림과 같이 한 변의 길이가 5인 정삼각형 ABC에서 변 BC를 5등분한 점을 점 B에서 가까운 점부터 차례대로 D, E, F, G라 할 때, $\overrightarrow{AD}\cdot\overrightarrow{AG}$의 값은?
(조건: 한 변의 길이가 5인 정삼각형 ABC에서 변 BC를 5등분한 점을 점 B에서 가까운 점부터 차례대로 D, E, F, G / 답: $\overrightarrow{AD}\cdot\overrightarrow{AG}$)

① 15　② $\frac{31}{2}$　③ 16　④ $\frac{33}{2}$　⑤ 17

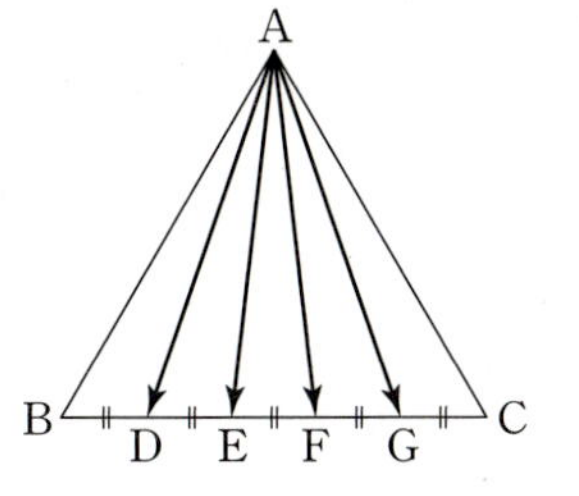

유형07 평면벡터의 내적의 활용 391

스키마 schema

주어진 조건은 무엇인지? 구하는 답은 무엇인지? 이 둘을 어떻게 연결할지?

1단계

조건

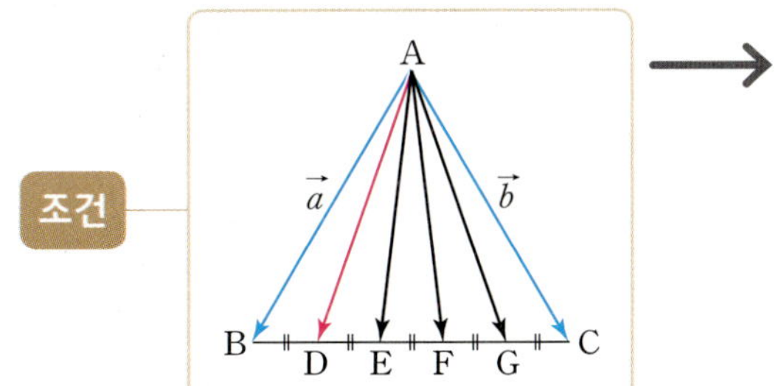

$\overrightarrow{AD}=\frac{1}{5}(4\vec{a}+\vec{b})$

$\overrightarrow{AB}=\vec{a}$, $\overrightarrow{AC}=\vec{b}$로 놓으면
점 D는 선분 BC를 $1:4$로 내분하는 점이므로

$\overrightarrow{AD}=\frac{\overrightarrow{AC}+4\overrightarrow{AB}}{1+4}=\frac{1}{5}(4\vec{a}+\vec{b})$

2단계

조건

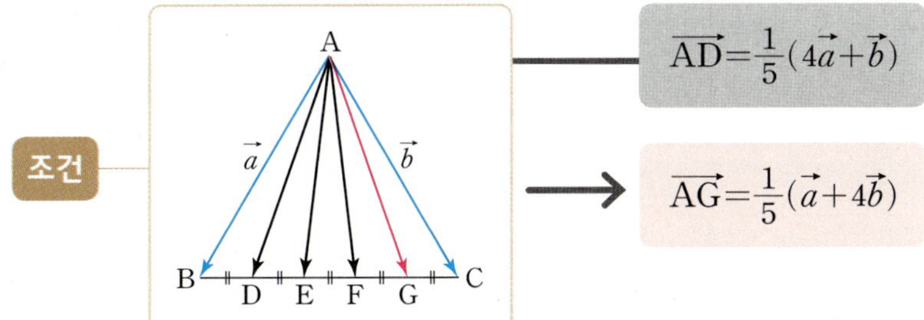

점 G는 선분 BC를 $4:1$로 내분하는 점이므로

$\overrightarrow{AG}=\frac{4\overrightarrow{AC}+\overrightarrow{AB}}{4+1}=\frac{1}{5}(\vec{a}+4\vec{b})$

3단계

조건

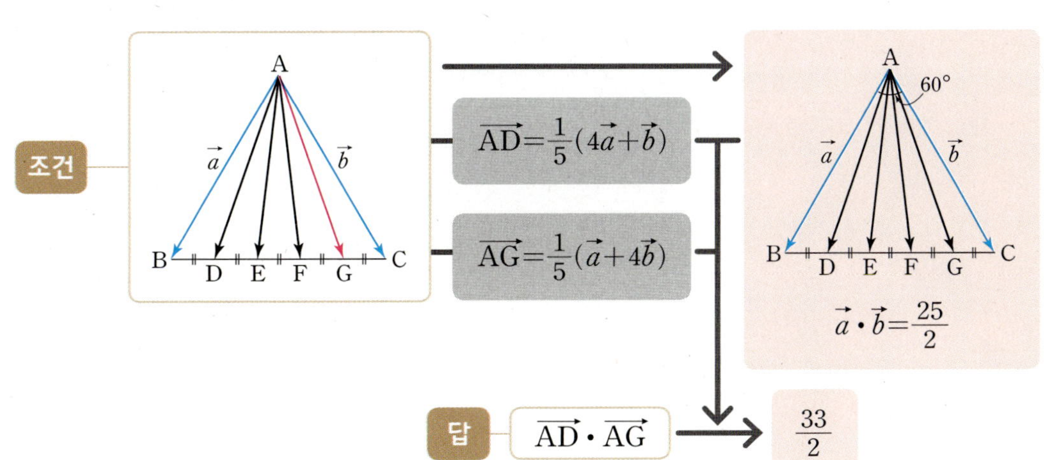

답 $\overrightarrow{AD}\cdot\overrightarrow{AG}$ → $\frac{33}{2}$

이때, $|\vec{a}|=|\vec{b}|=5$이고, $\angle BAC=60°$이므로

$\vec{a}\cdot\vec{b}=|\vec{a}||\vec{b}|\cos 60°=\frac{25}{2}$

$\therefore\ \overrightarrow{AD}\cdot\overrightarrow{AG}$

$=\frac{1}{5}(4\vec{a}+\vec{b})\cdot\frac{1}{5}(\vec{a}+4\vec{b})$

$=\frac{1}{25}(4|\vec{a}|^2+17\vec{a}\cdot\vec{b}+4|\vec{b}|^2)$

$=\frac{33}{2}$

답 ④

398

| 선행 360 |

삼각형 ABC에서 $2\overrightarrow{PA}+3\overrightarrow{PB}+\overrightarrow{PC}=k\overrightarrow{BC}$를 만족시키는 점 P가 삼각형 ABC의 내부에 있도록 하는 모든 정수 k의 값의 합은?

① -1　　② -2　　③ -3
④ -4　　⑤ -5

399

교육청기출

그림과 같이 한 변의 길이가 4인 정사각형 ABCD의 내부에 선분 AB와 선분 BC에 접하고 반지름의 길이가 1인 원 C_1과 선분 AD와 선분 CD에 접하고 반지름의 길이가 1인 원 C_2가 있다. 원 C_1과 선분 AB의 접점을 P라 하고, 원 C_2 위의 한 점을 Q라 하자. $\overrightarrow{PC}\cdot\overrightarrow{PQ}$의 최댓값을 $a+\sqrt{b}$라 할 때, $a+b$의 값을 구하시오. (단, a와 b는 유리수이다.)

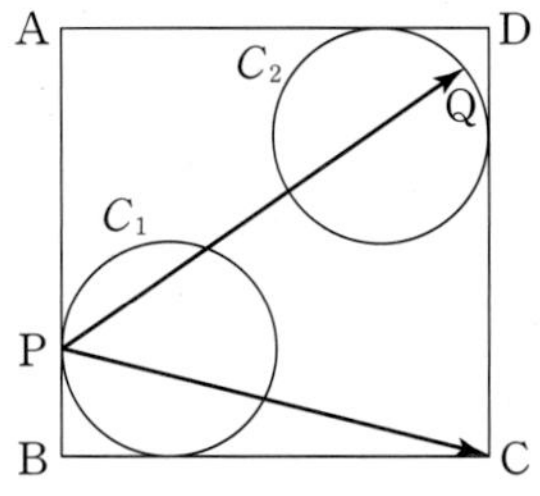

400

교육청기출

평면 위에 삼각형 OAB가 있다.

$$\overrightarrow{OP}=s\overrightarrow{OA}+t\overrightarrow{OB}\ (s\geq0,\ t\geq0)$$

를 만족시키는 점 P가 그리는 도형에 대한 설명 중 ⟨보기⟩에서 옳은 것만을 있는 대로 고른 것은?

보기

ㄱ. $s+t=1$일 때, 점 P가 그리는 도형은 선분 AB이다.
ㄴ. $s+2t=1$일 때, 점 P가 그리는 도형의 길이는 선분 AB의 길이보다 크다.
ㄷ. $s+2t\leq1$일 때, 점 P가 그리는 영역은 삼각형 OAB를 포함한다.

① ㄱ　　② ㄴ　　③ ㄱ, ㄴ
④ ㄱ, ㄷ　　⑤ ㄴ, ㄷ

401

교육청기출

그림은 한 변의 길이가 1인 정사각형 12개를 붙여 만든 도형이다. 20개의 꼭짓점 중 한 점을 시점으로 하고 다른 한 점을 종점으로 하는 모든 벡터들의 집합을 S라 하자. 집합 S의 두 원소 $\vec{x}$, $\vec{y}$에 대하여 ⟨보기⟩에서 옳은 것만을 있는 대로 고른 것은?

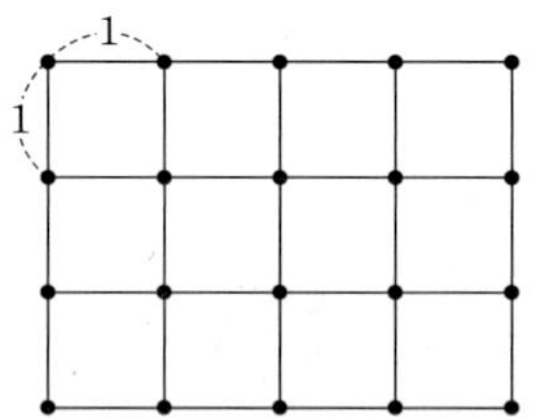

보기

ㄱ. $\vec{x}\cdot\vec{y}=0$이면 $|\vec{x}|$, $|\vec{y}|$의 값은 모두 정수이다.
ㄴ. $|\vec{x}|=\sqrt{5}$, $|\vec{y}|=\sqrt{2}$이면 $\vec{x}\cdot\vec{y}\neq0$이다.
ㄷ. $\vec{x}\cdot\vec{y}$는 정수이다.

① ㄴ　　② ㄷ　　③ ㄱ, ㄴ
④ ㄱ, ㄷ　　⑤ ㄴ, ㄷ

402

평가원기출

평면에서 그림의 오각형 ABCDE가

$$\overline{AB}=\overline{BC},\ \overline{AE}=\overline{ED},\ \angle B=\angle E=90^\circ$$

를 만족시킬 때, 〈보기〉에서 옳은 것만을 있는 대로 고른 것은?

보기

ㄱ. 선분 BE의 중점 M에 대하여 $\overrightarrow{AB}+\overrightarrow{AE}$와 $\overrightarrow{AM}$은 서로 평행하다.

ㄴ. $\overrightarrow{AB}\cdot\overrightarrow{AE}=-\overrightarrow{BC}\cdot\overrightarrow{ED}$

ㄷ. $|\overrightarrow{BC}+\overrightarrow{ED}|=|\overrightarrow{BE}|$

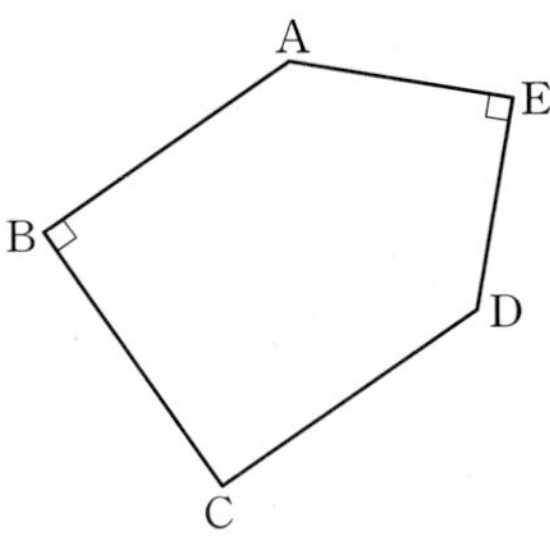

① ㄱ ② ㄷ ③ ㄱ, ㄴ

④ ㄴ, ㄷ ⑤ ㄱ, ㄴ, ㄷ

403

평가원기출

평면에서 그림과 같이 $\overline{AB}=1$이고 $\overline{BC}=\sqrt{3}$인 직사각형 ABCD와 정삼각형 EAD가 있다. 점 P가 선분 AE 위를 움직일 때, 〈보기〉에서 옳은 것만을 있는 대로 고른 것은?

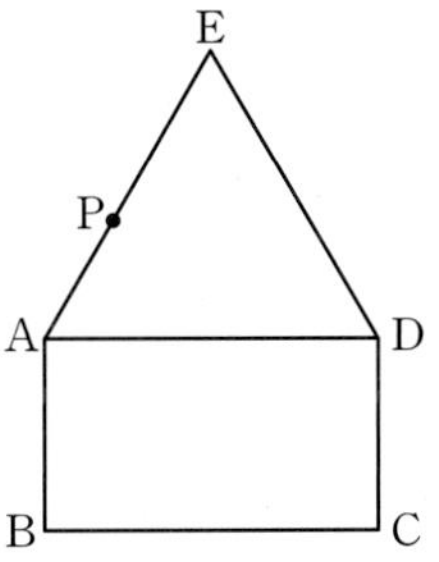

보기

ㄱ. $|\overrightarrow{CB}-\overrightarrow{CP}|$의 최솟값은 1이다.

ㄴ. $\overrightarrow{CA}\cdot\overrightarrow{CP}$의 값은 일정하다.

ㄷ. $|\overrightarrow{DA}+\overrightarrow{CP}|$의 최솟값은 $\frac{7}{2}$이다.

① ㄱ ② ㄷ ③ ㄱ, ㄴ

④ ㄴ, ㄷ ⑤ ㄱ, ㄴ, ㄷ

404

평가원기출

좌표평면에서 중심이 O이고 반지름의 길이가 1인 원 위의 한 점을 A, 중심이 O이고 반지름의 길이가 3인 원 위의 한 점을 B라 할 때, 점 P가 다음 조건을 만족시킨다.

(가) $\overrightarrow{OB}\cdot\overrightarrow{OP}=3\overrightarrow{OA}\cdot\overrightarrow{OP}$

(나) $|\overrightarrow{PA}|^2+|\overrightarrow{PB}|^2=20$

$\overrightarrow{PA}\cdot\overrightarrow{PB}$의 최솟값은 m이고 이때 $|\overrightarrow{OP}|=k$이다. $m+k^2$의 값을 구하시오.

03 벡터를 이용한 직선과 원의 방정식

| 이전 학습 내용 |

• **직선의 방정식** 수학 Ⅲ. 도형의 방정식

점 (x_1, y_1)을 지나고 기울기가 m인 직선의 방정식은

$$y-y_1=m(x-x_1)$$

서로 다른 두 점 $\mathrm{A}(x_1, y_1)$, $\mathrm{B}(x_2, y_2)$를 지나는 직선의 방정식은

$$y-y_1=\frac{y_2-y_1}{x_2-x_1}(x-x_1) \text{ (단, } x_1\neq x_2\text{)}$$

• **두 직선의 위치 관계** 수학 Ⅲ. 도형의 방정식

두 직선 l, l'의 평행, 수직일 조건

$l : y=mx+n$, $l' : y=m'x+n'$

$l : ax+by+c=0$, $l' : a'x+b'y+c'=0$

(1) 평행 $\Longleftrightarrow m=m', n\neq n'$

$\Longleftrightarrow \dfrac{a}{a'}=\dfrac{b}{b'}\neq\dfrac{c}{c'}$

(2) 수직 $\Longleftrightarrow mm'=-1$

$\Longleftrightarrow aa'+bb'=0$

현재 학습 내용

• **평면벡터를 이용한 직선의 방정식** ……… 유형01 벡터를 이용한 직선의 방정식

1. 방향벡터를 이용한 직선의 방정식

(1) 점 $\mathrm{A}(x_1, y_1)$을 지나고 영벡터가 아닌 벡터 $\vec{u}=(a, b)$에 평행한 직선 l 위의 임의의 점을 $\mathrm{P}(x, y)$라 하자.

두 점 A, P의 위치벡터를 각각 $\vec{a}$, $\vec{p}$라 할 때, 직선 l의 방정식을 벡터를 이용하여 나타내면

$$\vec{p}=\vec{a}+t\vec{u} \text{ (단, } t\text{는 실수)}$$

이때, 벡터 $\vec{u}$를 직선 l의 **방향벡터**라 한다.

(2) 점 $\mathrm{A}(x_1, y_1)$을 지나고 벡터 $\vec{u}=(a, b)$에 평행한 직선의 방정식은

$$\frac{x-x_1}{a}=\frac{y-y_1}{b} \text{ (단, } ab\neq 0\text{)}$$

(3) 두 점 $\mathrm{A}(x_1, y_1)$, $\mathrm{B}(x_2, y_2)$를 지나는 직선의 방정식은

$$\frac{x-x_1}{x_2-x_1}=\frac{y-y_1}{y_2-y_1} \text{ (단, } x_1\neq x_2, y_1\neq y_2\text{)}$$

2. 법선벡터를 이용한 직선의 방정식

(1) 점 $\mathrm{A}(x_1, y_1)$을 지나고 영벡터가 아닌 벡터 $\vec{n}=(a, b)$에 수직인 직선 l 위의 점을 $\mathrm{P}(x, y)$라 하자.

두 점 A, P의 위치벡터를 각각 $\vec{a}$, $\vec{p}$라 할 때, 직선 l의 방정식을 벡터를 이용하여 나타내면

$$(\vec{p}-\vec{a})\cdot\vec{n}=0$$

이때, 벡터 $\vec{n}$을 직선 l의 **법선벡터**라 한다.

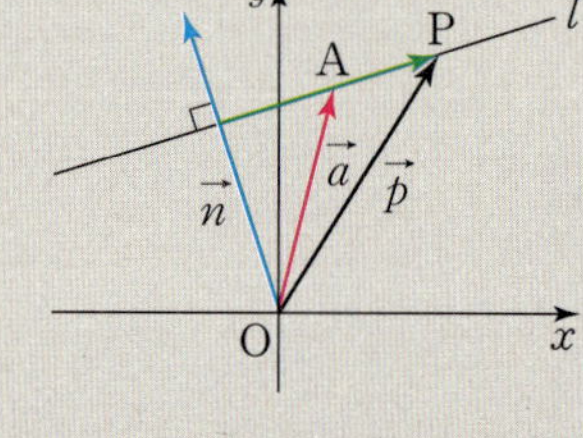

(2) 점 $\mathrm{A}(x_1, y_1)$을 지나고 벡터 $\vec{n}=(a, b)$에 수직인 직선의 방정식은

$$a(x-x_1)+b(y-y_1)=0$$

3. 두 직선이 이루는 각의 크기 ……… 유형02 두 직선이 이루는 각의 크기

두 직선 l_1, l_2의 방향벡터가 각각 $\vec{u_1}=(a_1, b_1)$, $\vec{u_2}=(a_2, b_2)$일 때, 두 직선이 이루는 각의 크기를 θ $(0°\leq\theta\leq 90°)$라 하면

$$\cos\theta=\frac{|\vec{u_1}\cdot\vec{u_2}|}{|\vec{u_1}||\vec{u_2}|}=\frac{|a_1a_2+b_1b_2|}{\sqrt{a_1^2+b_1^2}\sqrt{a_2^2+b_2^2}}$$

4. 두 직선의 평행 조건과 수직 조건 ……… 유형03 두 직선의 평행 조건과 수직 조건

두 직선 l_1, l_2의 방향벡터가 각각 $\vec{u_1}=(a_1, b_1)$, $\vec{u_2}=(a_2, b_2)$일 때

(1) 평행 조건 : $l_1 /\!/ l_2 \Longleftrightarrow \vec{u_1} /\!/ \vec{u_2} \Longleftrightarrow \vec{u_1}=k\vec{u_2}$

$\Longleftrightarrow a_1=ka_2, b_1=kb_2$ (단, k는 $k\neq 0$인 실수) $\Leftrightarrow \dfrac{a_1}{a_2}=\dfrac{b_1}{b_2}=k$

(2) 수직 조건 : $l_1\perp l_2 \Longleftrightarrow \vec{u_1}\perp\vec{u_2} \Longleftrightarrow \vec{u_1}\cdot\vec{u_2}=0$

$\Longleftrightarrow a_1a_2+b_1b_2=0$

| 이전 학습 내용 |

• **원의 방정식** 수학 Ⅲ. 도형의 방정식

중심의 좌표가 (a, b)이고 반지름의 길이가 r인 원의 방정식은

$$(x-a)^2+(y-b)^2=r^2$$

특히, 중심이 원점이고 반지름의 길이가 r인 원의 방정식은

$$x^2+y^2=r^2$$

현재 학습 내용

• **평면벡터를 이용한 원의 방정식** ········ 유형04 벡터를 이용한 원의 방정식

1. 점 $C(a, b)$를 중심으로 하고 반지름의 길이가 r인 원의 방정식

원 위의 점 $P(x, y)$에 대하여 두 점 C, P의 위치벡터를 각각 $\vec{c}$, $\vec{p}$라 할 때, 원의 방정식을 벡터를 이용하여 나타내면

$$|\overrightarrow{CP}|=r, \text{ 즉 } |\vec{p}-\vec{c}|=r \text{ 또는 } (\vec{p}-\vec{c})\cdot(\vec{p}-\vec{c})=r^2$$

성분을 이용하여 나타내면

$$(x-a)^2+(y-b)^2=r^2$$

2. 두 점 $A(x_1, y_1)$, $B(x_2, y_2)$를 지름의 양 끝점으로 하는 원의 방정식

원 위의 점 $P(x, y)$에 대하여 세 점 A, B, P의 위치벡터를 각각 $\vec{a}$, $\vec{b}$, $\vec{p}$라 할 때, 원의 방정식을 벡터를 이용하여 나타내면

$$\overrightarrow{AP}\cdot\overrightarrow{BP}=0, \text{ 즉 } (\vec{p}-\vec{a})\cdot(\vec{p}-\vec{b})=0$$

성분을 이용하여 나타내면

$$(x-x_1)(x-x_2)+(y-y_1)(y-y_2)=0$$

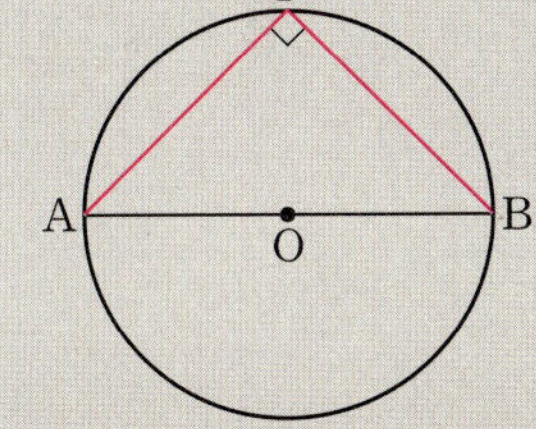

유형01 벡터를 이용한 직선의 방정식

방향벡터 또는 법선벡터를 이용하여 직선의 방정식을 구하는 문제를 분류하였다.

유형해결 TIP
이때, 직선 $ax+by+c=0$의 법선벡터를 $\vec{n}$이라 하면 $\vec{n}=(a, b)$임을 이용하자.

405

다음 중 직선 $3-x=\frac{y-3}{3}$의 방향벡터와 평행한 것은?

① $(3, 3)$ ② $(3, -3)$ ③ $(1, 3)$
④ $(0, 3)$ ⑤ $(-1, 3)$

406 빈출

점 $(3, 2)$를 지나고 벡터 $\vec{u}=(2, -1)$에 평행한 직선의 방정식은?

① $\frac{x-3}{2}=2-y$ ② $\frac{x-2}{2}=3-y$
③ $\frac{x+2}{2}=y+3$ ④ $x+3=\frac{2-y}{2}$
⑤ $x+3=\frac{y+2}{2}$

407

점 $(4, 1)$을 지나고 방향벡터가 $\vec{u}=(5, 3)$인 직선이 y축과 만나는 점의 y좌표는?

① -1 ② $-\frac{6}{5}$ ③ $-\frac{7}{5}$
④ $-\frac{8}{5}$ ⑤ $-\frac{9}{5}$

408 평가원기출

좌표평면 위의 점 $(6, 3)$을 지나고 벡터 $\vec{u}=(2, 3)$에 평행한 직선이 x축과 만나는 점을 A, y축과 만나는 점을 B라 할 때, $\overline{AB}^2$의 값을 구하시오.

409

좌표평면 위의 점 $(4, 1)$을 지나고 벡터 $\vec{n}=(1, 2)$에 수직인 직선이 x축, y축과 만나는 점의 좌표를 각각 $(a, 0)$, $(0, b)$라 하자. $a+b$의 값을 구하시오.

410

점 $(1,\ -1)$을 지나고 벡터 $\vec{n}=(3,\ 5)$에 수직인 직선을 l이라 할 때, 원점에서 직선 l까지의 거리는?

① $\frac{\sqrt{17}}{17}$　② $\frac{\sqrt{34}}{17}$　③ $\frac{2\sqrt{17}}{17}$　④ $\frac{2\sqrt{34}}{17}$　⑤ $\frac{3\sqrt{34}}{17}$

411 빈출

점 $(1,\ -2)$를 지나고 직선 $\frac{x+2}{3}=\frac{y-1}{-2}$에 수직인 직선의 방정식을 구하시오.

412 서술형

두 점 $\mathrm{A}(1,\ 4)$, $\mathrm{B}(2,\ 7)$을 지나는 직선의 방정식을 벡터를 이용하여 구하고, 그 과정을 서술하시오.

유형 02 두 직선이 이루는 각의 크기

(1) 두 직선의 방향벡터 또는 법선벡터를 이용하여 두 직선이 이루는 각의 크기를 구하는 문제
(2) 두 직선이 이루는 각의 크기가 주어졌을 때, 직선의 방정식에서 미지수를 구하는 문제
를 분류하였다.

유형해결 TIP
두 직선 l_1과 l_2가 이루는 각의 크기를 θ $(0^\circ \le \theta \le 90^\circ)$라 할 때, 다음을 이용하자.

❶ 법선벡터가 각각 $\vec{n_1}=(a_1,\ b_1)$, $\vec{n_2}=(a_2,\ b_2)$이면

$$\cos\theta=\frac{|\vec{n_1}\cdot\vec{n_2}|}{|\vec{n_1}||\vec{n_2}|}=\frac{|a_1a_2+b_1b_2|}{\sqrt{a_1^2+b_1^2}\sqrt{a_2^2+b_2^2}}$$

❷ 직선 l_1의 방향벡터 $\vec{u}=(l,\ m)$, 직선 l_2의 법선벡터 $\vec{n}=(a,\ b)$가 이루는 각의 크기는 $90^\circ-\theta$이므로

$$\cos(90^\circ-\theta)=\frac{|\vec{u}\cdot\vec{n}|}{|\vec{u}||\vec{n}|}=\frac{|la+mb|}{\sqrt{l^2+m^2}\sqrt{a^2+b^2}}$$

413 빈출

평가원기출

좌표평면에서 두 직선

$$\frac{x+1}{4}=\frac{y-1}{3},\ \frac{x+2}{-1}=\frac{y+1}{3}$$

이 이루는 예각의 크기를 θ라 할 때, $\cos\theta$의 값은?

① $\frac{\sqrt{6}}{10}$　② $\frac{\sqrt{7}}{10}$　③ $\frac{\sqrt{2}}{5}$　④ $\frac{3}{10}$　⑤ $\frac{\sqrt{10}}{10}$

414 빈출

두 직선 $\frac{x-6}{4}=\frac{y+2}{3}$, $x-5=\frac{3-y}{2}$가 이루는 예각의 크기를 θ라 할 때, $\tan\theta$의 값은?

① $\frac{5}{2}$　② $\frac{7}{2}$　③ $\frac{9}{2}$　④ $\frac{11}{2}$　⑤ $\frac{13}{2}$

415

두 직선 $x-2y-2=0$, $x+3y-4=0$이 이루는 예각의 크기는?

① 15° ② 30° ③ 45°
④ 60° ⑤ 75°

유형 03 두 직선의 평행 조건과 수직 조건

주어진 두 직선이 평행 또는 수직일 때 미지수를 구하는 문제를 분류하였다.

유형 해결 TIP

두 직선 $l_1 : \frac{x-x_1}{l}=\frac{y-y_1}{m}$, $l_2 : ax+by+c=0$이 이루는 각의 크기를 θ라 하고 l_1의 방향벡터를 $\vec{u}$, l_2의 법선벡터를 $\vec{n}$이라 할 때, 다음을 이용하자.

❶ 두 직선 l_1, l_2가 수직이면
$\vec{u} /\!/ \vec{n} \Leftrightarrow \vec{u}=k\vec{n}$ (단, $k\neq0$인 실수)

❷ 두 직선 l_1, l_2가 평행하면
$\vec{u}\perp\vec{n} \Leftrightarrow \vec{u}\cdot\vec{n}=0$

416

수직인 두 직선 l, m의 방향벡터가 각각 $(-5, 5)$, $(3, k)$일 때, 실수 k의 값은?

① 1 ② 2 ③ 3
④ 4 ⑤ 5

417

두 직선 $l_1 : \frac{x-1}{6}=\frac{y}{k}$, $l_2 : \frac{x+5}{2}=\frac{y-3}{3}$에 대하여 두 직선이 서로 평행할 때의 k의 값을 a, 서로 수직일 때의 k의 값을 b라 하자. 두 상수 a, b에 대하여 $a+b$의 값은?

① 1 ② 2 ③ 3
④ 4 ⑤ 5

418 빈출

두 직선 $\frac{x+1}{3}=\frac{y-5}{k}$, $\frac{x-2}{k-2}=\frac{3-y}{2}$ $(k\neq2)$가 수직이 되도록 하는 실수 k의 값은?

① 3 ② 4 ③ 5
④ 6 ⑤ 7

419 빈출

두 직선 $\frac{x+1}{2}=\frac{y}{5}$, $5x+ky+1=0$이 서로 평행할 때, 실수 k의 값은?

① -4 ② -2 ③ 0
④ 2 ⑤ 4

420

두 직선 $6x-9y-5=0$, $\frac{-x+1}{2}=\frac{y-1}{k}$이 서로 수직일 때, 실수 k의 값은?

① -3 ② -1 ③ 1
④ 3 ⑤ 6

421

세 직선 l, m, n에 대하여 $l /\!/ m$, $l \perp n$일 때, 두 실수 a, b의 곱 ab의 값은?

$$l : \frac{x-3}{a}=\frac{y-1}{3},\ m : \frac{x+1}{4}=\frac{1-y}{3},\ n : \frac{x+8}{6}=\frac{y+3}{b}$$

① -2 ② -4 ③ -8
④ -16 ⑤ -32

유형 04 벡터를 이용한 원의 방정식

벡터를 이용하여 원의 방정식을 나타내는 문제, 벡터로 나타낸 원의 방정식을 해석하는 문제를 분류하였다.

유형해결 TIP

세 점 A, B, P의 위치벡터 $\vec{a}$, $\vec{b}$, $\vec{p}$와 양수 r에 대하여 다음은 원의 방정식을 나타낸다.

(1) 중심이 A이고, 반지름의 길이가 r인 원
$|\overrightarrow{AP}|=r$, $|\vec{p}-\vec{a}|=r$, $(\vec{p}-\vec{a})\cdot(\vec{p}-\vec{a})=r^2$

(2) 두 점 A, B를 지름의 양 끝점으로 하는 원
$\overrightarrow{AP}\cdot\overrightarrow{BP}=0$, $(\vec{p}-\vec{a})\cdot(\vec{p}-\vec{b})=0$

422

점 $A(-1, 2)$에 대하여 $|\overrightarrow{AP}|=4$를 만족시키는 점 P가 나타내는 도형의 방정식은?

① $(x+1)^2+(y+2)^2=16$
② $(x+1)^2+(y-2)^2=4$
③ $(x+1)^2+(y-2)^2=16$
④ $(x-1)^2+(y+2)^2=16$
⑤ $(x-1)^2+(y-2)^2=4$

423 서술형

두 점 $A(3, 5)$, $B(1, 7)$을 지름의 양 끝점으로 하는 원의 방정식을 벡터를 이용하여 구하고, 그 과정을 서술하시오.

424 빈출

두 점 $A(3, 2)$, $B(5, -2)$에 대하여 $\overrightarrow{AP}\cdot\overrightarrow{BP}=0$을 만족시키는 점 P가 나타내는 도형의 넓이는?

① π ② 2π ③ 3π
④ 4π ⑤ 5π

425 빈출

두 점 $A(3, -4)$, $B(1, -2)$와 한 점 P에 대하여 $\overrightarrow{OA}=\vec{a}$, $\overrightarrow{OB}=\vec{b}$, $\overrightarrow{OP}=\vec{p}$라 할 때, 방정식

$$(\vec{p}-\vec{a})\cdot(\vec{p}-\vec{b})=0$$

을 만족시키는 점 P가 나타내는 도형의 둘레의 길이는? (단, O는 원점이다.)

① $\sqrt{2}\pi$ ② 2π ③ $2\sqrt{2}\pi$
④ 4π ⑤ $4\sqrt{2}\pi$

426 빈출

세 위치벡터 $\vec{a}$, $\vec{b}$, $\vec{p}$에 대하여 $\vec{a}=(-3, 2)$, $\vec{b}=(1, -3)$이고 $(\vec{p}-\vec{a})\cdot(\vec{p}-\vec{b})=0$이 성립할 때, 벡터 $\vec{p}$의 종점 P가 나타내는 도형의 넓이는?

① 10π ② $\frac{41}{4}\pi$ ③ $\frac{21}{2}\pi$
④ $\frac{43}{4}\pi$ ⑤ 11π

유형01 벡터를 이용한 직선의 방정식

427 빈출

좌표평면 위의 점 A$(-1,\ 4)$에서 직선 $\frac{x-1}{3}=y-2$에 내린 수선의 발의 좌표는?

① $\left(-\frac{1}{5},\ -\frac{8}{5}\right)$ ② $\left(-\frac{1}{5},\ -\frac{4}{5}\right)$ ③ $\left(-\frac{1}{5},\ \frac{8}{5}\right)$ ④ $\left(\frac{1}{5},\ -\frac{8}{5}\right)$ ⑤ $\left(\frac{1}{5},\ -\frac{4}{5}\right)$

428 빈출

| 선행 411 |

두 직선 $l:\begin{cases}x=3+t\\y=-2+3t\end{cases}$, $m:\begin{cases}x=4-2s\\y=1-s\end{cases}$에 대하여 다음 물음에 답하시오. (단, t, s는 실수이다.)

(1) 두 직선의 교점을 지나고 직선 $\frac{x-1}{4}=\frac{-y+2}{2}$와 수직인 직선의 방정식을 구하시오.

(2) 두 직선의 교점을 지나고 직선 $4x-3y+2=0$과 수직인 직선의 방정식을 구하시오.

429 빈출

| 선행 412 |

두 점 A, B의 위치벡터가 각각 $\vec{a}=(4,\ 5)$, $\vec{b}=(-3,\ 2)$일 때, 두 점 A, B를 지나는 직선과 수직이고 점 $(1,\ 2)$를 지나는 직선의 방정식은?

① $x+3y-6=0$ ② $3x+7y-13=0$ ③ $3x+7y-1=0$ ④ $7x+3y-13=0$ ⑤ $7x+3y-1=0$

유형02 두 직선이 이루는 각의 크기

430

두 직선 $x-1=\frac{y+2}{3}$, $\frac{x+3}{m}=\frac{y-5}{2}$가 이루는 각의 크기가 60°일 때, 모든 실수 m의 값의 합은?

① 4 ② 6 ③ 8 ④ 10 ⑤ 12

431

두 직선 $l_1:\begin{cases}x=-5+3t\\y=1+\sqrt{3}t\end{cases}$, $l_2:\begin{cases}x=3+2s\\y=-1-\sqrt{3}s\end{cases}$가 이루는 예각의 크기를 θ라 할 때, $\cos\theta$의 값은? (단, t, s는 실수이다.)

① $\frac{\sqrt{3}}{14}$ ② $\frac{\sqrt{7}}{14}$ ③ $\frac{\sqrt{21}}{14}$ ④ $\frac{\sqrt{7}}{7}$ ⑤ $\frac{\sqrt{21}}{7}$

432

법선벡터가 $\vec{n}=(3,\ 4)$인 직선과 방향벡터가 $\vec{u}=(2,\ 1)$인 직선이 이루는 예각의 크기를 θ라 할 때, $\cos\theta$의 값은?

① $\frac{\sqrt{5}}{15}$ ② $\frac{\sqrt{5}}{10}$ ③ $\frac{2\sqrt{5}}{15}$
④ $\frac{\sqrt{5}}{5}$ ⑤ $\frac{2\sqrt{5}}{5}$

433 빈출

두 직선 $x+1=\frac{y-2}{3}$, $3x+y-1=0$이 이루는 예각의 크기가 θ일 때, $\cos\theta$의 값은?

① $\frac{1}{5}$ ② $\frac{2}{5}$ ③ $\frac{3}{5}$
④ $\frac{4}{5}$ ⑤ 1

434 빈출

두 직선 $l_1 : \begin{cases} x=3t-2 \\ y=-\sqrt{3}t+3 \end{cases}$, $l_2 : \sqrt{3}x+y+1=0$이 이루는 예각의 크기는? (단, t는 실수이다.)

① $75°$ ② $60°$ ③ $45°$
④ $30°$ ⑤ $15°$

유형 03 두 직선의 평행 조건과 수직 조건

435 빈출

세 직선 l_1, $l_2 : \frac{x-1}{a}=-y+1$, $l_3 : \frac{x+3}{b}=\frac{y}{a}$ $(ab\neq0)$이 다음 조건을 만족시킬 때, 두 상수 a, b에 대하여 ab의 값은?

(가) 직선 l_1의 방향벡터는 $\vec{u}=(1,\ \sqrt{3})$이다.
(나) 두 직선 l_1과 l_3은 서로 수직이다.
(다) 두 직선 l_1과 l_2가 이루는 예각의 크기는 $30°$이다.

① $-3\sqrt{3}$ ② -9 ③ $-9\sqrt{3}$
④ -27 ⑤ $-27\sqrt{3}$

유형 04 벡터를 이용한 원의 방정식

436

점 $C(0,\ 6)$에 대하여 $|\overrightarrow{CP}|=r$ $(r>0)$을 만족시키는 점 P가 나타내는 도형과 원점을 지나고 방향벡터가 $\vec{u}=(3,\ 4)$인 직선이 한 점에서 만날 때, r의 값은?

① $\frac{16}{5}$ ② $\frac{17}{5}$ ③ $\frac{18}{5}$
④ $\frac{19}{5}$ ⑤ 4

437

길이가 $2\sqrt{7}$인 선분 AB에 대하여 $\overrightarrow{PA}\cdot\overrightarrow{PB}=2$를 만족시키는 점 P가 나타내는 도형의 길이는?

① 5π　② 6π　③ 7π　④ 8π　⑤ 9π

438

세 점 $A(1,\ 2)$, $B(-3,\ 4)$, $C(1,\ -1)$이 있다. $|\overrightarrow{CP}|=r$를 만족시키는 점 P에 대하여 $\overline{AP}=\overline{BP}$인 점 P가 존재하기 위한 양수 r의 최솟값을 m이라 할 때, m의 값은?

① $\frac{6\sqrt{5}}{5}$　② $\frac{13\sqrt{5}}{10}$　③ $\frac{7\sqrt{5}}{5}$　④ $\frac{3\sqrt{5}}{2}$　⑤ $\frac{8\sqrt{5}}{5}$

439 빈출

좌표평면에서 원점 O를 시점으로 하는 점 $C(3,\ 1)$과 점 P의 위치벡터를 각각 $\vec{c}$, $\vec{p}$라 할 때, $|\vec{p}-\vec{c}|^2=10$이 성립한다. $\vec{p}$의 크기가 최대가 되도록 하는 점 P의 좌표가 $(a,\ b)$일 때, $a+b$의 값은?

① 2　② 4　③ 6　④ 8　⑤ 10

440

두 점 $A(-1,\ 2)$, $B(3,\ 5)$와 점 P의 위치벡터를 각각 $\vec{a}$, $\vec{b}$, $\vec{p}$라 할 때, $(\vec{p}-\vec{a})\cdot(\vec{p}-\vec{a})=4$가 성립한다. $|\vec{p}-\vec{b}|$의 최댓값은?

① 1　② 3　③ 5　④ 7　⑤ 9

441

점 P의 위치벡터를 $\vec{p}$, 점 Q의 위치벡터를 $\vec{q}$라 하자. 좌표평면 위의 세 벡터 $\vec{a}=(1,\ 4)$, $\vec{b}=(4,\ 2)$, $\vec{c}=(2,\ -1)$에 대하여 $\vec{p}$, $\vec{q}$는 각각 $\vec{c}\cdot(\vec{p}-\vec{a})=0$, $|\vec{q}-\vec{b}|=1$을 만족시킬 때, $|\overrightarrow{PQ}|$의 최솟값은?

① $\sqrt{5}-1$　② $\sqrt{5}-2$　③ $\frac{7\sqrt{5}}{5}-1$　④ $\frac{8\sqrt{5}}{5}-1$　⑤ $\frac{8\sqrt{5}}{5}-2$

442

좌표평면에서 점 $A(12,\ 16)$과 점 P의 위치벡터를 각각 $\vec{a}$, $\vec{p}$라 할 때, $\vec{p}\cdot(\vec{p}-\vec{a})=0$을 만족시킨다. 점 $C(-6,\ 8)$에 대하여 $\overrightarrow{OP}\cdot\overrightarrow{OC}$의 최댓값과 최솟값을 각각 M, m이라 할 때, $M+m$의 값은? (단, O는 원점이다.)

① 50　② 52　③ 54　④ 56　⑤ 58

스키마로 풀이 흐름 알아보기

두 직선 $x+1=\frac{y-2}{3}$, $3x+y-1=0$이 이루는 예각의 크기가 θ일 때, $\cos\theta$의 값은?
조건① 조건② 조건③ 답

① $\frac{1}{5}$ ② $\frac{2}{5}$ ③ $\frac{3}{5}$ ④ $\frac{4}{5}$ ⑤ 1

유형02 두 직선이 이루는 각의 크기 433

스키마 schema ≫ 주어진 조건 은 무엇인지? 구하는 답 은 무엇인지? 이 둘을 어떻게 연결할지?

1단계

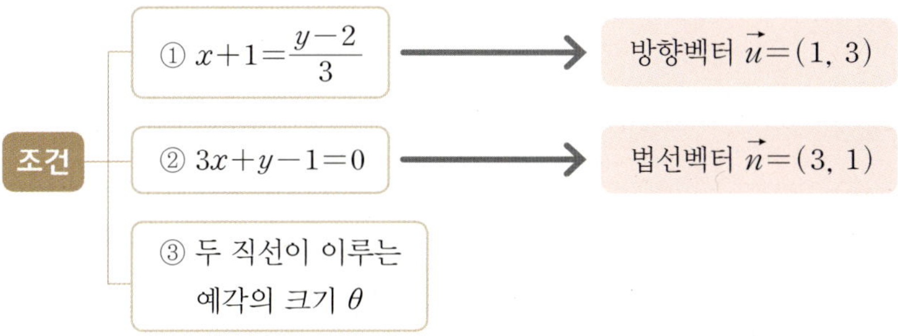

직선 $x+1=\frac{y-2}{3}$의 방향벡터는 $\vec{u}=(1, 3)$이고, 직선 $3x+y-1=0$의 법선벡터는 $\vec{n}=(3, 1)$이다.

2단계

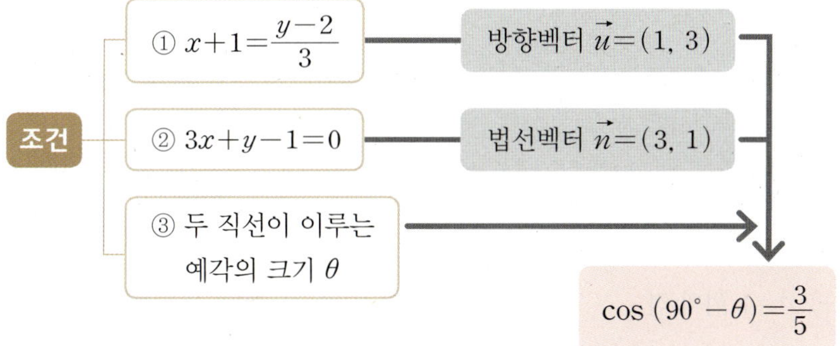

방향벡터와 법선벡터가 이루는 각의 크기는 $90°-\theta$이므로

$$\cos(90°-\theta)=\frac{|\vec{u}\cdot\vec{n}|}{|\vec{u}||\vec{n}|}=\frac{|1\times3+3\times1|}{\sqrt{1^2+3^2}\sqrt{3^2+1^2}}=\frac{3}{5}$$

3단계

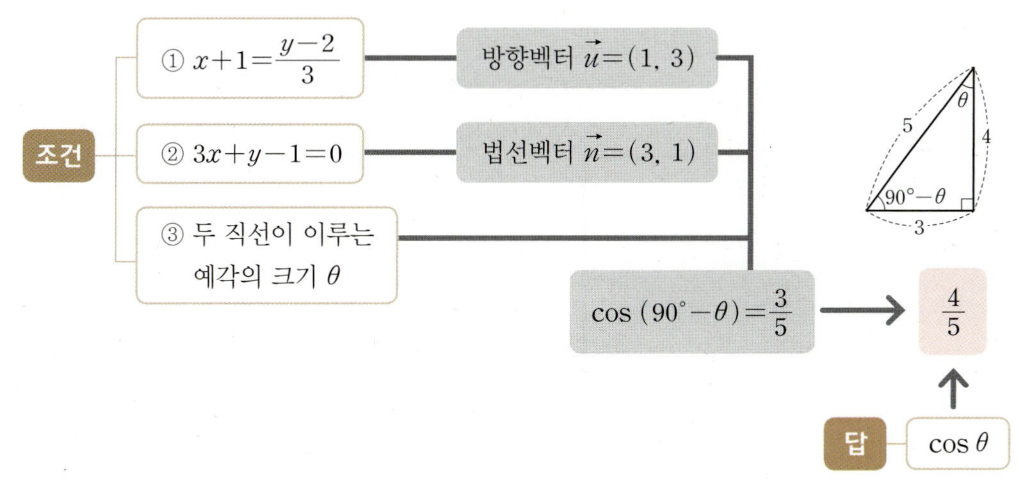

그림과 같이 한 내각의 크기가 $90°-\theta$인 직각삼각형에서 $90°$가 아닌 다른 내각의 크기는 θ이다.

$\therefore \cos\theta=\frac{4}{5}$

답 ④

스키마로 풀이 흐름 알아보기

점 P의 위치벡터를 $\vec{p}$, 점 Q의 위치벡터를 $\vec{q}$라 하자. 좌표평면 위의 세 벡터 $\vec{a}=(1,\ 4)$, $\vec{b}=(4,\ 2)$, $\vec{c}=(2,\ -1)$에 대하여 (조건①) $\vec{p}$, $\vec{q}$는 각각 $\vec{c}\cdot(\vec{p}-\vec{a})=0$ (조건②), $|\vec{q}-\vec{b}|=1$ (조건③)을 만족시킬 때, $|\overline{\mathrm{PQ}}|$의 최솟값은? (답)

① $\sqrt{5}-1$ ② $\sqrt{5}-2$ ③ $\dfrac{7\sqrt{5}}{5}-1$ ④ $\dfrac{8\sqrt{5}}{5}-1$ ⑤ $\dfrac{8\sqrt{5}}{5}-2$

유형04 벡터를 이용한 원의 방정식 441

스키마 schema

주어진 조건은 무엇인지? 구하는 답은 무엇인지? 이 둘을 어떻게 연결할지?

1단계

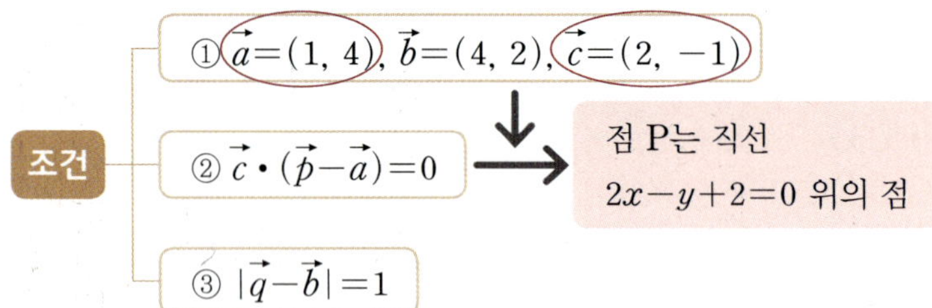

$\vec{c}\cdot(\vec{p}-\vec{a})=0$이므로
점 P는 점 $(1,\ 4)$를 지나고
법선벡터가 $\vec{c}=(2,\ -1)$인 직선
$2(x-1)-(y-4)=0$, 즉
$2x-y+2=0$ 위의 점이다.

2단계

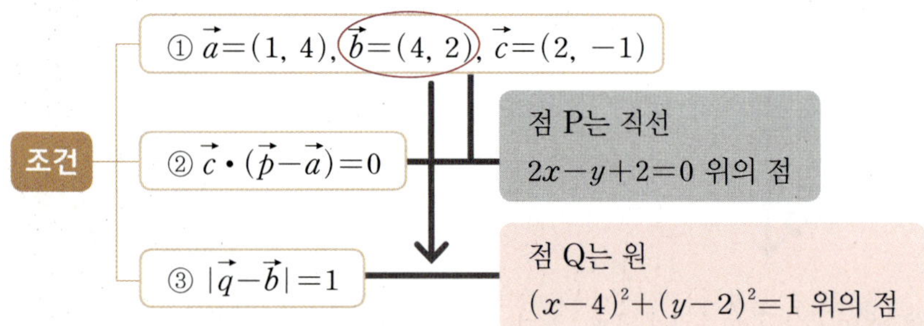

한편 $|\vec{q}-\vec{b}|=1$이므로
점 Q는 점 $(4,\ 2)$를 중심으로 하고
반지름의 길이가 1인 원
$(x-4)^2+(y-2)^2=1$ 위의 점이다.

3단계

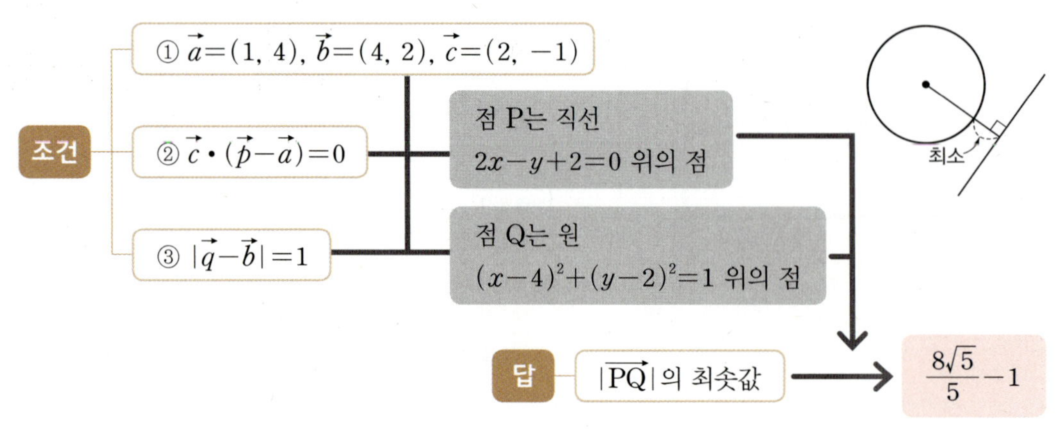

따라서 $|\overline{\mathrm{PQ}}|$의 최솟값은 원의 중심 $(4,\ 2)$에서 직선 $2x-y+2=0$까지의 거리에서 반지름의 길이를 뺀 값과 같으므로

$$\frac{|8-2+2|}{\sqrt{2^2+(-1)^2}}-1=\frac{8}{\sqrt{5}}-1=\frac{8\sqrt{5}}{5}-1$$

이다.

답 ④

정답과 풀이 p.79

443

직선 $l_1 : x=\frac{y-1}{\sqrt{2}}$ 위의 두 점 A, B와 직선 $l_2 : \sqrt{2}(1-x)=y+4$ 위의 두 점 C, D에 대하여 $\overline{\text{AB}}=4$, $\overline{\text{CD}}=3$일 때, $|\overrightarrow{\text{AB}}+\overrightarrow{\text{CD}}|^2$의 모든 값의 합은?

① 40 ② 45 ③ 50
④ 55 ⑤ 60

III

공간도형과 공간좌표

01 공간도형

02 공간좌표

01 공간도형

이전 학습 내용

• 위치 관계 중1

(1) 한 평면 위에서 두 직선의 위치 관계

① 한 점에서 만난다. ② 평행하다. ③ 일치한다.

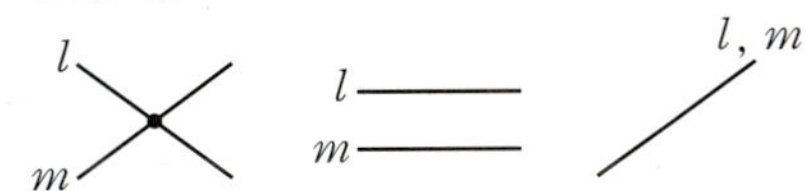

(2) 공간에서 두 직선의 위치 관계

① 일치한다. ② 한 점에서 만난다.

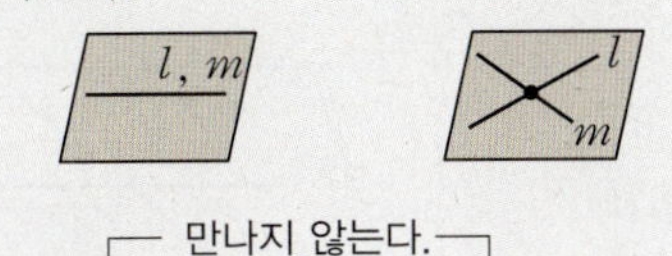

만나지 않는다.

③ 평행하다. ④ 꼬인 위치에 있다.

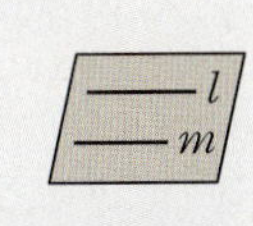

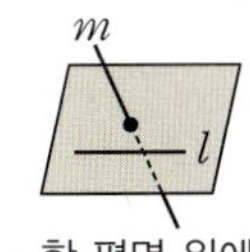

한 평면에 있다. 한 평면 위에 있지 않다.

(3) 공간에서 직선과 평면의 위치 관계

① 포함된다. ② 한 점에서 만난다.

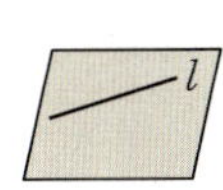

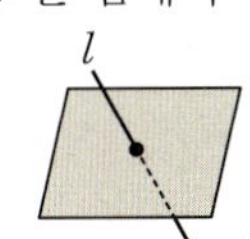

③ 평행하다.

(4) 공간에서 평면과 평면의 위치 관계

① 일치한다. ② 만난다. ③ 평행하다.

P, Q

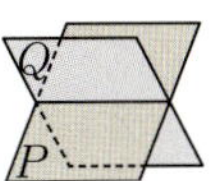

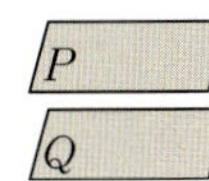

• 교점, 교선 중1

(1) 교점 : 선과 선 또는 선과 면이 만나서 생기는 점

(2) 교선 : 면과 면이 만나서 생기는 직선 또는 곡선

현재 학습 내용

• 공간에서의 위치 관계

1. 평면의 결정조건 .... 유형01 평면의 결정조건

① 한 직선 위에 있지 않은 세 점

② 한 직선과 그 위에 있지 않은 한 점

③ 한 점에서 만나는 두 직선

④ 평행한 두 직선

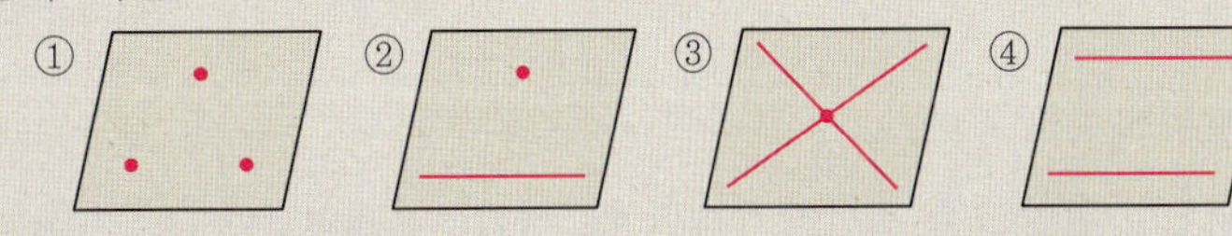

2. 서로 다른 두 직선의 위치 관계 .... 유형02 직선과 평면의 위치 관계

① 한 점에서 만난다. ② 평행하다. ③ 꼬인 위치에 있다.

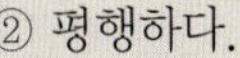

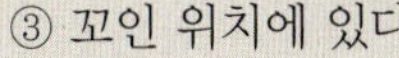

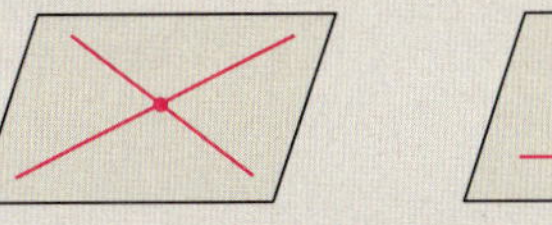

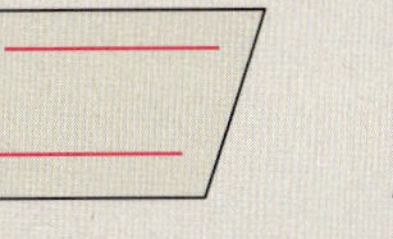

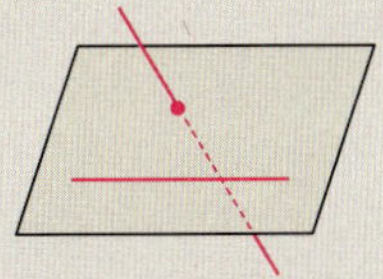

한 평면 위에 있다. 한 평면 위에 있지 않다.

3. 직선과 평면의 위치 관계

① 직선이 평면에 포함된다. ② 한 점에서 만난다. ③ 평행하다.

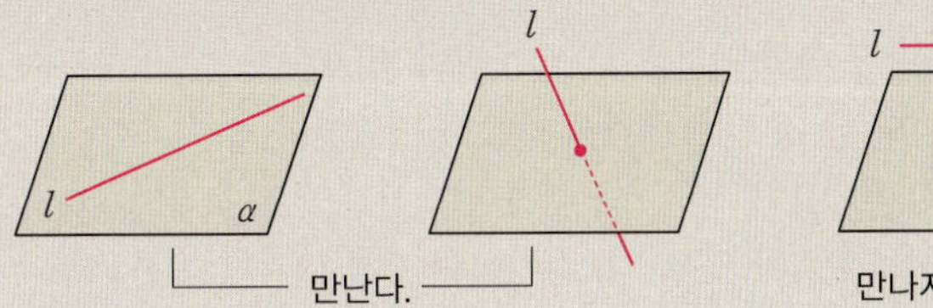

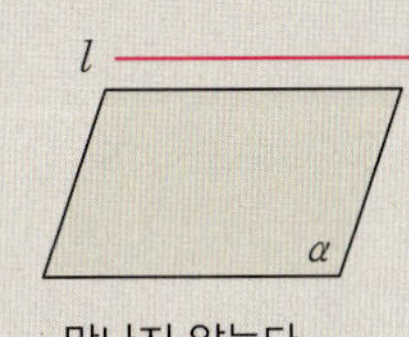

만난다. 만나지 않는다.

4. 서로 다른 두 평면의 위치 관계

① 만난다. ② 평행하다.

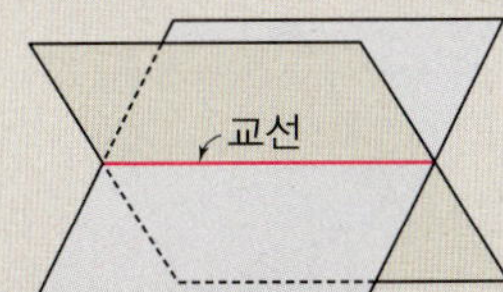

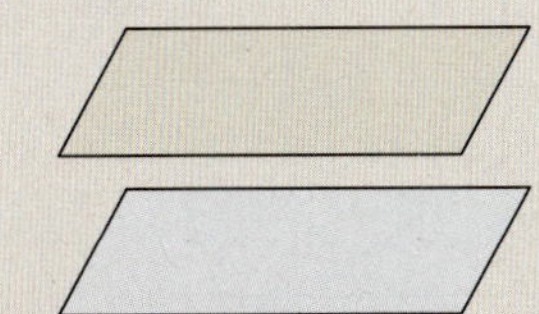

서로 다른 두 평면이 만나면 두 평면은 한 직선을 공유한다.
이때, 공유하는 직선을 두 평면의 **교선**이라 한다.

• 직선, 평면의 평행과 수직

1. 직선과 평면의 평행 .... 유형03 직선과 평면의 평행과 수직

(1) 평행한 두 평면 α, β가 평면 γ와 만날 때 생기는 교선을 각각 l, m이라 하면 l, m은 평행하다.

(2) 두 직선 l, m이 평행할 때, 직선 l을 포함하고 직선 m을 포함하지 않는 평면 α는 직선 m과 평행하다.

(3) 직선 l과 평면 α가 평행할 때, 직선 l을 포함하는 평면 β와 평면 α의 교선 m은 l과 평행하다.

(4) 평면 α 위에 있지 않은 한 점 P를 지나고 평면 α에 평행한 두 직선 l, m에 의하여 결정되는 평면 β는 평면 α와 평행하다.

현재 학습 내용

2. 두 직선이 이루는 각

유형04 꼬인 위치에 있는 두 직선이 이루는 각

두 직선 l, m이 꼬인 위치에 있을 때, 직선 l을 직선 m과 한 점에서 만나도록 평행이동한 직선을 l'이라 하면 두 직선 l', m이 이루는 각을 두 직선 l, m이 이루는 각이라 한다.
특히, 두 직선 l, m이 이루는 각이 직각일 때, 두 직선 l, m은 수직이라 하고, 기호로 $l \perp m$과 같이 나타낸다.

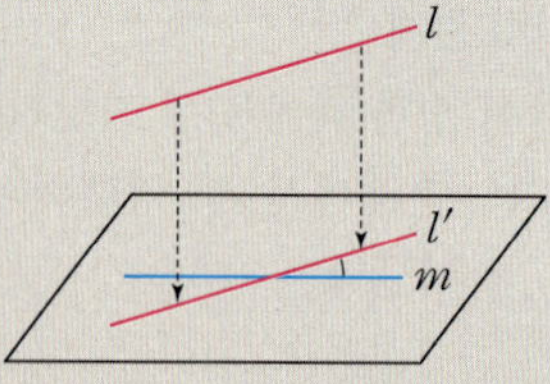

3. 직선과 평면의 수직

유형03 직선과 평면의 평행과 수직

(1) 직선 l과 평면 α 위의 모든 직선이 수직일 때, 직선 l은 평면 α와 수직이라 하고, 기호로 $l \perp \alpha$와 같이 나타낸다. 이때, 직선 l을 수선이라 하고, 직선 l과 평면 α의 교점 O를 수선의 발이라 한다.
(2) 직선 l이 평면 α 위의 서로 다른 두 직선과 수직이면 직선 l은 평면 α와 수직이다.

직선 l과 평면 α가 수직임을 보일 때, 평면 α 위의 어떤 두 직선이 직선 l과 수직임을 보이면 된다.

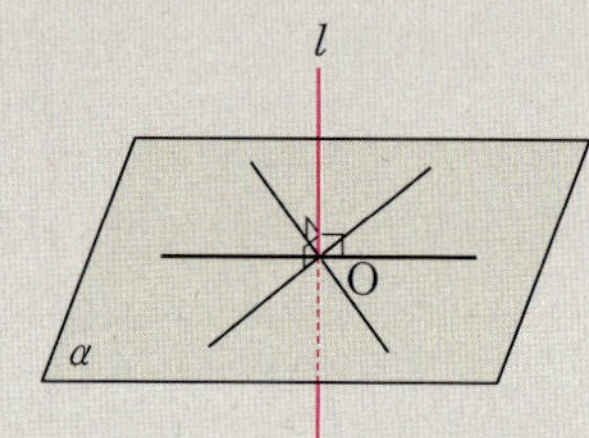

• 삼수선의 정리

유형05 삼수선의 정리

평면 α 위에 있지 않은 점 P, 평면 α 위의 직선 l, 직선 l 위의 점 A,
직선 l 위에 있지 않은 평면 α 위의 한 점 O에 대하여 다음이 성립한다.
(1) 선분 PO가 평면 α와 수직, 선분 OA가 직선 l과 수직이면 선분 PA가 직선 l과 수직이다. → $\overline{PO} \perp \alpha$, $\overline{OA} \perp l \Rightarrow \overline{PA} \perp l$
(2) 선분 PO가 평면 α와 수직, 선분 PA가 직선 l과 수직이면 선분 OA가 직선 l과 수직이다. → $\overline{PO} \perp \alpha$, $\overline{PA} \perp l \Rightarrow \overline{OA} \perp l$
(3) 선분 PA, 선분 OA가 직선 l과 수직이고, 선분 PO가 선분 OA와 수직이면 선분 PO가 평면 α와 수직이다. → $\overline{PA} \perp l$, $\overline{OA} \perp l$, $\overline{PO} \perp \overline{OA}$ $\Rightarrow \overline{PO} \perp \alpha$

(1)
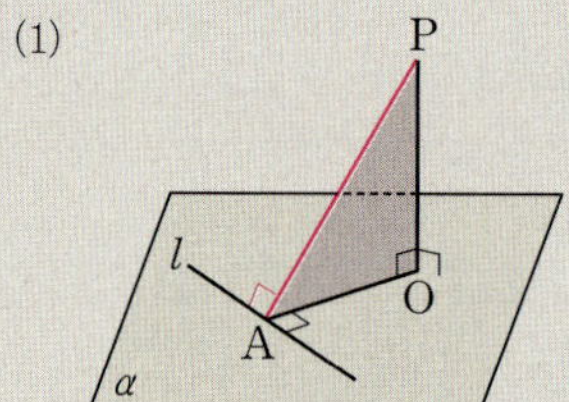

(2)
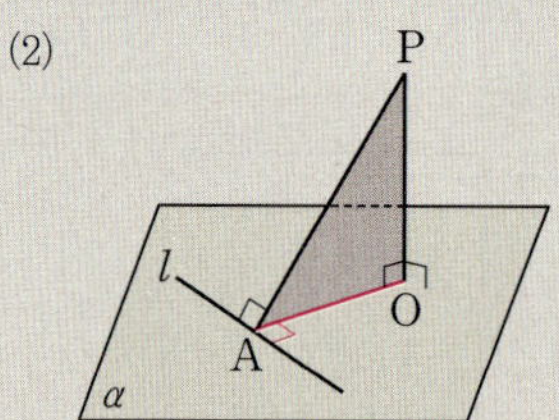

(3)
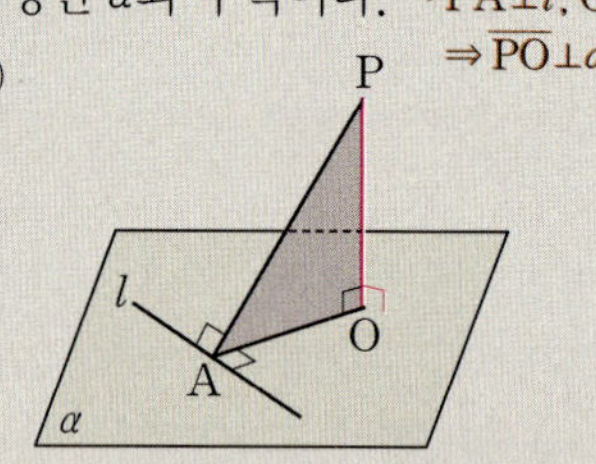

• 이면각

유형06 이면각

(1) 직선 l을 공유하는 두 반평면 α, β로 이루어진 도형을 **이면각**이라 한다. 이때, 직선 l을 **이면각의 변**, 두 반평면을 각각 **이면각의 면**이라 한다.
(2) 직선 l 위의 한 점 O를 지나고 직선 l에 수직인 두 반직선 OA, OB를 α, β 위에 각각 그을 때, 각 AOB의 크기를 **이면각의 크기**라 한다.

보통 서로 다른 두 평면이 만나서 생기는 이면각 중에서 그 크기가 크지 않은 쪽의 각을 두 평면이 이루는 각이라 한다.

(3) 특히, 두 평면 α, β가 이루는 각이 직각일 때, 두 평면 α, β는 수직이라 하고, 기호로 $\alpha \perp \beta$와 같이 나타낸다.

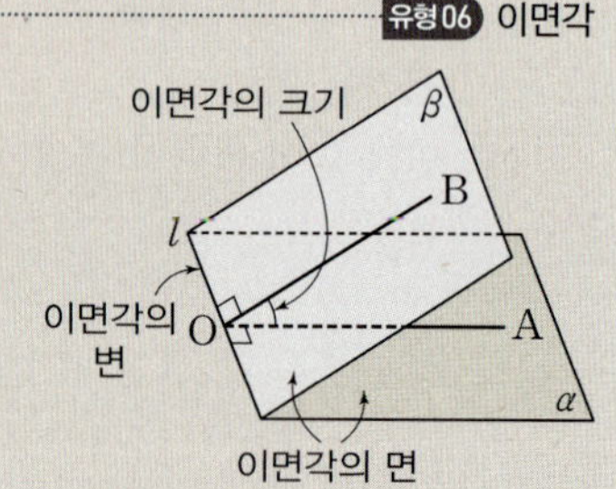

| 이전 학습 내용

현재 학습 내용

• 정사영

1. 정사영 ······ 유형08 정사영의 길이

평면 α 위에 있지 않은 한 점 P에서 평면 α에 내린 수선의 발을 P′이라 할 때, 점 P′을 점 P의 평면 α 위로의 정사영이라 한다.
도형 F의 각 점의 평면 α 위로의 정사영으로 이루어진 도형 F'을 도형 F의 평면 α 위로의 정사영이라 한다.

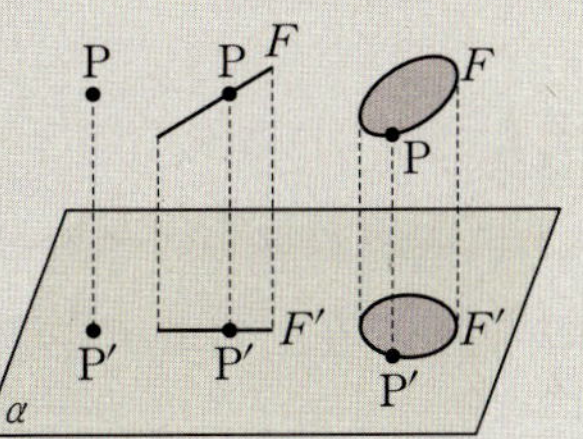

직선이 평면과 수직이면 직선의 정사영은 점이고,
직선이 평면과 수직이 아니면 직선의 정사영은 직선이다.

2. 직선과 평면이 이루는 각 ······ 유형07 직선과 평면이 이루는 각

직선 l과 평면 α가 수직이 아닐 때, 직선 l의 평면 α 위로의 정사영 l'과 직선 l이 이루는 각을 직선 l과 평면 α가 이루는 각이라 한다.
특히, $l /\!/ \alpha$일 때, 직선 l과 평면 α가 이루는 각의 크기는 $0°$이다.

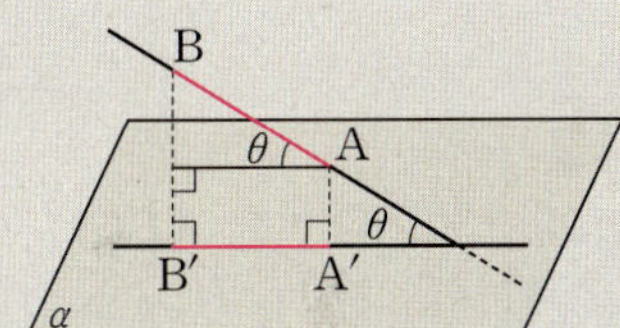

직선 l이 평면 α와 점 O에서 만날 때, 직선 l 위의 임의의 한 점 A에서 평면 α에 내린 수선의 발을 B라고 하면 각 AOB는 직선 l과 평면 α가 이루는 각이다.

3. 정사영의 길이

선분 AB의 평면 α 위로의 정사영을 선분 A′B′이라 하고, 직선 AB와 평면 α가 이루는 각의 크기를 $\theta(0° \le \theta \le 90°)$라 하면

$$\overline{\mathrm{A'B'}} = \overline{\mathrm{AB}} \cos\theta$$

4. 정사영의 넓이 ······ 유형09 정사영의 넓이 유형10 그림자

평면 β 위의 도형 F의 평면 α 위로의 정사영을 F'이라 하고, F, F'의 넓이를 각각 S, S'이라 할 때, 두 평면 α, β가 이루는 각의 크기가 $\theta(0° \le \theta \le 90°)$이면

$$S' = S\cos\theta$$

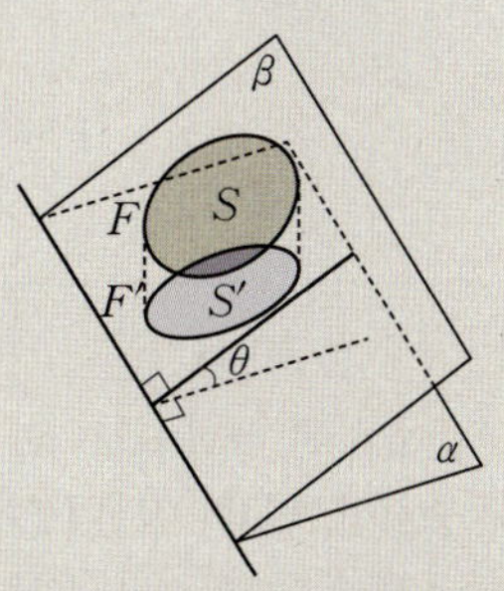

유형11 수학 I, 미적분 통합 유형

• 삼각비 중3

$\angle C = 90°$인 직각삼각형 ABC에서

$\sin B = \dfrac{\overline{AC}}{\overline{AB}} = \dfrac{b}{c}$

$\cos B = \dfrac{\overline{BC}}{\overline{AB}} = \dfrac{a}{c}$

$\tan B = \dfrac{\overline{AC}}{\overline{BC}} = \dfrac{b}{a}$

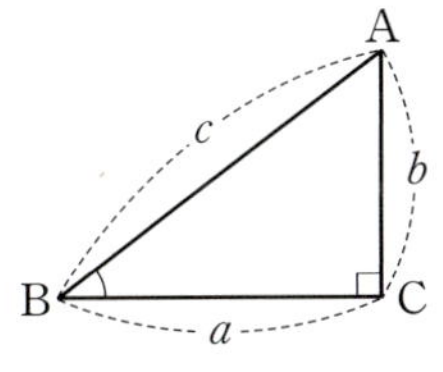

유형 01 평면의 결정조건

평면의 결정조건을 이용하여 한 평면을 결정하는 경우를 찾는 문제와 주어진 입체도형의 꼭짓점으로 만들 수 있는 평면의 개수를 구하는 문제를 분류하였다.

444

다음 중 공간에서 평면을 항상 결정할 수 있는 경우만을 ⟨보기⟩에서 있는 대로 고른 것은?

보기
ㄱ. 한 직선 위에 있는 세 점이 주어진 경우
ㄴ. 한 직선과 그 위에 있지 않은 한 점이 주어진 경우
ㄷ. 평행한 두 직선이 주어진 경우
ㄹ. 한 점에서 만나는 두 직선이 주어진 경우
ㅁ. 서로 다른 두 직선이 주어진 경우

① ㄱ, ㄴ, ㄷ ② ㄱ, ㄷ, ㅁ ③ ㄴ, ㄷ, ㄹ
④ ㄴ, ㄹ, ㅁ ⑤ ㄷ, ㄹ, ㅁ

445

그림과 같은 직육면체 ABCD−EFGH에 대하여 한 평면을 결정하는 것만을 ⟨보기⟩에서 있는 대로 고른 것은?

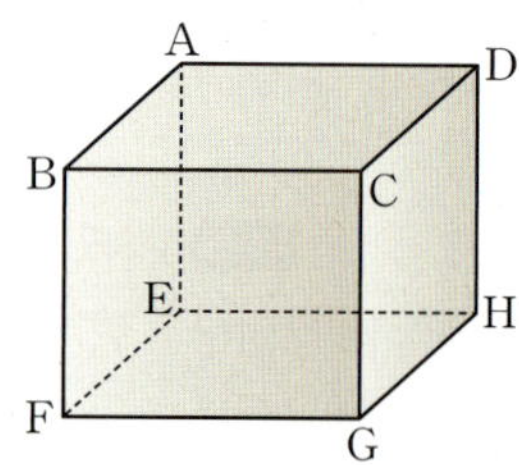

보기
ㄱ. 세 점 A, B, E
ㄴ. 점 C와 직선 GH
ㄷ. 직선 AD와 직선 FG
ㄹ. 직선 AB와 직선 EH

① ㄱ, ㄴ ② ㄷ, ㄹ ③ ㄱ, ㄴ, ㄷ
④ ㄱ, ㄷ, ㄹ ⑤ ㄱ, ㄴ, ㄷ, ㄹ

446

그림과 같은 직육면체 ABCD−EFGH에 대하여 한 평면을 결정하는 것만을 ⟨보기⟩에서 있는 대로 고른 것은?

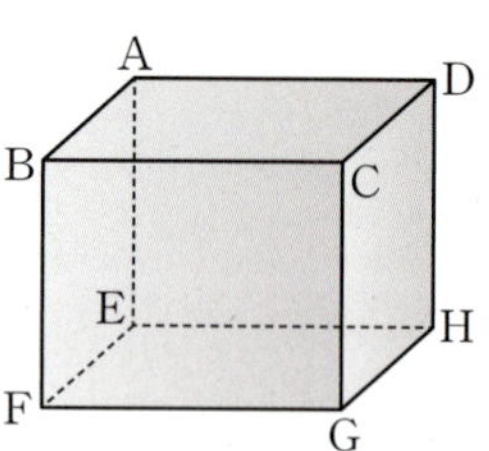

보기
ㄱ. 직선 AB와 점 H
ㄴ. 직선 BD와 직선 DG
ㄷ. 직선 DF와 선분 AG의 중점

① ㄱ ② ㄴ ③ ㄱ, ㄴ
④ ㄴ, ㄷ ⑤ ㄱ, ㄴ, ㄷ

유형 02 직선과 평면의 위치 관계

공간에서 두 직선의 위치 관계, 직선과 평면의 위치 관계를 파악하는 문제를 분류하였다.

유형해결 TIP
두 직선의 위치 관계에서 '꼬인 위치'임을 판단하기 어려울 땐 다음과 같이 생각해 보자.
서로 다른 두 직선의 위치 관계는 '❶ 한 점에서 만난다 ❷ 평행 ❸ 꼬인 위치'의 세 가지뿐이다. 직선은 무한히 연장되므로 두 직선이 어딘가에서 만나는 경우 ❶이고, 한 평면 위에 있으면서 두 직선이 만나지 않는 경우 ❷이고, 두 경우가 모두 아닐 경우 ❸으로 판단할 수 있다.

447

그림과 같은 정오각기둥에서 각 모서리를 연장한 직선 중 직선 AB와 한 점에서 만나는 직선의 개수를 a, 평행한 직선의 개수를 b, 꼬인 위치에 있는 직선의 개수를 c라 할 때, $a+b-c$의 값은?

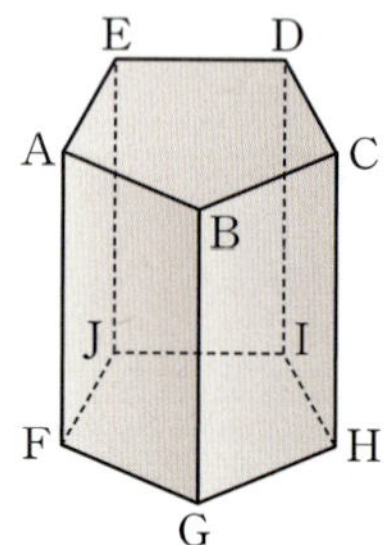

① -1 ② 0 ③ 1
④ 2 ⑤ 3

448 빈출

그림과 같은 직육면체 ABCD−EFGH의 각 모서리를 연장한 직선 중 직선 AB와 평행한 직선의 개수를 a, 직선 AB와 꼬인 위치에 있는 직선의 개수를 b라 할 때, $a+b$의 값은?

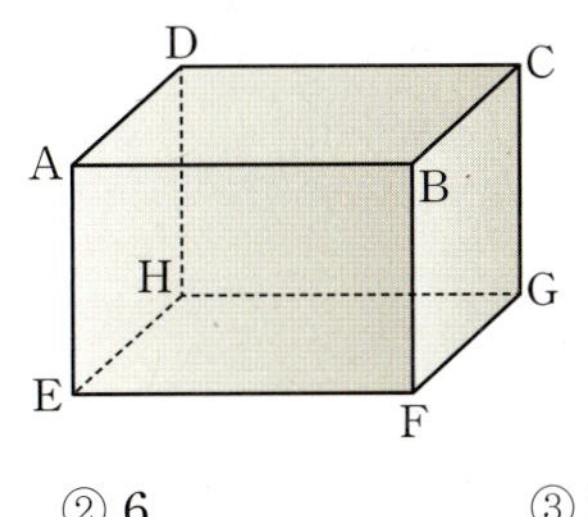

① 5 ② 6 ③ 7
④ 8 ⑤ 9

449 빈출

그림과 같은 정팔면체에서 모서리 AB와 평행한 모서리의 개수를 a, 꼬인 위치에 있는 모서리의 개수를 b라 할 때, $a+b$의 값은?

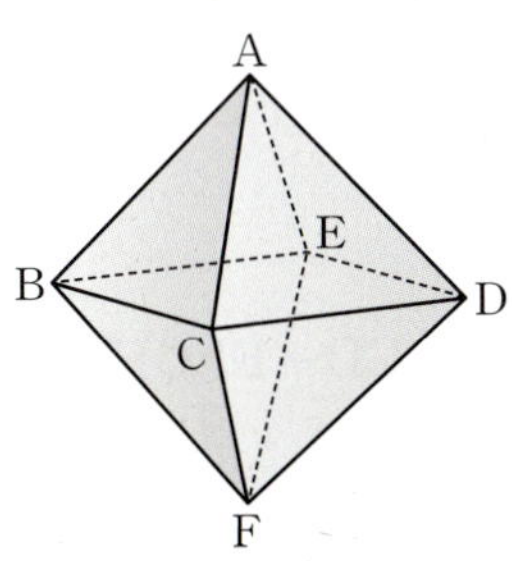

① 3 ② 4 ③ 5
④ 6 ⑤ 7

450

그림과 같은 삼각기둥의 각 면을 연장한 평면 중에서 직선 AB를 포함하는 평면의 개수를 a, 직선 AB와 한 점에서 만나는 평면의 개수를 b, 직선 AB와 평행한 평면의 개수를 c라 할 때, $a-b+c$의 값은?

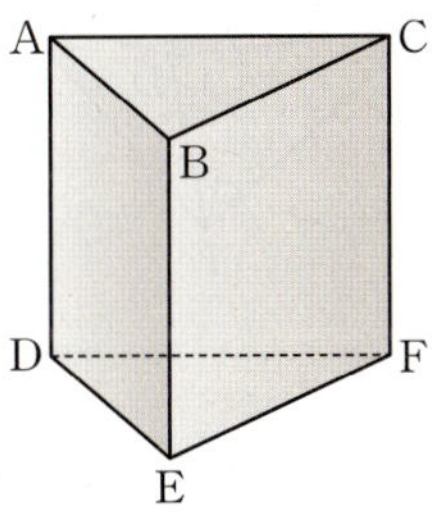

① −1 ② 0 ③ 1
④ 2 ⑤ 3

451

그림과 같은 직육면체 ABCD−EFGH의 각 면을 연장한 평면 중에서 직선 AB와 만나는 평면의 개수를 a, 직선 AB와 평행한 평면의 개수를 b라 할 때, $a-b$의 값은?

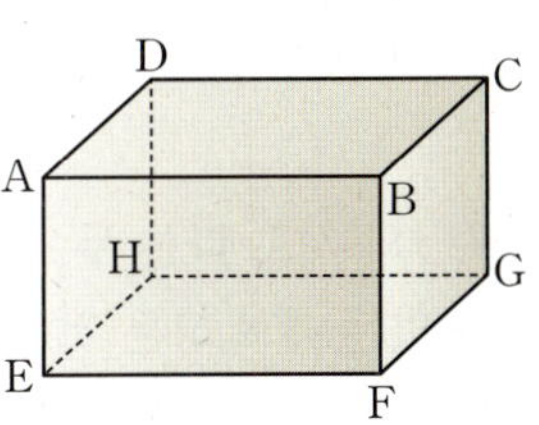

① −2 ② −1 ③ 0
④ 1 ⑤ 2

III

452

그림과 같은 정팔면체에서 평면 ABC와 평행한 모서리의 개수는?

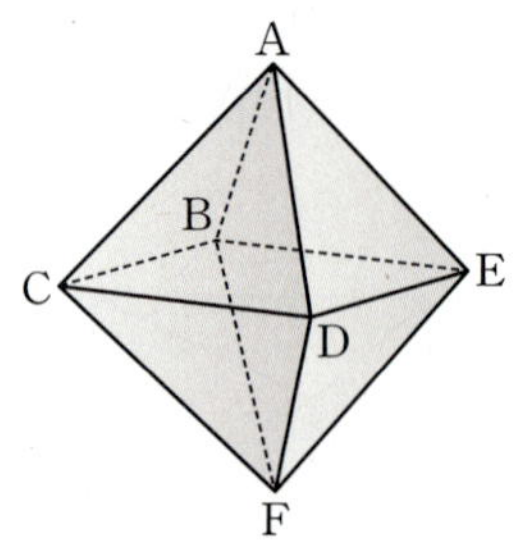

① 1 ② 2 ③ 3
④ 4 ⑤ 5

유형 03 직선과 평면의 평행과 수직

직선과 평면의 평행과 수직에 관한 성질을 묻는 문제, 직선이 평면과 수직이면 평면 위의 임의의 직선과도 수직임을 이용하는 문제를 분류하였다.

유형 해결 TIP

특히 직선 l이 평면 α 위에서 만나는 서로 다른 두 직선과 수직이면 $l\perp\alpha$임을 이해하자.
또한, 이를 이용하여 평면 α 위의 임의의 직선 m에 대하여 $l\perp m$임을 알 수 있다.

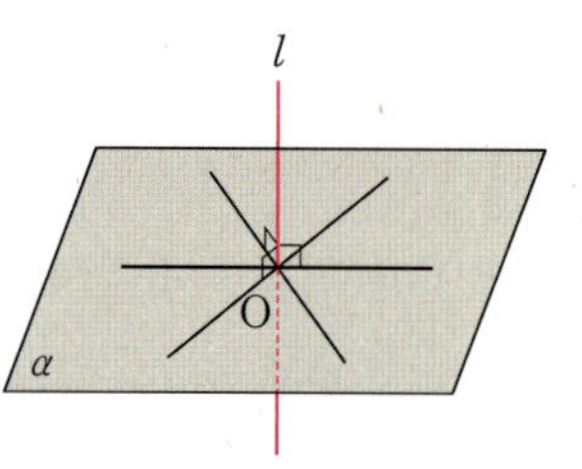

453

서로 다른 세 평면 α, β, γ와 서로 다른 두 직선 l, m에 대하여 〈보기〉에서 옳은 것만을 있는 대로 고른 것은?

보기

ㄱ. $\alpha /\!/ \beta$, $\beta /\!/ \gamma$이면 $\alpha /\!/ \gamma$이다.
ㄴ. $l\perp\alpha$, $\alpha /\!/ \beta$이면 $l\perp\beta$이다.
ㄷ. $l\perp\alpha$, $m\perp\alpha$이면 $l /\!/ m$이다.

① ㄴ ② ㄱ, ㄴ ③ ㄱ, ㄷ
④ ㄴ, ㄷ ⑤ ㄱ, ㄴ, ㄷ

454

서로 다른 세 직선 l, m, n에 대하여 〈보기〉에서 옳은 것만을 있는 대로 고른 것은?

보기

ㄱ. $l /\!/ m$, $m /\!/ n$이면 $l /\!/ n$이다.
ㄴ. $l\perp m$, $m\perp n$이면 $l /\!/ n$이다.
ㄷ. $l /\!/ m$, $l\perp n$이면 $m\perp n$이다.

① ㄱ ② ㄴ ③ ㄱ, ㄴ
④ ㄱ, ㄷ ⑤ ㄴ, ㄷ

유형 04 꼬인 위치에 있는 두 직선이 이루는 각

공간에서 꼬인 위치에 있는 두 직선이 이루는 각의 크기를 구하는 문제를 분류하였다.

유형 해결 TIP

두 직선이 꼬인 위치에 있을 때, 한 직선을 다른 한 직선과 만나도록 평행이동시킨 후 두 직선이 이루는 각의 크기를 구한다.
특히, 꼬인 위치에 있는 두 직선 l, m에 대하여 직선 l이 직선 m이 포함된 어떤 평면 위에서 직선 m과 만나는 서로 다른 두 직선 n_1, n_2와 수직임을 보일 수 있으면 직선 l은 직선 m과 수직이므로 두 직선 l, m이 이루는 각의 크기는 $90°$임을 알 수 있다.

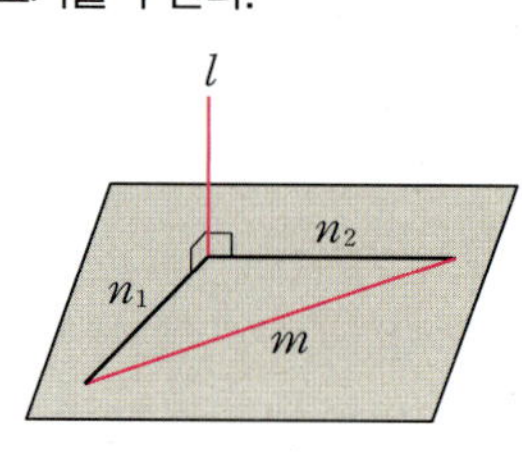

455

그림과 같은 정육면체 ABCD−EFGH에서 다음 두 직선이 이루는 각의 크기 θ를 구하시오. (단, $0° \le \theta \le 90°$)

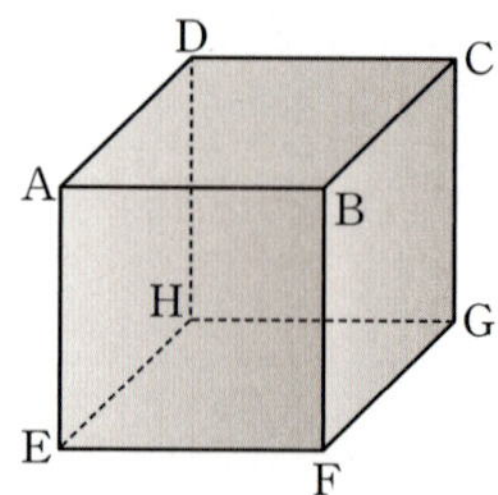

(1) 직선 AB, 직선 EG
(2) 직선 AC, 직선 FH
(3) 직선 BD, 직선 CF

456 빈출

그림과 같은 정육면체에서 두 직선 AG와 EH가 이루는 예각의 크기를 θ라 할 때, $\cos\theta$의 값은?

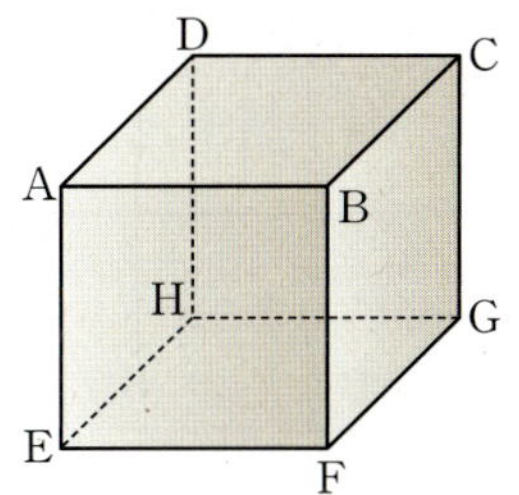

① $\frac{1}{3}$ ② $\frac{\sqrt{2}}{3}$ ③ $\frac{\sqrt{3}}{3}$
④ $\frac{2}{3}$ ⑤ $\frac{\sqrt{5}}{3}$

457

그림과 같은 정육면체에서 두 직선 AG, BD가 이루는 각의 크기는?

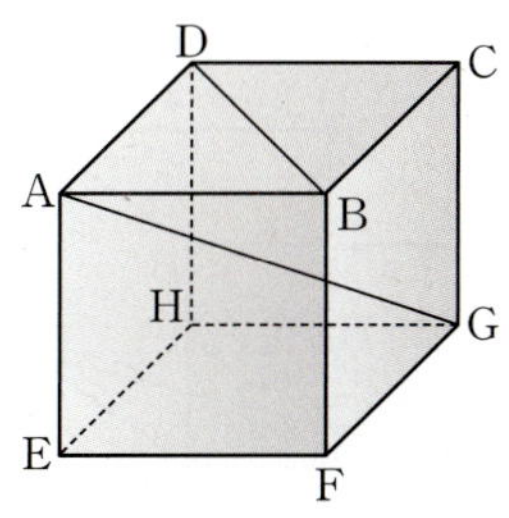

① 15° ② 30° ③ 45°
④ 60° ⑤ 90°

458 서술형

그림과 같은 정사면체에서 직선 AB와 직선 CD가 이루는 각의 크기를 구하고, 그 과정을 서술하시오.

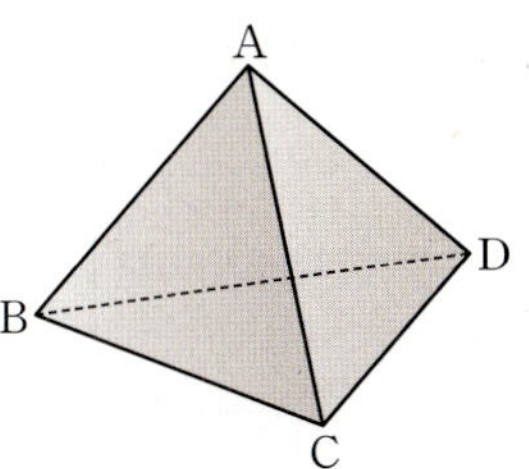

유형 05 삼수선의 정리

세 가지 삼수선의 정리 중 하나를 이용하는 문제를 분류하였다.

유형해결 TIP

특히, 그림과 같이 평면 α 위의 직선 l과 평면 밖의 점 P에 대하여 점 P에서 평면 α에 내린 수선의 발을 H, 점 P에서 직선 l에 내린 수선의 발을 M이라 할 때, 삼각형 PHM은 직각삼각형임을 이용하여 선분 PM의 길이를 구할 수 있고, 이는 점 P와 직선 l 사이의 거리이다.

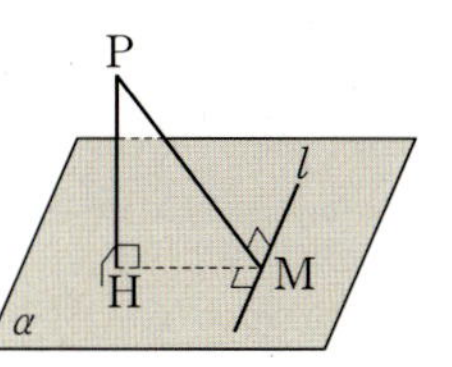

459

그림과 같이 평면 α 위에 있지 않은 한 점 P에서 평면 α에 내린 수선의 발을 H라 하고, 점 H에서 평면 α 위의 직선 l에 내린 수선의 발을 A라 하자. $\overline{PH}=2$, $\overline{AH}=1$이고, 직선 l 위의 한 점 B에 대하여 $\overline{PB}=5$일 때, 선분 AB의 길이는?

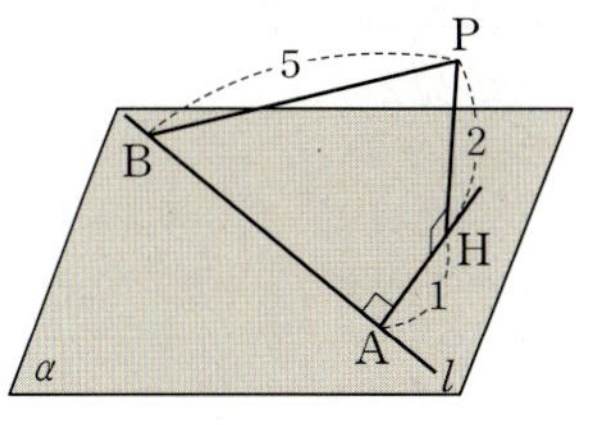

① 2 ② $2\sqrt{2}$ ③ $2\sqrt{3}$
④ 4 ⑤ $2\sqrt{5}$

460 빈출

그림과 같이 평면 α 위에 있지 않은 한 점 P에서 α에 내린 수선의 발을 O, 점 O에서 평면 α 위의 선분 AB에 내린 수선의 발을 H라 하면 $\overline{OP}=6$, $\overline{OH}=4$, $\overline{AH}=2\sqrt{2}$일 때, 선분 AP의 길이는?

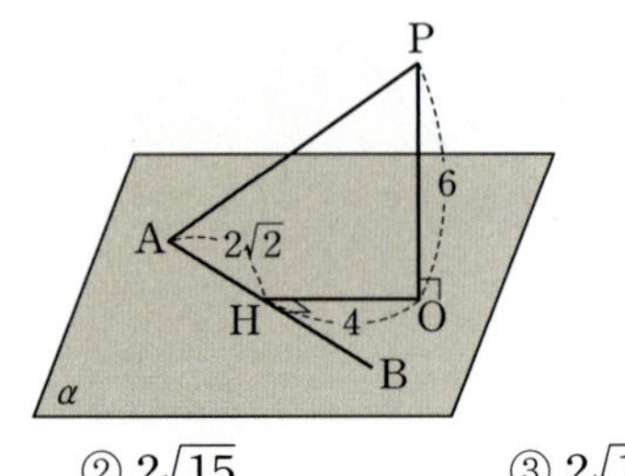

① $2\sqrt{13}$ ② $2\sqrt{15}$ ③ $2\sqrt{17}$
④ $4\sqrt{13}$ ⑤ $4\sqrt{15}$

461

그림과 같이 평면 α 위에 있지 않은 한 점 P에서 평면 α에 내린 수선의 발을 O라 하고, 점 P에서 평면 α 위의 직선 AB에 내린 수선의 발을 Q라 하자. $\overline{PO}=4$, $\overline{PQ}=5$, $\overline{AQ}=3$일 때, 선분 OA의 길이는?

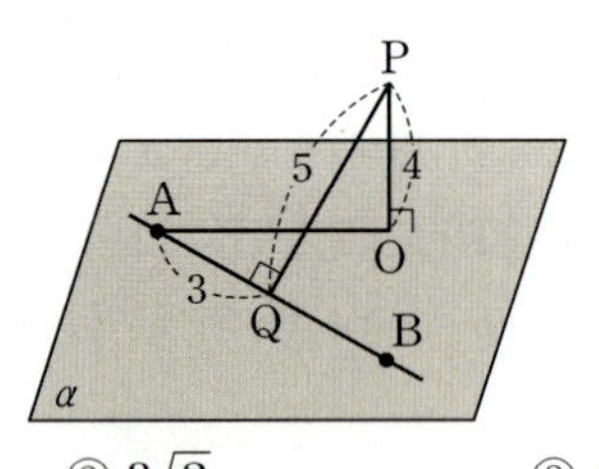

① 3 ② $3\sqrt{2}$ ③ 4
④ $4\sqrt{2}$ ⑤ 5

462

그림과 같이 평면 α 위의 서로 다른 두 점 A, B와 평면 α 밖의 한 점 P가 있다. 점 P에서 평면 α에 내린 수선의 발 H에 대하여 $\overline{PH}=2$, $\overline{AB}=\overline{AP}=4$, $\overline{AB}\perp\overline{AP}$일 때, 삼각형 ABH의 넓이는?

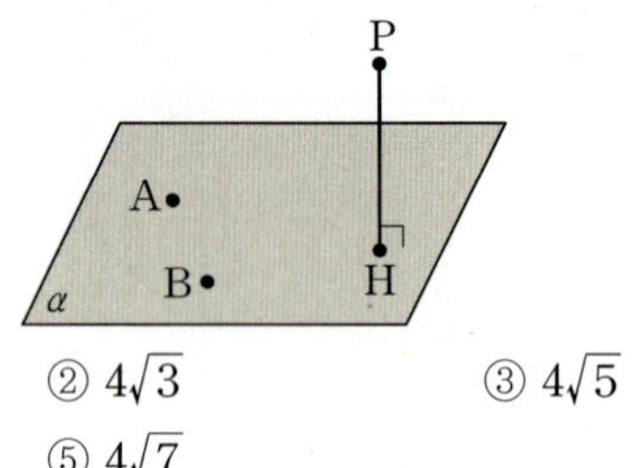

① $4\sqrt{2}$ ② $4\sqrt{3}$ ③ $4\sqrt{5}$
④ $4\sqrt{6}$ ⑤ $4\sqrt{7}$

463 빈출

그림과 같이 $\overline{AD}=3$, $\overline{AE}=3$, $\overline{CD}=4$인 직육면체가 있다. 점 D에서 선분 EG에 내린 수선의 발을 I라 할 때, 선분 DI의 길이를 구하시오.

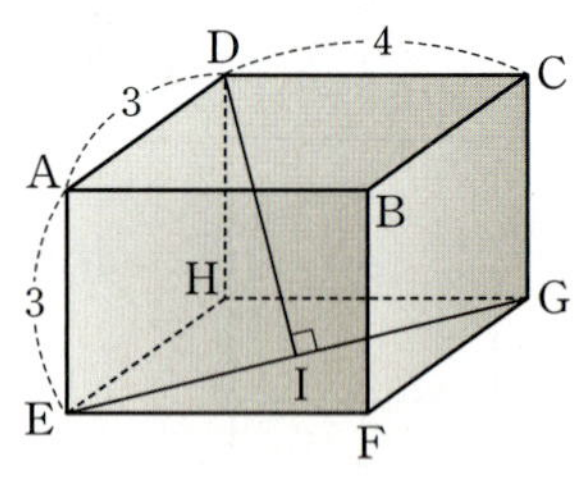

유형06 이면각

두 평면이 이루는 각을 구하는 문제를 분류하였다.

유형 해결 TIP

주어진 두 평면의 교선을 먼저 찾고, 그 교선 위의 한 점을 지나고 교선에 수직이면서 두 평면에 각각 포함되는 직선을 잡아 두 직선이 이루는 각의 크기를 구한다.

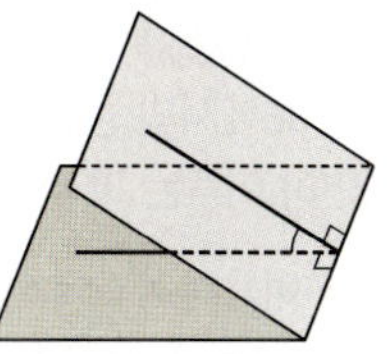

특히, 입체도형에서 교선이 바로 보이지 않는 경우 평행이동하여도 이면각의 크기는 같으므로 교선이 보이도록 한 평면을 평행이동 하자.

464

그림과 같이 $\overline{AB}=\sqrt{3}$, $\overline{BC}=2$인 정사각뿔에서 밑면과 옆면이 이루는 예각의 크기는?

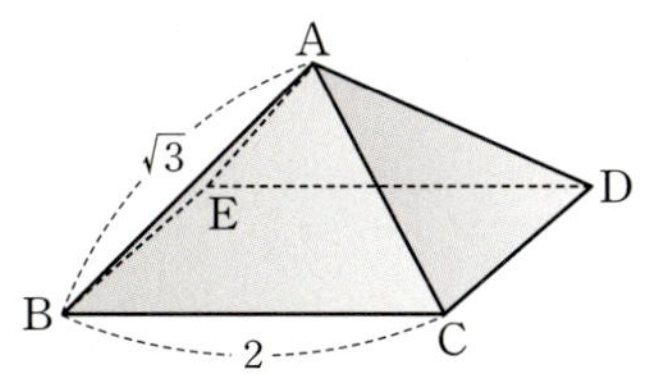

① 15° ② 30° ③ 45°
④ 60° ⑤ 75°

465 빈출

그림과 같은 정육면체에서 평면 AFH와 평면 EFGH가 이루는 예각의 크기를 θ라 할 때, $\cos\theta$의 값은?

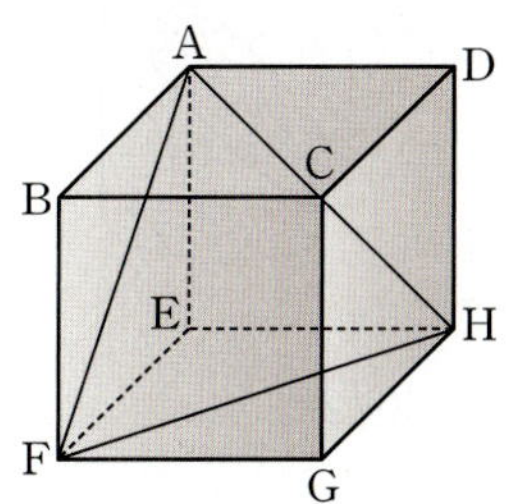

① $\frac{1}{3}$ ② $\frac{1}{2}$ ③ $\frac{\sqrt{3}}{3}$
④ $\frac{\sqrt{2}}{2}$ ⑤ $\frac{\sqrt{3}}{2}$

466 빈출

정사면체에서 두 면이 이루는 예각의 크기를 θ라 할 때, $\cos\theta$의 값은?

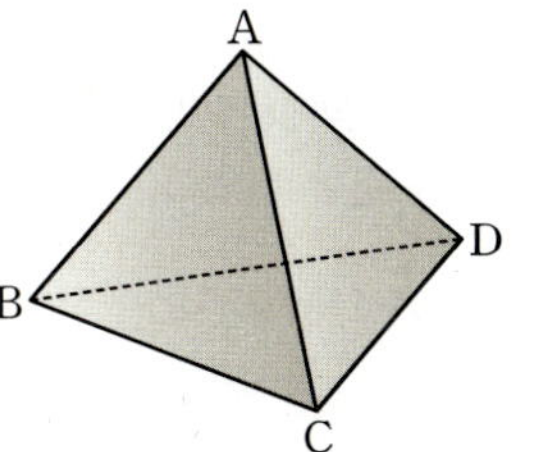

① $\frac{1}{3}$ ② $\frac{1}{2}$ ③ $\frac{\sqrt{3}}{3}$
④ $\frac{2}{3}$ ⑤ $\frac{\sqrt{6}}{3}$

유형07 직선과 평면이 이루는 각

직선과 평면이 이루는 각의 크기를 구하는 문제를 분류하였다.

유형 해결 TIP

직선 l이 평면 α와 점 O에서 만나고, 직선 l 위의 임의의 한 점 A에서 평면 α에 내린 수선의 발이 B일 때, 직선 l과 평면 α가 이루는 각의 크기 $\theta=\angle AOB$ $(0^\circ<\theta<90^\circ)$이고, 이때 $\cos\theta=\frac{\overline{BO}}{\overline{AO}}$이다.

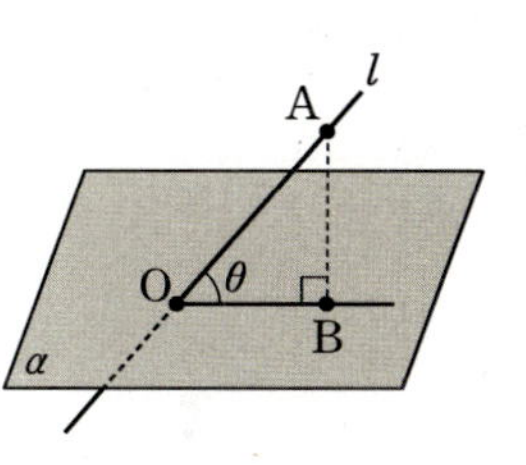

467

그림과 같이 $\overline{AB}=\overline{BF}=1$, $\overline{AD}=\sqrt{2}$인 직육면체에서 대각선 AG가 평면 EFGH와 이루는 예각의 크기는?

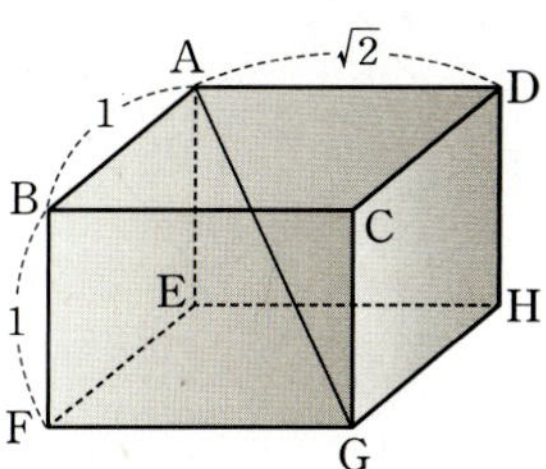

① 15° ② 30° ③ 45°
④ 60° ⑤ 75°

유형 08 정사영의 길이

선분의 정사영의 길이를 구하는 문제를 분류하였다.

유형 해결 TIP

평면에 수직이 아닌 선분의 정사영은 선분이므로 선분이 평면과 만나는 점 또는 선분의 양 끝점에서 평면에 내린 수선의 발을 연결하여 선분의 정사영을 구할 수 있다.

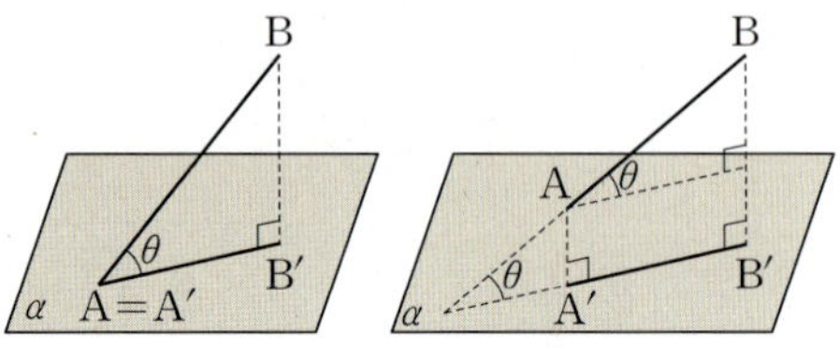

따라서 그림과 같이 선분 AB의 정사영은 선분 A′B′이고, 직선 AB가 평면과 이루는 각의 크기를 θ $(0^\circ \le \theta \le 90^\circ)$라 할 때, 정사영의 길이를 $\overline{\mathrm{A'B'}} = \overline{\mathrm{AB}} \cos\theta$로 구할 수 있다.

468

길이가 6인 선분 AB의 평면 α 위로의 정사영이 선분 A′B′이고, 직선 AB와 평면 α가 이루는 각의 크기가 30°일 때, 선분 A′B′의 길이는?

① $\sqrt{2}$ ② 2 ③ 3
④ $3\sqrt{2}$ ⑤ $3\sqrt{3}$

469

그림과 같이 한 모서리의 길이가 3인 정사면체 ABCD에서 선분 AB의 평면 BCD 위로의 정사영의 길이는?

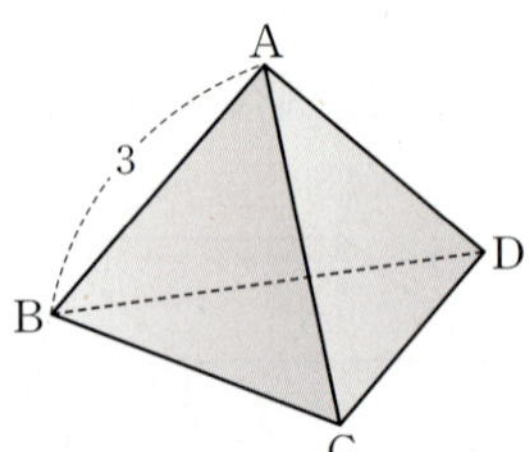

① $\frac{\sqrt{3}}{2}$ ② $\frac{3\sqrt{3}}{4}$ ③ $\sqrt{3}$
④ $\frac{5\sqrt{3}}{4}$ ⑤ $\frac{3\sqrt{3}}{2}$

유형 09 정사영의 넓이

도형의 정사영의 넓이를 구하는 문제, 정사영의 정의를 이용하여 두 평면이 이루는 각의 크기를 구하는 문제를 분류하였다.

유형 해결 TIP

유형 06에서의 방법으로 두 평면이 이루는 각을 구하기 힘들 경우, 두 평면이 이루는 각 θ $(0^\circ \le \theta \le 90^\circ)$를 도형의 넓이 S, 정사영의 넓이 S'을 이용하여 $\cos\theta = \frac{S'}{S}$으로 구할 수 있다.

470

두 평면 α, β가 이루는 각의 크기가 30°이고, 평면 α 위에 있는 도형 F의 평면 β 위로의 정사영을 F'이라 하자. 도형 F'의 넓이가 4일 때, 도형 F의 넓이를 구하시오.

471

그림과 같이 밑면의 반지름의 길이가 5이고 높이가 15인 원기둥을 밑면의 둘레의 한 점을 지나고 밑면과 45°의 각을 이루는 평면으로 자를 때 생기는 단면의 넓이는?

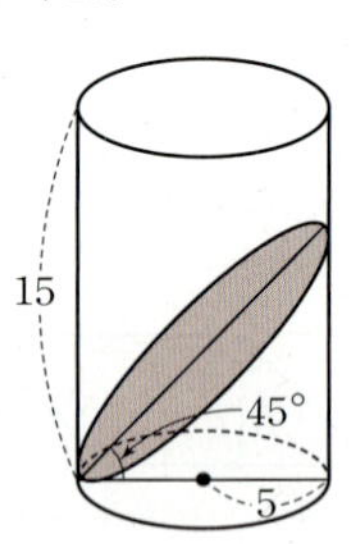

① $5\sqrt{2}\pi$ ② 25π ③ $25\sqrt{2}\pi$
④ 50π ⑤ $50\sqrt{2}\pi$

472

그림과 같이 반지름의 길이가 4인 반구에서 밑면인 원의 중심이 O이다. 반구의 밑면인 원의 둘레 위의 한 점 A를 지나고 밑면과 이루는 각의 크기가 30°인 평면으로 반구를 자를 때 생기는 단면의 밑면 위로의 정사영의 넓이는?

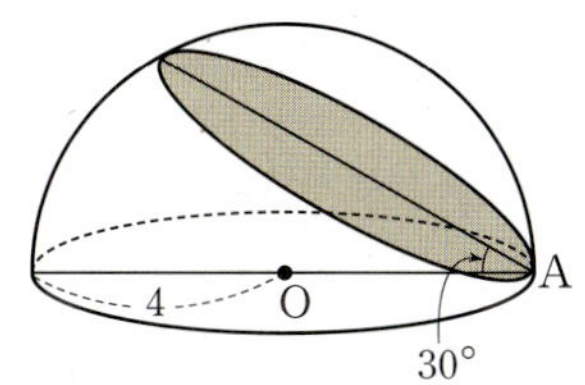

① 4π　② $4\sqrt{3}\pi$　③ 6π　④ $6\sqrt{3}\pi$　⑤ 8π

473 빈출

그림과 같이 한 모서리의 길이가 2인 정육면체에서 삼각형 FHE의 평면 BDE 위로의 정사영의 넓이는?

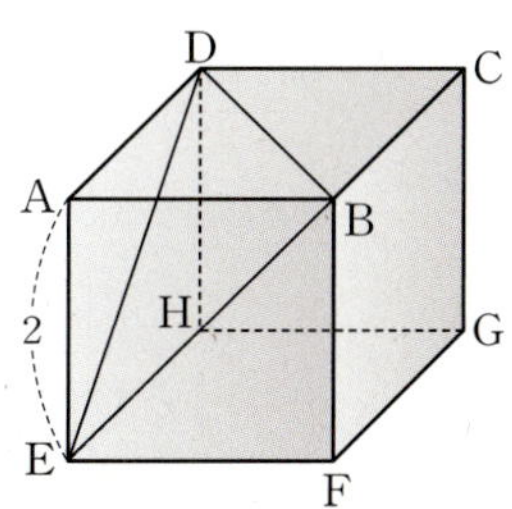

① $\frac{\sqrt{3}}{3}$　② $\frac{2\sqrt{3}}{3}$　③ $\sqrt{3}$　④ $\frac{4\sqrt{3}}{3}$　⑤ $\frac{5\sqrt{3}}{3}$

474 빈출

그림과 같이 옆면이 $\overline{AB}=6$, $\overline{BC}=3$인 이등변삼각형이고 밑면이 정사각형인 정사각뿔에 대하여 다음 물음에 답하시오.

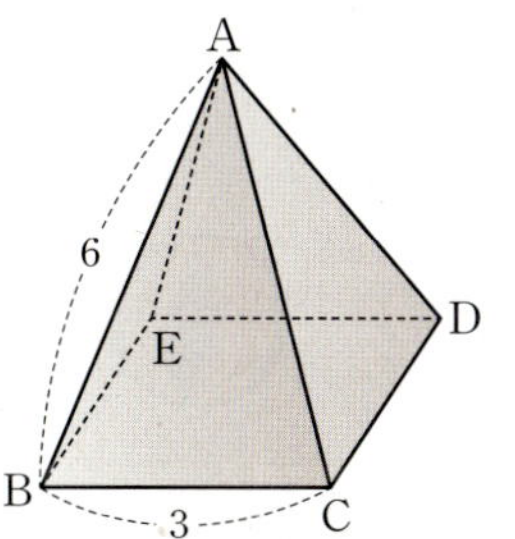

(1) 삼각형 ABC의 평면 BCDE 위로의 정사영의 넓이를 구하시오.

(2) 정사각형 BCDE의 평면 ABC 위로의 정사영의 넓이를 구하시오.

유형 10 그림자

정사영의 정의를 이용하여 그림자의 넓이를 구하는 문제를 분류하였다.

유형 해결 TIP

지면에 수직인 빛에 의해 생기는 그림자(❶)는 정사영으로 해석하면 되지만 물체에 수직인 빛에 의해 생기는 그림자(❷)는 정사영의 개념을 역으로 이용한다.

즉, 빛의 방향에 따라 정사영의 넓이에 관한 식 $S'=S\cos\theta\ (0^\circ\le\theta\le 90^\circ)$에서 그림자의 넓이는 S'이 될 수도, S가 될 수도 있음에 주의하자.

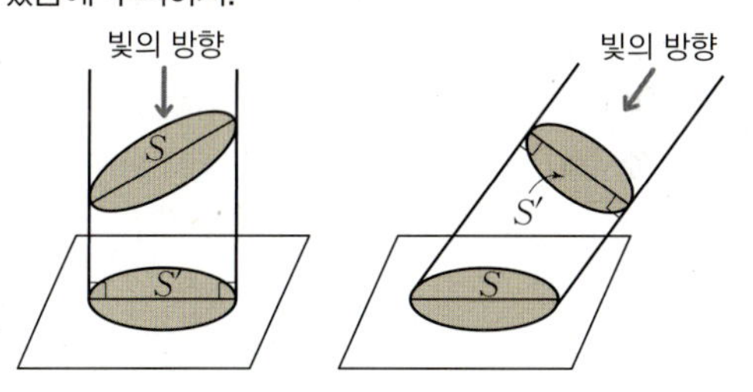

475

그림과 같이 넓이가 $16\ m^2$인 차광막에 햇빛이 수직으로 비출 때 생기는 그림자의 넓이가 $24\ m^2$이다. 지면과 차광막이 이루는 예각의 크기를 θ라 할 때, $\cos\theta$의 값은?

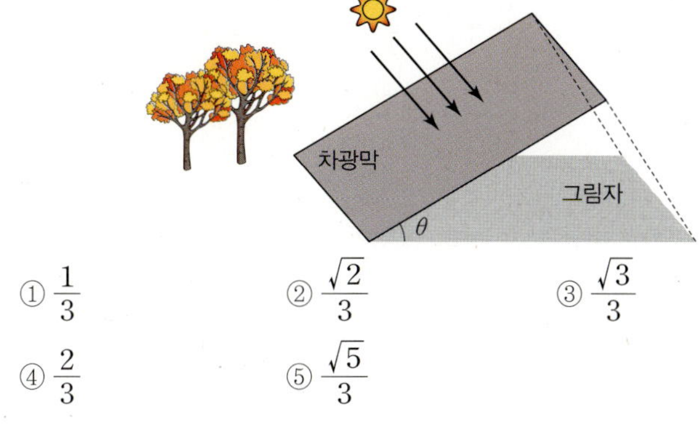

① $\frac{1}{3}$　② $\frac{\sqrt{2}}{3}$　③ $\frac{\sqrt{3}}{3}$　④ $\frac{2}{3}$　⑤ $\frac{\sqrt{5}}{3}$

476 빈출

그림과 같이 반지름의 길이가 3 m인 구 모양의 풍선이 공중에 떠 있다. 태양광선이 지면과 60°의 각을 이루면서 풍선을 비출 때, 지면 위에 생기는 풍선의 그림자의 넓이는 $S\ \mathrm{m}^2$이다. S의 값은?

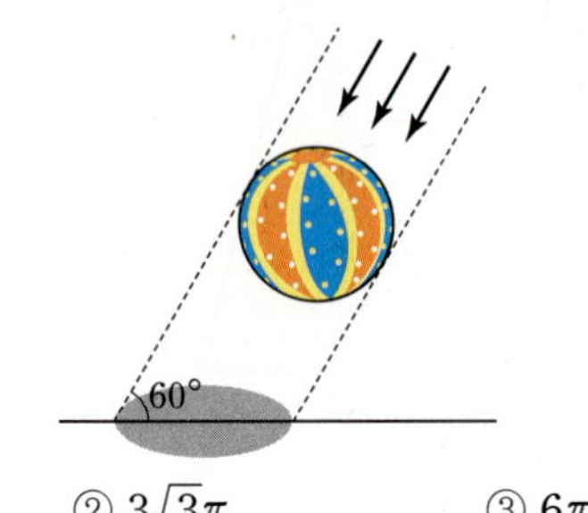

① 3π ② $3\sqrt{3}\pi$ ③ 6π
④ $6\sqrt{3}\pi$ ⑤ 9π

477 교육청기출

반지름의 길이가 1, 중심이 O인 원을 밑면으로 하고 높이가 $2\sqrt{2}$인 원뿔이 평면 α 위에 놓여있다. 그림과 같이 태양광선이 평면 α에 수직인 방향으로 비출 때, 원뿔의 밑면에 의해 평면 α에 생기는 그림자의 넓이는? (단, 원뿔의 한 모선이 평면 α에 포함된다.)

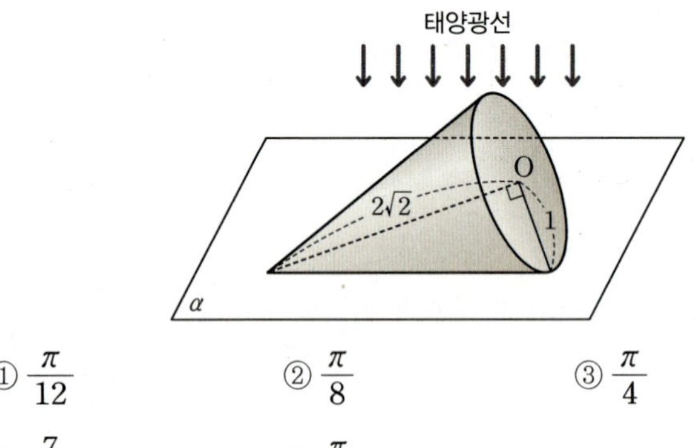

① $\frac{\pi}{12}$ ② $\frac{\pi}{8}$ ③ $\frac{\pi}{4}$
④ $\frac{7}{24}\pi$ ⑤ $\frac{\pi}{3}$

유형 11 수학 I, 미적분 통합 유형

〈기하〉의 선수학습 과목은 〈수학〉 뿐이므로 〈수학 I〉, 〈미적분〉에서 학습한 내용이 포함된 문제를 따로 분류하였다. 따라서 위 과목들을 학습한 학생만 이 유형의 문제를 풀어 보자.

478

정팔면체의 이웃하는 두 면이 이루는 각의 크기를 θ라 할 때, $\cos^2\theta$의 값은?

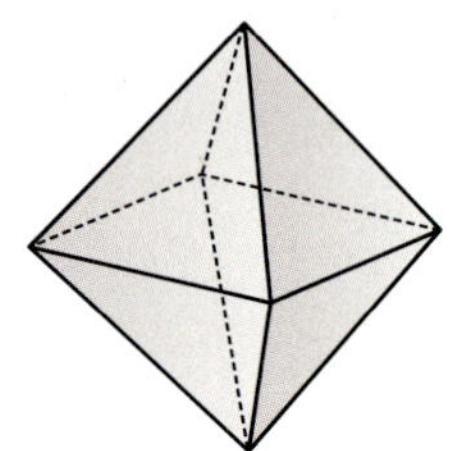

① $\frac{1}{9}$ ② $\frac{2}{9}$ ③ $\frac{1}{3}$
④ $\frac{4}{9}$ ⑤ $\frac{5}{9}$

유형01 평면의 결정조건

479

공간에서 어느 세 점도 한 직선 위에 있지 않은 서로 다른 5개의 점이 있다. 이 5개의 점 중 임의로 선택한 3개의 점에 의하여 결정되는 서로 다른 평면의 개수의 최솟값을 m, 최댓값을 M이라 할 때, $M+m$의 값은?

① 6 ② 9 ③ 11
④ 14 ⑤ 16

480

다음 입체도형의 각 꼭짓점으로 만들 수 있는 서로 다른 평면의 개수를 구하시오.

(1) 오각뿔
(2) 직육면체

481

그림과 같은 정팔면체의 6개의 꼭짓점으로 결정할 수 있는 서로 다른 평면의 개수는?

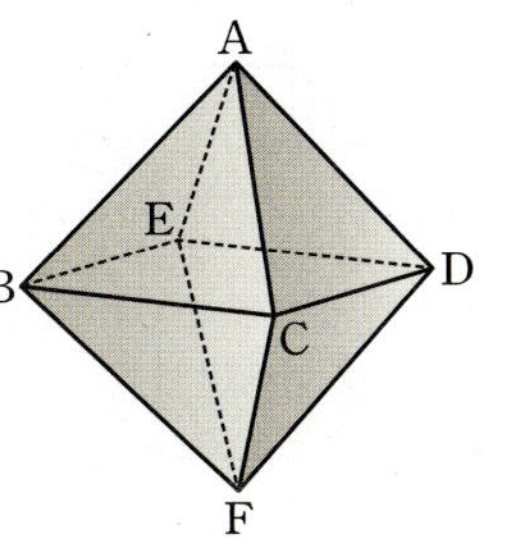

① 8 ② 9 ③ 10
④ 11 ⑤ 12

유형02 직선과 평면의 위치 관계

482

평가원기출

사면체 ABCD의 면 ABC, ACD의 무게중심을 각각 P, Q라 하자. 〈보기〉에서 두 직선이 꼬인 위치에 있는 것만을 있는 대로 고른 것은?

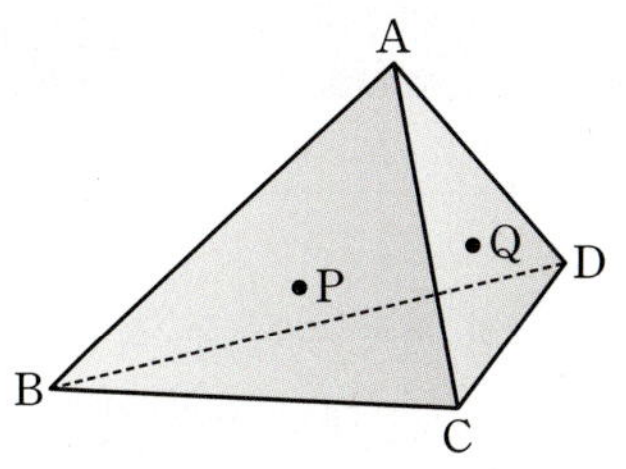

보기

ㄱ. 직선 CD와 직선 BQ
ㄴ. 직선 AD와 직선 BC
ㄷ. 직선 PQ와 직선 BD

① ㄴ ② ㄷ ③ ㄱ, ㄴ
④ ㄱ, ㄷ ⑤ ㄱ, ㄴ, ㄷ

483

그림과 같은 정육면체에 대하여 〈보기〉에서 옳은 것만을 있는 대로 고른 것은?

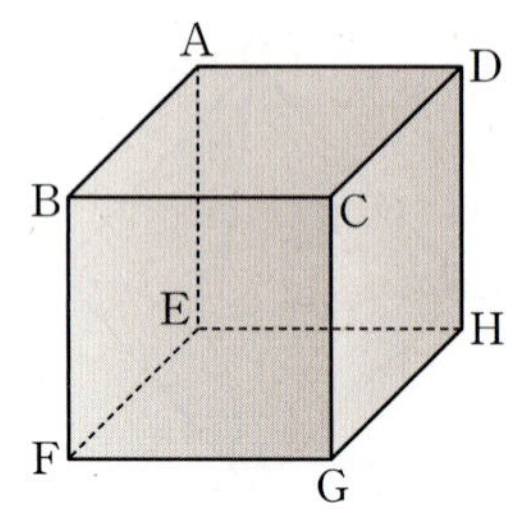

보기

ㄱ. 선분 BG와 꼬인 위치에 있는 모서리는 6개이다.
ㄴ. 모서리 중 어느 두 개를 선택할 때, 서로 평행한 것은 모두 18쌍이다.
ㄷ. 모서리 중 어느 두 개를 선택할 때, 꼬인 위치에 있는 것은 모두 24쌍이다.

① ㄴ ② ㄱ, ㄴ ③ ㄱ, ㄷ
④ ㄴ, ㄷ ⑤ ㄱ, ㄴ, ㄷ

유형 03 직선과 평면의 평행과 수직

484 빈출

서로 다른 두 평면 α, β와 서로 다른 두 직선 l, m에 대하여 〈보기〉에서 옳은 것만을 있는 대로 고른 것은?

보기

ㄱ. $l \perp \alpha$, $l \perp \beta$이면 $\alpha /\!/ \beta$이다.
ㄴ. $l /\!/ \alpha$, $m /\!/ \alpha$이면 $l /\!/ m$이다.
ㄷ. $l /\!/ \alpha$, $l /\!/ \beta$이면 $\alpha /\!/ \beta$이다.

① ㄱ ② ㄴ ③ ㄱ, ㄷ
④ ㄴ, ㄷ ⑤ ㄱ, ㄴ, ㄷ

485

다음 중 옳지 않은 것은?

① 직선 l과 평면 α가 평행할 때, 직선 l을 포함하는 평면 β와 평면 α의 교선 m은 직선 l과 평행하다.
② 평면 α와 한 점 O에서 만나는 직선 l이 평면 α 위에서 만나는 서로 다른 두 직선 m, n과 수직이면 직선 l은 평면 α와 수직이다.
③ 평면 α 위에 있지 않은 한 점 P를 지나고 평면 α에 평행한 두 직선 l, m을 포함하는 평면 β는 α와 평행하다.
④ 서로 다른 세 평면 α, β, γ에 대하여 두 평면 α, β의 교선을 l, 두 평면 β, γ의 교선을 m, 두 평면 γ, α의 교선을 n이라 하면 세 직선 l, m, n은 모두 평행하다.
⑤ 두 평면 α, β의 교선 l에 평행한 평면 γ가 평면 α, β와 각각 직선 m, n에서 만나면 두 직선 m, n은 평행하다.

486 서술형

그림과 같이 평면 α와 한 점 O에서 만나는 직선 l이 있다. 이때, 직선 l이 점 O에서 만나는 평면 α 위의 서로 다른 두 직선 m, n과 서로 수직이면 직선 l과 평면 α는 서로 수직임을 증명하시오.

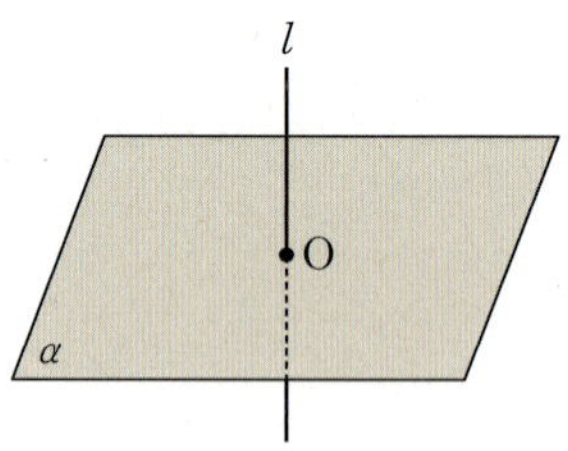

487

그림과 같이 한 모서리의 길이가 3인 정육면체가 있다. 점 E에서 선분 BD에 내린 수선의 발을 I라 하고, 점 A에서 선분 EI에 내린 수선의 발을 J라 할 때, 선분 IJ의 길이는?

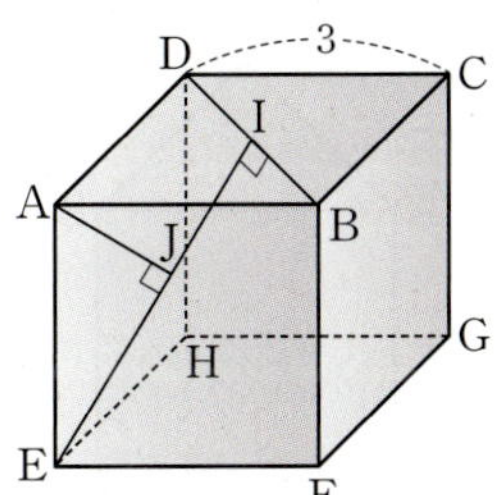

① $\frac{\sqrt{6}}{6}$ ② $\frac{\sqrt{6}}{3}$ ③ $\frac{\sqrt{6}}{2}$
④ $\frac{2\sqrt{6}}{3}$ ⑤ $\frac{5\sqrt{6}}{6}$

488

교육청기출

한 모서리의 길이가 3인 정육면체 ABCD−EFGH가 있다. 선분 AG를 1 : 2로 내분하는 점을 I라 할 때, 선분 FI의 길이는?

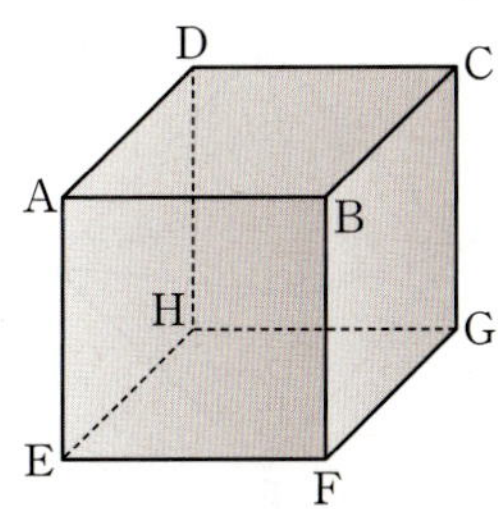

① 3 ② $2\sqrt{3}$ ③ $\sqrt{15}$
④ $3\sqrt{2}$ ⑤ $\sqrt{21}$

489

그림은 $\overline{AB}=6\sqrt{3}$, $\overline{BC}=6$인 직사각형 ABCD에서 대각선 BD를 접는 선으로 하여 평면 ABD와 평면 BCD가 수직이 되도록 접어서 만든 도형이다. 선분 AC의 길이는?

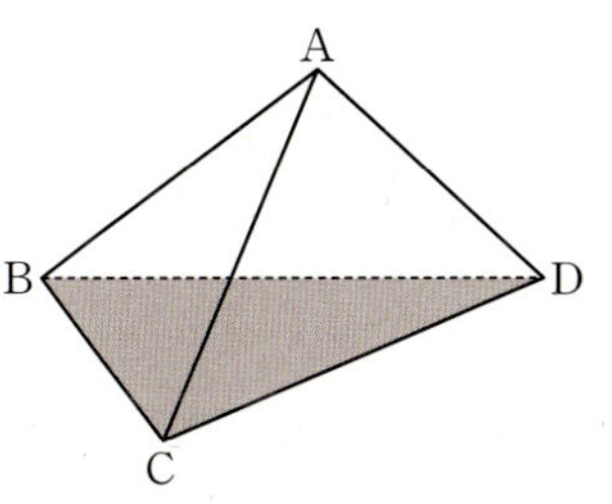

① $2\sqrt{10}$ ② $3\sqrt{5}$ ③ $4\sqrt{5}$
④ $3\sqrt{10}$ ⑤ $5\sqrt{5}$

490

그림과 같이 $\overline{AC}=\overline{BD}=3$인 사면체 ABCD를 직선 AC와 직선 BD에 평행한 평면으로 자를 때 생기는 단면은 사각형이다. 이 사각형의 둘레의 길이는?

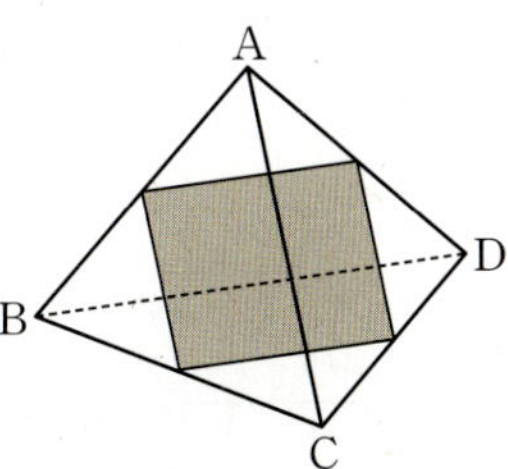

① 4 ② 6 ③ 8
④ 10 ⑤ 12

유형04 꼬인 위치에 있는 두 직선이 이루는 각

491 빈출

그림과 같이 한 모서리의 길이가 2인 정사각뿔 A−BCDE와 한 모서리의 길이가 2인 정육면체 BCDE−FGHI가 면 BCDE를 공유하고 있다. 직선 AB와 직선 FH가 이루는 예각의 크기를 α, 직선 AB와 직선 HI가 이루는 예각의 크기를 β라 할 때, $\cos^2\alpha+\cos^2\beta$의 값은?

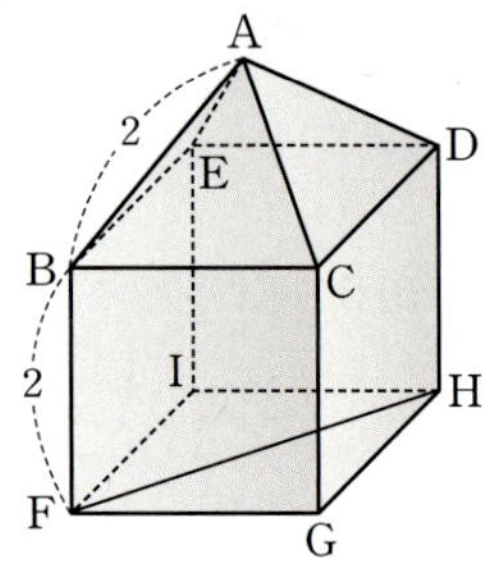

① $\frac{1}{2}$　② $\frac{3}{4}$　③ 1　④ $\frac{5}{4}$　⑤ $\frac{3}{2}$

492 빈출

그림과 같은 정육면체에서 선분 AC의 중점을 M이라 하자. 직선 MF와 직선 CD가 이루는 예각의 크기를 θ라 할 때, $\cos\theta$의 값은?

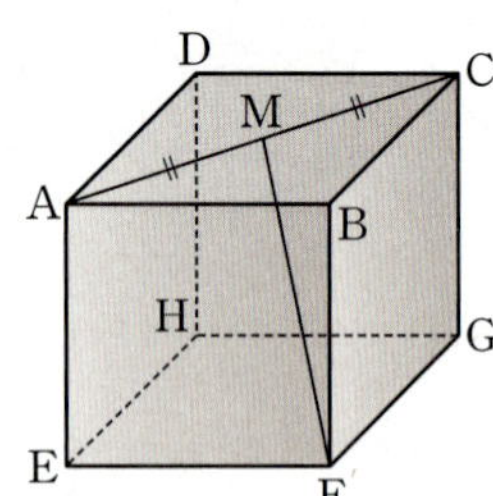

① $\frac{\sqrt{3}}{6}$　② $\frac{1}{3}$　③ $\frac{\sqrt{2}}{4}$　④ $\frac{\sqrt{6}}{6}$　⑤ $\frac{\sqrt{3}}{4}$

493

밑면이 정삼각형이고 옆면이 모두 정사각형인 그림과 같은 삼각기둥에서 직선 AC와 직선 BF가 이루는 예각의 크기를 θ라 할 때, $\cos\theta$의 값은?

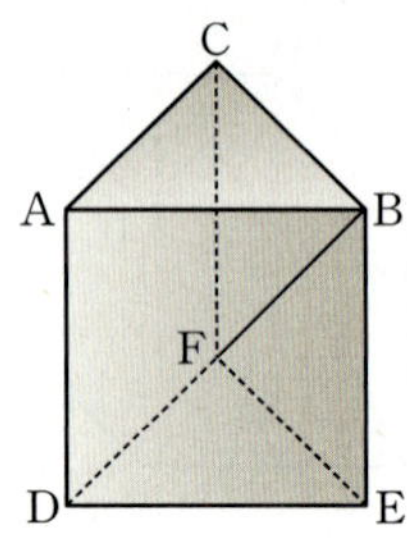

① $\frac{1}{4}$　② $\frac{\sqrt{2}}{4}$　③ $\frac{\sqrt{3}}{4}$　④ $\frac{1}{2}$　⑤ $\frac{\sqrt{5}}{4}$

494

그림과 같은 정팔면체에서 직선 AB와 직선 CF가 이루는 각의 크기를 α, 직선 AB와 직선 CE가 이루는 각의 크기를 β라 할 때, $\sin^2\alpha+\sin^2\beta$의 값은?

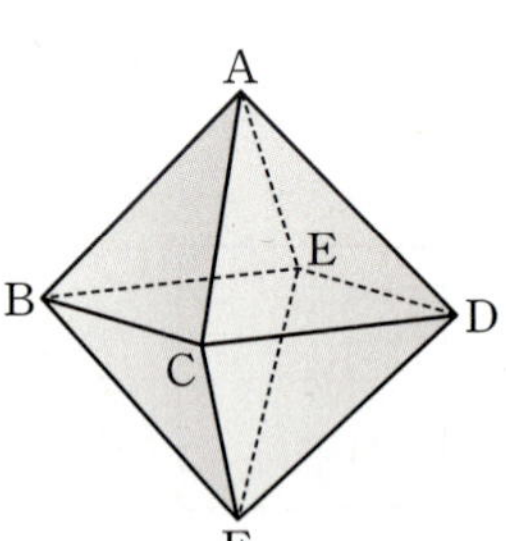

① $\frac{3}{4}$　② 1　③ $\frac{5}{4}$　④ $\frac{3}{2}$　⑤ $\frac{7}{4}$

495

평가원기출

그림은 $\overline{AC}=\overline{AE}=\overline{BE}$이고
$\angle DAC=\angle CAB=90°$인 사면체의 전개도이다.

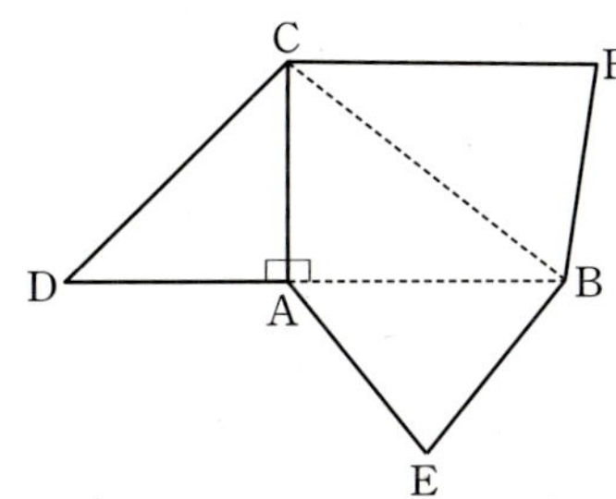

이 전개도로 사면체를 만들 때, 세 점 D, E, F가 합쳐지는 점을 P라 하자. 사면체 PABC에 대하여 〈보기〉에서 옳은 것만을 있는 대로 고른 것은?

보기

ㄱ. $\overline{CP}=\sqrt{2}\times\overline{BP}$
ㄴ. 직선 AB와 직선 CP는 꼬인 위치에 있다.
ㄷ. 선분 AB의 중점을 M이라 할 때, 직선 PM과 직선 BC는 서로 수직이다.

① ㄱ　② ㄷ　③ ㄱ, ㄴ
④ ㄴ, ㄷ　⑤ ㄱ, ㄴ, ㄷ

496

한 모서리의 길이가 2인 정사면체에서 꼬인 위치에 있는 두 모서리 사이의 거리는?

① $\frac{\sqrt{2}}{2}$　② $\frac{\sqrt{3}}{2}$　③ 1
④ $\sqrt{2}$　⑤ $\sqrt{3}$

497

그림과 같이 한 모서리의 길이가 2인 정육면체에서 점 P는 선분 BD 위에 있고, 점 Q는 선분 AG 위에 있다. 선분 PQ가 두 선분 BD, AG에 각각 수직일 때, 선분 PQ의 길이를 구하시오.

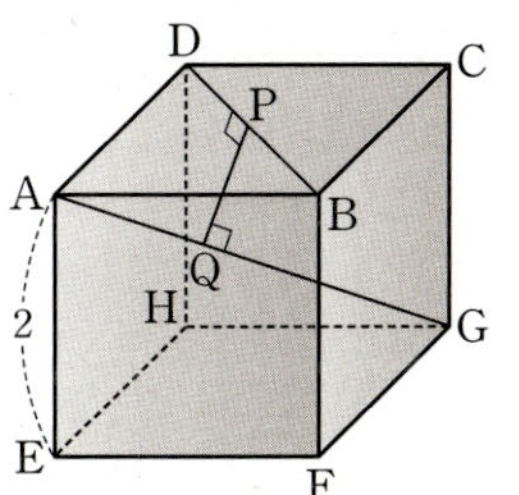

유형 05 삼수선의 정리

498 서술형

다음은 '삼수선의 정리'에 대한 내용이다. 빈칸에 들어갈 식을 쓰고 증명하시오.

평면 α 위에 있지 않은 한 점 P와 α 위의 직선 l, l 위의 한 점 A, l 위에 있지 않은 α 위의 한 점 O에 대하여
(1) $\overline{PO}\perp\alpha$, $\overline{OA}\perp l$이면 ☐이다.
(2) $\overline{PA}\perp l$, $\overline{OA}\perp l$, $\overline{PO}\perp\overline{OA}$이면 ☐이다.

499

교육청기출

공간에서 평면 α 위에 세 변의 길이가 $\overline{AB}=\overline{AC}=10$, $\overline{BC}=12$인 삼각형 ABC가 있다. 점 A를 지나고 평면 α에 수직인 직선 l 위의 점 D에 대하여 $\overline{AD}=6$이 되도록 점 D를 잡을 때, 삼각형 DBC의 넓이를 구하시오.

500

선생님 Pick! 평가원기출

평면 α 위에 있는 서로 다른 두 점 A, B를 지나는 직선을 l이라 하고, 평면 α 위에 있지 않은 점 P에서 평면 α에 내린 수선의 발을 H라 하자. $\overline{AB}=\overline{PA}=\overline{PB}=6$, $\overline{PH}=4$일 때, 점 H와 직선 l 사이의 거리는?

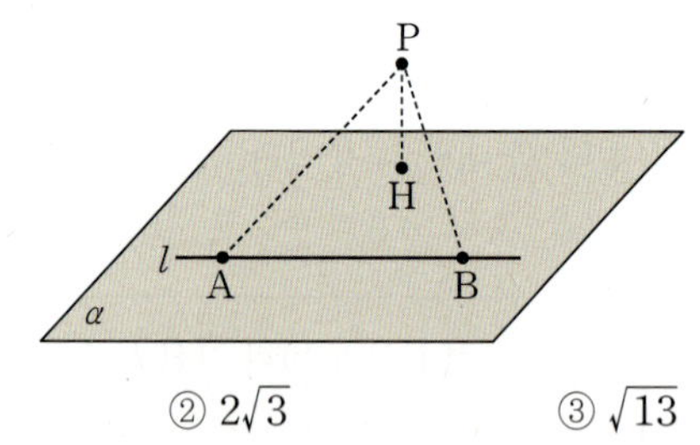

① $\sqrt{11}$ ② $2\sqrt{3}$ ③ $\sqrt{13}$
④ $\sqrt{14}$ ⑤ $\sqrt{15}$

501

평가원기출

평면 α 위에 $\angle A=90°$이고 $\overline{BC}=6$인 직각이등변삼각형 ABC가 있다. 평면 α 밖의 한 점 P에서 이 평면까지의 거리가 4이고, 점 P에서 평면 α에 내린 수선의 발이 점 A일 때, 점 P에서 직선 BC까지의 거리는?

① $3\sqrt{2}$ ② 5 ③ $3\sqrt{3}$
④ $4\sqrt{2}$ ⑤ 6

502

그림과 같이 평면 α 위에 있지 않은 한 점 P에서 평면 α에 내린 수선의 발을 O라 하고, 점 O에서 평면 α 위의 선분 AB에 내린 수선의 발을 H라 하자. $\angle PAO=45°$, $\angle PHO=60°$, $\overline{OA}=2$일 때, 삼각형 PHA의 넓이는?

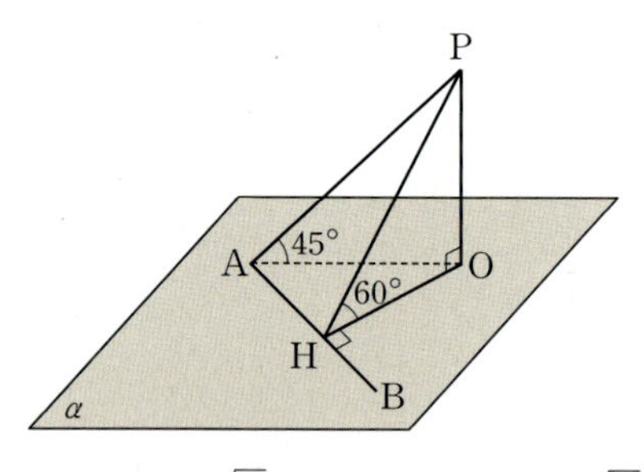

① $\frac{2\sqrt{2}}{3}$ ② $\frac{2\sqrt{3}}{3}$ ③ $\frac{2\sqrt{6}}{3}$
④ $\frac{4\sqrt{2}}{3}$ ⑤ $\frac{4\sqrt{3}}{3}$

503

그림과 같이 $\overline{AB}\perp\overline{BC}$, $\overline{AD}\perp\overline{BD}$, $\overline{AD}\perp\overline{CD}$인 사면체 ABCD에서 $\angle ACB=60°$이다. $\overline{BC}=2$, $\overline{CD}=3$일 때, 사면체 ABCD의 부피는?

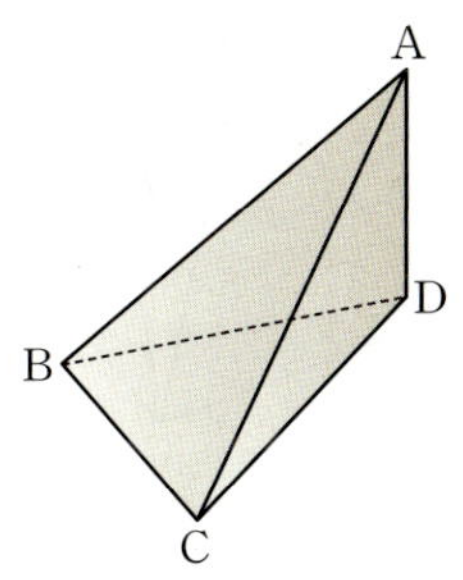

① $\frac{\sqrt{30}}{4}$ ② $\frac{\sqrt{35}}{4}$ ③ $\frac{\sqrt{10}}{2}$

④ $\frac{\sqrt{30}}{3}$ ⑤ $\frac{\sqrt{35}}{3}$

504 빈출

그림과 같이 한 모서리의 길이가 4인 정육면체에서 선분 EF의 중점을 M, 꼭짓점 D에서 선분 GM에 내린 수선의 발을 I라 할 때, 선분 DI의 길이는?

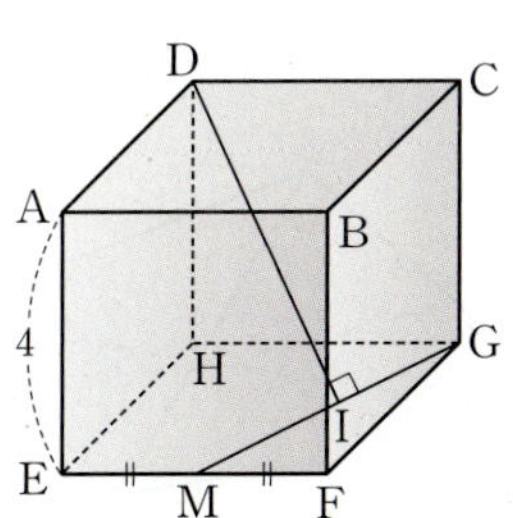

① $\frac{6\sqrt{5}}{5}$ ② $\frac{8\sqrt{5}}{5}$ ③ $2\sqrt{5}$

④ $\frac{12\sqrt{5}}{5}$ ⑤ $\frac{14\sqrt{5}}{5}$

505

그림과 같이 한 모서리의 길이가 4인 정육면체에서 선분 AE 위의 점 I가 $\overline{EI}=3$, 선분 EF 위의 점 J가 $\overline{EJ}=1$을 만족시킬 때, 점 I와 직선 HJ 사이의 거리는?

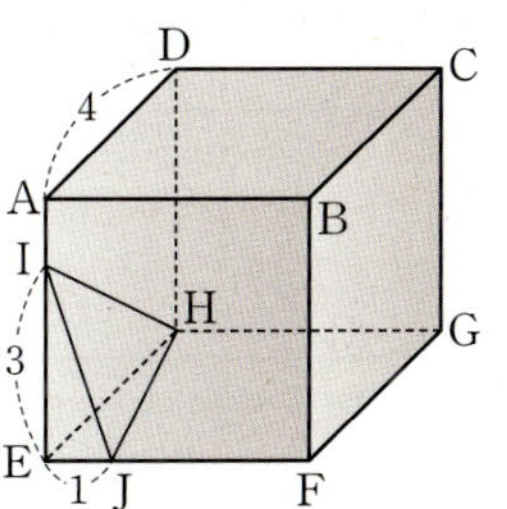

① $\frac{11\sqrt{17}}{17}$ ② $\frac{13\sqrt{17}}{17}$ ③ $\frac{15\sqrt{17}}{17}$

④ $\frac{11\sqrt{15}}{15}$ ⑤ $\frac{13\sqrt{15}}{15}$

506 평가원기출

좌표공간에 서로 수직인 두 평면 α와 β가 있다. 평면 α 위의 두 점 A, B에 대하여 $\overline{AB}=3\sqrt{5}$이고 직선 AB는 평면 β에 평행하다. 점 A와 평면 β 사이의 거리가 2이고, 평면 β 위의 점 P와 평면 α 사이의 거리는 4일 때, 삼각형 PAB의 넓이를 구하시오.

507 빈출

그림과 같이 서로 수직인 두 평면 α, β의 교선 l 위에 각각 두 직선 m, n이 있다. 두 직선 m, n이 직선 l 위의 점 P에서 만나고 직선 l과 이루는 각의 크기는 각각 60°, 30°이다. 두 직선 m, n이 이루는 예각의 크기를 θ라 할 때, $\cos\theta$의 값은?

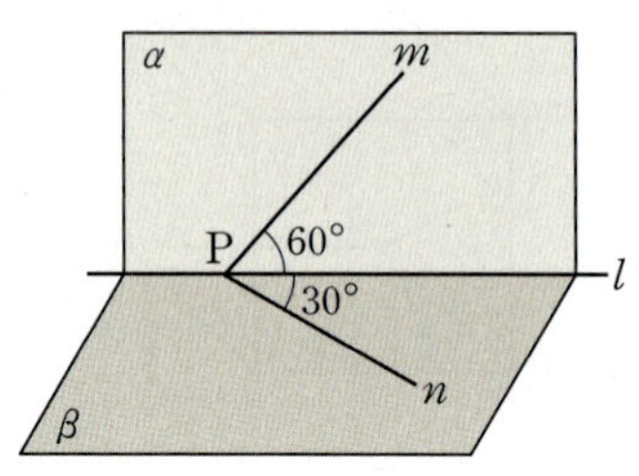

① $\frac{1}{4}$ ② $\frac{\sqrt{2}}{4}$ ③ $\frac{\sqrt{3}}{4}$
④ $\frac{1}{2}$ ⑤ $\frac{\sqrt{5}}{4}$

유형 06 이면각

508 빈출

서로 다른 세 평면 α, β, γ와 서로 다른 두 직선 l, m에 대하여 다음 중 옳은 것을 모두 고르면? (정답 2개)

① $\alpha\perp\beta$, $\beta\perp\gamma$이면 $\alpha /\!/ \gamma$이다.
② $l /\!/ \alpha$, $l\perp\beta$이면 $\alpha\perp\beta$이다.
③ $l /\!/ \alpha$, $\alpha\perp\beta$이면 $l\perp\beta$이다.
④ 직선 l이 평면 α와 수직일 때, 직선 l을 포함하는 평면 β는 평면 α와 수직이다.
⑤ 두 평면 α, β가 서로 수직이면 평면 α에 포함된 모든 직선은 평면 β에 수직이다.

509

그림과 같은 정사면체 ABCD에서 모서리 AD의 중점을 M이라 하자. 평면 BMC와 평면 BDC가 이루는 예각의 크기를 θ라 할 때, $\cos\theta$의 값은?

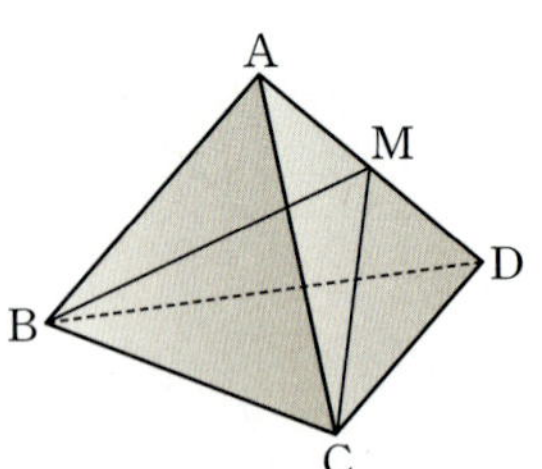

① $\frac{\sqrt{3}}{3}$ ② $\frac{2}{3}$ ③ $\frac{\sqrt{5}}{3}$
④ $\frac{\sqrt{6}}{3}$ ⑤ $\frac{\sqrt{7}}{3}$

510 빈출 평가원기출

사면체 ABCD에서 모서리 CD의 길이는 10, 면 ACD의 넓이는 40이고, 면 BCD와 면 ACD가 이루는 각의 크기는 30°이다. 점 A에서 평면 BCD에 내린 수선의 발을 H라 할 때, 선분 AH의 길이는?

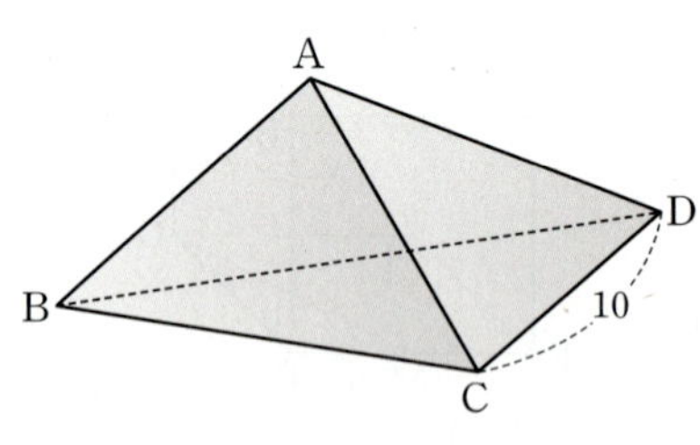

① $2\sqrt{3}$ ② 4 ③ 5
④ $3\sqrt{3}$ ⑤ $4\sqrt{3}$

III

511

교육청기출

그림과 같이 사면체 ABCD의 각 모서리의 길이는 $\overline{AB}=\overline{AC}=7$, $\overline{BD}=\overline{CD}=5$, $\overline{BC}=6$, $\overline{AD}=4$이다. 평면 ABC와 평면 BCD가 이루는 이면각의 크기를 θ라 할 때, $\cos\theta$의 값은?

(단, $0° < \theta < 90°$)

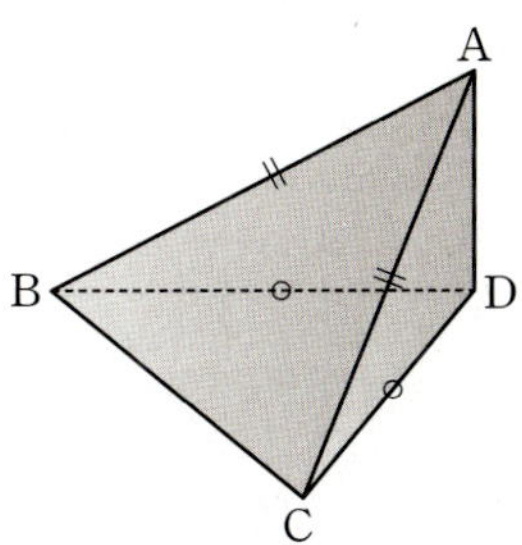

① $\frac{\sqrt{2}}{3}$ ② $\frac{\sqrt{3}}{3}$ ③ $\frac{3}{4}$
④ $\frac{\sqrt{10}}{4}$ ⑤ $\frac{\sqrt{10}}{5}$

512

그림과 같이 두 평면 α, β의 교선 위에 두 점 A, P가 있고, 두 평면 α, β 위에 각각 두 점 Q, R가 있다. $\angle QAP=45°$, $\angle RAP=30°$이고, $\overline{AP}\perp\overline{PQ}$, $\overline{AP}\perp\overline{PR}$, $\overline{AQ}=3\sqrt{2}$, $\overline{QR}=\sqrt{6}$이다. 두 평면 α, β가 이루는 예각의 크기를 θ라 할 때, $\sin\theta$의 값은?

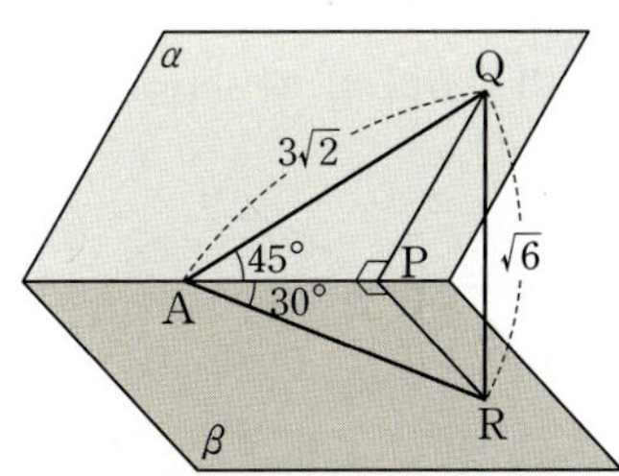

① $\frac{\sqrt{6}}{3}$ ② $\frac{2}{3}$ ③ $\frac{\sqrt{3}}{3}$
④ $\frac{\sqrt{2}}{3}$ ⑤ $\frac{1}{3}$

513

그림과 같이 모든 모서리의 길이가 같은 정육각기둥에서 평면 EGJ와 평면 GHIJKL이 이루는 예각의 크기를 θ라 할 때, $\cos\theta$의 값은?

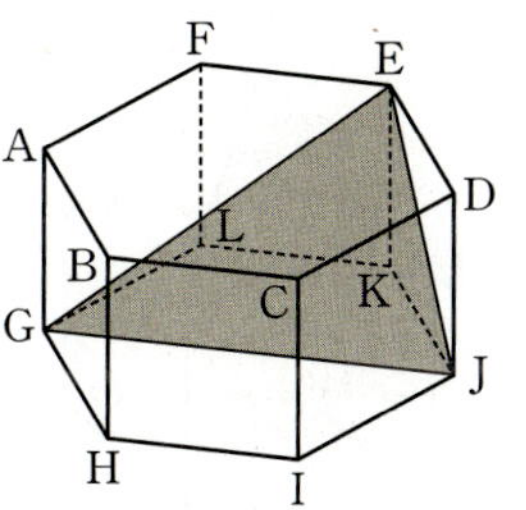

① $\frac{\sqrt{7}}{7}$ ② $\frac{\sqrt{14}}{7}$ ③ $\frac{\sqrt{21}}{7}$
④ $\frac{2\sqrt{7}}{7}$ ⑤ $\frac{\sqrt{35}}{7}$

514

그림과 같이 밑면인 원의 반지름의 길이가 2이고, 높이가 $\sqrt{5}$인 원기둥이 있다. 이 원기둥의 한 밑면의 둘레 위의 두 점 A, B와 다른 밑면의 원의 중심 O에 대하여 삼각형 OAB가 정삼각형이다. 평면 OAB와 원기둥의 한 밑면이 이루는 예각의 크기를 θ라 할 때, $\cos^2\theta=\frac{q}{p}$이다. $p+q$의 값은?

(단, p와 q는 서로소인 자연수이다.)

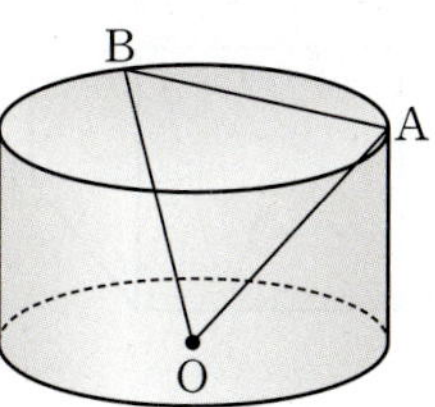

① 30 ② 32 ③ 34
④ 36 ⑤ 38

515 빈출

평가원기출

그림과 같이 정육면체 위에 정사각뿔을 올려놓은 도형이 있다. 이 도형의 모든 모서리의 길이가 2이고, 면 PAB와 면 AEFB가 이루는 각의 크기가 θ일 때, $\cos\theta$의 값은? (단, $90^\circ<\theta<180^\circ$)

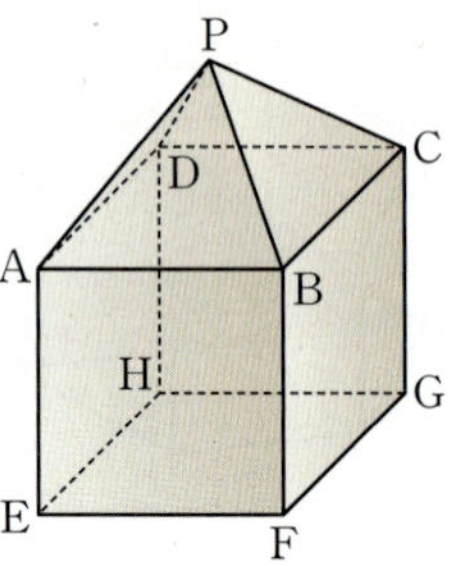

① $-\frac{\sqrt{6}}{3}$　② $-\frac{\sqrt{3}}{3}$　③ $-\frac{1}{3}$
④ $-\frac{\sqrt{3}}{2}$　⑤ $-\frac{\sqrt{2}}{2}$

516 빈출

평가원기출

그림과 같이 한 모서리의 길이가 3인 정육면체 ABCD−EFGH의 세 모서리 AD, BC, FG 위에 $\overline{DP}=\overline{BQ}=\overline{GR}=1$인 세 점 P, Q, R가 있다. 평면 PQR와 CGHD가 이루는 각의 크기를 θ라 할 때, $\cos\theta$의 값은?
(단, $0^\circ<\theta<90^\circ$)

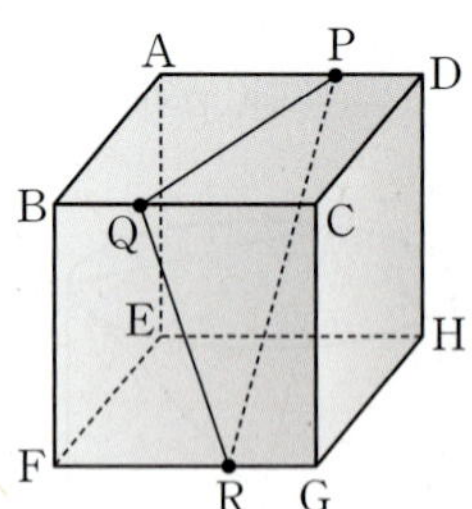

① $\frac{\sqrt{10}}{5}$　② $\frac{\sqrt{10}}{10}$　③ $\frac{\sqrt{11}}{11}$
④ $\frac{2\sqrt{11}}{11}$　⑤ $\frac{3\sqrt{11}}{11}$

517

교육청기출

그림과 같이 한 모서리의 길이가 2인 정사면체 ABCD와 모든 모서리의 길이가 2인 사각뿔 G−EDCF가 있다. 네 점 B, C, D, G가 한 평면 위에 있을 때, 평면 ACD와 평면 EDCF가 이루는 예각의 크기를 θ라 하자. $\cos\theta$의 값은?

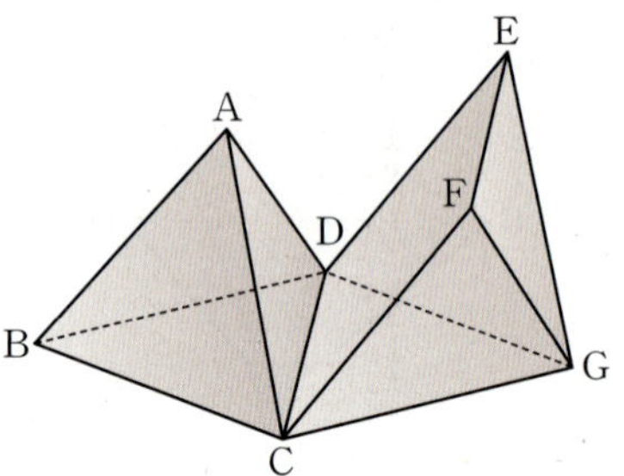

① $\frac{\sqrt{3}}{6}$　② $\frac{\sqrt{3}}{5}$　③ $\frac{\sqrt{3}}{4}$
④ $\frac{\sqrt{3}}{3}$　⑤ $\frac{\sqrt{3}}{2}$

518 빈출

그림과 같이 반지름의 길이가 3인 구 S_1과 반지름의 길이가 1인 두 구 S_2, S_3이 서로 외접하면서 모두 평면 α에 접하고 있다. 세 구 S_1, S_2, S_3의 중심을 각각 A, B, C라 하자. 평면 ABC와 평면 α가 이루는 예각의 크기를 θ라 할 때, $\cos^2\theta$의 값을 구하시오.

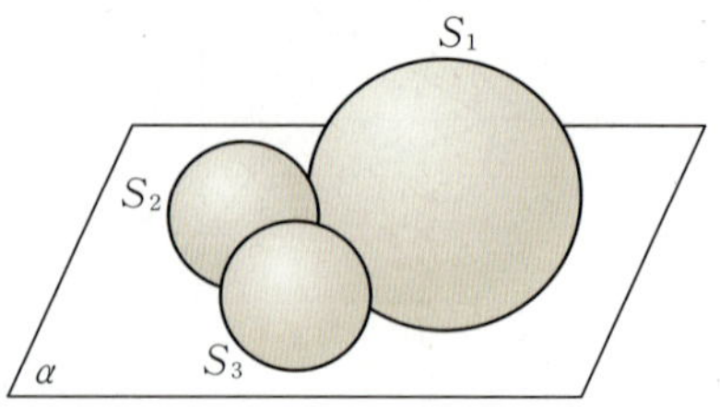

유형07 직선과 평면이 이루는 각

519

그림과 같은 정육면체 ABCD−EFGH에서 선분 BG와 평면 BFHD가 이루는 예각의 크기를 θ라 할 때, $\cos\theta$의 값은?

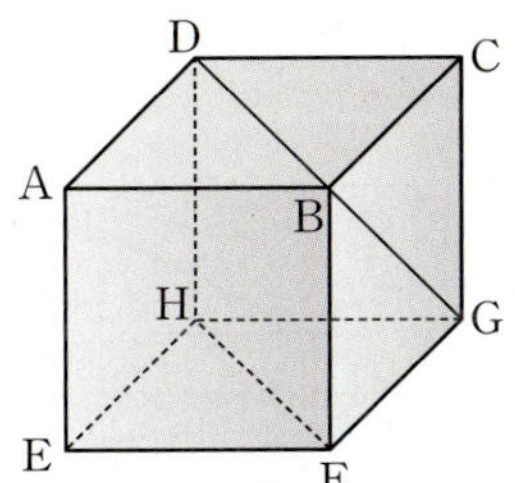

① $\frac{1}{3}$ ② $\frac{1}{2}$ ③ $\frac{\sqrt{3}}{3}$
④ $\frac{\sqrt{2}}{2}$ ⑤ $\frac{\sqrt{3}}{2}$

520

교육청기출

그림과 같이 $\overline{AB}=\overline{BF}=1$, $\overline{AD}=2$인 직육면체 ABCD−EFGH에서 대각선 AG가 세 평면 ABCD, BFGC, ABFE와 이루는 각의 크기를 각각 α, β, γ라 할 때, $\cos^2\alpha+\cos^2\beta+\cos^2\gamma$의 값은?

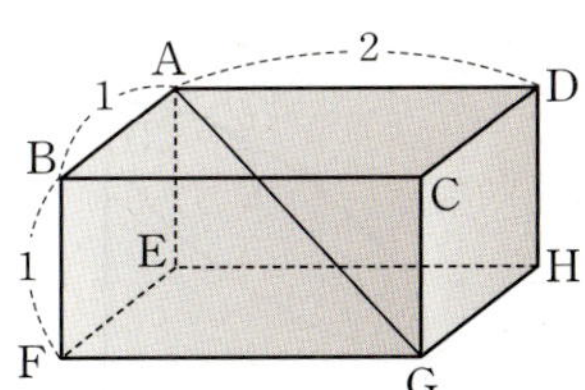

① $\frac{3}{2}$ ② $\frac{5}{3}$ ③ 2
④ $\frac{7}{3}$ ⑤ $\frac{5}{2}$

521 빈출

그림과 같이 $\overline{AD}=\overline{AE}=3$, $\overline{AB}=6$인 직육면체 ABCD−EFGH에서 선분 AB의 중점을 M, 두 선분 AC와 DM의 교점을 P라 하자. 직선 PE와 평면 BFGC가 이루는 예각의 크기를 α, 두 평면 AEP와 BFGC가 이루는 예각의 크기를 β라 할 때, $\cos^2\alpha\times\cos^2\beta$의 값은?

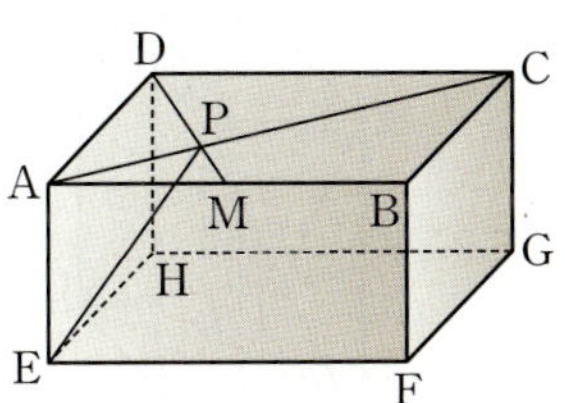

① $\frac{1}{7}$ ② $\frac{5}{21}$ ③ $\frac{1}{3}$
④ $\frac{3}{7}$ ⑤ $\frac{5}{7}$

522

그림과 같이 한 모서리의 길이가 2인 정사면체 ABCD에서 모서리 AD의 중점을 M이라 하자. 직선 AB와 평면 BCM이 이루는 각의 크기를 θ라 할 때, $\cos^2\theta=\frac{q}{p}$이다. $p+q$의 값은?

(단, p, q는 서로소인 자연수이다.)

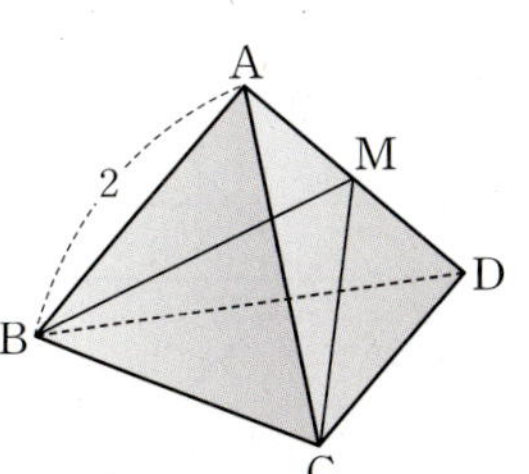

① 5 ② 6 ③ 7
④ 8 ⑤ 9

523

교육청기출

그림과 같이 $\overline{AB}=2$, $\overline{AD}=3$, $\overline{AE}=4$인 직육면체 ABCD−EFGH에서 평면 AFGD와 평면 BEG의 교선을 l이라 하자. 직선 l과 평면 EFGH가 이루는 각의 크기를 θ라 할 때, $\cos^2\theta$의 값은?

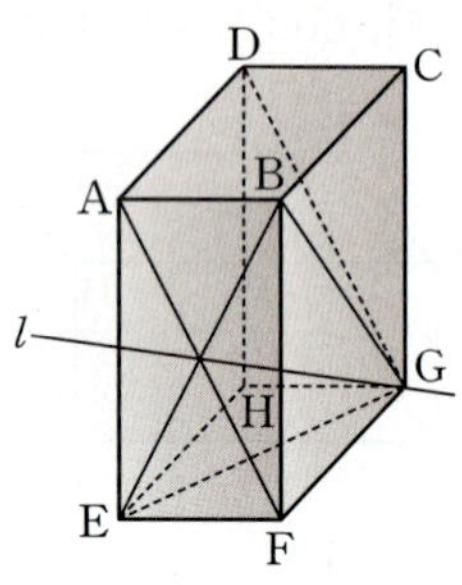

① $\frac{1}{7}$ ② $\frac{2}{7}$ ③ $\frac{3}{7}$
④ $\frac{4}{7}$ ⑤ $\frac{5}{7}$

524

그림과 같이 평면 α와 직선 l의 교점을 A라 하고, 직선 l의 평면 α 위로의 정사영을 m이라 하자. 평면 α 위에 점 A를 지나는 또 다른 직선 n이 있다. 직선 l과 직선 m이 이루는 각의 크기가 $45°$이고, 직선 m과 직선 n이 이루는 각의 크기가 $30°$일 때, 직선 l과 직선 n이 이루는 예각의 크기 θ에 대하여 $\sin\theta$의 값은?

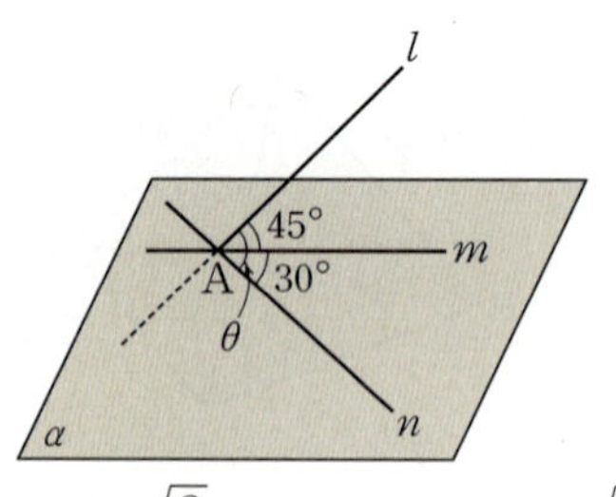

① $\frac{\sqrt{6}}{4}$ ② $\frac{\sqrt{2}}{2}$ ③ $\frac{\sqrt{10}}{4}$
④ $\frac{\sqrt{5}}{3}$ ⑤ $\frac{\sqrt{3}}{2}$

유형 08 정사영의 길이

525

그림과 같이 두 평면 α, β가 이루는 각의 크기가 $60°$이고 평면 α 위에 길이가 4인 선분 AB가 있다. 두 평면 α, β의 교선과 선분 AB가 이루는 각의 크기가 $45°$일 때, 선분 AB의 평면 β 위로의 정사영의 길이는?

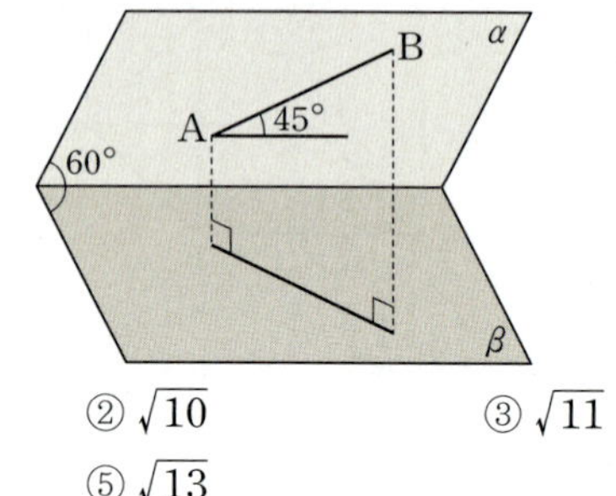

① 3 ② $\sqrt{10}$ ③ $\sqrt{11}$
④ $2\sqrt{3}$ ⑤ $\sqrt{13}$

526

밑면의 반지름의 길이가 4인 원기둥이 있다. 그림과 같이 이 원기둥을 밑면과 이루는 각의 크기가 θ인 평면으로 자른 단면인 타원의 두 초점 A, B 사이의 거리가 8이다. 두 점 A, B의 밑면을 포함하는 평면 위로의 정사영을 각각 A′, B′이라 할 때, 선분 A′B′의 길이는?

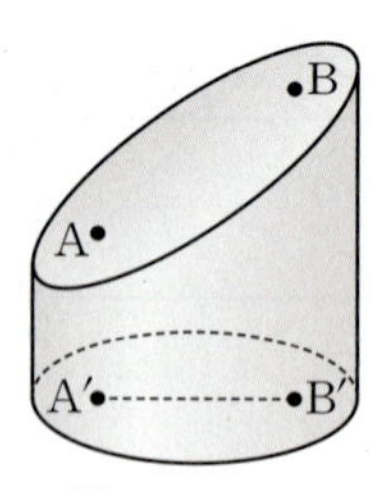

① $2\sqrt{2}$ ② $2\sqrt{3}$ ③ 4
④ $4\sqrt{2}$ ⑤ $4\sqrt{3}$

527

그림과 같이 한 모서리의 길이가 8인 정사면체 ABCD에서 선분 AC를 1 : 3으로 내분하는 점을 P라 하자. 선분 BP의 평면 BCD 위로의 정사영의 길이는?

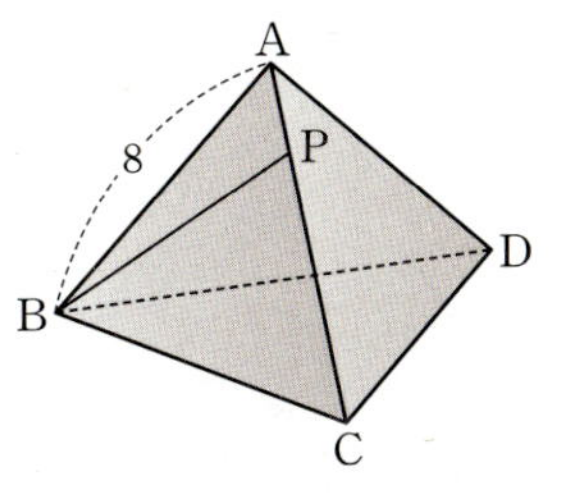

① 4 ② $2\sqrt{5}$ ③ $2\sqrt{6}$
④ $2\sqrt{7}$ ⑤ $4\sqrt{2}$

유형09 정사영의 넓이

528

그림과 같은 정육면체에서 모서리 BF의 중점을 K라 하고, 두 평면 CEK와 EFGH가 이루는 예각의 크기를 θ라 할 때, $\cos\theta$의 값은?

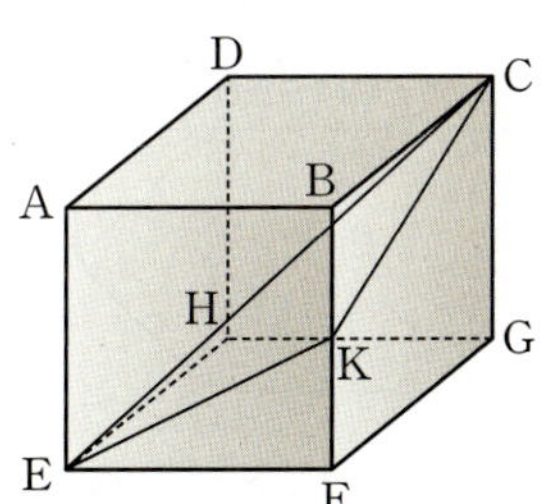

① $\frac{1}{3}$ ② $\frac{1}{2}$ ③ $\frac{\sqrt{3}}{3}$
④ $\frac{\sqrt{6}}{3}$ ⑤ $\frac{2\sqrt{2}}{3}$

529

그림과 같이 $\overline{AB}=4$, $\overline{AD}=3$인 직육면체에서 선분 AC의 중점을 M이라 하면 평면 MFC와 평면 EFGH가 이루는 각의 크기 θ에 대하여 $\cos\theta=\frac{3}{5}$일 때, 삼각형 MFC의 넓이는?

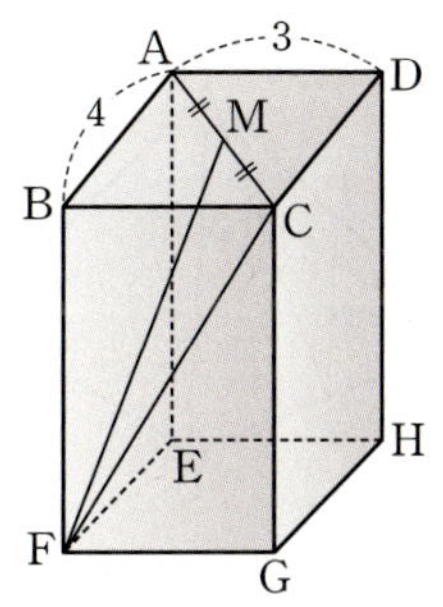

① $\frac{9}{5}$ ② $\frac{12}{5}$ ③ 4
④ 5 ⑤ $\frac{20}{3}$

530

그림과 같이 한 모서리의 길이가 6인 정사면체 ABCD에 대하여 다음을 구하시오.

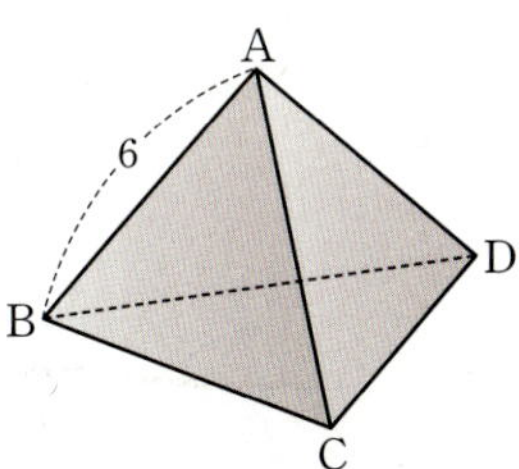

(1) 삼각형 ABC에 내접하는 원의 평면 BCD 위로의 정사영의 넓이
(2) 선분 AD를 1 : 2로 내분하는 점을 E라 할 때, 삼각형 BCE의 평면 BCD 위로의 정사영의 넓이

531

교육청기출

그림과 같이 한 변의 길이가 4인 정사각형을 밑면으로 하고 $\overline{OA}=\overline{OB}=\overline{OC}=\overline{OD}=2\sqrt{5}$인 정사각뿔 O$-$ABCD가 있다. 두 선분 OA, AB의 중점을 각각 P, Q라 할 때, 삼각형 OPQ의 평면 OCD 위로의 정사영의 넓이는?

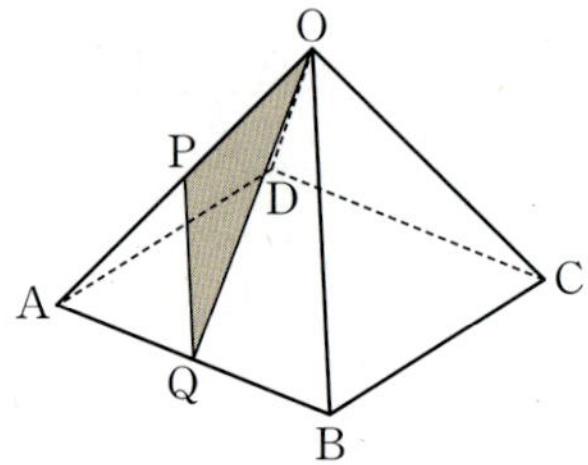

① $\frac{1}{2}$ ② $\frac{3}{4}$ ③ 1
④ $\frac{5}{4}$ ⑤ $\frac{3}{2}$

532

평가원기출

그림과 같이 $\overline{AB}=9$, $\overline{BC}=12$, $\cos(\angle ABC)=\frac{\sqrt{3}}{3}$인 사면체 ABCD에 대하여 점 A의 평면 BCD 위로의 정사영을 P라 하고 점 A에서 선분 BC에 내린 수선의 발을 Q라 하자. $\cos(\angle AQP)=\frac{\sqrt{3}}{6}$일 때 삼각형 BCP의 넓이는 k이다. k^2의 값을 구하시오.

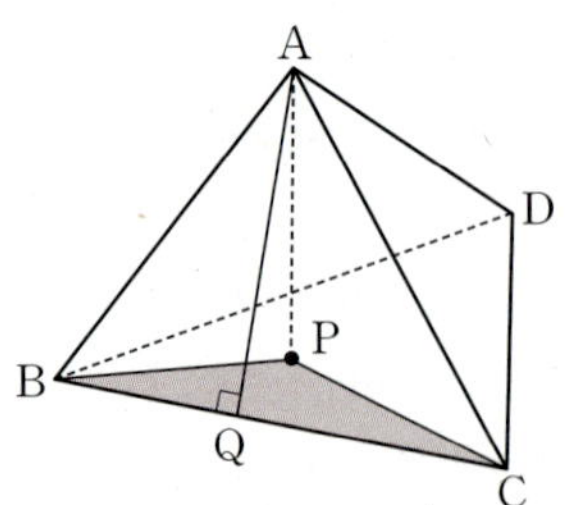

533

그림과 같이 반지름의 길이가 8인 구의 중심 O를 지나는 평면 α와 이루는 각의 크기가 30°인 평면 β가 있다. 평면 β와 구가 만나서 생기는 단면의 평면 α 위로의 정사영의 넓이가 $2\sqrt{3}\pi$일 때, 구의 중심 O와 평면 β 사이의 거리는?

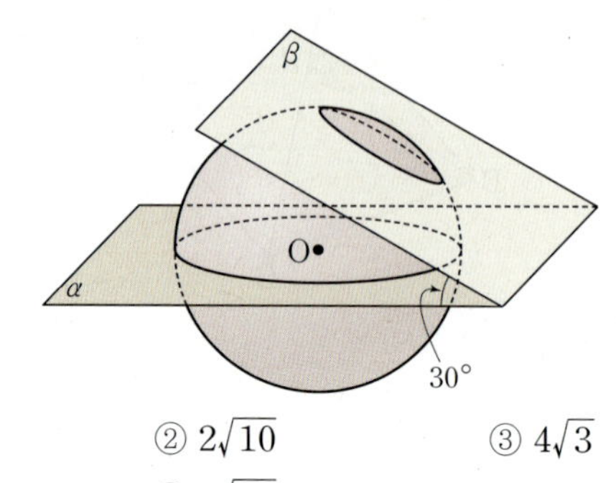

① $4\sqrt{2}$ ② $2\sqrt{10}$ ③ $4\sqrt{3}$
④ $2\sqrt{13}$ ⑤ $2\sqrt{15}$

534

교육청기출

그림과 같이 한 모서리의 길이가 4인 정육면체 ABCD$-$EFGH의 내부에 밑면의 반지름의 길이가 1인 원기둥이 있다. 원기둥의 밑면의 중심은 두 정사각형 ABCD, EFGH의 두 대각선의 교점과 각각 일치한다.

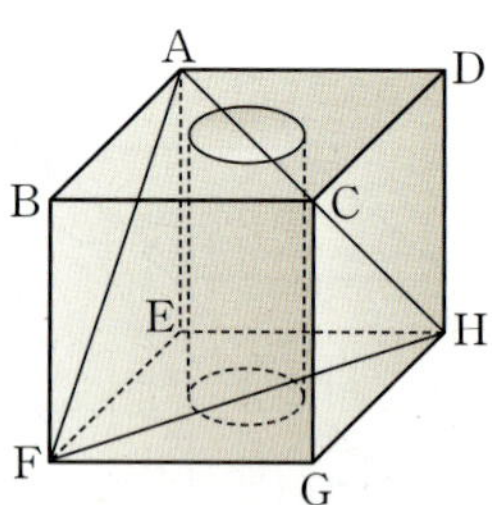

이 원기둥이 세 점 A, F, H를 지나는 평면에 의하여 잘린 단면의 넓이는?

① $\frac{3\sqrt{3}}{2}\pi$ ② $\sqrt{2}\pi$ ③ $\frac{\sqrt{3}}{2}\pi$
④ $\frac{\sqrt{6}}{3}\pi$ ⑤ $\frac{\sqrt{2}}{2}\pi$

535 빈출 서술형

그림과 같이 밑면의 반지름의 길이가 3인 원기둥을 밑면과 60°의 각을 이루는 평면으로 자른 단면은 타원이다. 이 타원의 장축, 단축을 각각 좌표평면 위의 x축, y축 위에 놓을 때, 타원의 방정식과 타원의 두 초점 사이의 거리를 구하고 그 과정을 서술하시오.

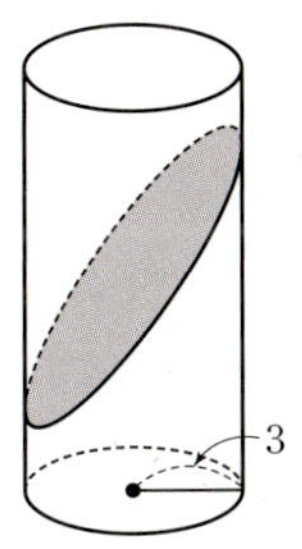

536 빈출

| 선행 489 |

그림은 $\overline{AB}=4$, $\overline{BC}=3$인 직사각형 ABCD에서 대각선 BD를 접는 선으로 하여 점 A의 평면 BCD 위로의 정사영 A′이 선분 CD 위에 오도록 접은 것이다. 삼각형 ABD의 내접원의 평면 BCD 위로의 정사영의 넓이는?

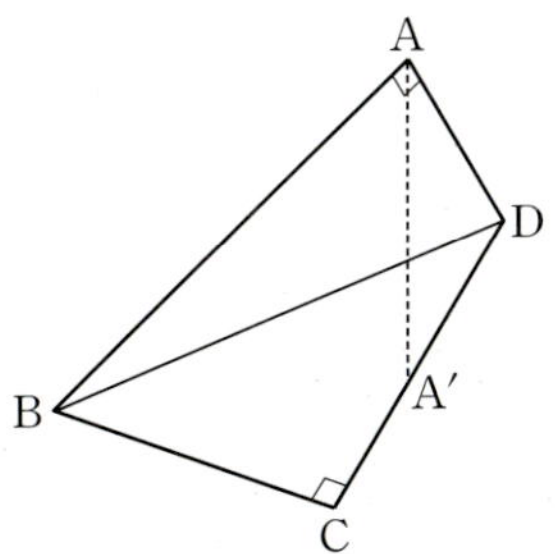

① $\frac{9}{25}\pi$　② $\frac{9}{16}\pi$　③ $\frac{16}{25}\pi$
④ $\frac{8}{9}\pi$　⑤ $\frac{9}{8}\pi$

537

그림과 같이 반지름의 길이가 2인 반구의 밑면을 포함하는 평면과 평면 α가 이루는 각의 크기가 30°일 때, 반구의 평면 α 위로의 정사영의 넓이는?

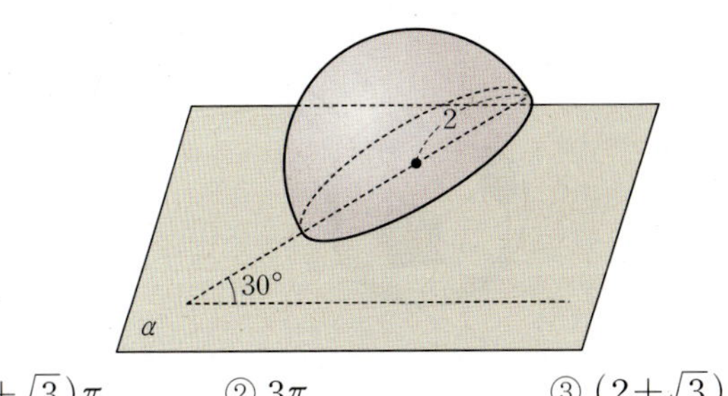

① $(1+\sqrt{3})\pi$　② 3π　③ $(2+\sqrt{3})\pi$
④ $(2+2\sqrt{3})\pi$　⑤ $(4+\sqrt{3})\pi$

유형 10 그림자

538

그림과 같이 한 모서리의 길이가 1인 정육면체가 지면에 놓여 있다. 평면 BDE에 수직으로 빛을 비추었을 때, 지면에 생기는 삼각형 BDE의 그림자의 넓이는?

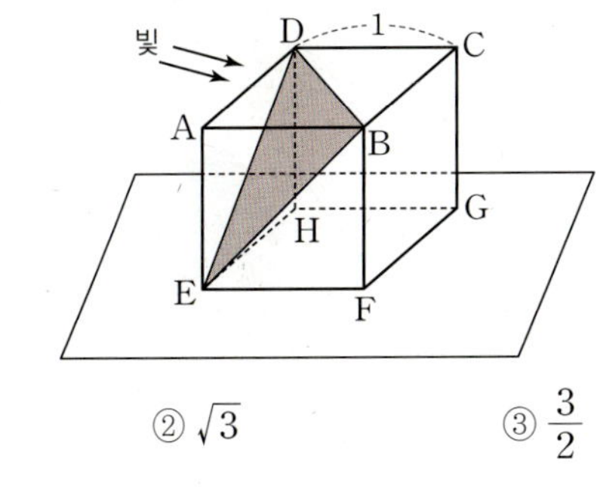

① $\frac{\sqrt{3}}{2}$　② $\sqrt{3}$　③ $\frac{3}{2}$
④ $\frac{3\sqrt{3}}{2}$　⑤ 3

539

그림과 같이 햇빛이 축구공을 비추어 지면에 그림자가 생겼다. 이 축구공의 그림자의 모양이 장축의 길이가 40 cm, 단축의 길이가 20 cm인 타원일 때, 그림자의 넓이는? (단, 단위는 cm^2이다.)

① 100π ② 150π ③ 200π
④ 250π ⑤ 300π

540

구 모양의 애드벌룬의 지면에 생긴 그림자가 장축과 단축의 길이의 비가 13 : 12인 타원일 때, 지면과 수직으로 서 있는 나무의 그림자의 길이는 10 m이다. 이 나무의 높이는?

(단, 단위는 m이다.)

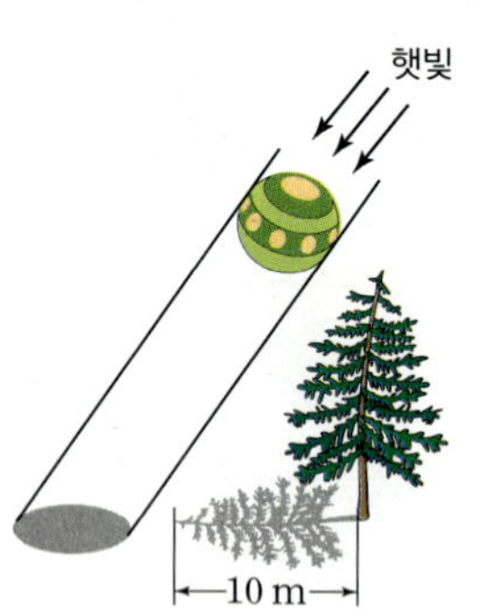

① 20 ② 22 ③ 24
④ 26 ⑤ 28

유형 11 수학 I, 미적분 통합 유형

541

그림과 같이 평면 α 위에 넓이가 15π인 원 C_1이 있다. 원 C_1의 평면 β 위로의 정사영을 C_2라 하면 C_2의 넓이는 10π이다. 도형 C_2의 평면 α 위로의 정사영을 C_3이라 하고 이와 같이 과정을 계속하여 도형 C_n $(n=2, 3, 4, \cdots)$을 만들어 나간다. 도형 C_n의 넓이를 S_n이라 할 때, $\sum_{n=1}^{\infty} S_n$의 값은?

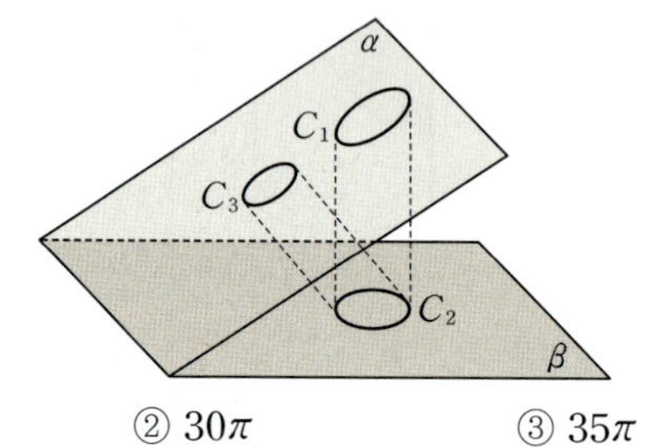

① 25π ② 30π ③ 35π
④ 40π ⑤ 45π

542

그림과 같이 한 모서리의 길이가 2인 정육면체에서 선분 FG의 중점을 M이라 하자. 직선 FH와 직선 DM이 이루는 예각의 크기를 θ라 할 때, $\cos\theta$의 값은?

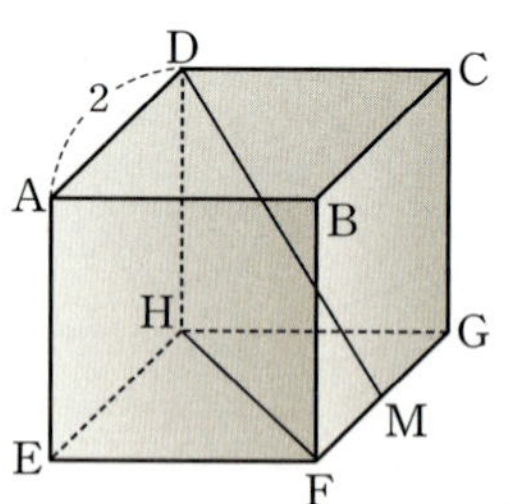

① $\frac{1}{3}$ ② $\frac{1}{2}$ ③ $\frac{\sqrt{3}}{3}$
④ $\frac{\sqrt{2}}{2}$ ⑤ $\frac{\sqrt{3}}{2}$

543

평가원기출

정육면체 ABCD−EFGH에서 평면 AFG와 평면 AGH가 이루는 각의 크기를 θ라 할 때, $\cos^2\theta$의 값은?

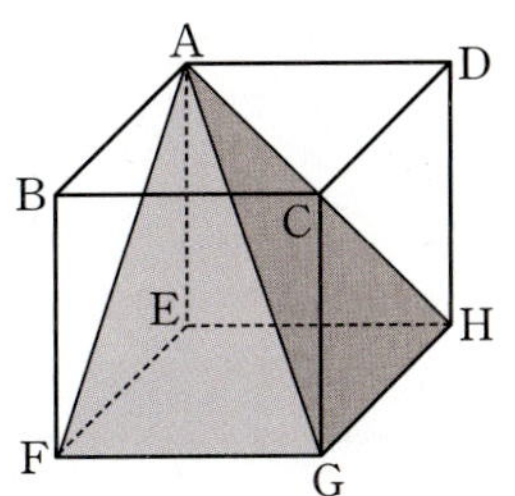

① $\frac{1}{6}$　② $\frac{1}{5}$　③ $\frac{1}{4}$
④ $\frac{1}{3}$　⑤ $\frac{1}{2}$

544

교육청기출

정사면체 ABCD에서 두 모서리 AC, AD의 중점을 각각 M, N이라 하자. 직선 BM과 직선 CN이 이루는 예각의 크기를 θ라 할 때, $\cos\theta=\frac{q}{p}$이다. $p+q$의 값을 구하시오.

(단, p와 q는 서로소인 자연수이다.)

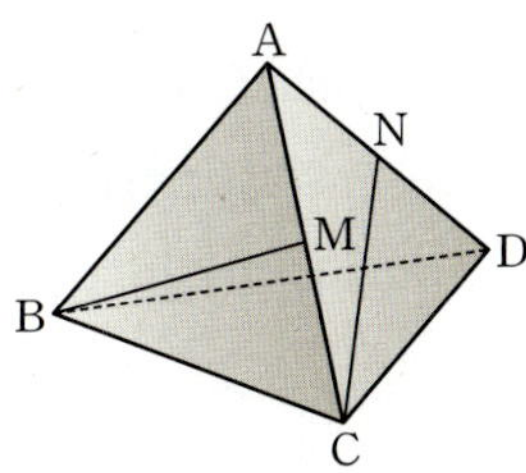

545

교육청기출

한 모서리의 길이가 4인 정사면체 ABCD에서 선분 AD를 1 : 3으로 내분하는 점을 P, 3 : 1로 내분하는 점을 Q라 하자. 두 평면 PBC와 QBC가 이루는 예각의 크기를 θ라 할 때, $\cos\theta=\frac{q}{p}$이다. $p+q$의 값을 구하시오.

(단, p와 q는 서로소인 자연수이다.)

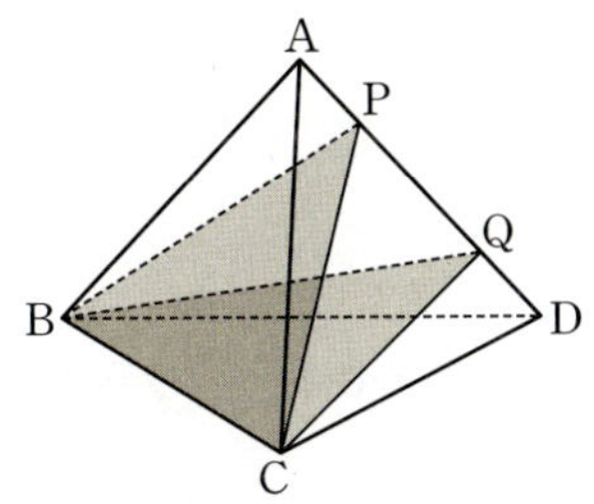

546

교육청기출

그림은 모든 모서리의 길이가 2인 정삼각기둥 ABC−DEF의 밑면 ABC와 모든 모서리의 길이가 2인 정사면체 OABC의 밑면 ABC를 일치시켜 만든 도형을 나타낸 것이다. 두 모서리 OB, BE의 중점을 각각 M, N이라 하고, 두 평면 MCA, NCA가 이루는 각의 크기를 θ라 할 때, $\cos\theta$의 값은? (단, $0<\theta<\frac{\pi}{2}$)

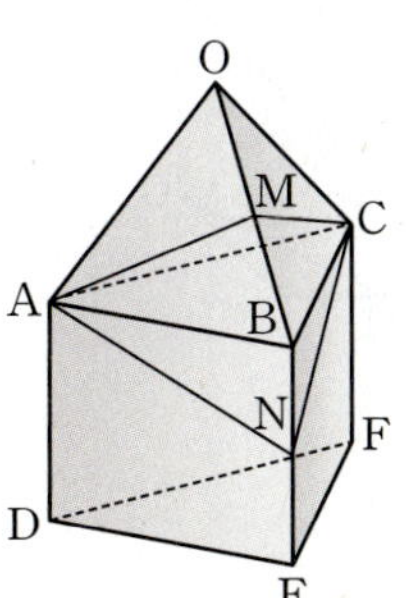

① $\frac{3\sqrt{2}-2\sqrt{3}}{6}$　② $\frac{2\sqrt{2}-\sqrt{3}}{6}$
③ $\frac{3\sqrt{2}-\sqrt{3}}{6}$　④ $\frac{\sqrt{2}+\sqrt{3}}{6}$
⑤ $\frac{2\sqrt{2}+\sqrt{3}}{6}$

스키마로 풀이 흐름 알아보기

그림과 같이 한 모서리의 길이가 4인 정육면체에서 선분 EF의 중점을 M, 꼭짓점 D에서 선분 GM에 내린 수선의 발을 I라 할 때, 선분 DI의 길이는?

조건: 한 모서리의 길이가 4인 정육면체에서 선분 EF의 중점을 M, 꼭짓점 D에서 선분 GM에 내린 수선의 발을 I

답: 선분 DI의 길이는?

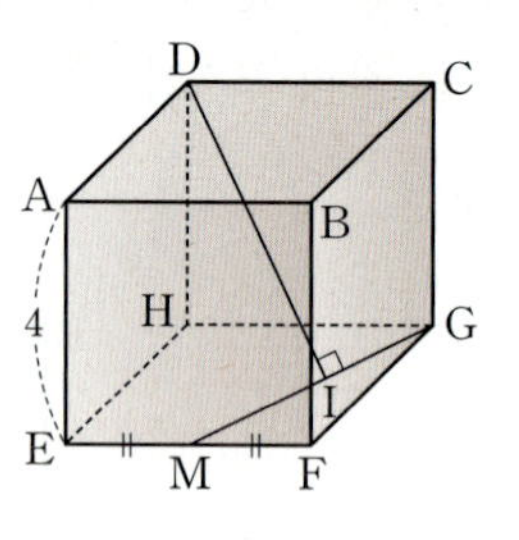

① $\frac{6\sqrt{5}}{5}$ ② $\frac{8\sqrt{5}}{5}$ ③ $2\sqrt{5}$ ④ $\frac{12\sqrt{5}}{5}$ ⑤ $\frac{14\sqrt{5}}{5}$

유형 05 삼수선의 정리 504

스키마 schema

주어진 조건은 무엇인지? 구하는 답은 무엇인지? 이 둘을 어떻게 연결할지?

1단계

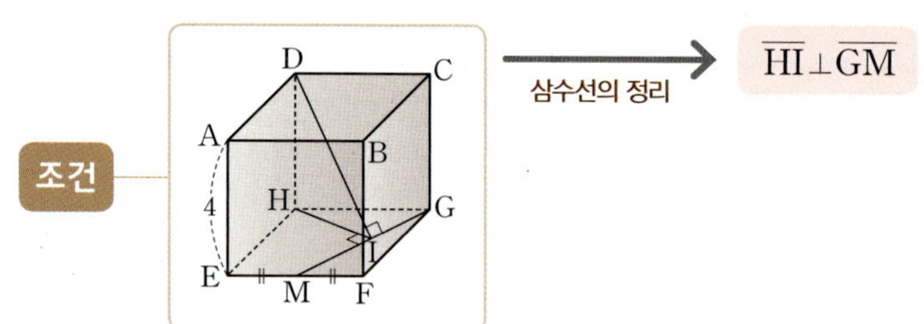

선분 DH가 두 선분 GH, EH와 각각 수직이므로 선분 DH는 평면 GHE와 수직이고, …… ㉠

점 D에서 평면 EFGH 위의 직선 GM에 내린 수선의 발이 I이므로 선분 DI는 직선 GM과 수직이다.

따라서 삼수선의 정리에 의하여 선분 HI는 선분 GM과 수직이다.

2단계

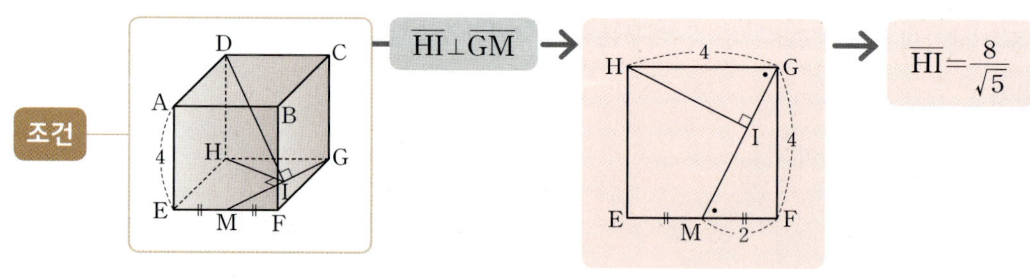

그림과 같이 밑면 EFGH에서 $\angle GMF=\angle HGI$이므로 두 삼각형 GMF, HGI는 서로 닮음이다.

직각삼각형 GMF에서

$\overline{GM}=\sqrt{2^2+4^2}=2\sqrt{5}$

$\sin(\angle GMF)=\frac{\overline{GF}}{\overline{GM}}=\frac{2}{\sqrt{5}}$이므로

직각삼각형 GIH에서

$\overline{HI}=4\sin(\angle HGI)=\frac{8}{\sqrt{5}}$

3단계

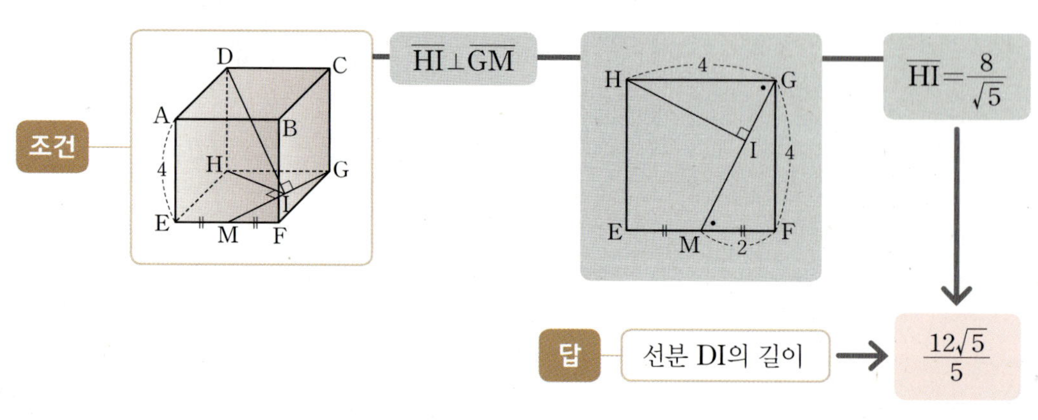

㉠에 의하여 선분 DH는 평면 GHE 위의 선분 HI와 수직이므로

직각삼각형 DHI에서

$\overline{DI}=\sqrt{\overline{DH}^2+\overline{HI}^2}$

$=\sqrt{4^2+\left(\frac{8}{\sqrt{5}}\right)^2}=\frac{12\sqrt{5}}{5}$

답 ④

스키마로 풀이 흐름 알아보기

그림은 $\overline{AB}=4$, $\overline{BC}=3$인 직사각형 ABCD에서 대각선 BD를 접는 선으로 하여 점 A의 평면 BCD 위로의 정사영 A′이 선분 CD 위에 오도록 접은 것이다. 삼각형 ABD의 내접원의 평면 BCD 위로의 정사영의 넓이는?

조건 / 답

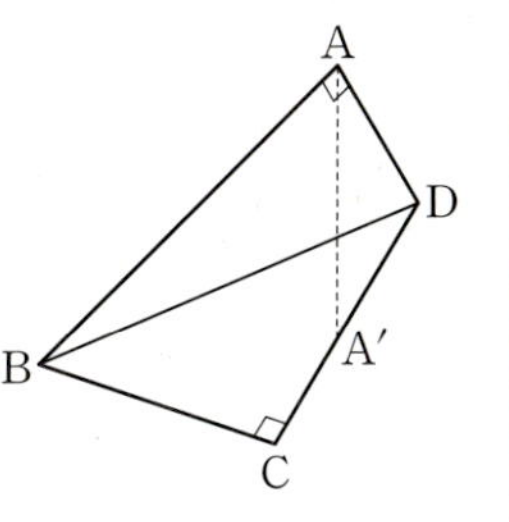

① $\frac{9}{25}\pi$ ② $\frac{9}{16}\pi$ ③ $\frac{16}{25}\pi$ ④ $\frac{8}{9}\pi$ ⑤ $\frac{9}{8}\pi$

유형09 정사영의 넓이 536

스키마 schema

주어진 조건은 무엇인지? 구하는 답은 무엇인지? 이 둘을 어떻게 연결할지?

1단계

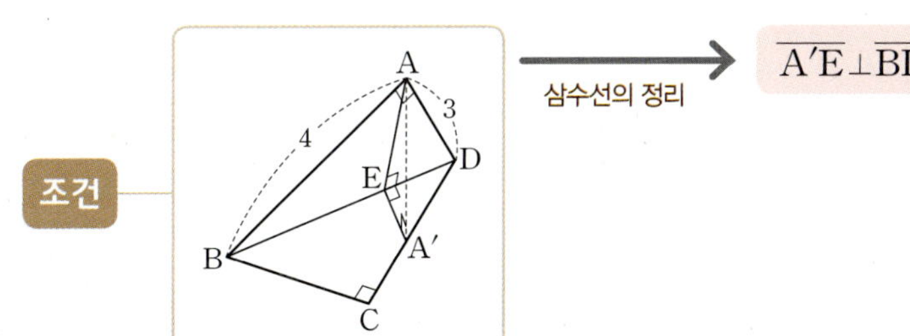

선분 AA′이 평면 BCD와 수직이고, 점 A에서 선분 BD에 내린 수선의 발을 E라 하면 삼수선의 정리에 의하여 선분 A′E는 선분 BD와 수직이다.

2단계

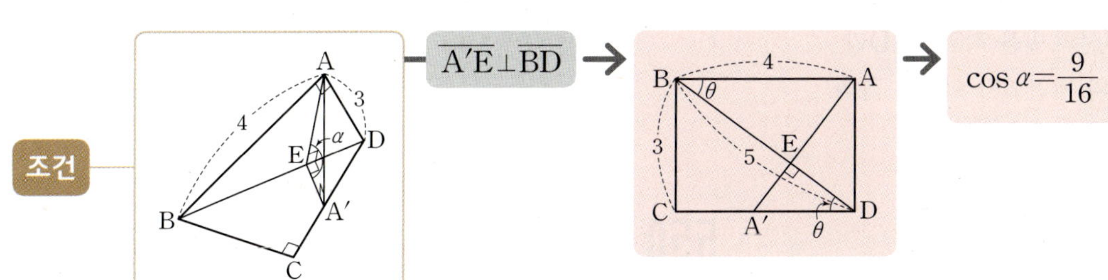

그림과 같이 직사각형 ABCD에서 두 선분 AA′과 BD는 점 E에서 수직으로 만나므로

$\angle ABD=\theta$라 하면 $\cos\theta=\frac{\overline{AB}}{\overline{BD}}=\frac{4}{5}$

$\overline{BE}=4\cos\theta=\frac{16}{5}$, $\overline{DE}=5-\frac{16}{5}=\frac{9}{5}$

따라서 두 삼각형 ABE, A′DE의 닮음비는 16 : 9이므로 두 평면 ABD, BCD가 이루는 예각의 크기를 α라 하면

$\cos\alpha=\frac{\overline{A'E}}{\overline{AE}}=\frac{9}{16}$

3단계

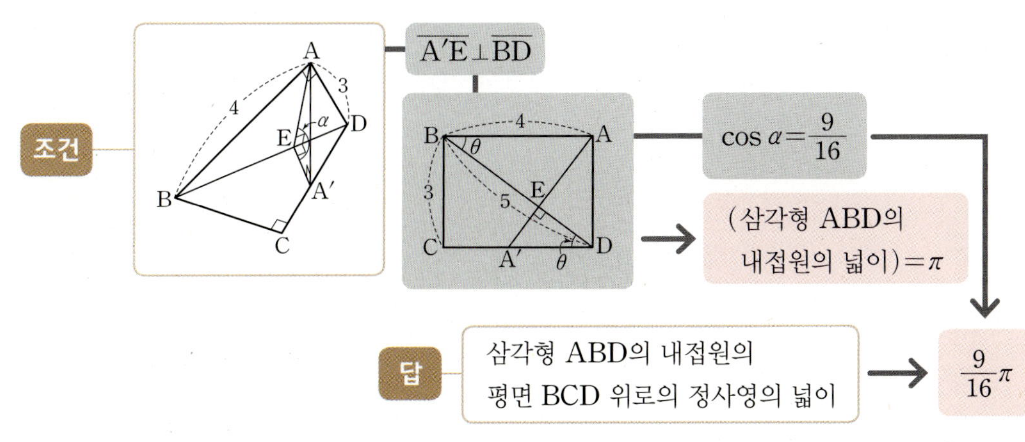

삼각형 ABD에 내접하는 원의 반지름의 길이를 r라 하면

$\frac{1}{2}\times4\times3=\frac{1}{2}\times(4+3+5)\times r$에서 $r=1$,

내접원의 넓이는 π이다.

따라서 삼각형 ABD의 내접원의 평면 BCD 위로의 정사영의 넓이는

$\pi\times\cos\alpha=\frac{9}{16}\pi$

답 ②

547

교육청기출

평면 α 위에 거리가 4인 두 점 A, C와 중심이 C이고 반지름의 길이가 2인 원이 있다. 점 A에서 이 원에 그은 접선의 접점을 B라 하자. 점 B를 지나고 평면 α와 수직인 직선 위에 $\overline{\mathrm{BP}}=2$가 되는 점을 P라 할 때, 점 C와 직선 AP 사이의 거리는?

① $\sqrt{6}$ ② $\sqrt{7}$ ③ $2\sqrt{2}$
④ 3 ⑤ $\sqrt{10}$

548

평가원기출

그림과 같이 직선 l을 교선으로 하고 이루는 각의 크기가 45°인 두 평면 α와 β가 있고, 평면 α 위의 점 A와 평면 β 위의 점 B가 있다. 두 점 A, B에서 직선 l에 내린 수선의 발을 각각 C, D라 하자. $\overline{\mathrm{AB}}=2$, $\overline{\mathrm{AD}}=\sqrt{3}$이고 직선 AB와 평면 β가 이루는 각의 크기가 30°일 때, 사면체 ABCD의 부피는 $a+b\sqrt{2}$이다. $36(a+b)$의 값을 구하시오. (단, a, b는 유리수이다.)

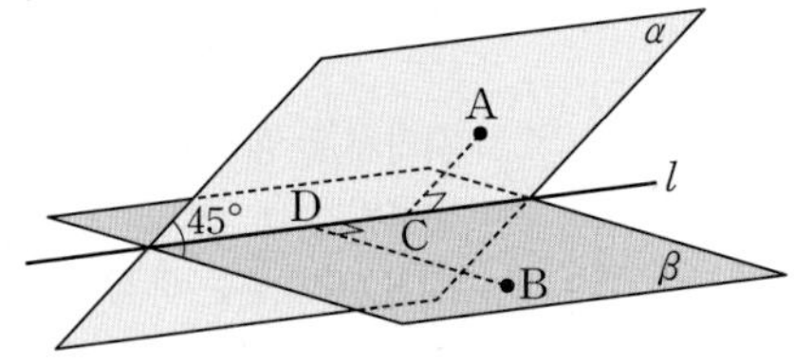

549

교육청기출

그림과 같이 정사면체 ABCD의 모서리 CD를 3 : 1로 내분하는 점을 P라 하자. 두 평면 ABP, BCD가 이루는 예각의 크기를 θ라 할 때, $\cos\theta$의 값은?

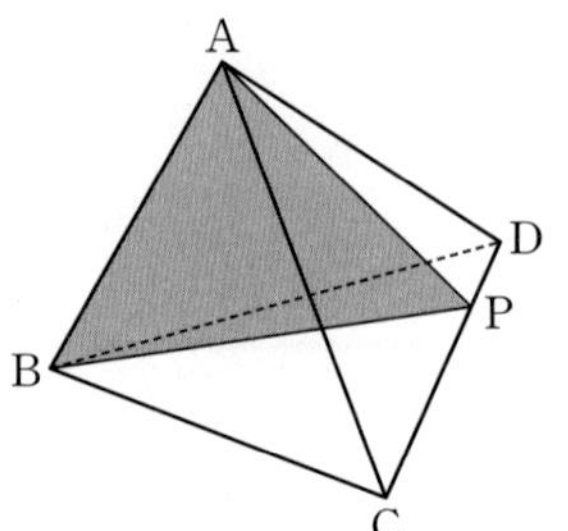

① $\frac{\sqrt{3}}{6}$ ② $\frac{\sqrt{3}}{9}$ ③ $\frac{\sqrt{3}}{12}$
④ $\frac{\sqrt{3}}{15}$ ⑤ $\frac{\sqrt{3}}{18}$

550

한 모서리의 길이가 1인 정사면체 ABCD에 외접하는 구의 반지름의 길이를 r_1, 내접하는 구의 반지름의 길이를 r_2라 할 때, r_1, r_2를 각각 구하시오.

551

| 선행 507 |

지구의 모양을 구라고 가정하고 그 중심을 O라 하자. 적도 상에 있는 동경 135°인 지점을 A라 하고, 동경 180°, 북위 30°인 지점을 B라 하자. ∠AOB의 크기를 θ라 할 때, $\cos\theta$의 값은?

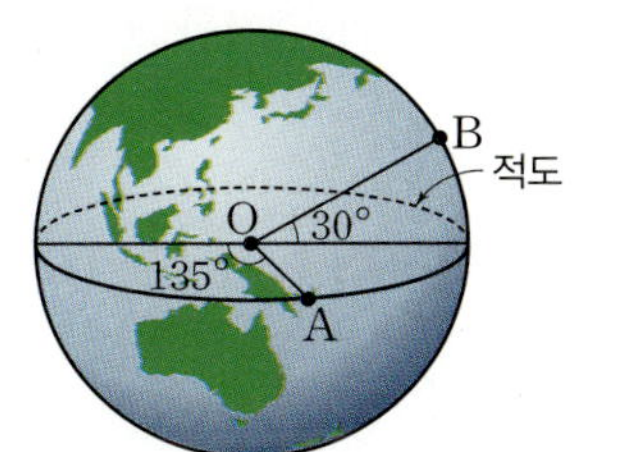

① $\frac{\sqrt{2}}{4}$　② $\frac{\sqrt{3}}{4}$　③ $\frac{1}{2}$
④ $\frac{\sqrt{5}}{4}$　⑤ $\frac{\sqrt{6}}{4}$

552

그림과 같이 반지름의 길이가 2인 원기둥의 밑면이 평면 α 위에 놓여 있다. 원기둥의 옆면의 한 점 P에 접하면서 평면 α와 이루는 각의 크기가 30°인 직선을 l이라 하고, 평면 α 위에 놓여 있는 원기둥의 밑면의 중심을 O라 할 때, $\overline{OP}=6$이다. 이때, 점 O와 직선 l 사이의 거리는?

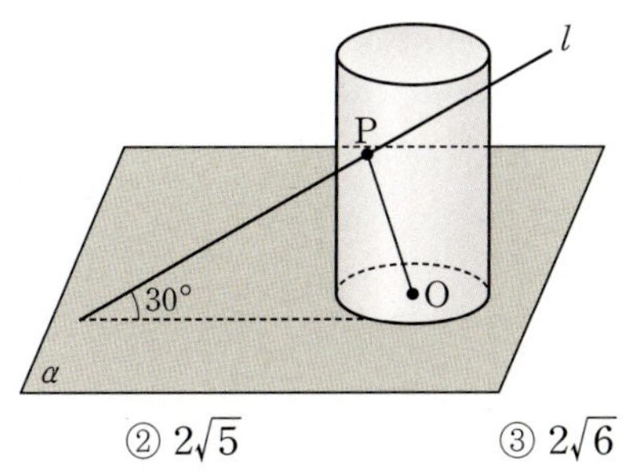

① 4　② $2\sqrt{5}$　③ $2\sqrt{6}$
④ $2\sqrt{7}$　⑤ $4\sqrt{2}$

553

평가원기출

같은 평면 위에 있지 않고 서로 평행한 세 직선 l, m, n이 있다. 직선 l 위의 두 점 A, B, 직선 m 위의 점 C, 직선 n 위의 점 D가 다음 조건을 만족시킨다.

> (가) $\overline{AB}=2\sqrt{2}$, $\overline{CD}=3$
> (나) 선분 AC와 직선 l은 수직이고, $\overline{AC}=5$이다.
> (다) 선분 BD와 직선 l은 수직이고, $\overline{BD}=4\sqrt{2}$이다.

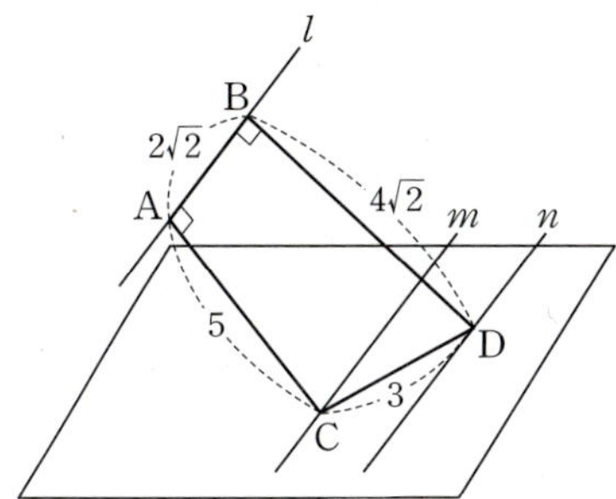

두 직선 m, n을 포함하는 평면과 세 점 A, C, D를 포함하는 평면이 이루는 각의 크기를 θ라 할 때, $15\tan^2\theta$의 값을 구하시오. (단, $0°<\theta<90°$)

554

평가원기출 | 선행 518 |

그림과 같이 반지름의 길이가 모두 $\sqrt{3}$이고 높이가 서로 다른 세 원기둥이 서로 외접하며 한 평면 α 위에 놓여 있다. 평면 α와 만나지 않는 세 원기둥의 밑면의 중심을 각각 P, Q, R라 할 때, 삼각형 PQR는 이등변삼각형이고, 삼각형 PQR와 평면 α가 이루는 각의 크기는 $60°$이다. 세 원기둥의 높이를 각각 8, a, b라 할 때, $a+b$의 값을 구하시오. (단, $8<a<b$)

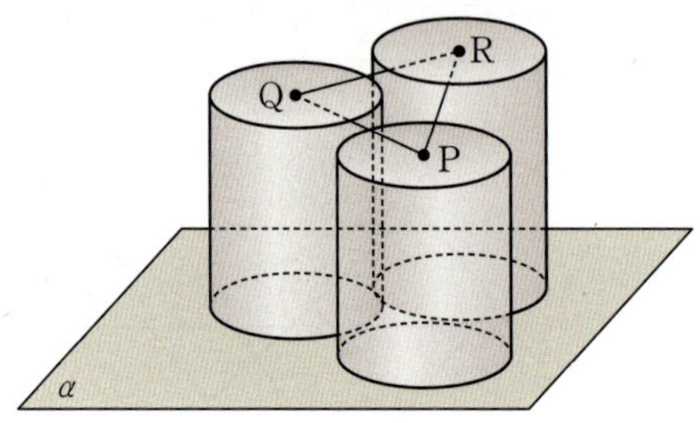

555

평가원기출

그림과 같이 $\overline{AB}=9$, $\overline{AD}=3$인 직사각형 ABCD 모양의 종이가 있다. 선분 AB 위의 점 E와 선분 DC 위의 점 F를 연결하는 선을 접는 선으로 하여, 점 B의 평면 AEFD 위로의 정사영이 점 D가 되도록 종이를 접었다. $\overline{AE}=3$일 때, 두 평면 AEFD와 EFCB가 이루는 각의 크기가 θ이다. $60\cos\theta$의 값을 구하시오.

(단, $0°<\theta<90°$이고, 종이의 두께는 고려하지 않는다.)

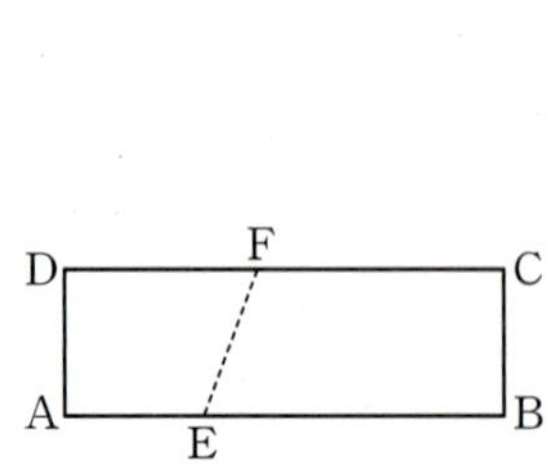

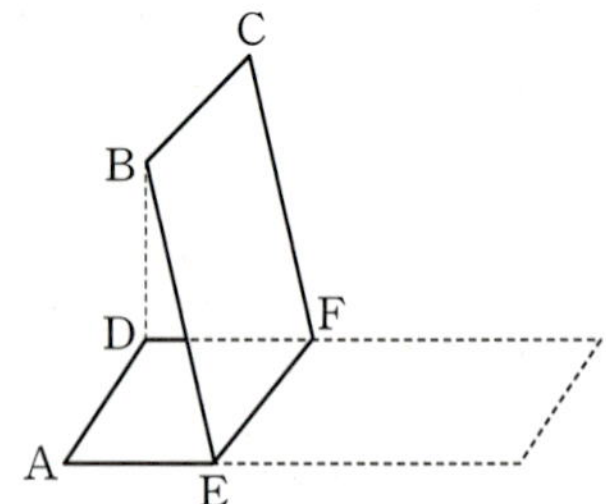

556

평가원기출

한 변의 길이가 6인 정사면체 OABC가 있다. 세 삼각형 OAB, OBC, OCA에 각각 내접하는 세 원의 평면 ABC 위로의 정사영을 각각 S_1, S_2, S_3이라 하자. 그림과 같이 세 도형 S_1, S_2, S_3으로 둘러싸인 색칠한 부분의 넓이를 S라 할 때, $(S+\pi)^2$의 값을 구하시오.

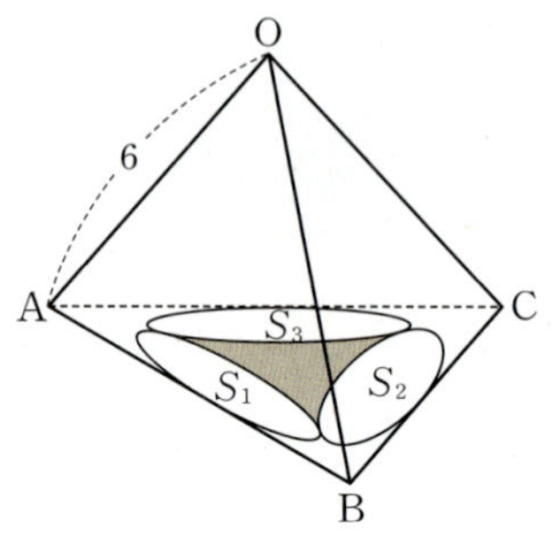

557

평가원기출

반지름의 길이가 6인 반구가 평면 α 위에 놓여 있다. 반구와 평면 α가 만나서 생기는 원의 중심을 O라 하자. 그림과 같이 중심 O로부터 거리가 $2\sqrt{3}$이고 평면 α와 45°의 각을 이루는 평면으로 반구를 자를 때, 반구에 나타나는 단면의 평면 α 위로의 정사영의 넓이는 $\sqrt{2}(a+b\pi)$이다. $a+b$의 값을 구하시오.

(단, a, b는 자연수이다.)

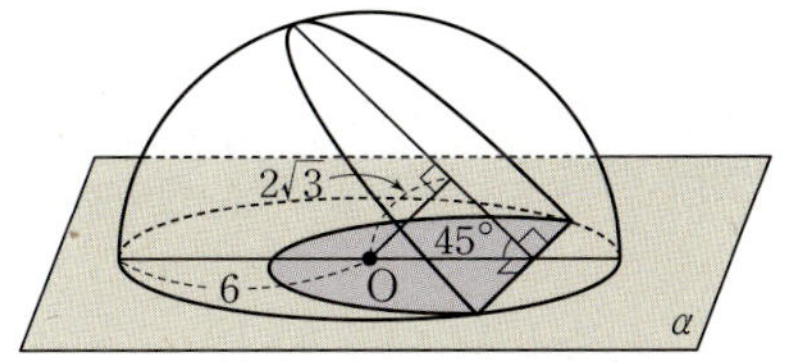

558 빈출

평가원기출

서로 수직인 두 평면 α, β의 교선을 l이라 하자. 반지름의 길이가 6인 원판이 두 평면 α, β와 각각 한 점에서 만나고 교선 l에 평행하게 놓여 있다. 태양광선이 평면 α와 30°의 각을 이루면서 원판의 면에 수직으로 비출 때, 그림과 같이 평면 β에 나타나는 원판의 그림자의 넓이를 S라 하자. S의 값을 $a+b\sqrt{3}\pi$라 할 때, $a+b$의 값을 구하시오.

(단, a, b는 자연수이고, 원판의 두께는 무시한다.)

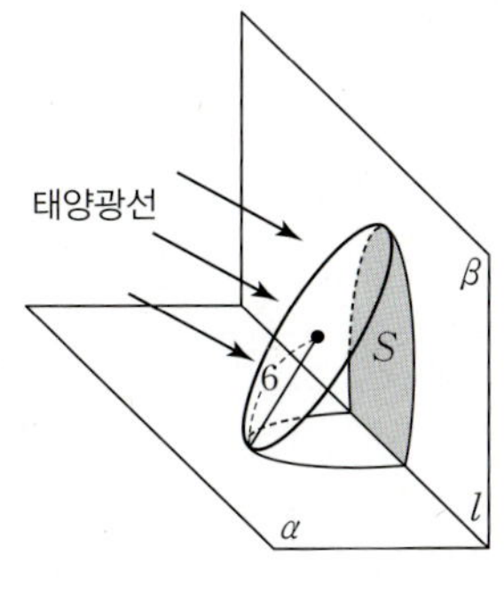

559

평가원기출

그림과 같이 태양광선이 지면과 60°의 각을 이루면서 비추고 있다. 한 변의 길이가 4인 정사각형의 중앙에 반지름의 길이가 1인 원 모양의 구멍이 뚫려 있는 판이 있다. 이 판은 지면과 수직으로 서 있고 태양광선과 30°의 각을 이루고 있다. 판의 밑변을 지면에 고정하고 판을 그림자 쪽으로 기울일 때 생기는 그림자의 최대 넓이를 S라 하자. S의 값을 $\frac{\sqrt{3}(a+b\pi)}{3}$라 할 때, $a+b$의 값을 구하시오. (단, a, b는 정수이고, 판의 두께는 무시한다.)

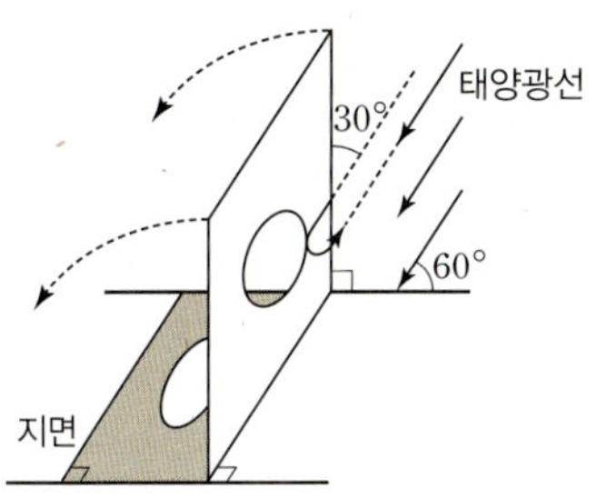

02 공간좌표

| 이전 학습 내용 |

• **좌표평면** 중1

두 수직선을 점 O에서 서로 수직으로 만나게 할 때, 가로의 수직선을 x축, 세로의 수직선을 y축이라 하고, x축과 y축을 통틀어 좌표축이라 한다. 또한 두 좌표축이 그려진 평면을 좌표평면이라 하며, 두 좌표축이 만나는 점 O를 원점이라 한다.

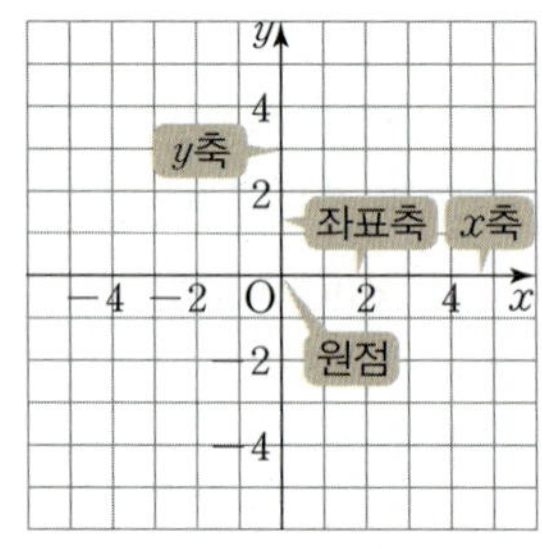

• **평면에서의 점의 좌표** 중1

좌표평면 위의 점 P에서 x축, y축에 각각 수선을 그어 이 수선과 x축, y축이 만나는 점이 각각 a, b일 때, 점 P의 위치를 (a, b)로 나타낸다. 이와 같이 순서를 생각하여 두 수를 짝지어 나타낸 것을 순서쌍이라 한다.
순서쌍 (a, b)를 점 P의 좌표라 하며, 이것을 기호로 $\mathrm{P}(a, b)$로 나타낸다. 이때, a를 점 P의 x좌표, b를 점 P의 y좌표라 한다.

• **점의 대칭이동** 수학 Ⅲ. 도형의 방정식

점 (x, y)를 x축, y축, 원점, 직선 $y=x$, 직선 $y=-x$에 대하여 대칭이동한 점의 좌표는 다음과 같다.

(1) x축 : $(x, -y)$
(2) y축 : $(-x, y)$
(3) 원점 : $(-x, -y)$
(4) 직선 $y=x$: (y, x)
(5) 직선 $y=-x$: $(-y, -x)$

• **좌표평면 위의 두 점 사이의 거리** 수학 Ⅲ. 도형의 방정식

좌표평면 위의 두 점 $\mathrm{A}(x_1, y_1)$, $\mathrm{B}(x_2, y_2)$ 사이의 거리는

$$\overline{\mathrm{AB}}=\sqrt{(x_2-x_1)^2+(y_2-y_1)^2}$$

현재 학습 내용

• **공간에서 점의 좌표** ········ 유형01 공간에서 점의 좌표

1. 좌표공간

공간의 한 점 O에서 서로 직교하는 세 수직선을 그었을 때, 점 O를 원점, 각각의 수직선을 x축, y축, z축이라 하고, 이들을 통틀어 좌표축이라 한다.
또 x축과 y축으로 결정되는 평면을 xy평면,
y축과 z축으로 결정되는 평면을 yz평면,
z축과 x축으로 결정되는 평면을 zx평면이라 하고,
이들을 통틀어 좌표평면이라 한다.
이와 같이 좌표축과 좌표평면이 정해진 공간을 **좌표공간**이라 한다.

2. 공간좌표

xy평면, yz평면, zx평면을 나타내는 평면의 방정식은 각각 $z=0$, $x=0$, $y=0$이다.

공간에 있는 임의의 한 점 P에 대하여 점 P를 지나고 yz평면, zx평면, xy평면과 평행한 평면이 x축, y축, z축과 만나는 점을 각각 A, B, C라 하고, 세 점 A, B, C의 x축, y축, z축 위에서의 좌표를 각각 a, b, c라 할 때, 순서쌍 (a, b, c)를 점 P의 공간좌표 또는 좌표라 하고, a, b, c를 각각 점 P의 x좌표, y좌표, z좌표라 한다.
이를 기호로 $\mathbf{P}(\boldsymbol{a}, \boldsymbol{b}, \boldsymbol{c})$와 같이 나타낸다.
공간의 점 P와 세 실수의 순서쌍 (a, b, c)는 일대일대응이다.

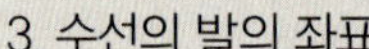

3. 수선의 발의 좌표

좌표공간의 점 $\mathrm{A}(a, b, c)$에서

(1) x축, y축, z축에 내린 수선의 발을 각각 P, Q, R라 하면
$\mathrm{P}(a, 0, 0)$, $\mathrm{Q}(0, b, 0)$, $\mathrm{R}(0, 0, c)$

(2) xy평면, yz평면, zx평면에 내린 수선의 발을 각각 P, Q, R라 하면
$\mathrm{P}(a, b, 0)$, $\mathrm{Q}(0, b, c)$, $\mathrm{R}(a, 0, c)$

4. 대칭이동한 점의 좌표

좌표공간의 점 $\mathrm{A}(a, b, c)$를

(1) x축, y축, z축에 대하여 대칭이동한 점을 각각 P, Q, R라 하면
$\mathrm{P}(a, -b, -c)$, $\mathrm{Q}(-a, b, -c)$, $\mathrm{R}(-a, -b, c)$

(2) xy평면, yz평면, zx평면에 대하여 대칭이동한 점을 각각 P, Q, R라 하면
$\mathrm{P}(a, b, -c)$, $\mathrm{Q}(-a, b, c)$, $\mathrm{R}(a, -b, c)$

(3) 원점에 대하여 대칭이동한 점을 P라 하면 $\mathrm{P}(-a, -b, -c)$

• **두 점 사이의 거리** ········ 유형02 두 점 사이의 거리

좌표공간에서 두 점 $\mathrm{A}(x_1, y_1, z_1)$, $\mathrm{B}(x_2, y_2, z_2)$ 사이의 거리는

$$\overline{\mathrm{AB}}=\sqrt{(x_2-x_1)^2+(y_2-y_1)^2+(z_2-z_1)^2}$$

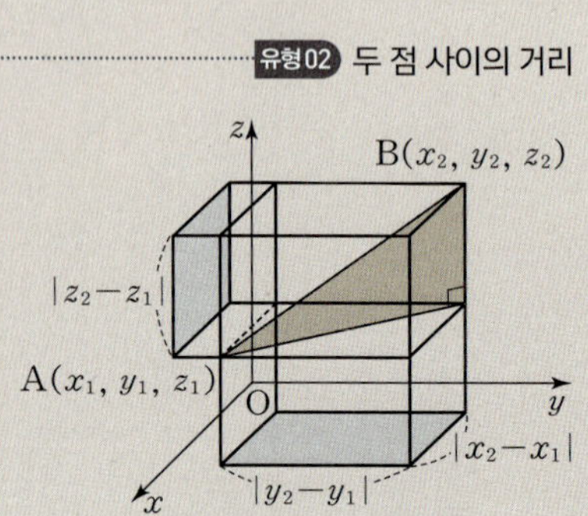

유형03 좌표공간에서의 정사영

유형04 최단거리

이전 학습 내용

• 선분의 내분점와 외분점 수학 Ⅲ. 도형의 방정식

좌표평면 위의 두 점 $A(x_1, y_1)$, $B(x_2, y_2)$에 대하여 선분 AB를 $m:n$ $(m>0, n>0)$으로 내분하는 점 P, 외분하는 점 Q는

$$P\left(\frac{mx_2+nx_1}{m+n}, \frac{my_2+ny_1}{m+n}\right),$$

$$Q\left(\frac{mx_2-nx_1}{m-n}, \frac{my_2-ny_1}{m-n}\right)$$

(단, $m\neq n$)

• 좌표평면 위의 삼각형의 무게중심의 좌표

세 점 $A(x_1, y_1)$, $B(x_2, y_2)$, $C(x_3, y_3)$을 꼭짓점으로 하는 삼각형 ABC의 무게중심 G의 좌표는

$$\left(\frac{x_1+x_2+x_3}{3}, \frac{y_1+y_2+y_3}{3}\right)$$

• 원의 방정식

중심의 좌표가 (a, b)이고 반지름의 길이가 r인 원의 방정식은

$$(x-a)^2+(y-b)^2=r^2$$

현재 학습 내용

• 선분의 내분점과 외분점

1. 내분점과 외분점 ······ 유형 05 내분점과 외분점

좌표공간에서 두 점 $A(x_1, y_1, z_1)$, $B(x_2, y_2, z_2)$를 이은 선분 AB를

(1) $m:n$ $(m>0, n>0)$으로 내분하는 점 P의 좌표는

$$P\left(\frac{mx_2+nx_1}{m+n}, \frac{my_2+ny_1}{m+n}, \frac{mz_2+nz_1}{m+n}\right)$$

(2) $m:n$ $(m>0, n>0, m\neq n)$으로 외분하는 점 Q의 좌표는

$$Q\left(\frac{mx_2-nx_1}{m-n}, \frac{my_2-ny_1}{m-n}, \frac{mz_2-nz_1}{m-n}\right)$$

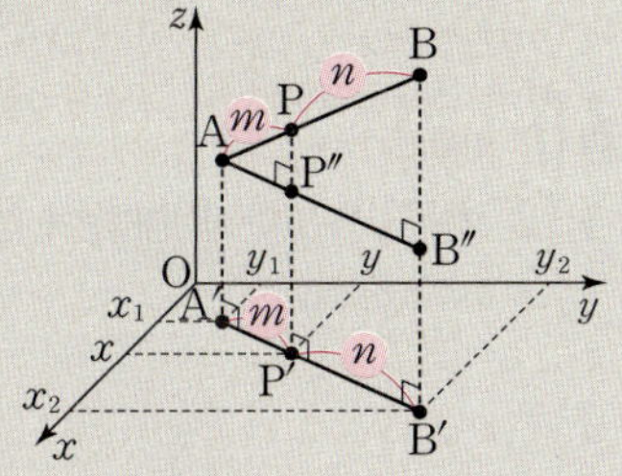

2. 무게중심 ······ 유형 06 내분점과 외분점의 활용

세 점 $A(x_1, y_1, z_1)$, $B(x_2, y_2, z_2)$, $C(x_3, y_3, z_3)$에 대하여 삼각형 ABC의 무게중심 G의 좌표는

$$\left(\frac{x_1+x_2+x_3}{3}, \frac{y_1+y_2+y_3}{3}, \frac{z_1+z_2+z_3}{3}\right)$$

• 구의 방정식 ······ 유형 07 구의 방정식

(1) 중심이 $C(a, b, c)$이고 반지름의 길이가 r인 구의 방정식은

$$(x-a)^2+(y-b)^2+(z-c)^2=r^2$$

└ $\overline{CP}^2=r^2$

(2) 구의 방정식의 일반형

$$x^2+y^2+z^2+Ax+By+Cz+D=0$$

$A^2+B^2+C^2-4D>0$이면 중심의 좌표가 $\left(-\frac{A}{2}, -\frac{B}{2}, -\frac{C}{2}\right)$이고, 반지름의 길이가 $\frac{\sqrt{A^2+B^2+C^2-4D}}{2}$인 구를 나타낸다.

유형 08 구와 최단거리

유형 09 수학 Ⅰ, 미적분 통합 유형

유형01 공간에서 점의 좌표

좌표공간에서 점의 좌표를 구하는 문제, 좌표축 또는 좌표평면에 대하여 대칭이동한 점의 좌표를 구하는 문제, 좌표축 또는 좌표평면에 내린 수선의 발의 좌표를 구하는 문제를 분류하였다.

560 빈출

점 P(2, 1, 3)을 y축에 대하여 대칭이동한 점을 P′(a, b, c)라 할 때, $a+b+c$의 값은?

① -4　② -2　③ 0　④ 2　⑤ 4

561 빈출

점 P(2, -3, 1)을 xy평면에 대하여 대칭이동한 점을 Q, 점 Q에서 yz평면에 내린 수선의 발을 R라 할 때, 점 R의 좌표는 (a, b, c)이다. $a+b+c$의 값은?

① -5　② -4　③ -3　④ -2　⑤ -1

562

좌표공간에서 다음 〈보기〉의 설명 중 옳은 것만을 있는 대로 고른 것은?

보기

ㄱ. 점 (3, -1, 1)을 지나고 y축에 수직인 평면은 $y=-1$이다.
ㄴ. $z=-1$은 점 (2, 4, -1)을 지나고 xy평면에 평행한 평면이다.
ㄷ. 점 P(-3, 2, -4)에서 yz평면까지의 거리는 3이다.

① ㄱ　② ㄴ　③ ㄱ, ㄷ　④ ㄴ, ㄷ　⑤ ㄱ, ㄴ, ㄷ

유형02 두 점 사이의 거리

좌표공간에서 두 점 사이의 거리를 구하는 문제를 분류하였다.

유형해결 TIP

좌표공간에서 삼수선의 정리를 이용하면 점과 직선 사이의 거리를 구할 수 있다. 그림과 같이 xy평면에서 두 점 M, H의 좌표를 이용하여 $\overline{MH}$의 길이를 구하고, 직각삼각형 PHM에서 $\overline{PM}$의 길이를 구하면 xy평면 밖의 점 P와 xy평면 위의 직선 l 사이의 거리를 구할 수 있다.

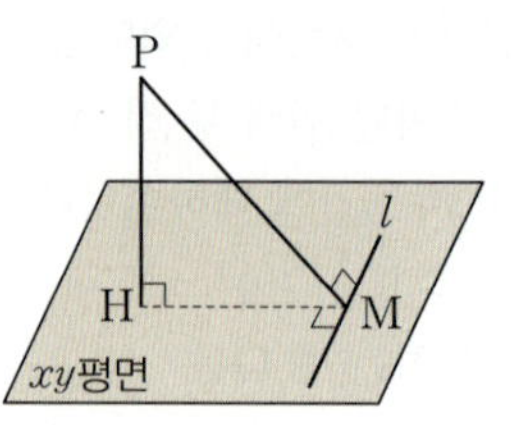

563 교육청기출

좌표공간의 두 점 A(-1, 0, 1), B(2, 1, -2)에 대하여 선분 AB의 길이는?

① $3\sqrt{2}$　② $\sqrt{19}$　③ $2\sqrt{5}$　④ $\sqrt{21}$　⑤ $\sqrt{22}$

564 평가원기출

좌표공간의 점 P(2, 2, 3)을 yz평면에 대하여 대칭이동시킨 점을 Q라 하자. 두 점 P와 Q 사이의 거리는?

① 1　② 2　③ 3　④ 4　⑤ 5

565

두 점 A(-3, a, -1), B(1, 3, 6)에 대하여 $\overline{AB}=9$를 만족시키는 양수 a의 값은?

① 6　② 7　③ 8　④ 9　⑤ 10

566 빈출 서술형

좌표공간의 두 점 $A(1,\ 1,\ 3)$, $B(3,\ 2,\ 4)$에서 같은 거리에 있는 z축 위의 점 P에 대하여 선분 OP의 길이를 구하고, 그 과정을 서술하시오. (단, O는 원점이다.)

567 평가원기출

좌표공간에서 점 $P(0,\ 3,\ 0)$과 점 $A(-1,\ 1,\ a)$ 사이의 거리는 점 P와 점 $B(1,\ 2,\ -1)$ 사이의 거리의 2배이다. 양수 a의 값은?

① $\sqrt{7}$ ② $\sqrt{6}$ ③ $\sqrt{5}$
④ 2 ⑤ $\sqrt{3}$

568 평가원기출

좌표공간에서 평면 $x=3$과 평면 $z=1$의 교선을 l이라 하자. 점 P가 직선 l 위를 움직일 때, 선분 OP의 길이의 최솟값은? (단, O는 원점이다.)

① $2\sqrt{2}$ ② $\sqrt{10}$ ③ $2\sqrt{3}$
④ $\sqrt{14}$ ⑤ $3\sqrt{2}$

569 교육청기출

좌표공간의 점 $P(3,\ 5,\ 4)$에서 xy평면에 내린 수선의 발을 H라 하자. xy평면 위의 한 직선 l과 점 P 사이의 거리가 $4\sqrt{2}$일 때, 점 H와 직선 l 사이의 거리는?

① 3 ② $\sqrt{10}$ ③ $2\sqrt{3}$
④ $\sqrt{15}$ ⑤ 4

III

유형 03 좌표공간에서의 정사영

좌표공간 위의 도형에 대하여 도형 위의 점의 좌표를 이용하여 정사영의 길이, 정사영의 넓이를 구하는 문제를 분류하였다.

570

좌표공간의 두 점 $A(2,\ -3,\ 3)$, $B(-2,\ 1,\ 5)$에 대하여 직선 AB와 yz평면이 이루는 예각의 크기를 θ라 할 때, $\cos\theta$의 값은?

① $\frac{1}{3}$ ② $\frac{\sqrt{2}}{3}$ ③ $\frac{\sqrt{3}}{3}$
④ $\frac{2}{3}$ ⑤ $\frac{\sqrt{5}}{3}$

유형 04 최단거리

좌표공간에서 최단거리를 구하는 문제를 분류하였다.

유형 해결 TIP

한 평면에 대하여 두 점이 모두 평면을 기준으로 같은 쪽에 놓여 있을 때, 두 점에서 평면까지의 거리의 합이 최소가 될 때는 다음 그림과 같이 한 점을 평면에 대하여 대칭이동시킨 점과 다른 한 점 사이의 거리로 구할 수 있다.

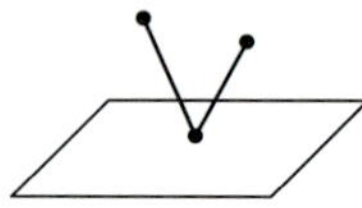
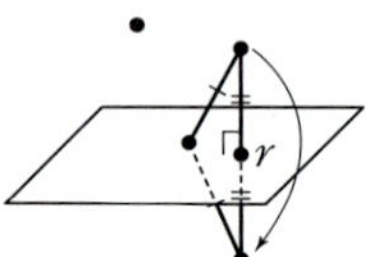

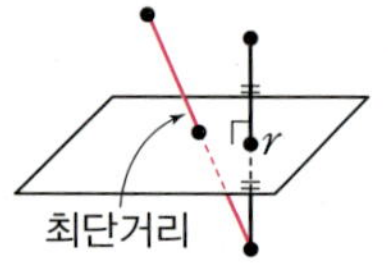

571 빈출

두 점 A$(3,\ -1,\ 2)$, B$(-2,\ 3,\ 1)$과 xy평면 위의 점 P에 대하여 $\overline{\text{AP}}+\overline{\text{BP}}$의 최솟값은?

① 4　② $3\sqrt{2}$　③ 5　④ $4\sqrt{2}$　⑤ $5\sqrt{2}$

572 빈출

좌표공간의 두 점 A$(-1,\ 3,\ a)$, B$(2,\ 2,\ 1)$과 zx평면 위의 점 P에 대하여 $\overline{\text{AP}}+\overline{\text{BP}}$의 최솟값이 $\sqrt{43}$일 때, 양수 a의 값은?

① 1　② 2　③ 3　④ 4　⑤ 5

유형 05 내분점과 외분점

좌표공간에서 선분의 내분점과 외분점의 좌표를 구하는 문제를 분류하였다.

유형 해결 TIP

좌표공간 위의 선분을 내분 또는 외분하는 점의 좌표를 구할 때, x, y, z좌표 각각에서 다음과 같이 숫자의 비를 이용하면 편리하다.

예 두 점 A$(7,\ -1,\ 3)$, B$(1,\ 2,\ -6)$에 대하여 선분 AB를 $2:1$로 내분하는 점의 좌표를 구할 때
x좌표에서 7과 1의 차이가 6이고,
이를 $2:1$로 내분하는 선분의 길이가 4, 2이므로 구하는 x좌표는 7에서 4를 뺀 값인 3이다.

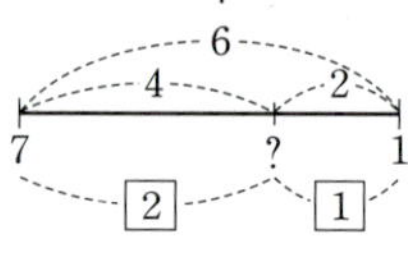

마찬가지 방법으로 y좌표는 $-1+2=1$, z좌표는 $3-6=-3$으로 구할 수 있다.

573

두 점 A$(1,\ 3,\ 5)$, B$(-2,\ -3,\ 2)$에 대하여 다음을 구하시오.

(1) 선분 AB를 $2:1$로 내분하는 점의 좌표

(2) 선분 AB를 $2:1$로 외분하는 점의 좌표

574 빈출 평가원기출

좌표공간에서 점 P$(-3,\ 4,\ 5)$를 yz평면에 대하여 대칭이동한 점을 Q라 하자. 선분 PQ를 $2:1$로 내분하는 점의 좌표를 $(a,\ b,\ c)$라 할 때, $a+b+c$의 값을 구하시오.

575 빈출

두 점 $A(5, 1, 2)$, $B(-4, -5, 5)$에 대하여 선분 AB를 $2:1$로 내분하는 점을 P, 선분 AB를 $1:2$로 외분하는 점을 Q라 할 때, 선분 PQ의 중점의 좌표는 (a, b, c)이다. $a+b+c$의 값은?

① 2 ② 4 ③ 6
④ 8 ⑤ 10

576 평가원기출

좌표공간에서 두 점 $A(a, 5, 2)$, $B(-2, 0, 7)$에 대하여 선분 AB를 $3:2$로 내분하는 점의 좌표가 $(0, b, 5)$이다. $a+b$의 값은?

① 1 ② 2 ③ 3
④ 4 ⑤ 5

577 평가원기출

좌표공간에서 두 점 $A(a, 1, 3)$, $B(a+6, 4, 12)$에 대하여 선분 AB를 $1:2$로 내분하는 점의 좌표가 $(5, 2, b)$이다. $a+b$의 값은?

① 7 ② 8 ③ 9
④ 10 ⑤ 11

578 평가원기출

좌표공간에서 두 점 $P(6, 7, a)$, $Q(4, b, 9)$를 이은 선분 PQ를 $2:1$로 외분하는 점의 좌표가 $(2, 5, 14)$일 때, $a+b$의 값은?

① 6 ② 7 ③ 8
④ 9 ⑤ 10

579 교육청기출

좌표공간에서 두 점 $A(4, 0, 2)$, $B(2, 3, a)$에 대하여 선분 AB를 $2:1$로 내분하는 점이 xy평면 위에 있을 때, a의 값은?

① -2 ② -1 ③ 0
④ 1 ⑤ 2

580 평가원기출

좌표공간에서 두 점 $A(2, a, -2)$, $B(5, -3, b)$에 대하여 선분 AB를 $2:1$로 내분하는 점이 x축 위에 있을 때, $a+b$의 값은?

① 10 ② 9 ③ 8
④ 7 ⑤ 6

581

평가원기출

좌표공간의 두 점 $A(1, a, -6)$, $B(-3, 2, b)$에 대하여 선분 AB를 $3:2$로 외분하는 점이 x축 위에 있을 때, $a+b$의 값은?

① -1　② -2　③ -3
④ -4　⑤ -5

582

빈출

좌표공간의 두 점 $A(-3, a, 2)$, $B(b, -4, c)$에 대하여 선분 AB를 $1:3$으로 내분하는 점이 x축 위에 있고, $3:1$로 외분하는 점이 yz평면 위에 있을 때, abc의 값은?

① 4　② 6　③ 8
④ 10　⑤ 12

유형06 내분점과 외분점의 활용

삼각형의 무게중심의 좌표를 구하는 문제, 선분의 길이를 이용하여 내분 또는 외분하는 비를 구해서 내분점과 외분점의 좌표를 구하는 문제, 도형을 좌표공간 위에 놓고 내분점과 외분점의 좌표를 구하는 문제를 분류하였다.

583

좌표공간에서 세 점 $A(0, -1, -2)$, $B(2, 4, 2)$, $C(4, 6, -3)$을 꼭짓점으로 하는 삼각형 ABC의 무게중심 G의 좌표가 (a, b, c)일 때, $a+b+c$의 값은?

① 1　② 2　③ 3
④ 4　⑤ 5

584

평가원기출

좌표공간에서 세 점 $A(a, 0, 5)$, $B(1, b, -3)$, $C(1, 1, 1)$을 꼭짓점으로 하는 삼각형의 무게중심의 좌표가 $(2, 2, 1)$일 때, $a+b$의 값은?

① 6　② 7　③ 8
④ 9　⑤ 10

585

좌표공간에서 두 점 $A(1, 2, -1)$, $B(5, -4, 6)$에 대하여 삼각형 ABC의 무게중심의 좌표가 $(2, 1, -2)$이다. 꼭짓점 C의 좌표가 (a, b, c)일 때, $a+b+c$의 값은?

① -10　② -8　③ -6
④ -4　⑤ -2

586

좌표공간의 세 점 $A(3, -2, 0)$, $B(1, 3, 4)$, $C(-2, -3, 1)$에 대하여 선분 AB, BC, CA를 $1:2$로 내분하는 점을 각각 P, Q, R라 할 때, 삼각형 PQR의 무게중심의 좌표는 (a, b, c)이다. $a+b+c$의 값은?

① 1　② $\frac{4}{3}$　③ $\frac{5}{3}$
④ 2　⑤ $\frac{7}{3}$

587 빈출

네 점 $A(-2, 4, 1)$, $B(2, 3, 7)$, $C(5, -1, 3)$, $D(a, b, c)$를 꼭짓점으로 하는 사각형 ABCD가 평행사변형일 때, $a+b+c$의 값은?

① -5　② -4　③ -3
④ -2　⑤ -1

588 서술형

삼각형 ABC의 세 꼭짓점의 좌표가 $A(x_1, y_1, z_1)$, $B(x_2, y_2, z_2)$, $C(x_3, y_3, z_3)$일 때, 삼각형 ABC의 무게중심 G의 좌표가 $\left(\frac{x_1+x_2+x_3}{3}, \frac{y_1+y_2+y_3}{3}, \frac{z_1+z_2+z_3}{3}\right)$임을 설명하시오.

유형 07 구의 방정식

구의 방정식을 구하는 문제, 구의 방정식을 이용하여 구를 해석하는 문제, 좌표축 또는 좌표평면에 접하는 구의 방정식을 구하는 문제를 분류하였다.

유형해결 TIP

좌표축 또는 좌표평면과 구가 접할 때, 구의 중심에서 접점을 연결한 선분이 좌표축 또는 좌표평면과 수직이고, 선분의 길이는 반지름의 길이와 같음을 이용하자.

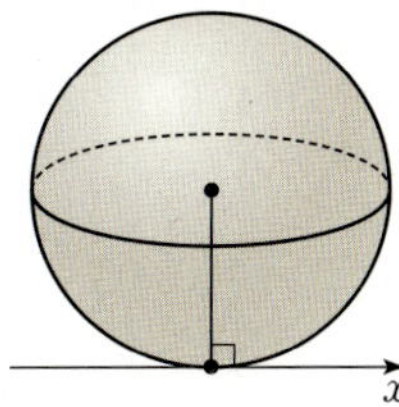

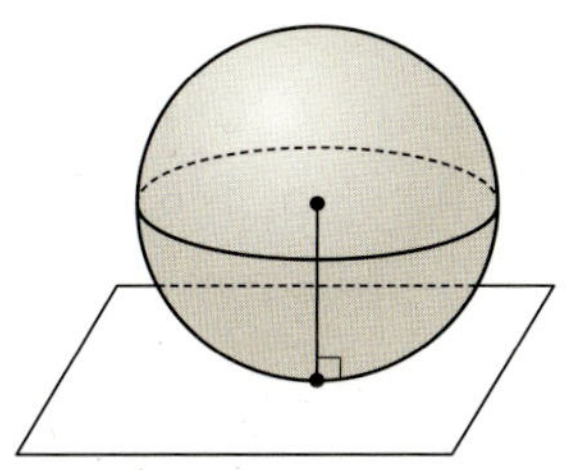

589

구 $x^2+y^2+z^2+2y=3$의 반지름의 길이는?

① 1　② 2　③ 3
④ 4　⑤ 5

590

두 점 $(1, 4, -3)$, $(-1, 6, 5)$를 지름의 양 끝점으로 하는 구의 방정식을 구하시오.

591

네 점 $(0, 0, 0)$, $(2, 0, 0)$, $(0, 2, 2)$, $(1, -1, 0)$을 지나는 구의 반지름의 길이는?

① $\sqrt{5}$　② $\sqrt{6}$　③ $\sqrt{7}$
④ $2\sqrt{2}$　⑤ 3

592

좌표공간에서 구 $x^2+y^2+z^2-6x-2y+4z-2=0$이 yz평면과 만나서 생기는 원의 넓이는?

① 6π　② 7π　③ 8π
④ 9π　⑤ 10π

593

좌표공간에서 중심이 $(-2, 3, 4)$이고, x축에 접하는 구와 yz평면에 접하는 구의 반지름의 길이를 각각 r_1, r_2라고 할 때, r_1+r_2의 값은?

① 3 ② 4 ③ 5
④ 6 ⑤ 7

594

점 $P(1, 5, 4)$에서 구 $x^2+y^2+z^2-4x-6y+2z=0$에 그은 접선의 접점을 A라 할 때, 선분 PA의 길이는?

① 2 ② 3 ③ 4
④ 5 ⑤ 6

595

두 구

$(x-2)^2+(y+3)^2+(z+2)^2=16$, $x^2+(y-1)^2+(z-2)^2=r^2$

이 서로 외접할 때, 양수 r의 값은?

① 1 ② 2 ③ 3
④ 4 ⑤ 5

유형 08 구와 최단거리

구 위의 점과 구 밖의 한 점 사이의 최단거리, 구를 좌표평면에 정사영한 원 또는 구가 좌표평면에 의해 잘리는 단면인 원 위의 점과 원 밖의 한 점 사이의 최단거리를 구하는 문제를 분류하였다.

유형 해결 TIP

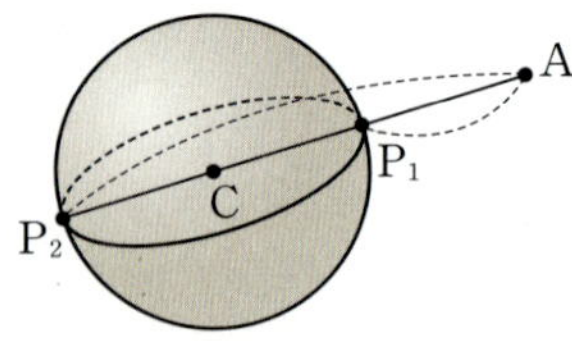

구 위의 점 P와 구 밖의 한 점 A에 대하여 구의 중심을 C라 할 때, 직선 AC가 구와 만나는 두 점 중 점 A에 가까운 점을 P_1, 먼 점을 P_2라 하면 $P=P_1$일 때 $\overline{AP}$가 최솟값을 갖고, $P=P_2$일 때 $\overline{AP}$가 최댓값을 가진다. 이때, 구의 반지름의 길이를 r라 하면 최댓값은 $\overline{AC}+r$, 최솟값은 $\overline{AC}-r$이다.

596

좌표공간에서 점 $A(4, -2, 1)$과 구 $(x-2)^2+y^2+z^2=4$ 위를 움직이는 점 P에 대하여 선분 AP의 길이의 최댓값은?

① 3 ② 4 ③ 5
④ 6 ⑤ 7

597

구 $(x-1)^2+(y-3)^2+(z-6)^2=9$ 위의 점과 x축 사이의 거리의 최댓값을 M, 최솟값을 m이라 할 때, $M+m$의 값은?

① $4\sqrt{3}$ ② $4\sqrt{5}$ ③ $4\sqrt{6}$
④ $6\sqrt{3}$ ⑤ $6\sqrt{5}$

유형 09 수학 I, 미적분 통합 유형

〈기하〉의 선수학습 과목은 〈수학〉뿐이므로 〈수학 I〉, 〈미적분〉에서 학습한 내용이 포함된 문제를 따로 분류하였다.
따라서 위 과목들을 학습한 학생만 이 유형의 문제를 풀어 보자.
이 유형은 **STEP1** 난이도의 문제가 없어서 **STEP2**부터 수록하였다.

유형01 공간에서 점의 좌표

598

좌표공간의 점 P의 xy평면에 대한 대칭점 Q의 좌표가 $(a+b,\ a-b,\ c)$이고, 점 P의 z축에 대한 대칭점 R의 좌표가 $(2a-2,\ 2b,\ c-2)$일 때, abc의 값은?

① -2 ② -1 ③ 1
④ 2 ⑤ 3

599

그림과 같이 $\overline{AB}=\overline{AC}=3$, $\overline{BC}=4$인 삼각형 ABC를 밑면으로 하고 높이가 8인 삼각기둥 ABC−DEF를 꼭짓점 C가 원점, 점 B가 x축 위, 점 F가 y축 위에 있도록 좌표공간에 놓았다. 점 D의 좌표가 $(a,\ b,\ c)$일 때, abc의 값은?

(단, 점 D의 x좌표, y좌표, z좌표는 모두 양수이다.)

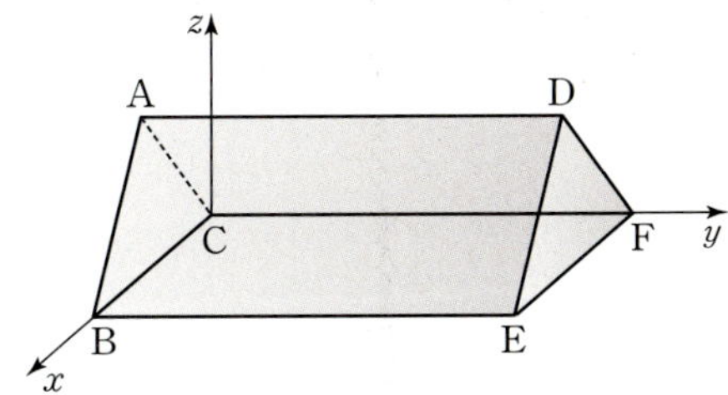

① 32 ② $16\sqrt{5}$ ③ $16\sqrt{6}$
④ $16\sqrt{7}$ ⑤ $32\sqrt{2}$

600

그림과 같이 모든 모서리의 길이가 6인 정육각기둥을 점 L이 원점, 점 H가 x축 위, 점 K가 y축 위에 있도록 좌표공간에 놓았다. 점 C를 y축에 대하여 대칭이동한 점의 좌표가 $(a,\ b,\ c)$일 때, $a+b+c$의 값은?

(단, 점 C의 x좌표, y좌표, z좌표는 모두 양수이다.)

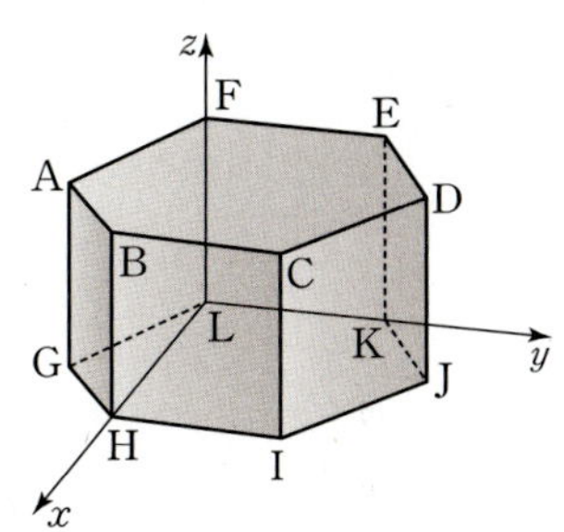

① $-6\sqrt{3}$ ② $-6\sqrt{2}$ ③ -6
④ 6 ⑤ $6\sqrt{3}$

유형02 두 점 사이의 거리

601

삼각형 ABC에서 $\angle BAC=90°$이고, $A(a,\ 2,\ 1)$, $B(1,\ 3,\ 1)$, $C(3,\ -1,\ 3)$일 때, 모든 실수 a의 값의 합은?

① 1 ② 2 ③ 3
④ 4 ⑤ 5

602

교육청기출

좌표공간에서 점 $A(1,\ 3,\ 2)$를 x축에 대하여 대칭이동한 점을 B라 하고, 점 A를 xy평면에 대하여 대칭이동한 점을 C라 하자. 세 점 A, B, C를 지나는 원의 반지름의 길이는?

① $2\sqrt{3}$ ② $\sqrt{13}$ ③ $\sqrt{14}$
④ $\sqrt{15}$ ⑤ 4

603

| 선행 569 |

점 $A(1,\ 5,\ 4)$에서 xy평면 위의 직선 $y=x$에 내린 수선의 발을 H라 할 때, 선분 AH의 길이는?

① $2\sqrt{3}$ ② $2\sqrt{6}$ ③ $3\sqrt{3}$
④ $4\sqrt{3}$ ⑤ $3\sqrt{6}$

604

평가원기출

좌표공간에 두 점 $(a,\ 0,\ 0)$과 $(0,\ 6,\ 0)$을 지나는 직선 l이 있다. 점 $(0,\ 0,\ 4)$와 직선 l 사이의 거리가 5일 때, a^2의 값은?

① 8 ② 9 ③ 10
④ 11 ⑤ 12

605

세 점 $\mathrm{A}(3,\ -2,\ 3)$, $\mathrm{B}(4,\ -4,\ 2)$, $\mathrm{C}(1,\ 2,\ -6)$에 대하여 두 점 A, B에서 같은 거리에 있는 xy평면 위의 점 P 중 점 P에서 점 C까지의 거리가 최소가 되는 점 P의 좌표가 $(a,\ b,\ 0)$일 때, $a+b$의 값은?

① 1 ② 2 ③ 3
④ 4 ⑤ 5

606

교육청기출

좌표공간에서 두 점 $\mathrm{A}(-1,\ 1,\ 2)$, $\mathrm{B}(1,\ 5,\ -2)$를 지름의 양 끝점으로 하는 구 S가 있다. 구 S 위의 한 점 $\mathrm{C}(0,\ 0,\ 0)$에 대하여 삼각형 ABC의 넓이는?

① $\sqrt{5}$ ② $2\sqrt{5}$ ③ $3\sqrt{5}$
④ $4\sqrt{5}$ ⑤ $5\sqrt{5}$

유형 03 좌표공간에서의 정사영

607

교육청기출

그림과 같이 $\overline{\mathrm{AB}}=\overline{\mathrm{AC}}=5$, $\overline{\mathrm{BC}}=2\sqrt{7}$인 삼각형 ABC가 xy평면 위에 있고, 점 $\mathrm{P}(1,\ 1,\ 4)$의 xy평면 위로의 정사영 Q는 삼각형 ABC의 무게중심과 일치한다. 점 P와 직선 BC 사이의 거리는?

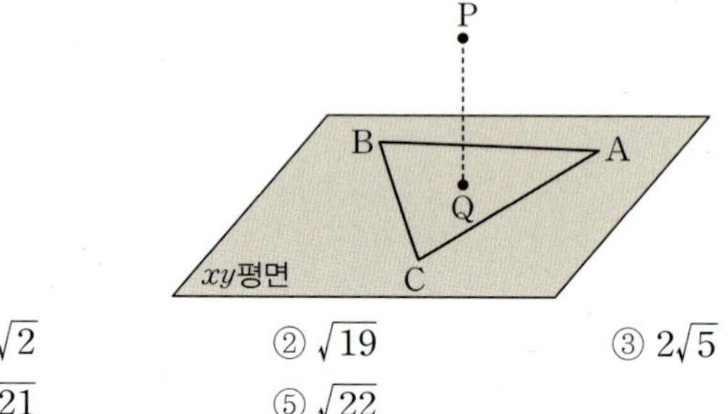

① $3\sqrt{2}$ ② $\sqrt{19}$ ③ $2\sqrt{5}$
④ $\sqrt{21}$ ⑤ $\sqrt{22}$

608

교육청기출

그림과 같이 좌표공간에 세 점 $\mathrm{A}(0,\ 0,\ 3)$, $\mathrm{B}(5,\ 4,\ 0)$, $\mathrm{C}(0,\ 4,\ 0)$이 있다. 선분 AB 위의 한 점 P에서 선분 BC에 내린 수선의 발을 H라 할 때, $\overline{\mathrm{PH}}=3$이다. 삼각형 PBH의 xy평면 위로의 정사영의 넓이는?

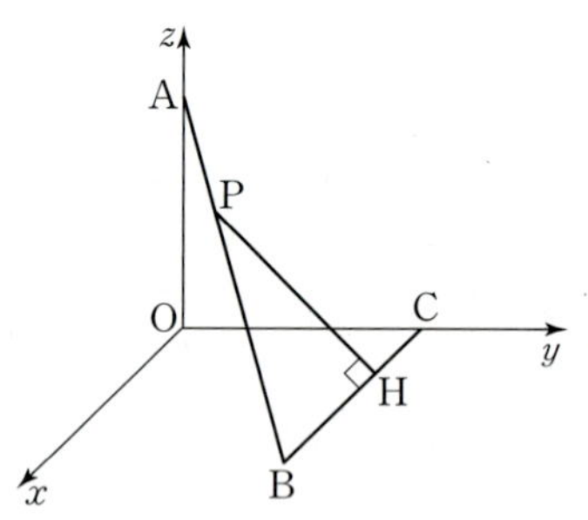

① $\frac{14}{5}$ ② $\frac{16}{5}$ ③ $\frac{18}{5}$
④ 4 ⑤ $\frac{22}{5}$

609

좌표공간에서 선분 AB의 xy평면 위로의 정사영의 길이가 $\sqrt{5}$, yz평면 위로의 정사영의 길이가 $\sqrt{6}$, zx평면 위로의 정사영의 길이가 3일 때, 선분 AB의 길이는?

① $2\sqrt{2}$ ② 3 ③ $\sqrt{10}$
④ $\sqrt{11}$ ⑤ $2\sqrt{3}$

610

그림과 같이 꼭짓점이 O이고, 밑면이 반지름의 길이가 6, 높이가 12인 원뿔이 있다. 이 원뿔의 옆면에 있는 두 점 A, B의 밑면으로의 정사영을 각각 A′, B′이라 하고, 밑면인 원의 중심을 O′이라 하면 $\overline{O'A'}=4$, $\overline{O'B'}=5$, $\angle A'O'B'=90°$일 때, 두 점 A, B 사이의 거리는?

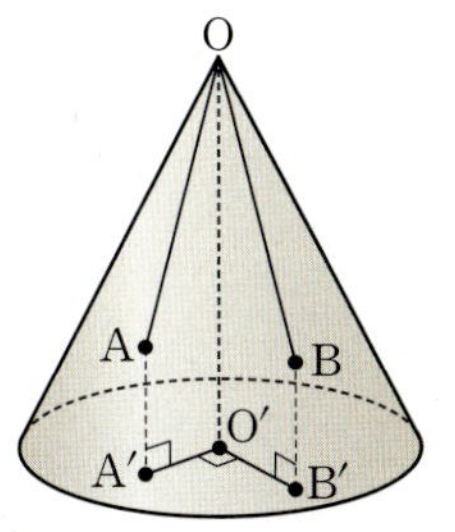

① $3\sqrt{2}$ ② $3\sqrt{3}$ ③ $3\sqrt{5}$
④ $4\sqrt{3}$ ⑤ $4\sqrt{5}$

유형04 최단거리

611 빈출

| 선행 571 |

좌표공간의 두 점 A(1, 4, 2), B(1, 5, 3)과 xy평면 위를 움직이는 점 P, yz평면 위를 움직이는 점 Q에 대하여 $\overline{AP}+\overline{PQ}+\overline{QB}$의 최솟값은?

① $3\sqrt{3}$ ② $2\sqrt{7}$ ③ $\sqrt{29}$
④ $\sqrt{30}$ ⑤ $\sqrt{31}$

612 빈출

좌표공간의 두 점 A(−2, 5, 6), B(2, 2, 0)에 대하여 xy평면에서 점 B를 중심으로 하고 x축과 y축에 모두 접하는 원 위의 점을 P라 하자. 선분 AP의 길이의 최솟값은?

① $3\sqrt{2}$ ② $3\sqrt{3}$ ③ 6
④ $3\sqrt{5}$ ⑤ $3\sqrt{6}$

613

평가원기출

좌표공간에 점 A(9, 0, 5)가 있고, xy평면 위에 타원 $\frac{x^2}{9}+y^2=1$이 있다. 타원 위의 점 P에 대하여 $\overline{AP}$의 최댓값을 구하시오.

유형 05 내분점과 외분점

614

좌표공간에서 중심이 원점인 원의 지름의 양 끝점이 각각 A, B이고, 점 A를 z축에 대하여 대칭이동한 점이 $A'(-3, 2, 4)$이다. 점 B의 좌표가 (a, b, c)일 때, $a+b+c$의 값은?

① -5　② -4　③ -3　④ -2　⑤ -1

615 빈출

좌표공간에서 두 점 $A(3, -1, 2)$, $B(4, -2, -6)$에 대하여 선분 AB가 xy평면에 의하여 $m : n$으로 내분된다고 할 때, $\frac{n}{m}$의 값은?

① $\frac{1}{3}$　② $\frac{1}{2}$　③ $\frac{4}{3}$　④ 2　⑤ 3

616

좌표공간에서 원점 O와 점 A를 지나는 직선 OA 위의 점 $P(2, -2, 6)$에 대하여 $\overline{OP} : \overline{OA}=2 : 3$이다. 점 P가 선분 OA 위의 점이 아닐 때, 점 A의 좌표는 (a, b, c)이다. $a+b+c$의 값은?

① -9　② -7　③ -5　④ -3　⑤ -1

617 평가원기출

좌표공간의 세 점 $A(3, 0, 0)$, $B(0, 3, 0)$, $C(0, 0, 3)$에 대하여 선분 BC를 $2 : 1$로 내분하는 점을 P, 선분 AC를 $1 : 2$로 내분하는 점을 Q라 하자. 점 P, Q의 xy평면 위로의 정사영을 각각 P′, Q′이라 할 때, 삼각형 OP′Q′의 넓이는?

(단, O는 원점이다.)

① 1　② 2　③ 3　④ 4　⑤ 5

유형 06 내분점과 외분점의 활용

618

좌표공간의 세 점 $A(1, 0, 0)$, $B(0, 5, 0)$, $C(0, 0, \sqrt{7})$을 꼭짓점으로 하는 삼각형 ABC에 대하여 각 ACB를 이등분하는 직선과 선분 AB의 교점을 P라 할 때, 선분 OP의 길이는?

(단, O는 원점이다.)

① $\frac{\sqrt{29}}{3}$　② $\frac{\sqrt{31}}{3}$　③ $\frac{\sqrt{33}}{3}$　④ $\frac{\sqrt{35}}{3}$　⑤ $\frac{\sqrt{37}}{3}$

619

네 점 $A(1, 2, 3)$, $B(10, 6, 4)$, $C(2, a, 7)$, $D(5, 3, b)$를 꼭짓점으로 하는 사면체 ABCD가 정사면체일 때, 삼각형 BCD의 무게중심의 좌표는 (p, q, r)이다. $p+q+r$의 값은?

(단, $a>0$, $b>0$)

① 20　② 22　③ 24　④ 26　⑤ 28

620

그림과 같이 반지름의 길이가 2, 3, 7이고 서로 외접하는 세 개의 구가 평면 α 위에 놓여 있다. 세 구의 중심을 각각 A, B, C라 할 때, 삼각형 ABC의 무게중심으로부터 평면 α까지의 거리는?

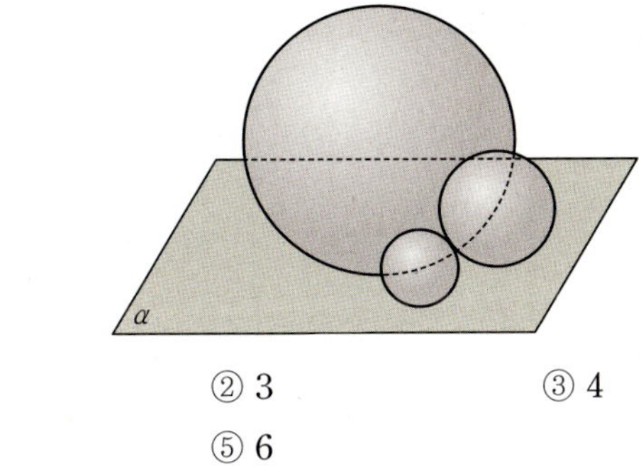

① 2 ② 3 ③ 4 ④ 5 ⑤ 6

621

평가원기출

그림과 같이 좌표공간에서 한 변의 길이가 4인 정육면체를 한 변의 길이가 2인 8개의 정육면체로 나누었다. 이 중 그림의 세 정육면체 A, B, C 안에 반지름의 길이가 1인 구가 각각 내접하고 있다. 3개의 구의 중심을 연결한 삼각형의 무게중심의 좌표를 (p, q, r)라 할 때, $p+q+r$의 값은?

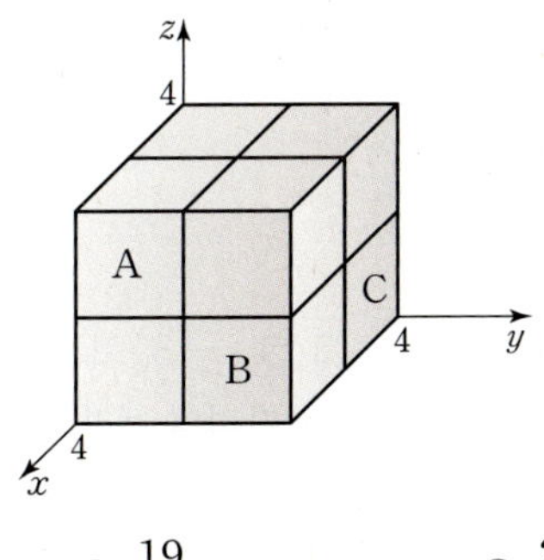

① 6 ② $\frac{19}{3}$ ③ $\frac{20}{3}$ ④ 7 ⑤ $\frac{22}{3}$

622

그림과 같이 $\overline{AB}=2$, $\overline{AD}=2$, $\overline{AE}=3$인 직육면체 ABCD−EFGH에서 선분 CG를 1 : 2로 내분하는 점을 P라 할 때, 삼각형 BDP의 무게중심에서 점 E까지의 거리는?

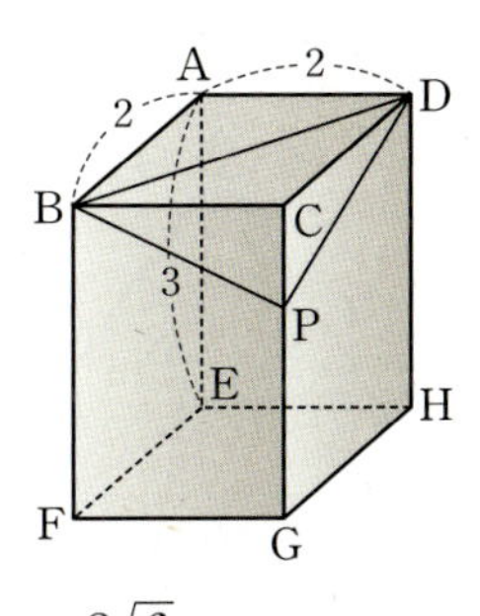

① $\frac{\sqrt{6}}{3}$ ② $\frac{2\sqrt{6}}{3}$ ③ $\sqrt{6}$ ④ $\frac{4\sqrt{6}}{3}$ ⑤ $\frac{5\sqrt{6}}{3}$

623

그림과 같이 좌표공간에서 원점 O와 xy평면 위의 점 B, y축 위의 점 C에 대하여 한 모서리의 길이가 12인 정사면체 AOBC가 있다. 점 A에서 밑면 OBC에 내린 수선의 발을 H라 할 때, 선분 AH의 중점 M의 좌표는 (a, b, c)이다. $a^2+b^2+c^2$의 값은?

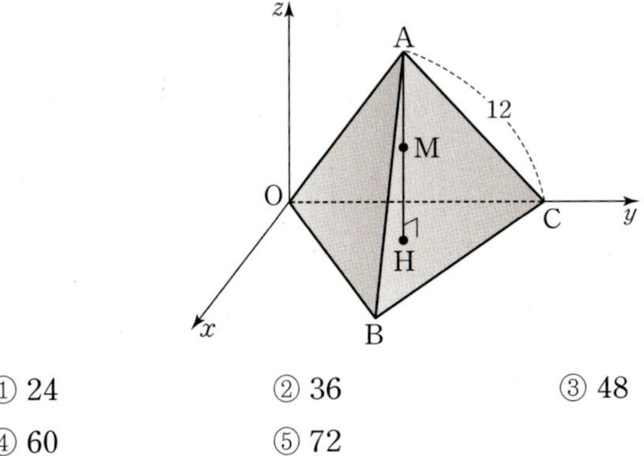

① 24 ② 36 ③ 48 ④ 60 ⑤ 72

624 서술형

그림과 같이 밑면이 한 변의 길이가 8인 정사각형이고, 한 옆면의 넓이가 $16\sqrt{5}$인 정사각뿔 A−BCDE에 대하여 두 선분 AB, CD를 1 : 2, 2 : 1로 내분하는 점을 각각 P, Q라 할 때, 두 점 P, Q 사이의 거리를 구하고, 그 과정을 서술하시오.

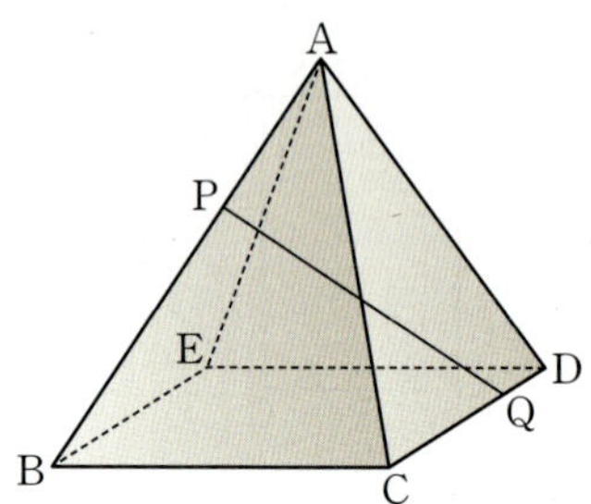

유형07 구의 방정식

625 빈출 서술형

점 A$(2,\ -6,\ 3)$과 구 $x^2+y^2+z^2=9$ 위를 움직이는 점 B에 대하여 선분 AB를 1 : 2로 내분하는 점이 그리는 도형의 방정식을 구하고, 그 과정을 서술하시오.

626

| 선행 593 |

구 $x^2+y^2+z^2-6ax+4y-12z+8b=0$이 xy평면과 yz평면에 동시에 접할 때, 두 상수 a, b에 대하여 a^2+b^2의 값은?

① 25 ② 26 ③ 27
④ 28 ⑤ 29

627

점 $(5,\ -3,\ 1)$을 지나고 xy평면, yz평면, zx평면에 동시에 접하는 구는 2개이다. 두 구의 반지름의 길이의 합은?

① 6 ② 7 ③ 8
④ 9 ⑤ 10

628

좌표공간에서 중심의 좌표가 $(1,\ 1,\ -3)$이고, xy평면에 접하는 구가 z축과 만나는 두 점 사이의 거리를 d라고 할 때, d^2의 값은?

① 12 ② 16 ③ 20
④ 24 ⑤ 28

629

| 선행 592 |

좌표공간에서 xy평면과 점 $(2,\ 3,\ 0)$에서 접하는 구가 yz평면과 만나서 생기는 도형의 넓이가 9π일 때, 원점에서 이 구의 중심까지의 거리는?

① $2\sqrt{6}$　② 5　③ $\sqrt{26}$
④ $3\sqrt{3}$　⑤ $2\sqrt{7}$

630

좌표공간에서 z축에 접하는 구 $x^2+y^2+z^2-8x+6y-4z+a=0$의 xy평면 위로의 정사영의 넓이가 $b\pi$일 때, $a+b$의 값은?
(단, a, b는 실수이다.)

① 25　② 27　③ 29
④ 31　⑤ 33

631

좌표공간에서 x축, y축, z축에 모두 접하고 중심의 x, y, z좌표가 모두 양수인 구가 xy평면과 만나서 생기는 도형의 넓이가 32π일 때, 이 구의 반지름의 길이는?

① 6　② 8　③ $6\sqrt{2}$
④ 10　⑤ $8\sqrt{2}$

632 빈출

구 $x^2+y^2+z^2-6x-8y+4z+k=0$이 xy평면, yz평면과는 만나지만 zx평면과는 만나지 않도록 하는 자연수 k의 최솟값과 최댓값의 합은?

① 30　② 32　③ 34
④ 36　⑤ 38

633

| 선행 594 |

좌표공간에서 점 $\mathrm{A}(0,\ 0,\ 2)$를 지나는 직선이 구 $x^2+y^2+(z+4)^2=9$에 접할 때의 접점을 P라 하자. 점 P가 나타내는 도형의 둘레의 길이를 구하시오.

634

평가원기출

좌표공간에 반구 $(x-5)^2+(y-4)^2+z^2=9,\ z\geq 0$이 있다. y축을 포함하는 평면 α가 반구와 접할 때, α와 xy평면이 이루는 각의 크기를 θ라 하자. 이때, $30\cos\theta$의 값을 구하시오.
(단, $0^\circ<\theta<90^\circ$)

III

635 서술형 선생님 Pick! 교육청기출

구 $x^2+y^2+z^2-2x-4y+2z-3=0$을 xy평면으로 자른 단면을 밑면으로 하고 이 구에 내접하는 원뿔의 부피의 최댓값을 구하고, 그 과정을 서술하시오.

636

구 $(x-4)^2+(y-2)^2+(z-3)^2=1$의 xy평면 위로의 정사영과 두 점 $(0, 1, 4)$, $(2, k, 3)$을 지나는 직선의 xy평면 위로의 정사영이 서로 접하도록 하는 모든 k의 값의 합은?

① $\frac{43}{15}$ ② $\frac{46}{15}$ ③ $\frac{49}{15}$
④ $\frac{43}{13}$ ⑤ $\frac{46}{13}$

유형 08 구와 최단거리

637 | 선행 596 |

구 $(x-3)^2+(y-4)^2+(z-12)^2=64$ 위의 임의의 점 $P(a, b, c)$에 대하여 $a^2+b^2+c^2$의 최솟값은?

① 16 ② 25 ③ 36
④ 49 ⑤ 64

638 | 선행 612 |

좌표공간에서 구 $x^2+y^2+z^2+6x-4y-2z+4=0$이 xy평면과 만나서 생기는 원에 대하여 이 원 위의 점에서 점 $(1, -1, 2)$까지의 거리의 최솟값은?

① 2 ② $2\sqrt{2}$ ③ 3
④ $3\sqrt{2}$ ⑤ 4

639 | 선행 625 |

좌표공간의 두 점 $A(4, 2, -4)$, $B(1, 5, -7)$에 대하여 점 P가 $\overline{AP}:\overline{BP}=2:1$을 만족시킬 때, 원점 O와 점 P 사이의 거리의 최댓값은 $p+q\sqrt{3}$이다. $p+q$의 값은? (단, p, q는 유리수이다.)

① 10 ② 12 ③ 14
④ 16 ⑤ 18

640

좌표공간에서 반지름의 길이가 5인 구가 xy평면, yz평면, zx평면과 각각 만나서 생기는 세 도형의 넓이의 합이 39π일 때, 이 구 위의 점 P와 원점 사이의 거리의 최댓값은?

① 10 ② 11 ③ 12
④ 13 ⑤ 14

641

좌표공간에서 두 점 A$(1, 4, 3)$, B$(4, 1, 2)$와 구 $(x-4)^2+(y-4)^2+(z-4)^2=2$ 위를 움직이는 점 P에 대하여 세 점 A, B, P의 xy평면 위로의 정사영을 각각 A′, B′, P′이라고 할 때, 삼각형 A′B′P′의 넓이의 최댓값은?

① $\frac{7}{2}$ ② $\frac{9}{2}$ ③ $\frac{11}{2}$
④ $\frac{13}{2}$ ⑤ $\frac{15}{2}$

유형 09 수학 I, 미적분 통합 유형

642

평가원기출

좌표공간에서 y축을 포함하는 평면 α에 대하여 xy평면 위의 원 $C_1 : (x-10)^2+y^2=3$의 평면 α 위로의 정사영의 넓이와 yz평면 위의 원 $C_2 : y^2+(z-10)^2=1$의 평면 α 위로의 정사영의 넓이가 S로 같을 때, S의 값은?

① $\frac{\sqrt{10}}{6}\pi$ ② $\frac{\sqrt{10}}{5}\pi$ ③ $\frac{7\sqrt{10}}{30}\pi$
④ $\frac{4\sqrt{10}}{15}\pi$ ⑤ $\frac{3\sqrt{10}}{10}\pi$

643

평가원기출

좌표공간에 구 $S : x^2+y^2+z^2=50$과 점 P$(0, 5, 5)$가 있다. 다음 조건을 만족시키는 모든 원 C에 대하여 C의 xy평면 위로의 정사영의 넓이의 최댓값을 $\frac{q}{p}\pi$라 하자. $p+q$의 값을 구하시오.

(단, p와 q는 서로소인 자연수이다.)

(가) 원 C는 점 P를 지나는 평면과 구 S가 만나서 생긴다.
(나) 원 C의 반지름의 길이는 1이다.

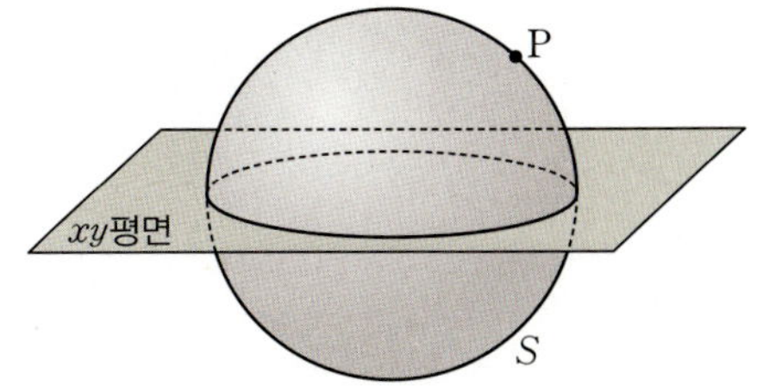

스키마로 풀이 흐름 알아보기

좌표공간의 두 점 A$(-2, 5, 6)$, B$(2, 2, 0)$에 대하여 xy평면에서 점 B를 중심으로 하고 x축과 y축에 모두 접하는 원 위의 점을 P라 하자. 선분 AP의 길이의 최솟값은?

조건① 조건② 조건①

① $3\sqrt{2}$ ② $3\sqrt{3}$ ③ 6 ④ $3\sqrt{5}$ ⑤ $3\sqrt{6}$

유형04 최단거리 612

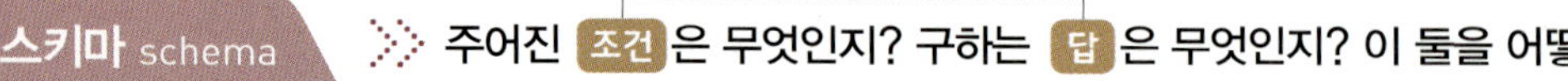

스키마 schema

주어진 조건은 무엇인지? 구하는 답은 무엇인지? 이 둘을 어떻게 연결할지?

1단계

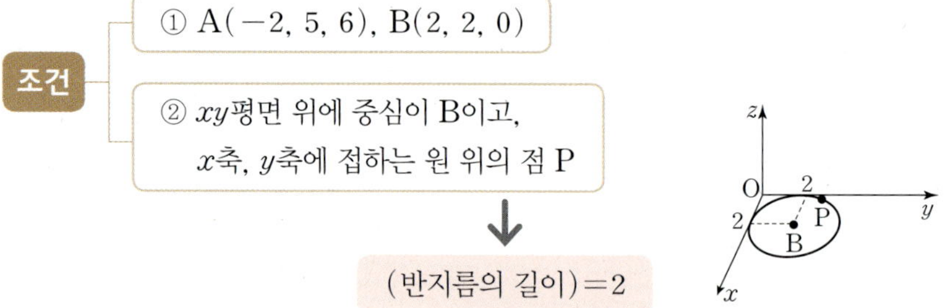

xy평면에서 점 B$(2, 2, 0)$을 중심으로 하고, x축, y축에 모두 접하는 원의 반지름의 길이는 2이다.

2단계

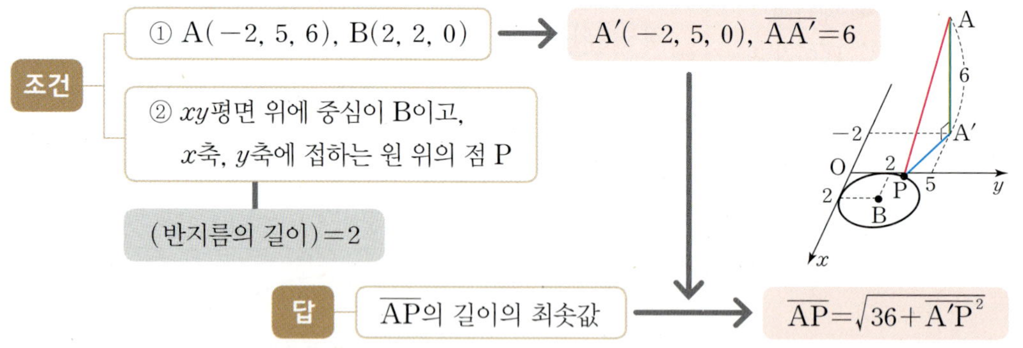

점 A$(-2, 5, 6)$에서 xy평면에 내린 수선의 발을 A'이라 하면 A'$(-2, 5, 0)$이고, $\overline{AA'}=6$이다.
또한 xy평면의 원 위의 점 P에 대하여

$$\overline{AP}=\sqrt{\overline{AA'}^2+\overline{A'P}^2}=\sqrt{36+\overline{A'P}^2} \quad \cdots\cdots ㉠$$

이므로 $\overline{A'P}$가 최소일 때 $\overline{AP}$도 최솟값을 갖는다.

3단계

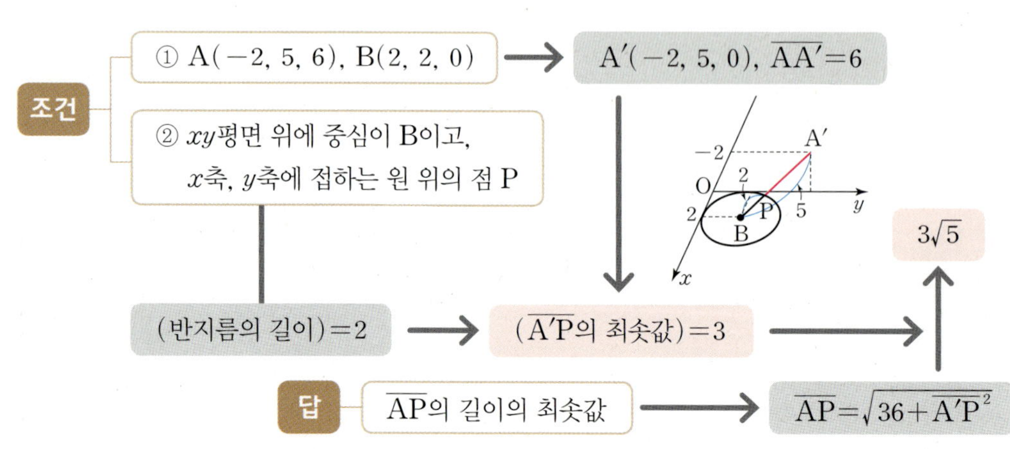

점 A'에서 원의 중심 B까지의 거리는 $\overline{A'B}=\sqrt{4^2+(-3)^2}=5$이므로 점 A'에서 원 위의 점 P까지의 거리의 최솟값은 $5-2=3$이다.
따라서 ㉠에서 $\overline{AP}$의 최솟값은 $\sqrt{36+3^2}=3\sqrt{5}$이다.

답 ④

스키마로 풀이 흐름 알아보기

구 $x^2+y^2+z^2-6x-8y+4z+k=0$이 xy평면, yz평면과는 만나지만 zx평면과는 만나지 않도록 하는 자연수 k의 최솟값과 최댓값의 합은?

(밑줄 표시: 조건① 구 $x^2+y^2+z^2-6x-8y+4z+k=0$ / 조건② xy평면, yz평면과는 만나지만 / 조건③ zx평면과는 만나지 않도록 / 답 자연수 k의 최솟값과 최댓값의 합)

① 30 ② 32 ③ 34 ④ 36 ⑤ 38

유형07 구의 방정식 632

스키마 schema

주어진 조건은 무엇인지? 구하는 답은 무엇인지? 이 둘을 어떻게 연결할지?

1단계

조건

① 구 $x^2+y^2+z^2-6x-8y+4z+k=0$

↓

$(x-3)^2+(y-4)^2+(z+2)^2=29-k$ → 중심 $(3,\ 4,\ -2)$, $r=\sqrt{29-k}$ (단, $k<29$)

(구의 반지름의 길이)$=r$

② xy평면, yz평면과 만난다.

③ zx평면과 만나지 않는다.

$x^2+y^2+z^2-6x-8y+4z+k=0$에서
$(x-3)^2+(y-4)^2+(z+2)^2=29-k$
이 방정식이 구를 나타내려면
$29-k>0$에서 $k<29$이고,
이 구의 중심은 $(3,\ 4,\ -2)$이고,
구의 반지름의 길이는 $\sqrt{29-k}$이다.

2단계

조건

① 구 $x^2+y^2+z^2-6x-8y+4z+k=0$

$(x-3)^2+(y-4)^2+(z+2)^2=29-k$ → 중심 $(3,\ 4,\ -2)$, $r=\sqrt{29-k}$ (단, $k<29$)

② xy평면, yz평면과 만난다. → $\sqrt{29-k}\ge3$

③ zx평면과 만나지 않는다.

이 구가 xy평면, yz평면과 만나려면
구의 반지름의 길이가
구의 중심의 z좌표, x좌표의
절댓값보다 크거나 같아야 하므로
$\sqrt{29-k}\ge3$ …… ㉠

3단계

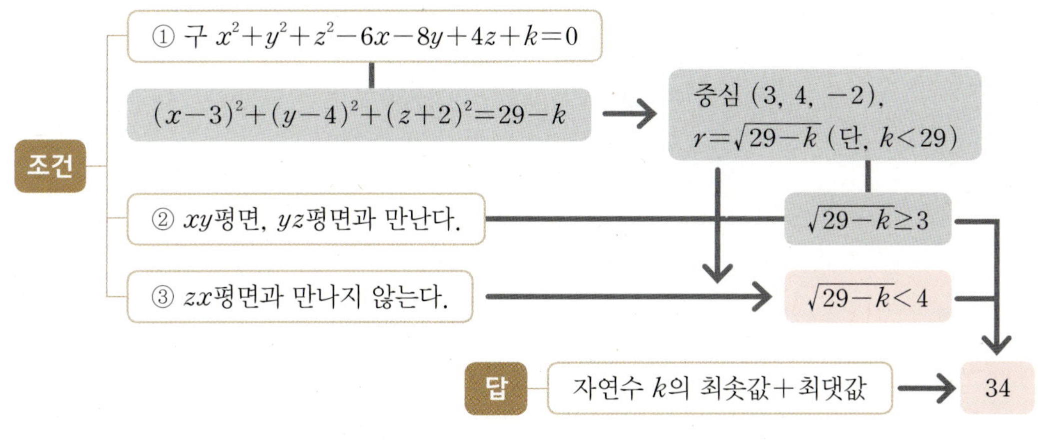

이 구가 zx평면과는 만나지 않으려면
구의 반지름의 길이가 구의 중심의
y좌표의 절댓값보다 작아야 하므로
$\sqrt{29-k}<4$ …… ㉡
㉠, ㉡에서 $3\le\sqrt{29-k}<4$
$9\le29-k<16$, $13<k\le20$
따라서 자연수 k의 최솟값은 14이고,
최댓값은 20이므로 최솟값과
최댓값의 합은 34이다.

답 ③

644

평가원기출

좌표공간에서 xy평면, yz평면, zx평면은 공간을 8개의 부분으로 나눈다. 이 8개의 부분 중에서 구

$$(x+2)^2+(y-3)^2+(z-4)^2=24$$

가 지나는 부분의 개수는?

① 8 ② 7 ③ 6
④ 5 ⑤ 4

645

평가원기출

좌표공간에 두 점 $\mathrm{A}(0,\ -1,\ 1)$, $\mathrm{B}(1,\ 1,\ 0)$이 있고, xy평면 위에 원 $x^2+y^2=13$이 있다. 이 원 위의 점 $(a,\ b,\ 0)$ $(a<0)$을 지나고 z축에 평행한 직선이 직선 AB와 만날 때, $a+b$의 값은?

① $-\frac{47}{10}$ ② $-\frac{23}{5}$ ③ $-\frac{9}{2}$
④ $-\frac{22}{5}$ ⑤ $-\frac{43}{10}$

646

선생님 Pick! 평가원기출

좌표공간에 있는 원기둥이 다음 조건을 만족시킨다.

(가) 높이는 8이다.
(나) 한 밑면의 중심은 원점이고 다른 밑면은 평면 $z=10$과 오직 한 점 $(0,\ 0,\ 10)$에서 만난다.

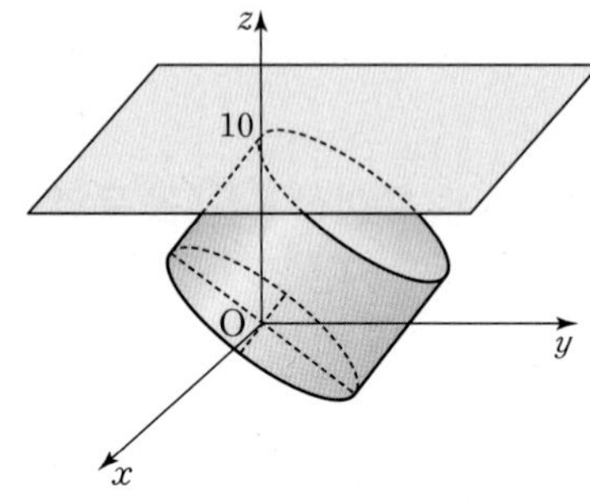

이 원기둥의 한 밑면의 평면 $z=10$ 위로의 정사영의 넓이는?

① $\frac{139}{5}\pi$ ② $\frac{144}{5}\pi$ ③ $\frac{149}{5}\pi$
④ $\frac{154}{5}\pi$ ⑤ $\frac{159}{5}\pi$

647

| 선행 632 |

실수 a에 대하여 좌표공간에서 구

$$S : x^2+y^2+z^2-4ax-10y-2az+4a^2+6a-20=0$$

이 다음 조건을 만족시킨다.

xy평면, yz평면, zx평면 중 어느 한 평면과는 만나지 않는다.

구 S가 xy평면, yz평면, zx평면 중 두 평면과 만나서 생기는 두 원의 넓이의 합의 최솟값이 $k\pi$일 때, k의 값은?

① 26 ② 27 ③ 28
④ 29 ⑤ 30

648

평가원기출

좌표공간에서 xy평면 위의 원 $x^2+y^2=1$을 C라 하고, 원 C 위의 점 P와 점 A$(0, 0, 3)$을 잇는 선분이 구 $x^2+y^2+(z-2)^2=1$과 만나는 점을 Q라 하자. 점 P가 원 C 위를 한 바퀴 돌 때, 점 Q가 나타내는 도형 전체의 길이는 $\frac{b}{a}\pi$이다. $a+b$의 값을 구하시오.

(단, 점 Q는 점 A가 아니고, a와 b는 서로소인 자연수이다.)

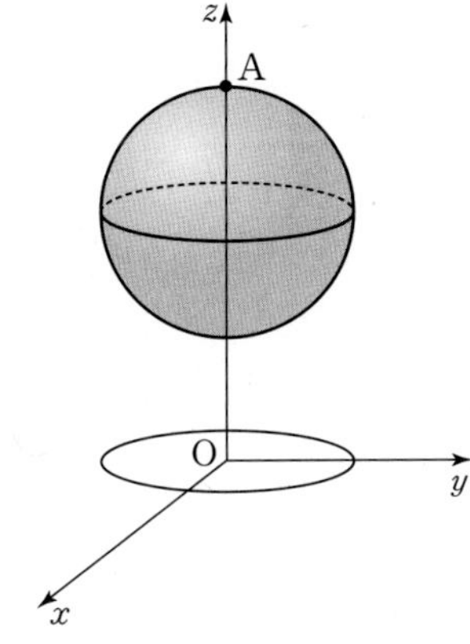

649

평가원기출

좌표공간에 구 $S : x^2+y^2+(z-1)^2=1$과 xy평면 위의 원 $C : x^2+y^2=4$가 있다. 구 S와 점 P에서 접하고 원 C 위의 두 점 Q, R를 포함하는 평면이 xy평면과 이루는 예각의 크기가 $60°$이다. 점 P의 z좌표가 1보다 클 때, 선분 QR의 길이는?

① 1　② $\sqrt{2}$　③ $\sqrt{3}$　④ 2　⑤ $\sqrt{5}$

650

평가원기출

좌표공간에서 중심의 x좌표, y좌표, z좌표가 모두 양수인 구 S가 x축과 y축에 각각 접하고 z축과 서로 다른 두 점에서 만난다. 구 S가 xy평면과 만나서 생기는 원의 넓이가 64π이고 z축과 만나는 두 점 사이의 거리가 8일 때, 구 S의 반지름의 길이는?

① 11　② 12　③ 13　④ 14　⑤ 15

651

평가원기출

좌표공간에서 구

$$S : (x-1)^2+(y-1)^2+(z-1)^2=4$$

위를 움직이는 점 P가 있다. 점 P에서 구 S에 접하는 평면이 구 $x^2+y^2+z^2=16$과 만나서 생기는 도형의 넓이의 최댓값은 $(a+b\sqrt{3})\pi$이다. $a+b$의 값을 구하시오.

(단, a, b는 자연수이다.)

III

I 이차곡선

01 포물선 본문 9~27 p

001 ②
002 ③
003 ④
004 ⑤
005 ③
006 ③
007 ⑤
008 ⑤
009 ③
010 $(2, 1)$, $y=-3$
011 18
012 ②
013 ③
014 ③
015 ③
016 ④
017 ③
018 ④
019 ③
020 ③
021 ⑤
022 ②
023 -2, 1
024 (1) $y=-\frac{1}{2}x-10$ (2) $y=4x-24$
025 ⑤
026 ②
027 64
028 (1) $y=-x+2$ (2) $y=x-3$
029 ②
030 ①
031 -3, 3
032 ①
033 ①
034 풀이 참조
035 ①
036 ②
037 ①
038 ④
039 13
040 ②
041 ③
042 136
043 ①
044 13
045 ⑤
046 ④
047 ②
048 ③
049 ①
050 ⑤
051 ⑤
052 $(y-4)^2=10x-15$
053 ①
054 ①
055 ⑤
056 ④
057 ②
058 ③
059 ②
060 ②
061 풀이 참조
062 12
063 ②
064 ①
065 풀이 참조
066 ①
067 ④
068 55
069 ②
070 ③
071 16
072 8
073 ④
074 32
075 14

02 타원 본문 30~53 p

076 ④
077 ④
078 32
079 ⑤
080 ③
081 ①
082 ①
083 ③
084 ②
085 ④
086 6
087 ①
088 ③
089 ③
090 풀이 참조
091 12
092 ⑤
093 ③
094 ④
095 ⑤
096 ③
097 $y=-x-3$
098 ⑤
099 ⑤
100 ②
101 ③
102 (1) $y=2$ 또는 $3x-2y=8$
(2) $x=1$ 또는 $3x+2y=5$
103 ②
104 ⑤
105 ④
106 ④
107 ①
108 ⑤
109 ③
110 ⑤
111 ④
112 ④
113 ④
114 ④
115 ①
116 ①
117 ①
118 ③
119 ①
120 22
121 ④
122 ②
123 ④
124 ①
125 ⑤
126 ④
127 ④
128 ②
129 ④
130 ④
131 ②
132 ②
133 105
134 ③
135 ③
136 ⑤
137 ⑤
138 ⑤
139 ⑤
140 ③
141 ⑤
142 ④
143 103
144 ④
145 ④
146 ②
147 풀이 참조
148 ②
149 ④
150 ④
151 ①

152 ④
153 ④
154 ④
155 ②
156 ④
157 ⑤
158 ②
159 32
160 ②
161 ①
162 ③
163 39
164 32
165 풀이 참조
166 180
167 17
168 29
169 26
170 ④
171 ①

03 쌍곡선 본문 57~79 p

172 ②
173 ④
174 ④
175 ⑤
176 ③
177 ⑤
178 ⑤
179 16
180 8
181 ④
182 ①
183 ⑤
184 ②
185 13
186 풀이 참조
187 ④
188 ④
189 ③
190 ④
191 (1) $k<-2$ 또는 $k>2$
(2) $k=-2$ 또는 $k=2$ (3) $-2<k<2$
192 ⑤
193 $y=2x+\sqrt{3}$ 또는 $y=2x-\sqrt{3}$
194 ④
195 $y=3x+\sqrt{6}$ 또는 $y=3x-\sqrt{6}$
196 ⑤
197 ④
198 ①
199 ③
200 ④
201 ①
202 ④
203 ②
204 ④
205 ④
206 ④
207 ④
208 ⑤
209 ③
210 ④
211 ①
212 ④
213 ③
214 ②
215 18
216 ③
217 ①
218 ④
219 ②
220 ⑤
221 ④
222 ⑤
223 ⑤
224 ②
225 ②
226 $\frac{(x-1)^2}{3}-(y+3)^2=-1$
227 풀이 참조
228 19
229 ②
230 ④
231 ⑤
232 ④
233 ④
234 ②
235 ⑤
236 ⑤
237 ①
238 ③
239 ④
240 ③
241 ③
242 ⑤
243 ④
244 ①
245 ②
246 ③
247 ①
248 52
249 15
250 ①
251 ③
252 32
253 ③
254 ①
255 ③
256 ⑤
257 ⑤
258 ④
259 ②
260 ③
261 ③
262 12
263 116
264 ⑤

II 평면벡터

01 벡터의 연산 본문 83~94 p

265 ⑤
266 ③
267 ③
268 ①, ②
269 ③, ⑤
270 (1) $\overrightarrow{AD}$ (2) $\overrightarrow{AE}$
271 ④
272 ③
273 ②
274 ①
275 ⑤
276 ④
277 ③
278 ⑤
279 ②
280 ③
281 ③
282 ③
283 ③
284 ①
285 ④
286 ③
287 ①
288 ④
289 (1) 점 A (2) 선분 AB의 중점
290 ①
291 ①
292 ②
293 ②
294 ①
295 ④
296 ⑤
297 ④
298 ③
299 ③
300 ④

301 ④
302 ①
303 15
304 ⑤
305 ⑤
306 ②
307 ②
308 ②
309 ④
310 ②
311 19

02 평면벡터의 성분과 내적 본문 97~117 p

312 ③
313 (1) $\frac{2\vec{a}+\vec{b}}{3}$ (2) $2\vec{a}-\vec{b}$ (3) $\frac{\vec{a}+\vec{b}}{2}$
314 ①
315 ④
316 ②
317 ②
318 ⑤
319 ⑤
320 (1) $(7,\ -3)$ (2) $(14,\ 10)$
321 ⑤
322 ②
323 32
324 ②
325 ⑤
326 ⑤
327 ③
328 ⑤
329 12
330 17
331 ⑤
332 5
333 ⑤
334 ③
335 ②
336 ③
337 ③
338 ⑤
339 ②
340 ③
341 ④
342 ①
343 ④
344 ①
345 ④
346 ②
347 ②
348 ⑤
349 ③
350 ④
351 ③
352 ④
353 ①
354 ②
355 ①
356 ②
357 ②
358 ②
359 ③
360 ③
361 ①
362 ⑤
363 ②
364 ②
365 ④
366 ④
367 ②
368 ④
369 120
370 12
371 ①
372 ③
373 ①
374 ①
375 ⑤
376 ③
377 ②
378 ②
379 ⑤
380 75
381 ②
382 ②
383 ②
384 ⑤
385 ③
386 ①
387 ④
388 ④
389 ④
390 ②
391 ④
392 ①
393 ③
394 ④
395 ②
396 7
397 ④
398 ③
399 27
400 ①
401 ⑤
402 ⑤
403 ⑤
404 7

03 벡터를 이용한 직선과 원의 방정식 본문 120~129 p

405 ⑤
406 ①
407 ③
408 52
409 9
410 ②
411 $3x-2y-7=0$
412 풀이 참조
413 ⑤
414 ④
415 ③
416 ③
417 ⑤
418 ④
419 ②
420 ④
421 ⑤
422 ③
423 풀이 참조
424 ⑤
425 ③
426 ②
427 ③
428 (1) $2x-y-7=0$ (2) $\frac{x-4}{4}=\frac{y-1}{-3}$
429 ④
430 ③
431 ③
432 ④
433 ④
434 ④
435 ①
436 ③
437 ②
438 ⑤
439 ④
440 ④
441 ④
442 ④
443 ③

III 공간도형과 공간좌표

01 공간도형 본문 134~165 p

444 ③
445 ③
446 ③
447 ②
448 ③
449 ③
450 ③
451 ⑤
452 ③
453 ⑤
454 ④
455 (1) $\theta=45°$ (2) $\theta=90°$ (3) $\theta=60°$
456 ③
457 ⑤
458 풀이 참조
459 ⑤
460 ②
461 ②
462 ②
463 $\frac{3\sqrt{41}}{5}$
464 ③
465 ③
466 ①
467 ②
468 ⑤
469 ③
470 $\frac{8\sqrt{3}}{3}$
471 ③
472 ④
473 ②
474 (1) $\frac{9}{4}$ (2) $\frac{3\sqrt{15}}{5}$
475 ④
476 ④
477 ⑤
478 ①
479 ③
480 (1) 11 (2) 20
481 ④
482 ③
483 ⑤
484 ①
485 ④
486 풀이 참조
487 ③
488 ①
489 ④
490 ②
491 ②
492 ④
493 ②
494 ⑤
495 ⑤
496 ④
497 $\frac{\sqrt{6}}{3}$
498 풀이 참조
499 60
500 ①
501 ②
502 ④
503 ⑤
504 ④
505 ②
506 15
507 ③
508 ②, ④
509 ④
510 ②
511 ④
512 ①
513 ③
514 ③
515 ①
516 ⑤
517 ④
518 $\frac{11}{15}$
519 ⑤
520 ③
521 ①
522 ③
523 ⑤
524 ③
525 ②
526 ④
527 ④
528 ④
529 ④
530 (1) π (2) $5\sqrt{3}$
531 ③
532 162
533 ⑤
534 ③
535 풀이 참조
536 ②
537 ③
538 ③
539 ③
540 ③
541 ⑤
542 ④
543 ③
544 7
545 16
546 ③
547 ②
548 12
549 ②
550 $r_1=\frac{\sqrt{6}}{4}$, $r_2=\frac{\sqrt{6}}{12}$
551 ⑤
552 ④
553 30
554 25
555 40
556 27
557 15
558 34
559 30

02 공간좌표 본문 168~187 p

560 ①
561 ②
562 ⑤
563 ②
564 ④
565 ②
566 풀이 참조
567 ①
568 ②
569 ⑤
570 ⑤
571 ⑤
572 ④
573 (1) $(-1, -1, 3)$ (2) $(-5, -9, -1)$
574 10
575 ⑤
576 ⑤
577 ③
578 ⑤
579 ②
580 ④
581 ①
582 ③
583 ④
584 ④
585 ③
586 ③
587 ④
588 풀이 참조
589 ②
590 $x^2+(y-5)^2+(z-1)^2=18$
591 ①
592 ②
593 ⑤

594 ③
595 ②
596 ③
597 ⑤
598 ②
599 ②
600 ①
601 ④
602 ②
603 ②
604 ⑤
605 ①
606 ③
607 ①
608 ③
609 ③
610 ③
611 ④
612 ④
613 13
614 ①
615 ⑤
616 ①
617 ①
618 ①
619 ①
620 ③
621 ②
622 ④
623 ⑤
624 풀이 참조
625 풀이 참조
626 ⑤
627 ④
628 ⑤
629 ③
630 ③
631 ②
632 ③
633 $3\sqrt{3}\pi$
634 24
635 풀이 참조
636 ②
637 ②
638 ②
639 ②
640 ②
641 ⑤
642 ⑤
643 9
644 ③
645 ②
646 ②
647 ④
648 11
649 ④
650 ②
651 13

MEMO

MEMO

MEMO

MEMO

MEMO

MEMO

MEMO

유형 + 내신

고쟁이

교과서 수준의 기본 문항부터 고난도 문항까지 모두 수록
선수 학습과의 연결을 통해 개념의 흐름을 보여주는 '개념정리' 수록
내신 / 평가원 / 교육청 기출문제까지 철저하게 분석하여 학교 시험 대비 최적화

유형 + 내신

고쟁이

고득점 쟁취를 이루자!

유 형 + 내 신

고쟁이

기하

| 정답과 풀이 |

이투스북

유형 + 내신

고쟁이

유형 + 내신

고쟁이

고득점 쟁취를 이루자!

유 형 + 내 신

기하

정답과 풀이

I 이차곡선

01 포물선

001 ······ 답 ②

$y^2=2x=4\times\frac{1}{2}\times x$이므로

포물선 $y^2=2x$의 초점의 좌표는 $\left(\frac{1}{2},\ 0\right)$이다.

002 ······ 답 ③

$x^2=-20y=4\times(-5)\times y$이므로
준선의 방정식은 $y=5$이다.

003 ······ 답 ④

포물선 $y^2=10x$의 초점의 좌표는 $\left(\frac{5}{2},\ 0\right)$, 준선은 $x=-\frac{5}{2}$이므로

초점에서 준선까지의 거리는 $\frac{5}{2}-\left(-\frac{5}{2}\right)=5$이다.

004 ······ 답 ⑤

구하는 포물선의 방정식을 $y^2=4px$ (p는 상수)라 하면
초점이 $\mathrm{F}(2,\ 0)$이고 준선이 $x=-2$이므로 $p=2$
따라서 구하는 포물선의 방정식은 $y^2=8x$

005 ······ 답 ③

구하는 포물선의 방정식을 $x^2=4py$ (p는 상수)라 하면
초점이 $\mathrm{F}(0,\ 3)$이고 준선이 $y=-3$이므로 $p=3$
따라서 구하는 포물선의 방정식은 $x^2=12y$

006 ······ 답 ③

꼭짓점이 원점이고 준선이 $x=-2$인
포물선의 방정식은 $y^2=8x$이다.
이 포물선이 점 $(a,\ 4)$를 지나므로 $4^2=8a$
$\therefore\ a=2$

007 ······ 답 ⑤

포물선 $y^2=4x$를 x축의 방향으로 1만큼, y축의 방향으로 -2만큼
평행이동한 포물선의 방정식은 $(y+2)^2=4(x-1)$이므로
$y^2+4y+4=4x-4$, $y^2-4x+4y+8=0$

따라서 $a=0$, $b=-4$, $c=4$, $d=8$이므로
$a+b+c+d=8$

008 ······ 답 ⑤

포물선 $(y-1)^2=4(x-2)$는 포물선 $y^2=4x$를
x축의 방향으로 2만큼, y축의 방향으로 1만큼 평행이동한 것이다.
포물선 $y^2=4x$의 초점의 좌표는 $(1,\ 0)$, 준선의 방정식은
$x=-1$이므로
포물선 $(y-1)^2=4(x-2)$의 초점의 좌표는 $(3,\ 1)$, 준선의
방정식은 $x=1$이다.
$\therefore\ a+b+c=3+1+1=5$

009 ······ 답 ③

$y^2+2x-6y+13=0$에서 $(y-3)^2=-2(x+2)$
이는 포물선 $y^2=-2x$를 x축의 방향으로 -2만큼, y축의 방향으로
3만큼 평행이동한 것이다.
포물선 $y^2=-2x$의 초점의 좌표는 $\left(-\frac{1}{2},\ 0\right)$, 준선의 방정식은

$x=\frac{1}{2}$이므로

포물선 $(y-3)^2=-2(x+2)$의 초점의 좌표는 $\left(-\frac{5}{2},\ 3\right)$, 준선의

방정식은 $x=-\frac{3}{2}$이다.

$\therefore\ p+q+r=\left(-\frac{5}{2}\right)+3+\left(-\frac{3}{2}\right)=-1$

010 ······ 답 $(2,\ 1)$, $y=-3$

$x^2-8y-4x-4=0$에서 $(x-2)^2=8(y+1)$
이는 포물선 $x^2=8y$를 x축의 방향으로 2만큼, y축의 방향으로
-1만큼 평행이동한 것이다.
포물선 $x^2=8y$의 초점의 좌표는 $(0,\ 2)$, 준선의 방정식은
$y=-2$이므로
포물선 $(x-2)^2=8(y+1)$의 초점의 좌표는 $(2,\ 1)$, 준선의
방정식은 $y=-3$이다.

011 ······ 답 18

포물선 $(x-1)^2=4y$는 포물선 $x^2=4y$를
x축의 방향으로 1만큼 평행이동한 것이므로
포물선 $x^2=4y$의 초점의 좌표 $(0,\ 1)$에서 $\mathrm{F_1}(1,\ 1)$
또한 포물선 $(y+2)^2=-8x$는 포물선 $y^2=-8x$를
y축의 방향으로 -2만큼 평행이동한 것이므로
포물선 $y^2=-8x$의 초점의 좌표 $(-2,\ 0)$에서 $\mathrm{F_2}(-2,\ -2)$
$\therefore\ \overline{\mathrm{F_1F_2}}^2=3^2+3^2=18$

012 ······ 답 ②

포물선 $x^2=3y$의 초점의 좌표는 $\left(0,\ \frac{3}{4}\right)$이므로

포물선 $(x-1)^2=3(y-m)$의 초점의 좌표는 $\left(1,\ \frac{3}{4}+m\right)$

포물선 $y^2=-4x$의 초점의 좌표는 $(-1,\ 0)$이므로

포물선 $y^2=-4(x-n)$의 초점의 좌표는 $(-1+n,\ 0)$

$1=-1+n$에서 $n=2$, $\frac{3}{4}+m=0$에서 $m=-\frac{3}{4}$

$\therefore\ m+n=\frac{5}{4}$

013 ······ 답 ③

포물선 $y^2=2x$의 초점의 좌표는 $\left(\frac{1}{2},\ 0\right)$이므로

포물선 $(y+4)^2=2(x-1)$의 초점의 좌표는 $\left(\frac{3}{2},\ -4\right)$이다.

따라서 $a=-\frac{3}{2}$, $b=4$이므로 $a+b=\frac{5}{2}$

014 ······ 답 ③

초점 F$(3,\ 1)$의 x좌표가 3이고, 준선은 $x=-1$이므로

꼭짓점의 좌표는 $\left(\frac{3-1}{2},\ 1\right)$, 즉 $(1,\ 1)$이고 꼭짓점에서 준선까지의 거리는 2이다.

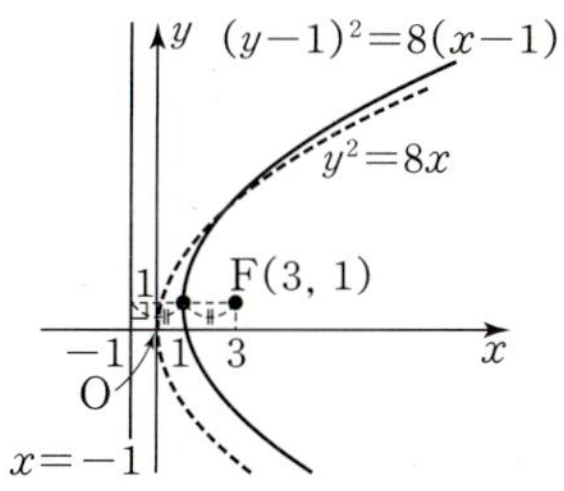

구하는 포물선의 방정식은 $y^2=8x$를 x축의 방향으로 1만큼, y축의 방향으로 1만큼 평행이동한 것이다.

$\therefore\ (y-1)^2=8(x-1)$

다른 풀이

포물선 위의 점의 좌표를 $(x,\ y)$라 하면 포물선의 정의에 의하여

$\sqrt{(x-3)^2+(y-1)^2}=|x-(-1)|$

양변을 각각 제곱하면 $(x-3)^2+(y-1)^2=(x+1)^2$

$\therefore\ (y-1)^2=8(x-1)$

015 ······ 답 ③

포물선의 정의에 의하여 $\overline{\text{PF}}=\overline{\text{PH}_1}=5$, $\overline{\text{QF}}=\overline{\text{QH}_2}=8$이다.

$\therefore\ \overline{\text{QF}}-\overline{\text{PF}}=3$

016 ······ 답 ④

점 A의 좌표를 $(a,\ b)$라 하자.

포물선 $y^2=4x$의 초점 F의 좌표는 $(1,\ 0)$, 준선의 방정식은 $x=-1$이다.

점 A에서 준선에 내린 수선의 발을 A′이라 하면

포물선의 정의에 의하여 $\overline{\text{AA}'}=\overline{\text{AF}}=4$

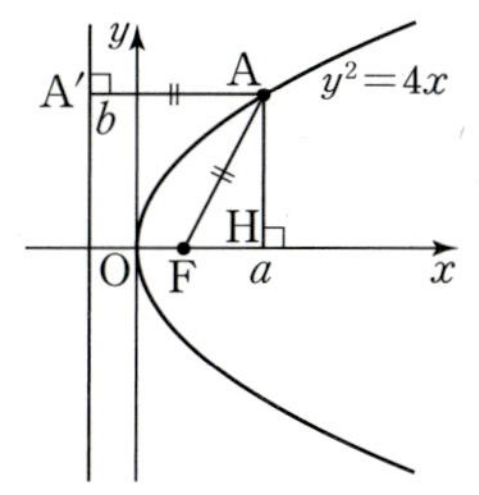

점 A에서 x축에 내린 수선의 발을 H라 하면

$a=\overline{\text{OH}}=\overline{\text{AA}'}-\overline{\text{OF}}=4-1=3$

$b^2=4a=12$ $\quad\therefore\ b=2\sqrt{3}\ (\because\ b>0)$

따라서 구하는 점 A의 y좌표는 $2\sqrt{3}$이다.

017 ······ 답 ③

포물선 $y^2=16x$의 초점은 F$(4,\ 0)$이고 준선의 방정식은 $x=-4$이다.

포물선 위의 점 P에서 준선에 내린 수선의 발을 H라 하면

포물선의 정의에 의하여 $\overline{\text{PF}}=\overline{\text{PH}}$이므로 $\overline{\text{AP}}+\overline{\text{PF}}=\overline{\text{AP}}+\overline{\text{PH}}$

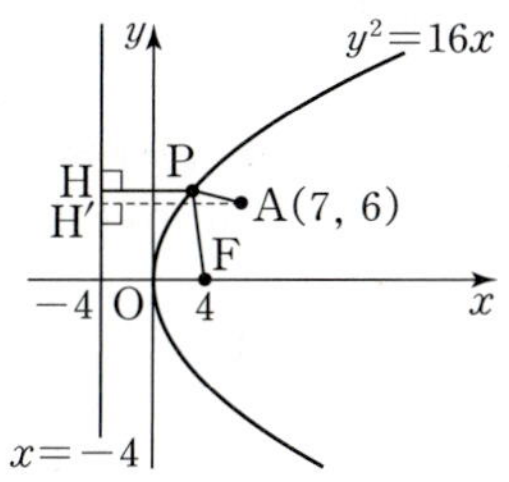

점 A에서 직선 $x=-4$에 내린 수선의 발을 H′이라 하면

점 P가 선분 AH′ 위에 있을 때 $\overline{\text{AP}}+\overline{\text{PH}}$의 값이 최소이다.

$\overline{\text{AP}}+\overline{\text{PF}}=\overline{\text{AP}}+\overline{\text{PH}}\geq\overline{\text{AH}'}=7-(-4)=11$

따라서 $\overline{\text{AP}}+\overline{\text{PF}}$의 최솟값은 11이다.

018 ······ 답 ④

점 F$(4,\ -1)$과 직선 $x=-2$로부터 같은 거리에 있는 점을 P$(x,\ y)$라 하자.

점 P에서 직선 $x=-2$에 내린 수선의 발을 H라 하면

$\overline{\text{PH}}=\overline{\text{PF}}$이므로

$|x+2|=\sqrt{(x-4)^2+(y+1)^2}$

위 식의 양변을 제곱하면

$(x+2)^2=(x-4)^2+(y+1)^2$

$\therefore\ (y+1)^2=12(x-1)$

다른 풀이

초점 F$(4,-1)$의 x좌표가 4이고 준선이 $x=-2$이므로

꼭짓점의 좌표는 $\left(\frac{4-2}{2},\ -1\right)$, 즉 $(1,-1)$이고

꼭짓점에서 준선까지의 거리가 3이다.

따라서 구하는 포물선의 방정식은 $y^2=12x$를 x축의 방향으로 1만큼, y축의 방향으로 -1만큼 평행이동한 것이다.

$\therefore\ (y+1)^2=12(x-1)$

019 ··· 답 ③

점 $F(-1, -2)$와 직선 $y=4$로부터 같은 거리에 있는 점을 $P(x, y)$라 하자.
점 P에서 직선 $y=4$에 내린 수선의 발을 H라 하면 $\overline{PH}=\overline{PF}$이므로
$|y-4|=\sqrt{(x+1)^2+(y+2)^2}$
위 식의 양변을 제곱하면
$(y-4)^2=(x+1)^2+(y+2)^2$
$\therefore x^2+2x+12y-11=0$

다른 풀이

초점 $F(-1, -2)$의 y좌표는 -2이고 준선은 $y=4$이므로
꼭짓점의 좌표는 $\left(-1, \frac{-2+4}{2}\right)$, 즉 $(-1, 1)$이고 꼭짓점에서 준선까지의 거리는 3이다.
따라서 구하는 포물선의 방정식은 $x^2=-12y$를 x축의 방향으로 -1만큼, y축의 방향으로 1만큼 평행이동한 것이다.
$(x+1)^2=-12(y-1)$에서 $x^2+2x+12y-11=0$이다.

020 ··· 답 ③

$y^2=4x$에 $y=-x+k$를 대입하면
$(-x+k)^2=4x$, $x^2-2(k+2)x+k^2=0$
이 x에 대한 이차방정식의 판별식을 D라 하면
포물선 $y^2=4x$와 직선 $y=-x+k$가 만나기 위해선
$\frac{D}{4}=(k+2)^2-k^2\geq 0$이어야 하므로
$4k+4\geq 0$, $k\geq -1$
따라서 상수 k의 최솟값은 -1이다.

021 ··· 답 ⑤

$y^2=x$에 $y=x+k$를 대입하면
$(x+k)^2=x$, $x^2+(2k-1)x+k^2=0$
이 x에 대한 이차방정식의 판별식을 D라 하면
포물선 $y^2=x$와 직선 $y=x+k$가 서로 다른 두 점에서 만나기 위해선
$D=(2k-1)^2-4k^2>0$이어야 하므로
$-4k+1>0$, $k<\frac{1}{4}$
따라서 선지 중 실수 k의 값이 될 수 없는 것은 ⑤이다.

022 ··· 답 ②

$y^2=-8x$에 $y=mx+3$을 대입하면
$(mx+3)^2=-8x$, $m^2x^2+2(3m+4)x+9=0$
이 x에 대한 이차방정식의 판별식을 D라 하면
포물선 $y^2=-8x$와 직선 $y=mx+3$이 만나지 않기 위해선
$\frac{D}{4}=(3m+4)^2-9m^2<0$이어야 하므로
$24m+16<0$, $m<-\frac{2}{3}$
따라서 정수 m의 최댓값은 -1이다.

023 ··· 답 -2, 1

$y^2-4x+2y+13=0$에 $x+my-1=0$, 즉 $x=-my+1$을 대입하면
$y^2-4(-my+1)+2y+13=0$
$y^2+2(2m+1)y+9=0$
이 y에 대한 이차방정식의 판별식을 D라 하면
포물선 $y^2-4x+2y+13=0$과 직선 $x+my-1=0$이 한 점에서 만나기 위해선
$\frac{D}{4}=(2m+1)^2-9=0$이어야 하므로
$4m^2+4m-8=0$, $m^2+m-2=0$, $(m+2)(m-1)=0$
$\therefore m=-2$ 또는 $m=1$

024 ··· 답 (1) $y=-\frac{1}{2}x-10$ (2) $y=4x-24$

(1) $y^2=20x$에 접하고 기울기가 $-\frac{1}{2}$인 직선의 방정식은

$y=-\frac{1}{2}x+\frac{5}{-\frac{1}{2}}$, 즉 $y=-\frac{1}{2}x-10$이다.

(2) $x^2=6y$에 접하고 기울기가 4인 직선의 방정식은

$y=4x-4^2\times\frac{3}{2}$, 즉 $y=4x-24$이다.

025 ··· 답 ⑤

직선 $2x+y=3$의 기울기는 -2이므로
구하는 직선의 방정식은
$y=-2x+\frac{-3}{-2}$, 즉 $4x+2y-3=0$이다.

026 ··· 답 ②

직선 $x+2y+1=0$의 기울기는 $-\frac{1}{2}$이므로
이 직선에 수직인 직선의 기울기는 2이다.
포물선 $y^2=-8x$에 접하고 기울기가 2인 접선의 방정식은
$y=2x+\frac{-2}{2}$, 즉 $y=2x-1$
$\therefore k=-1$

027 ··· 답 64

$y^2=16x$에 접하는 기울기가 $\frac{1}{2}$인 접선의 방정식은
$y=\frac{1}{2}x+\frac{4}{\frac{1}{2}}$, 즉 $y=\frac{1}{2}x+8$이고
이 직선의 x절편은 -16, y절편은 8이므로
구하는 삼각형의 넓이는 $\frac{1}{2}\times 16\times 8=64$

028 ⋯⋯ 답 (1) $y=-x+2$ (2) $y=x-3$

(1) 포물선 $y^2=-8x$ 위의 점 $(-2,\ 4)$에서의 접선의 방정식은
$4y=-4(x-2)$, 즉 $y=-x+2$이다.
(2) 포물선 $x^2=12y$ 위의 점 $(6,\ 3)$에서의 접선의 방정식은
$6x=6(y+3)$, 즉 $y=x-3$이다.

029 ⋯⋯ 답 ②

포물선 $y^2=4x$ 위의 점 $(4,\ 4)$에서의 접선의 방정식은
$4y=2(x+4)$, 즉 $x-2y+4=0$이다.
포물선 $y^2=4x$의 초점의 좌표는 $(1,\ 0)$이므로
접선과 초점 사이의 거리는 $\dfrac{|1-0+4|}{\sqrt{1^2+(-2)^2}}=\sqrt{5}$이다.

030 ⋯⋯ 답 ①

포물선 $y^2=4x$에 접하고 기울기가 m인 직선의 방정식은
$y=mx+\dfrac{1}{m}$
이 직선이 점 $(-2,\ 2)$를 지나므로
$2=-2m+\dfrac{1}{m}$에서 $2m^2+2m-1=0$
이때, 이차방정식의 근과 계수의 관계에 의하여
구하는 두 접선의 기울기의 합은 -1이다.

031 ⋯⋯ 답 $-3,\ 3$

점 $(-1,\ 1)$을 지나고 포물선 $y^2=8x$에 접하는 접선의 기울기를
m이라 하면 접선의 방정식은 $y=mx+\dfrac{2}{m}$
이 직선이 점 $(-1,\ 1)$을 지나므로
$1=-m+\dfrac{2}{m}$, $m^2+m-2=0$, $(m+2)(m-1)=0$
$\therefore m=-2$ 또는 $m=1$
포물선 $y^2=8x$에 접하고 점 $(-1,\ 1)$을 지나는 직선은
$y=-2x-1$ 또는 $y=x+2$
이때, 각각의 직선이 점 $(1,\ a)$를 지나므로
$a=-3$ 또는 $a=3$이다.

032 ⋯⋯ 답 ①

로그함수 $y=\log_2(x+a)+b$의 그래프가 포물선 $y^2=x$의 초점
$\left(\dfrac{1}{4},\ 0\right)$을 지나므로
$\log_2\left(\dfrac{1}{4}+a\right)+b=0$ ⋯⋯ ㉠
로그함수 $y=\log_2(x+a)+b$의 점근선 $x=-a$가 포물선 $y^2=x$의
준선 $x=-\dfrac{1}{4}$과 일치하므로
$a=\dfrac{1}{4}$ ⋯⋯ ㉡
㉡을 ㉠에 대입하면
$\log_2\left(\dfrac{1}{4}+\dfrac{1}{4}\right)+b=0$, $b=1$
$\therefore a+b=\dfrac{5}{4}$

033 ⋯⋯ 답 ①

포물선 $y^2=kx$의 준선의 방정식은 $x=-\dfrac{k}{4}$이다.
이 준선이 원 $(x-2)^2+(y+1)^2=1$의 넓이를 이등분하기 위해선
원의 중심 $(2,\ -1)$을 지나야 하므로 $-\dfrac{k}{4}=2$
$\therefore k=-8$

034 ⋯⋯ 답 풀이 참조

주어진 포물선을 좌표평면 위에 꼭짓점은 원점, 초점 $(6,\ 0)$이
되도록 놓으면 그 포물선의 방정식은
$y^2=24x$ ⋯⋯ ㉠
이때, 이 포물선이 점 $\left(x,\ \dfrac{y}{2}\right)$를 지나므로 ㉠에 대입하면
$\left(\dfrac{y}{2}\right)^2=24x$, $y^2=96x$
따라서 구하는 x와 y 사이의 관계식은 $y^2=96x$이다.

채점 요소	배점
주어진 포물선의 방정식 세우기	40 %
포물선이 점 $\left(x,\ \frac{y}{2}\right)$를 지나는 것 설명하기	30 %
x와 y 사이의 관계식 구하기	30 %

다른 풀이

주어진 포물선의 초점을 F, 준선을 l이라 하고
포물선 위의 점 P에서 준선에 내린 수선의 발을 Q,
포물선의 축에 내린 수선의 발을 H라 하면
포물선의 꼭짓점에서 초점 F까지의 거리가 6이므로
꼭짓점에서 준선 l까지의 거리도 6이다.

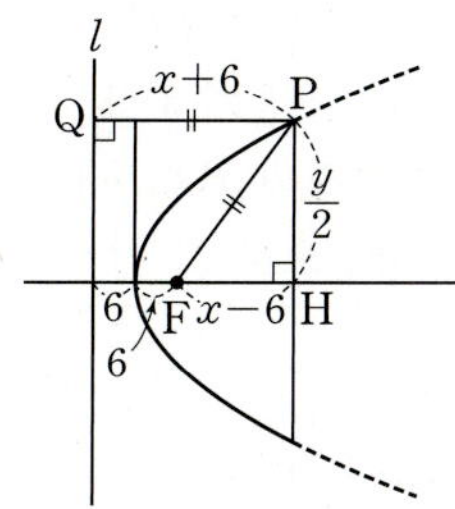

위의 그림에서 반사경의 깊이가 x cm이므로
$\overline{FH}=x-6$, $\overline{PQ}=x+6$
반사경의 폭이 y cm이므로 $\overline{PH}=\dfrac{y}{2}$
포물선의 정의에 의하여 $\overline{PF}=\overline{PQ}$이므로
$\sqrt{(x-6)^2+\left(\dfrac{y}{2}\right)^2}=x+6$
$(x^2-12x+36)+\dfrac{y^2}{4}=x^2+12x+36$

$\therefore y^2=96x$

채점 요소	배점
$\overline{FH}=x-6$, $\overline{PQ}=x+6$, $\overline{PH}=\frac{y}{2}$임을 설명하기	40 %
포물선의 정의를 이용하여 $\overline{PF}=\overline{PQ}$임을 설명하기	40 %
x와 y 사이의 관계식 구하기	20 %

035 답 ①

축이 y축에 평행한 포물선의 방정식은

$x^2+Ax+By+C=0$ (A, B, C는 상수, $B\neq0$) 꼴이다.

이 포물선이 세 점 $(-1, 5)$, $(0, 0)$, $(2, -4)$를 지나므로 각각 대입하면

$1-A+5B+C=0$ ...... ㉠

$C=0$ ...... ㉡

$4+2A-4B+C=0$ ...... ㉢

㉡을 ㉠, ㉢에 각각 대입하면

$-A+5B=-1$, $A-2B=-2$

두 식을 연립하여 풀면

$A=-4$, $B=-1$

따라서 포물선의 방정식은 $x^2-4x-y=0$

즉, $(x-2)^2=y+4$이므로

초점의 좌표는 $\left(2, \frac{1}{4}-4\right)$, 즉 $\left(2, -\frac{15}{4}\right)$이다.

$p=2$, $q=-\frac{15}{4}$

$\therefore pq=-\frac{15}{2}$

036 답 ②

꼭짓점이 원점이고 준선이 x축에 평행한 포물선은

$x^2=4py$ (p는 상수) 꼴이고, 초점의 좌표는 $(0, p)$이다.

이 포물선을 평행이동하여 초점의 좌표가 $(2, 1)$이 되기 위해서는 포물선 $x^2=4py$를 x축의 방향으로 2만큼, y축의 방향으로 $1-p$만큼 평행이동해야 한다.

$\therefore (x-2)^2=4p(y+p-1)$ ...... ㉠

이 포물선이 점 $(-1, 5)$를 지나므로

$9=4p(p+4)$

$4p^2+16p-9=0$, $(2p-1)(2p+9)=0$

$p=\frac{1}{2}$ 또는 $p=-\frac{9}{2}$

$p=\frac{1}{2}$일 때, ㉠에서 $(x-2)^2=2\left(y-\frac{1}{2}\right)$ ...... ㉡

$p=-\frac{9}{2}$일 때, ㉠에서 $(x-2)^2=-18\left(y-\frac{11}{2}\right)$ ...... ㉢

이때, ㉡, ㉢은 점 $(8, a)$를 지나므로

㉡에서 $36=2\left(a-\frac{1}{2}\right)$, $a=\frac{37}{2}$

㉢에서 $36=-18\left(a-\frac{11}{2}\right)$, $a=\frac{7}{2}$

따라서 모든 a의 값의 합은 $\frac{37}{2}+\frac{7}{2}=22$이다.

다른 풀이

주어진 포물선의 준선이 x축에 평행하거나 일치하므로 그 방정식을 $y=p$라 하고, 점 $A(-1, 5)$라 하자.

점 A에서 준선 $y=p$에 내린 수선의 발을 H라 하면

포물선의 정의에 의하여 $\overline{AH}=\overline{AF}$이므로

$|p-5|=\sqrt{\{2-(-1)\}^2+(1-5)^2}=5$

$\therefore p=0$ 또는 $p=10$

초점이 $F(2, 1)$이고 준선의 방정식이 $y=0$인 포물선의 방정식은

$\sqrt{(x-2)^2+(y-1)^2}=|y|$에서

$(x-2)^2+(y-1)^2=y^2$

$y=\frac{1}{2}(x-2)^2+\frac{1}{2}$ ...... ㉠

초점이 $F(2, 1)$이고 준선의 방정식이 $y=10$인 포물선의 방정식은

$\sqrt{(x-2)^2+(y-1)^2}=|y-10|$에서

$(x-2)^2+(y-1)^2=(y-10)^2$

$y=-\frac{1}{18}(x-2)^2+\frac{11}{2}$ ...... ㉡

㉠, ㉡은 점 $(8, a)$를 지나므로

㉠에서 $a=\frac{1}{2}\times6^2+\frac{1}{2}=\frac{37}{2}$

㉡에서 $a=-\frac{1}{18}\times6^2+\frac{11}{2}=\frac{7}{2}$

따라서 모든 a의 값의 합은 $\frac{37}{2}+\frac{7}{2}=22$이다.

037 답 ①

포물선 $y^2=4x$의 초점 F의 좌표는 $(1, 0)$이고 준선의 방정식은 $x=-1$이다.

포물선 위의 점 A에서 준선 $x=-1$에 내린 수선의 발을 A′이라 하면

$\overline{AF}=5$일 때 포물선의 정의에 의하여 $\overline{AA'}=\overline{AF}=5$이다.

또한 원점 O에 대하여 $\overline{FH}=\overline{AA'}-2\overline{OF}=5-2=3$이므로

직각삼각형 AHF에서 $\overline{AH}=\sqrt{\overline{AF}^2-\overline{FH}^2}=4$이다.

따라서 구하는 삼각형의 넓이는 $\frac{1}{2}\times\overline{FH}\times\overline{AH}=6$이다.

다른 풀이

포물선 $y^2=4x$의 초점 F의 좌표는 $(1, 0)$이므로

점 A는 포물선 $y^2=4x$와 원 $(x-1)^2+y^2=25$의 교점 중 y좌표가 양수인 점이다.

$(x-1)^2+4x=25$

$x^2+2x-24=0$, $(x+6)(x-4)=0$

이때, $y^2=4x$에서 $y^2\geq0$, 즉 $x\geq0$이므로 $x=4$

$\therefore A(4, 4)$

따라서 구하는 삼각형의 넓이는 $\frac{1}{2}\times\overline{FH}\times\overline{AH}=6$이다.

038 ······ 답 ④

포물선 $y^2=16x$의 초점 F의 좌표는 $(4,\ 0)$이고 준선의 방정식은 $x=-4$이다.
포물선 위의 점 A, B에서 준선 $x=-4$에 내린 수선의 발을 각각 A′, B′이라 하면
$\overline{AF}=\overline{BF}=7$일 때 포물선의 정의에 의하여
$\overline{AA'}=\overline{AF}=7$, $\overline{BB'}=\overline{BF}=7$이다.
점 A를 제1사분면 위의 점으로 생각하여 나타내면 그림과 같다.

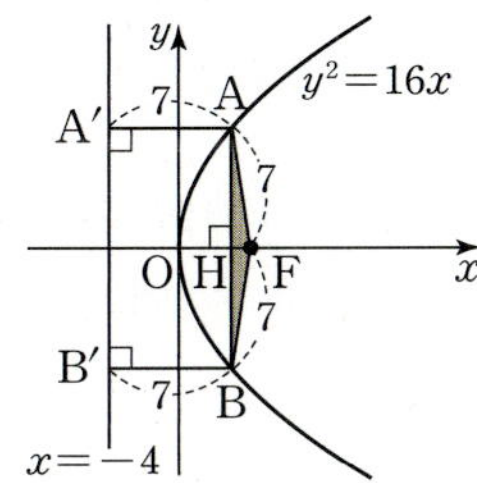

또한 점 A에서 x축에 내린 수선의 발을 H라 하면 원점 O에 대하여
$\overline{FH}=2\overline{OF}-\overline{AA'}=8-7=1$이므로
직각삼각형 AHF에서 $\overline{AH}=\sqrt{\overline{AF}^2-\overline{FH}^2}=4\sqrt{3}$이다.
따라서 구하는 삼각형의 넓이는 $\frac{1}{2}\times\overline{FH}\times2\overline{AH}=4\sqrt{3}$이다.

다른 풀이

포물선 $y^2=16x$의 초점 F의 좌표는 $(4,\ 0)$이므로
두 점 A, B는 포물선 $y^2=16x$와 원 $(x-4)^2+y^2=49$의 교점이다.
$(x-4)^2+16x=49$
$x^2+8x-33=0$, $(x-3)(x+11)=0$
이때, $y^2=16x$에서 $y^2\ge0$, 즉 $x\ge0$이므로 $x=3$

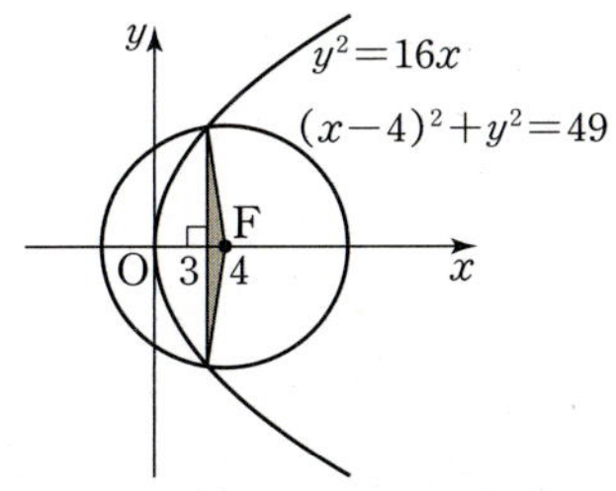

$A(3,\ 4\sqrt{3})$, $B(3,\ -4\sqrt{3})$ 또는 $A(3,\ -4\sqrt{3})$, $B(3,\ 4\sqrt{3})$이므로
구하는 삼각형 ABF의 넓이는 $\frac{1}{2}\times1\times8\sqrt{3}=4\sqrt{3}$이다.

039 ······ 답 13

포물선 $y^2=8x$의 초점을 F라 하면 초점 F의 좌표는 $(2,\ 0)$, 준선의 방정식은 $x=-2$이다.

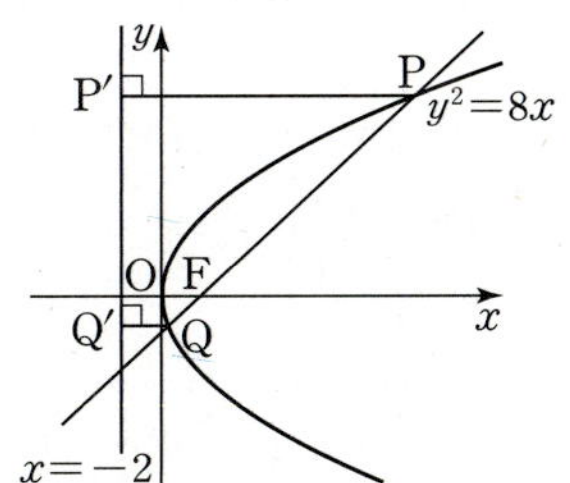

그림과 같이 두 점 P, Q에서 직선 $x=-2$에 내린 수선의 발을 각각 P′, Q′이라 하면
포물선의 정의에 의하여 $\overline{PP'}=\overline{FP}$, $\overline{QQ'}=\overline{FQ}$이다.
한편 $\overline{PQ}=17$이므로 두 점 P, Q의 x좌표의 합은

$$\begin{aligned}(\overline{PP'}-2)+(\overline{QQ'}-2)&=(\overline{PP'}+\overline{QQ'})-4\\&=(\overline{FP}+\overline{FQ})-4\\&=\overline{PQ}-4=13\end{aligned}$$

040 ······ 답 ②

포물선 $y^2=-16x$의 초점의 좌표는 $(-4,\ 0)$, 준선의 방정식은 $x=4$이고
직선 $y=m(x+4)$는 기울기가 m이고 점 $(-4,\ 0)$을 지난다.
포물선 $y^2=-16x$의 초점을 점 F,
두 점 A, B에서 준선에 내린 수선의 발을 각각 H_1, H_2라 하자.

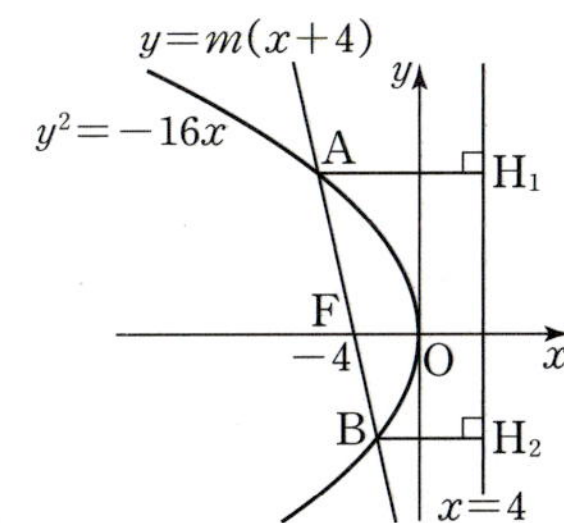

포물선의 정의에 의하여 $\overline{AF}=\overline{AH_1}$, $\overline{BF}=\overline{BH_2}$이므로
$\overline{AB}=16$에서 $\overline{AH_1}+\overline{BH_2}=16$
두 점 A, B의 x좌표를 각각 a, b라 하면
$a<0$, $b<0$이므로
$(-a+4)+(-b+4)=16$, $a+b=-8$
따라서 선분 AB의 중점의 x좌표는 -4이다.

041 ······ 답 ③

포물선 $y^2=8x$의 초점 F의 좌표는 $(2,\ 0)$, 준선의 방정식은 $x=-2$이다.
세 점 A, B, C의 x좌표를 각각 a, b, c라 하면
삼각형 ABC의 무게중심이 초점 F이므로
$\frac{a+b+c}{3}=2$, $a+b+c=6$ ······ ㉠
세 점 A, B, C에서 준선에 내린 수선의 발을 각각 A′, B′, C′이라 하면 포물선의 정의에 의하여
$\overline{AF}=\overline{AA'}=a+2$, $\overline{BF}=\overline{BB'}=b+2$, $\overline{CF}=\overline{CC'}=c+2$

$$\begin{aligned}\therefore\ \overline{AF}+\overline{BF}+\overline{CF}&=(a+2)+(b+2)+(c+2)\\&=(a+b+c)+6\\&=12\ (\because ㉠)\end{aligned}$$

042 ······ 답 136

포물선 $x^2=4y$의 초점 F의 좌표는 $(0,\ 1)$, 준선의 방정식은 $y=-1$이다.

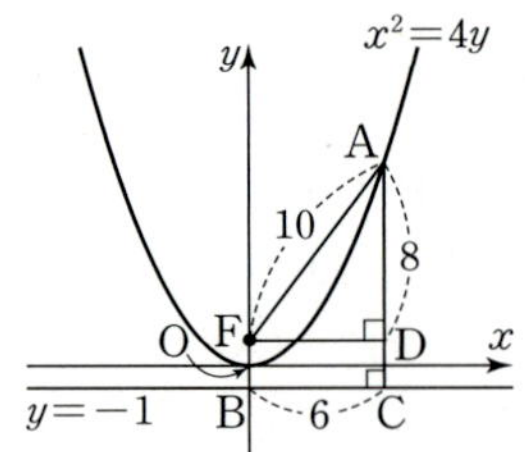

그림과 같이 점 A에서 준선 $y=-1$에 내린 수선의 발을 C,
점 F에서 선분 AC에 내린 수선의 발을 D라 하면
$\overline{AC}=\overline{AF}=10$, $\overline{CD}=\overline{BF}=2$이므로
$\overline{AD}=\overline{AC}-\overline{CD}=8$이다.
직각삼각형 ADF에서
$\overline{DF}=\sqrt{\overline{AF}^2-\overline{AD}^2}=6$이므로
$\overline{BC}=\overline{DF}=6$
$\therefore a^2=\overline{AB}^2=\overline{AC}^2+\overline{BC}^2=100+36=136$

043 답 ①

포물선 $y^2=x$의 초점 F의 좌표는 $\left(\frac{1}{4}, 0\right)$, 준선의 방정식은 $x=-\frac{1}{4}$이다.
포물선의 정의에 의하여 점 P와 준선 사이의 거리는 4이므로 점 P의 x좌표는 $4-\frac{1}{4}=\frac{15}{4}$이다.
이때, 점 Q는 선분 FP를 2 : 1로 외분하는 점이므로
점 Q의 x좌표는 $\frac{15}{4}+\left(\frac{15}{4}-\frac{1}{4}\right)=\frac{29}{4}$이다.

TIP

$F\left(\frac{1}{4}, 0\right)$이고 $\overline{FP}=4$이므로 그림과 같이 점 P는
원 $\left(x-\frac{1}{4}\right)^2+y^2=16$과 포물선 $y^2=x$의 교점이다.

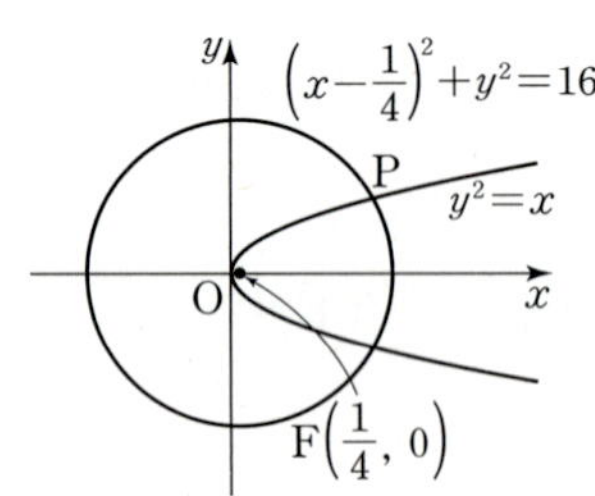

이때, 점 P의 x좌표를 구하기 위하여
$\left(x-\frac{1}{4}\right)^2+y^2=16$에 $y^2=x$를 대입하면
$\left(x-\frac{1}{4}\right)^2+x=16$
$16x^2+8x-255=0$, $(4x+17)(4x-15)=0$
$\therefore x=-\frac{17}{4}$ 또는 $x=\frac{15}{4}$
그런데 $x\geq 0$이므로 $x=\frac{15}{4}$임을 알 수 있다.
다만 포물선의 정의를 이용한 방법과 비교했을 때 계산이 번거로우므로 비효율적이다.

044 답 13

주어진 상황에서 다음과 같은 그림을 생각할 수 있다.

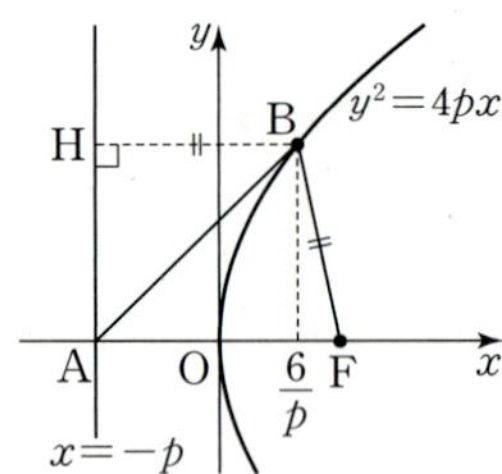

포물선 $y^2=4px$의 초점 F의 좌표는 $(p, 0)$, 준선의 방정식은 $x=-p$이다.
점 B에서 포물선의 준선에 내린 수선의 발을 H라 하면
포물선의 정의에 의하여 $\overline{BH}=\overline{BF}=5$이므로
삼각형 ABH에서
$\overline{AH}=\sqrt{7^2-5^2}=2\sqrt{6}$
따라서 점 B의 y좌표가 $2\sqrt{6}$이므로
$(2\sqrt{6})^2=4px$에서 $x=\frac{6}{p}$
즉, 점 B의 x좌표가 $\frac{6}{p}$이므로 $\overline{BH}=5$에서
$p+\frac{6}{p}=5$
$p^2-5p+6=0$, $(p-2)(p-3)=0$
$\therefore p=2$ 또는 $p=3$
$\therefore a^2+b^2=13$

다른 풀이

포물선 $y^2=4px$에서 $A(-p, 0)$, $F(p, 0)$이다.
$\overline{AB}=7$, $\overline{BF}=5$이므로 점 B는 두 원
$(x+p)^2+y^2=49$, $(x-p)^2+y^2=25$의 교점이다.
두 원의 방정식을 변끼리 빼면
$4px=24$
$\therefore x=\frac{6}{p}$
점 B에서 포물선의 준선에 내린 수선의 발을 H라 하면
포물선의 정의에 의하여 $\overline{BH}=\overline{BF}=5$이므로
$p+\frac{6}{p}=5$
$p^2-5p+6=0$, $(p-2)(p-3)=0$
$\therefore p=2$ 또는 $p=3$
$\therefore a^2+b^2=13$

045 답 ⑤

포물선 $y^2=4x$의 초점은 $F(1, 0)$이고 준선의 방정식은 $x=-1$이다.
포물선 위의 점 P에서 준선에 내린 수선의 발을 H라 하면
포물선의 정의에 의하여 $\overline{PF}=\overline{PH}$이므로
삼각형 AFP의 둘레의 길이는
$\overline{AP}+\overline{PF}+\overline{AF}=\overline{AP}+\overline{PH}+\overline{AF}$
점 A에서 준선 $x=-1$에 내린 수선의 발을 H′이라 하면

점 P가 선분 AH′ 위에 있을 때 $\overline{AP}+\overline{PH}+\overline{AF}$의 값이 최소이다.

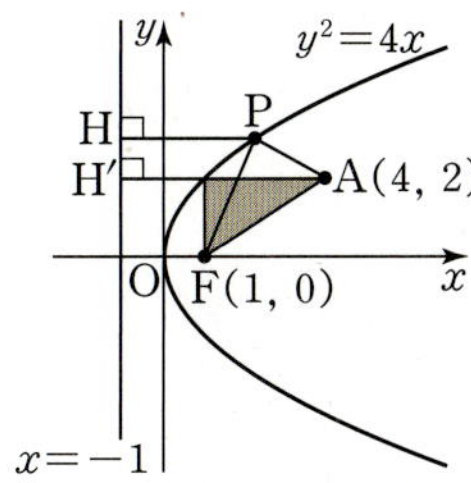

즉, 점 P의 y좌표는 2이고
점 P가 포물선 $y^2=4x$ 위에 있으므로 점 P의 좌표는 (1, 2)이다.
따라서 이때의 삼각형 AFP의 넓이는 $\frac{1}{2}\times2\times3=3$이다.

046 ········ 답 ④

포물선 $x^2=6y$의 초점 F의 좌표는 $\left(0,\ \frac{3}{2}\right)$, 준선의 방정식은 $y=-\frac{3}{2}$이다.

두 점 R, S에서 준선 $y=-\frac{3}{2}$에 내린 수선의 발을 각각 H_1, H_2라 하면
포물선의 정의에 의하여 $\overline{FR}=\overline{RH_1}$, $\overline{FS}=\overline{SH_2}$이고,
두 점 R, S에서 직선 $y=4$에 내린 수선의 발을 각각 P′, Q′이라 하면
$\overline{PR}\ge\overline{P'R}$, $\overline{QS}\ge\overline{Q'S}$이다.

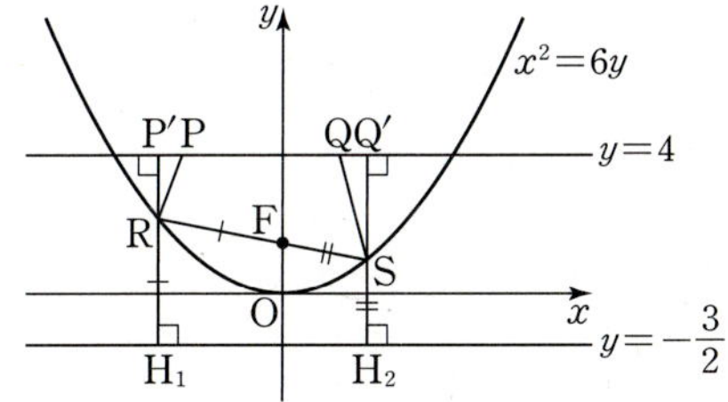

$$\begin{aligned}\therefore\ \overline{PR}+\overline{RS}+\overline{SQ}&\ge\overline{P'R}+(\overline{FR}+\overline{FS})+\overline{Q'S}\\&=(\overline{P'R}+\overline{RH_1})+(\overline{Q'S}+\overline{SH_2})=\overline{P'H_1}+\overline{Q'H_2}\\&=2\times\left\{4-\left(-\frac{3}{2}\right)\right\}=11\end{aligned}$$

047 ········ 답 ②

점 P에서 x축에 내린 수선의 발을 Q, 준선 l과 x축이 만나는 점을 R라 하면 두 직선 PH, QR는 서로 평행하다.
이때, 선분 PH의 중점을 M이라 하면 선분 FM은 선분 PH를 수직이등분한다.
따라서 네 삼각형 PFQ, FPM, FHM, HFR는 서로 합동이다.

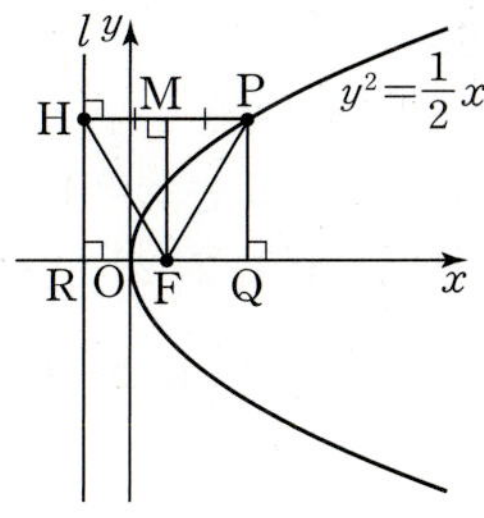

포물선 $y^2=\frac{1}{2}x$의 초점 F의 좌표는 $\left(\frac{1}{8},\ 0\right)$, 준선 l의 방정식은 $x=-\frac{1}{8}$이므로

$\overline{FR}=\overline{FQ}=\frac{1}{4}$

이때, $\angle PFQ=60^\circ$이므로 $\overline{PQ}=\frac{\sqrt{3}}{4}$

점 P의 x좌표는 $\frac{1}{8}+\frac{1}{4}=\frac{3}{8}$, y좌표는 $\frac{\sqrt{3}}{4}$이므로

$P\left(\frac{3}{8},\ \frac{\sqrt{3}}{4}\right)$에서 $a=\frac{3}{8}$, $b=\frac{\sqrt{3}}{4}$

$\therefore\ ab=\frac{3\sqrt{3}}{32}$

048 ········ 답 ③

포물선 $y^2=12x$의 초점 F의 좌표는 (3, 0)이고 준선의 방정식은 $x=-3$이다.

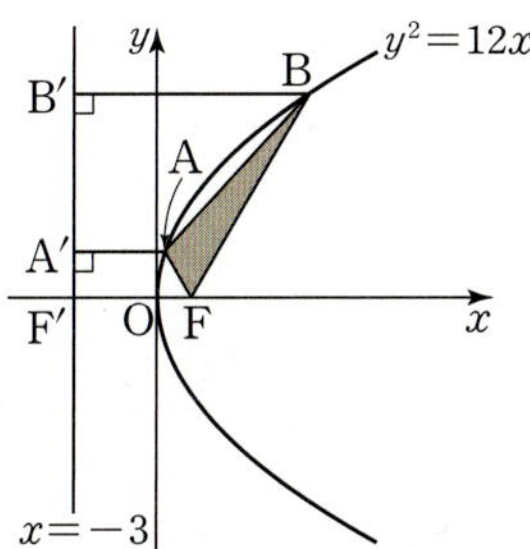

세 점 A, B, F에서 준선에 내린 수선의 발을 각각 A′, B′, F′이라 하면
포물선의 정의에 의하여 $\overline{AF}=\overline{AA'}$, $\overline{BF}=\overline{BB'}$이고
$\angle OFA=\angle AFB=60^\circ$에서 삼각형 BB′F는 정삼각형이다.
또한 직각삼각형 B′FF′에서 $\overline{FF'}=6$이므로 $\overline{B'F}=12$이고,
직각삼각형 AA′B′에서 $\overline{AB'}=2\overline{AA'}=2\overline{AF}$이므로
점 A는 선분 B′F를 2 : 1로 내분하는 점이다.
따라서 정삼각형 BB′F의 넓이가 $\frac{\sqrt{3}}{4}\times12^2=36\sqrt{3}$이므로
삼각형 AFB의 넓이는 $36\sqrt{3}\times\frac{1}{3}=12\sqrt{3}$이다.

다른 풀이

두 점 A, B에서 x축에 내린 수선의 발을 각각 C, D라 하면
$\angle AFC=\angle BFD=60^\circ$이므로
$\overline{AC}=\sqrt{3}\times\overline{FC}$, $\overline{BD}=\sqrt{3}\times\overline{FD}$이다.
따라서 점 A 또는 점 B의 x좌표가 a일 때,
y의 좌표는 $\sqrt{3}|a-3|$이고
두 점 A, B가 포물선 $y^2=12x$ 위의 점이므로
$(\sqrt{3}|a-3|)^2=12a$, $a^2-10a+9=0$
$(a-1)(a-9)=0$, $a=1$ 또는 $a=9$
즉, 두 점 A, B의 x좌표는 각각 1, 9이므로
포물선의 정의에 의하여 $\overline{AF}=1+3=4$, $\overline{BF}=9+3=12$
따라서 삼각형 AFB의 넓이는
$\frac{1}{2}\times4\times12\times\sin60^\circ=12\sqrt{3}$

049 ······ 답 ①

포물선 $y^2=12x$의 초점 F의 좌표는 $(3,\ 0)$, 준선 l의 방정식은 $x=-3$이다.

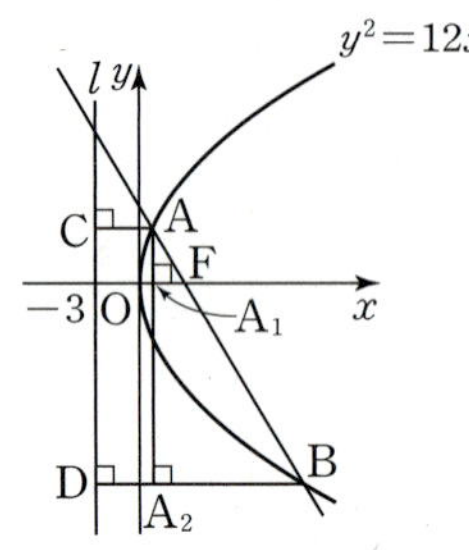

그림과 같이 점 A에서 x축에 내린 수선의 발을 A_1, 직선 BD에 내린 수선의 발을 A_2라 하면 $\overline{AC}=4$이므로 $\overline{FA_1}=2$이다.
또한 $\overline{BD}=x$라 하면 $\overline{BA_2}=x-4$이다.
포물선의 정의에 의하여 $\overline{AF}=\overline{AC}=4$, $\overline{BF}=\overline{BD}=x$이고,
두 삼각형 AFA_1, ABA_2는 서로 닮음이므로
$\overline{FA_1}:\overline{BA_2}=\overline{AF}:\overline{AB}$에서
$2:(x-4)=4:(x+4)$
$4x-16=2x+8$, $2x=24$
$\therefore x=12$

다른 풀이

포물선 $y^2=12x$의 초점 F의 좌표는 $(3,\ 0)$이다.
$\overline{AC}=4$이고 포물선의 준선 l의 방정식은 $x=-3$이므로 점 A의 x좌표는 1이다.
$\therefore A(1,\ 2\sqrt{3})$
따라서 직선 AB의 방정식은 $y-0=\dfrac{0-2\sqrt{3}}{3-1}(x-3)$
$\therefore y=-\sqrt{3}(x-3)$ ······ ㉠
㉠을 $y^2=12x$에 대입하면 $\{-\sqrt{3}(x-3)\}^2=12x$
$x^2-10x+9=0$, $(x-1)(x-9)=0$
$\therefore x=1$ 또는 $x=9$
즉, 점 B의 x좌표는 9이므로 $\overline{BD}=9+3=12$이다.

TIP

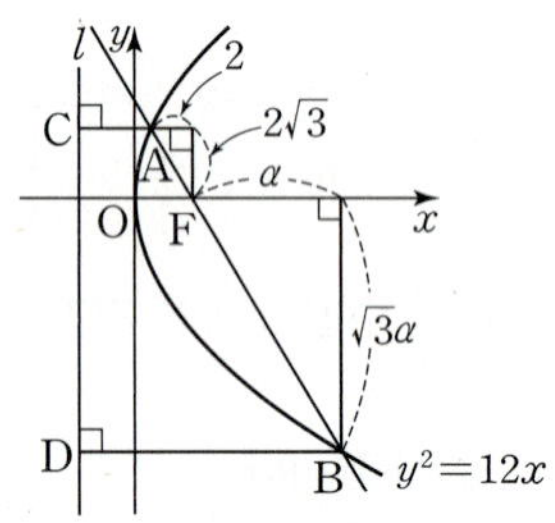

점 $A(1,\ 2\sqrt{3})$에서 다음과 같이 해석할 수 있다.
점 A를 x축의 방향으로 2만큼, y축의 방향으로 $-2\sqrt{3}$만큼 평행이동시키면 점 F가 된다.
따라서 점 F를 x축의 방향으로 a만큼, y축의 방향으로 $-\sqrt{3}a$만큼 평행이동시켜 점 B가 되었다고 생각하면
점 B의 x좌표는 $a+3$이고, y좌표는 $-\sqrt{3}a$이다.
이를 $y^2=12x$에 대입하면 $3a^2=12(a+3)$에서 $a=6$이므로
$\overline{FB}=2a=12$이고, 포물선의 정의에 의하여 $\overline{FB}=\overline{BD}$이므로
$\overline{BD}=12$임을 알 수 있다.

050 ······ 답 ⑤

포물선 $y^2=8x$의 초점 F의 좌표는 $(2,\ 0)$, 준선의 방정식은 $x=-2$이다.

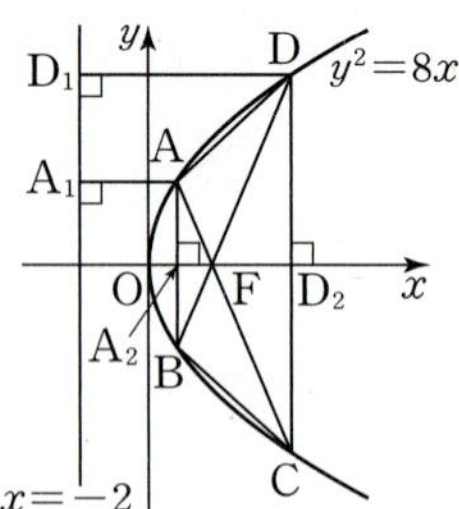

그림과 같이 두 점 A, D에서 포물선의 준선에 내린 수선의 발을 각각 A_1, D_1이라 하고, x축에 내린 수선의 발을 각각 A_2, D_2라 하자.
$\overline{AF}=a$라 하면 포물선의 정의에 의하여 $\overline{AA_1}=\overline{AF}=a$,
$\overline{DD_1}=\overline{DF}=6$이므로
점 A의 x좌표는 $a-2$이고 점 D의 x좌표는 4이다.
이때, 두 삼각형 AFA_2와 DFD_2는 서로 닮음이므로
$\overline{AF}:\overline{DF}=\overline{A_2F}:\overline{D_2F}$에서 $a:6=(4-a):2$
$6(4-a)=2a$, $4a=12$
$\therefore a=3$
따라서 점 A의 x좌표는 1이고 포물선의 방정식에 의하여 점 A의 y좌표는 $2\sqrt{2}$, 점 D의 y좌표는 $4\sqrt{2}$이다.

$$\therefore (\text{사각형 ABCD의 넓이})=\frac{1}{2}\times(\overline{AB}+\overline{CD})\times\overline{A_2D_2}$$
$$=\frac{1}{2}\times(4\sqrt{2}+8\sqrt{2})\times 3$$
$$=18\sqrt{2}$$

다른 풀이

포물선 $y^2=8x$의 초점 F의 좌표는 $(2,\ 0)$, 준선의 방정식은 $x=-2$이다.

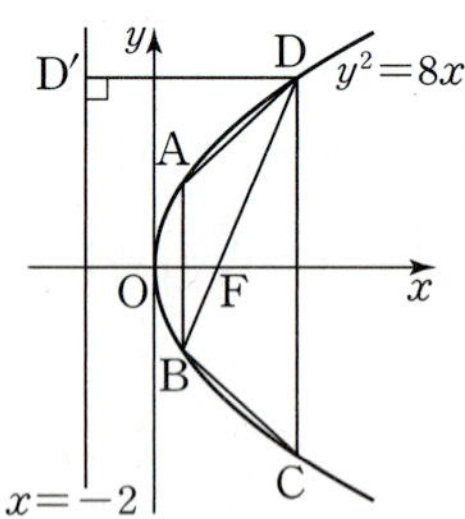

점 D에서 포물선의 준선에 내린 수선의 발을 D′이라 하면
포물선의 정의에 의하여 $\overline{DD'}=\overline{DF}=6$이므로 점 D의 x좌표는 4이다.
따라서 $D(4,\ 4\sqrt{2})$이고 직선 FD의 방정식은
$y-0=\dfrac{4\sqrt{2}-0}{4-2}(x-2)$ $\therefore y=2\sqrt{2}(x-2)$ ······ ㉠
㉠을 $y^2=8x$에 대입하면
$\{2\sqrt{2}(x-2)\}^2=8x$, $x^2-5x+4=0$
$(x-1)(x-4)=0$ $\therefore x=1$ 또는 $x=4$
즉, 점 A의 x좌표는 1이므로 $A(1,\ 2\sqrt{2})$

$$\therefore (\text{사각형 ABCD의 넓이})=\frac{1}{2}\times(4\sqrt{2}+8\sqrt{2})\times 3$$
$$=18\sqrt{2}$$

051 ······ 답 ⑤

포물선 $y^2=4x$의 초점 F의 좌표는 $(1, 0)$, 준선의 방정식은 $x=-1$이므로 $P(-1, 0)$이다.

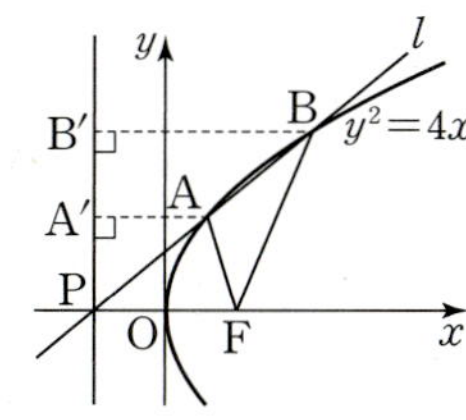

그림과 같이 두 점 A, B에서 준선에 내린 수선의 발을 각각 A', B'이라 하면 포물선의 정의에 의하여

$\overline{AA'}=\overline{FA}$, $\overline{BB'}=\overline{FB}$이다.

이때, $\overline{FA}:\overline{FB}=1:2$이므로 $\overline{FA}=k$라 하면 $\overline{FB}=2k$이다.

$\therefore A(k-1, 2\sqrt{k-1})$, $B(2k-1, 2\sqrt{2k-1})$

세 점 P, A, B는 한 직선 l 위에 있으므로 직선 l의 기울기를 m이라 하면

$m=\dfrac{2\sqrt{k-1}-0}{(k-1)-(-1)}=\dfrac{2\sqrt{2k-1}-0}{(2k-1)-(-1)}$

$2\sqrt{k-1}=\sqrt{2k-1}$

양변을 제곱하면

$4k-4=2k-1$, $2k=3$

$\therefore k=\dfrac{3}{2}$

$\therefore m=\dfrac{2\sqrt{k-1}}{k}=\dfrac{2\sqrt{\dfrac{3}{2}-1}}{\dfrac{3}{2}}=\dfrac{2\sqrt{2}}{3}$

052 ······ 답 $(y-4)^2=10x-15$

점 P에서 직선 $x=-1$에 내린 수선의 발을 H라 하면

점 H는 원과 직선 $x=-1$의 접점이므로 점 $A(4, 4)$에 대하여

$\overline{PH}=\overline{PA}$

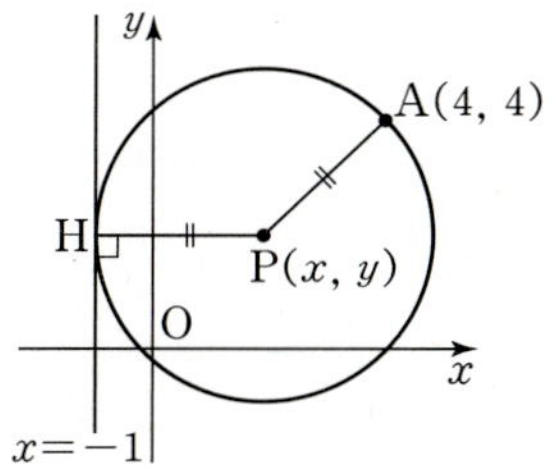

이때, 점 P의 좌표를 (x, y)라 하면

$|x+1|=\sqrt{(x-4)^2+(y-4)^2}$

위의 식의 양변을 제곱하면

$(x+1)^2=(x-4)^2+(y-4)^2$

$\therefore (y-4)^2=10x-15$

053 ······ 답 ①

점 P에서 직선 $y=3$에 내린 수선의 발을 H라 하고,

이때, 점 P의 좌표를 (x, y)라 하면

점 $A(0, 1)$에 대하여 $\overline{AP}=\overline{PH}$

$\sqrt{x^2+(y-1)^2}=|y-3|$에서 양변을 제곱하면

$x^2+(y-1)^2=(y-3)^2$

$\therefore x^2=-4(y-2)$

054 ······ 답 ①

두 원의 접점을 Q, 중심이 P인 원과 직선 $y=-5$의 접점을 R라 하면

$\overline{OP}=\overline{OQ}+\overline{PQ}$

$=3+\overline{PR}$ (단, O는 원점)

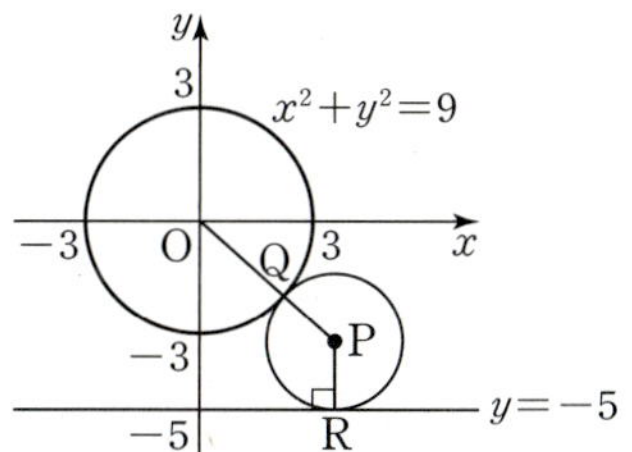

점 P의 좌표를 (x, y)라 하면

$\sqrt{x^2+y^2}=3+|-5-y|$

이때, $y>-5$이므로

$\sqrt{x^2+y^2}=8+y$

위 식의 양변을 제곱하면

$x^2+y^2=64+16y+y^2$

$\therefore x^2-16y-64=0$

055 ······ 답 ⑤

$y^2=5x$에 $y=-x+k$를 대입하면

$(-x+k)^2=5x$, $x^2-(2k+5)x+k^2=0$

이 x에 대한 이차방정식의 판별식을 D라 하면

$D=(2k+5)^2-4k^2=20k+25$ ······ ㉠

ㄱ. 포물선과 직선이 서로 다른 두 점에서 만나기 위해선 $D>0$이어야 한다.

따라서 ㉠에서 $20k+25>0$, $k>-\dfrac{5}{4}$이므로

$k=0$은 이를 만족시킨다. (참)

ㄴ. ㉠에서 $k=-\dfrac{5}{4}$일 때 $D=0$이므로

포물선과 직선은 접한다. (참)

ㄷ. 포물선과 직선이 만나지 않기 위해선 $D<0$이어야 한다.

따라서 ㉠에서 $k<-\dfrac{5}{4}$이어야 하므로

$k\le-2$일 때 만나지 않는다. (참)

따라서 옳은 것은 ㄱ, ㄴ, ㄷ이다.

056 ······ 답 ④

포물선 $y^2=8x$에 접하는 기울기가 m인 접선의 방정식은

$y=mx+\dfrac{2}{m}$이다.

한편, $2x^2-3x+1=0$에서 $(2x-1)(x-1)=0$

$\therefore x=\dfrac{1}{2}$ 또는 $x=1$

이때, $m_1=\dfrac{1}{2}$, $m_2=1$이라 하면

$l_1: y=\dfrac{1}{2}x+4$, $l_2: y=x+2$

따라서 두 직선 l_1, l_2의 교점의 x좌표는

$\frac{1}{2}x+4=x+2$에서 $\frac{1}{2}x=2$ $\quad\therefore x=4$

057 ··· 답 ②

직선 $x+y+1=0$의 기울기는 -1이므로
구하는 최단거리는 포물선 $y^2=2x$에 접하고 기울기가 -1인 접선과 직선 $x+y+1=0$ 사이의 거리와 같다.
포물선 $y^2=2x$에 접하고 기울기가 -1인 접선의 방정식은

$y=-x-\frac{1}{2}$

이 직선은 점 $\left(0,\ -\frac{1}{2}\right)$을 지나므로 구하는 최단거리는
점 $\left(0,\ -\frac{1}{2}\right)$과 직선 $x+y+1=0$ 사이의 거리인

$\frac{\left|0-\frac{1}{2}+1\right|}{\sqrt{1^2+1^2}}=\frac{\sqrt{2}}{4}$이다.

058 ··· 답 ③

포물선 $y^2=4x$ 위의 점 A(4, 4)에서의 접선 l의 방정식은
$4y=2(x+4)$, 즉 $y=\frac{1}{2}x+2$이다.
직선 l의 x절편은 -4이므로 C$(-4,\ 0)$이고, 포물선 $y^2=4x$의 준선은 직선 $x=-1$이므로 D$(-1,\ 0)$이다.
또한 직선 l과 직선 $x=-1$의 교점은 B$\left(-1,\ \frac{3}{2}\right)$이므로
삼각형 BCD의 넓이는 $\frac{1}{2}\times3\times\frac{3}{2}=\frac{9}{4}$이다.

TIP

일반적으로 점 F를 초점으로 하는 포물선 $y^2=4px$ 위의 점 A$(x_1,\ y_1)$ (단, $x_1\neq0$)에 대하여 점 A에서의 접선이 x축과 만나는 점을 B라 하면 점 B의 x좌표는 $-x_1$이다.
(증명은 061번을 참고하자.)

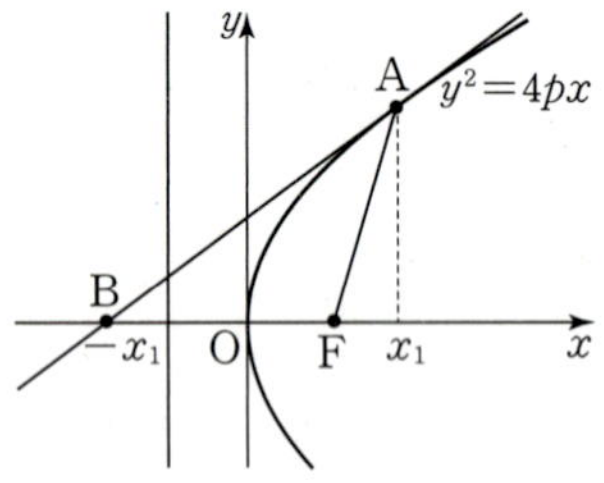

이 특성을 이용하여 문제를 다음과 같이 빠르게 해결할 수 있다.
접점이 A(4, 4)이므로 접선 l과 x축이 만나는 점 C의 x좌표는 -4이고, 준선이 $x=-1$이므로 점 D의 x좌표는 -1이다. $\quad\therefore \overline{\text{CD}}=3$

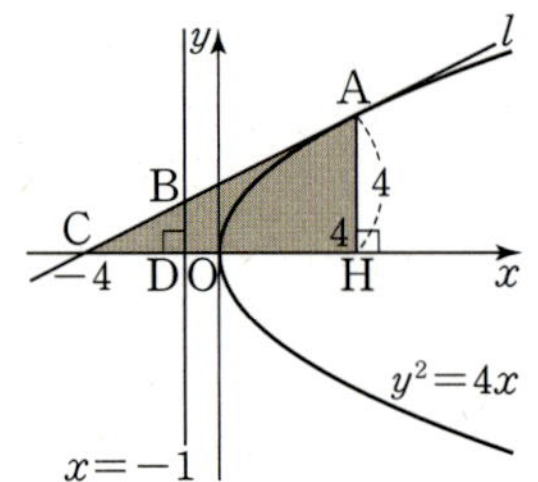

점 A에서 x축에 내린 수선의 발을 H라 하면
두 삼각형 AHC, BDC는 닮음비가 $1:\frac{3}{8}$이므로 $\overline{\text{BD}}=\frac{3}{2}$

$\therefore$ (삼각형 BDC의 넓이)$=\frac{1}{2}\times\overline{\text{CD}}\times\overline{\text{BD}}$
$=\frac{1}{2}\times8\times4\times\left(\frac{3}{8}\right)^2=\frac{9}{4}$

059 ··· 답 ②

포물선 $y^2=4x$ 위의 점 P$(a,\ b)$에서의 접선의 방정식은
$by=2(x+a)$이다.
이때, $0=2(x+a)$에서 $x=-a$이므로
접선이 x축과 만나는 점 Q의 좌표는 $(-a,\ 0)$이다.
$\overline{\text{PQ}}=4\sqrt{5}$이므로 $\sqrt{\{a-(-a)\}^2+b^2}=4\sqrt{5}$
$4a^2+b^2=80$ ······ ㉠
점 P$(a,\ b)$는 포물선 $y^2=4x$ 위의 점이므로
$b^2=4a$ ······ ㉡
㉡을 ㉠에 대입하면 $4a^2+4a=80$이므로
$a^2+a-20=0$, $(a+5)(a-4)=0$
$\therefore a=-5$ 또는 $a=4$
㉡에서 $b^2\ge0$이므로 $a=4$, $b^2=16$
$\therefore a^2+b^2=32$

TIP

058번의 TIP을 이용하면 접점 P의 x좌표가 a이므로
점 Q의 x좌표는 $-a$임을 알 수 있다.

060 ··· 답 ②

점 P의 좌표를 $(x_1,\ y_1)$이라 하면, 접선의 방정식은

$\boxed{y_1y=\frac{1}{2}(x+x_1)}$

이 식에 $y=0$을 대입하면 교점 T의 좌표는 $(-x_1,\ 0)$이다.
$y^2=x$에서 초점 F의 좌표는 $\boxed{\left(\frac{1}{4},\ 0\right)}$이므로

$\overline{\text{FT}}=\boxed{x_1+\frac{1}{4}}$

한편

$\overline{\text{FP}}=\sqrt{\left(x_1-\frac{1}{4}\right)^2+(y_1)^2}=\sqrt{\left(x_1-\frac{1}{4}\right)^2+x_1}$
$=\sqrt{\left(x_1+\frac{1}{4}\right)^2}=\boxed{x_1+\frac{1}{4}}$

따라서 $\overline{\text{FP}}=\overline{\text{FT}}$이다.

$\therefore$ (가) : $y_1y=\frac{1}{2}(x+x_1)$, (나) : $\left(\frac{1}{4},\ 0\right)$, (다) : $x_1+\frac{1}{4}$

061 ··· 답 풀이 참조

일반성을 잃지 않고 $p>0$이라 가정하자.
포물선 $y^2=4px$의 초점은 F$(p,\ 0)$이고,

준선의 방정식은 $x=-p$이므로 $\mathrm{H}(-p, b)$
포물선 $y^2=4px$ 위의 점 $\mathrm{P}(a, b)$에서의 접선의 방정식은
$by=2p(x+a)$이므로 이 접선이 x축과 만나는 점은 $\mathrm{R}(-a, 0)$
$\overline{\mathrm{FR}}=p+a$, $\overline{\mathrm{PH}}=a+p$이므로 $\overline{\mathrm{FR}}=\overline{\mathrm{PH}}$이고,
포물선의 정의에 의하여 $\overline{\mathrm{FP}}=\overline{\mathrm{PH}}$이다.
또한 선분 PH와 선분 FR는 평행하므로
사각형 PFRH는 평행사변형이다.
따라서 $\overline{\mathrm{HR}}=\overline{\mathrm{FP}}$이므로 사각형 PFRH는 네 변의 길이가 모두 같다.
즉, 사각형 PFRH는 마름모이다.

채점 요소	배점
초점 F의 좌표 구하기	10 %
준선 위의 점 H의 좌표 구하기	10 %
점 P에서의 접선의 방정식을 구하여 점 R의 좌표 구하기	30 %
좌표를 이용하여 $\overline{\mathrm{FR}}=\overline{\mathrm{PH}}$임을 설명하기	10 %
포물선의 정의를 이용하여 $\overline{\mathrm{FP}}=\overline{\mathrm{PH}}$임을 설명하기	20 %
사각형 PFRH가 마름모임을 설명하기	20 %

062 ······ 답 12

포물선 $y^2=nx$의 초점의 좌표는 $\left(\frac{n}{4}, 0\right)$이다.
$y^2=nx$에서 점 (n, n)에서의 접선의 방정식은
$ny=\frac{n}{2}(x+n)$
$\therefore x-2y+n=0$
점 $\left(\frac{n}{4}, 0\right)$과 직선 $x-2y+n=0$ 사이의 거리 d는
$d=\frac{\left|\frac{n}{4}+n\right|}{\sqrt{5}}=\frac{\sqrt{5}}{4}n$
$d^2\geq 40$에서 $\frac{5}{16}n^2\geq 40$
$\therefore n^2\geq 128$
$11^2=121$, $12^2=144$이므로 자연수 n의 최솟값은 12이다.

063 ······ 답 ②

구하는 접선의 기울기를 m이라 하면
$y=mx+\frac{4}{m}$
이 접선이 점 $(a, 2)$를 지나므로
$2=ma+\frac{4}{m}$에서 $am^2-2m+4=0$ ······ ㉠
점 $(a, 2)$에서 포물선 $y^2=16x$에 그은 두 접선이 서로 수직이므로
m에 대한 이차방정식 ㉠의 두 근의 곱이 -1이다.
따라서 근과 계수의 관계에 의하여 $\frac{4}{a}=-1$
$\therefore a=-4$

064 ······ 답 ①

점 $\mathrm{P}(a, b)$가 직선 $y=x+5$ 위의 점이므로
$b=a+5$ ······ ㉠
점 $\mathrm{P}(a, b)$에서 포물선 $y^2=12x$에 그은 접선의 기울기를 m이라
하면 $y=mx+\frac{3}{m}$
이 직선이 점 $\mathrm{P}(a, b)$를 지나므로 $b=ma+\frac{3}{m}$
이 식을 ㉠에 대입하면
$a+5=ma+\frac{3}{m}$
$am^2-(a+5)m+3=0$ ······ ㉡
점 $\mathrm{P}(a, b)$에서 포물선 $y^2=12x$에 그은 두 접선이 서로 수직이므로
m에 대한 이차방정식 ㉡의 두 근의 곱이 -1이다.
따라서 근과 계수의 관계에 의하여 $\frac{3}{a}=-1$이므로
$a=-3$, $b=2$ ($\because$ ㉠)
$\therefore ab=-6$

065 ······ 답 풀이 참조

포물선 $y^2=4px$의 준선의 방정식은 $x=-p$이므로
이 준선 위의 임의의 점의 좌표를 $(-p, q)$ (q는 실수)라 하자.
이때, 포물선 $y^2=4px$에 접하고 기울기가 m인 직선의 방정식은
$y=mx+\frac{p}{m}$
이 직선이 점 $(-p, q)$를 지나므로
$q=-pm+\frac{p}{m}$에서 $pm^2+qm-p=0$
이때, 이차방정식의 근과 계수의 관계에 의하여
구하는 두 접선의 기울기의 곱은 $\frac{-p}{p}=-1$이므로
포물선 $y^2=4px$ ($p\neq 0$인 상수)의 준선 위의 임의의 점에서 이
포물선에 그은 두 접선은 서로 수직이다.

TIP
이 내용을 이용하면
063번에서 포물선 $y^2=16x$의 준선은 $x=-4$이므로 $a=-4$,
064번에서 포물선 $y^2=12x$의 준선은 $x=-3$이므로 $a=-3$임을
알 수 있다.

채점 요소	배점
포물선 $y^2=4px$의 준선 위의 임의의 점의 좌표 구하기	20 %
포물선 $y^2=4px$에 접하고 기울기가 m인 직선의 방정식 구하기	20 %
조건을 만족시키는 m에 대한 이차방정식 세우기	30 %
두 접선의 기울기의 곱이 -1임을 이용하여 서로 수직임을 설명하기	30 %

066 ······ 답 ①

점 $(4, a)$에서 포물선 $x^2=a(y+1)$에 그은 두 접선의 기울기는 점 $(4, a+1)$에서 포물선 $x^2=ay$에 그은 두 접선의 기울기와 각각 같다.

이 접선의 기울기를 m이라 하면

$y=mx-m^2\times\frac{a}{4}$

이 접선이 점 $(4, a+1)$을 지나므로

$a+1=4m-\frac{a}{4}m^2$

$\frac{a}{4}m^2-4m+(a+1)=0$ ······ ㉠

점 $(4, a+1)$에서 포물선 $x^2=ay$에 그은 두 접선이 서로 수직이므로 m에 대한 이차방정식 ㉠의 두 근의 곱이 -1이다.

따라서 근과 계수의 관계에 의하여

$\frac{a+1}{\frac{a}{4}}=-1$, $a+1=-\frac{a}{4}$

$\therefore a=-\frac{4}{5}$

067 ······ 답 ④

포물선 $y^2=kx$ 위의 점 (a, b)에서의 접선의 방정식은

$by=\frac{1}{2}k(x+a)$

이 접선이 점 $P(-2, 0)$을 지나므로

$a=2$ ($\because k\neq0$)

따라서 두 점 A, B의 x좌표가 모두 2이므로 $y^2=2k$에서

$y=-\sqrt{2k}$ 또는 $y=\sqrt{2k}$

즉, 두 점 A, B의 y좌표가 각각 $-\sqrt{2k}$, $\sqrt{2k}$이다.

이때, 삼각형 PAB의 넓이가 8이므로

$\frac{1}{2}\times4\times2\sqrt{2k}=8$, $\sqrt{2k}=2$, $2k=4$

$\therefore k=2$

TIP

058번의 **TIP**을 이용하면 접선과 x축이 만나는 점의 x좌표가 -2이므로 접점의 x좌표는 2임을 알 수 있다.

068 ······ 답 55

접점의 좌표를 (x_1, y_1)이라 하면

접선의 방정식은 $y_1y=2(x+x_1)$

이 접선이 점 $(-n, 0)$을 지나므로

$0=2(-n+x_1)$, $x_1=n$

점 (x_1, y_1)은 포물선 $y^2=4x$ 위의 점이므로

$(y_1)^2=4x_1$, $y_1=2\sqrt{n}$ ($\because y_1>0$)

따라서 구하는 접선의 기울기는

$a_n=\frac{2}{y_1}=\frac{2}{2\sqrt{n}}=\frac{1}{\sqrt{n}}$

$\therefore \sum_{n=1}^{10}\left(\frac{1}{a_n}\right)^2=\sum_{n=1}^{10}n=\frac{10\times11}{2}=55$

TIP

058번의 **TIP**을 이용하면 접선과 x축이 만나는 점의 x좌표가 $-n$이므로 접점의 x좌표는 n임을 알 수 있다.

069 ······ 답 ②

포물선 위의 점 P의 좌표를 $\left(\frac{a^2}{4}, a\right)$라 하면 접선의 방정식은

$ay=2\left(x+\frac{a^2}{4}\right)$ $\quad\therefore y=\frac{2}{a}x+\frac{a}{2}$

이 접선이 점 $(-2, 0)$을 지나므로

$\frac{-4}{a}+\frac{a}{2}=0$, $a^2=8$

$\therefore a=2\sqrt{2}$ 또는 $a=-2\sqrt{2}$

$\therefore P(2, 2\sqrt{2})$ 또는 $P(2, -2\sqrt{2})$

이때, 점 P에서 x축에 내린 수선의 발을 P′이라 하면

$F(1, 0)$이므로

$\overline{FP'}=2-1=1$, $\overline{PF}=\sqrt{(2-1)^2+(\pm2\sqrt{2})^2}=3$에서

$\cos(\angle PFP')=\frac{\overline{FP'}}{\overline{PF}}=\frac{1}{3}$

$\therefore \cos(\angle PFO)=\cos(\pi-\angle PFP')$

$=-\cos(\angle PFP')=-\frac{1}{3}$

TIP

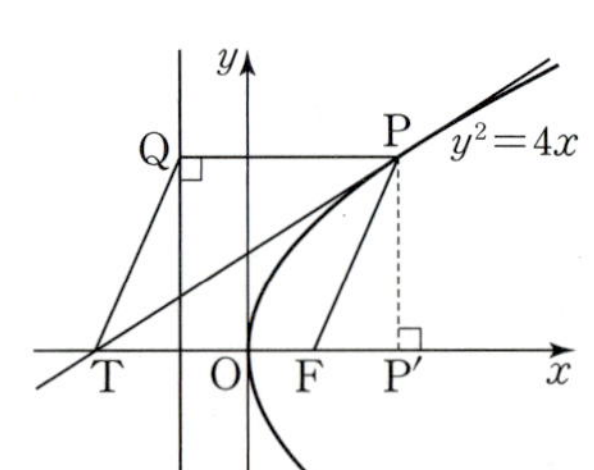

058번의 **TIP**을 이용하면 접선과 x축이 만나는 점의 x좌표가 -2이므로 접점 P의 x좌표는 2임을 알 수 있다.

또한 $y^2=4x$에서 $F(1, 0)$이므로

점 P에서 x축에 내린 수선의 발을 P′이라 하면

$\cos(\angle PFO)=-\frac{\overline{FP'}}{\overline{PF}}=-\frac{1}{3}$과 같이 구할 수도 있다.

070 ······ 답 ③

그림과 같이 포물선 p_1, p_2의 준선을 생각하고 점 C에서 포물선 p_2의 준선에 내린 수선의 발을 I, 포물선 p_1의 준선에 내린 수선의 발을 H라 하면 포물선의 정의에 의하여 $\overline{CB}=\overline{CH}$, $\overline{CO}=\overline{CI}$이다.

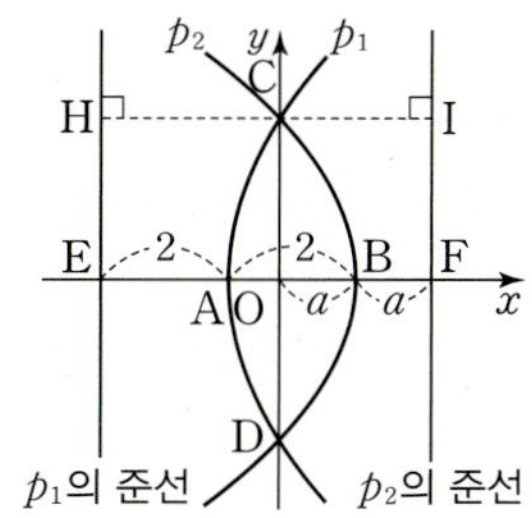

또한 포물선 p_1의 준선과 x축의 교점을 E,
포물선 p_2의 준선과 x축의 교점을 F라 하고,
$\overline{OB}=a$라 하면
$\overline{CO}=\overline{CI}=\overline{OF}=2a$
$\overline{CB}=\overline{CH}=\overline{EO}=2+(2-a)=4-a$
직각삼각형 OBC에서
$(4-a)^2=a^2+(2a)^2$, $a^2+2a-4=0$
$\therefore a=-1\pm\sqrt{5}$
이때, $a>0$이므로 $a=-1+\sqrt{5}$
$\therefore$ (삼각형 ABC의 넓이)$=\frac{1}{2}\times2\times2a=2(\sqrt{5}-1)$

다른 풀이

점 A의 좌표를 $(-k, 0)$이라 하자. (단, $0<k<2$)
이때, 포물선 p_1의 방정식은 $y^2=8(x+k)$이고
$\overline{OB}=2-k$이므로
포물선 p_2의 방정식은 $y^2=-4(2-k)(x-2+k)$이다.
두 포물선의 교점 C의 x좌표는 0이므로
$8k=4(2-k)^2$
$4k^2-24k+16=0$, $k^2-6k+4=0$
$\therefore k=3-\sqrt{5}$ ($\because 0<k<2$)
따라서 포물선 p_2의 방정식에 의하여 점 C의 y좌표는
$y^2=4(2-k)^2$에서 $y=2(2-k)=2(\sqrt{5}-1)$
$\therefore$ (삼각형 ABC의 넓이)$=\frac{1}{2}\times\overline{AB}\times\overline{OC}$
$=\frac{1}{2}\times2\times2(\sqrt{5}-1)$
$=2(\sqrt{5}-1)$

071 ······ 답 16

$A(a, b)(a>0, b>0)$라 하면 포물선 위의 점 A에서의 접선의 방정식은
$by=2p(x+a)$, 즉 $y=\frac{2p}{b}x+\frac{2pa}{b}$
이때, $B(-a, 0)$이다.
점 A에서 x축에 내린 수선의 발을 A′, 포물선의 준선에 내린 수선의 발을 H라 하면
포물선의 정의에 의하여 $\overline{AH}=10$
$\overline{OA'}=a=10-p$이므로 $\overline{BF}=p+a=10$
삼각형 ABF의 넓이는
$\frac{1}{2}\times\overline{BF}\times\overline{AA'}=5b=40$, $b=8$
$8^2=4p(10-p)$에서
$p^2-10p+16=0$, $(p-2)(p-8)=0$
$\therefore p=8$ ($\because a=10-p<p$)
$\therefore a=2$
따라서 $ab=16$이다.

072 ······ 답 8

선분 AB의 중점을 M이라 하면 $\overline{AB}=2\sqrt{3}$이므로
$\overline{OM}=\frac{\sqrt{3}}{2}\times2\sqrt{3}=3$
$\therefore \overline{OG}=\frac{2}{3}\times3=2$
따라서 꼭짓점이 O이고 초점이 G(2, 0)인 포물선의 방정식은
$y^2=8x$이다.

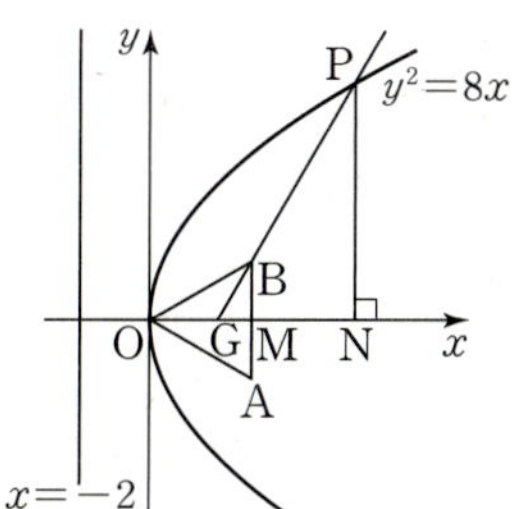

이때, 점 P에서 x축에 내린 수선의 발을 N, $\overline{GP}=a$라 하면
$\angle BGM=60°$이므로 $\overline{GN}=\frac{a}{2}$
또한 포물선의 준선의 방정식은 $x=-2$이므로
포물선의 정의에 의하여 $\overline{GP}=2+\overline{OG}+\overline{GN}$에서
$a=2+2+\frac{a}{2}$
$\therefore a=8$

다른 풀이

정삼각형 OAB의 한 변의 길이가 $2\sqrt{3}$이므로 높이는
$\frac{\sqrt{3}}{2}\times2\sqrt{3}=3$이다.
$\therefore \overline{OG}=\frac{2}{3}\times3=2$
따라서 꼭짓점이 O이고 초점이 G(2, 0)인 포물선의 방정식은
$y^2=8x$이다.
점 O에서 선분 AB에 내린 수선의 발을 M이라 할 때,
$\angle BGM=60°$이므로 직선 PG의 방정식은
$y=\sqrt{3}(x-2)$ ······ ㉠
포물선과 직선의 교점 P의 좌표를 구하기 위해 ㉠을 $y^2=8x$에 대입하면
$3(x-2)^2=8x$, $3x^2-20x+12=0$, $(x-6)(3x-2)=0$
$\therefore x=6$ 또는 $x=\frac{2}{3}$
이때, 점 P는 제1사분면 위의 점이므로 $P(6, 4\sqrt{3})$
$\therefore \overline{GP}=\sqrt{(2-6)^2+(0-4\sqrt{3})^2}=\sqrt{64}=8$

073 ········ 답 ④

$A(x_1, y_1)$, $B(x_2, y_2)$라 하면 $\overline{AB}=10$에서

$\sqrt{(x_1-x_2)^2+(y_1-y_2)^2}=10$

$(x_1-x_2)^2+(y_1-y_2)^2=100$ ······ ㉠

이때, $A(x_1, y_1)$, $B(x_2, y_2)$는 직선 $y=-2x+k$ 위의 점이므로

$y_1=-2x_1+k$, $y_2=-2x_2+k$

이를 ㉠에 대입하면

$(x_1-x_2)^2+4(x_1-x_2)^2=100$에서

$(x_1-x_2)^2=20$ ······ ㉡

$y^2=4x$에 $y=-2x+k$를 대입하면

$(-2x+k)^2=4x$, $4x^2-4(k+1)x+k^2=0$ ······ ㉢

x_1, x_2는 x에 대한 이차방정식 ㉢의 두 근이므로

근과 계수의 관계에 의하여 $x_1+x_2=k+1$, $x_1x_2=\frac{k^2}{4}$

이때, $(x_1-x_2)^2=(x_1+x_2)^2-4x_1x_2$이므로 ㉡에 대입하면

$(x_1+x_2)^2-4x_1x_2=20$에서

$(k+1)^2-4\times\frac{k^2}{4}=20$, $2k+1=20$

$\therefore k=\frac{19}{2}$

074 ········ 답 32

포물선 $y^2=12x$ 위의 점 A의 좌표를 $(a, 2\sqrt{3a})(a>0)$라 하고 점 A에서 포물선의 준선 $x=-3$에 내린 수선의 발을 H라 하면 포물선의 정의에 의하여 $\overline{AF}=\overline{AH}=a+3$이다.

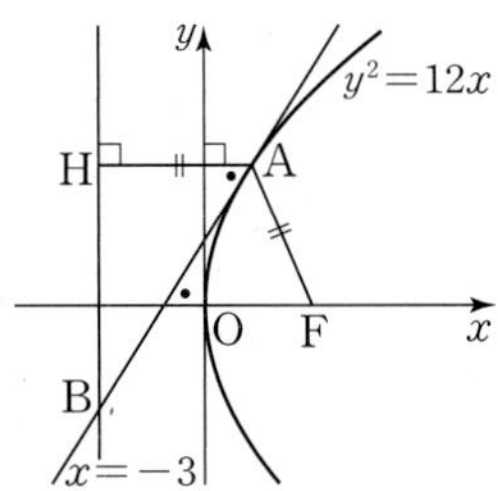

따라서 $\overline{AB}=2\overline{AF}=2(a+3)$이므로

점 A에서의 접선의 기울기는 $\tan(\angle BAH)=\tan 60°=\sqrt{3}$이고

$\overline{AB}\times\overline{AF}=2(a+3)\times(a+3)=2(a+3)^2$이다. ······ ㉠

$y^2=12x$에 접하는 기울기가 $\sqrt{3}$인 접선의 방정식은

$y=\sqrt{3}x+\frac{3}{\sqrt{3}}$, 즉 $y=\sqrt{3}x+\sqrt{3}$이고

접점이 $A(a, 2\sqrt{3a})$이므로

$2\sqrt{3a}=\sqrt{3}a+\sqrt{3}$, $\sqrt{3}a=\sqrt{3}$

$\therefore a=1$

㉠에 의하여 $\overline{AB}\times\overline{AF}=2(1+3)^2=32$이다.

075 ········ 답 14

점 A의 좌표를 (a, b) $(a>0, b\neq0)$라 하면 점 A에서의 접선의 방정식은

$by=8(x+a)$, 즉 $y=\frac{8}{b}(x+a)$ ······ ㉠

점 A는 포물선 위의 점이므로

$b^2=16a$ ······ ㉡

㉡에서 $8a=\frac{b^2}{2}$이므로 ㉠에 대입하면 $y=\frac{8}{b}x+\frac{b}{2}$

이때, 세 점 $\left(\frac{b^2}{16}, b\right)$, $(0, 0)$, $\left(0, \frac{b}{2}\right)$를 꼭짓점으로 하는 삼각형의 무게중심은 $B\left(\frac{b^2}{48}, \frac{b}{2}\right)$이다.

$x=\frac{b^2}{48}$, $y=\frac{b}{2}$로 놓으면 $b^2=48x$, $b=2y$이므로

$(2y)^2=48x$

$\therefore y^2=12x$

따라서 곡선 C는 포물선 $y^2=12x$이고,

이 포물선의 초점은 $F(3, 0)$이다.

두 점 P, Q의 x좌표를 각각 x_1, x_2라 하면 포물선의 정의에 의하여

$\overline{PQ}=\overline{PF}+\overline{QF}=(x_1+3)+(x_2+3)=20$

$\therefore x_1+x_2=14$

02 타원

076 ········ 답 ④

$\frac{x^2}{3^2}+\frac{y^2}{2^2}=1$에서 장축의 길이는 $m=2\times3=6$
단축의 길이는 $n=2\times2=4$
$\therefore m+n=6+4=10$

077 ········ 답 ④

① 중심의 좌표는 $(0,\ 0)$이다. (참)
② 장축의 길이는 $2\times5=10$이다. (참)
③ 단축의 길이는 $2\times4=8$이다. (참)
④ 초점의 좌표는 $(0,\ \pm\sqrt{25-16})$, 즉 $(0,\ -3)$, $(0,\ 3)$이다. (거짓)
⑤ x축과의 교점의 좌표는 $(-4,\ 0)$, $(4,\ 0)$이다. (참)
따라서 선지 중 옳지 않은 것은 ④이다.

078 ········ 답 32

$x^2+9y^2=9$에서 $\frac{x^2}{9}+y^2=1$
한 초점의 좌표를 $(c,\ 0)$ $(c>0)$이라 하면
$c=\sqrt{9-1}=2\sqrt{2}$
따라서 두 초점 사이의 거리 d는
$d=2c=4\sqrt{2}$
$\therefore d^2=32$

079 ········ 답 ⑤

타원의 방정식을 $\frac{x^2}{a^2}+\frac{y^2}{b^2}=1$ $(a>b>0)$이라 하면 ······ TIP
장축의 길이가 10이므로 $a=5$
단축의 길이가 6이므로 $b=3$
따라서 초점의 좌표는 $(\sqrt{5^2-3^2},\ 0)$, $(-\sqrt{5^2-3^2},\ 0)$
즉, $(4,\ 0)$, $(-4,\ 0)$이므로
구하는 두 초점 사이의 거리는 $2\times4=8$이다.

TIP
$0<a<b$인 경우에는 $a=3$, $b=5$이고
초점의 좌표가 $(0,\ 4)$, $(0,\ -4)$이므로 구하는 두 초점 사이의 거리는 $2\times4=8$로 같다.

080 ········ 답 ③

타원의 방정식을 $\frac{x^2}{a^2}+\frac{y^2}{b^2}=1$ $(a>b>0)$이라 하면
두 초점이 $\mathrm{F}(4,\ 0)$, $\mathrm{F}'(-4,\ 0)$이므로
$a^2-b^2=4^2$ ······ ㉠
장축의 길이는 $2a$, 단축의 길이는 $2b$이므로
$2a-2b=4$, $a-b=2$ ······ ㉡
㉠을 ㉡으로 양변을 각각 나누면 $a+b=8$이므로
이 식을 ㉡과 연립하여 풀면
$a=5$, $b=3$
$\therefore \frac{x^2}{25}+\frac{y^2}{9}=1$

081 ········ 답 ①

$9x^2+5y^2=45$에서 $\frac{x^2}{5}+\frac{y^2}{9}=1$의 초점의 좌표는
$(0,\ 2)$, $(0,\ -2)$이다.
따라서 구하는 타원의 방정식을 $\frac{x^2}{a^2}+\frac{y^2}{b^2}=1$ $(0<a<b)$라 하면
$b^2-a^2=4$ ······ ㉠
이 타원이 점 $(0,\ 2\sqrt{2})$를 지나므로
$\frac{8}{b^2}=1$, $b^2=8$, $a^2=4$ ($\because$ ㉠)
$\therefore \frac{x^2}{4}+\frac{y^2}{8}=1$

082 ········ 답 ①

$m=a^2$, $n=b^2$이라 하자.
두 초점이 $\mathrm{F}(3,\ 0)$, $\mathrm{F}'(-3,\ 0)$이므로
$\frac{x^2}{a^2}+\frac{y^2}{b^2}=1$ $(a>b>0)$에서 $a^2-b^2=9$ ······ ㉠
타원 위의 임의의 점에서 타원의 두 초점까지의 거리의 합은 장축의 길이와 같으므로
$2a=8$, $a=4$, $b^2=7$ ($\because$ ㉠)
$\therefore m+n=4^2+7=23$

083 ········ 답 ③

타원의 방정식을 $\frac{x^2}{a^2}+\frac{y^2}{b^2}=1$ $(0<a<b)$라 하자.
두 초점이 $\mathrm{F}(0,\ 4)$, $\mathrm{F}'(0,\ -4)$이므로
$b^2-a^2=16$ ······ ㉠
타원 위의 임의의 점에서 타원의 두 초점까지의 거리의 합은 장축의 길이와 같으므로
$2b=10$, $b=5$, $a=3$ ($\because$ ㉠)
따라서 단축의 길이는 $2\times3=6$이다.

084 ········ 답 ②

타원의 방정식을 $\frac{x^2}{a^2}+\frac{y^2}{b^2}=1$ $(a>b>0)$이라 하면
장축의 길이가 8이므로 $a=4$
단축의 길이가 6이므로 $b=3$
따라서 초점의 좌표는 $(\sqrt{4^2-3^2},\ 0)$, $(-\sqrt{4^2-3^2},\ 0)$

즉, $(\sqrt{7}, 0)$, $(-\sqrt{7}, 0)$이므로
구하는 두 초점 사이의 거리는 $2\sqrt{7}$이다.

085 ······ 답 ④

① 타원 $\frac{x^2}{16}+\frac{y^2}{9}=1$을 y축의 방향으로 -2만큼 평행이동한 것이다. (참)
② 장축의 길이는 $2\times4=8$이다. (참)
③ 단축의 길이는 $2\times3=6$이다. (참)
④ 초점의 좌표는 $(\sqrt{7}, -2)$, $(-\sqrt{7}, -2)$이다. (거짓)
⑤ 중심의 좌표는 $(0, -2)$이다. (참)
따라서 선지 중 옳지 않은 것은 ④이다.

086 ······ 답 6

$4x^2+9y^2-18y-27=0$에서
$4x^2+9(y^2-2y+1)-36=0$, $4x^2+9(y-1)^2=36$
$\therefore \frac{x^2}{9}+\frac{(y-1)^2}{4}=1$
즉, 주어진 타원은 타원 $\frac{x^2}{9}+\frac{y^2}{4}=1$을 y축의 방향으로 1만큼 평행이동한 것이다.
타원 $\frac{x^2}{9}+\frac{y^2}{4}=1$의 두 초점의 좌표가 $(\sqrt{5}, 0)$, $(-\sqrt{5}, 0)$이므로
주어진 타원의 두 초점의 좌표는 $(\sqrt{5}, 1)$, $(-\sqrt{5}, 1)$이다.
$\therefore p=\sqrt{5}$ 또는 $p=-\sqrt{5}$, $q=1$
$\therefore p^2+q^2=5+1=6$

087 ······ 답 ①

두 초점의 좌표가 $(6, b)$, $(-2, b)$인 타원
$\frac{(x-2)^2}{a}+\frac{(y-2)^2}{4}=1$을 x축의 방향으로 -2만큼, y축의 방향으로 -2만큼 평행이동하면 두 초점의 좌표가 $(4, b-2)$, $(-4, b-2)$인 타원 $\frac{x^2}{a}+\frac{y^2}{4}=1$이 된다.
이때, 타원 $\frac{x^2}{a}+\frac{y^2}{4}=1$의 두 초점의 좌표는
$(\sqrt{a-4}, 0)$, $(-\sqrt{a-4}, 0)$이므로
$\sqrt{a-4}=4$, $b-2=0$에서 $a=20$, $b=2$이다.
$\therefore ab=40$

088 ······ 답 ③

타원 $\frac{x^2}{16}+\frac{y^2}{7}=1$의 두 초점 F, F'의 좌표는 각각
$(-3, 0)$, $(3, 0)$이므로 $\overline{FF'}=6$
장축의 길이는 $2\times4=8$이므로
타원의 정의에 의하여 $\overline{PF'}+\overline{PF}=8$
따라서 삼각형 PFF'의 둘레의 길이는
$\overline{FF'}+\overline{PF'}+\overline{PF}=6+8=14$이다.

089 ······ 답 ③

타원 $\frac{x^2}{9}+\frac{y^2}{3}=1$에서 타원의 정의에 의하여
$\overline{PF}+\overline{PF'}=6$ ······ ㉠
두 초점의 좌표는 $F(\sqrt{6}, 0)$, $F'(-\sqrt{6}, 0)$이므로
$\overline{FF'}=2\sqrt{6}$ ······ ㉡
직각삼각형 FPF'에서
$\overline{PF}^2+\overline{PF'}^2=\overline{FF'}^2=24$ ($\because$ ㉡) ······ ㉢
$$\therefore \overline{PF}\times\overline{PF'}=\frac{(\overline{PF}+\overline{PF'})^2-(\overline{PF}^2+\overline{PF'}^2)}{2}$$
$$=\frac{6^2-24}{2}=6 \ (\because ㉠, ㉢)$$

090 ······ 답 풀이 참조

점 Q의 좌표를 (x, y)라 하자.
점 P의 좌표를 (a, b)라 하면 $H(a, 0)$이므로
선분 PH를 2 : 1로 내분하는 점의 좌표는 $\left(\frac{2a+a}{3}, \frac{b}{3}\right)$,
즉 $\left(a, \frac{b}{3}\right)$이므로
$x=a$, $y=\frac{b}{3}$에서 $x=a$, $b=3y$ ······ ㉠
이때, 점 P는 원 $x^2+y^2=9$ 위의 점이므로
$a^2+b^2=9$ ······ ㉡
㉠을 ㉡에 대입하면 $x^2+(3y)^2=9$, $\frac{x^2}{9}+y^2=1$이고
이를 좌표평면에 나타내면 다음 그림과 같다.

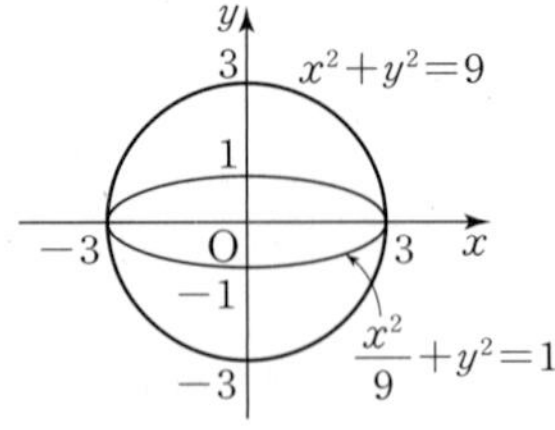

채점 요소	배점
점 Q가 나타내는 도형의 방정식 구하기	70%
점 Q가 나타내는 도형 그리기	30%

091 ······ 답 12

원 $(x-6)^2+(y-5)^2=36$의 중심을 A, 타원의 두 초점을 F, F'이라 하면
두 점 F, F'은 원 위의 점이므로 $\overline{AF}=\overline{AF'}=6$
타원의 정의에 의하여 장축의 길이는 $\overline{AF}+\overline{AF'}=6+6=12$이다.

092 ········· 답 ⑤

포물선 $y^2=8x$의 초점의 좌표는 $(2,\ 0)$이고,

타원 $\frac{x^2}{a^2}+y^2=1$의 초점 중 x좌표가 양수인 좌표는

$(\sqrt{a^2-1},\ 0)$이므로

$\sqrt{a^2-1}=2,\ a^2-1=4,\ a^2=5$

$\therefore\ a=\sqrt{5}\ (\because\ a>1)$

따라서 이 타원의 장축의 길이는 $2\sqrt{5}$이다.

093 ········· 답 ③

타원 $2x^2+y^2=2$와 직선 $y=x+k$가 만나려면

x에 대한 이차방정식 $2x^2+(x+k)^2=2$

즉, $3x^2+2kx+k^2-2=0$의 판별식을 D라 할 때

$\frac{D}{4}=k^2-3(k^2-2)\geq 0$이어야 한다.

따라서 $k^2\leq 3$이므로 구하는 실수 k의 값의 범위는

$-\sqrt{3}\leq k\leq\sqrt{3}$이다.

094 ········· 답 ④

타원 $\frac{x^2}{20}+\frac{y^2}{5}=1$과 직선 $y=x+k$가 서로 다른 두 점에서 만나려면

x에 대한 이차방정식 $\frac{x^2}{20}+\frac{(x+k)^2}{5}=1$

즉, $5x^2+8kx+4k^2-20=0$의 판별식을 D라 할 때

$\frac{D}{4}=16k^2-5(4k^2-20)>0$이어야 한다.

따라서 $k^2<25$이므로 구하는 실수 k의 값의 범위는

$-5<k<5$이다.

$\therefore\ M=4,\ m=-4$

$\therefore\ Mm=4\times(-4)=-16$

095 ········· 답 ⑤

타원 $10x^2+y^2=6$과 직선 $y=mx+3$이 만나지 않으려면

x에 대한 이차방정식 $10x^2+(mx+3)^2=6$

즉, $(m^2+10)x^2+6mx+3=0$의 판별식을 D라 할 때

$\frac{D}{4}=9m^2-3(m^2+10)<0$이어야 한다.

따라서 $m^2<5$에서 $-\sqrt{5}<m<\sqrt{5}$이므로

정수 m은 $-2,\ -1,\ 0,\ 1,\ 2$로 5개이다.

096 ········· 답 ③

타원 $\frac{x^2}{2}+y^2=1$에 접하고 기울기가 2인 직선의 방정식은

$y=2x\pm\sqrt{2\times 2^2+1}$

$\therefore\ y=2x\pm 3$

097 ········· 답 $y=-x-3$

직선 $x+y-3=0$의 기울기는 -1이므로

타원 $\frac{x^2}{5}+\frac{y^2}{4}=1$에 접하고 기울기가 -1인 접선의 방정식은

$y=-x\pm\sqrt{5\times(-1)^2+4}$

즉, $y=-x+3$ 또는 $y=-x-3$에서

직선 $y=-x+3$은 직선 $x+y-3=0$과 일치하므로

구하는 직선의 방정식은 $y=-x-3$이다.

098 ········· 답 ⑤

직선 $x-2y+1=0$에 수직인 직선의 기울기는 -2이므로

타원 $\frac{x^2}{4}+\frac{y^2}{9}=1$에 접하고 기울기가 -2인 접선의 방정식은

$y=-2x\pm\sqrt{4\times(-2)^2+9}$

즉, $y=-2x+5$ 또는 $y=-2x-5$이다.

따라서 $a=5$ 또는 $a=-5$이므로

모든 a의 값의 곱은 -25이다.

099 ········· 답 ⑤

x축의 양의 방향과 이루는 각의 크기가 $60°$인 직선의 기울기는

$\tan 60°=\sqrt{3}$이므로

타원 $3x^2+5y^2=30$, 즉 $\frac{x^2}{10}+\frac{y^2}{6}=1$에 접하고 기울기가 $\sqrt{3}$인

직선의 방정식은

$y=\sqrt{3}x\pm\sqrt{10\times(\sqrt{3})^2+6}$

즉, $y=\sqrt{3}x+6$ 또는 $y=\sqrt{3}x-6$이다.

따라서 두 접선 사이의 거리는

$\frac{|\sqrt{3}\times 0+(-1)\times(-6)+6|}{\sqrt{(\sqrt{3})^2+(-1)^2}}=6$

100 ········· 답 ②

타원 $x^2+6y^2=10$ 위의 점 $\mathrm{A}(2,\ -1)$에서의 접선의 방정식은

$2x-6y=10$

$\therefore\ x-3y=5$

101 ········· 답 ③

타원 $\frac{x^2}{4}+\frac{y^2}{12}=1$ 위의 점 $(-1,\ 3)$에서의 접선의 방정식은

$\frac{-x}{4}+\frac{3y}{12}=1,\ -\frac{x}{4}+\frac{y}{4}=1$

이 접선의 x절편은 -4, y절편은 4이므로

구하는 도형의 넓이는 $\frac{1}{2}\times|-4|\times 4=8$이다.

102 ······ 답 (1) $y=2$ 또는 $3x-2y=8$ (2) $x=1$ 또는 $3x+2y=5$

(1) 접점의 좌표를 (a, b)라 하면
접선의 방정식은 $3ax+4by=16$
접선이 점 $(4, 2)$를 지나므로
$12a+8b=16$, $3a+2b=4$ ······ ㉠
점 (a, b)는 타원 $3x^2+4y^2=16$ 위의 점이므로
$3a^2+4b^2=16$ ······ ㉡
㉠을 ㉡에 대입하면 $3a^2+(4-3a)^2=16$
$a^2-2a=0$, $a(a-2)=0$
$\begin{cases} a=0 \\ b=2 \end{cases}$ 또는 $\begin{cases} a=2 \\ b=-1 \end{cases}$
따라서 접선의 방정식은 $y=2$ 또는 $3x-2y=8$

(2) 접점의 좌표를 (a, b)라 하면 접선의 방정식은 $ax+\frac{by}{4}=1$
접선이 점 $(1, 1)$을 지나므로
$a+\frac{b}{4}=1$, $b=-4a+4$ ······ ㉠
점 (a, b)는 타원 $x^2+\frac{y^2}{4}=1$ 위의 점이므로
$a^2+\frac{b^2}{4}=1$ ······ ㉡
㉠을 ㉡에 대입하면 $a^2+\frac{16(-a+1)^2}{4}=1$
$5a^2-8a+3=0$, $(5a-3)(a-1)=0$
$\begin{cases} a=1 \\ b=0 \end{cases}$ 또는 $\begin{cases} a=\frac{3}{5} \\ b=\frac{8}{5} \end{cases}$
따라서 접선의 방정식은
$x=1$ 또는 $3x+2y=5$

103 ······ 답 ②

접선의 기울기가 m인 접선의 방정식은
$y=mx\pm\sqrt{m^2+2}$
이 접선이 점 $(0, 2)$를 지나므로
$2=\pm\sqrt{m^2+2}$
$m^2+2=4$, $m^2=2$
$m=-\sqrt{2}$ 또는 $m=\sqrt{2}$
$\therefore m_1m_2=-2$

TIP

구한 기울기 m의 값은 $-\sqrt{2}$, $\sqrt{2}$이므로
점 $(0, 2)$에서 타원 $x^2+\frac{y^2}{2}=1$에 그은 접선의 방정식은
$y-2=-\sqrt{2}(x-0)$에서 $y=-\sqrt{2}x+2$,
$y-2=\sqrt{2}(x-0)$에서 $y=\sqrt{2}x+2$이다. ······ (＊)
한편, m의 값 $-\sqrt{2}$, $\sqrt{2}$를 $y=mx\pm\sqrt{m^2+2}$에 대입하면
$y=-\sqrt{2}x\pm2$, $y=\sqrt{2}x\pm2$이다.

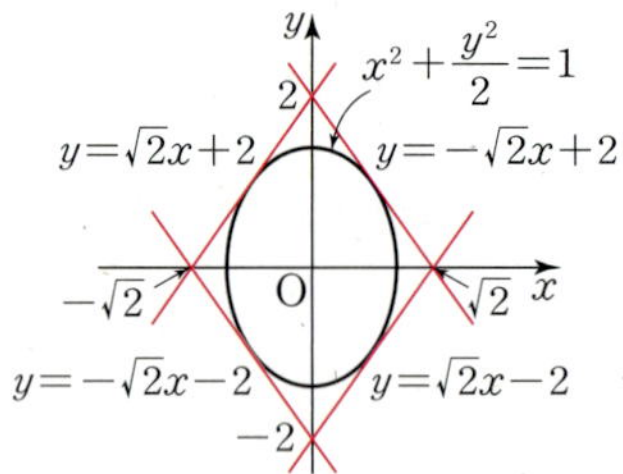

그러나 이 중 $y=-\sqrt{2}x-2$, $y=\sqrt{2}x-2$는 접선은 맞지만
점 $(0, 2)$를 지나지 않으므로 조건을 만족시키지 않는다.
(그 이유는 '교육과정 외'이므로 설명을 생략한다.)
따라서 접선의 방정식은 (＊)와 같이 구하자.

104 ······ 답 ⑤

접선의 기울기가 m인 접선의 방정식은
$y=mx\pm\sqrt{m^2+4}$
이 접선이 점 $(3, 2)$를 지나므로
$2=3m\pm\sqrt{m^2+4}$
$2-3m=\pm\sqrt{m^2+4}$
$9m^2-12m+4=m^2+4$
$2m^2-3m=0$, $m(2m-3)=0$
$m=0$ 또는 $m=\frac{3}{2}$
따라서 구하는 접선의 기울기는 $\frac{3}{2}$이다.

105 ······ 답 ④

접선의 기울기가 m인 접선의 방정식은
$y=mx\pm\sqrt{3m^2+a}$
이 접선이 점 $(-1, 2)$를 지나므로
$2=-m\pm\sqrt{3m^2+a}$
$m+2=\pm\sqrt{3m^2+a}$
$m^2+4m+4=3m^2+a$
$2m^2-4m+a-4=0$ ······ ㉠
이때, 두 접선이 서로 수직이므로 그 기울기의 곱은 -1이다.
따라서 ㉠에서 이차방정식의 근과 계수의 관계에 의하여
$\frac{a-4}{2}=-1$
$\therefore a=2$

106 ······ 답 ④

접선의 기울기가 m인 접선의 방정식은
$y=mx\pm\sqrt{3m^2+6}$
이 접선이 점 $(3, 0)$을 지나므로
$0=3m\pm\sqrt{3m^2+6}$
$9m^2=3m^2+6$, $m^2=1$
$m=-1$ 또는 $m=1$

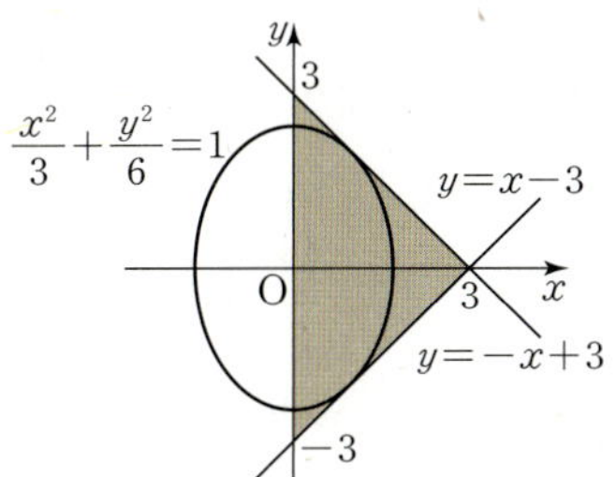

따라서 접선의 방정식은 $y=-x+3$, $y=x-3$이고 …… TIP
두 접선의 교점의 좌표는 $(3,\ 0)$이므로 구하는 넓이는

$\frac{1}{2}\times6\times3=9$이다.

> **TIP**
> **103**번의 **TIP**을 참고하자.

107 …… 답 ①

타원 $9x^2+4y^2=36$ 위의 점 $(a,\ b)$에서의 접선의 방정식은

$9ax+4by=36$

이 접선이 점 $(2,\ 9)$를 지나므로

$18a+36b=36$, $a=2(1-b)$ …… ㉠

또한 점 $(a,\ b)$가 타원 $9x^2+4y^2=36$ 위의 점이므로

$9a^2+4b^2=36$ …… ㉡

㉠을 ㉡에 대입하면

$36(1-b)^2+4b^2=36$

$5b^2-9b=0$, $b(5b-9)=0$

$\begin{cases}a=2\\b=0\end{cases}$ 또는 $\begin{cases}a=-\frac{8}{5}\\b=\frac{9}{5}\end{cases}$

따라서 두 접선의 방정식은

$x=2$ 또는 $y=2x+5$

직선 $x=2$는 y축과 평행하므로 직선 $y=2x+5$가 x축의 양의 방향과 이루는 각의 크기를 θ_1이라 하면

$\theta=90°-\theta_1$

이때, $\tan\theta_1=2$이므로

$\sin\theta=\sin(90°-\theta_1)=\cos\theta_1=\frac{\sqrt{5}}{5}$

108 …… 답 ⑤

주어진 상황은 다음과 같다.

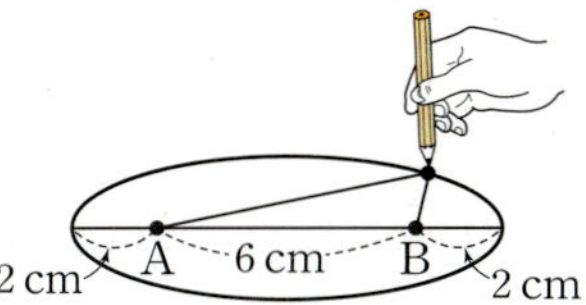

① 두 점 A, B는 타원의 초점이다. (참)

② 두 초점 사이의 거리는 6 cm이다. (참)

③ 장축의 길이는 10 cm이다. (참)

④ 단축의 길이는 $\sqrt{10^2-6^2}=8$에서 8 cm이다. (참)

⑤ 좌표평면에 두 점 A, B를 x축 위에, 타원의 중심을 원점 위에 놓으면 타원의 방정식은 $\frac{x^2}{25}+\frac{y^2}{16}=1$이다. (거짓)

따라서 선지 중 옳지 않은 것은 ⑤이다.

109 …… 답 ③

그림과 같이 직각삼각형 ABC에서

$\overline{AB}=6$, $\overline{BC}=8$이므로 $\overline{AC}=10$이다.

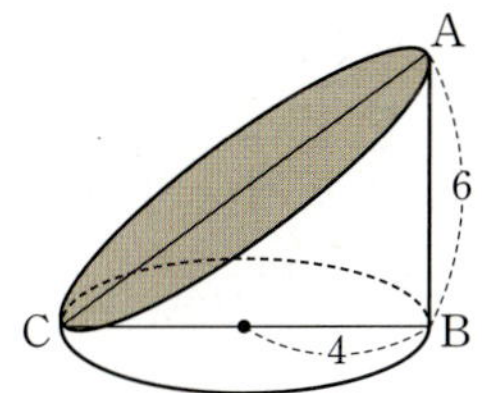

즉, 타원의 장축의 길이가 10이고,

단축의 길이가 8이므로

단면인 타원의 방정식을 $\frac{x^2}{5^2}+\frac{y^2}{4^2}=1$이라 할 수 있다.

따라서 타원의 두 초점의 좌표는 $(3,\ 0)$, $(-3,\ 0)$이므로

두 초점 사이의 거리는 6이다.

110 …… 답 ⑤

타원의 장축의 길이는 8, 단축의 길이는 4이므로

점 O를 원점으로 하는 타원의 방정식은

$\frac{x^2}{16}+\frac{y^2}{4}=1$

이때, 두 조명 A, B의 x좌표는 각각 -2, 2이므로

$\frac{1}{4}+\frac{y^2}{4}=1$ $\therefore y=\sqrt{3}\ (\because y>0)$

따라서 지면으로부터 조명까지의 높이는 $\sqrt{3}$ m이다.

111 …… 답 ④

근일점과 원일점의 중점을 O라 하자.

태양에서 근일점까지의 거리는 4×10^4 km이고,

태양에서 원일점까지의 거리는 16×10^4 km이므로

근일점에서 점 O까지의 거리는 10×10^4 km이고,

태양에서 점 O까지의 거리는 6×10^4 km이다.

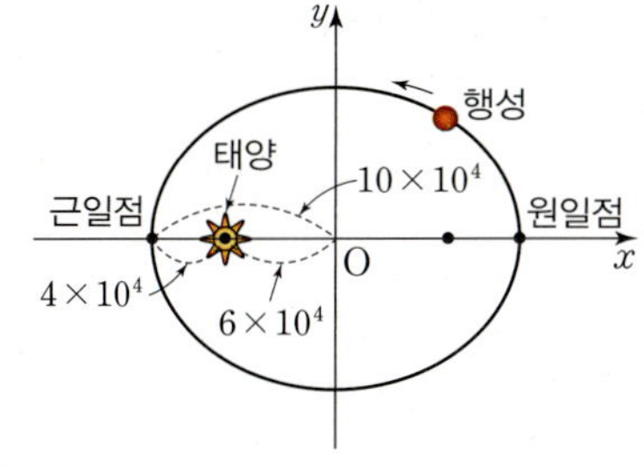

이때, $\sqrt{10^2-6^2}\times10^4=8\times10^4$이므로

이 행성 궤도의 단축의 길이는 16×10^4 km이다.

112 ······ 답 ④

직사각형의 한 꼭짓점 P의 좌표를 (x, y)라 하자.

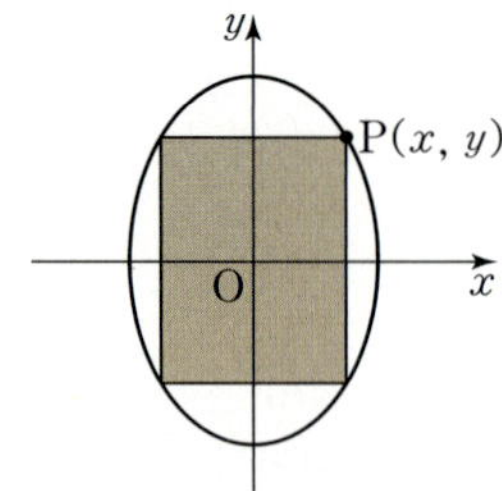

직사각형의 넓이를 S라 하면

$S=2|x|\times2|y|=4|xy|$

이때, 산술평균과 기하평균의 관계에 의하여

$1=\frac{x^2}{4}+\frac{y^2}{9}\geq2\sqrt{\frac{x^2}{4}\times\frac{y^2}{9}}=\frac{|xy|}{3}$, 즉 $|xy|\leq3$

$\therefore S=4|xy|\leq12$

따라서 직사각형의 넓이의 최댓값은 12이다.

113 ······ 답 ④

$a>0$, $b>0$이라 하면 원점 O에 대하여

삼각형 BOF에서 $\overline{BF}=a$, $\overline{OF}=c$이므로

$c=a\cos60^\circ=\frac{a}{2}$

또한 $a^2-b^2=c^2$이므로

$b^2=a^2-c^2=\frac{3}{4}a^2 \qquad \therefore b=\frac{\sqrt{3}}{2}a$

따라서 삼각형 AFB의 넓이가 $6\sqrt{3}$이므로

$\frac{1}{2}\times\frac{3}{2}a\times\frac{\sqrt{3}}{2}a=6\sqrt{3}$

$a^2=16$

$\therefore a=4,\ b=2\sqrt{3}\ (\because a>0)$

$\therefore a^2+b^2=16+12=28$

114 ······ 답 ④

문제의 그림의 일부에서 그림과 같이 선분 AB를 장축으로 하는 타원의 초점 중 점 A에 가까운 점을 P, 선분 AF를 장축으로 하는 타원의 초점 중 점 A에 가까운 점을 Q라 하자.

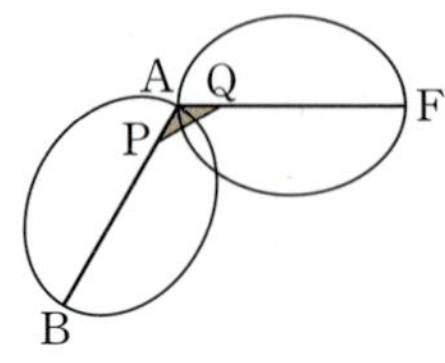

정육각형 ABCDEF의 한 내각의 크기는 120°이므로 $\angle PAQ=120^\circ$이고 삼각형 APQ는 이등변삼각형이다.

이때, $\overline{PA}=a$라 하면

$$(\text{삼각형 APQ의 넓이})=\frac{1}{2}\times a^2\times\sin(180^\circ-120^\circ)=\frac{\sqrt{3}}{4}a^2$$

이고, 이와 같은 모양의 삼각형 6개의 넓이의 합이 $6\sqrt{3}$이므로

$6\times\frac{\sqrt{3}}{4}a^2=6\sqrt{3}$

$\therefore a=2$

따라서 타원의 장축의 길이는 10이고 타원의 두 초점 사이의 거리는 $10-2\times2=6$이므로 타원의 단축의 길이는

$2\sqrt{\left(\frac{10}{2}\right)^2-\left(\frac{6}{2}\right)^2}=2\sqrt{5^2-3^2}=8$

다른 풀이

문제의 그림의 일부에서 그림과 같이 선분 AB를 장축으로 하는 타원의 초점 중 점 A에 가까운 점을 P, 선분 AF를 장축으로 하는 타원의 초점 중 점 A에 가까운 점을 Q라 하자.

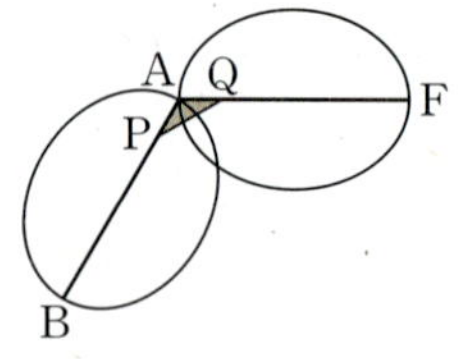

두 삼각형 APQ, ABF는 서로 닮음이므로

$\overline{AQ}:\overline{AF}=k:1\ (0<k<1)$이라 하면

(삼각형 APQ의 넓이) : (삼각형 ABF의 넓이)$=k^2:1$

이때, 삼각형 ABF는 $\angle BAF=120^\circ$이고 $\overline{AB}=\overline{AF}=10$인 이등변삼각형이므로

$$(\text{삼각형 ABF의 넓이})=\frac{1}{2}\times10^2\times\sin(180^\circ-120^\circ)=25\sqrt{3}$$

$\therefore$ (삼각형 APQ의 넓이)$=25\sqrt{3}k^2$

이와 같은 모양의 삼각형 6개의 넓이의 합이 $6\sqrt{3}$이므로

$6\times25\sqrt{3}k^2=6\sqrt{3}$

$k^2=\frac{1}{25} \qquad \therefore k=\frac{1}{5}\ (\because 0<k<1)$

$\therefore \overline{AQ}=k\overline{AF}=\frac{1}{5}\times10=2$

따라서 타원의 장축의 길이는 10이고 타원의 두 초점 사이의 거리는 6이므로 타원의 단축의 길이는

$2\sqrt{5^2-3^2}=8$

115 ······ 답 ①

타원의 중심을 좌표평면 위의 원점 O 위에, 장축을 y축, 단축을 x축 위에 놓으면

타원의 방정식은 $\frac{x^2}{4}+\frac{y^2}{16}=1$이다.

이때, 직선 OA가 y축의 양의 방향과 이루는 각의 크기가 45°이므로 x축의 양의 방향과 이루는 각의 크기도 45°이다.

따라서 원점을 지나고 기울기가 1인 직선 OA의 방정식은 $y=x$이다.

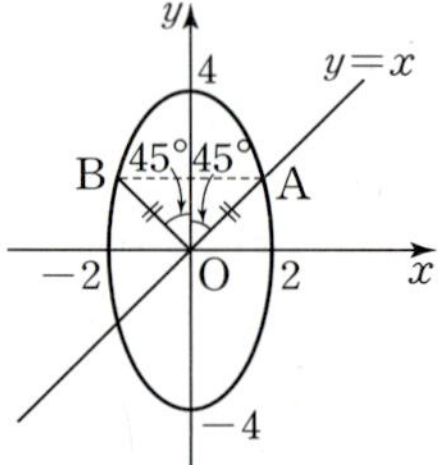

점 A는 타원 $\frac{x^2}{4}+\frac{y^2}{16}=1$과 직선 $y=x$의 교점 중 제1사분면 위의 점이므로

$\frac{x^2}{4}+\frac{x^2}{16}=1,\ 4x^2+x^2=16,\ x^2=\frac{16}{5}$

$\therefore x=\frac{4\sqrt{5}}{5}\ (\because x>0)$

따라서 $A\left(\frac{4\sqrt{5}}{5}, \frac{4\sqrt{5}}{5}\right)$이므로 $\overline{OA}=\frac{4\sqrt{10}}{5}$

이때, 타원 $\frac{x^2}{4}+\frac{y^2}{16}=1$은 y축에 대하여 대칭이므로

$\overline{OB}=\overline{OA}=\frac{4\sqrt{10}}{5}$

$\therefore \overline{OA}+\overline{OB}=\frac{4\sqrt{10}}{5}+\frac{4\sqrt{10}}{5}=\frac{8\sqrt{10}}{5}$

116 ······ 답 ①

두 꼭짓점의 좌표가 (0, 1), (2, 0)이고 장축이 x축에 평행한 타원은 그림과 같다.

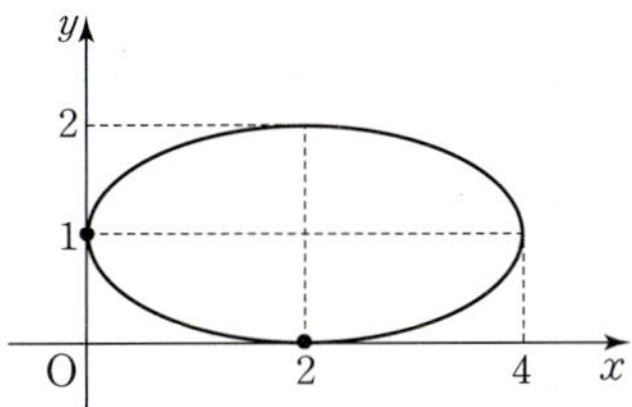

즉, 타원의 장축의 길이는 4, 단축의 길이는 2이고 중심의 좌표는 (2, 1)이므로 타원 $\frac{x^2}{4}+y^2=1$을 x축의 방향으로 2만큼, y축의 방향으로 1만큼 평행이동한 것과 같다.

$\frac{(x-2)^2}{4}+(y-1)^2=1$

$x^2+4y^2-4x-8y+4=0$

$\therefore a=4,\ b=-4,\ c=-8,\ d=4$

$\therefore a+b+c+d=4+(-4)+(-8)+4=-4$

117 ······ 답 ①

타원 C의 초점의 좌표를 $(0, -p)$, $(0, p)$라 하면

타원 C'의 초점의 좌표는 $(m, -p+n)$, $(m, p+n)$이므로

$a+b+c+d=12$에서

$m+(-p+n)+m+(p+n)=2(m+n)=12$

$\therefore m+n=6$ ······ ㉠

한편, 타원 C'의 중심이 직선 $x=-2$ 위에 있으므로 $m=-2$

$m=-2$를 ㉠에 대입하면 $n=8$

$\therefore m-n=-10$

118 ······ 답 ③

타원 $\frac{x^2}{4}+\frac{y^2}{3}=1$의 초점의 좌표는 $(-1, 0)$, $C(1, 0)$이고,

직선 $y=x+1$이 점 $(-1, 0)$을 지나므로 삼각형 ABC는 그림과 같다.

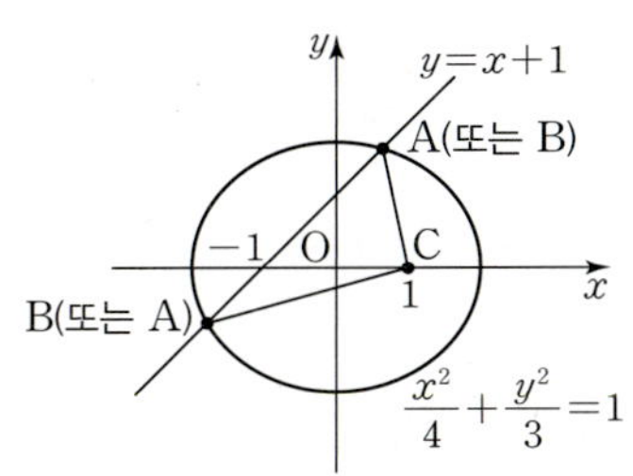

타원 $\frac{x^2}{4}+\frac{y^2}{3}=1$의 장축의 길이는 $2\times2=4$이므로

타원의 정의에 의하여 삼각형 ABC의 둘레의 길이는 $4+4=8$이다.

119 ······ 답 ①

타원 $\frac{x^2}{a^2}+\frac{y^2}{b^2}=1$의 두 초점이 $F(\sqrt{5}, 0)$, $F'(-\sqrt{5}, 0)$이므로

$a^2-b^2=5$ ······ ㉠

타원 $\frac{x^2}{a^2}+\frac{y^2}{b^2}=1$의 장축의 길이는 $2a$이므로

타원의 정의에 의하여 $\overline{AF'}+\overline{AF}=\overline{BF'}+\overline{BF}=2a$

이때, 삼각형 ABF'의 둘레의 길이가 12이므로

$2a+2a=12$에서 $a=3$

$a=3$을 ㉠에 대입하면 $b=2$

$\therefore ab=6$

120 ······ 답 22

타원 $\frac{x^2}{36}+\frac{y^2}{27}=1$의 두 초점의 좌표는 각각

$F(3, 0)$, $F'(-3, 0)$이다.

타원의 정의에 의하여 $\overline{QF}+\overline{QF'}=12$이므로

$$\begin{aligned}(\text{삼각형 PFQ의 둘레의 길이})&=\overline{PQ}+\overline{QF}+\overline{PF}\\&=\overline{PQ}+\overline{QF}+2\end{aligned}$$

$$\begin{aligned}(\text{삼각형 PFF'의 둘레의 길이})&=\overline{PF'}+\overline{PF}+\overline{FF'}\\&=\overline{PF'}+2+6=\overline{PF'}+8\end{aligned}$$

따라서 구하는 길이의 합은

$$\begin{aligned}(\overline{PQ}+\overline{QF}+2)+(\overline{PF'}+8)&=(\overline{PQ}+\overline{PF'})+\overline{QF}+10\\&=\overline{QF'}+\overline{QF}+10\\&=12+10=22\end{aligned}$$

121 ······ 답 ④

타원 $\frac{x^2}{25}+\frac{y^2}{9}=1$에서 타원의 정의에 의하여

$\overline{PF}+\overline{PF'}=10$ ······ ㉠

두 초점 F, F'의 좌표는 각각 $(4, 0)$, $(-4, 0)$이므로

$\overline{FF'}=8$ ······ ㉡

직각삼각형 FPF'에서

$\overline{PF}^2+\overline{PF'}^2=\overline{FF'}^2=64\ (\because ㉡)$ ······ ㉢

㉠, ㉢에 의하여

$$\begin{aligned}\overline{PF}\times\overline{PF'}&=\frac{(\overline{PF}+\overline{PF'})^2-(\overline{PF}^2+\overline{PF'}^2)}{2}\\&=\frac{10^2-64}{2}=18\end{aligned}$$

$$\begin{aligned}\therefore (\text{삼각형 FPF'의 넓이})&=\frac{1}{2}\times(\overline{PF}\times\overline{PF'})\\&=\frac{1}{2}\times18=9\end{aligned}$$

122 ······ 답 ②

$\overline{PF'}+\overline{PF}=100$ ······ ㉠

점 P가 단축 위의 꼭짓점에 위치할 때, 삼각형 PFF′의 넓이가 최대이므로 $\overline{PF'}=\overline{PF}$에서 $\overline{PF}=50$ (∵ ㉠)

이때, 타원의 중심 O에 대하여 $\overline{OF}=\frac{1}{2}\times\overline{FF'}=40$이므로

직각삼각형 POF에서 $\overline{PO}=30$이다.

따라서 삼각형 PFF′의 넓이의 최댓값은

$\frac{1}{2}\times\overline{FF'}\times\overline{PO}=\frac{1}{2}\times 80\times 30=1200(\mathrm{m}^2)$이다.

다른 풀이

타원의 중심이 원점이 되도록 좌표평면 위에 놓으면

타원의 정의에 의하여 장축의 길이가 $100=2\times 50$이고,

두 초점 F, F′의 좌표는 각각 (40, 0), (−40, 0)이므로

타원의 방정식은 $\frac{x^2}{50^2}+\frac{y^2}{30^2}=1$이다.

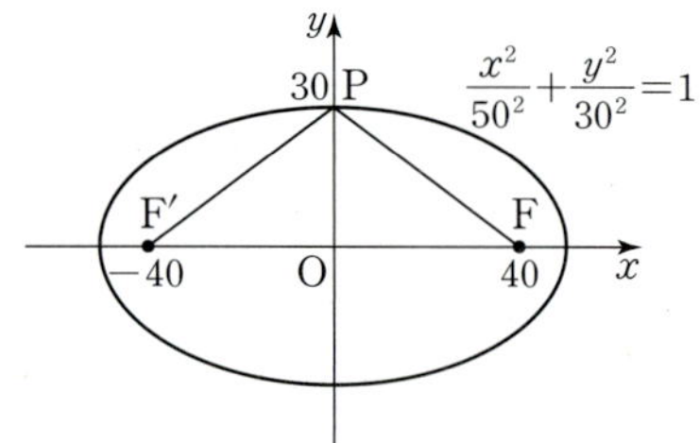

따라서 삼각형 PFF′의 넓이는 점 P의 좌표가 (0, 30)일 때 최댓값

$\frac{1}{2}\times 80\times 30=1200(\mathrm{m}^2)$를 갖는다.

123 ······ 답 ④

타원 $\frac{x^2}{16}+\frac{y^2}{7}=1$의 장축의 길이는 $2\times 4=8$이므로

타원의 정의에 의하여 $\overline{FP}+\overline{F'P}=8$

이때, $\overline{FP}>0$, $\overline{F'P}>0$이므로

산술평균과 기하평균의 관계에 의하여

$8=\overline{FP}+\overline{F'P}\geq 2\sqrt{\overline{FP}\times\overline{F'P}}$ (단, 등호는 $\overline{FP}=\overline{F'P}$일 때 성립)

즉, $\overline{FP}\times\overline{F'P}\leq 16$

따라서 $\overline{FP}\times\overline{F'P}$의 최댓값은 16이다.

124 ······ 답 ①

타원의 정의에 의하여 $\overline{PF}+\overline{PF'}=8$

이때, 코시−슈바르츠의 부등식에 의하여

$(1^2+1^2)\times(\overline{PF}^2+\overline{PF'}^2)\geq(\overline{PF}+\overline{PF'})^2=8^2$

$\overline{PF}^2+\overline{PF'}^2\geq 32$

따라서 $\overline{PF}^2+\overline{PF'}^2$의 최솟값은 32이다.

125 ······ 답 ⑤

타원 $\frac{x^2}{a^2}+\frac{y^2}{b^2}=1$에서 타원의 정의에 의하여 $\overline{AF}+\overline{AF'}=2a$이고

삼각형 AFF′이 정삼각형이므로 $\overline{AF}=\overline{AF'}=a$이다.

원점 O에 대하여

직각삼각형 AOF에서 ∠AFO=60°이므로

$b=\overline{AO}=\overline{AF}\sin 60°=\frac{\sqrt{3}}{2}a$

$\therefore \frac{b}{a}=\frac{\sqrt{3}}{2}$

참고

정삼각형 ABC의 무게중심은 원점 O가 아니다. 주어진 그림만으로 원점 O가 무게중심이라 생각하지 않도록 주의하자.

126 ······ 답 ④

타원 $\frac{x^2}{49}+\frac{y^2}{20}=1$의 장축의 길이는 $2\times 7=14$이고

타원은 y축에 대하여 대칭이므로 $\overline{F'P_1}=\overline{FP_4}$, $\overline{F'P_2}=\overline{FP_3}$

타원의 정의에 의하여 $\overline{FP_1}+\overline{F'P_1}=\overline{FP_2}+\overline{F'P_2}=14$이므로

$$\begin{aligned}\overline{FP_1}+\overline{FP_2}+\overline{FP_3}+\overline{FP_4}&=\overline{FP_1}+\overline{FP_2}+\overline{F'P_2}+\overline{F'P_1}\\&=(\overline{FP_1}+\overline{F'P_1})+(\overline{FP_2}+\overline{F'P_2})\\&=14+14=28\end{aligned}$$

127 ······ 답 ④

타원 $\frac{x^2}{8}+\frac{y^2}{24}=1$의 장축의 길이는 $2\times 2\sqrt{6}=4\sqrt{6}$이고

타원은 y축에 대하여 대칭이므로 $\overline{FQ_1}=\overline{FP_1}$, $\overline{FQ_2}=\overline{FP_2}$

타원의 정의에 의하여 $\overline{FP_1}+\overline{F'P_1}=\overline{FP_2}+\overline{F'P_2}=4\sqrt{6}$이므로

$$\begin{aligned}\overline{F'P_1}+\overline{F'P_2}+\overline{FQ_1}+\overline{FQ_2}&=\overline{F'P_1}+\overline{F'P_2}+\overline{FP_1}+\overline{FP_2}\\&=(\overline{FP_1}+\overline{F'P_1})+(\overline{FP_2}+\overline{F'P_2})\\&=4\sqrt{6}+4\sqrt{6}=8\sqrt{6}\end{aligned}$$

128 ······ 답 ②

타원의 정의에 의하여

$\overline{AF}+\overline{AF_1}=\overline{BF}+\overline{BF_1}=4$, $\overline{AF}+\overline{AF_2}=\overline{BF}+\overline{BF_2}=6$

이때, 사각형 AF_1BF_2의 둘레의 길이가 12이므로

$\overline{AF_1}+\overline{BF_1}+\overline{AF_2}+\overline{BF_2}$

$=(4-\overline{AF})+(4-\overline{BF})+(6-\overline{AF})+(6-\overline{BF})$

$=20-2(\overline{AF}+\overline{BF})=12$

$\therefore \overline{AF}+\overline{BF}=4$

129 ······ 답 ④

타원의 정의에 의하여

$\overline{PF}+\overline{PF_1}=\overline{QF}+\overline{QF_1}=8$, $\overline{PF}+\overline{PF_2}=\overline{QF}+\overline{QF_2}=14$

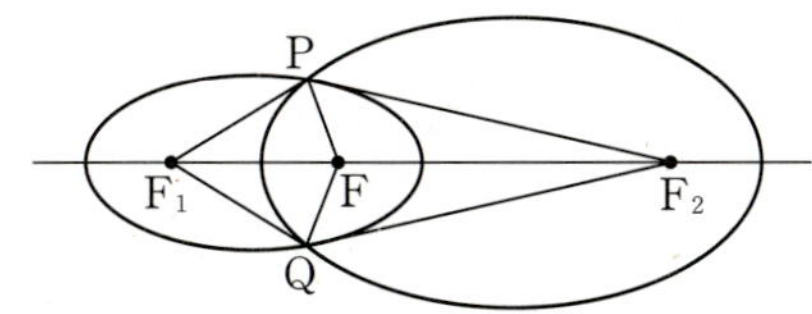

$|\overline{PF_1}-\overline{PF_2}|=|(8-\overline{PF})-(14-\overline{PF})|=6$

$|\overline{QF_1}-\overline{QF_2}|=|(8-\overline{QF})-(14-\overline{QF})|=6$

$\therefore |\overline{PF_1}-\overline{PF_2}|+|\overline{QF_1}-\overline{QF_2}|=12$

130 ······ 답 ④

$\dfrac{x^2}{a^2}+\dfrac{y^2}{b^2}=1$에서 타원의 정의에 의하여

$\overline{AF}+\overline{AF'}=2a$, $\overline{BF}+\overline{BF'}=2a$

이때, 직사각형 AFBF′의 둘레의 길이는 24이므로

$2a+2a=24$, $a=6$

두 초점 F, F′의 좌표는 각각 $(\sqrt{36-b^2}, 0)$, $(-\sqrt{36-b^2}, 0)$이므로

$\overline{FF'}=2\sqrt{36-b^2}$ ······ ㉠

직각삼각형 FAF′에서

$\overline{AF}^2+\overline{AF'}^2=\overline{FF'}^2=4(36-b^2)$ (∵ ㉠)

한편, 직사각형 AFBF′의 넓이가 32이므로

$\overline{AF}\times\overline{AF'}=\dfrac{(\overline{AF}+\overline{AF'})^2-(\overline{AF}^2+\overline{AF'}^2)}{2}$

$=\dfrac{12^2-4(36-b^2)}{2}=32$

$b^2=16$, $b=4$

$\therefore a+b=6+4=10$

131 ······ 답 ②

$\overline{FP}=9$이고 타원의 정의에 의하여 $\overline{FP}+\overline{F'P}=14$이므로 $\overline{F'P}=5$

직각삼각형 PHF에서 $\overline{FH}=6\sqrt{2}$이므로 피타고라스 정리에 의하여

$\overline{PH}=\sqrt{9^2-(6\sqrt{2})^2}=3$

직각삼각형 FHF′에서 $\overline{HF'}=2$이므로 피타고라스 정리에 의하여

$\overline{FF'}=\sqrt{(6\sqrt{2})^2+2^2}=2\sqrt{19}$

따라서 원점 O에 대하여 $\overline{OF}=\sqrt{19}$이므로 $49-a=19$

$\therefore a=30$

132 ······ 답 ②

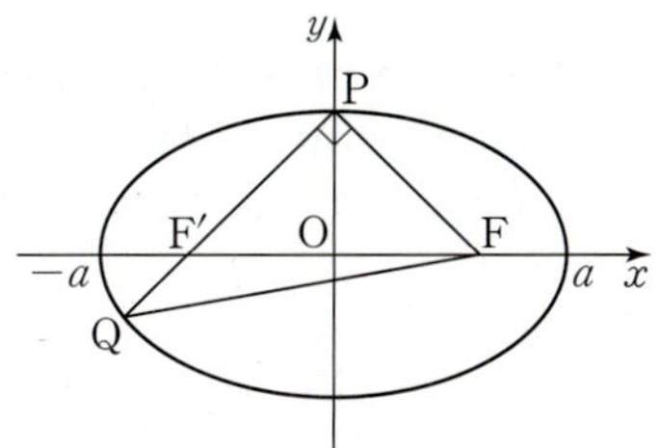

타원의 장축의 길이를 $2a$ $(a>0)$이라 하면

타원의 정의에 의하여 $\overline{FP}+\overline{F'P}=2a$, $\overline{FQ}+\overline{F'Q}=2a$이다.

이때, 삼각형 FPQ의 둘레의 길이가 $12\sqrt{2}$이므로

$\overline{FP}+\overline{PQ}+\overline{FQ}=\overline{FP}+(\overline{F'P}+\overline{F'Q})+\overline{FQ}$

$=(\overline{FP}+\overline{F'P})+(\overline{F'Q}+\overline{FQ})$

$=2a+2a$

$=4a=12\sqrt{2}$

$\therefore a=3\sqrt{2}$

따라서 $\overline{FQ}+\overline{F'Q}=6\sqrt{2}$에서 $\overline{F'Q}=k$라 하면 $\overline{FQ}=6\sqrt{2}-k$이고

직각이등변삼각형 PFF′에서 $\overline{FP}=\overline{F'P}=3\sqrt{2}$이므로

직각삼각형 FPQ에서 피타고라스 정리에 의하여

$(3\sqrt{2}+k)^2+(3\sqrt{2})^2=(6\sqrt{2}-k)^2$

$k^2+6\sqrt{2}k+18+18=k^2-12\sqrt{2}k+72$, $18\sqrt{2}k=36$

$\therefore k=\sqrt{2}$

$\therefore$ (직각삼각형 FPQ의 넓이) $=\dfrac{1}{2}\times\overline{PQ}\times\overline{FP}$

$=\dfrac{1}{2}\times4\sqrt{2}\times3\sqrt{2}=12$

133 ······ 답 105

타원 $\dfrac{x^2}{25}+\dfrac{y^2}{9}=1$의 두 초점 F, F′의 좌표는 각각

$(4, 0)$, $(-4, 0)$이다.

타원의 정의에 의하여 $\overline{FP}+\overline{F'P}=10$이므로

$\overline{AP}-\overline{FP}=\overline{AP}-(10-\overline{F'P})$

$=\overline{AP}+\overline{F'P}-10$

$\geq\overline{AF'}-10$

$\overline{AP}-\overline{FP}$의 최솟값이 1이므로 $\overline{AF'}-10=1$

$\therefore \overline{AF'}=11$

즉, $\sqrt{4^2+a^2}=11$에서

$16+a^2=121$

$\therefore a^2=105$

134 ······ 답 ③

두 점 A, B의 좌표를 각각 $(a, 0)$, $(0, b)$라 하면 $\overline{AB}=4$이므로

$a^2+b^2=16$ ······ ㉠

점 P의 좌표를 (x, y)라 하면

선분 AB를 1 : 3으로 내분하는 점의 좌표가 $\left(\dfrac{3a}{4}, \dfrac{b}{4}\right)$이므로

$x=\dfrac{3a}{4}$, $y=\dfrac{b}{4}$에서 $a=\dfrac{4}{3}x$, $b=4y$

이를 ㉠에 대입하면 $\left(\dfrac{4}{3}x\right)^2+(4y)^2=16$

$\therefore \dfrac{x^2}{9}+y^2=1$

135 ······ 답 ③

그림에서 선분 AP의 수직이등분선 l과 선분 AP의 교점을 M이라 하자.

(i) 점 P가 직선 OA 위에 있지 않을 때,

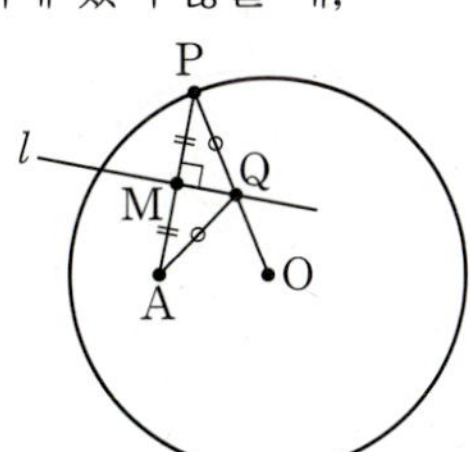

두 삼각형 PMQ, AMQ는 서로 합동이므로

$\overline{PQ}=\boxed{\overline{AQ}}$이다. 따라서

$\overline{OP}=\overline{OQ}+\overline{QP}$

$=\overline{OQ}+\boxed{\overline{AQ}}=r$

(ii) 점 P가 직선 OA 위에 있을 때,

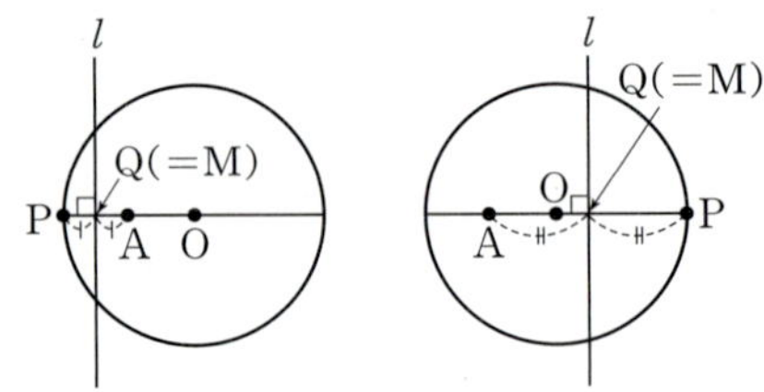

점 Q는 점 M이므로 $\overline{PQ}=\overline{AQ}$이다.

따라서 $\overline{OP}=\overline{OQ}+\overline{QP}=\overline{OQ}+\boxed{\overline{AQ}}=r$

(i), (ii)에 의하여 점 Q의 자취는 초점이 두 점 O, $\boxed{\text{A}}$이고, 장축의 길이가 $\boxed{r}$인 타원이다.

(가) $\overline{AQ}$, (나) A, (다) r

따라서 선지 중 알맞은 것을 차례대로 나열한 것은 ③이다.

136 ·· 답 ⑤

점 Q를 지나고 직선 AP에 평행한 직선과 x축의 교점을 B라 하자.
동위각으로 $\angle$OQB$=\angle$OPA이고, 엇각으로
$\angle$AQB$=\angle$QAP이므로 삼각형 APQ는 $\overline{QA}=\overline{QP}$인 이등변삼각형이다.

이때, $\overline{OQ}+\overline{QA}=\overline{OQ}+\overline{QP}=\overline{OP}=6$이므로 점 Q는 두 점 O, A를 초점으로 하고 장축의 길이가 6인 타원 위의 점이다.

이 타원의 두 초점이 모두 x축 위에 있고, 선분 OA의 중점의 좌표는 (2, 0)이므로 타원의 방정식은

$\frac{(x-2)^2}{9}+\frac{y^2}{5}=1$

따라서 선지 중 집합의 포함 관계로 옳은 것은 ⑤이다.

참고

문제의 조건에서 점 P의 y좌표는 0이 아니므로 집합 X는 두 점 $(-1,\ 0)$, $(5,\ 0)$을 제외한 타원 $\frac{(x-2)^2}{9}+\frac{y^2}{5}=1$ 위의 모든 점을 원소로 갖는다.

137 ·· 답 ⑤

ㄱ. 점 A를 지나고 원 $x^2+y^2=16$에 내접하는 원과 원 $x^2+y^2=16$의 접점을 Q라 하면

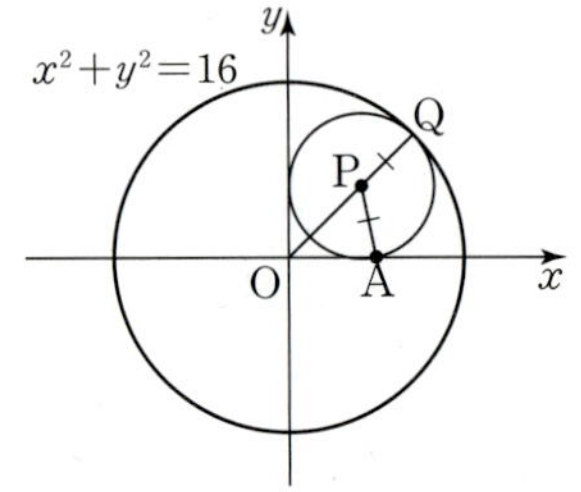

$\overline{AP}=\overline{PQ}$이므로 $\overline{AP}+\overline{PO}=\overline{PQ}+\overline{PO}=\overline{OQ}=4$ (참)

ㄴ. ㄱ에서 점 P는 초점이 두 점 O, A(2, 0)이고 장축의 길이가 4인 타원 위의 점이다.

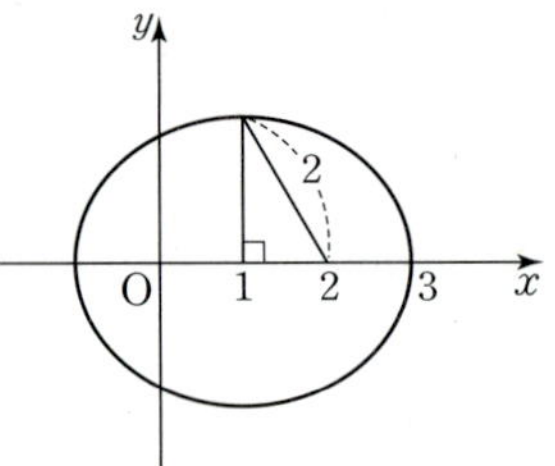

점 P가 나타내는 타원의 중심의 좌표는 (1, 0)이므로
단축의 길이는 $2\times\sqrt{2^2-1^2}=2\sqrt{3}$이다. (참)

ㄷ. ㄴ에서 점 P가 나타내는 도형은 타원 $\frac{x^2}{4}+\frac{y^2}{3}=1$을 x축의 방향으로 1만큼 평행이동한 것이다.

$\therefore\ \frac{(x-1)^2}{4}+\frac{y^2}{3}=1,\ 3(x-1)^2+4y^2=12$ (참)

따라서 옳은 것은 ㄱ, ㄴ, ㄷ이다.

138 ·· 답 ⑤

원 $x^2+(y-1)^2=1$의 중심을 A(0, 1),
원 $x^2+(y+1)^2=25$의 중심을 B(0, -1)이라 하고
주어진 조건을 만족시키는 점 P가 중심인 원 C의 반지름의 길이를 r라 하면 그림과 같다.

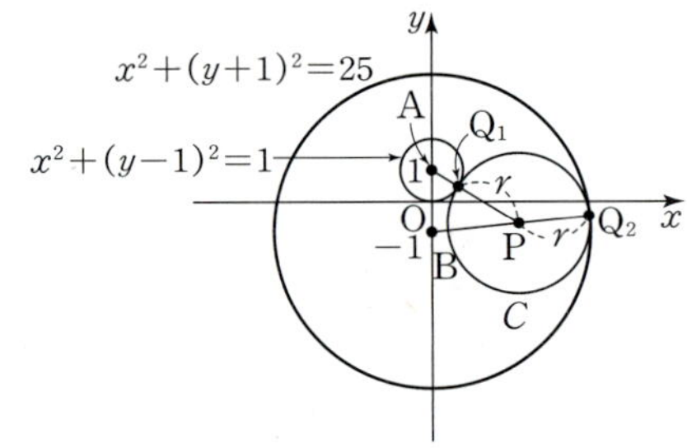

원 C와 원 $x^2+(y-1)^2=1$의 접점을 Q_1이라 하면
$\overline{AP}=r+1$

원 C와 원 $x^2+(y+1)^2=25$의 접점을 Q_2라 하면
$\overline{BP}=5-r$

따라서 $\overline{AP}+\overline{BP}=(r+1)+(5-r)=6$으로 일정하므로
점 P가 나타내는 도형은 두 점 A(0, 1), B(0, -1)을 초점으로 하고 장축의 길이가 6인 타원이다.

$\therefore\ \frac{x^2}{8}+\frac{y^2}{9}=1,\ 9x^2+8y^2=72$

139 ·· 답 ⑤

타원 $x^2+\frac{y^2}{p^2}=1$의 두 초점의 좌표는 $(0,\ \sqrt{p^2-1})$, $(0,\ -\sqrt{p^2-1})$

포물선 $y^2=16x$의 초점의 좌표는 (4, 0)

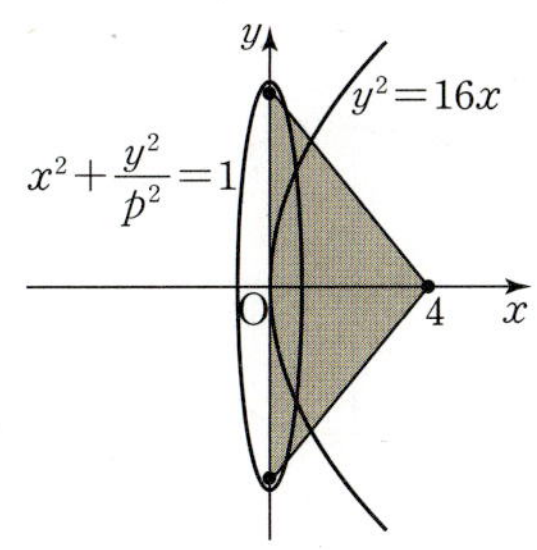

이때, 세 초점을 꼭짓점으로 하는 삼각형의 넓이가 20이므로

$\frac{1}{2}\times 2\sqrt{p^2-1}\times 4=20$

$\sqrt{p^2-1}=5$, $p^2-1=25$

$\therefore p^2=26$

140 ······ 답 ③

점 A의 좌표를 (p, q)라 하자.

타원 $\frac{x^2}{16}+\frac{y^2}{7}=1$의 두 초점 F, F′의 좌표는 각각

$(3, 0)$, $(-3, 0)$이므로 $\overline{\mathrm{FF'}}=6$

따라서 직각삼각형 FAF′에서 피타고라스 정리에 의하여

$\overline{\mathrm{AF}}^2+\overline{\mathrm{AF'}}^2=36$

타원의 정의에 의하여 $\overline{\mathrm{AF}}+\overline{\mathrm{AF'}}=8$

$(\overline{\mathrm{AF}}+\overline{\mathrm{AF'}})^2=\overline{\mathrm{AF}}^2+\overline{\mathrm{AF'}}^2+2\times\overline{\mathrm{AF}}\times\overline{\mathrm{AF'}}$

$8^2=36+2\times\overline{\mathrm{AF}}\times\overline{\mathrm{AF'}}$

$\overline{\mathrm{AF}}\times\overline{\mathrm{AF'}}=14$

$\therefore$ (삼각형 AFF′의 넓이)$=\frac{1}{2}\times\overline{\mathrm{AF}}\times\overline{\mathrm{AF'}}=7$

141 ······ 답 ⑤

포물선 $y^2=8x$의 초점을 F라 하면 F$(2, 0)$이고

준선의 방정식은 $x=-2$이다.

이때, 타원 $\frac{x^2}{16}+\frac{y^2}{12}=1$의 초점의 좌표는 B$(-2, 0)$, F$(2, 0)$이다.

포물선의 정의에 의하여 $\overline{\mathrm{AH}}=\overline{\mathrm{AF}}$이고

타원의 정의에 의하여 $\overline{\mathrm{AB}}+\overline{\mathrm{AF}}=8$이므로

$\overline{\mathrm{AB}}+\overline{\mathrm{AH}}=\overline{\mathrm{AB}}+\overline{\mathrm{AF}}=8$

142 ······ 답 ④

타원 $\frac{x^2}{12}+\frac{y^2}{3}=1$의 두 초점 F, F′의 좌표는 각각 $(3, 0)$, $(-3, 0)$

따라서 포물선의 초점 F의 좌표가 $(3, 0)$이므로 $k=12$

포물선의 정의에 의하여 $\overline{\mathrm{PH}}=\overline{\mathrm{PF}}$이고

타원의 정의에 의하여 $\overline{\mathrm{PF'}}+\overline{\mathrm{PF}}=4\sqrt{3}$이므로

$k(\overline{\mathrm{PF'}}+\overline{\mathrm{PH}})=k(\overline{\mathrm{PF'}}+\overline{\mathrm{PF}})$

$=12\times 4\sqrt{3}=48\sqrt{3}$

143 ······ 답 103

그림과 같이 선분 PQ의 중점을 R라 하면 타원은 x축에 대하여 대칭이므로 점 R는 x축 위의 점이고,

$\overline{\mathrm{PQ}}=2\sqrt{10}$에서 $\overline{\mathrm{PR}}=\sqrt{10}$이다.

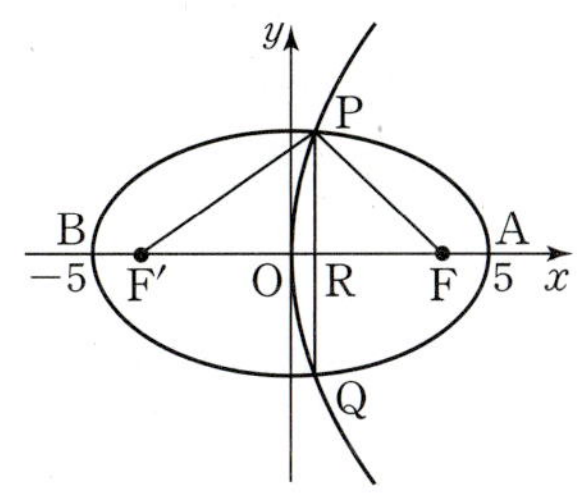

이때, $\overline{\mathrm{PF}}=a$라 하면 타원의 정의에 의하여 $\overline{\mathrm{PF}}+\overline{\mathrm{PF'}}=10$이므로

$\overline{\mathrm{PF'}}=10-a$이고, 포물선의 준선은 y축과 평행하고 점 F′을 지나는 직선이므로 포물선의 정의에 의하여

$\overline{\mathrm{PF}}=\overline{\mathrm{F'R}}$이다.

따라서 삼각형 PRF′에서 피타고라스 정리에 의하여

$(10-a)^2=a^2+\sqrt{10}^2$

$20a=90 \qquad \therefore a=\frac{9}{2}$

$\therefore \overline{\mathrm{PF}}\times\overline{\mathrm{PF'}}=a\times(10-a)=\frac{9}{2}\times\frac{11}{2}=\frac{99}{4}$

따라서 $p=4$, $q=99$이므로

$p+q=4+99=103$

144 ······ 답 ④

$\overline{\mathrm{FF'}}=2c$, $\overline{\mathrm{FP}}=c$이고 타원의 정의에 의하여 $\overline{\mathrm{PF'}}=4-c$이다.

따라서 직각삼각형 FPF′에서 피타고라스 정리에 의하여

$(4-c)^2+c^2=4c^2$, $c^2+4c-8=0$

$\therefore c=-2+2\sqrt{3}$ ($\because c>0$)

다른 풀이

$\overline{\mathrm{PF}}:\overline{\mathrm{FF'}}=1:2$이므로 직각삼각형 FPF′에서

$\angle\mathrm{FF'P}=30^\circ$

즉, $\overline{\mathrm{PF}}:\overline{\mathrm{PF'}}=1:\sqrt{3}$

이때, 타원의 정의에 의하여

$\overline{\mathrm{PF}}+\overline{\mathrm{PF'}}=(1+\sqrt{3})\times\overline{\mathrm{PF}}=4$

$\therefore c=\overline{\mathrm{PF}}=\frac{4}{1+\sqrt{3}}=2\sqrt{3}-2$

145 ······ 답 ④

타원의 장축의 길이가 10이고 단축의 길이가 6이므로 타원의 두 초점 사이의 거리는

$\overline{\mathrm{FF'}}=2\sqrt{5^2-3^2}=8$

점 P는 중심이 F이고 점 F′을 지나는 원 위의 점이므로

$\overline{\mathrm{FP}}=\overline{\mathrm{FF'}}=8$

또한 타원의 정의에 의하여

$\overline{\mathrm{FP}}+\overline{\mathrm{F'P}}=10$이므로 $\overline{\mathrm{F'P}}=2$이다.

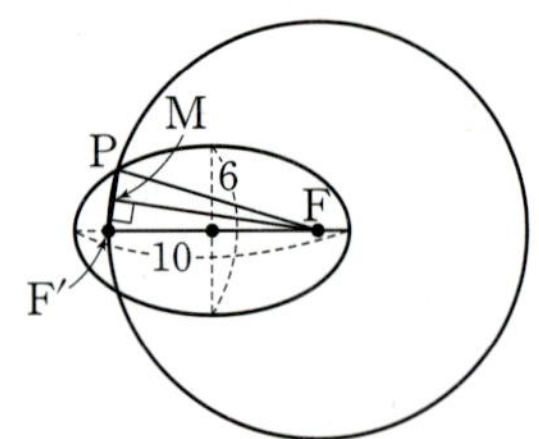

이때, 삼각형 PFF′은 이등변삼각형이므로 선분 F′P의 중점을 M이라 하면 피타고라스 정리에 의하여

$\overline{\mathrm{FM}}=\sqrt{8^2-1^2}=3\sqrt{7}$

$\therefore$ (삼각형 PFF′의 넓이) $=\frac{1}{2}\times\overline{\mathrm{F'P}}\times\overline{\mathrm{FM}}$

$=\frac{1}{2}\times2\times3\sqrt{7}$

$=3\sqrt{7}$

다른 풀이

그림과 같이 주어진 타원을 장축이 x축, 단축이 y축에 오도록 좌표평면 위에 놓으면 타원의 장축의 길이가 10이고 단축의 길이가 6이므로 타원의 방정식은

$\frac{x^2}{25}+\frac{y^2}{9}=1$ …… ㉠

이때, 이 타원의 두 초점 F, F′의 좌표는 각각 $(4,\ 0)$, $(-4,\ 0)$이므로 중심이 F이고 점 F′을 지나는 원의 방정식은

$(x-4)^2+y^2=64$ …… ㉡

㉡에서 $y^2=64-(x-4)^2$을 ㉠에 대입하면

$\frac{x^2}{25}+\frac{64-(x-4)^2}{9}=1$

$9x^2-25x^2+200x+1200=225$

$16x^2-200x-975=0$

$(4x+15)(4x-65)=0$

이때, $-5\le x\le5$이므로 $x=-\frac{15}{4}$

$x=-\frac{15}{4}$를 ㉠에 대입하면

$\frac{\frac{225}{16}}{25}+\frac{y^2}{9}=1,\ \frac{y^2}{9}=\frac{7}{16}$

$\therefore y=\pm\frac{3\sqrt{7}}{4}$

$\therefore$ (삼각형 PFF′의 넓이) $=\frac{1}{2}\times8\times\frac{3\sqrt{7}}{4}=3\sqrt{7}$

146 ······ 답 ②

원점을 O라 하고, 원 위의 점 P에서의 접선이 x축과 만나는 점을 A라 하면 직각삼각형 OPA에서

$\angle\mathrm{POA}=90^\circ-\angle\mathrm{OAP}=90^\circ-30^\circ=60^\circ$이므로

$\overline{\mathrm{OP}}=\overline{\mathrm{OF}}=6$인 이등변삼각형 OPF에서

$\angle\mathrm{OPF}=\angle\mathrm{OFP}=60^\circ$이다.

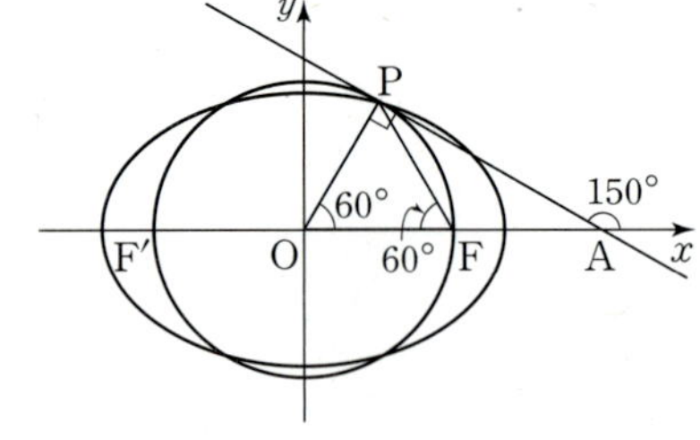

따라서 삼각형 OPF는 한 변의 길이가 6인 정삼각형이므로

$\overline{\mathrm{PF}}=6$이고,

직각삼각형 FPF′에서 $\overline{\mathrm{PF'}}=\overline{\mathrm{FF'}}\sin60^\circ=6\sqrt{3}$이므로

타원의 정의에 의하여 타원의 장축의 길이는

$\overline{\mathrm{PF}}+\overline{\mathrm{PF'}}=6+6\sqrt{3}$이다.

147 ······ 답 풀이 참조

$a=2$일 때 직선 $y=-x+2$는 그림과 같이 타원과 두 점에서 만난다.

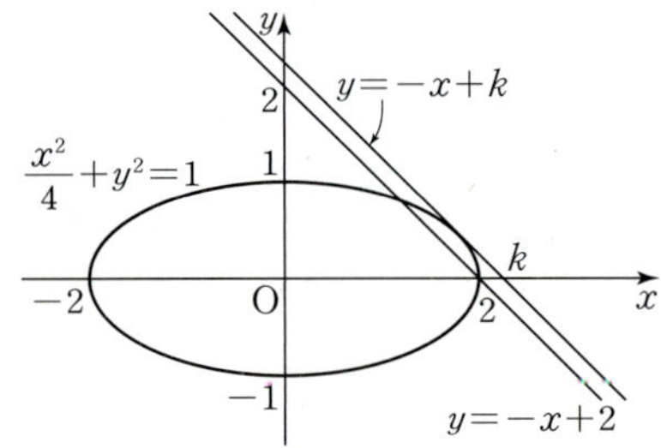

직선 $y=-x+a$가 타원과 접할 때의 a의 값을 k라 하면

직선 $y=-x+a$가 타원과 만나지 않기 위해서는 $a>k$이어야 한다.

이를 바르게 풀면 다음과 같다.

$\frac{x^2}{4}+y^2=1$에 $y=-x+a$를 대입하면

$\frac{x^2}{4}+(-x+a)^2=1,\ 5x^2-8ax+4a^2-4=0$

이 이차방정식의 판별식을 D라 하면

$\frac{D}{4}=16a^2-5(4a^2-4)<0$

$a^2>5$에서 $a>\sqrt{5}$ ($\because a>0$)

따라서 양수 a의 값의 범위는 $a>\sqrt{5}$이다.

채점 요소	배점
잘못된 부분 찾기	50 %
바르게 풀이하기	50 %

148 ······ 답 ②

타원 $\frac{x^2}{6}+\frac{y^2}{3}=1$에 접하고 기울기가 1인 직선의 방정식은

$y=x\pm\sqrt{6\times1^2+3}$

즉, $y=x+3$ 또는 $y=x-3$이다.

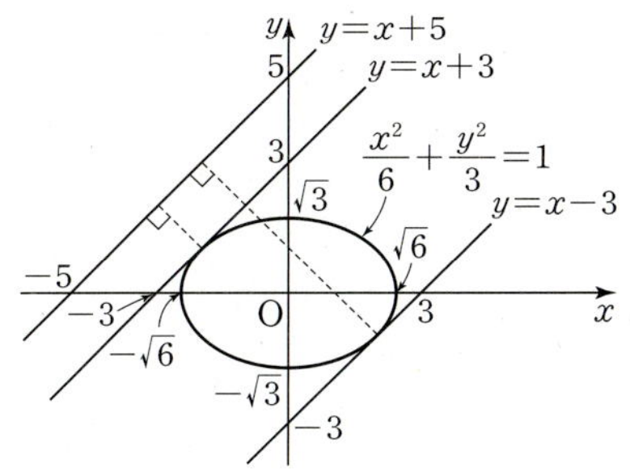

M의 값은 두 직선 $y=x+5$, $y=x-3$ 사이의 거리와 같으므로

$M=\frac{|1\times0+(-1)\times5-3|}{\sqrt{1^2+(-1)^2}}=4\sqrt{2}$

m의 값은 두 직선 $y=x+5$, $y=x+3$ 사이의 거리와 같으므로

$m=\frac{|1\times0+(-1)\times5+3|}{\sqrt{1^2+(-1)^2}}=\sqrt{2}$

$\therefore M+m=4\sqrt{2}+\sqrt{2}=5\sqrt{2}$

149

답 ④

타원 $\frac{x^2}{4}+y^2=1$의 초점 F의 좌표는 $(\sqrt{3},\ 0)$이므로

직선 AF의 기울기는 $-\frac{1}{\sqrt{3}}$이다.

이때, 삼각형 AFP의 넓이가 최대이기 위해선

점 P에서의 접선의 기울기가 $-\frac{1}{\sqrt{3}}$이고 y절편이 음수인 경우이다.

즉, $y=-\frac{1}{\sqrt{3}}x-\sqrt{4\times\left(-\frac{1}{\sqrt{3}}\right)^2+1}$에서

$y=-\frac{1}{\sqrt{3}}x-\frac{\sqrt{7}}{\sqrt{3}}$, $x+\sqrt{3}y+\sqrt{7}=0$

점 A(0, 1)과 직선 $x+\sqrt{3}y+\sqrt{7}=0$ 사이의 거리는

$\frac{|0+\sqrt{3}+\sqrt{7}|}{\sqrt{1+3}}=\frac{\sqrt{3}+\sqrt{7}}{2}$이고 $\overline{AF}=2$이므로

삼각형 AFP의 넓이의 최댓값은

$\frac{1}{2}\times\frac{\sqrt{3}+\sqrt{7}}{2}\times2=\frac{\sqrt{7}+\sqrt{3}}{2}$이다.

150

답 ④

$3x+2y=k$ (k는 상수)라 하면

직선 $y=-\frac{3}{2}x+\frac{k}{2}$가 타원 $3x^2+4y^2=12$에 접하고 y절편이

양수일 때 k가 최댓값을 갖는다.

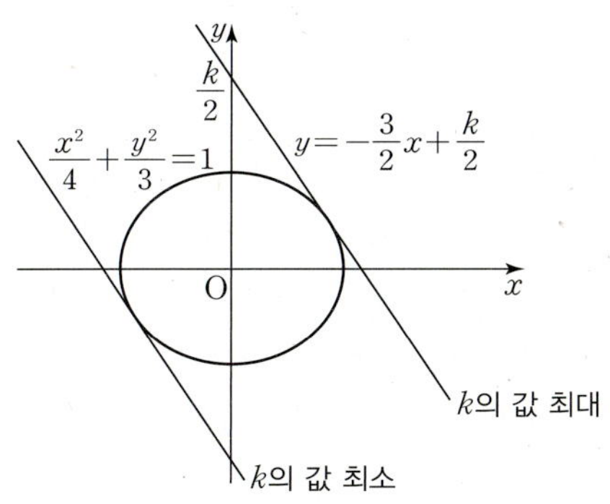

타원 $3x^2+4y^2=12$, 즉 $\frac{x^2}{4}+\frac{y^2}{3}=1$에 접하고 기울기가 $-\frac{3}{2}$,

y절편이 양수인 직선의 방정식은

$y=-\frac{3}{2}x+\sqrt{4\times\left(-\frac{3}{2}\right)^2+3}$에서 $y=-\frac{3}{2}x+2\sqrt{3}$

따라서 k의 최댓값은 $\frac{k}{2}=2\sqrt{3}$, $k=4\sqrt{3}$이다.

151

답 ①

교점의 좌표를 $(a,\ b)$라 하자.

포물선 $y^2=8x$ 위의 점 $(a,\ b)$에서의 접선의 방정식은

$by=4(x+a)$이므로 그 기울기는 $\frac{4}{b}$

타원 $x^2+\frac{y^2}{k}=1$ 위의 점 $(a,\ b)$에서의 접선의 방정식은

$ax+\frac{by}{k}=1$이므로 기울기는 $-\frac{ak}{b}$이고

두 직선은 서로 수직이므로 $\frac{4}{b}\times\left(-\frac{ak}{b}\right)=-1$

$4ak=b^2$ …… ㉠

한편, 점 $(a,\ b)$는 포물선 $y^2=8x$ 위의 점이므로

$b^2=8a$ …… ㉡

㉠, ㉡에서 $4ak=8a$

$\therefore k=2$

152

답 ④

타원 $x^2+8y^2=12$ 위의

점 A$(-2,\ 1)$에서의 접선의 방정식은

$-2x+8y=12$, $-x+4y=6$ …… ㉠

점 B(2, 1)에서의 접선의 방정식은

$2x+8y=12$, $x+4y=6$ …… ㉡

㉠, ㉡을 연립하여 풀면 $x=0$, $y=\frac{3}{2}$이므로 $C\left(0,\ \frac{3}{2}\right)$

$\therefore$ (삼각형 ABC의 넓이)$=\frac{1}{2}\times|2-(-2)|\times\left|\frac{3}{2}-1\right|=1$

153

답 ④

타원 $\frac{x^2}{8}+\frac{y^2}{4}=1$ 위의 제1사분면에 있는 점 $P(a,\ b)$에서의 접선의

방정식은 $\frac{ax}{8}+\frac{by}{4}=1$이므로

$A\left(\frac{8}{a},\ 0\right)$, $B\left(0,\ \frac{4}{b}\right)$

따라서 삼각형 AOB의 넓이 S는

$S=\frac{1}{2}\times\frac{8}{a}\times\frac{4}{b}=\frac{16}{ab}$ …… ㉠

한편, 점 $P(a,\ b)$는 타원 $\frac{x^2}{8}+\frac{y^2}{4}=1$ 위의 점이므로 $\frac{a^2}{8}+\frac{b^2}{4}=1$

이때, $a^2\geq0$, $b^2\geq0$이므로 산술평균과 기하평균의 관계에 의하여

$1=\frac{a^2}{8}+\frac{b^2}{4}\geq 2\sqrt{\frac{a^2}{8}\times\frac{b^2}{4}}=\frac{ab}{2\sqrt{2}}$

(단, 등호는 $\frac{a}{2\sqrt{2}}=\frac{b}{2}$일 때 성립)

$\therefore ab\leq 2\sqrt{2}$

㉠에서 $S=\frac{16}{ab}\geq\frac{16}{2\sqrt{2}}=4\sqrt{2}$이므로

삼각형 AOB의 넓이의 최솟값은 $4\sqrt{2}$이다.

154 ······ 답 ④

타원 $\frac{x^2}{16}+\frac{y^2}{4}=1$ 위의 점 $(2, \sqrt{3})$에서의 접선 l의 방정식은

$\frac{2x}{16}+\frac{\sqrt{3}y}{4}=1$, $x+2\sqrt{3}y-8=0$

타원 $\frac{x^2}{16}+\frac{y^2}{4}=1$의 두 초점 F, F′의 좌표는 각각

$(2\sqrt{3}, 0)$, $(-2\sqrt{3}, 0)$이므로

점과 직선 사이의 거리에 의하여

$\overline{FH_1}+\overline{F'H_2}=\frac{|2\sqrt{3}-8|}{\sqrt{1+12}}+\frac{|-2\sqrt{3}-8|}{\sqrt{1+12}}=\frac{16}{13}\sqrt{13}$

155 ······ 답 ②

타원 $\frac{x^2}{a^2}+\frac{y^2}{b^2}=1$ 위의 점 $(2, 1)$에서의 접선의 방정식은

$\frac{2x}{a^2}+\frac{y}{b^2}=1$에서 $y=-\frac{2b^2}{a^2}x+b^2$

이때, 이 직선의 기울기가 -1이므로

$-\frac{2b^2}{a^2}=-1$, $a^2=2b^2$ ······ ㉠

또한 점 $(2, 1)$은 타원 $\frac{x^2}{a^2}+\frac{y^2}{b^2}=1$ 위의 점이므로

$\frac{4}{a^2}+\frac{1}{b^2}=1$

위의 식에 ㉠을 대입하면

$\frac{2}{b^2}+\frac{1}{b^2}=1$, $b^2=3$, $a^2=6$

따라서 타원 $\frac{x^2}{a^2}+\frac{y^2}{b^2}=1$, 즉 $\frac{x^2}{6}+\frac{y^2}{3}=1$의 초점의 좌표는

$(\pm\sqrt{3}, 0)$이므로

이를 두 초점으로 하고, 단축의 길이가 8인 타원의 방정식은

$\frac{x^2}{19}+\frac{y^2}{16}=1$이다.

이 타원 위의 점 $P(s, t)$, 원점 O에 대하여

$s^2+t^2=\overline{OP}^2$이므로 점 P가 타원 위의 꼭짓점 중 $(-\sqrt{19}, 0)$ 또는 $(\sqrt{19}, 0)$일 때 최댓값 19를 갖는다.

156 ······ 답 ④

타원 $4x^2+y^2=4$ 위의 점 $P(a, b)$에서의 접선의 방정식은

$4ax+by=4$이므로

$A\left(\frac{1}{a}, 0\right)$, $B\left(0, \frac{4}{b}\right)$

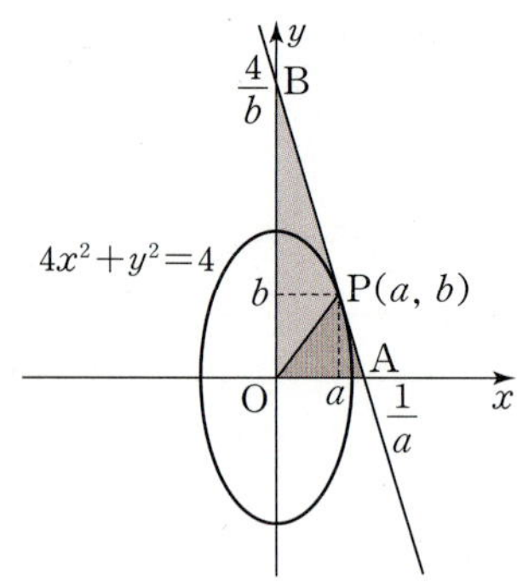

$S_1=\frac{1}{2}\times\frac{1}{a}\times b=\frac{b}{2a}$, $S_2=\frac{1}{2}\times\frac{4}{b}\times a=\frac{2a}{b}$

이때, $S_1 : S_2=1 : 3$이므로

$\frac{b}{2a} : \frac{2a}{b}=1 : 3$, $\frac{2a}{b}=\frac{3b}{2a}$

$4a^2=3b^2$ ······ ㉠

한편, 점 $P(a, b)$는 타원 $4x^2+y^2=4$ 위의 점이므로

$4a^2+b^2=4$ ······ ㉡

㉠, ㉡을 연립하여 풀면

$b^2=1$, $b=1$, $a=\frac{\sqrt{3}}{2}$

$\therefore ab=\frac{\sqrt{3}}{2}$

157 ······ 답 ⑤

접점의 좌표를 (x_1, y_1)이라 하면

접선의 방정식은 $\frac{x_1x}{4}+y_1y=1$

이 직선이 점 $(4, 1)$을 지나므로

$x_1+y_1=1$에서 $y_1=1-x_1$ ······ ㉠

점 (x_1, y_1)은 타원 위의 점이므로 $\frac{{x_1}^2}{4}+{y_1}^2=1$ ······ ㉡

㉡에 ㉠을 대입하면 $\frac{{x_1}^2}{4}+(1-x_1)^2=1$에서

$5{x_1}^2-8x_1=0$ ······ ㉢

두 점 A, B의 x좌표를 각각 α, β라 하면 이는 ㉢의 두 실근과 같으므로 이차방정식의 근과 계수의 관계에 의하여

$\alpha+\beta=\frac{8}{5}$

따라서 삼각형 ABP의 무게중심의 x좌표는

$\frac{\alpha+\beta+4}{3}=\frac{\frac{8}{5}+4}{3}=\frac{28}{15}$

158 ······ 답 ②

접점의 좌표를 (x_1, y_1)이라 하면

접선의 방정식은 $x_1x+5y_1y=10$

이 직선이 점 $P(5, 2)$를 지나므로

$5x_1+10y_1=10$에서 $x_1=2-2y_1$ ······ ㉠

점 (x_1, y_1)은 타원 위의 점이므로 ${x_1}^2+5{y_1}^2=10$ ······ ㉡

㉡에 ㉠을 대입하면 $4(1-y_1)^2+5{y_1}^2=10$에서

$9{y_1}^2-8y_1-6=0$

이차방정식의 근과 계수의 관계에 의하여 $b+d=\frac{8}{9}$

㉠에서

$a+c=(2-2b)+(2-2d)=4-2(b+d)=4-2\times\frac{8}{9}=\frac{20}{9}$

$\therefore\ a+b+c+d=\frac{20}{9}+\frac{8}{9}=\frac{28}{9}$

159

답 32

제1사분면 위에 있는 접점 Q의 좌표를 $(x_1,\ y_1)$이라 하면

점 Q에서의 접선의 방정식은 $\frac{x_1x}{8}+\frac{y_1y}{2}=1$

이 직선은 점 $(0,\ 2)$를 지나므로 $y_1=1$

점 $\mathrm{Q}(x_1,\ y_1)$, 즉 $\mathrm{Q}(x_1,\ 1)$은 타원 위의 점이므로

$\frac{x_1^2}{8}+\frac{1}{2}=1,\ x_1^2=4 \qquad \therefore\ x_1=2\ (\because\ x_1>0)$

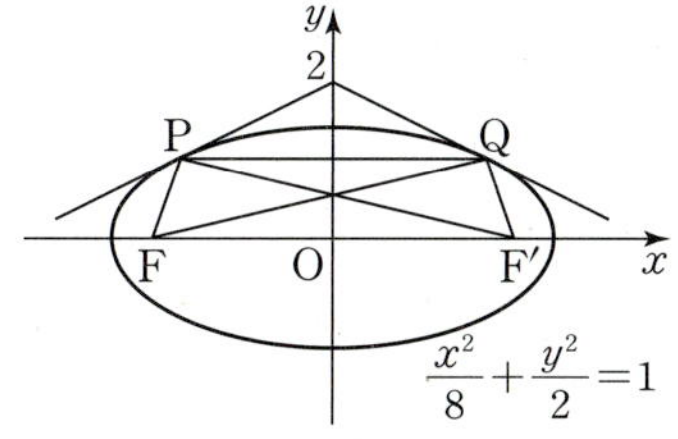

즉, $\mathrm{Q}(2,\ 1)$이고, 두 점 P, Q는 y축에 대하여 대칭이므로

$\mathrm{P}(-2,\ 1)$이다.

$\therefore\ \overline{\mathrm{PQ}}=4$

따라서 타원의 초점 중 점 F가 아닌 점을 F′이라 할 때,

$\overline{\mathrm{FQ}}=\overline{\mathrm{F'P}}$이고 타원의 정의에 의하여

$\overline{\mathrm{FP}}+\overline{\mathrm{F'P}}=2\sqrt{8}=4\sqrt{2}$

$\therefore$ (삼각형 PFQ의 둘레의 길이)$=\overline{\mathrm{FP}}+\overline{\mathrm{FQ}}+\overline{\mathrm{PQ}}$

$=\overline{\mathrm{FP}}+\overline{\mathrm{F'P}}+\overline{\mathrm{PQ}}$

$=4\sqrt{2}+4$

$\therefore\ a=4,\ b=4$

$\therefore\ a^2+b^2=4^2+4^2=32$

160

답 ②

타원 $\frac{x^2}{25}+\frac{y^2}{9}=1$의 두 초점 F, F′의 좌표는 각각

$(4,\ 0),\ (-4,\ 0)$이므로

$\overline{\mathrm{FF'}}=8$

또한 타원의 정의에 의하여 $\overline{\mathrm{PF}}+\overline{\mathrm{PF'}}=10$

이때, $\angle\mathrm{FPF'}=60°$이므로

삼각형 FPF′에서 코사인법칙에 의하여

$\frac{\overline{\mathrm{PF}}^2+\overline{\mathrm{PF'}}^2-\overline{\mathrm{FF'}}^2}{2\times\overline{\mathrm{PF}}\times\overline{\mathrm{PF'}}}=\cos 60°$

$\overline{\mathrm{PF}}^2+\overline{\mathrm{PF'}}^2-8^2=\frac{1}{2}\times2\times\overline{\mathrm{PF}}\times\overline{\mathrm{PF'}}$

$(\overline{\mathrm{PF}}+\overline{\mathrm{PF'}})^2-2\times\overline{\mathrm{PF}}\times\overline{\mathrm{PF'}}-8^2=\overline{\mathrm{PF}}\times\overline{\mathrm{PF'}}$

$3\times\overline{\mathrm{PF}}\times\overline{\mathrm{PF'}}=10^2-8^2=6^2$

$\therefore\ \overline{\mathrm{PF}}\times\overline{\mathrm{PF'}}=12$

161

답 ①

타원 $x^2+4y^2=36$, 즉 $\frac{x^2}{36}+\frac{y^2}{9}=1$의 두 초점 F, F′의 좌표는 각각

$(3\sqrt{3},\ 0),\ (-3\sqrt{3},\ 0)$이므로

$\overline{\mathrm{FF'}}=6\sqrt{3}$

또한 타원의 정의에 의하여 $\overline{\mathrm{PF}}+\overline{\mathrm{PF'}}=12$

이때, $\overline{\mathrm{PF}}=k\ (k>0)$라 하면 $\overline{\mathrm{PF'}}=2k$이므로

$k+2k=12,\ k=4$

$\therefore\ \overline{\mathrm{PF}}=4,\ \overline{\mathrm{PF'}}=8$

따라서 삼각형 FPF′에서 코사인법칙에 의하여

$\cos(\angle\mathrm{FPF'})=\frac{4^2+8^2-(6\sqrt{3})^2}{2\times4\times8}=-\frac{7}{16}$

162

답 ③

타원 $\frac{x^2}{20}+\frac{y^2}{4}=1$의 두 초점의 좌표는 $(4,\ 0),\ \mathrm{A}(-4,\ 0)$,

x축 위의 꼭짓점의 좌표는 $(2\sqrt{5},\ 0),\ (-2\sqrt{5},\ 0)$이고

원 $(x-4)^2+y^2=n^2$은 중심의 좌표가 $(4,\ 0)$이고 반지름의 길이가 n이다.

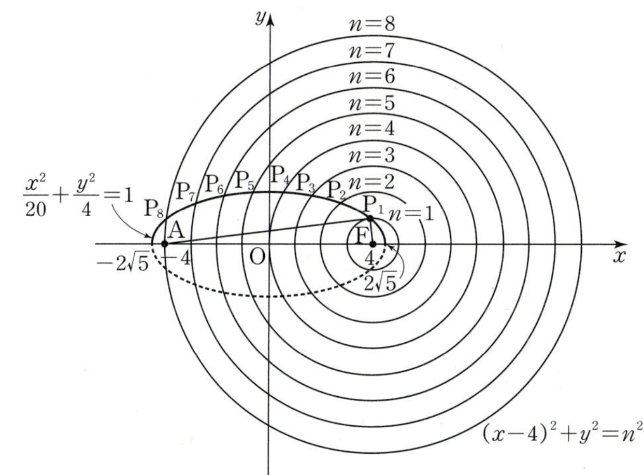

따라서 점 $(4,\ 0)$을 점 F라 하면 $\overline{\mathrm{P}_n\mathrm{F}}=n$이고

타원의 정의에 의하여 $\overline{\mathrm{P}_n\mathrm{A}}+\overline{\mathrm{P}_n\mathrm{F}}=4\sqrt{5}$이므로

$\overline{\mathrm{P}_n\mathrm{A}}=4\sqrt{5}-n$

$\therefore\ \sum_{n=1}^{8}\overline{\mathrm{P}_n\mathrm{A}}=\sum_{n=1}^{8}(4\sqrt{5}-n)$

$=32\sqrt{5}-\frac{8\times9}{2}=-36+32\sqrt{5}$

$\therefore\ p=-36,\ q=32$

$\therefore\ p+q=(-36)+32=-4$

163

답 39

타원 $\frac{x^2}{36}+\frac{y^2}{20}=1$의 두 초점 F, F′의 좌표는 각각

$(4,\ 0),\ (-4,\ 0)$이고, 초점 F에 가장 가까운 꼭짓점은

$\mathrm{A}(6,\ 0)$이다.

$\overline{\mathrm{PF}}=a$라 하면 타원의 정의에 의하여 $\overline{\mathrm{PF}}+\overline{\mathrm{PF'}}=12$이므로

$\overline{\mathrm{PF'}}=12-a$

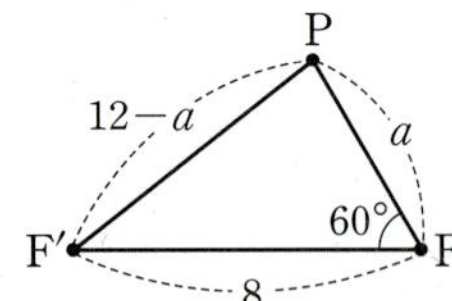

이때, $\angle PFF'=60°$이므로

삼각형 PFF′에서 코사인법칙에 의하여

$(12-a)^2=a^2+8^2-2\times a\times 8\times \cos 60°$

$a^2-24a+144=a^2+64-8a$, $16a=80$

$\therefore a=5$

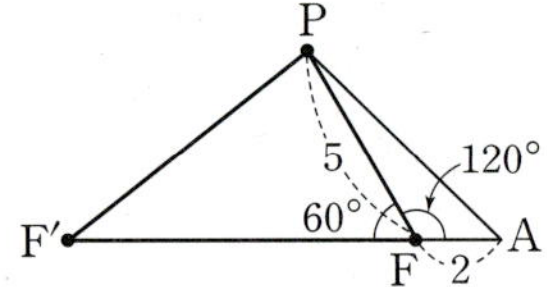

따라서 $\overline{PF}=5$이고, $\overline{AF}=2$, $\angle PFA=120°$이므로

삼각형 PFA에서 코사인법칙에 의하여

$\overline{PA}^2=5^2+2^2-2\times 5\times 2\times \cos 120°=25+4+10=39$

다른 풀이

'코사인법칙'을 이용하지 않고 다음과 같이 풀이할 수 있다.

타원 $\frac{x^2}{36}+\frac{y^2}{20}=1$의 두 초점 F, F′의 좌표는 각각

(4, 0), (−4, 0)이고, 초점 F에 가장 가까운 꼭짓점은

A(6, 0)이다.

$\overline{PF}=a$라 하면 타원의 정의에 의하여 $\overline{PF}+\overline{PF'}=12$이므로

$\overline{PF'}=12-a$

이때, $\angle PFF'=60°$이므로 점 P에서 x축에 내린 수선의 발을 H라

하면 $\overline{HF}=\frac{a}{2}$, $\overline{PH}=\frac{\sqrt{3}}{2}a$이다.

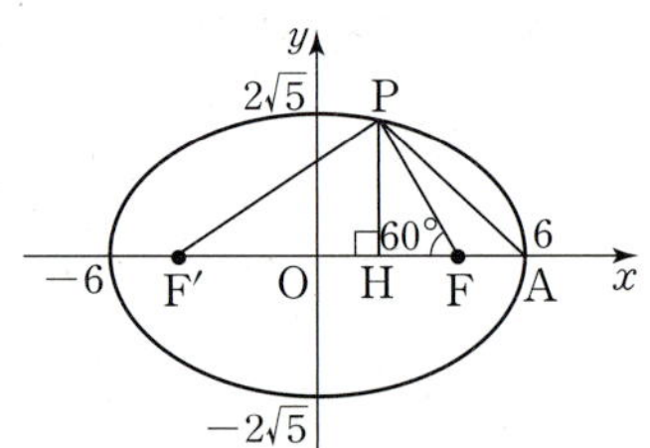

또한 $\overline{F'H}=8-\frac{a}{2}$이므로 직각삼각형 PF′H에서 피타고라스 정리에

의하여

$\left(8-\frac{a}{2}\right)^2+\left(\frac{\sqrt{3}}{2}a\right)^2=(12-a)^2$

$64-8a+\frac{a^2}{4}+\frac{3a^2}{4}=144-24a+a^2$, $16a=80$

$\therefore a=5$

따라서 $\overline{PH}=\frac{5\sqrt{3}}{2}$, $\overline{HA}=\frac{9}{2}$이므로 직각삼각형 PHA에서

피타고라스 정리에 의하여

$\overline{PA}^2=\left(\frac{5\sqrt{3}}{2}\right)^2+\left(\frac{9}{2}\right)^2=\frac{156}{4}=39$

164 ······ 답 32

타원 $\frac{x^2}{36}+\frac{y^2}{16}=1$의 두 초점 F, F′의 좌표는 각각

$(2\sqrt{5}, 0)$, $(-2\sqrt{5}, 0)$이므로 $\overline{FF'}=4\sqrt{5}$

$\overline{OP}=\overline{OF}=\overline{OF'}$이므로 세 점 P, F, F′은 원점을 중심으로 하고

반지름의 길이가 $\overline{OP}$인 원 위의 점이다.

따라서 삼각형 PF′F는 $\angle F'PF=90°$인 직각삼각형이다.

이때, $\overline{PF}=a$라 하면 타원의 정의에 의하여 $\overline{PF}+\overline{PF'}=12$이므로

$\overline{PF'}=12-a$

직각삼각형 PF′F에서 피타고라스 정리에 의하여

$a^2+(12-a)^2=(4\sqrt{5})^2$, $2a^2-24a+64=0$

$a^2-12a+32=0$, $(a-4)(a-8)=0$

$\therefore a=4$ 또는 $a=8$

$\therefore \overline{PF}\times\overline{PF'}=4\times 8=32$

165 ······ 답 풀이 참조

반직선 F′A와 타원의 교점을 P′이라 하자.

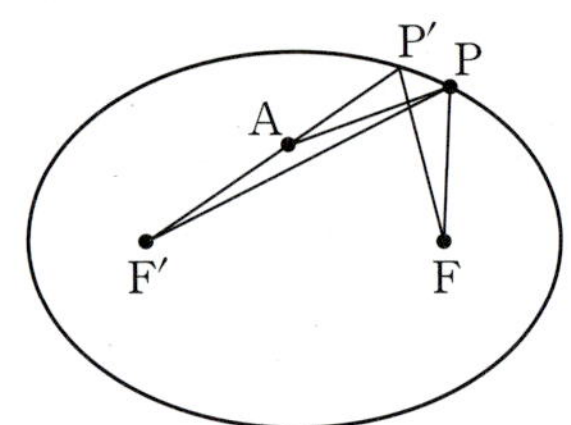

타원의 정의에 의하여 $\overline{F'A}+\overline{P'A}+\overline{P'F}=\overline{F'P}+\overline{PF}$이므로

$\overline{PF}=\overline{F'A}+\overline{P'A}+\overline{P'F}-\overline{F'P}$

삼각형 APF′에서 $\overline{F'A}+\overline{PA}\ge\overline{F'P}$이므로

$\overline{PA}\ge\overline{PF'}-\overline{F'A}$

$\overline{PA}+\overline{PF}\ge(\overline{PF'}-\overline{F'A})+\overline{PF}$

$=(\overline{F'P}-\overline{F'A})+(\overline{F'A}+\overline{P'A}+\overline{P'F}-\overline{F'P})$

$=\overline{P'A}+\overline{P'F}$

따라서 $\overline{PA}+\overline{PF}$의 값이 최소가 되는 점 P는 반직선 F′A와 타원의

교점이다.

채점 요소	배점
$\overline{F'A}+\overline{P'A}+\overline{P'F}=\overline{F'P}+\overline{PF}$임을 설명하기	20 %
$\overline{F'A}+\overline{PA}\ge\overline{F'P}$임을 설명하기	30 %
$\overline{PA}+\overline{PF}$의 값이 최소가 되는 점 P의 위치 설명하기	50 %

166 ······ 답 180

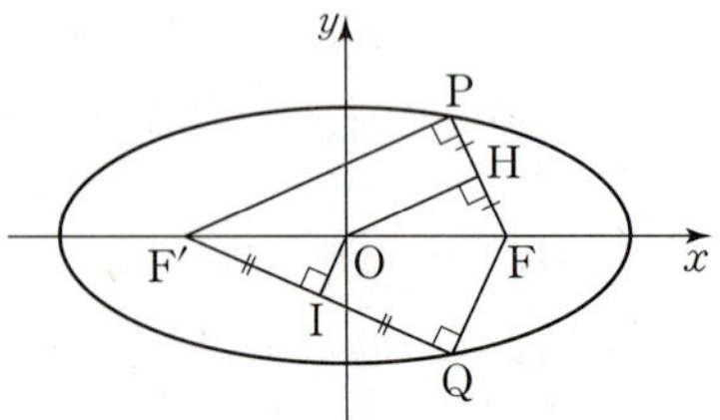

그림에서 $\overline{HF}:\overline{PF}=1:2$이고 $\overline{OF}:\overline{F'F}=1:2$이므로 두 삼각형

FHO, FPF′은 서로 닮음이고 닮음비가 1 : 2이다.

마찬가지로 두 삼각형 F′IO, F′QF도 서로 닮음이고 닮음비가

1 : 2이다.

따라서 삼각형 FPF′과 삼각형 F′QF는 모두 직각삼각형이므로 네

점 F, P, F′, Q는 원점을 중심으로 하고 반지름의 길이가 $\overline{OF}$인 원

위의 점이다.

이때, 원과 타원 모두 x축에 대하여 대칭이므로 직선 PQ는 x축에 수직이다.
따라서 $\overline{PF}=\overline{QF}$이므로 $\overline{PF'}^2+\overline{PF}^2=10^2$에서
$\overline{PF'}^2+\overline{QF}^2=100$
또한 $\overline{OH}\times\overline{OI}=\dfrac{\overline{PF'}}{2}\times\dfrac{\overline{QF}}{2}=10$에서
$\overline{PF'}\times\overline{QF}=40$
$\therefore l^2=(\overline{PF'}+\overline{PF})^2$
$=(\overline{PF'}+\overline{QF})^2$
$=\overline{PF'}^2+\overline{QF}^2+2\times\overline{PF'}\times\overline{QF}$
$=100+2\times40=180$

167 ······ 답 17

타원 $\dfrac{x^2}{a^2}+\dfrac{y^2}{b^2}=1$의 두 초점의 좌표가 $(b, 0)$, $(-b, 0)$이므로
$a^2-b^2=b^2$
$\therefore a^2=2b^2$ ······ ㉠
타원 $\dfrac{x^2}{a^2}+\dfrac{y^2}{b^2}=1$과 사각형의 접점 중 제1사분면 위의 점을 (x_1, y_1)이라 하면 점 (x_1, y_1)에서의 접선의 방정식은
$\dfrac{x_1x}{a^2}+\dfrac{y_1y}{b^2}=1$
이 직선은 타원 $\dfrac{x^2}{2}+y^2=1$의 두 꼭짓점 $(2, 0)$, $(0, 1)$을 지나므로
$x_1=\dfrac{a^2}{2}$, $y_1=b^2$ ······ ㉡
또한 점 (x_1, y_1)은 타원 $\dfrac{x^2}{a^2}+\dfrac{y^2}{b^2}=1$ 위의 점이므로
$\dfrac{{x_1}^2}{a^2}+\dfrac{{y_1}^2}{b^2}=1$ ······ ㉢
㉢에 ㉡을 대입하면 $\dfrac{a^2}{4}+b^2=1$ ······ ㉣
㉠, ㉣을 연립하여 풀면 $b^2=\dfrac{2}{3}$, $a^2=\dfrac{4}{3}$
$\therefore a^2b^2=\dfrac{4}{3}\times\dfrac{2}{3}=\dfrac{8}{9}$
$\therefore p=9$, $q=8$ $\quad\therefore p+q=9+8=17$

168 ······ 답 29

점 A를 초점으로 하고 꼭짓점이 원점 O인 포물선의 준선을 l이라 하고, 점 P에서 x축에 내린 수선의 발을 M, 준선 l에 내린 수선의 발을 H라 하자.

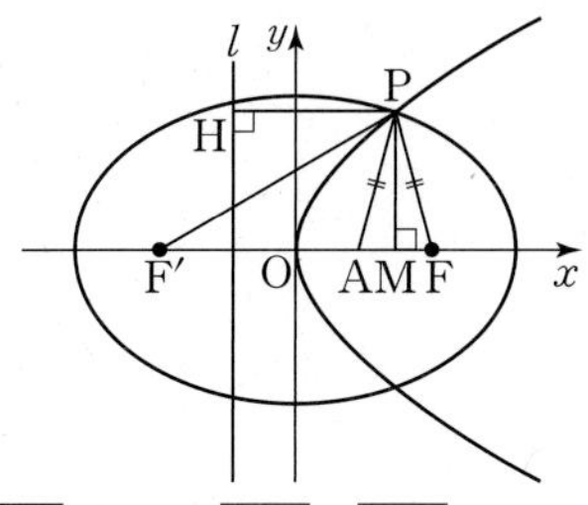

$\overline{AF}=2$이고 $\overline{PA}=\overline{PF}$이므로 $\overline{AM}=\overline{FM}=1$,
준선 l의 방정식은 $x=-a$이므로
포물선의 정의에 의하여 $\overline{PA}=\overline{PH}=2a+1$이다.
또한 $\overline{F'F}=2\overline{OF}=2(\overline{OA}+\overline{AF})=2a+4$이다.
이때, $\overline{PA}=\overline{PF}$인 이등변삼각형 PAF와 $\overline{FF'}=\overline{F'P}$인 이등변삼각형 F′PF는 서로 닮음이므로 ($\because \angle PFA=\angle F'FP$)
$\overline{AF}:\overline{PF}=\overline{PF}:\overline{F'F}$, 즉 $\overline{AF}:\overline{PA}=\overline{PA}:\overline{F'F}$에서
$2:(2a+1)=(2a+1):(2a+4)$
$(2a+1)^2=2(2a+4)$
$4a^2+4a+1=4a+8$, $4a^2=7$
$\therefore a=\dfrac{\sqrt{7}}{2}$ ($\because a>0$)
따라서 타원의 장축의 길이는
$\overline{PF'}+\overline{PF}=\overline{F'F}+\overline{PA}=(2a+4)+(2a+1)$
$=4a+5=5+2\sqrt{7}$
$\therefore p=5$, $q=2$
$\therefore p^2+q^2=5^2+2^2=29$

169 ······ 답 26

타원 $\dfrac{x^2}{25}+\dfrac{y^2}{16}=1$의 두 초점의 좌표는 $(3, 0)$, $(-3, 0)$이므로 점 B$(3, 0)$은 타원의 한 초점이다.
이때, C$(-3, 0)$이라 하자.
타원의 정의에 의하여 $\overline{PB}+\overline{PC}=10$이고,
주어진 조건에서 $\overline{PA}+\overline{PB}=10$이므로 $\overline{PA}=\overline{PC}$
따라서 삼각형 PAC는 이등변삼각형이다.
선분 AC의 중점의 x좌표가 $\dfrac{(-5)+(-3)}{2}=-4$이므로
점 P의 x좌표도 -4이다.
P$(-4, k)$라 하면 타원의 방정식 $\dfrac{x^2}{25}+\dfrac{y^2}{16}=1$에서
$\dfrac{16}{25}+\dfrac{k^2}{16}=1$, $\dfrac{k^2}{16}=\dfrac{9}{25}$
$\therefore k^2=\dfrac{144}{25}$
$r=\overline{PA}=\sqrt{1^2+k^2}=\sqrt{\dfrac{169}{25}}=\dfrac{13}{5}$ $\quad\therefore 10r=26$

170 ······ 답 ④

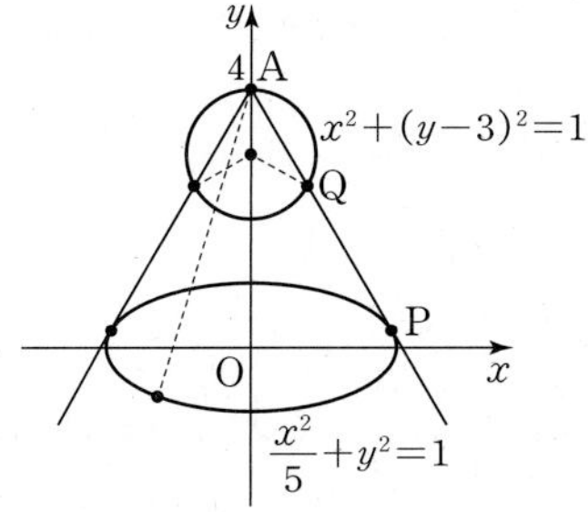

그림과 같이 점 Q는 점 A를 지나는 직선이 타원에 접할 때를 기준으로 만들어지는 호 위의 점이다.
따라서 점 A$(0, 4)$를 지나는 타원의 접선을 생각한다.
점 P의 좌표를 (p, q)라 하면 점 P에서의 접선의 방정식은
$\dfrac{px}{5}+qy=1$
이 접선이 점 A$(0, 4)$를 지나므로 $4q=1$, $q=\dfrac{1}{4}$

또한 점 $P\left(p, \frac{1}{4}\right)$이 타원 위의 점이므로

$\frac{p^2}{5}+\frac{1}{16}=1$, $p=\pm\frac{5\sqrt{3}}{4}$

이때, 접선의 기울기는 $\pm\sqrt{3}$이므로 두 접선이 이루는 예각의 크기는 $60°$이다.

따라서 원 $x^2+(y-3)^2=1$에서 점 Q가 나타내는 도형은 원주각과 중심각의 관계에 의하여 중심각의 크기가 $120°$인 부채꼴의 호이므로

(점 Q가 나타내는 도형의 길이)$=2\pi\times\frac{120}{360}=\frac{2}{3}\pi$

171

답 ①

포물선 $y^2=4px$ 위의 점 $P(x_1, y_1)$에서의 접선의 방정식은 $y_1y=2p(x+x_1)$이고, 이 직선이 점 $A(-k, 0)$을 지나므로

$0=2p(-k+x_1)$, $x_1=k$

따라서 두 점 P, Q의 x좌표는 k이다. …… TIP

이때, 선분 PQ의 중점을 M이라 하면 점 M의 x좌표도 k이고 포물선 $y^2=4px$는 x축에 대하여 대칭이므로 선분 AM은 선분 PQ를 수직이등분한다.

따라서 원점을 O라 할 때 두 직각삼각형 AOF, AMP는 서로 닮음이고 $2\overline{AO}=\overline{AM}$이므로 두 직각삼각형의 닮음비는 1 : 2이다.

또한 $\angle PAQ=60°$로 주어졌으므로

$\angle PAM=\angle QAM=30°$ …… ㉠

다음 그림과 같이 두 점 F, P의 y좌표를 양수라 하자.

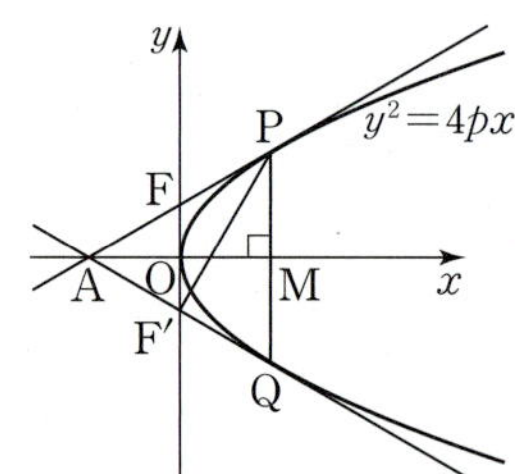

㉠에 의하여 $\overline{OF}=\overline{AO}\tan 30°=\frac{\sqrt{3}}{3}k$, $\overline{MP}=2\overline{OF}=\frac{2\sqrt{3}}{3}k$이므로

세 점 F, F′, P의 좌표는 각각

$\left(0, \frac{\sqrt{3}}{3}k\right)$, $\left(0, -\frac{\sqrt{3}}{3}k\right)$, $\left(k, \frac{2\sqrt{3}}{3}k\right)$ …… ㉡

$\overline{FP}+\overline{F'P}=\sqrt{k^2+\frac{k^2}{3}}+\sqrt{k^2+3k^2}=\frac{2\sqrt{3}}{3}k+2k$

이고, 두 점 F, F′을 초점으로 하고 두 점 P, Q를 지나는 타원의 장축의 길이가 $4\sqrt{3}+12$로 주어졌으므로 타원의 정의에 의하여

$\left(\frac{2\sqrt{3}}{3}+2\right)k=4\sqrt{3}+12$

$\therefore k=6$ …… ㉢

㉡, ㉢에 의하여 포물선 $y^2=4px$ 위의 점 P의 좌표가 $(6, 4\sqrt{3})$이므로 $48=24p$에서 $p=2$

$\therefore k+p=6+2=8$

TIP

058번의 TIP을 이용하면 점 A의 x좌표가 $-k$이므로 두 점 P, Q의 x좌표는 k임을 알 수 있다.

03 쌍곡선

172 ········· 답 ②

쌍곡선 $\frac{x^2}{2^2}-\frac{y^2}{3^2}=1$의 주축의 길이는 $2\times2=4$이다.

173 ········· 답 ④

① 두 초점은 y축 위에 있다. (거짓)
② 주축의 길이는 $2\times3=6$이다. (거짓)
③ 꼭짓점의 좌표는 $(0,\ -3)$, $(0,\ 3)$이다. (거짓)
④ 초점의 좌표는 $(0,\ -5)$, $(0,\ 5)$이다. (참)
⑤ 점근선의 방정식은 $y=\pm\frac{3}{4}x$이다. (거짓)
따라서 선지 중 옳은 것은 ④이다.

174 ········· 답 ④

쌍곡선 $\frac{x^2}{a^2}-\frac{y^2}{b^2}=1$의 두 초점으로부터의 거리의 차가 4이므로
$2a=4$에서 $a=2$ ($\because a>0$)
이때, 쌍곡선 $\frac{x^2}{4}-\frac{y^2}{b^2}=1$의 두 초점이
$F(3,\ 0)$, $F'(-3,\ 0)$이므로
$4+b^2=9$, $b^2=5$, $b=\sqrt{5}$ ($\because b>0$)
$\therefore ab=2\sqrt{5}$

175 ········· 답 ⑤

쌍곡선 $\frac{x^2}{a^2}-\frac{y^2}{13}=1$의 두 초점이 $F(7,\ 0)$, $F'(-7,\ 0)$이므로
$a^2+13=7^2$ $\therefore a=6$ ($\because a>0$)
따라서 쌍곡선의 정의에 의하여
$|\overline{PF}-\overline{PF'}|=2a=12$

176 ········· 답 ③

쌍곡선 $\frac{x^2}{16}-\frac{y^2}{k^2}=-1$의 주축의 길이는 $2|k|$이므로
$2|k|=6$ $\therefore k=3$ ($\because k>0$)

177 ········· 답 ⑤

쌍곡선 $\frac{x^2}{a^2}-\frac{y^2}{b^2}=1$의 주축의 길이가 4이므로 $2|a|=4$이고
점근선의 방정식이 $y=\pm\frac{5}{2}x$이므로 $\frac{b^2}{a^2}=\left(\frac{5}{2}\right)^2$이다.
따라서 $|a|=2$, 즉 $a^2=4$이고 $b^2=\frac{25}{4}a^2=25$이다.
$\therefore a^2+b^2=4+25=29$

178 ········· 답 ⑤

쌍곡선의 방정식을 $\frac{x^2}{a^2}-\frac{y^2}{b^2}=1$이라 하면
주축의 길이가 6이므로 $2|a|=6$, $|a|=3$
점근선의 방정식이 $y=\pm2x$이므로 $\frac{b^2}{a^2}=2^2$이다.
따라서 $a^2=9$이고 $b^2=4a^2=36$이므로 쌍곡선의 방정식은
$\frac{x^2}{9}-\frac{y^2}{36}=1$
따라서 쌍곡선의 두 초점의 좌표는 $(3\sqrt{5},\ 0)$, $(-3\sqrt{5},\ 0)$이므로
두 초점 사이의 거리는 $6\sqrt{5}$이다.

179 ········· 답 16

한 초점이 x축 위의 점 $(10,\ 0)$이므로 다른 한 초점은 x축 위의 점 $(-10,\ 0)$이다.
쌍곡선의 방정식을 $\frac{x^2}{a^2}-\frac{y^2}{b^2}=1$ ($a>0$, $b>0$)이라 하면
주어진 점근선의 방정식에서 $\frac{b}{a}=\frac{3}{4}$ …… ㉠
쌍곡선의 한 초점의 좌표는 $(10,\ 0)$이므로
$a^2+b^2=100$ …… ㉡
㉠, ㉡을 연립하여 풀면
$a^2+\frac{9}{16}a^2=100$, $a^2=64$
$\therefore a=8$ ($\because a>0$)
따라서 쌍곡선의 주축의 길이는 $2a=16$이다.

180 ········· 답 8

쌍곡선 $\frac{x^2}{a^2}-\frac{y^2}{b^2}=1$이 점 $(5,\ 3)$을 지나므로
$\frac{5^2}{a^2}-\frac{3^2}{b^2}=1$ …… ㉠
쌍곡선 $\frac{x^2}{a^2}-\frac{y^2}{b^2}=1$의 두 점근선의 방정식은
$y=\frac{b}{a}x$, $y=-\frac{b}{a}x$이므로
$\frac{b}{a}=1$ 또는 $\frac{b}{a}=-1$에서 $a^2=b^2$ …… ㉡
㉠, ㉡을 연립하여 풀면 $\frac{16}{a^2}=1$, $|a|=4$이므로 쌍곡선의 주축의 길이는 $2|a|=8$이다.

181 ········· 답 ④

쌍곡선 $\frac{(x+1)^2}{4}-\frac{(y-3)^2}{5}=1$은
쌍곡선 $\frac{x^2}{4}-\frac{y^2}{5}=1$을 x축의 방향으로 -1만큼,
y축의 방향으로 3만큼 평행이동한 것이다.
① 중심의 좌표는 $(-1,\ 3)$이다. (참)
② 주축의 길이는 $2\times2=4$이다. (참)

③ 쌍곡선 $\frac{x^2}{4}-\frac{y^2}{5}=1$의 꼭짓점의 좌표가 $(2, 0)$, $(-2, 0)$이므로

쌍곡선 $\frac{(x+1)^2}{4}-\frac{(y-3)^2}{5}=1$의 꼭짓점의 좌표는 $(1, 3)$, $(-3, 3)$이다. (참)

④ 쌍곡선 $\frac{x^2}{4}-\frac{y^2}{5}=1$의 초점의 좌표가 $(3, 0)$, $(-3, 0)$이므로

쌍곡선 $\frac{(x+1)^2}{4}-\frac{(y-3)^2}{5}=1$의 초점의 좌표는 $(2, 3)$, $(-4, 3)$이다. (거짓)

⑤ 쌍곡선 $\frac{x^2}{4}-\frac{y^2}{5}=1$의 점근선의 방정식은 $y=\pm\frac{\sqrt{5}}{2}x$이므로

쌍곡선 $\frac{(x+1)^2}{4}-\frac{(y-3)^2}{5}=1$의 점근선의 방정식은

$y-3=\pm\frac{\sqrt{5}}{2}(x+1)$이다. (참)

따라서 선지 중 옳지 않은 것은 ④이다.

182 ········· 답 ①

$4x^2-9y^2-16x-18y-29=0$에서

$4(x^2-4x+4)-9(y^2+2y+1)=36$

$\frac{(x-2)^2}{9}-\frac{(y+1)^2}{4}=1$

따라서 쌍곡선 $\frac{(x-2)^2}{9}-\frac{(y+1)^2}{4}=1$의 기울기가 양수인 점근선의 방정식은

$y+1=\frac{2}{3}(x-2)$, 즉 $y=\frac{2}{3}x-\frac{7}{3}$이므로 y절편은 $-\frac{7}{3}$이다.

183 ········· 답 ⑤

쌍곡선이 평행이동하여도 두 초점 사이의 거리는 변하지 않는다.

쌍곡선 $\frac{x^2}{p^2}-\frac{y^2}{16}=-1$의 초점의 좌표는

$(0, -\sqrt{p^2+16})$, $(0, \sqrt{p^2+16})$이므로

$2\sqrt{p^2+16}=10$, $p^2+16=25$, $p^2=9$

쌍곡선 $\frac{(x-1)^2}{9}-\frac{(y+3)^2}{16}=-1$은

쌍곡선 $\frac{x^2}{9}-\frac{y^2}{16}=-1$을 x축의 방향으로 1만큼, y축의 방향으로 -3만큼 평행이동한 것이다.

따라서 쌍곡선 $\frac{x^2}{9}-\frac{y^2}{16}=-1$의 점근선의 방정식은

$y=\pm\frac{4}{3}x$이므로

쌍곡선 $\frac{(x-1)^2}{9}-\frac{(y+3)^2}{16}=-1$의 점근선의 방정식은

$y+3=\pm\frac{4}{3}(x-1)$, 즉 $y=\frac{4}{3}x-\frac{13}{3}$ 또는 $y=-\frac{4}{3}x-\frac{5}{3}$

$\therefore a+b+c+d=\frac{4}{3}+\left(-\frac{13}{3}\right)+\left(-\frac{4}{3}\right)+\left(-\frac{5}{3}\right)=-6$

184 ········· 답 ②

쌍곡선 $\frac{x^2}{9}-\frac{y^2}{16}=1$의 두 초점의 좌표는 $(-5, 0)$, $(5, 0)$이므로

$\overline{FF'}=10$

$\overline{AF'}=a$, $\overline{AF}=b$라 하면

점 A는 제1사분면 위에 있는 점이므로 $a>b$

이때, 삼각형 AF′F의 둘레의 길이가 22이므로

$\overline{AF'}+\overline{AF}+\overline{FF'}=22$에서

$a+b=12$ ······ ㉠

쌍곡선의 정의에 의하여 $a-b=6$ ······ ㉡

㉠, ㉡을 연립하여 풀면

$a=9$, $b=3$

$\therefore \overline{AF}=3$

185 ········· 답 13

쌍곡선 $\frac{x^2}{16}-\frac{y^2}{9}=1$의 두 꼭짓점 사이의 거리는 8이므로

쌍곡선의 정의에 의하여

$\overline{PF'}-\overline{PF}=\overline{QF}-\overline{QF'}=8$

$\therefore \overline{PF'}=\overline{PF}+8$, $\overline{QF'}=\overline{QF}-8$

조건에서 $\overline{PF'}-\overline{QF'}=3$이므로

$(\overline{PF}+8)-(\overline{QF}-8)=3$

$\therefore \overline{QF}-\overline{PF}=13$

186 ········· 답 풀이 참조

(1) 점 $F(1, 0)$과 직선 $x=6$에 이르는 거리의 비가 $3:2$인 점을 P라 하고, 점 P에서 직선 $x=6$에 내린 수선의 발을 H라 하면

$\overline{PF}:\overline{PH}=3:2$이므로 $3\overline{PH}=2\overline{PF}$

이때, 점 P의 좌표를 (x, y)라 하면

$3|x-6|=2\sqrt{(x-1)^2+y^2}$

양변을 각각 제곱하면

$9(x-6)^2=4\{(x-1)^2+y^2\}$

$\therefore 5x^2-4y^2-100x+320=0$

(2) (1)에서 $5(x-10)^2-4y^2=180$

즉, $\frac{(x-10)^2}{36}-\frac{y^2}{45}=1$이므로

점 P가 나타내는 도형은 쌍곡선이다.

채점 요소	배점
조건을 만족시키는 도형의 방정식 구하기	60 %
그 도형이 쌍곡선임을 설명하기	40 %

187 ········· 답 ④

포물선 $y^2=12x$의 초점의 좌표는 $(3, 0)$

쌍곡선 $x^2-ay^2=a$, 즉 $\frac{x^2}{a}-y^2=1$의 초점의 좌표는

$(\sqrt{a+1}, 0)$, $(-\sqrt{a+1}, 0)$

포물선의 초점과 쌍곡선의 한 초점이 일치하므로
$\sqrt{a+1}=3$에서 $a+1=9$
$\therefore a=8$
따라서 쌍곡선 $\frac{x^2}{8}-y^2=1$의 주축의 길이는 $2\times2\sqrt{2}=4\sqrt{2}$

188 ········ 답 ④

쌍곡선 $\frac{x^2}{a^2}-\frac{y^2}{9}=1$의 두 꼭짓점의 좌표는 $(a,\ 0)$, $(-a,\ 0)$이고,
타원 $\frac{x^2}{13}+\frac{y^2}{b^2}=1$의 두 초점의 좌표는
$(\pm\sqrt{13-b^2},\ 0)$이므로
$a^2=13-b^2$
$\therefore a^2+b^2=13$

189 ········ 답 ③

타원 $\frac{x^2}{25}+\frac{y^2}{9}=1$의 초점의 좌표는 $(4,\ 0)$, $(-4,\ 0)$
구하는 쌍곡선의 방정식을 $\frac{x^2}{a^2}-\frac{y^2}{b^2}=1$이라 하면
$a^2+b^2=16$ ······ ㉠
이때, 쌍곡선의 주축의 길이가 4이므로 $2|a|=4$, $|a|=2$, $a^2=4$
이를 ㉠에 대입하면 $b^2=12$
따라서 쌍곡선의 방정식은 $\frac{x^2}{4}-\frac{y^2}{12}=1$에서 $3x^2-y^2=12$이다.

190 ········ 답 ④

타원 $\frac{x^2}{5^2}+\frac{y^2}{4^2}=1$의 두 초점의 좌표는 $(3,\ 0)$, $(-3,\ 0)$이므로
두 초점을 공유하는 쌍곡선의 방정식을 $\frac{x^2}{a^2}-\frac{y^2}{b^2}=1$이라 하면
$a^2+b^2=9$ ······ ㉠
쌍곡선의 한 점근선의 방정식이 $y=\sqrt{35}x$이므로
$\frac{b}{a}=\sqrt{35}$ 또는 $\frac{b}{a}=-\sqrt{35}$
즉, $b^2=35a^2$이므로 ㉠에 대입하면
$36a^2=9$
$a^2=\frac{1}{4}$
$\therefore a=\pm\frac{1}{2}$
따라서 쌍곡선의 두 꼭짓점 사이의 거리는
$2|a|=2\times\frac{1}{2}=1$이다.

191 ········ 답 (1) $k<-2$ 또는 $k>2$ (2) $k=-2$ 또는 $k=2$ (3) $-2<k<2$

$\frac{x^2}{2}-\frac{y^2}{4}=1$에 $y=2x+k$를 대입하면
$\frac{x^2}{2}-\frac{(2x+k)^2}{4}=1$
$2x^2-(4x^2+4kx+k^2)=4$
$2x^2+4kx+k^2+4=0$
이 이차방정식의 판별식을 D라 하면
$\frac{D}{4}=4k^2-2(k^2+4)=2k^2-8$
(1) 서로 다른 두 점에서 만나려면 $D>0$이어야 하므로
$2k^2-8>0$에서 $k<-2$ 또는 $k>2$
(2) 접하려면 $D=0$이어야 하므로
$2k^2-8=0$에서 $k=-2$ 또는 $k=2$
(3) 만나지 않으려면 $D<0$이어야 하므로
$2k^2-8<0$에서 $-2<k<2$

192 ········ 답 ⑤

선지에 주어진 방정식은 $y=mx$ 꼴이므로
$\frac{x^2}{16}-\frac{y^2}{4}=1$에 $y=mx$를 대입하면
$\frac{x^2}{16}-\frac{m^2x^2}{4}=1$, $(1-4m^2)x^2=16$, $x^2=\frac{16}{1-4m^2}$
이때, 직선 $y=mx$가 쌍곡선 $\frac{x^2}{16}-\frac{y^2}{4}=1$과 만나지 않기 위해서는
교점이 존재하지 않아야 하므로 $1-4m^2\leq0$이어야 한다.
즉, $m\leq-\frac{1}{2}$ 또는 $m\geq\frac{1}{2}$
따라서 선지 중 쌍곡선 $\frac{x^2}{16}-\frac{y^2}{4}=1$과 만나지 않는 직선은 ⑤이다.

TIP

쌍곡선 $\frac{x^2}{16}-\frac{y^2}{4}=1$의 점근선의 방정식은 $y=\pm\frac{1}{2}x$이다.

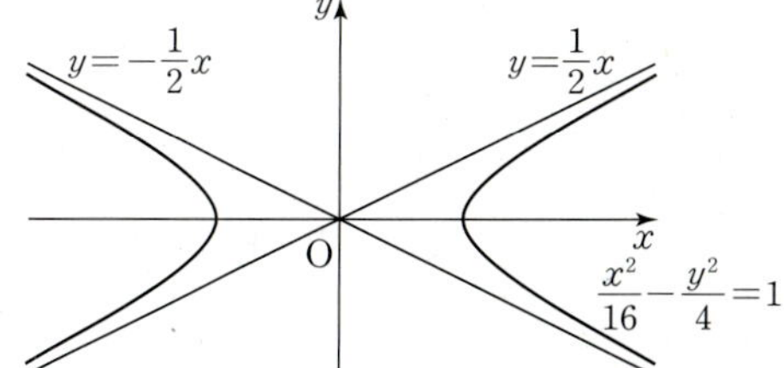

직선 $y=mx$는 $m\leq-\frac{1}{2}$ 또는 $m\geq\frac{1}{2}$일 때 쌍곡선
$\frac{x^2}{16}-\frac{y^2}{4}=1$과 만나지 않고, $-\frac{1}{2}<m<\frac{1}{2}$일 때 쌍곡선
$\frac{x^2}{16}-\frac{y^2}{4}=1$과 서로 다른 두 점에서 만난다.

193 ········ 답 $y=2x+\sqrt{3}$ 또는 $y=2x-\sqrt{3}$

쌍곡선 $x^2-y^2=1$에 접하고 기울기가 2인 직선의 방정식은
$y=2x\pm\sqrt{4-1}$
즉, $y=2x+\sqrt{3}$ 또는 $y=2x-\sqrt{3}$이다.

194 ········· 답 ④

쌍곡선 $\frac{x^2}{3}-\frac{y^2}{7}=-1$에 접하고 기울기가 -1인 직선의 방정식은

$y=-x\pm\sqrt{7-3}$

즉, $y=-x+2$ 또는 $y=-x-2$

따라서 구하는 y절편은 -2 또는 2이다.

195 ········· 답 $y=3x+\sqrt{6}$ 또는 $y=3x-\sqrt{6}$

직선 $x+3y-2=0$의 기울기는 $-\frac{1}{3}$이므로

쌍곡선 $3x^2-y^2=3$, 즉 $x^2-\frac{y^2}{3}=1$에 접하고 기울기가 3인 직선의 방정식은 $y=3x\pm\sqrt{9-3}$

즉, $y=3x+\sqrt{6}$ 또는 $y=3x-\sqrt{6}$이다.

196 ········· 답 ⑤

쌍곡선 $\frac{x^2}{9}-\frac{y^2}{6}=1$에 접하고 기울기가 2인 접선의 방정식은

$y=2x\pm\sqrt{36-6}$에서 $y=2x+\sqrt{30}$ 또는 $y=2x-\sqrt{30}$

따라서 구하는 두 접선 사이의 거리는

직선 $y=2x+\sqrt{30}$ 위의 점 $(0, \sqrt{30})$과 직선 $y=2x-\sqrt{30}$,

즉 $2x-y-\sqrt{30}=0$ 사이의 거리와 같으므로

$\frac{|-\sqrt{30}-\sqrt{30}|}{\sqrt{4+1}}=2\sqrt{6}$

197 ········· 답 ④

쌍곡선 $\frac{x^2}{a}-\frac{y^2}{2}=1$에 접하고 기울기가 3인 접선의 방정식은

$y=3x\pm\sqrt{9a-2}$이므로

$\sqrt{9a-2}=5$, $9a-2=25$ $\quad\therefore a=3$

따라서 쌍곡선 $\frac{x^2}{3}-\frac{y^2}{2}=1$의 초점의 좌표는

$(\sqrt{5}, 0)$, $(-\sqrt{5}, 0)$이므로

두 초점 사이의 거리는 $2\sqrt{5}$이다.

198 ········· 답 ①

쌍곡선 $x^2-\frac{y^2}{3}=1$ 위의 점 $(2, 3)$에서의 접선의 방정식은

$2x-y=1$이므로 접선이 y축과 만나는 점의 y좌표는 -1이다.

199 ········· 답 ③

쌍곡선 $\frac{x^2}{2}-\frac{y^2}{3}=-1$ 위의 점 $(-2, 3)$에서의 접선의 방정식은

$\frac{-2x}{2}-\frac{3y}{3}=-1$에서 $y=-x+1$이므로

이 접선의 기울기는 -1이다.

200 ········· 답 ④

쌍곡선 $x^2-y^2=8$ 위의 점 $(3, 1)$에서의 접선의 방정식은

$3x-y=8$

이 접선이 점 $(a, 4)$를 지나므로

$3a-4=8$, $3a=12$

$\therefore a=4$

201 ········· 답 ①

접점의 좌표를 (a, b)로 놓으면 접선의 방정식은

$ax-by=4$

이때, 이 접선이 점 $(2, 2)$를 지나므로 $2a-2b=4$에서

$a-b=2$ ······ ㉠

또한 점 (a, b)는 쌍곡선 $x^2-y^2=4$ 위의 점이므로

$a^2-b^2=4$이고, ㉠에 의하여 $a+b=2$ ······ ㉡

㉠, ㉡을 연립하여 풀면

$a=2$, $b=0$

따라서 구하는 접선의 방정식은

$2x=4$, 즉 $x=2$

따라서 구하는 접선의 방정식은 ㄱ이다.

202 ········· 답 ④

접점의 좌표를 (a, b)로 놓으면 접선의 방정식은

$ax-by=2$

이때, 이 접선이 점 $(-1, 0)$을 지나므로 $a=-2$

또한 점 (a, b), 즉 $(-2, b)$는 쌍곡선 $x^2-y^2=2$ 위의 점이므로

$4-b^2=2$, $b=-\sqrt{2}$ 또는 $b=\sqrt{2}$

따라서 구하는 접선의 방정식은

$-2x+\sqrt{2}y=2$ 또는 $-2x-\sqrt{2}y=2$

즉, $y=\sqrt{2}x+\sqrt{2}$ 또는 $y=-\sqrt{2}x-\sqrt{2}$

$\therefore m^2+n^2=2+2=4$

다른 풀이

쌍곡선 $x^2-y^2=2$, 즉 $\frac{x^2}{2}-\frac{y^2}{2}=1$에 접하고 기울기가 m인 접선의 방정식은

$y=mx\pm\sqrt{2m^2-2}$

이때, 이 접선은 점 $(-1, 0)$을 지나므로

$0=-m\pm\sqrt{2m^2-2}$, $m^2=2m^2-2$

$m^2=2$, $n^2=(\pm\sqrt{2m^2-2})^2=2m^2-2=2$

$\therefore m^2+n^2=2+2=4$

203 ········· 답 ②

쌍곡선 $\frac{x^2}{4}-\frac{y^2}{3}=-1$에 접하는 기울기가 m인 접선의 방정식은

$y=mx\pm\sqrt{3-4m^2}$

이 접선이 점 $(0, 1)$을 지나므로

$1=\pm\sqrt{3-4m^2}$

$1=3-4m^2$, $m^2=\frac{1}{2}$

$\therefore m=-\frac{\sqrt{2}}{2}$ 또는 $m=\frac{\sqrt{2}}{2}$

따라서 모든 기울기의 곱은 $-\frac{1}{2}$이다.

다른 풀이

점 $(0, 1)$을 지나고 기울기가 m인 직선의 방정식은

$y=mx+1$이므로

이 식을 $\frac{x^2}{4}-\frac{y^2}{3}=-1$에 대입하면

$\frac{x^2}{4}-\frac{(mx+1)^2}{3}=-1$

$3x^2-4(m^2x^2+2mx+1)+12=0$

$(3-4m^2)x^2-8mx+8=0$

x에 대한 이차방정식의 판별식을 D라 하면

$\frac{D}{4}=16m^2-8(3-4m^2)=0$이어야 하므로

$6m^2-3=0$, $m^2=\frac{1}{2}$

$\therefore m=-\frac{\sqrt{2}}{2}$ 또는 $m=\frac{\sqrt{2}}{2}$

따라서 모든 기울기의 곱은 $-\frac{1}{2}$이다.

204 ······ 답 ④

접점의 좌표를 (a, b)로 놓으면 접선의 방정식은

$4ax-9by=36$

이때, 이 접선이 점 $(3, 4)$를 지나므로 $12a-36b=36$에서

$a=3(b+1)$ ······ ㉠

또한 점 (a, b)는 쌍곡선 $4x^2-9y^2=36$ 위의 점이므로

$4a^2-9b^2=36$ ······ ㉡

㉠을 ㉡에 대입하면

$36(b+1)^2-9b^2=36$, $3b^2+8b=0$, $b(3b+8)=0$

$\begin{cases} a=3 \\ b=0 \end{cases}$ 또는 $\begin{cases} a=-5 \\ b=-\frac{8}{3} \end{cases}$ ($\because$ ㉠)

$\therefore \overline{AB}=\sqrt{64+\frac{64}{9}}=\frac{8\sqrt{10}}{3}$

참고

점 $(3, 4)$에서 쌍곡선 $4x^2-9y^2=36$에 그은 접선의 방정식은

$x=3$ 또는 $y=\frac{5}{6}x+\frac{3}{2}$이다.

205 ······ 답 ④

쌍곡선 $x^2-y^2=4$의 점근선의 방정식은 $y=x$ 또는 $y=-x$이므로

점 P는 쌍곡선의 한 점근선 $y=x$ 위의 점이다.

이때, 쌍곡선 $x^2-y^2=4$, 즉 $\frac{x^2}{4}-\frac{y^2}{4}=1$에서 주축의 길이는

4이므로 쌍곡선의 정의에 의하여

$\lim_{k\to\infty}|\overline{PF}-\overline{PF'}|=4$이다. ······ TIP

TIP

$|x|\to\infty$이면 쌍곡선 $x^2-y^2=4$는 점근선 $y=x$, $y=-x$에 한없이 가까워진다.

206 ······ 답 ④

쌍곡선 $x^2-3y^2=-3$, 즉 $\frac{x^2}{3}-y^2=-1$의 점근선의 방정식은

$y=\frac{1}{\sqrt{3}}x$ 또는 $y=-\frac{1}{\sqrt{3}}x$

두 직선과 x축의 양의 방향이 이루는 각의 크기를 각각 θ_1, θ_2라 하면

$\tan\theta_1=\frac{1}{\sqrt{3}}$, $\tan\theta_2=-\frac{1}{\sqrt{3}}$

쌍곡선 $x^2-3y^2=-3$의 두 점근선이 이루는 예각의 크기를 θ라 하면

$\tan\theta=|\tan(\theta_2-\theta_1)|=\left|\frac{\tan\theta_2-\tan\theta_1}{1+\tan\theta_2\tan\theta_1}\right|=\sqrt{3}$

$\therefore \theta=60^\circ$

다른 풀이

'삼각함수의 덧셈정리'를 이용하지 않고 다음과 같이 풀이할 수 있다.

쌍곡선 $x^2-3y^2=-3$, 즉 $\frac{x^2}{3}-y^2=-1$의 점근선의 방정식은

$y=\frac{1}{\sqrt{3}}x$ 또는 $y=-\frac{1}{\sqrt{3}}x$

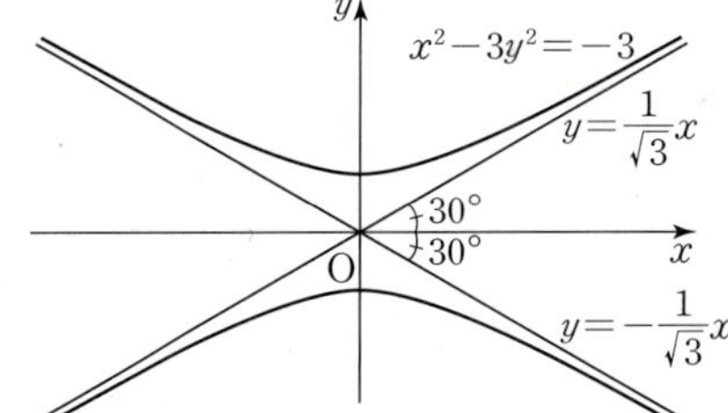

직선 $y=\frac{1}{\sqrt{3}}x$가 x축의 양의 방향과 이루는 각의 크기를 θ라 하면

$\tan\theta=\frac{1}{\sqrt{3}}$에서 $\theta=30^\circ$이고,

두 직선 $y=\frac{1}{\sqrt{3}}x$, $y=-\frac{1}{\sqrt{3}}x$는 x축에 대하여 서로 대칭이므로

두 직선이 이루는 각의 크기는 $2\times30^\circ=60^\circ$이다.

207 ······ 답 ④

조건 (가)에 의하여 쌍곡선의 두 초점 $(5, 0)$, $(-5, 0)$은 모두 x축 위에 있으며 원점에 대하여 대칭이므로 쌍곡선의 방정식을

$\frac{x^2}{a^2}-\frac{y^2}{b^2}=1$ $(a>0, b>0)$이라 하면 $a^2+b^2=25$이다. ······ ㉠

또한 조건 (나)에 의하여 쌍곡선의 두 점근선의 기울기의 곱은

-1이므로

$\frac{b}{a}\times\left(-\frac{b}{a}\right)=-1$, 즉 $a^2=b^2$이다. ······ ㉡

㉠, ㉡을 연립하여 풀면 $a=b=\frac{5\sqrt{2}}{2}$이므로
이 쌍곡선의 주축의 길이는 $2a=5\sqrt{2}$이다.

208 ⋯⋯ 답 ⑤

$9x^2-16y^2=144$에서 $\frac{x^2}{16}-\frac{y^2}{9}=1$이므로 쌍곡선의 두 초점의 좌표는 $(5, 0)$, $(-5, 0)$이다.

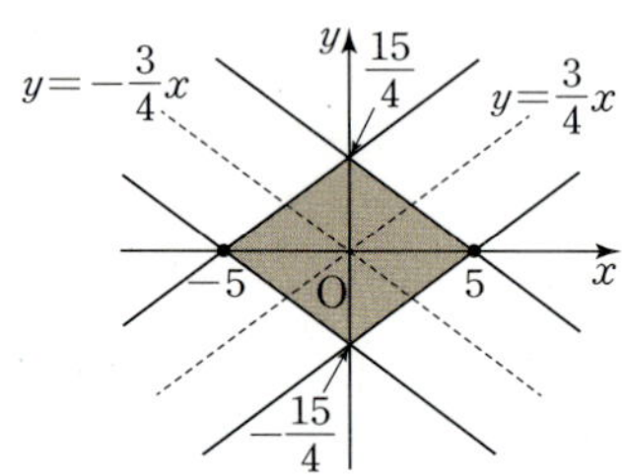

또한 점근선의 방정식은 $y=\frac{3}{4}x$ 또는 $y=-\frac{3}{4}x$이다.
이때, 점 $(-5, 0)$을 지나고 기울기가 $\frac{3}{4}$인 직선의 방정식은
$y=\frac{3}{4}(x+5)$이고 이 직선의 y절편은 $\frac{15}{4}$이므로 구하는 도형은
네 점 $(-5, 0)$, $(5, 0)$, $\left(0, \frac{15}{4}\right)$, $\left(0, -\frac{15}{4}\right)$를 꼭짓점으로 하는 마름모이다.
따라서 구하는 도형의 넓이는
$\frac{1}{2}\times10\times\frac{15}{2}=\frac{75}{2}$

209 ⋯⋯ 답 ③

쌍곡선 $3x^2-y^2=-3$, 즉 $x^2-\frac{y^2}{3}=-1$의 초점의 좌표는
$(0, 2)$, $(0, -2)$이고
점근선의 방정식은 $y=\pm\sqrt{3}x$에서 $\sqrt{3}x-y=0$ 또는 $\sqrt{3}x+y=0$이다.
이때, 한 초점을 $F(0, 2)$라 하면
점 F에서 두 점근선까지의 거리는 모두 $\frac{2}{\sqrt{3+1}}=1$이므로
구하는 원의 넓이는 π이다.

210 ⋯⋯ 답 ④

점 P의 좌표를 (a, b)라 하면
$\frac{a^2}{4}-\frac{b^2}{3}=1$, $3a^2-4b^2=12$ ⋯⋯ ㉠
점근선의 방정식은 $y=\pm\frac{\sqrt{3}}{2}x$에서
$\sqrt{3}x-2y=0$, $\sqrt{3}x+2y=0$이므로
점과 직선 사이의 거리에 의하여
$\overline{PQ}=\frac{|\sqrt{3}a-2b|}{\sqrt{3+4}}$, $\overline{PR}=\frac{|\sqrt{3}a+2b|}{\sqrt{3+4}}$
$\therefore \overline{PQ}\times\overline{PR}=\frac{3a^2-4b^2}{7}=\frac{12}{7}$ ($\because$ ㉠)

참고
쌍곡선 위의 어떤 한 점을 P로 잡고 구해도 되므로 $P(2, 0)$일 때 $\overline{PQ}=\overline{PR}$를 이용하여 구할 수도 있다.

211 ⋯⋯ 답 ①

쌍곡선 $\frac{x^2}{5}-\frac{y^2}{4}=1$의 두 초점 F, F′의 좌표는
각각 $(3, 0)$, $(-3, 0)$이므로 $\overline{FF'}=6$이다.
두 삼각형 PFF′, QFF′의 넓이의 합은 사각형 F′QFP의 넓이와 같고, 점 P의 원점에 대하여 대칭인 점이 점 Q이므로 두 삼각형 PFF′, QFF′의 넓이는 서로 같다.
이때, 점 $P(a, b)$에서 x축에 내린 수선의 발을 N이라 하면
$\overline{PN}=|b|$이므로
(삼각형 PFF′의 넓이)$=\frac{1}{2}\times6\times|b|=3|b|$
따라서 (사각형 F′QFP의 넓이)$=2\times3|b|=24$에서
$|b|=4$
또한 점 $P(a, b)$는 쌍곡선 $\frac{x^2}{5}-\frac{y^2}{4}=1$ 위의 점이므로
$\frac{a^2}{5}-4=1$, $a^2=25$
$\therefore |a|=5$
$\therefore |a|+|b|=5+4=9$

212 ⋯⋯ 답 ④

$x^2-4y^2+8x+8ky-16=0$
$(x+4)^2-4(y-k)^2-32+4k^2=0$
이때, 쌍곡선의 중심이 직선 $y=3$ 위에 있으므로 $k=3$
$(x+4)^2-4(y-3)^2+4=0$
$\frac{(x+4)^2}{4}-(y-3)^2=-1$
따라서 이 쌍곡선의 기울기가 양수인 점근선의 방정식은
$y-3=\frac{1}{2}(x+4)$, 즉 $y=\frac{1}{2}x+5$
$\therefore m+n+k=\frac{1}{2}+5+3=\frac{17}{2}$

213 ⋯⋯ 답 ③

쌍곡선 $\frac{x^2}{a^2}-\frac{y^2}{b^2}=-1$의 점근선의 방정식이 $y=\pm\frac{\sqrt{3}}{3}x$이므로
$\frac{b}{a}=\frac{\sqrt{3}}{3}$, $a=\sqrt{3}b$ ($\because a>0, b>0$)
쌍곡선 $\frac{x^2}{3b^2}-\frac{y^2}{b^2}=-1$이 점 $(1-1, 2+2)$, 즉 $(0, 4)$를 지나므로
$0-\frac{16}{b^2}=-1$, $b=4$, $a=4\sqrt{3}$ ($\because b>0$)
따라서 쌍곡선 $\frac{x^2}{48}-\frac{y^2}{16}=-1$의 주축의 길이는 $2\times4=8$이다.

214 ⋯⋯ 답 ②

쌍곡선 $\frac{x^2}{4}-\frac{y^2}{5}=1$의 두 초점의 좌표는 C$(-3, 0)$, $(3, 0)$이다.
F$(3, 0)$이라 하면 쌍곡선의 정의에 의하여
$\overline{AC}-\overline{AF}=4$, $\overline{BC}-\overline{BF}=4$이고, $\overline{AB}=\overline{AF}+\overline{BF}$이므로
$(\overline{AC}-\overline{AF})+(\overline{BC}-\overline{BF})=8$에서
$\overline{AC}+\overline{BC}-\overline{AB}=8$ ⋯⋯ ㉠
한편, 삼각형 ABC의 둘레의 길이가 16이므로
$\overline{AC}+\overline{BC}+\overline{AB}=16$ ⋯⋯ ㉡
㉠, ㉡을 연립하여 풀면
$\overline{AB}=4$

215 ⋯⋯ 답 18

쌍곡선 $\frac{x^2}{4}-\frac{y^2}{5}=1$의 두 초점 F, F′의 좌표는 각각
$(3, 0)$, $(-3, 0)$이고 주축의 길이는 4이다.
$\overline{PF'}=a$, $\overline{PF}=b$라 하면 삼각형 PF′F에서 직선 PA는 ∠F′PF의 이등분선이고
A$(1, 0)$이므로
$\overline{PF'}:\overline{PF}=\overline{F'A}:\overline{FA}=2:1=a:b$ $\quad\therefore a=2b$ ⋯⋯ ㉠
쌍곡선의 정의에 의하여 $a-b=4$ ⋯⋯ ㉡
㉠, ㉡을 연립하여 풀면 $a=8$, $b=4$
따라서 삼각형 PF′F의 둘레의 길이는 $8+4+6=18$이다.

216 ⋯⋯ 답 ③

쌍곡선 $\frac{x^2}{4}-\frac{y^2}{12}=1$의 두 초점 F, F′의 좌표는 각각
$(4, 0)$, $(-4, 0)$
$\overline{PF'}=2\overline{PF}$이므로 $\overline{PF}=k$ $(k>0)$라 하면 $\overline{PF'}=2k$
쌍곡선의 정의에 의하여 $2k-k=4$, $k=4$
따라서 $\overline{PF}=4$, $\overline{PF'}=8$이고 $\overline{FF'}=8$이므로
삼각형 F′FP는 이등변삼각형이다.

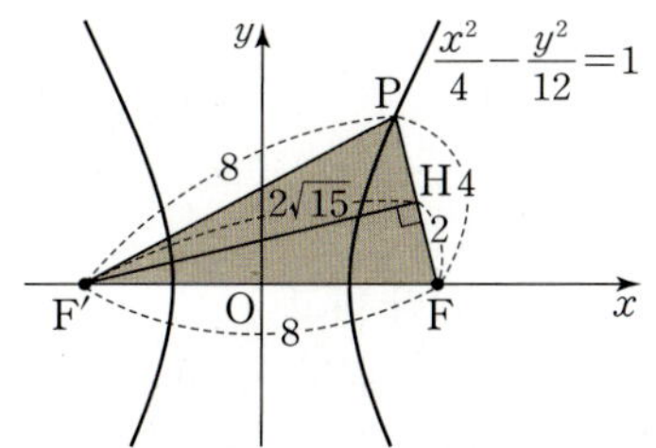

삼각형 F′FP의 점 F′에서 $\overline{PF}$에 내린 수선의 발을 H라 하면
직각삼각형 HF′F에서 $\overline{F'H}=\sqrt{64-4}=2\sqrt{15}$
따라서 삼각형 F′FP의 넓이는 $\frac{1}{2}\times4\times2\sqrt{15}=4\sqrt{15}$이다.

다른 풀이

쌍곡선 $\frac{x^2}{4}-\frac{y^2}{12}=1$의 두 초점 F, F′의 좌표는 각각
$(4, 0)$, $(-4, 0)$
$\overline{PF'}=2\overline{PF}$이므로 $\overline{PF}=k$ $(k>0)$라 하면 $\overline{PF'}=2k$
쌍곡선의 정의에 의하여 $2k-k=4$, $k=4$
따라서 $\overline{PF}=4$, $\overline{PF'}=8$이므로 점 P의 좌표를 (a, b)라 하면
$\sqrt{(a-4)^2+b^2}=4$, $(a-4)^2+b^2=16$ ⋯⋯ ㉠
$\sqrt{(a+4)^2+b^2}=8$, $(a+4)^2+b^2=64$ ⋯⋯ ㉡
㉠, ㉡을 연립하여 풀면 $16a=48$, $a=3$
㉠에 대입하면 $b^2=15$, $|b|=\sqrt{15}$
$\therefore$ (삼각형 F′FP의 넓이)$=\frac{1}{2}\times\overline{FF'}\times|b|$
$=\frac{1}{2}\times8\times\sqrt{15}=4\sqrt{15}$

217 ⋯⋯ 답 ①

쌍곡선 $\frac{x^2}{10}-\frac{y^2}{6}=1$의 두 초점 F, F′의 좌표는 각각
$(-4, 0)$, $(4, 0)$이므로
$\overline{FF'}=8$
$\overline{PF}=a$, $\overline{PF'}=b$ $(a>b)$라 하면
쌍곡선의 정의에 의하여 $a-b=2\sqrt{10}$
삼각형 FPF′은 직각삼각형이므로 $a^2+b^2=64$
$a^2+b^2=(a-b)^2+2ab$
$64=40+2ab$, $ab=12$
$\therefore$ (삼각형 FPF′의 넓이)$=\frac{1}{2}ab=6$

218 ⋯⋯ 답 ④

쌍곡선 $\frac{x^2}{a^2}-\frac{y^2}{b^2}=1$의 두 초점 사이의 거리가 20이므로
$a^2+b^2=100$ ⋯⋯ ㉠

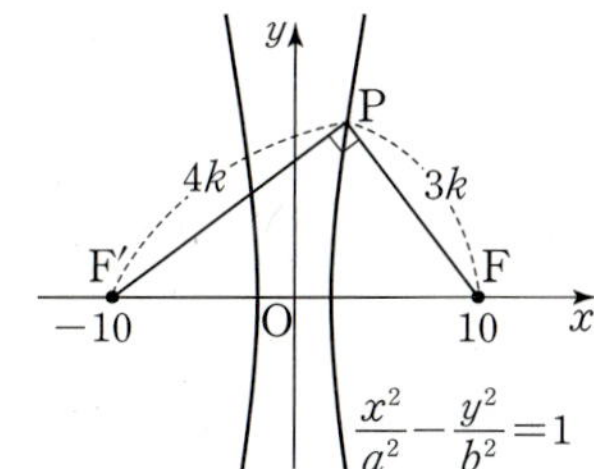

또한 두 초점 F, F′의 좌표는 각각 $(10, 0)$, $(-10, 0)$이고
$\overline{FF'}=20$
$\overline{PF}:\overline{PF'}=3:4$이고 $\angle FPF'=90^\circ$이므로
$\overline{PF}=3k$, $\overline{PF'}=4k$ $(k>0)$라 하면 $\overline{FF'}=5k$
따라서 $5k=20$, $k=4$이므로 $\overline{PF}=12$, $\overline{PF'}=16$
이때, $\overline{PF'}-\overline{PF}=4$이므로 쌍곡선의 정의에 의하여 $2a=4$
$a=2$, $b^2=96$ ($\because$ ㉠), $b=4\sqrt{6}$ ($\because b>0$)
$\therefore ab=8\sqrt{6}$

219 ⋯⋯ 답 ②

주어진 쌍곡선의 방정식을 $\frac{x^2}{a^2}-\frac{y^2}{b^2}=1$ $(a>0, b>0)$이라 하면
기울기가 양수인 점근선의 방정식이 $y=\frac{3}{4}x$이므로

$\frac{b^2}{a^2}=\frac{9}{16}$에서 $a=4k$, $b=3k$ $(k>0)$라 하자.
점 A의 좌표는 $(4k, 0)$이고
두 초점 F, F′의 좌표는 각각 $(5k, 0)$, $(-5k, 0)$이다.
이때, $1\le\overline{AF}\le2$이므로 $1\le k\le2$ …… ㉠
삼각형 FPF′의 둘레의 길이가 72이므로
$\overline{PF'}+\overline{PF}+\overline{FF'}=72$에서 $\overline{PF'}+\overline{PF}=72-10k$ …… ㉡
쌍곡선의 정의에 의하여 $\overline{PF'}-\overline{PF}=8k$ …… ㉢
㉡, ㉢을 연립하여 풀면 $\overline{PF}=36-9k$
㉠에 의하여 $18\le\overline{PF}\le27$이므로 $M=27$, $m=18$
$\therefore M+m=45$

220 ········· 답 ⑤

쌍곡선 $\frac{x^2}{16}-\frac{y^2}{9}=1$에서 두 초점의 좌표는 $(5, 0)$, $(-5, 0)$
$A(-5, 0)$이므로 $F(5, 0)$이라 하자.

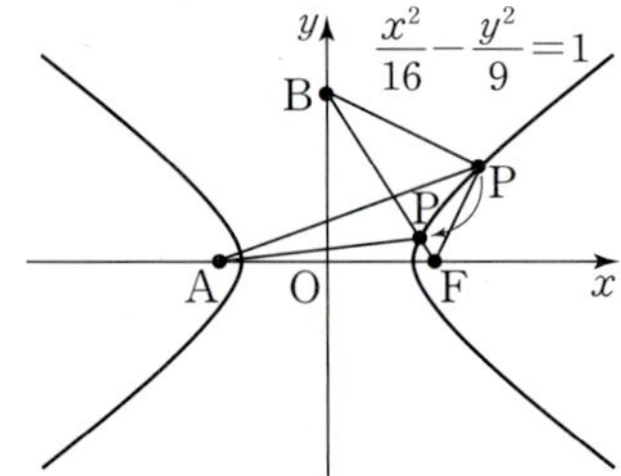

쌍곡선의 정의에 의하여 $\overline{PA}-\overline{PF}=8$에서 $\overline{PA}=\overline{PF}+8$
$\therefore \overline{PA}+\overline{PB}=\overline{PF}+\overline{PB}+8$
세 점 F, P, B가 한 직선 위에 있을 때 $\overline{PA}+\overline{PB}$의 값은 최소가 되므로
$\overline{PA}+\overline{PB}=(\overline{PF}+\overline{PB})+8$
$\ge\overline{BF}+8$
$=\sqrt{5^2+12^2}+8=13+8=21$
따라서 $\overline{PA}+\overline{PB}$의 최솟값은 21이다.

221 ········· 답 ④

쌍곡선의 정의에 의하여 $\overline{QG}-\overline{QG'}=2$이고 $\overline{PF'}-\overline{PF}=2$이다.
이때, 두 점 P, Q가 서로 원점에 대하여 대칭이므로
$\overline{QG'}=\overline{PG}$, $\overline{PF'}=\overline{QF}$
따라서 $\overline{QG}-\overline{PG}=2$이고 $\overline{QF}-\overline{PF}=2$이다.
$\overline{PG}\times\overline{QG}=8$, $\overline{PF}\times\overline{QF}=4$이므로
$\overline{QG}+\overline{PG}=\sqrt{(\overline{QG}-\overline{PG})^2+4(\overline{QG}\times\overline{PG})}$
$=\sqrt{2^2+4\times8}=\sqrt{36}=6$
$\overline{QF}+\overline{PF}=\sqrt{(\overline{QF}-\overline{PF})^2+4(\overline{QF}\times\overline{PF})}$
$=\sqrt{2^2+4\times4}=\sqrt{20}=2\sqrt{5}$
그러므로 사각형 PGQF의 둘레의 길이는 $6+2\sqrt{5}$이다.

222 ········· 답 ⑤

쌍곡선 $x^2-\frac{y^2}{3}=1$의 두 초점 F, F′의 좌표를 각각
$(2, 0)$, $(-2, 0)$이라 하면 $\overline{FF'}=4$이고, 쌍곡선의 정의에 의하여
$\overline{PF'}-\overline{PF}=2$이다.
(i) $\overline{PF'}=\overline{FF'}$일 때

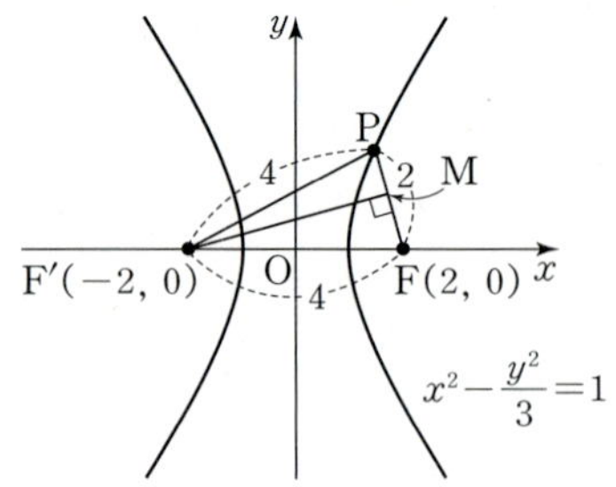

$\overline{PF'}=4$이므로
$\overline{PF}=\overline{PF'}-2=4-2=2$
위의 그림과 같이 점 F′에서 선분 PF에 내린 수선의 발을 M이라 하면
$\overline{F'M}=\sqrt{\overline{FF'}^2-\overline{FM}^2}=\sqrt{4^2-1^2}=\sqrt{15}$
이므로 삼각형 PF′F의 넓이는
$\frac{1}{2}\times\overline{PF}\times\overline{F'M}=\frac{1}{2}\times2\times\sqrt{15}=\sqrt{15}$
(ii) $\overline{PF}=\overline{FF'}$일 때

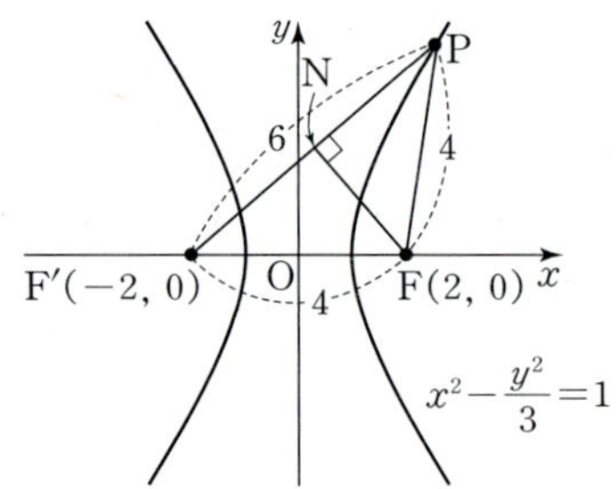

$\overline{PF}=4$이므로
$\overline{PF'}=\overline{PF}+2=4+2=6$
위의 그림과 같이 점 F에서 선분 PF′에 내린 수선의 발을 N이라 하면
$\overline{FN}=\sqrt{\overline{FF'}^2-\overline{F'N}^2}=\sqrt{4^2-3^2}=\sqrt{7}$
이므로 삼각형 PF′F의 넓이는
$\frac{1}{2}\times\overline{PF'}\times\overline{FN}=\frac{1}{2}\times6\times\sqrt{7}=3\sqrt{7}$
(i), (ii)에서 구하는 모든 a의 값의 곱은
$\sqrt{15}\times3\sqrt{7}=3\sqrt{105}$

223 ········· 답 ⑤

두 선분 BE, CF의 교점을 O라 하고
정육각형 ABCDEF를 점 O가 원점, 점 A가 점 $(2, 0)$,
점 B가 점 $(1, \sqrt{3})$에 위치하도록 좌표평면에 옮겨 생각하자.
쌍곡선 H의 방정식을 $\frac{x^2}{a^2}-\frac{y^2}{b^2}=1$ $(a>0, b>0)$이라 하면
쌍곡선 H의 두 초점은 $A(2, 0)$, $D(-2, 0)$이므로
$a^2+b^2=4$ …… ㉠
또한 직선 BE의 방정식은 $y=\sqrt{3}x$이므로
$\frac{b}{a}=\sqrt{3}$ …… ㉡
㉠, ㉡을 연립하여 풀면 $a^2+(\sqrt{3}a)^2=4a^2=4$에서
$a=1$ $(\because a>0)$이다.

쌍곡선의 정의에 의하여

$\overline{DP}-\overline{AP}=2a=2$

224 ······ 답 ②

주어진 그림에서 점 F는 x축 위의 점이므로

쌍곡선의 방정식을 $\frac{x^2}{a^2}-\frac{y^2}{b^2}=1$ $(a>0,\ b>0)$이라 하면

쌍곡선의 두 점근선의 방정식 $y=2x$, $y=-2x$에서

$\frac{b}{a}=2$ ······ ㉠

쌍곡선의 또 다른 초점을 F′이라 하자.

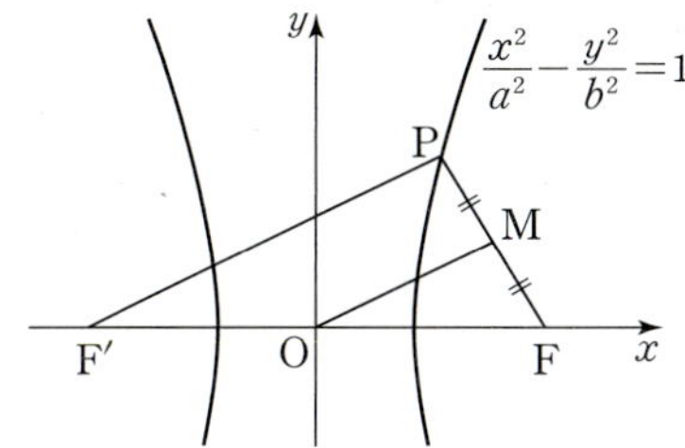

$\overline{OF}=\overline{OF'}$, $\overline{MF}=\overline{MP}$에서 두 삼각형 F′FP, OFM의 닮음비가 2 : 1이고

$\overline{OM}=6$, $\overline{MF}=3$에서 $\overline{PF'}=12$, $\overline{PF}=6$

쌍곡선의 정의에 의하여 주축의 길이는

$2a=\overline{PF'}-\overline{PF}=12-6=6$

$\therefore a=3$

㉠에서 $b=6$이므로

$\overline{OF}=\sqrt{a^2+b^2}=\sqrt{9+36}=3\sqrt{5}$

225 ······ 답 ②

점 P의 좌표를 $(x,\ y)$라 하면

$|\overline{PF}-\overline{PF'}|=4$에서 $\overline{PF}-\overline{PF'}=\pm4$이므로

$\sqrt{(x-4)^2+(y-3)^2}-\sqrt{(x+2)^2+(y-3)^2}=\pm4$

$\sqrt{(x-4)^2+(y-3)^2}=\pm4+\sqrt{(x+2)^2+(y-3)^2}$

양변을 제곱하여 정리하면

$-3x-1=\pm2\sqrt{(x+2)^2+(y-3)^2}$

위 식의 양변을 제곱하여 정리하면

$5(x-1)^2-20=4(y-3)^2$

$\therefore \frac{(x-1)^2}{4}-\frac{(y-3)^2}{5}=1$

226 ······ 답 $\frac{(x-1)^2}{3}-(y+3)^2=-1$

조건을 만족시키는 점을 P$(x,\ y)$라 하면

$|\overline{PF}-\overline{PF'}|=2$

즉, $\overline{PF}-\overline{PF'}=\pm2$이므로

$\sqrt{(x-1)^2+(y+1)^2}-\sqrt{(x-1)^2+(y+5)^2}=\pm2$

$\sqrt{(x-1)^2+(y+1)^2}=\pm2+\sqrt{(x-1)^2+(y+5)^2}$

양변을 제곱하여 정리하면

$-2y-7=\pm\sqrt{(x-1)^2+(y+5)^2}$

위 식의 양변을 제곱하여 정리하면

$3(y+3)^2-3=(x-1)^2$

$\therefore \frac{(x-1)^2}{3}-(y+3)^2=-1$

227 ······ 답 풀이 참조

중심을 각각 A, B로 하는 두 원에 동시에 외접하고, 중심이 P인 원의 반지름의 길이를 r라 하자.

$\overline{PA}=10+r$, $\overline{PB}=4+r$이므로

$\overline{PA}-\overline{PB}=6$으로 일정하다.

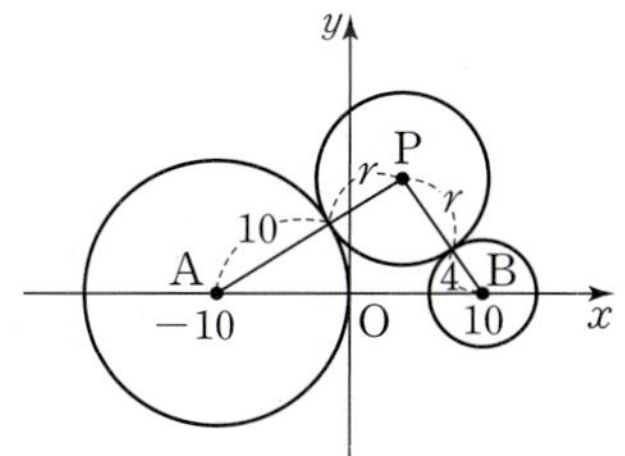

따라서 점 P의 좌표를 $(x,\ y)$라 하면 점 P가 나타내는 도형은 두 점 A$(-10,\ 0)$, B$(10,\ 0)$을 초점으로 하고 주축의 길이가 6인 쌍곡선이므로

그 방정식은 $\frac{x^2}{9}-\frac{y^2}{91}=1$ $(x>0)$이다. ······ TIP

채점 요소	배점
$\overline{PA}-\overline{PB}=6$임을 구하기	30 %
$\overline{PA}-\overline{PB}=6$임을 이용하여 점 P가 두 점 A, B를 초점으로 하고 주축의 길이가 6인 쌍곡선 위의 점임을 설명하기	30 %
점 P가 나타내는 도형의 방정식 구하기	40 %

TIP

두 정점 F′$(-c,\ 0)$, F$(c,\ 0)$ $(c>0)$과 한 점 P에 대하여

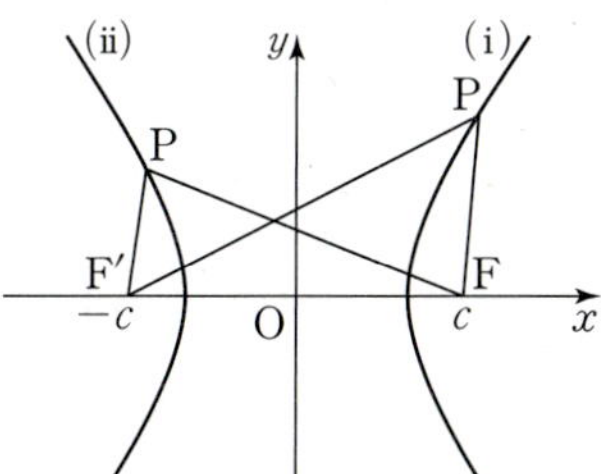

(i) $\overline{PF'}-\overline{PF}=2a$ $(a>0)$이면 $\overline{PF'}>\overline{PF}$이므로

쌍곡선 $\frac{x^2}{a^2}-\frac{y^2}{b^2}=1$에서 $x>0$인 부분

(ii) $\overline{PF}-\overline{PF'}=2a$ $(a>0)$이면 $\overline{PF'}<\overline{PF}$이므로

쌍곡선 $\frac{x^2}{a^2}-\frac{y^2}{b^2}=1$에서 $x<0$인 부분

(iii) $|\overline{PF'}-\overline{PF}|=2a$ $(a>0)$이면

쌍곡선 $\frac{x^2}{a^2}-\frac{y^2}{b^2}=1$을 의미한다. (단, $a^2+b^2=c^2$)

228 ······ 답 19

타원 $x^2+\frac{y^2}{a^2}=1$의 두 초점의 좌표는

$(0, \sqrt{a^2-1})$, $(0, -\sqrt{a^2-1})$이고, 쌍곡선 $x^2-y^2=1$의 두 초점의 좌표는 $(\sqrt{2}, 0)$, $(-\sqrt{2}, 0)$이다.
이 네 점을 꼭짓점으로 하는 사각형의 넓이가 12이므로

$\frac{1}{2}\times 2\sqrt{2}\times 2\sqrt{a^2-1}=12$

$\sqrt{a^2-1}=3\sqrt{2}$

$a^2-1=18$

$\therefore a^2=19$

229 …… 답 ②

원 $(x-4)^2+y^2=r^2$과 쌍곡선 $x^2-2y^2=1$이 서로 다른 세 점에서 만나기 위해서는 그림과 같이 원이 쌍곡선의 꼭짓점을 지나야 한다.

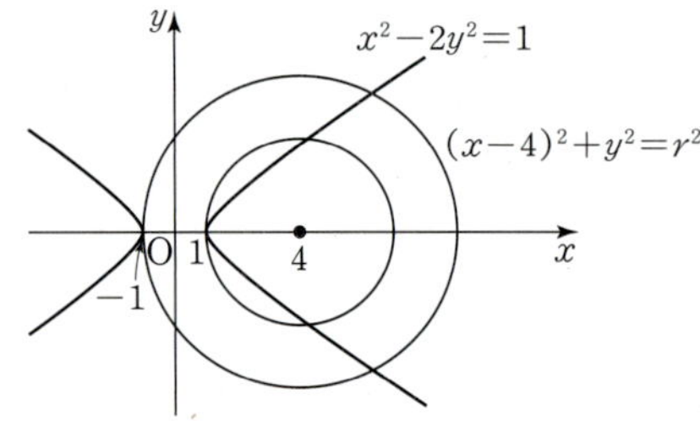

이때, 쌍곡선의 두 꼭짓점의 좌표는 $(1, 0)$, $(-1, 0)$이고 원의 중심의 좌표는 $(4, 0)$이므로 $r=3$ 또는 $r=5$이다. ($\because r>0$)
따라서 양수 r의 최댓값은 5이다.

230 …… 답 ④

타원 $\frac{x^2}{36}+\frac{y^2}{24}=1$의 초점의 좌표는 $(2\sqrt{3}, 0)$, $(-2\sqrt{3}, 0)$이고
쌍곡선 $\frac{x^2}{a}-\frac{y^2}{8}=1$의 초점의 좌표는
$(\sqrt{a+8}, 0)$, $(-\sqrt{a+8}, 0)$이므로
$2\sqrt{3}=\sqrt{a+8}$, $12=a+8$ $\quad\therefore a=4$
쌍곡선 $\frac{x^2}{4}-\frac{y^2}{8}=1$에서 쌍곡선의 정의에 의하여 $|\overline{AF}-\overline{AF'}|=4$
타원 $\frac{x^2}{36}+\frac{y^2}{24}=1$에서 타원의 정의에 의하여 $\overline{AF}+\overline{AF'}=12$

$\therefore |\overline{AF}^2-\overline{AF'}^2|=|\overline{AF}-\overline{AF'}|\times|\overline{AF}+\overline{AF'}|$
$=4\times 12=48$

231 …… 답 ⑤

$\overline{PF'}=m$, $\overline{PF}=n$ $(m>0, n>0)$이라 하면
$\overline{PF'}>\overline{PF}$이므로 쌍곡선의 정의에 의하여 $m-n=4$ …… ㉠
$\angle PFF'=90°$이므로 피타고라스 정리에 의하여
$m^2-n^2=36$
즉, $(m+n)(m-n)=36$에서 $m+n=9$ ($\because$ ㉠)
따라서 타원의 정의에 의하여
타원의 장축의 길이는 $m+n=9$이다.

다른 풀이

두 점 $F(3, 0)$, $F'(-3, 0)$을 초점으로 하고
두 점 $A(2, 0)$, $B(-2, 0)$을 꼭짓점으로 하는
쌍곡선의 방정식은 $\frac{x^2}{4}-\frac{y^2}{5}=1$이다.
이때, 점 P의 x좌표가 3이므로
$\frac{9}{4}-\frac{y^2}{5}=1$, $y^2=\frac{25}{4}$, $y=\pm\frac{5}{2}$ $\quad\therefore P\left(3, \frac{5}{2}\right)$
쌍곡선의 정의에 의하여 $\overline{PF'}-\overline{PF}=4$이므로
$\overline{PF'}-\frac{5}{2}=4$, $\overline{PF'}=\frac{13}{2}$
따라서 타원의 정의에 의하여
타원의 장축의 길이는 $\overline{PF'}+\overline{PF}=\frac{13}{2}+\frac{5}{2}=9$

232 …… 답 ④

주어진 타원의 방정식을 $\frac{x^2}{a^2}+\frac{y^2}{b^2}=1$ $(a>b>0)$이라 하자.
쌍곡선 $\frac{x^2}{9}-\frac{y^2}{7}=1$의 초점의 좌표는 $(4, 0)$, $(-4, 0)$이므로
$a^2-b^2=16$ …… ㉠
$\overline{PF}:\overline{PF'}=1:3$이므로 $\overline{PF}=k$ $(k>0)$라 하면 $\overline{PF'}=3k$
쌍곡선 $\frac{x^2}{9}-\frac{y^2}{7}=1$에서 쌍곡선의 정의에 의하여 $3k-k=6$, $k=3$
타원 $\frac{x^2}{a^2}+\frac{y^2}{b^2}=1$에서 타원의 정의에 의하여 $3k+k=2a$, $a=6$
㉠에 의하여 $b^2=20$, $b=2\sqrt{5}$ ($\because b>0$)
따라서 타원의 단축의 길이는 $4\sqrt{5}$이다.

233 …… 답 ④

쌍곡선 $x^2-\frac{y^2}{4}=1$의 두 초점의 좌표는 $(\sqrt{5}, 0)$, $(-\sqrt{5}, 0)$이고
원 $x^2+y^2=5$의 x축과의 두 교점의 좌표도 $(\sqrt{5}, 0)$, $(-\sqrt{5}, 0)$이다.
$B(-\sqrt{5}, 0)$, $C(\sqrt{5}, 0)$으로 놓으면 $\overline{BC}=2\sqrt{5}$
$\overline{AB}=a$, $\overline{AC}=b$ $(a>b)$라 하면
쌍곡선의 정의에 의하여 $a-b=2$
삼각형 ABC는 직각삼각형이므로

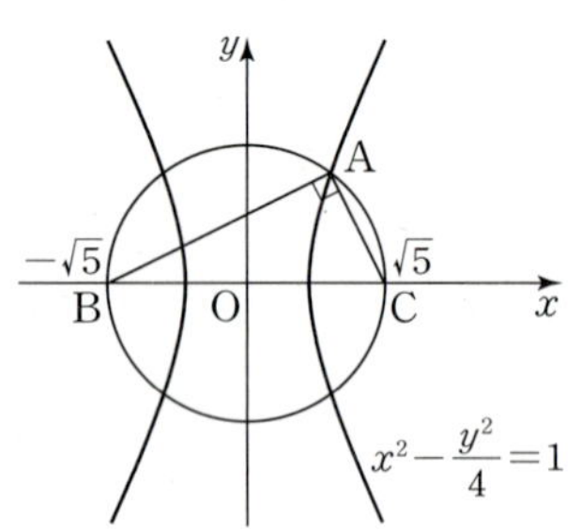

$a^2+b^2=20$
이때, $a^2+b^2=(a-b)^2+2ab$이므로
$20=4+2ab$, $ab=8$
$(a+b)^2=(a-b)^2+4ab=4+32$
$\therefore a+b=6$
$\therefore$ (삼각형 ABC의 둘레의 길이)$=(a+b)+2\sqrt{5}=6+2\sqrt{5}$

234 …… 답 ②

주어진 원의 반지름의 길이는 $c=\sqrt{4+6}=\sqrt{10}$이다.
$\overline{F'P}=a$, $\overline{FP}=b$ $(a>b)$라 하면 쌍곡선의 정의에 의하여
$a-b=4$ …… ㉠
또한 삼각형 FPF′은 직각삼각형이므로
$a^2+b^2=(2\sqrt{10})^2=40$ …… ㉡
㉠, ㉡을 연립하여 풀면

$(b+4)^2+b^2=40$, $b^2+4b-12=0$
$(b+6)(b-2)=0$ $\quad \therefore b=-6$ 또는 $b=2$
이때, $b>0$이므로 $b=2$, $a=6$ ($\because$ ㉠)
$\therefore \cos(\angle \mathrm{PFF'})=\dfrac{\overline{\mathrm{FP}}}{\overline{\mathrm{FF'}}}=\dfrac{2}{2\sqrt{10}}=\dfrac{\sqrt{10}}{10}$

235 ············ 답 ⑤

타원과 쌍곡선이 초점을 공유하므로
쌍곡선 $x^2-\dfrac{y^2}{b^2}=1$의 초점의 좌표는 $(\sqrt{1+b^2},\ 0)$, $(-\sqrt{1+b^2},\ 0)$,
타원 $\dfrac{x^2}{25}+\dfrac{y^2}{a^2}=1$의 초점의 좌표는 $(\sqrt{25-a^2},\ 0)$, $(-\sqrt{25-a^2},\ 0)$
즉, $\sqrt{25-a^2}=\sqrt{1+b^2}$, $a^2+b^2=24$ ······ ㉠
이때, 타원의 정의에 의하여 $\overline{\mathrm{PF'}}+\overline{\mathrm{PF}}=10$ ······ ㉡
쌍곡선의 정의에 의하여 $\overline{\mathrm{PF'}}-\overline{\mathrm{PF}}=2$ ······ ㉢
㉡, ㉢을 연립하여 풀면 $\overline{\mathrm{PF'}}=6$, $\overline{\mathrm{PF}}=4$

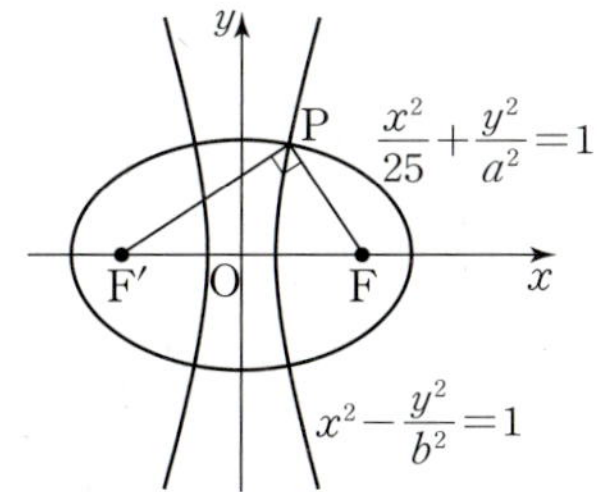

삼각형 FPF'은 직각삼각형이므로
피타고라스 정리에 의하여 $\overline{\mathrm{FF'}}=\sqrt{6^2+4^2}=2\sqrt{13}$
$\sqrt{13}=\sqrt{25-a^2}$, $a^2=12$, $b^2=12$ ($\because$ ㉠)
$\therefore a^2b^2=144$

236 ············ 답 ⑤

타원의 장축의 길이는 8이므로
타원의 정의에 의하여 $\overline{\mathrm{QF'}}+\overline{\mathrm{QF}}=8$ ······ ㉠
쌍곡선의 주축의 길이는 2이므로
쌍곡선의 정의에 의하여 $\overline{\mathrm{PF'}}-\overline{\mathrm{PF}}=2$ ······ ㉡
이때, $\overline{\mathrm{PQ}}=\overline{\mathrm{QF}}$이므로
$\overline{\mathrm{PF'}}=\overline{\mathrm{PQ}}+\overline{\mathrm{QF'}}=\overline{\mathrm{QF}}+\overline{\mathrm{QF'}}=8$ ($\because$ ㉠)
㉡에서 $8-\overline{\mathrm{PF}}=2$
$\therefore \overline{\mathrm{PF}}=6$

237 ············ 답 ①

$\dfrac{4x^2}{9}-\dfrac{y^2}{40}=1$에서 $\dfrac{x^2}{\frac{9}{4}}-\dfrac{y^2}{40}=1$이므로 쌍곡선의 두 초점 F, F'의
좌표는 각각 $\left(\dfrac{13}{2},\ 0\right)$, $\left(-\dfrac{13}{2},\ 0\right)$이고,
두 꼭짓점의 좌표는 $\left(\dfrac{3}{2},\ 0\right)$, $\left(-\dfrac{3}{2},\ 0\right)$이다.
이때, 원 C는 쌍곡선과 한 점에서 만나므로 원 C의 반지름의 길이는
$\dfrac{13}{2}-\dfrac{3}{2}=5$
또한 $\overline{\mathrm{PQ}}=12$이고 두 선분 PQ와 FQ는 서로 수직이므로 직각삼각형 PQF에서 피타고라스 정리에 의하여
$\overline{\mathrm{PF}}=\sqrt{12^2+5^2}=13$ ······ ㉠
따라서 쌍곡선의 정의에 의하여 $\overline{\mathrm{PF}}-\overline{\mathrm{PF'}}=3$이므로
$\overline{\mathrm{PF'}}=10$ ($\because$ ㉠)

238 ············ 답 ③

원 C의 반지름의 길이를 r $(r>0)$라 하면 $\overline{\mathrm{PF'}}=r$이다.
쌍곡선의 정의에 의하여 $\overline{\mathrm{PF}}-\overline{\mathrm{PF'}}=\overline{\mathrm{PF}}-r=8$이므로
$\overline{\mathrm{FQ}}\le\overline{\mathrm{PF}}+\overline{\mathrm{PQ}}=(8+r)+r=8+2r$
선분 FQ의 길이의 최댓값이 14이므로
$8+2r=14$
$\therefore r=3$
따라서 원 C의 넓이는 $\pi\times3^2=9\pi$이다.

239 ············ 답 ④

$|\overline{\mathrm{PF}}-\overline{\mathrm{PF'}}|=10$이므로 쌍곡선의 정의에 의하여 쌍곡선의 주축의 길이는 10이다.
$\therefore a^2=25$
포물선 $y^2=56(x+c)$에서 $\overline{\mathrm{AF}}=14$
이때, $\overline{\mathrm{AF'}}:\overline{\mathrm{FF'}}=1:6$이므로 $\overline{\mathrm{AF'}}=2$, $\overline{\mathrm{FF'}}=12$
따라서 $\mathrm{F}(6,\ 0)$, $\mathrm{F'}(-6,\ 0)$, $\mathrm{A}(-8,\ 0)$이므로 $c=8$이고,
쌍곡선 $\dfrac{x^2}{25}-\dfrac{y^2}{b^2}=1$에서 $25+b^2=36$
$\therefore b^2=11$
$\therefore \dfrac{c^2}{a^2-b^2}=\dfrac{64}{25-11}=\dfrac{32}{7}$

240 ············ 답 ③

원 $x^2+y^2=8$과 쌍곡선 $\dfrac{x^2}{a^2}-\dfrac{y^2}{b^2}=1$은 모두 x축과 y축에 대하여 대칭이므로 원의 둘레를 4등분하는 네 점은
원 $x^2+y^2=8$과 두 직선 $y=\pm x$의 교점이다.
$x^2+y^2=8$에 $y=\pm x$를 대입하면 $x^2+x^2=8$, $x^2=4$
$\therefore x=-2$ 또는 $x=2$
따라서 네 교점의 좌표는
$(-2,\ -2)$, $(-2,\ 2)$, $(2,\ -2)$, $(2,\ 2)$이다.
이 점들은 쌍곡선 $\dfrac{x^2}{a^2}-\dfrac{y^2}{b^2}=1$ 위의 점이므로
$\dfrac{4}{a^2}-\dfrac{4}{b^2}=1$ ······ ㉠
한편, 쌍곡선의 한 점근선의 방정식이 $y=\sqrt{2}x$이므로
$\dfrac{b}{a}=\sqrt{2}$ 또는 $\dfrac{b}{a}=-\sqrt{2}$
즉, $b^2=2a^2$ ······ ㉡
㉠, ㉡을 연립하여 풀면 $a^2=2$, $b^2=4$
$\therefore a^2+b^2=6$

241 ······ 답 ③

$x^2-\frac{y^2}{4}=1$에 $y=mx+n$을 대입하면

$x^2-\frac{(mx+n)^2}{4}=1$

$(4-m^2)x^2-2mnx-(n^2+4)=0$ ······ ㉠

(i) $m^2=4$일 때, $m=2$ 또는 $m=-2$이므로

㉠은 $-4nx-(n^2+4)=0$

또는 $4nx-(n^2+4)=0$

이때, $n=0$이면 x의 값이 존재하지 않는다.

(ii) $m^2\neq4$일 때,

㉠은 x에 대한 이차방정식이므로 판별식을 D라 하면

$D\geq0$이어야 한다.

$\frac{D}{4}=m^2n^2+(4-m^2)(n^2+4)=4n^2+16-4m^2\geq0$

이때, n의 값에 관계없이 이 부등식이 항상 성립하기 위해선

$16-4m^2\geq0$이어야 하므로 $-2\leq m\leq2$이어야 한다.

즉, $-2<m<2$

(i), (ii)에서 구하는 실수 m의 값의 범위는 $-2<m<2$이다.

참고

쌍곡선 $x^2-\frac{y^2}{4}=1$의 점근선의 방정식은 $y=\pm2x$이므로 $n=0$일 때 $m=\pm2$이면 쌍곡선 $x^2-\frac{y^2}{4}=1$과 직선 $y=mx+n$은 만나지 않는다.

242 ······ 답 ⑤

쌍곡선 $\frac{x^2}{2}-\frac{y^2}{18}=1$의 점근선의 방정식은 $y=\pm3x$이다.

ㄱ. $a=-4$이고 $b=0$일 때 직선 $y=ax+b$의 기울기 a는 $a<-3$이므로 쌍곡선과 직선의 교점은 존재하지 않는다. (참)

ㄴ. $a=3$이고 $b>0$일 때 직선 $y=ax+b$는 점근선 $y=3x$와 평행하므로 쌍곡선과 직선의 교점은 1개이다. (참)

ㄷ. $a=\frac{1}{3}$이고 $b<0$일 때 직선 $y=ax+b$의 기울기 a는 $-3<a<3$이므로 쌍곡선과 직선의 교점은 2개이다. (참)

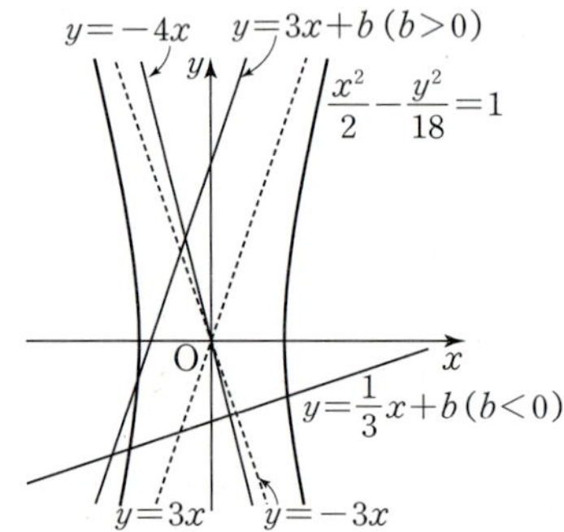

따라서 옳은 것은 ㄱ, ㄴ, ㄷ이다.

다른 풀이

쌍곡선 $\frac{x^2}{2}-\frac{y^2}{18}=1$과 직선 $y=ax+b$의 교점의 개수는 x, y에 대한 연립방정식 $\begin{cases}9x^2-y^2=18\\ y=ax+b\end{cases}$의 실근의 개수와 같다.

$9x^2-(ax+b)^2=18$에서

$(9-a^2)x^2-2abx-(18+b^2)=0$ ······ ㉠

ㄱ. $a=-4$, $b=0$일 때

㉠에서 $-7x^2-18=0$, 즉 $7x^2+18=0$

이 이차방정식의 판별식을 D라 하면

$\frac{D}{4}=0^2-7\times18<0$이므로

구하는 교점의 개수는 0이다. (참)

ㄴ. $a=3$, $b>0$일 때

㉠에서 $-6bx-(18+b^2)=0$,

즉 $6bx+(18+b^2)=0$ (단, $b>0$)

이 일차방정식은 반드시 실근 1개를 가지므로 구하는 교점의 개수는 1이다. (참)

ㄷ. $a=\frac{1}{3}$, $b<0$일 때

㉠에서 $\frac{80}{9}x^2-\frac{2}{3}bx-(18+b^2)=0$,

즉 $80x^2-6bx-9(18+b^2)=0$ (단, $b<0$)

이 이차방정식의 판별식을 D라 하면

$\frac{D}{4}=(-3b)^2+80\times9(18+b^2)>0$이므로

구하는 교점의 개수는 2이다. (참)

따라서 옳은 것은 ㄱ, ㄴ, ㄷ이다.

참고

일반적으로 쌍곡선 $\frac{x^2}{a^2}-\frac{y^2}{b^2}=1$ ($a>0$, $b>0$)과 직선 $y=mx+n$의 교점의 개수는 다음과 같다.

(i) $|m|<\frac{b}{a}$일 때

n의 값에 관계없이 직선과 쌍곡선의 교점의 개수는 2이다.

(ii) $|m|=\frac{b}{a}$일 때

$n\neq0$이면 직선과 쌍곡선의 교점의 개수는 1이다.

$n=0$이면 직선이 점근선과 같게 되므로 직선과 쌍곡선의 교점의 개수는 0이다.

(iii) $|m|>\frac{b}{a}$일 때

n의 값에 따라서 직선과 쌍곡선의 교점의 개수는 2 또는 1 또는 0이다.

243 ······ 답 ④

$\frac{x^2}{6^2}-\frac{y^2}{n^2}=-1$에 $y=x+\frac{n}{2}$을 대입하면

$\frac{x^2}{36}-\frac{\left(x+\frac{n}{2}\right)^2}{n^2}=-1$

$n^2x^2-36\left(x^2+nx+\frac{n^2}{4}\right)=-36n^2$

$(n^2-36)x^2-36nx+27n^2=0$ ······ ㉠

$n \neq 6$일 때 ㉠은 x에 대한 이차방정식이므로
이 이차방정식의 판별식을 D라 하면

$\frac{D}{4}=18^2n^2-27n^2(n^2-36)$

ㄱ. $n=1$일 때 $\frac{D}{4}=18^2+27\times35>0$이므로 $f(1)=2$ (참)

ㄴ. $n=6$일 때 방정식 ㉠의 근은 $x=\frac{9}{2}$로 1개뿐이므로 $f(6)=1$이다. (거짓)

ㄷ. $f(n)=0$이기 위해서는 $D<0$이어야 한다.
$18^2n^2-27n^2(n^2-36)<0$에서 $n^2>48$
$\therefore n<-4\sqrt{3}$ 또는 $n>4\sqrt{3}$
따라서 자연수 n의 최솟값은 7이다. (참)

그러므로 옳은 것은 ㄱ, ㄷ이다.

244

답 ①

쌍곡선 $4x^2-y^2=4$, 즉 $x^2-\frac{y^2}{4}=1$ 위의 점 P와 직선 $3x+y=0$ 사이의 거리가 최소가 될 때는 그림과 같이 쌍곡선 위의 점 P에서의 접선이 직선 $3x+y=0$과 평행할 때이다.

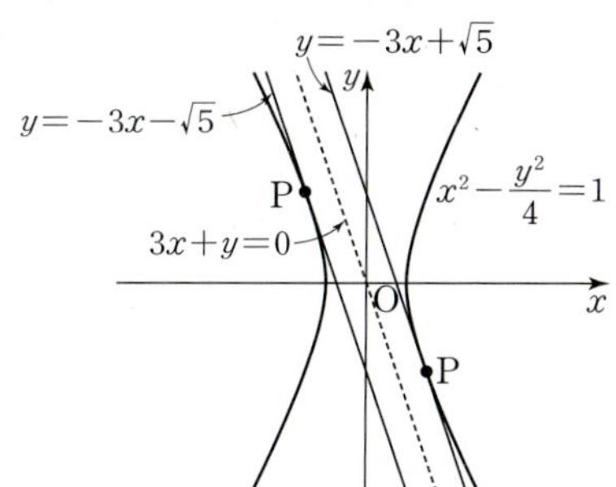

쌍곡선 $x^2-\frac{y^2}{4}=1$에 접하고 기울기가 -3인 직선의 방정식은

$y=-3x\pm\sqrt{9-4}$

$\therefore y=-3x+\sqrt{5}$ 또는 $y=-3x-\sqrt{5}$

이때, 직선 $3x+y=0$과 직선 $y=-3x+\sqrt{5}$ 사이의 거리는 점 $(0, \sqrt{5})$와 직선 $3x+y=0$ 사이의 거리와 같으므로

$\frac{|\sqrt{5}|}{\sqrt{9+1}}=\frac{\sqrt{2}}{2}$

이때, 직선 $3x+y=0$과 직선 $y=-3x-\sqrt{5}$ 사이의 거리도 $\frac{\sqrt{2}}{2}$이므로 구하는 최솟값은 $\frac{\sqrt{2}}{2}$이다.

245

답 ②

쌍곡선 $\frac{x^2}{8}-y^2=1$ 위의 점 A$(4, 1)$에서의 접선의 방정식은

$\frac{4x}{8}-y=1$, $y=\frac{1}{2}x-1$이므로

이 접선이 x축과 만나는 점 B의 좌표는 $(2, 0)$

이때, 쌍곡선 $\frac{x^2}{8}-y^2=1$의 x좌표가 양수인 초점 F의 좌표는 $(3, 0)$

삼각형 FAB에서 선분 BF를 밑변이라 하면 $\overline{BF}=1$이고, 점 A의 y좌표는 1이므로 높이는 1이다.

$\therefore$ (삼각형 FAB의 넓이)$=\frac{1}{2}\times1\times1=\frac{1}{2}$

246

답 ③

쌍곡선 $x^2-y^2=3$, 즉 $\frac{x^2}{3}-\frac{y^2}{3}=1$의 점근선의 방정식은

$y=x$ 또는 $y=-x$

쌍곡선 $x^2-y^2=3$ 위의 점 $(2, 1)$에서의 접선의 방정식은

$2x-y=3$

따라서 직선 $2x-y=3$과 두 점근선의 교점은

$(3, 3)$, $(1, -1)$이다.

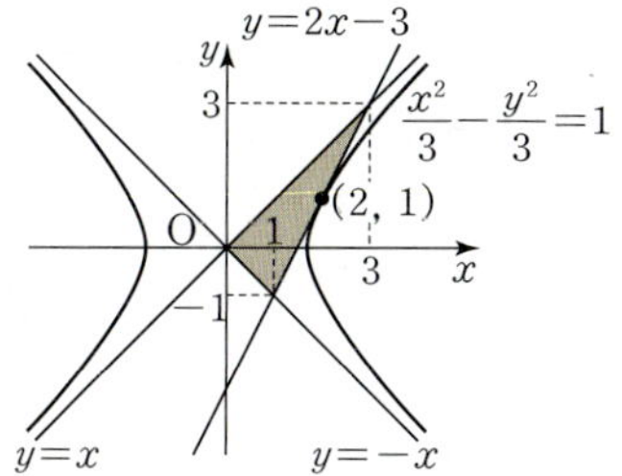

이때, 두 직선 $y=x$, $y=-x$는 기울기의 곱이 -1이고, 원점을 지나므로 원점 O에서 수직으로 만난다.

따라서 구하는 넓이는 $\frac{1}{2}\times3\sqrt{2}\times\sqrt{2}=3$이다.

247

답 ①

쌍곡선 $x^2-4y^2=a$ 위의 점 $(b, 1)$에서의 접선의 방정식은

$bx-4y=a$, $y=\frac{b}{4}x-\frac{a}{4}$

쌍곡선의 점근선의 방정식은 $y=\pm\frac{1}{2}x$이고 $b>0$이므로

직선 $y=\frac{b}{4}x-\frac{a}{4}$와 직선 $y=-\frac{1}{2}x$는 수직이다.

즉, $\frac{b}{4}\times\left(-\frac{1}{2}\right)=-1$이므로 $b=8$

쌍곡선의 방정식 $x^2-4y^2=a$에 $x=8$, $y=1$을 대입하면

$a=8^2-4\times1^2=60$

$\therefore a+b=60+8=68$

248

답 52

쌍곡선 $\frac{x^2}{12}-\frac{y^2}{8}=1$ 위의 점 (a, b)에서의 접선의 방정식은

$\frac{ax}{12}-\frac{by}{8}=1$

이 접선이 타원 $\frac{(x-2)^2}{4}+y^2=1$의 넓이를 이등분하므로 접선은 타원의 중심인 점 $(2, 0)$을 지난다.

즉, $\frac{a}{6}=1$

$\therefore a=6$

이때, 점 (a, b), 즉 $(6, b)$는 쌍곡선 $\frac{x^2}{12}-\frac{y^2}{8}=1$ 위의 점이므로

$3-\frac{b^2}{8}=1$

$\therefore b^2=16$

$\therefore a^2+b^2=36+16=52$

TIP

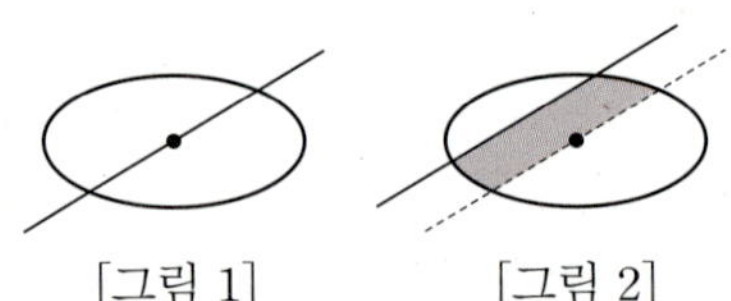

[그림 1] [그림 2]

[그림 1]에서 타원은 타원의 중심에 대하여 대칭이고 타원의 중심을 지나는 어떠한 직선에 대하여 대칭이므로 타원의 중심을 지나는 직선은 타원의 넓이를 이등분한다.

[그림 2]와 같이 타원의 중심을 지나지 않는 직선(실선)을 생각하자. 이때, 타원의 중심을 지나는 평행선을 그어 보면 타원과 두 직선으로 둘러싸인 부분의 넓이로 인하여 실선이 타원의 넓이를 이등분할 수 없음을 알 수 있다.

249

답 15

쌍곡선 $\frac{x^2}{a^2}-\frac{y^2}{b^2}=1$ 위의 점 $P(4, k)$에서의 접선의 방정식은

$\frac{4x}{a^2}-\frac{ky}{b^2}=1$

선분 $F'F$를 $2:1$로 내분하는 점의 좌표는 $(1, 0)$이므로

$\frac{4}{a^2}=1$

$\therefore a^2=4$

또한 쌍곡선의 두 초점이 $F(3, 0)$, $F'(-3, 0)$이므로

$a^2+b^2=3^2$

$\therefore b^2=5$

따라서 쌍곡선의 방정식은

$\frac{x^2}{4}-\frac{y^2}{5}=1$

이때, 쌍곡선이 점 $P(4, k)$를 지나므로

$\frac{16}{4}-\frac{k^2}{5}=1$, $\frac{k^2}{5}=3$

$\therefore k^2=15$

250

답 ①

쌍곡선 $\frac{x^2}{a^2}-\frac{y^2}{b^2}=1$의 점근선의 방정식이

$y=\pm\frac{\sqrt{3}}{3}x$이므로 $\frac{b^2}{a^2}=\left(\frac{\sqrt{3}}{3}\right)^2$이고 …… ㉠

한 초점이 $F(4\sqrt{3}, 0)$이므로 $a^2+b^2=(4\sqrt{3})^2$이다. …… ㉡

㉠, ㉡을 연립하여 풀면 $a^2=36$, $b^2=12$

쌍곡선 $\frac{x^2}{36}-\frac{y^2}{12}=1$과 직선 $x=4\sqrt{3}$이 제1사분면에서 만나는 점 P의 y좌표는

$\frac{48}{36}-\frac{y^2}{12}=1$에서 $y^2=4$, $y=2$($\because y>0$)이다.

따라서 쌍곡선 $\frac{x^2}{36}-\frac{y^2}{12}=1$ 위의 점 $P(4\sqrt{3}, 2)$에서의 접선의 방정식은 $\frac{4\sqrt{3}x}{36}-\frac{2y}{12}=1$, 즉 $y=\frac{2\sqrt{3}}{3}x-6$이므로

접선의 기울기는 $\frac{2\sqrt{3}}{3}$이다.

251

답 ③

쌍곡선 $3x^2-2y^2=6$, 즉 $\frac{x^2}{2}-\frac{y^2}{3}=1$의 초점 F, F′의 좌표는 각각 $(\sqrt{5}, 0)$, $(-\sqrt{5}, 0)$이고,

쌍곡선 $3x^2-2y^2=6$ 위의 점 $(2, \sqrt{3})$에서의 접선의 방정식 l은

$6x-2\sqrt{3}y=6$, 즉 $l : y=\sqrt{3}x-\sqrt{3}$이다.

직선 l이 x축과 만나는 점을 C라 하면 $C(1, 0)$이고,

직선 l의 기울기는 $\sqrt{3}$이므로 직선 l이 x축의 양의 방향과 이루는 각의 크기가 $60°$이다.

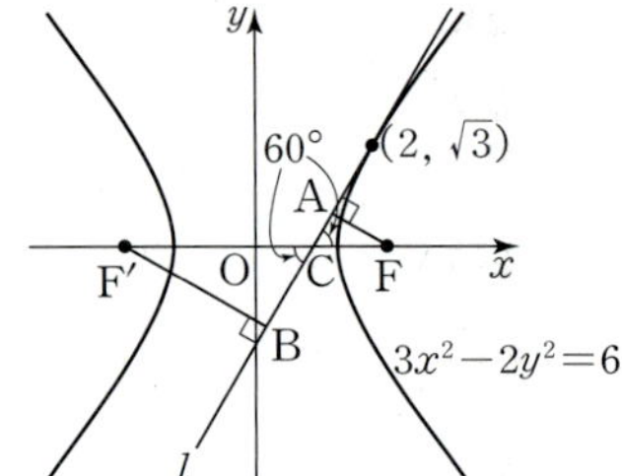

$\overline{AC}=\overline{FC}\times\cos 60°=\frac{\sqrt{5}-1}{2}$

$\overline{BC}=\overline{F'C}\times\cos 60°=\frac{\sqrt{5}+1}{2}$

$\therefore \overline{AB}=\overline{AC}+\overline{BC}=\frac{\sqrt{5}-1}{2}+\frac{\sqrt{5}+1}{2}=\sqrt{5}$

252

답 32

쌍곡선 $x^2-y^2=32$ 위의 점 $P(-6, 2)$에서의 접선 l의 방정식은

$-6x-2y=32$

$\therefore y=-3x-16$

원점 O와 직선 l 사이의 거리는

$\overline{OH}=\frac{|16|}{\sqrt{3^2+1^2}}=\frac{8\sqrt{10}}{5}$

이때, 직선 l에 수직이고 원점을 지나는 직선의 방정식은

$y=\frac{1}{3}x$이므로 직선 $y=\frac{1}{3}x$와 쌍곡선이 제1사분면에서 만나는 점 Q의 좌표를 구하면

$x^2-\frac{1}{9}x^2=32$에서 $x^2=36$

이때, $x>0$이므로 $x=6$

$\therefore Q(6, 2)$

$\therefore \overline{OH}\times\overline{OQ}=\frac{8\sqrt{10}}{5}\times\sqrt{6^2+2^2}=32$

253 ······ 답 ③

쌍곡선 $\frac{x^2}{a^2}-\frac{y^2}{b^2}=1$이 점 A(4, 1)을 지나므로

$\frac{16}{a^2}-\frac{1}{b^2}=1$ ······ ㉠

타원 $\frac{x^2}{24}+\frac{y^2}{3}=1$ 위의 점 A(4, 1)에서의 접선의 방정식은

$\frac{4x}{24}+\frac{y}{3}=1$, 즉 $y=-\frac{1}{2}x+3$

쌍곡선 $\frac{x^2}{a^2}-\frac{y^2}{b^2}=1$ 위의 점 A(4, 1)에서의 접선의 방정식은

$\frac{4x}{a^2}-\frac{y}{b^2}=1$, 즉 $y=\frac{4b^2}{a^2}x-b^2$

두 직선 $y=-\frac{1}{2}x+3$, $y=\frac{4b^2}{a^2}x-b^2$이 서로 수직이므로

$-\frac{1}{2}\times\frac{4b^2}{a^2}=-1$, $a^2=2b^2$ ······ ㉡

㉡을 ㉠에 대입하면 $b^2=7$, $a^2=14$

$\therefore a^2+b^2=21$

254 ······ 답 ①

쌍곡선 $4x^2-9y^2=36$, 즉 $\frac{x^2}{9}-\frac{y^2}{4}=1$에 접하고 기울기가 m인 접선의 방정식은

$y=mx\pm\sqrt{9m^2-4}$

이때, 이 접선이 점 $(2, a)$를 지나므로

$a=2m\pm\sqrt{9m^2-4}$

$(2m-a)^2=9m^2-4$

$5m^2+4am-a^2-4=0$

두 접선의 기울기의 곱이 -1이므로

m에 대한 이차방정식의 근과 계수의 관계에 의하여

$\frac{-a^2-4}{5}=-1$, $a^2=1$

$\therefore a=1$ ($\because a>0$)

255 ······ 답 ③

쌍곡선 $\frac{x^2}{4}-\frac{y^2}{9}=1$의 점근선의 방정식은

$y=\frac{3}{2}x$ 또는 $y=-\frac{3}{2}x$이다.

이때, 점 P(a, b)는 쌍곡선 $\frac{x^2}{4}-\frac{y^2}{9}=1$의 제1사분면 위에 있으므로

$a\to\infty$일 때 점 P(a, b)는 직선 $y=\frac{3}{2}x$에 한없이 가까워진다.

$\therefore \lim_{a\to\infty}f(a)=\lim_{a\to\infty}\frac{\frac{3}{2}a-4}{a+1}=\frac{3}{2}$

256 ······ 답 ⑤

쌍곡선 $\frac{x^2}{9}-\frac{y^2}{16}=-1$의 초점의 좌표는 (0, 5), (0, −5)이므로

$\overline{FF'}=10$

$\overline{PF'}:\overline{PF}=3:1$에서 $\overline{PF'}=3k$, $\overline{PF}=k$ $(k>0)$라 하자.

쌍곡선의 정의에 의하여 $\overline{PF'}-\overline{PF}=2k=8$, $k=4$

따라서 $\overline{PF'}=12$, $\overline{PF}=4$이므로 코사인법칙에 의하여

$\cos\theta=\frac{12^2+4^2-10^2}{2\times12\times4}=\frac{5}{8}$

257 ······ 답 ⑤

$\overline{PF}=a$, $\overline{PF'}=b$라 하면 쌍곡선의 정의에 의하여 $|a-b|=8$이므로 양변을 제곱하면

$a^2-2ab+b^2=64$에서

$a^2+b^2=2ab+64$ ······ ㉠

쌍곡선 $\frac{x^2}{16}-\frac{y^2}{9}=1$의 두 초점은 F′(−5, 0), F(5, 0)이므로

$\overline{FF'}=10$

이때, ∠FPF′=60°이므로 삼각형 PFF′에서 코사인법칙을 이용하면

$10^2=a^2+b^2-2ab\cos60°$에서

$100=a^2+b^2-ab$

이 식에 ㉠을 대입하면

$100=(2ab+64)-ab$, $ab=36$

$\therefore$ (삼각형 PFF′의 넓이)$=\frac{1}{2}ab\sin60°$

$=\frac{1}{2}\times36\times\frac{\sqrt{3}}{2}=9\sqrt{3}$

258 ······ 답 ④

쌍곡선 $6x^2-y^2=a$ 위의 제2사분면의 점 P$(b, 3)$에서의 접선의 방정식은 $6bx-3y=a$이므로 기울기는 $2b$이다.

이 접선이 x축의 양의 방향과 이루는 각의 크기를 θ_1이라 하면

$\tan\theta_1=2b$

직선 $y=3x$의 기울기는 3이므로 이 직선이 x축의 양의 방향과 이루는 각의 크기를 θ_2라 하면 $\tan\theta_2=3$

$\tan\theta=|\tan(\theta_1-\theta_2)|=\left|\frac{2b-3}{1+6b}\right|$

이때, $\sin\theta=\frac{3}{5}$에서 $\tan\theta=\frac{3}{4}$ $\left(\because 0<\theta<\frac{\pi}{2}\right)$이므로

$\left|\frac{2b-3}{1+6b}\right|=\frac{3}{4}$, $4|2b-3|=3|1+6b|$

$8b-12=\pm3(1+6b)$

$b=-\frac{3}{2}$ 또는 $b=\frac{9}{26}$

이때, 점 P는 제2사분면 위에 있으므로 $b=-\frac{3}{2}$

점 P$\left(-\frac{3}{2}, 3\right)$은 쌍곡선 $6x^2-y^2=a$ 위의 점이므로

$a=\frac{9}{2}$

$\therefore a+b=\frac{9}{2}+\left(-\frac{3}{2}\right)=3$

259 ······ 답 ②

점 A에서 x축에 내린 수선의 발을 H라 하자.

$\cos(\angle \text{AFF}')=-\frac{1}{5}$에서 $\cos(\pi-\angle \text{AFF}')=\frac{1}{5}$이므로

$\overline{\text{FH}}=5\times\frac{1}{5}=1$

점 F′을 지나고 x축에 수직인 직선은 포물선 $y^2=4px$의 준선이므로
점 A에서 포물선의 준선에 내린 수선의 발을 A′이라 하면
$\overline{\text{AA}'}=2p+1=5$
$\therefore p=2$
따라서 포물선 $y^2=8x$ 위의 점 A의 x좌표는 3이므로 y좌표는 $2\sqrt{6}$이다.
두 점 $\text{A}(3, 2\sqrt{6})$, $\text{F}'(-2, 0)$ 사이의 거리는
$\overline{\text{AF}'}=\sqrt{5^2+(2\sqrt{6})^2}=7$이므로
쌍곡선의 정의에 의하여 $2a=\overline{\text{AF}'}-\overline{\text{AF}}=7-5=2$
$\therefore a=1$
또한 $a^2+b^2=4$이므로 $b=\sqrt{3}$ ($\because b>0$)이다.
$\therefore ab=\sqrt{3}$

260 ······ 답 ③

ㄱ. 쌍곡선 $\frac{x^2}{1^2}-\frac{y^2}{1^2}=1$의 점근선의 방정식은

$y=\pm x$이다. (참)

ㄴ. 쌍곡선 $x^2-y^2=1$ 위의 점 (x_1, y_1)에서의 접선의 방정식은

$x_1x-y_1y=1$이므로 접선의 기울기는 $\frac{x_1}{y_1}$이다. 이 접선이

점근선과 평행하려면 $\frac{x_1}{y_1}=\pm1$, 즉 $x_1=\pm y_1$이어야 한다.

이때, $(x_1)^2-(y_1)^2=0$이므로 이 점들은 쌍곡선 위의 점이 아니다.
따라서 쌍곡선 위의 점에서 그은 접선 중 점근선과 평행한 접선은 존재하지 않는다. (거짓)

ㄷ. $x^2-y^2=1$에 $y^2=4px$를 대입하면
$x^2-4px-1=0$
이 이차방정식의 두 근의 곱이 -1이므로 서로 다른 부호의 두 실근을 갖는다.
즉, 포물선 $y^2=4px$ $(p\neq0)$는 쌍곡선과 항상 두 점에서 만난다. (참)

따라서 옳은 것은 ㄱ, ㄷ이다.

261 ······ 답 ③

쌍곡선 $\frac{x^2}{9}-\frac{y^2}{3}=1$의 두 초점이 $\text{F}(2\sqrt{3}, 0)$, $\text{F}'(-2\sqrt{3}, 0)$이고

점 P의 x좌표는 양수이므로 쌍곡선의 정의에 의하여
$\overline{\text{F}'\text{P}}-\overline{\text{FP}}=6$이다.

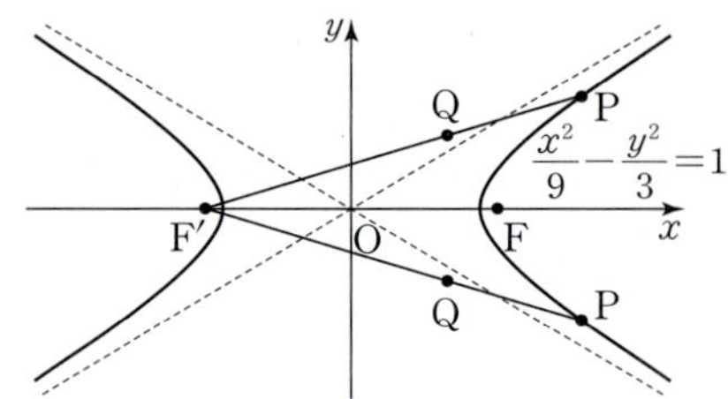

이때, $\overline{\text{FP}}=\overline{\text{PQ}}$이므로 $\overline{\text{F}'\text{P}}-\overline{\text{PQ}}=6$
세 점 F′, P, Q는 일직선 위에 있으므로 $\overline{\text{F}'\text{Q}}=6$이다.

또한 쌍곡선의 점근선의 방정식은 $y=\pm\frac{\sqrt{3}}{3}x$이다.

직선 $y=\frac{\sqrt{3}}{3}x$와 x축의 양의 방향이 이루는 각의 크기는 $30°$이다.

점 P의 x좌표가 한없이 커질 때 직선 PF′의 기울기는 점근선의 기울기에 한없이 가까워지므로
점 Q가 나타내는 도형 전체의 길이는 반지름의 길이가 6이고 중심각의 크기가 $60°$인 부채꼴의 호의 길이와 같다.

$\therefore$ (도형 전체의 길이)$=2\pi\times6\times\frac{60}{360}=2\pi$

262 ······ 답 12

주어진 쌍곡선의 두 점근선의 방정식은 $y=\pm\frac{4}{3}x$이고,

두 초점 F, F′은 모두 x축 위에 있으므로 쌍곡선의 방정식을

$\frac{x^2}{(3a)^2}-\frac{y^2}{(4a)^2}=1$ $(a>0)$이라 하면 이 쌍곡선의 두 초점의 좌표는

$\text{F}(5a, 0)$, $\text{F}'(-5a, 0)$이고 꼭짓점 A의 좌표는 $(3a, 0)$이다.

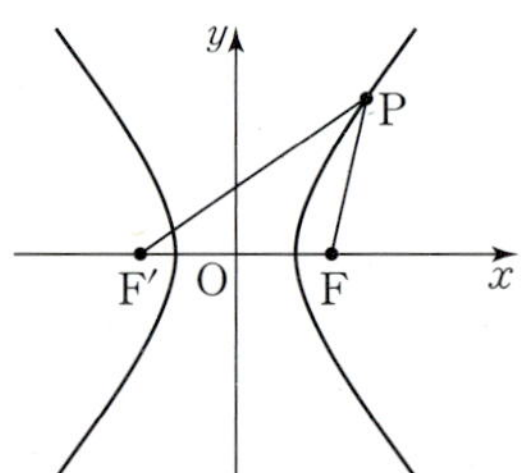

또한 쌍곡선의 정의에 의하여 $\overline{\text{PF}'}-\overline{\text{PF}}=6a$이므로 조건 ㈎에

의하여 $16\le30-6a\le20$, 즉 $\frac{5}{3}\le a\le\frac{7}{3}$이다.

한편, $\overline{\text{AF}}=5a-3a=2a$이므로 $\frac{10}{3}\le2a\le\frac{14}{3}$이고 조건 ㈏에

의하여 자연수 $2a$의 값은 4이다. $\therefore a=2$
따라서 이 쌍곡선의 주축의 길이는 $6a$이므로
$6a=12$

263 ······ 답 116

원 C의 중심을 A라 하고, 직선 FP와 원 C의 접점을 R라 하면
점 A는 y축 위에 있으므로 $\overline{\text{AF}}=\overline{\text{AF}'}$이고
두 직각삼각형 ARF, AQF′에 대하여 $\overline{\text{AR}}=\overline{\text{AQ}}$이다.

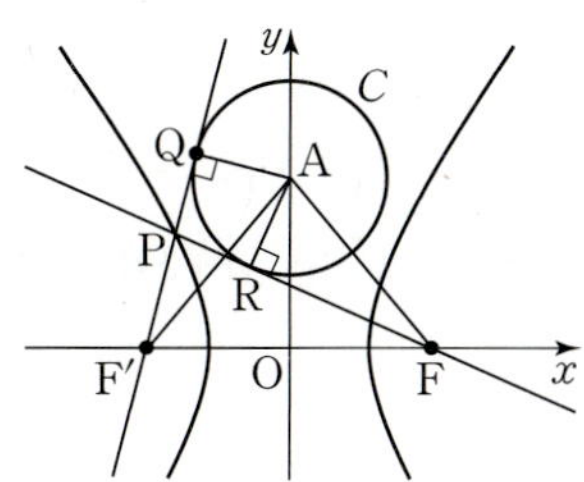

따라서 두 직각삼각형 ARF, AQF′은 서로 합동이므로
$\overline{FR}=\overline{F'Q}=5\sqrt{2}$이다.
또한 원 C의 외부의 점 P에 대하여 $\overline{PR}=\overline{PQ}$이므로
$\overline{FP}=\overline{FR}+\overline{PR}=5\sqrt{2}+\overline{PQ}$이고
$\overline{F'P}=\overline{F'Q}-\overline{PQ}=5\sqrt{2}-\overline{PQ}$이다.
이때, 쌍곡선의 정의에 의하여 $\overline{FP}-\overline{F'P}=4\sqrt{2}$이므로
$(5\sqrt{2}+\overline{PQ})-(5\sqrt{2}-\overline{PQ})=4\sqrt{2}$에서 $\overline{PQ}=2\sqrt{2}$이다.
즉, $\overline{FP}=7\sqrt{2}$이고 $\overline{F'P}=3\sqrt{2}$이다.
$\therefore\ \overline{FP}^2+\overline{F'P}^2=98+18=116$

264 ····· 답 ⑤

쌍곡선 $x^2-y^2=4$, 즉 $\frac{x^2}{4}-\frac{y^2}{4}=1$의 점근선의 방정식은
$y=x$ 또는 $y=-x$이다.
쌍곡선 $x^2-y^2=4$ 위의 점 $P(a, b)$에서의 접선의 방정식은
$ax-by=4$
점 $P(a, b)$가 쌍곡선 $x^2-y^2=4$ 위에 존재하므로
$a^2-b^2=4$ ······ ㉠

ㄱ. 직선 $ax-by=4$와 두 점근선의 방정식의 교점은
$Q\left(\frac{4}{a-b}, \frac{4}{a-b}\right)$, $R\left(\frac{4}{a+b}, -\frac{4}{a+b}\right)$이다.
선분 QR의 중점의 x좌표는
$\frac{1}{2}\times\left(\frac{4}{a-b}+\frac{4}{a+b}\right)=\frac{4a}{a^2-b^2}=a$ ($\because$ ㉠)
선분 QR의 중점의 y좌표는
$\frac{1}{2}\times\left(\frac{4}{a-b}-\frac{4}{a+b}\right)=\frac{4b}{a^2-b^2}=b$ ($\because$ ㉠) ······ TIP
따라서 선분 QR의 중점의 좌표는 (a, b)이므로
점 P는 선분 QR의 중점이다. (참)

ㄴ. 두 직선 $y=x$, $y=-x$는 기울기의 곱이 -1이고, 원점을 지나므로 점 O에서 수직으로 만난다.
따라서 세 점 O, Q, R는 선분 QR가 지름인 원 위에 존재하므로
$\overline{OP}=\frac{1}{2}\overline{QR}$이다. (참)

ㄷ. (삼각형 OQR의 넓이)$=\frac{1}{2}\times\overline{OQ}\times\overline{OR}$
$=\frac{1}{2}\times\left|\frac{4\sqrt{2}}{a-b}\right|\times\left|\frac{4\sqrt{2}}{a+b}\right|$
$=\frac{16}{|a^2-b^2|}=4$ ($\because$ ㉠)
이므로 점 P의 위치에 관계없이 삼각형 OQR의 넓이는 4로 일정하다. (참)

따라서 옳은 것은 ㄱ, ㄴ, ㄷ이다.

TIP
세 점 P, Q, R가 한 직선 위에 있으므로
점 P의 x좌표, y좌표 중 하나만 선분 QR의 중점의 좌표와 일치함을 보이면 된다.

Ⅱ 평면벡터

01 벡터의 연산

265 ··· 답 ⑤

$\overrightarrow{AC}=\sqrt{1^2+2^2}=\sqrt{5}$이므로 $|\overrightarrow{AC}|=\sqrt{5}$이다.

266 ··· 답 ③

ㄱ. 두 벡터 $\overrightarrow{BC}$, $\overrightarrow{FE}$는 방향이 같고, 크기가 2이므로 서로 같은 벡터이다. (참)

ㄴ. $\overrightarrow{CD}$와 $\overrightarrow{FA}$는 크기가 같지만 방향이 반대이므로 $\overrightarrow{CD}=-\overrightarrow{FA}$이다. (거짓)

ㄷ. $\overrightarrow{EO}=\overrightarrow{FA}$이고, $|\overrightarrow{FA}|=2$이므로 $|\overrightarrow{EO}|=2$이다. (참)

따라서 옳은 것은 ㄱ, ㄷ이다.

267 ··· 답 ③

ㄱ. $\vec{a}$와 $\vec{d}$는 크기는 같지만 방향이 반대이므로 서로 다른 벡터이다. (참)

ㄴ. $\vec{b}$와 $\vec{e}$는 크기와 방향이 같으므로 평행이동하여 겹쳐진다. 즉, 두 벡터는 서로 같은 벡터이다. (거짓)

ㄷ. $|\vec{c}|=\sqrt{4^2+2^2}=\sqrt{20}=2\sqrt{5}$ (참)

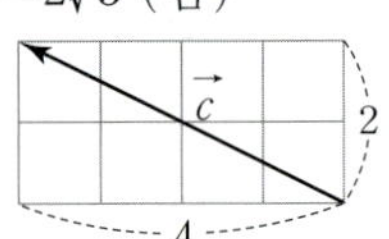

따라서 옳은 것은 ㄱ, ㄷ이다.

268 ··· 답 ①, ②

$\overrightarrow{OA}=\overrightarrow{DO}=\overrightarrow{CB}=\overrightarrow{EF}$로 $\overrightarrow{OA}$와 같은 벡터가 아닌 것은 ①, ②이다.

269 ··· 답 ③, ⑤

삼각형의 중점연결정리에 의하여

$\overline{DE}/\!/\overline{AC}$이고, $\overline{AF}=\overline{FC}=\overline{DE}$ ······ TIP

따라서 $\overrightarrow{AF}$와 같은 벡터는 ③, ⑤이다.

TIP

〈삼각형의 중점연결정리〉

삼각형의 두 변의 중점을 연결한 선분은 나머지 한 변과 평행하고, 그 길이는 나머지 한 변의 길이의 $\frac{1}{2}$이다.

즉, 그림의 삼각형 ABC에서 $\overline{DE}/\!/\overline{BC}$, $\overline{DE}=\frac{1}{2}\overline{BC}$이다.

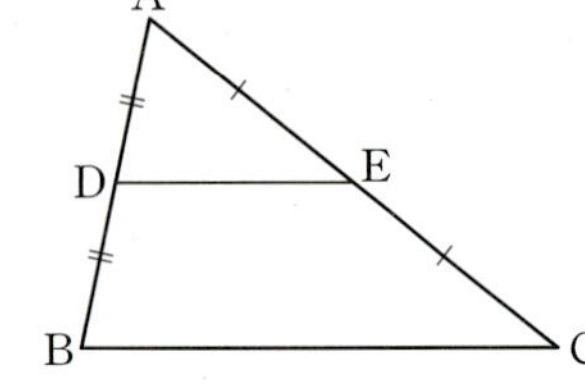

270 ··· 답 (1) $\overrightarrow{AD}$ (2) $\overrightarrow{AE}$

(1) $\overrightarrow{AB}+\overrightarrow{BC}+\overrightarrow{CD}=\overrightarrow{AC}+\overrightarrow{CD}=\overrightarrow{AD}$

(2) $\overrightarrow{AB}+\overrightarrow{BC}+\overrightarrow{DE}+\overrightarrow{CD}=\overrightarrow{AC}+\overrightarrow{CD}+\overrightarrow{DE}=\overrightarrow{AD}+\overrightarrow{DE}=\overrightarrow{AE}$

271 ··· 답 ④

① $\overrightarrow{BC}+\overrightarrow{CA}=\overrightarrow{BA}$ (참)

② $\overrightarrow{AB}-\overrightarrow{CB}=\overrightarrow{AB}+\overrightarrow{BC}=\overrightarrow{AC}$ (참)

③ $\overrightarrow{AC}+\overrightarrow{CA}=\overrightarrow{AC}-\overrightarrow{AC}=\vec{0}$ (참)

④ $\overrightarrow{BA}=\overrightarrow{CA}-\overrightarrow{CB}$ (거짓)

⑤ $\overrightarrow{AB}+\overrightarrow{BC}+\overrightarrow{CA}=\overrightarrow{AC}+\overrightarrow{CA}=\vec{0}$ (참)

따라서 옳지 않은 것은 ④이다.

272 ··· 답 ③

$2(3\vec{a}-\vec{b})-(-2\vec{a}+3\vec{b})=6\vec{a}-2\vec{b}+2\vec{a}-3\vec{b}$
$=8\vec{a}-5\vec{b}$

273 ··· 답 ②

$\vec{x}+2(\vec{a}+\vec{b})=3\vec{a}-\vec{b}-2\vec{x}$에서

$\vec{x}+2\vec{x}=3\vec{a}-\vec{b}-2\vec{a}-2\vec{b}$

$3\vec{x}=\vec{a}-3\vec{b}$

$\therefore \vec{x}=\frac{1}{3}\vec{a}-\vec{b}$

274 ··· 답 ①

$2(2\vec{x}+\vec{a}+3\vec{b})=3(\vec{x}-\vec{a}+\vec{b})$에서

$4\vec{x}-3\vec{x}=-3\vec{a}+3\vec{b}-2\vec{a}-6\vec{b}$

$\vec{x}=-5\vec{a}-3\vec{b}$

따라서 $m=-5$, $n=-3$이므로 $m+n=-8$이다.

275 ··· 답 ⑤

다음 그림과 같이 점 C를 잡자.

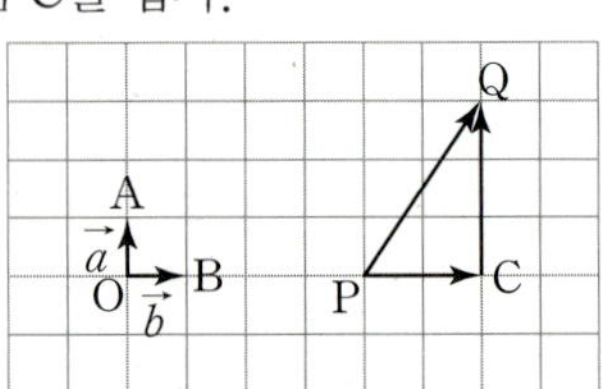

이때, $\overrightarrow{PC}=2\vec{b}$, $\overrightarrow{CQ}=3\vec{a}$이므로

$\overrightarrow{PQ}=\overrightarrow{PC}+\overrightarrow{CQ}=2\vec{b}+3\vec{a}=3\vec{a}+2\vec{b}$이다.

따라서 $m=3$, $n=2$이므로 $m+n=5$이다.

276 ······ 답 ④

$\overrightarrow{OB}=\overrightarrow{DO}$이므로
$\overrightarrow{DA}=\overrightarrow{DO}+\overrightarrow{OA}=\vec{b}+\vec{a}=\vec{a}+\vec{b}$

277 ······ 답 ③

$\overrightarrow{BA}=\overrightarrow{DE}$이므로
$\overrightarrow{BA}-\overrightarrow{DC}=\overrightarrow{DE}+\overrightarrow{CD}=\overrightarrow{CD}+\overrightarrow{DE}=\overrightarrow{CE}$

278 ······ 답 ⑤

$\vec{a}-\vec{b}+\vec{c}=\overrightarrow{BA}-\overrightarrow{BC}+\overrightarrow{CA}=\overrightarrow{CA}+\overrightarrow{CA}=2\overrightarrow{CA}$
이때, $|\overrightarrow{CA}|=6$이므로 구하는 값은 $2|\overrightarrow{CA}|=12$이다.

279 ······ 답 ②

$|\overrightarrow{AB}-\overrightarrow{AC}-\overrightarrow{AD}|=|\overrightarrow{CB}-\overrightarrow{AD}|$
$=|\overrightarrow{CB}+\overrightarrow{DA}|=2|\overrightarrow{DA}|=2$

280 ······ 답 ③

$\vec{a}+\vec{b}=\vec{c}$이므로 $\vec{a}+\vec{b}+2\vec{c}=3\vec{c}$
이때, $|\vec{c}|=3\sqrt{2}$이므로 구하는 값은 $3|\vec{c}|=9\sqrt{2}$이다.

281 ······ 답 ③

$|\vec{c}|=|\overrightarrow{BE}|=2|\overrightarrow{AF}|=2\times1=2$
다음 그림과 같이 정육각형의 세 대각선의 교점을 O라 하면

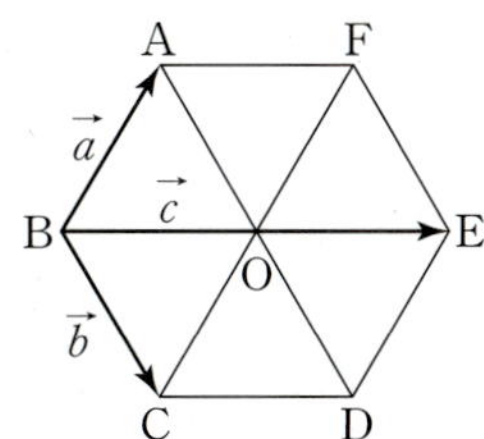

$\overrightarrow{BA}+\overrightarrow{BC}=\overrightarrow{BO}$이고, $\overrightarrow{BO}=\frac{1}{2}\vec{c}$이므로

$\vec{a}+\vec{b}=\frac{1}{2}\vec{c}$

$\therefore\ |\vec{a}+\vec{b}+\vec{c}|=\left|\frac{1}{2}\vec{c}+\vec{c}\right|$

$=\frac{3}{2}|\vec{c}|=\frac{3}{2}\times2=3$

282 ······ 답 ③

두 벡터 $\vec{a}-3\vec{b}$, $-2\vec{a}+m\vec{b}$가 서로 평행하므로
$-2\vec{a}+m\vec{b}=k(\vec{a}-3\vec{b})$를 만족시키는 0이 아닌 실수 k가 존재한다.
두 벡터 $\vec{a}$, $\vec{b}$는 영벡터가 아니고 서로 평행하지 않으므로
$-2=k$, $m=-3k$
따라서 $k=-2$, $m=6$이다.

283 ······ 답 ③

$m(\vec{a}-2\vec{b})=3\vec{a}+n(-\vec{a}+3\vec{b})$에서
$m\vec{a}-2m\vec{b}=(3-n)\vec{a}+3n\vec{b}$
두 벡터 $\vec{a}$, $\vec{b}$는 영벡터가 아니고 서로 평행하지 않으므로
$m=3-n$, $-2m=3n$
위의 두 식을 연립하여 풀면 $m=9$, $n=-6$
$\therefore\ m-n=15$

284 ······ 답 ①

두 벡터 $\vec{a}$, $\vec{b}$는 영벡터가 아니고 서로 평행하지 않으므로
$(x^2-2x)\vec{a}+(x^2+x)\vec{b}=8\vec{a}+2\vec{b}$에서
$x^2-2x=8$, $x^2+x=2$
위의 두 식을 풀면
$x^2-2x-8=0$, $(x+2)(x-4)=0$ $\therefore\ x=-2$ 또는 $x=4$
$x^2+x-2=0$, $(x+2)(x-1)=0$ $\therefore\ x=-2$ 또는 $x=1$
따라서 두 식을 모두 만족시키는 x의 값은 -2이다.

285 ······ 답 ④

$\overrightarrow{AB}=\overrightarrow{AO}+\overrightarrow{OB}=-\vec{a}+\vec{b}$,
$\overrightarrow{AC}=\overrightarrow{AO}+\overrightarrow{OC}=-\vec{a}+(3\vec{a}+m\vec{b})=2\vec{a}+m\vec{b}$
이고 세 점 A, B, C가 한 직선 위에 있으려면
$\overrightarrow{AC}=k\overrightarrow{AB}$를 만족시키는 0이 아닌 실수 k가 존재해야 한다.
즉, $2\vec{a}+m\vec{b}=k(-\vec{a}+\vec{b})$
두 벡터 $\vec{a}$, $\vec{b}$는 영벡터가 아니고 서로 평행하지 않으므로
$2=-k$, $m=k$
따라서 $k=-2$, $m=-2$이다.

286 ······ 답 ③

ㄱ. $-\vec{a}$는 $\vec{a}$와 크기가 같고 방향이 반대인 벡터이므로 $\vec{a}$의 크기가 1이면 $-\vec{a}$의 크기도 1이다.
즉, $\vec{a}$가 단위벡터이면 $-\vec{a}$도 단위벡터이다. (참)
ㄴ. 영벡터는 시점과 종점이 일치하는 벡터이므로 크기는 0이고 방향은 생각하지 않는다. (참)
ㄷ. 벡터는 크기와 방향을 함께 갖는 양을 말한다. (거짓)
따라서 옳은 것은 ㄱ, ㄴ이다.

287 ······ 답 ①

한 변의 길이가 2이므로 삼각형의 중점연결정리에 의하여
크기가 1인 벡터는 $\overrightarrow{AD}$, $\overrightarrow{DB}$, $\overrightarrow{BE}$, $\overrightarrow{EC}$, $\overrightarrow{FC}$, $\overrightarrow{AF}$, $\overrightarrow{DE}$, $\overrightarrow{DF}$, $\overrightarrow{EF}$와 그 각각의 벡터와 크기가 같고 방향이 반대인 벡터가 있으므로 모두 18개이다.
이때, $\overrightarrow{AD}=\overrightarrow{DB}=\overrightarrow{FE}$, $\overrightarrow{DA}=\overrightarrow{BD}=\overrightarrow{EF}$, $\overrightarrow{AF}=\overrightarrow{FC}=\overrightarrow{DE}$,
$\overrightarrow{FA}=\overrightarrow{CF}=\overrightarrow{ED}$, $\overrightarrow{DF}=\overrightarrow{BE}=\overrightarrow{EC}$, $\overrightarrow{FD}=\overrightarrow{EB}=\overrightarrow{CE}$이므로 서로 다른 단위벡터의 개수는 6이다.

288 ⋯⋯ 답 ④

다음 그림과 같이 점 B에서 선분 AC에 내린 수선의 발을 H라 하면 $\angle ABH=60°$이므로 $\overline{AH}=\frac{\sqrt{3}}{2}$이다.

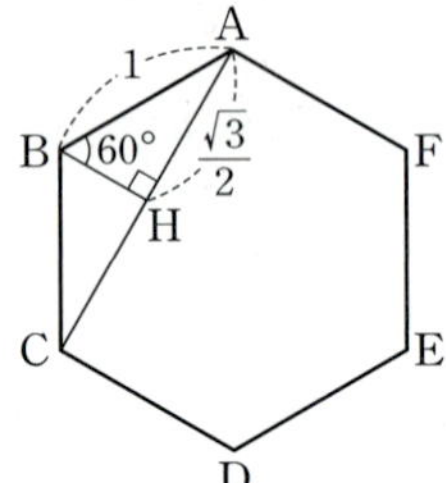

따라서 크기가 $\sqrt{3}$인 벡터는 $\overrightarrow{AC}$, $\overrightarrow{BD}$, $\overrightarrow{CE}$, $\overrightarrow{DF}$, $\overrightarrow{EA}$, $\overrightarrow{FB}$와 그 각각의 벡터와 크기는 같고 방향이 반대인 벡터가 있으므로 모두 12개이다.
이때, $\overrightarrow{AC}=\overrightarrow{FD}$, $\overrightarrow{CA}=\overrightarrow{DF}$, $\overrightarrow{BD}=\overrightarrow{AE}$, $\overrightarrow{DB}=\overrightarrow{EA}$, $\overrightarrow{CE}=\overrightarrow{BF}$, $\overrightarrow{EC}=\overrightarrow{FB}$이므로 크기가 $\sqrt{3}$인 서로 다른 벡터의 개수는 6이다.

289 ⋯⋯ 답 (1) 점 A (2) 선분 AB의 중점

(1) $\overrightarrow{AB}+\overrightarrow{BC}+\overrightarrow{CP}=\overrightarrow{AC}+\overrightarrow{CP}=\overrightarrow{AP}$
에서 $\overrightarrow{AP}=\vec{0}$이므로 점 P는 점 A와 일치한다.
(2) $\overrightarrow{AP}=-\overrightarrow{BP}$이므로 두 벡터 $\overrightarrow{AP}$, $\overrightarrow{BP}$는 서로 크기는 같지만 방향이 반대이다.
따라서 점 P는 선분 AB의 중점과 일치한다.

290 ⋯⋯ 답 ①

$2\overrightarrow{PA}+5\overrightarrow{PB}+\overrightarrow{PC}=\overrightarrow{BC}$에서
$2\overrightarrow{PA}+5\overrightarrow{PB}+\overrightarrow{PC}=\overrightarrow{PC}-\overrightarrow{PB}$이므로
$2\overrightarrow{PA}=-6\overrightarrow{PB}$ $\therefore \overrightarrow{PA}=-3\overrightarrow{PB}$

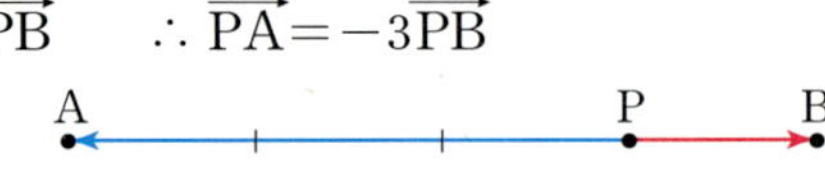

따라서 $\overline{AP}:\overline{PB}=3:1$이므로 점 P는 선분 AB를 $3:1$로 내분하는 점이다.

291 ⋯⋯ 답 ①

다음 그림에서 $\angle AOB=90°$이므로 사각형 AOBC′이 직사각형이 되도록 점 C′을 잡으면 $\overrightarrow{OA}+\overrightarrow{OB}=\overrightarrow{OC'}$이다.

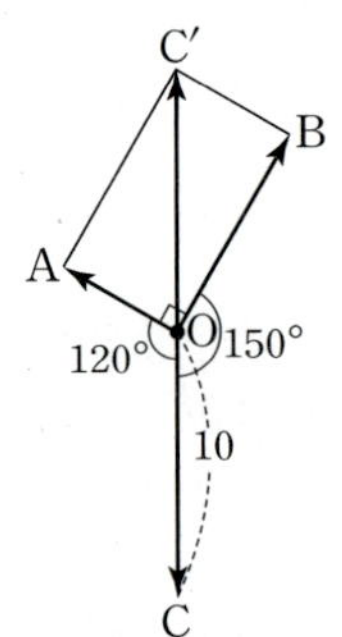

즉, $\overrightarrow{OA}+\overrightarrow{OB}+\overrightarrow{OC}=\vec{0}$에서 $\overrightarrow{OC'}+\overrightarrow{OC}=\vec{0}$이므로 $\overrightarrow{OC'}=-\overrightarrow{OC}$이다.
따라서 세 점 O, C, C′이 한 직선 위에 있고,
$|\overrightarrow{OC'}|=|-\overrightarrow{OC}|=10$
이때, $\angle AOC'=180°-120°=60°$이므로 삼각형 AOC′에서
$|\overrightarrow{OA}|=|\overrightarrow{OC'}|\cos 60°=10\times\frac{1}{2}=5$

292 ⋯⋯ 답 ②

$3\vec{x}-\vec{y}=2\vec{a}$, $\vec{x}+2\vec{y}=\vec{b}$에서 $\vec{x}$, $\vec{y}$를 $\vec{a}$, $\vec{b}$로 나타내면
$\vec{x}=\frac{4}{7}\vec{a}+\frac{1}{7}\vec{b}$, $\vec{y}=-\frac{2}{7}\vec{a}+\frac{3}{7}\vec{b}$ ⋯⋯ TIP
$\therefore \vec{x}+\vec{y}=\frac{2}{7}\vec{a}+\frac{4}{7}\vec{b}$
따라서 $m=\frac{2}{7}$, $n=\frac{4}{7}$이므로 $\frac{n}{m}=2$이다.

TIP
$3\vec{x}-\vec{y}=2\vec{a}$에서 $\vec{y}=3\vec{x}-2\vec{a}$이고,
이를 $\vec{x}+2\vec{y}=\vec{b}$에 대입하여 정리하면
$\vec{x}+2(3\vec{x}-2\vec{a})=\vec{b}$, $7\vec{x}=4\vec{a}+\vec{b}$
$\therefore \vec{x}=\frac{4}{7}\vec{a}+\frac{1}{7}\vec{b}$
같은 방법으로 벡터 $\vec{y}$도 $\vec{a}$, $\vec{b}$로 나타낼 수 있다.

293 ⋯⋯ 답 ②

다음 그림과 같이 $\vec{a}$, $\vec{b}$를 놓으면

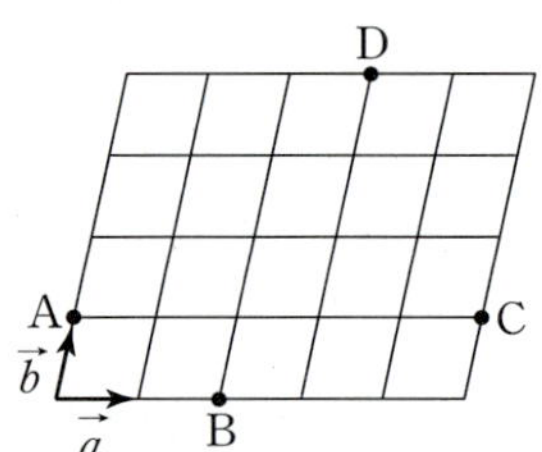

$\overrightarrow{AB}=2\vec{a}-\vec{b}$, $\overrightarrow{BC}=3\vec{a}+\vec{b}$, $\overrightarrow{DC}=2\vec{a}-3\vec{b}$
$\overrightarrow{AB}=m\overrightarrow{BC}+n\overrightarrow{DC}$에 이를 대입하면
$2\vec{a}-\vec{b}=m(3\vec{a}+\vec{b})+n(2\vec{a}-3\vec{b})$
$2\vec{a}-\vec{b}=(3m+2n)\vec{a}+(m-3n)\vec{b}$
두 벡터 $\vec{a}$, $\vec{b}$는 서로 평행하지 않으므로
$3m+2n=2$, $m-3n=-1$
위의 두 식을 연립하여 풀면 $m=\frac{4}{11}$, $n=\frac{5}{11}$
$\therefore m-n=-\frac{1}{11}$

294 ⋯⋯ 답 ①

$\overrightarrow{OQ}=\frac{\overrightarrow{OP}}{|\overrightarrow{OP}|}$에서 $\overrightarrow{OQ}$는 $\overrightarrow{OP}$와 방향이 같은 단위벡터이므로 ⋯⋯ TIP
점 Q는 점 O를 중심으로 하는 단위원 위의 점이다.

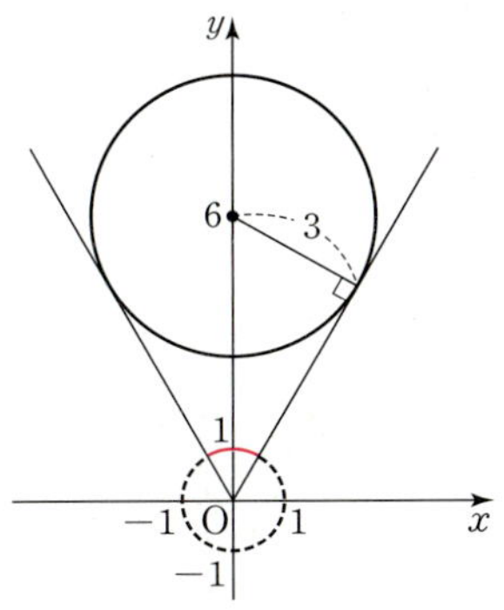

점 P가 원점 O에서 원에 그은 접선의 접점일 때, 선분 OP가 y축과 이루는 각의 크기는 30°이므로

점 Q가 나타내는 도형은 반지름의 길이가 1이고 중심각의 크기가 60°인 부채꼴의 호이다.

따라서 점 Q가 나타내는 도형의 길이는

$2\pi\times\frac{60}{360}=\frac{\pi}{3}$

TIP

$\frac{\vec{a}}{|\vec{a}|}=\frac{1}{|\vec{a}|}\times\vec{a}$에서 $\frac{1}{|\vec{a}|}>0$이므로 벡터 $\frac{\vec{a}}{|\vec{a}|}$는 벡터의 실수배에 의하여 벡터 $\vec{a}$와 방향이 같다.

또한 $\left|\frac{\vec{a}}{|\vec{a}|}\right|=\frac{1}{|\vec{a}|}\times|\vec{a}|=1$이므로 벡터 $\frac{\vec{a}}{|\vec{a}|}$의 크기는 1이다.

따라서 $\vec{a}\neq\vec{0}$일 때, 벡터 $\frac{\vec{a}}{|\vec{a}|}$는 벡터 $\vec{a}$와 방향이 같은 단위벡터이다.

295 답 ④

$\overrightarrow{OA}+\overrightarrow{OC}=\overrightarrow{OB}$이므로 $\overrightarrow{OB}=\vec{a}+\vec{b}$이고,

$\overrightarrow{OB}=\overrightarrow{EO}$이다.

$\therefore\ \overrightarrow{EC}=\overrightarrow{EO}+\overrightarrow{OC}$

$=(\vec{a}+\vec{b})+\vec{b}$

$=\vec{a}+2\vec{b}$

296 답 ⑤

$\overrightarrow{OA}=-\overrightarrow{OD},\ \overrightarrow{OB}=-\overrightarrow{OE}$이므로

$\overrightarrow{OA}+\overrightarrow{OB}+\overrightarrow{OC}+\overrightarrow{OD}+\overrightarrow{OE}=\overrightarrow{OC}$이고,

삼각형 OCD는 정삼각형이므로 $\overline{OC}=2$이다.

$\therefore\ |\overrightarrow{OA}+\overrightarrow{OB}+\overrightarrow{OC}+\overrightarrow{OD}+\overrightarrow{OE}|=|\overrightarrow{OC}|=2$

297 답 ④

$\overrightarrow{BD}=\overrightarrow{BA}+\overrightarrow{AD}=-\vec{a}+\vec{b}$

$3\overline{AD}=2\overline{BC}$에서 $\overline{BC}=\frac{3}{2}\overline{AD}$이고 $\overline{AD}\,/\!/\,\overline{BC}$이므로

$\overrightarrow{BC}=\frac{3}{2}\overrightarrow{AD}=\frac{3}{2}\vec{b}$

$\therefore\ \overrightarrow{CD}=\overrightarrow{CB}+\overrightarrow{BD}$

$=\left(-\frac{3}{2}\vec{b}\right)+(-\vec{a}+\vec{b})$

$=-\vec{a}-\frac{1}{2}\vec{b}$

따라서 $m=-1,\ n=-\frac{1}{2}$이므로 $mn=\frac{1}{2}$이다.

298 답 ③

$\overrightarrow{PB}+\overrightarrow{PC}=\vec{0}$에서 $\overrightarrow{PB}=-\overrightarrow{PC}$이므로 두 벡터 $\overrightarrow{PB},\ \overrightarrow{PC}$는 크기가 같고 방향이 반대이다. 따라서 점 P는 선분 BC의 중점이다.

오른쪽 그림과 같이 $\overline{AB}=2,\ \angle B=90^\circ,\ \angle C=30^\circ$인 직각삼각형 ABC에서 $\overline{BC}=2\sqrt{3}$이므로 $\overline{BP}=\sqrt{3}$이다.

따라서 직각삼각형 ABP에서

$|\overrightarrow{PA}|^2=\overline{PA}^2=2^2+(\sqrt{3})^2=7$

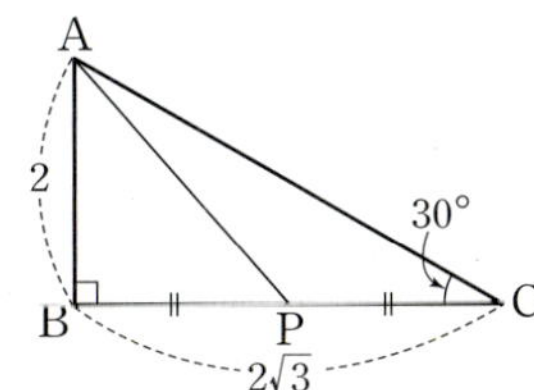

299 답 ③

$\vec{a}+\vec{c}=\overrightarrow{AB}+\overrightarrow{AC}=2\overrightarrow{AH}=2\vec{b}$이므로

$|\vec{a}+\vec{b}+\vec{c}|=|2\vec{b}+\vec{b}|=|3\vec{b}|=12\sqrt{3}$

$\therefore\ |\vec{b}|=4\sqrt{3}$

즉, 주어진 정삼각형의 높이가 $4\sqrt{3}$이므로 정삼각형의 한 변의 길이는 8이다. 따라서 정삼각형의 넓이는 $16\sqrt{3}$이다.

300 답 ④

$\overrightarrow{AD}=2\overrightarrow{BC}=2\vec{b}$이고, $\overrightarrow{AB}=\overrightarrow{ED}=\vec{a}$이므로

$\overrightarrow{AE}=\overrightarrow{AD}+\overrightarrow{DE}=2\vec{b}-\vec{a}$

따라서 $m=-1,\ n=2$이므로 $m+n=1$이다.

301 답 ④

$\overrightarrow{CE}=\overrightarrow{CB}+\overrightarrow{BE}=\vec{a}+2\vec{b}$이므로 $\overrightarrow{CG}=2\overrightarrow{CE}=2\vec{a}+4\vec{b}$

$\overrightarrow{CH}=\overrightarrow{CG}+\overrightarrow{GH}=(2\vec{a}+4\vec{b})+\vec{a}=3\vec{a}+4\vec{b}$

따라서 $m=3,\ n=4$이므로 $m+n=7$이다.

302 답 ①

정오각형이므로 $\overrightarrow{OA}+\overrightarrow{OB}+\overrightarrow{OC}+\overrightarrow{OD}+\overrightarrow{OE}=\vec{0}$이다. …… TIP

$\overrightarrow{AB}=\overrightarrow{OB}-\overrightarrow{OA},\ \overrightarrow{AC}=\overrightarrow{OC}-\overrightarrow{OA},$

$\overrightarrow{AD}=\overrightarrow{OD}-\overrightarrow{OA},\ \overrightarrow{AE}=\overrightarrow{OE}-\overrightarrow{OA}$

이므로 변끼리 더하면

$\overrightarrow{AB}+\overrightarrow{AC}+\overrightarrow{AD}+\overrightarrow{AE}=(\overrightarrow{OA}+\overrightarrow{OB}+\overrightarrow{OC}+\overrightarrow{OD}+\overrightarrow{OE})-5\overrightarrow{OA}$

$=-5\overrightarrow{OA}$

$\therefore\ k=-5$

TIP

정n각형에 외접하는 원의 중심에서 각 꼭짓점까지의 벡터의 합은 $\vec{0}$이다.

303 답 15

$\overrightarrow{OP}+\overrightarrow{OF}=\overrightarrow{OP}-\overrightarrow{OF'}=\overrightarrow{F'P}$이므로

$|\overrightarrow{OP}+\overrightarrow{OF}|=|\overrightarrow{F'P}|=\overline{F'P}=1$

이때, 타원의 정의에 의하여 $\overline{PF}+\overline{PF'}=4$이므로

$\overline{PF}=4-\overline{PF'}=4-1=3$

따라서 $k=3$이므로 $5k=15$이다.

304 답 ⑤

쌍곡선의 다른 초점을 F′이라 하면 $F'(-\sqrt{10},\ 0)$이므로

쌍곡선 $\frac{x^2}{9}-y^2=1$의 그래프는 다음 그림과 같다.

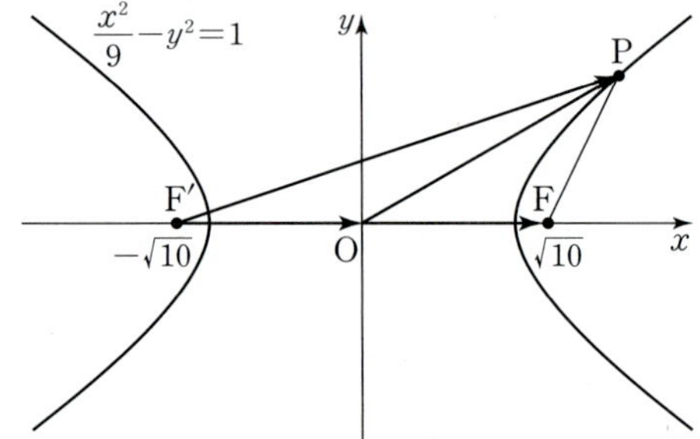

위의 그래프에서 $\overrightarrow{OF}=\overrightarrow{F'O}$이므로

$|\overrightarrow{OP}+\overrightarrow{OF}|=|\overrightarrow{OP}+\overrightarrow{F'O}|=|\overrightarrow{F'P}|=16$

이때, 쌍곡선의 정의에 의하여 $\overline{F'P}-\overline{PF}=6$이므로

$\overline{PF}=\overline{F'P}-6=16-6=10$

305 답 ⑤

$\vec{p}-\vec{r}=(\vec{a}+3\vec{b})-(k\vec{a}+4\vec{b})=(1-k)\vec{a}-\vec{b}$,

$\vec{q}+\vec{r}=(2\vec{a}-\vec{b})+(k\vec{a}+4\vec{b})=(2+k)\vec{a}+3\vec{b}$

이고 두 벡터 $\vec{p}-\vec{r}$와 $\vec{q}+\vec{r}$가 서로 평행하므로 $\vec{q}+\vec{r}=t(\vec{p}-\vec{r})$를 만족시키는 0이 아닌 실수 t가 존재한다.

즉, $(2+k)\vec{a}+3\vec{b}=t\{(1-k)\vec{a}-\vec{b}\}$

두 벡터 $\vec{a}$, $\vec{b}$는 영벡터가 아니고 서로 평행하지 않으므로

$2+k=t(1-k)$, $3=-t$

따라서 $t=-3$, $k=\frac{5}{2}$이다.

306 답 ②

$\overrightarrow{AB}=\overrightarrow{AO}+\overrightarrow{OB}=(-\vec{a}-2\vec{b})+(2\vec{a}-\vec{b})=\vec{a}-3\vec{b}$,

$\overrightarrow{AC}=\overrightarrow{AO}+\overrightarrow{OC}=(-\vec{a}-2\vec{b})+(m\vec{a}+3\vec{b})=(-1+m)\vec{a}+\vec{b}$

이고 세 점 A, B, C가 한 직선 위에 있으려면

$\overrightarrow{AC}=k\overrightarrow{AB}$를 만족시키는 0이 아닌 실수 k가 존재해야 한다.

즉, $(-1+m)\vec{a}+\vec{b}=k(\vec{a}-3\vec{b})$

두 벡터 $\vec{a}$, $\vec{b}$는 영벡터가 아니고 서로 평행하지 않으므로

$-1+m=k$, $1=-3k$

따라서 $k=-\frac{1}{3}$, $m=\frac{2}{3}$이다.

307 답 ②

$\overrightarrow{OP}=k\overrightarrow{OC}$이므로 $\overrightarrow{OP}=\frac{4}{3}k\vec{a}+\frac{3}{4}k\vec{b}$ ······ ㉠

한편, 세 점 A, P, B가 한 직선 위에 있으므로

$\overrightarrow{AP}=t\overrightarrow{AB}$를 만족시키는 0이 아닌 실수 t가 존재한다.

즉, $\overrightarrow{OP}-\overrightarrow{OA}=t(\overrightarrow{OB}-\overrightarrow{OA})$이므로 $\overrightarrow{OP}-\vec{a}=t(\vec{b}-\vec{a})$

$\overrightarrow{OP}=(1-t)\vec{a}+t\vec{b}$ ······ ㉡

㉠, ㉡에서

$\frac{4}{3}k\vec{a}+\frac{3}{4}k\vec{b}=(1-t)\vec{a}+t\vec{b}$

$\vec{a}$, $\vec{b}$는 영벡터가 아니고 서로 평행하지 않으므로

$\frac{4}{3}k=1-t$, $\frac{3}{4}k=t$

따라서 위의 두 식을 연립하여 풀면 $k=\frac{12}{25}$, $t=\frac{9}{25}$이다.

308 답 ②

$\overrightarrow{OC}=\overrightarrow{OA}+\overrightarrow{OB}=\vec{a}+\vec{b}$

평행사변형의 두 대각선은 서로를 이등분하고, 점 M은 선분 BC의 중점이므로 점 P는 삼각형 OBC의 무게중심이다.

즉, $\overrightarrow{OP}=\frac{2}{3}\overrightarrow{OM}$이다

$\overrightarrow{OM}=\frac{1}{2}(\overrightarrow{OC}+\overrightarrow{OB})=\frac{1}{2}(\vec{a}+2\vec{b})=\frac{1}{2}\vec{a}+\vec{b}$이므로

$\overrightarrow{OP}=\frac{2}{3}\left(\frac{1}{2}\vec{a}+\vec{b}\right)=\frac{1}{3}\vec{a}+\frac{2}{3}\vec{b}$

따라서 $m=\frac{1}{3}$, $n=\frac{2}{3}$이므로 $mn=\frac{2}{9}$이다.

309 답 ④

$\overrightarrow{OQ}=\frac{\overrightarrow{OP}}{|\overrightarrow{OP}|}$에서 $\overrightarrow{OQ}$는 $\overrightarrow{OP}$와 방향이 같은 단위벡터이므로

그림과 같이 점 Q는 단위원에서 주어진 쌍곡선의 두 점근선 사이에만 존재한다.

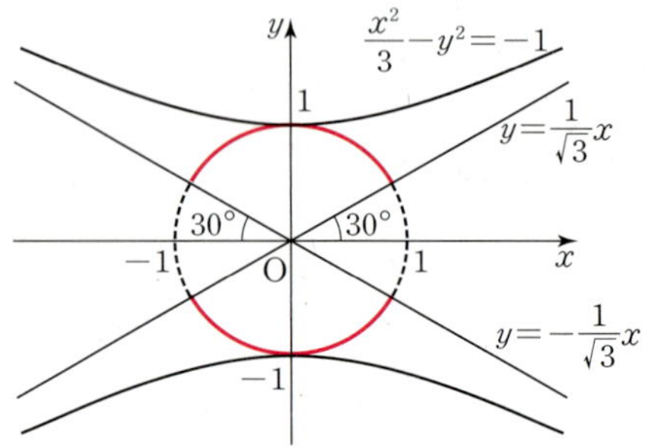

쌍곡선 $\frac{x^2}{3}-y^2=-1$의 점근선의 방정식은 $y=\pm\frac{1}{\sqrt{3}}x$이고, 이 두 직선이 x축과 이루는 예각의 크기는 각각 30°이다.

따라서 점 Q가 나타내는 도형은 반지름의 길이가 1이고 중심각의 크기가 120°인 부채꼴의 호의 길이의 두 배이므로

점 Q가 나타내는 도형의 길이는 $2\pi\times\frac{120}{360}\times2=\frac{4}{3}\pi$

310 ······ 답 ②

$|\overrightarrow{EG}+\overrightarrow{HP}|=|\overrightarrow{BH}+\overrightarrow{HP}|=|\overrightarrow{BP}|$

따라서 $|\overrightarrow{EG}+\overrightarrow{HP}|$의 최댓값은 $|\overrightarrow{BP}|$의 최댓값과 같다.

선분 CF를 지름으로 하는 원의 중심을 O라 하면

$|\overrightarrow{BP}|=|\overrightarrow{BO}+\overrightarrow{OP}|$이고 다음 그림과 같이 두 벡터 $\overrightarrow{BO}$, $\overrightarrow{OP}$의 방향이 일치할 때 $|\overrightarrow{BP}|$가 최댓값을 가진다.

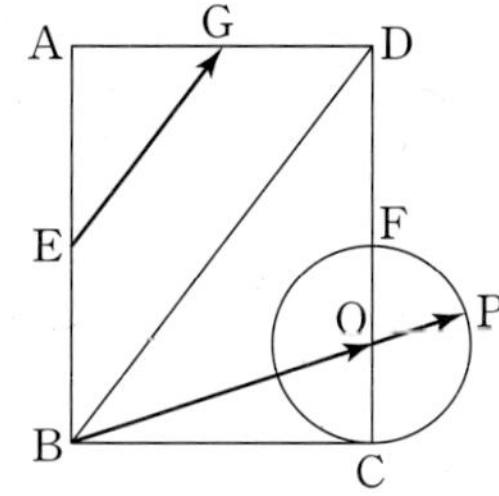

따라서 구하는 최댓값은

$\sqrt{6^2+2^2}+2=2+2\sqrt{10}$

311 ······ 답 19

점 C를 지나고 직선 AB에 평행인 직선이 호 AE와 만나는 점 중 점 C가 아닌 점을 C′이라 하자.

$\overline{O_2Q}=\overline{O_1Q'}$이 되도록 점 Q′을 잡으면 점 Q′은 호 AC′ 위를 움직이는 점이다.

$|\overrightarrow{O_1P}|=1$, $|\overrightarrow{O_1Q'}|=1$이고 두 벡터 $\overrightarrow{O_1P}$, $\overrightarrow{O_1Q'}$이 이루는 각의 크기가 최대일 때 $|\overrightarrow{O_1P}+\overrightarrow{O_1Q'}|$은 최솟값 $\frac{1}{2}$을 가진다.

즉, 점 P가 점 C와 일치하고 점 Q′이 점 A와 일치할 때 최솟값을 가진다.

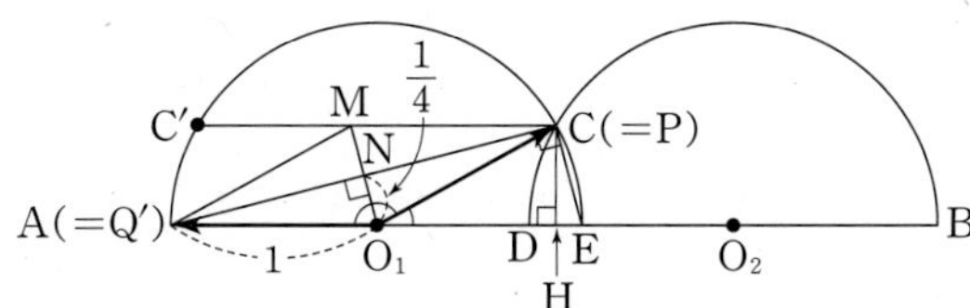

위의 그림과 같이 사각형 AO_1CM이 평행사변형이 되도록 점 M을 잡고 선분 AC의 중점을 N이라 하면

$|\overrightarrow{O_1A}+\overrightarrow{O_1C}|=\overline{O_1M}=\frac{1}{2}$이므로 $\overline{O_1N}=\frac{1}{2}\overline{O_1M}=\frac{1}{4}$이다.

이때, 직선 O_1N은 선분 AC의 수직이등분선이므로

직각삼각형 O_1NA에서

$\overline{AN}=\sqrt{\overline{O_1A}^2-\overline{O_1N}^2}=\sqrt{1^2-\left(\frac{1}{4}\right)^2}=\frac{\sqrt{15}}{4}$

또한 선분 AB의 중점을 H라 하면 두 직각삼각형 O_1NA, CHA는 서로 닮음이므로

$\overline{O_1A}:\overline{CA}=\overline{AN}:\overline{AH}$에서

$1:\frac{\sqrt{15}}{2}=\frac{\sqrt{15}}{4}:\overline{AH}\qquad\therefore\ \overline{AH}=\frac{15}{8}$

$\therefore\ \overline{AB}=2\overline{AH}=2\times\frac{15}{8}=\frac{15}{4}$

따라서 $p=4$, $q=15$이므로

$p+q=4+15=19$

02 평면벡터의 성분과 내적

312 ········· 답 ③

$\overrightarrow{AB}+3\overrightarrow{BC}=(\overrightarrow{OB}-\overrightarrow{OA})+3(\overrightarrow{OC}-\overrightarrow{OB})$
$=-\overrightarrow{OA}-2\overrightarrow{OB}+3\overrightarrow{OC}$
$=-\vec{a}-2\vec{b}+3\vec{c}$

313 ········· 답 (1) $\dfrac{2\vec{a}+\vec{b}}{3}$ (2) $2\vec{a}-\vec{b}$ (3) $\dfrac{\vec{a}+\vec{b}}{2}$

(1) 선분 AB를 1 : 2로 내분하는 점의 위치벡터를 $\vec{p}$라 하면

$\vec{p}=\dfrac{1\times\vec{b}+2\times\vec{a}}{1+2}=\dfrac{2\vec{a}+\vec{b}}{3}$

(2) 선분 AB를 1 : 2로 외분하는 점의 위치벡터를 $\vec{q}$라 하면

$\vec{q}=\dfrac{1\times\vec{b}-2\times\vec{a}}{1-2}=2\vec{a}-\vec{b}$

(3) 선분 AB의 중점의 위치벡터를 $\vec{r}$라 하면

$\vec{r}=\dfrac{\vec{a}+\vec{b}}{2}$

314 ········· 답 ①

$\vec{q}=\dfrac{3\times\vec{b}-4\times\vec{a}}{3-4}=4\vec{a}-3\vec{b}$이므로

$m=4,\ n=-3$

$\therefore m+n=4+(-3)=1$

315 ········· 답 ④

점 C는 선분 AB를 1 : 2로 내분하는 점이므로

$\overrightarrow{OC}=\dfrac{\overrightarrow{OB}+2\overrightarrow{OA}}{1+2}=\dfrac{1}{3}\vec{b}+\dfrac{2}{3}\vec{a}$

점 D는 선분 AB를 2 : 1로 내분하는 점이므로

$\overrightarrow{OD}=\dfrac{2\overrightarrow{OB}+\overrightarrow{OA}}{2+1}=\dfrac{2}{3}\vec{b}+\dfrac{1}{3}\vec{a}$

따라서 $\overrightarrow{OC}+\overrightarrow{OD}=\vec{a}+\vec{b}$이므로 $m=1,\ n=1$

$\therefore m+n=1+1=2$

다른 풀이

선분 AB의 중점과 선분 CD의 중점이 서로 같으므로

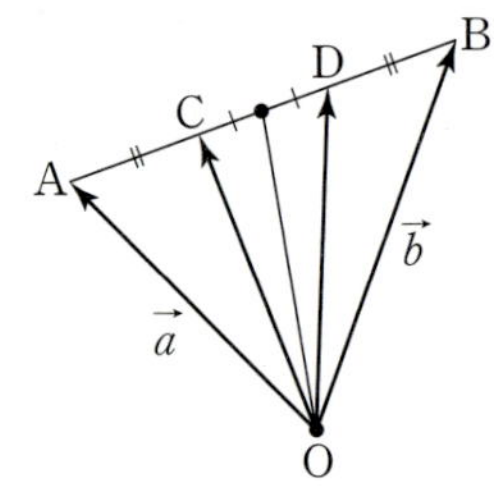

$\overrightarrow{OC}+\overrightarrow{OD}=\overrightarrow{OA}+\overrightarrow{OB}=\vec{a}+\vec{b}$

$\therefore m=1,\ n=1$

$\therefore m+n=1+1=2$

316 ········· 답 ②

각의 이등분선의 성질에 의해 $\overline{BD}:\overline{DC}=\overline{AB}:\overline{AC}=5:3$이므로
점 D는 선분 BC를 5 : 3으로 내분하는 점이다.

따라서 $\overrightarrow{AD}=\dfrac{5\overrightarrow{AC}+3\overrightarrow{AB}}{5+3}=\dfrac{3}{8}\overrightarrow{AB}+\dfrac{5}{8}\overrightarrow{AC}$이므로

$m=\dfrac{3}{8},\ n=\dfrac{5}{8}$

$\therefore m-n=\dfrac{3}{8}-\dfrac{5}{8}=-\dfrac{1}{4}$

317 ········· 답 ②

$(x+3,\ 4)=(6,\ x-y)$에서 $x+3=6,\ 4=x-y$

$x+3=6$에서 $x=3$이므로

$4=3-y$에서 $y=-1$

$\therefore x+y=3+(-1)=2$

318 ········· 답 ⑤

$5\vec{a}=5(3,\ -1)=(15,\ -5)$이므로

모든 성분의 합은 $15+(-5)=10$이다.

TIP

$\vec{a}=(a_1,\ a_2)$라 하면
$k\vec{a}=(ka_1,\ ka_2)$ (k는 실수)에 대하여
(벡터 $k\vec{a}$의 모든 성분의 합)
$=ka_1+ka_2=k(a_1+a_2)$
$=k\times$(벡터 $\vec{a}$의 모든 성분의 합)이다.

319 ········· 답 ⑤

$\vec{a}+\vec{b}=(2,\ -1)+(1,\ 3)=(3,\ 2)$이므로

모든 성분의 합은 $3+2=5$이다.

320 ········· 답 (1) $(7,\ -3)$ (2) $(14,\ 10)$

(1) $2\vec{a}-\vec{b}=2(3,\ 1)-(-1,\ 5)$
$=(6,\ 2)-(-1,\ 5)=(7,\ -3)$

(2) $2(\vec{a}-\vec{b})+3(\vec{a}+\vec{b})=5\vec{a}+\vec{b}$
$=5(3,\ 1)+(-1,\ 5)$
$=(15,\ 5)+(-1,\ 5)=(14,\ 10)$

321 ········· 답 ⑤

$\overrightarrow{AB}=\overrightarrow{OB}-\overrightarrow{OA}=(3,\ 2)-(-2,\ 0)=(5,\ 2)$

$\overrightarrow{CD}=\overrightarrow{OD}-\overrightarrow{OC}=(a,\ b)-(5,\ 3)=(a-5,\ b-3)$

이므로 $a-5=5,\ b-3=2$에서

$a=10,\ b=5$

$\therefore ab=10\times5=50$

322 ⋯ 답 ②

$\overrightarrow{CA}+\overrightarrow{BA}=(\overrightarrow{OA}-\overrightarrow{OC})+(\overrightarrow{OA}-\overrightarrow{OB})$
$=2\overrightarrow{OA}-\overrightarrow{OB}-\overrightarrow{OC}$
$=(6, 0)-(4, 7)-(3, -2)$
$=(-1, -5)$
따라서 벡터 $\overrightarrow{CA}+\overrightarrow{BA}$의 모든 성분의 합은
$(-1)+(-5)=-6$이다.

323 ⋯ 답 32

$2\vec{a}-\vec{b}=\vec{b}+\vec{c}$에서 $2\vec{a}-2\vec{b}=\vec{c}$이고
$2\vec{a}-2\vec{b}=2(2, 3)-2(x, -1)$
$=(4, 6)-(2x, -2)$
$=(4-2x, 8)$
이므로
$(4-2x, 8)=(-4, y)$
따라서 $x=4$, $y=8$이므로 $xy=32$이다.

324 ⋯ 답 ②

$\vec{c}=m\vec{a}+n\vec{b}$에서
$(-9, -4)=m(1, 2)+n(-3, 1)$
$=(m-3n, 2m+n)$
이므로
$m-3n=-9$, $2m+n=-4$
두 식을 연립하여 풀면 $m=-3$, $n=2$
$\therefore m+n=(-3)+2=-1$

325 ⋯ 답 ⑤

$|\vec{a}+\vec{b}|=|(2, 3)+(1, 1)|=|(3, 4)|=\sqrt{3^2+4^2}=5$

326 ⋯ 답 ⑤

$2(\vec{a}-\vec{b})+2\vec{a}=4\vec{a}-2\vec{b}$
$=4(1, -2)-2(5, 2)=(-6, -12)$
$\therefore |2(\vec{a}-\vec{b})+2\vec{a}|=\sqrt{(-6)^2+(-12)^2}=6\sqrt{5}$

327 ⋯ 답 ③

$3\vec{x}=-2\vec{a}-\vec{b}=-2(4, 7)-(1, -2)=(-9, -12)$
에서 $\vec{x}=(-3, -4)$
$\therefore |\vec{x}|=\sqrt{(-3)^2+(-4)^2}=5$

328 ⋯ 답 ⑤

$\vec{a}=\vec{b}$이므로 $3x+1=2y+1$, $y-1=x+1$에서
$3x=2y$, $y=x+2$
두 식을 연립하여 풀면 $x=4$, $y=6$이므로
$\vec{a}=(13, 5)$
$\therefore |\vec{a}|^2=13^2+5^2=194$

329 ⋯ 답 12

$\vec{a}\cdot\vec{b}=(4, 1)\cdot(-2, k)=-8+k=4$
$\therefore k=12$

330 ⋯ 답 17

$\vec{a}-2\vec{b}=(1, -2)-2(-2, 2)=(5, -6)$이므로
$\vec{a}\cdot(\vec{a}-2\vec{b})=(1, -2)\cdot(5, -6)=5+12=17$

다른 풀이

'유형 04 벡터의 내적의 연산'을 학습한 후 다음과 같이 풀이할 수 있다.
$\vec{a}\cdot\vec{a}=1^2+(-2)^2=5$,
$\vec{a}\cdot\vec{b}=(1, -2)\cdot(-2, 2)=(-2)+(-4)=-6$
$\therefore \vec{a}\cdot(\vec{a}-2\vec{b})=\vec{a}\cdot\vec{a}-2\vec{a}\cdot\vec{b}=5-2\times(-6)=17$

331 ⋯ 답 ⑤

$\overrightarrow{OA}=(4, 2)$, $\overrightarrow{BC}=(2, -2)$이므로
$\overrightarrow{OA}\cdot\overrightarrow{BC}=4\times2+2\times(-2)=4$

332 ⋯ 답 5

$\overrightarrow{OB}=(a, 2)$, $\overrightarrow{AB}=(a-1, 2-a)$이므로
$\overrightarrow{OB}\cdot\overrightarrow{AB}=a(a-1)+2(2-a)$
$=a^2-3a+4=14$
$a^2-3a-10=0$
$(a-5)(a+2)=0$
$a=5$ 또는 $a=-2$
$\therefore a=5$ ($\because a>0$)

333 ⋯ 답 ⑤

$\vec{a}\cdot\vec{b}=|\vec{a}||\vec{b}|\cos\theta=2\times5\times\cos60^\circ=10\times\frac{1}{2}=5$

334 ⋯ 답 ③

$\overline{AC}=\overline{DB}=\sqrt{2^2+3^2}=\sqrt{13}$이고,
두 벡터 $\overrightarrow{AC}$, $\overrightarrow{DC}$가 이루는 각의 크기를 θ라 하면
$\cos\theta=\frac{3}{\sqrt{13}}$
$\therefore \overrightarrow{AC}\cdot\overrightarrow{DC}=|\overrightarrow{AC}||\overrightarrow{DC}|\cos\theta=\sqrt{13}\times3\times\frac{3}{\sqrt{13}}=9$

335 ⋯ 답 ②

마름모 ABCD의 두 대각선의 교점을 O라 하면 두 삼각형 ABD, BCD가 정삼각형이므로
$\angle DAB=60^\circ$에서 $\angle DAO=30^\circ$

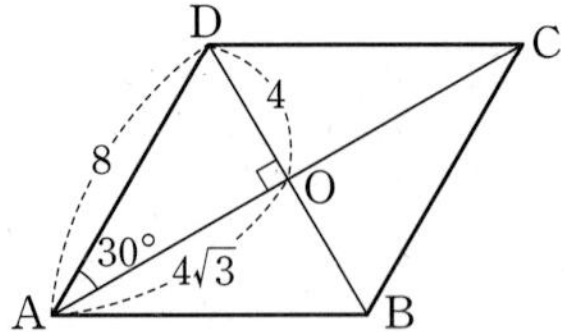

$\therefore \overline{\mathrm{AC}}=8\sqrt{3}$

따라서 두 벡터 $\overrightarrow{\mathrm{AC}}$, $\overrightarrow{\mathrm{AD}}$가 이루는 각의 크기가 30°이므로

$\overrightarrow{\mathrm{AC}}\cdot\overrightarrow{\mathrm{AD}}=|\overrightarrow{\mathrm{AC}}||\overrightarrow{\mathrm{AD}}|\cos 30°=8\sqrt{3}\times 8\times\frac{\sqrt{3}}{2}=96$

336 ········ 답 ③

$|\vec{a}-2\vec{b}|^2=(\vec{a}-2\vec{b})\cdot(\vec{a}-2\vec{b})=|\vec{a}|^2-4\vec{a}\cdot\vec{b}+4|\vec{b}|^2$

이므로 $2^2-4\vec{a}\cdot\vec{b}+4\times 1=5$

$\therefore \vec{a}\cdot\vec{b}=\frac{3}{4}$

337 ········ 답 ③

$\vec{a}\cdot\vec{b}=|\vec{a}||\vec{b}|\cos 60°=3\times 2\times\frac{1}{2}=3$

$\therefore |2\vec{a}-\vec{b}|^2=(2\vec{a}-\vec{b})\cdot(2\vec{a}-\vec{b})$
$=4|\vec{a}|^2-4\vec{a}\cdot\vec{b}+|\vec{b}|^2$
$=4\times 3^2-4\times 3+2^2=28$

338 ········ 답 ⑤

$\cos 135°=-\cos(180°-135°)=-\cos 45°=-\frac{\sqrt{2}}{2}$이므로

$\vec{a}\cdot\vec{b}=|\vec{a}||\vec{b}|\cos 135°=2\sqrt{2}\times 3\times\left(-\frac{\sqrt{2}}{2}\right)=-6$

$|\vec{a}-\vec{b}|^2=(\vec{a}-\vec{b})\cdot(\vec{a}-\vec{b})$
$=|\vec{a}|^2-2\vec{a}\cdot\vec{b}+|\vec{b}|^2$
$=(2\sqrt{2})^2-2\times(-6)+3^2=29$

$\therefore |\vec{a}-\vec{b}|=\sqrt{29}$

339 ········ 답 ②

$\cos\theta=\frac{\vec{a}\cdot\vec{b}}{|\vec{a}||\vec{b}|}=\frac{1\times 4+(-2)\times 3}{\sqrt{1^2+(-2)^2}\sqrt{4^2+3^2}}=\frac{-2}{5\sqrt{5}}=-\frac{2\sqrt{5}}{25}$

340 ········ 답 ③

두 벡터 $\vec{a}$, $\vec{b}$가 이루는 각의 크기를 θ라 하면

$\cos\theta=\frac{\vec{a}\cdot\vec{b}}{|\vec{a}||\vec{b}|}=\frac{1\times(-1)+3\times 2}{\sqrt{1^2+3^2}\sqrt{(-1)^2+2^2}}=\frac{1}{\sqrt{2}}$

따라서 구하는 각의 크기는 45°이다.

341 ········ 답 ④

$\vec{a}+\vec{b}=(2,\ 1)$, $\vec{a}+2\vec{b}=(2,\ 4)$

$\vec{a}+\vec{b}=\vec{c}$, $\vec{a}+2\vec{b}=\vec{d}$로 놓으면

$\cos\theta=\frac{\vec{c}\cdot\vec{d}}{|\vec{c}||\vec{d}|}=\frac{2\times 2+1\times 4}{\sqrt{2^2+1^2}\sqrt{2^2+4^2}}=\frac{4}{5}$

342 ········ 답 ①

두 벡터 $\vec{a}$, $\vec{b}$가 서로 수직이면 $\vec{a}\cdot\vec{b}=0$이어야 하므로

$\vec{a}\cdot\vec{b}=(x+1)\times 1+2\times(-x)=-x+1=0$

$\therefore x=1$

343 ········ 답 ④

두 벡터 $\vec{a}$, $\vec{b}$가 서로 수직이면 $\vec{a}\cdot\vec{b}=0$이어야 하므로

$(1,\ 5)\cdot(2,\ x)=0$에서 $2+5x=0$ $\quad\therefore x=-\frac{2}{5}$

두 벡터 $\vec{a}$, $\vec{b}$가 서로 평행하면 $\vec{b}=k\vec{a}$ $(k\neq 0)$이어야 하므로

$(2,\ x)=k(1,\ 5)$에서 $k=2$, $x=10$

따라서 $p=-\frac{2}{5}$, $q=10$이므로 $pq=-4$이다.

344 ········ 답 ①

$\vec{a}=(1,\ -3)$, $2\vec{a}+\vec{b}=(x+3,\ 3x-1)$

이때, 두 벡터가 서로 평행하므로

$k(1,\ -3)=(x+3,\ 3x-1)$을 만족시키는 0이 아닌 실수 k가 존재해야 한다.

즉, $k=x+3$, $-3k=3x-1$이므로 두 식을 연립하여 풀면

$x=-\frac{4}{3}$, $k=\frac{5}{3}$이다.

345 ········ 답 ④

$\overrightarrow{\mathrm{AB}}=(1,\ -4)-(-1,\ 5)=(2,\ -9)$

$\overrightarrow{\mathrm{AC}}=(2,\ x)-(-1,\ 5)=(3,\ x-5)$

에서 세 점 A, B, C가 한 직선 위에 있으므로

두 벡터 $\overrightarrow{\mathrm{AB}}$, $\overrightarrow{\mathrm{AC}}$는 서로 평행하다.

즉, $\overrightarrow{\mathrm{AC}}=k\overrightarrow{\mathrm{AB}}$인 0이 아닌 실수 k가 존재하므로

$(3,\ x-5)=k(2,\ -9)$이다.

따라서 $k=\frac{3}{2}$이므로 $x=-\frac{17}{2}$이다.

346 ········ 답 ②

두 벡터 $6\vec{a}+\vec{b}$와 $\vec{a}-\vec{b}$가 서로 수직이므로

$(6\vec{a}+\vec{b})\cdot(\vec{a}-\vec{b})=0$

$6|\vec{a}|^2-5\vec{a}\cdot\vec{b}-|\vec{b}|^2=0$

$6-5\vec{a}\cdot\vec{b}-3^2=0$

$\therefore \vec{a}\cdot\vec{b}=-\frac{3}{5}$

347 ······ 답 ②

두 벡터 $\vec{a}$와 $\vec{a}-t\vec{b}$가 서로 수직이므로

$\vec{a}\cdot(\vec{a}-t\vec{b})=0$

$|\vec{a}|^2-t(\vec{a}\cdot\vec{b})=0$

$2^2-2t=0$

$\therefore t=2$

348 ······ 답 ⑤

$\vec{a}-\vec{c}=(2, 3)-(5, 4)=(-3, -1)$

$k\vec{b}+\vec{c}=(-k, k)+(5, 4)=(-k+5, k+4)$

두 벡터가 서로 수직이므로

$(-3, -1)\cdot(-k+5, k+4)=0$

$(-3)(-k+5)+(-1)(k+4)=0$

$2k-19=0$

$\therefore k=\frac{19}{2}$

349 ······ 답 ③

$\overrightarrow{AB}=\vec{a}$, $\overrightarrow{AC}=\vec{b}$로 놓으면

점 M은 선분 BC의 중점이므로

$\overrightarrow{AM}=\frac{\overrightarrow{AB}+\overrightarrow{AC}}{2}=\frac{1}{2}(\vec{a}+\vec{b})$

이때, $\angle BAC=\theta$로 놓으면 $\overline{AC}=\sqrt{6^2+8^2}=10$

이므로 $\cos\theta=\frac{3}{5}$

$\therefore \vec{a}\cdot\vec{b}=|\vec{a}||\vec{b}|\cos\theta=6\times10\times\frac{3}{5}=36$

$$\begin{aligned}\therefore \overrightarrow{AC}\cdot\overrightarrow{AM}&=\vec{b}\cdot\frac{1}{2}(\vec{a}+\vec{b})\\&=\frac{1}{2}(\vec{b}\cdot\vec{a}+|\vec{b}|^2)\\&=\frac{1}{2}(36+100)=68\end{aligned}$$

350 ······ 답 ④

점 P의 좌표를 (a, b)로 놓으면

$\overrightarrow{AP}=(a+1, b)$, $\overrightarrow{BP}=(a-2, b)$

이므로 $\overrightarrow{AP}\cdot\overrightarrow{BP}=(a+1)(a-2)+b^2$

한편, 점 P는 쌍곡선 위의 점이므로 $4a^2-b^2=1$에서

$b^2=4a^2-1$

즉,

$$\begin{aligned}\overrightarrow{AP}\cdot\overrightarrow{BP}&=(a+1)(a-2)+4a^2-1\\&=5a^2-a-3\\&=5\left(a-\frac{1}{10}\right)^2-\frac{61}{20}\end{aligned}$$

이때, $a\le-\frac{1}{2}$, $a\ge\frac{1}{2}$이므로 ······ TIP

$\overrightarrow{AP}\cdot\overrightarrow{BP}$는 $a=\frac{1}{2}$일 때 최솟값 $-\frac{9}{4}$를 갖는다.

TIP

쌍곡선 $4x^2-y^2=1$의 그래프는 다음과 같다.

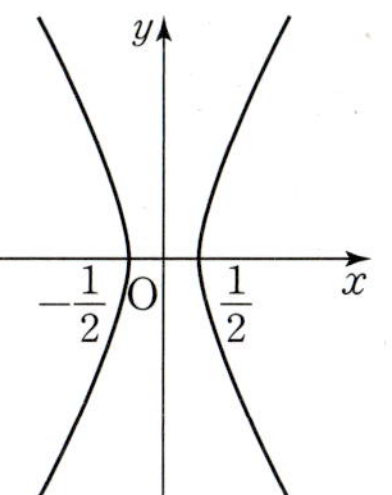

점 $P(a, b)$는 이 쌍곡선 위의 점이므로 $a\le-\frac{1}{2}$, $a\ge\frac{1}{2}$이다.

351 ······ 답 ③

다음 그림과 같이 점 P에서 직선 AB에 내린 수선의 발을 H라 하면

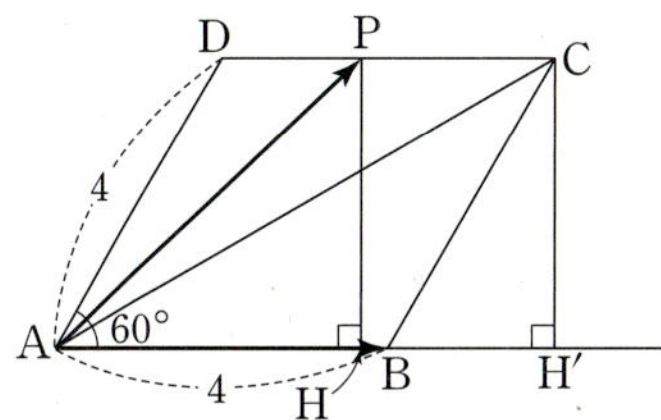

$$\begin{aligned}\overrightarrow{AB}\cdot\overrightarrow{AP}&=|\overrightarrow{AB}||\overrightarrow{AP}|\cos(\angle PAH)\\&=|\overrightarrow{AB}||\overrightarrow{AH}|=4|\overrightarrow{AH}|\end{aligned} \quad \cdots\cdots ㉠$$

이므로 $|\overrightarrow{AH}|$가 최대일 때 최댓값을 갖는다.

즉, 점 P가 점 C와 일치할 때 최댓값을 갖는다.

점 C에서 직선 AB에 내린 수선의 발을 H′이라 하면

삼각형 CBH′에서 $\angle CBH'=60°$이고, $\overline{BC}=4$이므로 $\overline{BH'}=2$이다.

따라서 $|\overrightarrow{AH}|$의 최댓값은 6이므로 ㉠에서 $\overrightarrow{AB}\cdot\overrightarrow{AP}$의 최댓값은 24이다.

352 ······ 답 ④

점 Q에서 x축에 내린 수선의 발을 R라 하면

$\overrightarrow{OP}\cdot\overrightarrow{OQ}=|\overrightarrow{OP}||\overrightarrow{OQ}|\cos(\angle QOR)=|\overrightarrow{OP}||\overrightarrow{OR}|$

이때, $|\overrightarrow{OP}|=3$이므로 $\overrightarrow{OP}\cdot\overrightarrow{OQ}$가 최대가 되려면 $|\overrightarrow{OR}|$가 최대이어야 한다.

원 $(x-3)^2+(y-2)^2=2^2$은 중심이 $(3, 2)$이고 반지름의 길이가 2인 원이므로

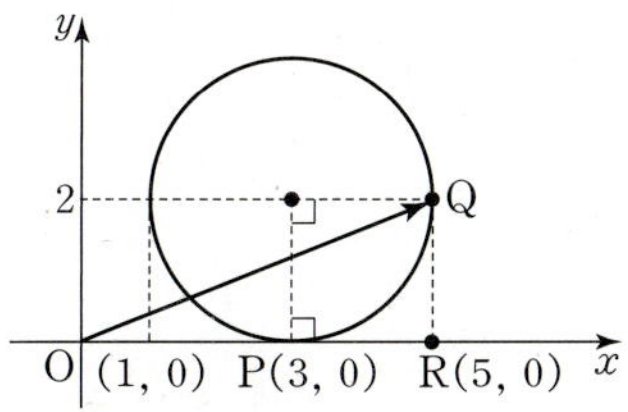

$|\overrightarrow{OR}|$가 최대가 되는 점 Q의 좌표는 $(5, 2)$이다.

따라서 $p=5$, $q=2$이므로 $p+q=5+2=7$이다.

353 ····· 답 ①

$\overrightarrow{OQ}=\frac{\vec{a}+\vec{b}}{2}$, $\overrightarrow{OP}=\frac{1}{4}\vec{b}$이므로

$\overrightarrow{PQ}=\overrightarrow{OQ}-\overrightarrow{OP}=\frac{\vec{a}+\vec{b}}{2}-\frac{1}{4}\vec{b}=\frac{1}{2}\vec{a}+\frac{1}{4}\vec{b}$

따라서 $m=\frac{1}{2}$, $n=\frac{1}{4}$이므로 $mn=\frac{1}{8}$이다.

354 ····· 답 ②

$\overrightarrow{AP}=\frac{\overrightarrow{AC}+3\overrightarrow{AB}}{1+3}=\frac{3}{4}\overrightarrow{AB}+\frac{1}{4}\overrightarrow{AC}$

한편, $\overrightarrow{AQ}=\frac{1}{2}\overrightarrow{AC}$이므로

$\overrightarrow{BQ}=\overrightarrow{AQ}-\overrightarrow{AB}=\frac{1}{2}\overrightarrow{AC}-\overrightarrow{AB}$

$\therefore \overrightarrow{AP}+\overrightarrow{BQ}=\left(\frac{3}{4}\overrightarrow{AB}+\frac{1}{4}\overrightarrow{AC}\right)+\left(\frac{1}{2}\overrightarrow{AC}-\overrightarrow{AB}\right)$

$=-\frac{1}{4}\overrightarrow{AB}+\frac{3}{4}\overrightarrow{AC}$

따라서 $m=-\frac{1}{4}$, $n=\frac{3}{4}$이므로 $m+n=\frac{1}{2}$이다.

355 ····· 답 ①

$\overrightarrow{OP}=\vec{p}$로 놓으면

$\vec{p}=\frac{3\vec{b}+7\vec{a}}{3+7}=\frac{7}{10}\vec{a}+\frac{3}{10}\vec{b}$

$\overrightarrow{OQ}=\vec{q}$로 놓으면

$\vec{q}=\frac{3\vec{p}}{3-5}=-\frac{3}{2}\vec{p}$

$\therefore \overrightarrow{BQ}=\overrightarrow{OQ}-\overrightarrow{OB}$

$=-\frac{3}{2}\vec{p}-\vec{b}$

$=-\frac{3}{2}\left(\frac{7}{10}\vec{a}+\frac{3}{10}\vec{b}\right)-\vec{b}$

$=-\frac{21}{20}\vec{a}-\frac{29}{20}\vec{b}$

따라서 $k=-\frac{21}{20}$, $l=-\frac{29}{20}$이므로 $k+l=-\frac{5}{2}$이다.

356 ····· 답 ②

$\overrightarrow{AM}=\frac{1}{2}\vec{a}$이므로

$\overrightarrow{AN}=\frac{\overrightarrow{AC}+\overrightarrow{AM}}{2}=\frac{1}{2}\left(\vec{b}+\frac{1}{2}\vec{a}\right)=\frac{1}{4}\vec{a}+\frac{1}{2}\vec{b}$

$\therefore \overrightarrow{NB}=\overrightarrow{AB}-\overrightarrow{AN}=\vec{a}-\left(\frac{1}{4}\vec{a}+\frac{1}{2}\vec{b}\right)=\frac{3}{4}\vec{a}-\frac{1}{2}\vec{b}$

따라서 $m=\frac{3}{4}$, $n=-\frac{1}{2}$이므로 $m+n=\frac{1}{4}$이다.

357 ····· 답 ②

한 점 O에 대하여

$\overrightarrow{OE}=\frac{\overrightarrow{OB}+3\overrightarrow{OA}}{1+3}=\frac{3}{4}\overrightarrow{OA}+\frac{1}{4}\overrightarrow{OB}$

$\overrightarrow{OF}=\frac{\overrightarrow{OC}+3\overrightarrow{OD}}{1+3}=\frac{1}{4}\overrightarrow{OC}+\frac{3}{4}\overrightarrow{OD}$

$\therefore \overrightarrow{EF}=\overrightarrow{OF}-\overrightarrow{OE}=\frac{3}{4}(\overrightarrow{OD}-\overrightarrow{OA})+\frac{1}{4}(\overrightarrow{OC}-\overrightarrow{OB})$

$=\frac{3}{4}\overrightarrow{AD}+\frac{1}{4}\overrightarrow{BC}=\frac{3}{4}\vec{a}+\frac{1}{4}\vec{b}$

따라서 $m=\frac{3}{4}$, $n=\frac{1}{4}$이므로 $m-n=\frac{1}{2}$이다.

358 ····· 답 ②

점 A와 점 O를 지나는 직선이 선분 BC와 만나는 점을 D라 하자.
점 O는 삼각형 ABC의 내접원의 중심이므로 점 D는 각 A의 이등분선이 선분 BC와 만나는 점이다.

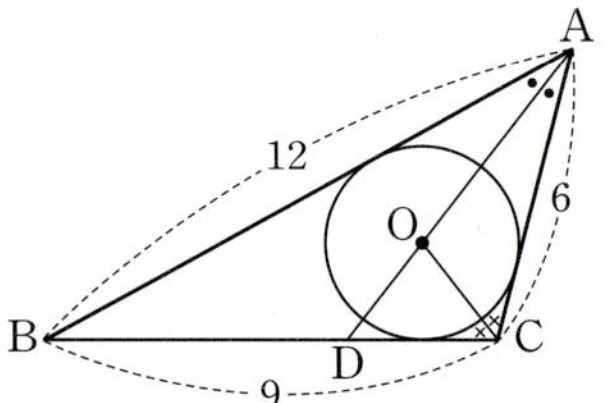

즉, $\overline{AB}:\overline{AC}=\overline{BD}:\overline{CD}=2:1$이므로 점 D는 선분 BC를 2 : 1로 내분하는 점이다.

$\therefore \overrightarrow{AD}=\frac{2\overrightarrow{AC}+\overrightarrow{AB}}{2+1}=\frac{1}{3}\overrightarrow{AB}+\frac{2}{3}\overrightarrow{AC}$ ······ ㉠

또한 $\overline{DC}=3$이고, 선분 OC는 각 C의 이등분선이므로

$\overline{AC}:\overline{CD}=\overline{AO}:\overline{OD}=2:1$에서 점 O는 선분 AD를 2 : 1로 내분하는 점이다.

$\therefore \overrightarrow{AO}=\frac{2}{3}\overrightarrow{AD}=\frac{2}{3}\left(\frac{1}{3}\overrightarrow{AB}+\frac{2}{3}\overrightarrow{AC}\right)$ ($\because$ ㉠)

$=\frac{2}{9}\overrightarrow{AB}+\frac{4}{9}\overrightarrow{AC}$

따라서 $m=\frac{2}{9}$, $n=\frac{4}{9}$이므로 $3(m+n)=3\left(\frac{2}{9}+\frac{4}{9}\right)=2$이다.

359 ····· 답 ③

$\overrightarrow{OA}=\vec{a}$, $\overrightarrow{OB}=\vec{b}$로 놓으면 $\overrightarrow{OC}=\frac{2}{3}\vec{a}$, $\overrightarrow{OD}=\frac{1}{4}\vec{b}$이다.

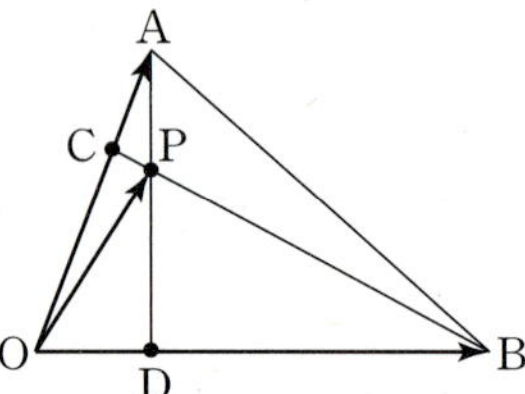

세 점 A, P, D가 한 직선 위에 있으므로
$\overrightarrow{AP}=k\overrightarrow{AD}$인 0이 아닌 실수 k가 존재한다.
즉, $\overrightarrow{OP}-\overrightarrow{OA}=k(\overrightarrow{OD}-\overrightarrow{OA})$이므로

$\overrightarrow{OP}=k\overrightarrow{OD}+(1-k)\overrightarrow{OA}=\frac{1}{4}k\vec{b}+(1-k)\vec{a}$ ...... ㉠

한편, 세 점 B, P, C가 한 직선 위에 있으므로

$\overrightarrow{BP}=t\overrightarrow{BC}$인 0이 아닌 실수 t가 존재한다.

즉, $\overrightarrow{OP}-\overrightarrow{OB}=t(\overrightarrow{OC}-\overrightarrow{OB})$이므로

$\overrightarrow{OP}=t\overrightarrow{OC}+(1-t)\overrightarrow{OB}=\frac{2}{3}t\vec{a}+(1-t)\vec{b}$ ...... ㉡

㉠, ㉡에서 $\vec{a}$, $\vec{b}$는 평행하지 않으므로

$\frac{1}{4}k=1-t$, $1-k=\frac{2}{3}t$

두 식을 연립하여 풀면 $k=\frac{2}{5}$, $t=\frac{9}{10}$이므로

$\overrightarrow{OP}=\frac{3}{5}\vec{a}+\frac{1}{10}\vec{b}$

따라서 $m=\frac{3}{5}$, $n=\frac{1}{10}$이므로 $m+n=\frac{7}{10}$이다.

360

답 ③

$\overrightarrow{AP}=2\overrightarrow{PB}+6\overrightarrow{PC}$

$=2(\overrightarrow{AB}-\overrightarrow{AP})+6(\overrightarrow{AC}-\overrightarrow{AP})$

$=2\overrightarrow{AB}+6\overrightarrow{AC}-8\overrightarrow{AP}$

에서 $9\overrightarrow{AP}=2\overrightarrow{AB}+6\overrightarrow{AC}$

$\therefore \overrightarrow{AP}=\frac{8}{9}\times\frac{2\overrightarrow{AB}+6\overrightarrow{AC}}{8}$

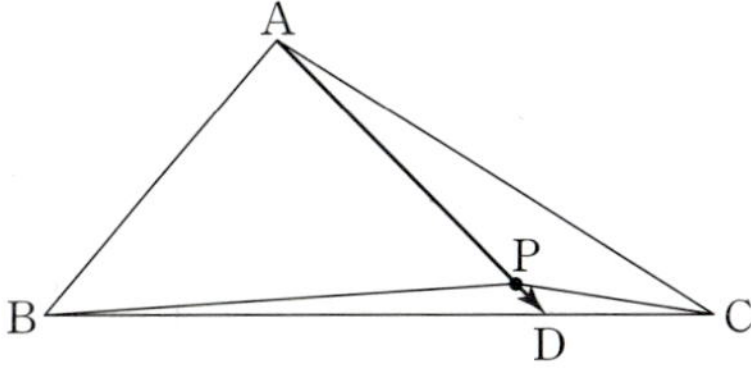

이때, 직선 AP와 변 BC의 교점을 D로 놓으면

점 D는 선분 BC를 3 : 1로 내분하는 점이고,

점 P는 선분 AD를 8 : 1로 내분하는 점이므로

(삼각형 PCA의 넓이)$=\frac{1}{4}\times$(삼각형 PBC의 넓이)$\times 8$

$=\frac{1}{4}\times 20\times 8=40$

361

답 ①

$2\overrightarrow{AP}+5\overrightarrow{BP}+3\overrightarrow{CP}=\vec{0}$에서 $5\overrightarrow{BP}=-2\overrightarrow{AP}-3\overrightarrow{CP}$

$\therefore \overrightarrow{BP}=\frac{2\overrightarrow{PA}+3\overrightarrow{PC}}{5}$

직선 BP와 변 AC의 교점 E에 대하여 점 E는 선분 AC를 3 : 2로 내분하는 점이고, 점 P는 선분 BE의 중점이다.

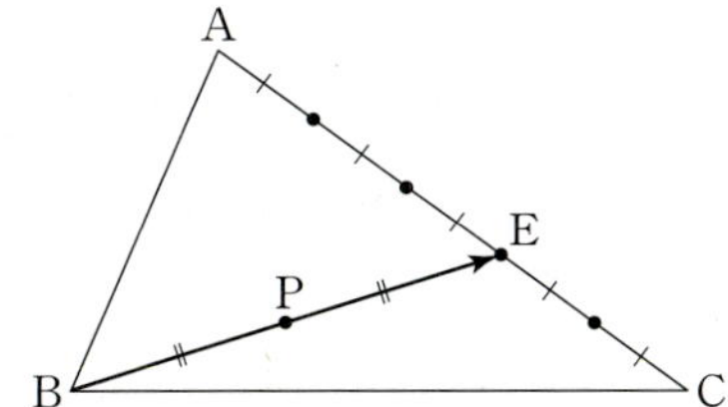

ㄱ. 점 E는 선분 AC를 3 : 2로 내분하는 점이므로

$\overline{AE}:\overline{EC}=3:2$ (참)

ㄴ. 점 P는 선분 BE의 중점이므로 $\overrightarrow{AP}=\frac{\overrightarrow{AB}+\overrightarrow{AE}}{2}$에서

$2\overrightarrow{AP}=\overrightarrow{AB}+\overrightarrow{AE}$ (거짓)

ㄷ. 삼각형 APE의 넓이가 4이므로 삼각형 ABE의 넓이는 8이고,

삼각형 CBE의 넓이는 $8\times\frac{2}{3}=\frac{16}{3}$이다.

따라서 삼각형 ABC의 넓이는 $8+\frac{16}{3}=\frac{40}{3}$이다. (거짓)

따라서 옳은 것은 ㄱ이다.

362

답 ⑤

ㄱ. $\overrightarrow{PA}+\overrightarrow{PB}+\overrightarrow{PC}+\overrightarrow{PD}=\overrightarrow{CA}$에서

$\overrightarrow{PA}+\overrightarrow{PB}-\overrightarrow{CP}+\overrightarrow{PD}=\overrightarrow{CP}+\overrightarrow{PA}$

$\therefore \overrightarrow{PB}+\overrightarrow{PD}=2\overrightarrow{CP}$ (참)

ㄴ. 직사각형 ABCD의 두 대각선의 교점을 M이라 하면

$\overrightarrow{PB}+\overrightarrow{PD}=2\overrightarrow{PM}$

ㄱ에 의하여 $2\overrightarrow{PM}=2\overrightarrow{CP}$, 즉 $\overrightarrow{PM}+\overrightarrow{PC}=\vec{0}$이므로 점 P는 선분 MC의 중점이다.

$\therefore \overrightarrow{AP}=\frac{3}{4}\overrightarrow{AC}$ (참)

ㄷ. (삼각형 ADC의 넓이)=(삼각형 ADP의 넓이)$\times\frac{4}{3}=4$

$\therefore$ (직사각형 ABCD의 넓이)

=(삼각형 ADC의 넓이)$\times 2=8$ (참)

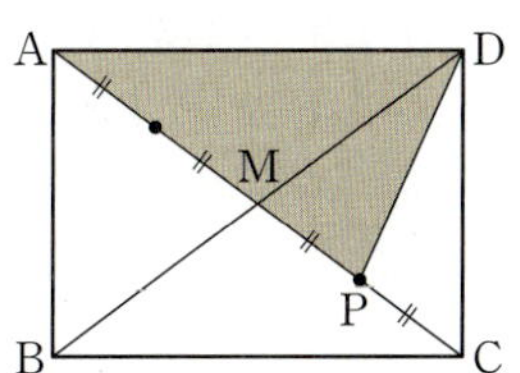

따라서 옳은 것은 ㄱ, ㄴ, ㄷ이다.

TIP

〈보기〉 ㄴ이 참임을 다음과 같이 확인할 수도 있다.

$\overrightarrow{PA}+\overrightarrow{PB}+\overrightarrow{PC}+\overrightarrow{PD}=\overrightarrow{CA}$에서

$\overrightarrow{PA}+(\overrightarrow{PA}+\overrightarrow{AB})+(\overrightarrow{PA}+\overrightarrow{AC})+(\overrightarrow{PA}+\overrightarrow{AD})=\overrightarrow{CA}$

$4\overrightarrow{PA}+2\overrightarrow{AC}=\overrightarrow{CA}$ ($\because \overrightarrow{AB}+\overrightarrow{AD}=\overrightarrow{AC}$)

$4\overrightarrow{PA}=3\overrightarrow{CA}$, $\overrightarrow{PA}=\frac{3}{4}\overrightarrow{CA}$

$\therefore \overrightarrow{AP}=\frac{3}{4}\overrightarrow{AC}$

하지만 ㄱㄴㄷ 합답형 형태의 문항은 출제의도상 〈보기〉 간 연계성을 고려한 것이므로 제시된 〈보기〉의 순서대로 풀되, 앞서 얻은 결과를 활용할 수 있다는 점을 생각하자.

363

답 ②

$\overrightarrow{AD}=\vec{a}$, $\overrightarrow{AB}=\vec{b}$로 놓으면

$\overrightarrow{AC}=\vec{a}+\vec{b}$이므로

$\overrightarrow{AP}=\frac{\overrightarrow{AD}+3\overrightarrow{AC}}{1+3}=\frac{1}{4}\vec{a}+\frac{3}{4}(\vec{a}+\vec{b})=\vec{a}+\frac{3}{4}\vec{b}$

$\overrightarrow{AQ}=\frac{1}{2}\vec{a}$이므로

$\overrightarrow{AR}=t\overrightarrow{AQ}+(1-t)\overrightarrow{AB}=\frac{1}{2}t\vec{a}+(1-t)\vec{b}$ $(0<t<1)$

$\overrightarrow{AR}=k\overrightarrow{AP}$에서 $\frac{1}{2}t\vec{a}+(1-t)\vec{b}=k\vec{a}+\frac{3}{4}k\vec{b}$

이때, $\vec{a}$, $\vec{b}$가 서로 평행하지 않으므로

$\frac{1}{2}t=k$, $1-t=\frac{3}{4}k$

두 식을 연립하여 풀면 $t=\frac{8}{11}$, $k=\frac{4}{11}$이다.

364 답 ②

$\overrightarrow{OP}=t\overrightarrow{OA}+(1-t)\overrightarrow{OB}=t(\overrightarrow{OA}-\overrightarrow{OB})+\overrightarrow{OB}$
$=t\overrightarrow{BA}+\overrightarrow{OB}$

$\overrightarrow{OP}-\overrightarrow{OB}=t\overrightarrow{BA}$, $\overrightarrow{BP}=t\overrightarrow{BA}$ $(0\le t\le 2)$

따라서 $2\overrightarrow{BA}$의 종점을 Q라 하면 점 P는 선분 BQ 위를 움직이는 점이고 $\overline{AB}=\sqrt{5}$이므로 점 P가 나타내는 도형의 길이는 $2\sqrt{5}$이다.

365 답 ④

조건 (나)에서 $0\le m\le 2$, $0\le n\le 2$, $1\le m+n\le 2$일 때, $2\overrightarrow{OA}$의 종점을 A′, $2\overrightarrow{OB}$의 종점을 B′이라 하자.

조건 (가)에서 $m+n=1$이면 점 P는 선분 AB 위를 움직이고, $m+n=2$이면 점 P는 선분 A′B′ 위를 움직이는 점이다.

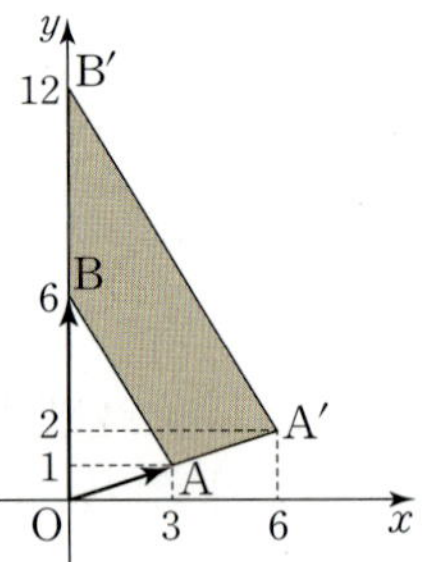

따라서 점 P가 나타내는 도형은 사각형 BAA′B′의 경계 및 그 내부이므로 구하는 도형의 넓이는

$\frac{1}{2}\times 12\times 6-\frac{1}{2}\times 6\times 3=27$

366 답 ④

$t\vec{a}-\vec{b}=(t-3,\ -t-7)$이므로

$|t\vec{a}-\vec{b}|=\sqrt{(t-3)^2+(-t-7)^2}$
$=\sqrt{2t^2+8t+58}$
$=\sqrt{2(t+2)^2+50}$

따라서 $|t\vec{a}-\vec{b}|$는 $t=-2$일 때 최솟값 $5\sqrt{2}$를 가지므로 구하는 실수 t의 값은 -2이다.

367 답 ②

A(3, 2), B(1, −1)이라 하면 $\overline{AB}=\sqrt{13}$ …… ㉠

$n=1-m$이므로

$\overrightarrow{OP}=m\vec{a}+n\vec{b}=m\vec{a}+(1-m)\vec{b}=m(\vec{a}-\vec{b})+\vec{b}$
$=m(\overrightarrow{OA}-\overrightarrow{OB})+\overrightarrow{OB}$
$=m\overrightarrow{BA}+\overrightarrow{OB}$

$\overrightarrow{OP}-\overrightarrow{OB}=m\overrightarrow{BA}$, $\overrightarrow{BP}=m\overrightarrow{BA}$ $(0\le m\le 1)$

따라서 점 P는 선분 AB 위를 움직이는 점이므로 점 P가 나타내는 도형의 길이는 ㉠에 의하여 $\sqrt{13}$이다.

368 답 ④

$\vec{a}-\vec{b}=(1,\ 4)-(2,\ k)=(-1,\ 4-k)$

$2\vec{a}+3\vec{b}=(2,\ 8)+(6,\ 3k)=(8,\ 8+3k)$

$(\vec{a}-\vec{b})\cdot(2\vec{a}+3\vec{b})=(-1,\ 4-k)\cdot(8,\ 8+3k)$
$=-8+(4-k)(8+3k)$
$=-3k^2+4k+24$

$-3k^2+4k+24=10$에서 $3k^2-4k-14=0$

따라서 구하는 모든 실수 k의 값의 합은 이차방정식의 근과 계수의 관계에 의하여 $\frac{4}{3}$이다.

369 답 120

점 I에서 선분 AB에 내린 수선의 발을 H라 하자.

$\overline{AB}=15$이고 $\overline{BH}=\overline{BD}=8$이므로 …… TIP

$\overrightarrow{BA}\cdot\overrightarrow{BI}=|\overrightarrow{BA}||\overrightarrow{BI}|\cos(\angle ABI)=|\overrightarrow{BA}||\overrightarrow{BH}|=15\times 8=120$

TIP

〈삼각형의 내접원의 성질〉

삼각형의 내심은 삼각형의 세 내각의 이등분선의 교점이므로 그림에서 $\angle IBF=\angle IBD$이다.

이때, 두 직각삼각형 BIF, BID는 빗변이 일치하고 한 내각의 크기가 같으므로 합동이다.

따라서 $\overline{BF}=\overline{BD}$이다.

같은 방법으로 $\overline{AF}=\overline{AE}$, $\overline{CD}=\overline{CE}$이다.

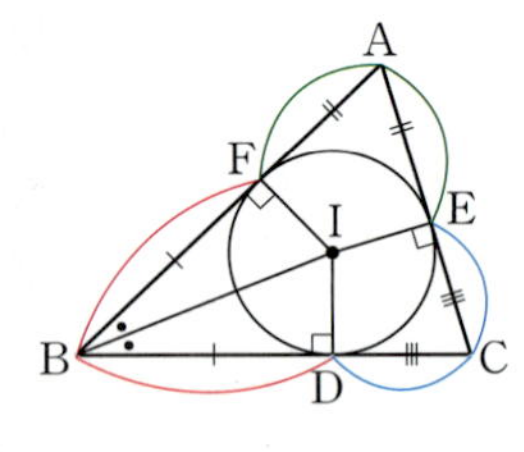

370 답 12

그림과 같이 선분 AD의 중점을 O, 선분 AE의 중점을 M이라 하자.

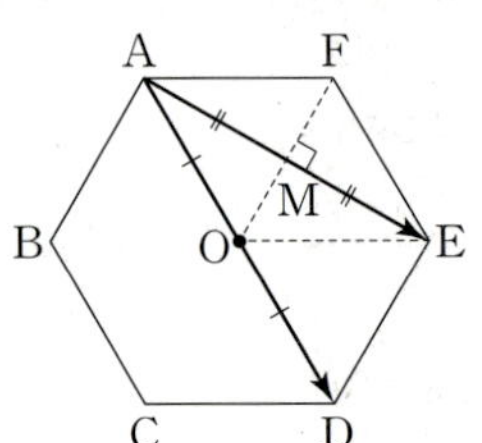

정육각형 ABCDEF에서 두 삼각형 OAF, ODE는 한 변의 길이가 2인 정삼각형이므로 $|\overrightarrow{AD}|=4$이다.
이때, 정육각형의 한 내각의 크기는 $120°$이므로 $\angle FAE=30°$
따라서 삼각형 AFM에서 $\overline{AM}=\sqrt{3}$이므로 $|\overrightarrow{AE}|=2\sqrt{3}$이다.
또한 $\angle EAD=30°$이므로

$$\overrightarrow{AD}\cdot\overrightarrow{AE}=|\overrightarrow{AD}||\overrightarrow{AE}|\cos 30°=4\times 2\sqrt{3}\times\frac{\sqrt{3}}{2}=12$$

TIP

삼각형 AED는 $\angle AED=90°$인 직각삼각형이므로
$\overrightarrow{AD}\cdot\overrightarrow{AE}=|\overrightarrow{AE}|^2=\overline{AE}^2=(2\sqrt{3})^2=12$와 같이 계산할 수도 있다.

371 답 ①

조건 (가)에서 $\overline{AB}=\frac{5}{2}\overline{AH}$ …… ㉠

조건 (나)에서

$\overrightarrow{AB}\cdot\overrightarrow{AC}=|\overrightarrow{AB}||\overrightarrow{AC}|\cos(\angle CAH)=\overline{AB}\times\overline{AH}=40$ …… ㉡

조건 (다)에서 $\frac{1}{2}\times\overline{AB}\times\overline{CH}=30$ …… ㉢

㉠, ㉡에 의하여 $\frac{5}{2}\times\overline{AH}^2=40$에서 $\overline{AH}=4$이므로

㉠, ㉢에 의하여 $\frac{1}{2}\times\frac{5}{2}\overline{AH}\times\overline{CH}=30$에서 $5\overline{CH}=30$, $\overline{CH}=6$

$\therefore\ \overrightarrow{CA}\cdot\overrightarrow{CH}=|\overrightarrow{CA}||\overrightarrow{CH}|\cos(\angle ACH)=|\overrightarrow{CH}|^2=\overline{CH}^2=36$

372 답 ③

$\overrightarrow{OP}=(a,\ b)$, $\overrightarrow{OQ}=(c,\ d)$로 놓자.
이때, 두 점 P′, Q′은 두 점 P, Q를 각각 x축의 방향으로 3만큼, y축의 방향으로 1만큼 평행이동시킨 점이므로

$\overrightarrow{OP'}=(a+3,\ b+1)$, $\overrightarrow{OQ'}=(c+3,\ d+1)$

ㄱ. $|\overrightarrow{OP}-\overrightarrow{OP'}|=|(a,\ b)-(a+3,\ b+1)|$
$=|(-3,\ -1)|=\sqrt{10}$ (참)

ㄴ. $|\overrightarrow{OP}-\overrightarrow{OQ}|=|(a,\ b)-(c,\ d)|=|(a-c,\ b-d)|$
$|\overrightarrow{OP'}-\overrightarrow{OQ'}|=|(a+3,\ b+1)-(c+3,\ d+1)|$
$=|(a-c,\ b-d)|$
$\therefore\ |\overrightarrow{OP}-\overrightarrow{OQ}|=|\overrightarrow{OP'}-\overrightarrow{OQ'}|$ (참)

ㄷ. [반례] $\overrightarrow{OP}=(1,\ 0)$, $\overrightarrow{OQ}=(0,\ 1)$일 때 $\overrightarrow{OP}\cdot\overrightarrow{OQ}=0$
$\overrightarrow{OP'}=(4,\ 1)$, $\overrightarrow{OQ'}=(3,\ 2)$이므로
$\overrightarrow{OP'}\cdot\overrightarrow{OQ'}=12+2=14$
$\therefore\ \overrightarrow{OP}\cdot\overrightarrow{OQ}\neq\overrightarrow{OP'}\cdot\overrightarrow{OQ'}$ (거짓)

따라서 옳은 것은 ㄱ, ㄴ이다.

373 답 ①

$|\vec{b}|=x$로 놓으면

$\vec{a}\cdot\vec{b}=|\vec{a}||\vec{b}|\cos 45°=2\times x\times\frac{\sqrt{2}}{2}=\sqrt{2}x$

$|3\vec{a}-2\vec{b}|^2=9|\vec{a}|^2-12\vec{a}\cdot\vec{b}+4|\vec{b}|^2$
$=9\times 2^2-12\sqrt{2}x+4x^2$

에서 $4x^2-12\sqrt{2}x+36=36$이므로

$4x(x-3\sqrt{2})=0$

따라서 $\vec{b}$는 영벡터가 아니므로 구하는 값은 $3\sqrt{2}$이다.

374 답 ①

$|\vec{a}+\vec{b}|^2=|\vec{a}|^2+2\vec{a}\cdot\vec{b}+|\vec{b}|^2=3^2+2\vec{a}\cdot\vec{b}+5^2=2\vec{a}\cdot\vec{b}+34$

에서 $2\vec{a}\cdot\vec{b}+34=10$

$\therefore\ \vec{a}\cdot\vec{b}=-12$

$|\vec{a}-\vec{b}|^2=|\vec{a}|^2-2\vec{a}\cdot\vec{b}+|\vec{b}|^2=3^2-2\times(-12)+5^2=58$

$\therefore\ |\vec{a}-\vec{b}|=\sqrt{58}$

375 답 ⑤

$|\vec{a}+\vec{b}|^2=|\vec{a}|^2+2\vec{a}\cdot\vec{b}+|\vec{b}|^2=16$

$|\vec{a}-\vec{b}|^2=|\vec{a}|^2-2\vec{a}\cdot\vec{b}+|\vec{b}|^2=4$

에서 두 식을 변끼리 빼면

$4\vec{a}\cdot\vec{b}=12$, $\vec{a}\cdot\vec{b}=3$

또한 두 식을 변끼리 더하면

$2(|\vec{a}|^2+|\vec{b}|^2)=20$, $|\vec{a}|^2+|\vec{b}|^2=10$

$\therefore\ |3\vec{a}-\vec{b}|^2+|\vec{a}-3\vec{b}|^2$
$=9|\vec{a}|^2-6\vec{a}\cdot\vec{b}+|\vec{b}|^2+|\vec{a}|^2-6\vec{a}\cdot\vec{b}+9|\vec{b}|^2$
$=10(|\vec{a}|^2+|\vec{b}|^2)-12\vec{a}\cdot\vec{b}$
$=10\times 10-12\times 3=64$

376 답 ③

$\overrightarrow{AB}=\vec{a}$, $\overrightarrow{AC}=\vec{b}$로 놓으면

$\overrightarrow{BF}=\overrightarrow{AF}-\overrightarrow{AB}=-\vec{a}+\frac{1}{4}\vec{b}$

$\overrightarrow{DE}=\overrightarrow{AE}-\overrightarrow{AD}=-\frac{2}{3}\vec{a}+\frac{3}{4}\vec{b}$

$\therefore\ |\overrightarrow{BF}+\overrightarrow{DE}|^2=(\overrightarrow{BF}+\overrightarrow{DE})\cdot(\overrightarrow{BF}+\overrightarrow{DE})$
$=\left(-\frac{5}{3}\vec{a}+\vec{b}\right)\cdot\left(-\frac{5}{3}\vec{a}+\vec{b}\right)$
$=\frac{25}{9}|\vec{a}|^2-\frac{10}{3}\vec{a}\cdot\vec{b}+|\vec{b}|^2$
$=\frac{25}{9}\times 3^2-\frac{10}{3}\times 3\times 3\times\cos 60°+3^2$
$=25-15+9=19$

다른 풀이1

선분 BD의 중점을 M, 선분 EF의 중점을 N이라 하면

$|\overrightarrow{BF}+\overrightarrow{DE}|^2=|2\overrightarrow{MN}|^2=4\overline{MN}^2$ …… TIP

이때, $\overline{AM}=\frac{5}{2}$, $\overline{AN}=\frac{3}{2}$이고

$\angle MAN=60°$이므로

그림과 같이 점 N에서 선분 AM에 내린 수선의 발을 H라 하면

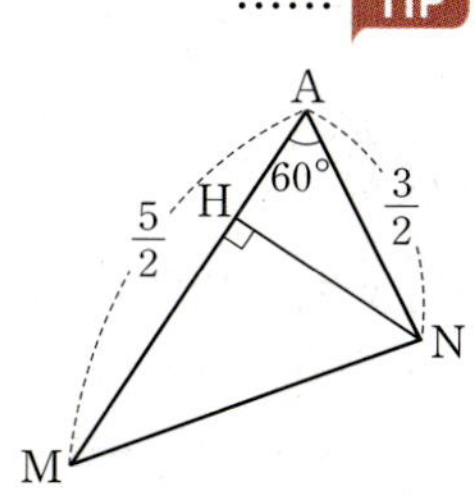

$\overline{AH}=\frac{3}{4}$, $\overline{HN}=\frac{3\sqrt{3}}{4}$

따라서 $\overline{HM}=\frac{7}{4}$이므로 직각삼각형 MHN에서 피타고라스 정리에 의하여

$\overline{MN}^2=\left(\frac{7}{4}\right)^2+\left(\frac{3\sqrt{3}}{4}\right)^2=\frac{19}{4}$

$\therefore |\overrightarrow{BF}+\overrightarrow{DE}|^2=4\overline{MN}^2=4\times\frac{19}{4}=19$

다른 풀이 2

그림과 같이 삼각형 ABC를 좌표평면 위에 놓고 $A\left(0, \frac{3\sqrt{3}}{2}\right)$, $B\left(-\frac{3}{2}, 0\right)$, $C\left(\frac{3}{2}, 0\right)$이라 하면

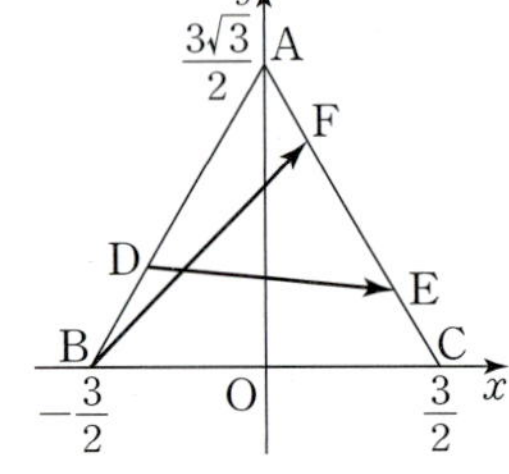

점 D는 변 AB를 2 : 1로 내분하는 점이므로 $D\left(-1, \frac{\sqrt{3}}{2}\right)$,

점 E는 변 AC를 3 : 1로 내분하는 점이므로 $E\left(\frac{9}{8}, \frac{3\sqrt{3}}{8}\right)$,

점 F는 변 AC를 1 : 3으로 내분하는 점이므로 $F\left(\frac{3}{8}, \frac{9\sqrt{3}}{8}\right)$이다.

$\therefore \overrightarrow{BF}=\left(\frac{3}{8}, \frac{9\sqrt{3}}{8}\right)-\left(-\frac{3}{2}, 0\right)=\left(\frac{15}{8}, \frac{9\sqrt{3}}{8}\right)$,

$\overrightarrow{DE}=\left(\frac{9}{8}, \frac{3\sqrt{3}}{8}\right)-\left(-1, \frac{\sqrt{3}}{2}\right)=\left(\frac{17}{8}, -\frac{\sqrt{3}}{8}\right)$

따라서 $\overrightarrow{BF}+\overrightarrow{DE}=(4, \sqrt{3})$이므로

$|\overrightarrow{BF}+\overrightarrow{DE}|^2=4^2+(\sqrt{3})^2=19$

TIP

여기서 **다른 풀이 1**은 $\overrightarrow{BF}=\overrightarrow{BM}+\overrightarrow{MN}+\overrightarrow{NF}$, $\overrightarrow{DE}=\overrightarrow{DM}+\overrightarrow{MN}+\overrightarrow{NE}$에서 $\overrightarrow{BM}+\overrightarrow{DM}=\vec{0}$, $\overrightarrow{NF}+\overrightarrow{NE}=\vec{0}$이므로 $\overrightarrow{BF}+\overrightarrow{DE}=2\overrightarrow{MN}$이 성립함을 이용하여 해결한 것이다. 이 문제의 특징은 두 벡터의 합을 고려할 때 시점과 종점이 모두 다르다는 것이다.
이처럼 두 벡터의 합을 계산할 때 '중점'을 고려한다면 빠르게 문제를 해결할 수 있다.

377 ······ 답 ②

두 벡터 $\vec{a}$, $\vec{b}$가 이루는 각의 크기를 θ라 하자.

$|2\vec{a}-3\vec{b}|^2=4|\vec{a}|^2-12\vec{a}\cdot\vec{b}+9|\vec{b}|^2$

$=4\times3^2-12\times3\times4\cos\theta+9\times4^2$

$=180-144\cos\theta$

에서 $180-144\cos\theta=(6\sqrt{3})^2=108$, $\cos\theta=\frac{1}{2}$

따라서 구하는 각의 크기는 $60°$이다.

378 ······ 답 ②

$\vec{a}+\vec{b}=-\vec{c}$이므로 $|\vec{a}+\vec{b}|=|-\vec{c}|$의 양변을 제곱하면

$|\vec{a}|^2+2\vec{a}\cdot\vec{b}+|\vec{b}|^2=|\vec{c}|^2$

$3^2+2\times3\times5\cos\theta+5^2=7^2$, $34+30\cos\theta=49$

$\therefore \cos\theta=\frac{1}{2}$

379 ······ 답 ⑤

$|\vec{a}+\vec{b}|=|2\vec{a}-3\vec{b}|$에서 $|\vec{a}+\vec{b}|^2=|2\vec{a}-3\vec{b}|^2$이므로

$|\vec{a}|^2+2\vec{a}\cdot\vec{b}+|\vec{b}|^2=4|\vec{a}|^2-12\vec{a}\cdot\vec{b}+9|\vec{b}|^2$

$3|\vec{a}|^2-14\vec{a}\cdot\vec{b}+8|\vec{b}|^2=0$

$12-14\times2\times3\cos\theta+72=0$

$\therefore \cos\theta=1$

380 ······ 답 75

두 벡터 $\vec{a}$, $\vec{b}$가 이루는 각의 크기를 θ라 하면

$\vec{a}\cdot\vec{b}=|\vec{a}||\vec{b}|\cos\theta=20\cos\theta=10$에서 $\cos\theta=\frac{1}{2}$

$\therefore \theta=60°$

따라서 삼각형 OAB의 넓이 S는

$S=\frac{1}{2}\times4\times5\times\sin60°=5\sqrt{3}$

$\therefore S^2=75$

381 ······ 답 ②

두 벡터 $\vec{a}$, $\vec{b}$가 이루는 각의 크기를 θ라 하면

$\vec{a}\cdot\vec{b}=|\vec{a}||\vec{b}|\cos\theta=6\cos\theta=2$에서 $\cos\theta=\frac{1}{3}$

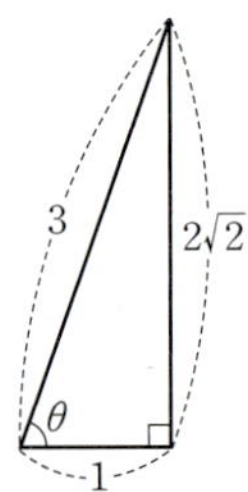

$\therefore \sin\theta=\frac{2\sqrt{2}}{3}$

따라서 두 선분 OA, OB를 두 변으로 하는 평행사변형의 넓이는

$\overline{OA}\times\overline{OB}\times\sin\theta=2\times3\times\frac{2\sqrt{2}}{3}=4\sqrt{2}$

382 ······ 답 ②

두 벡터 $\vec{p}$, $\vec{q}$가 서로 평행하므로

$\vec{p}=t\vec{q}$인 0이 아닌 실수 t가 존재한다.

즉, $(x, y)=t(y, 2)$에서 $x=ty$, $y=2t$이므로

$t=\frac{x}{y}=\frac{y}{2}$에서 $y^2=2x$ ······ ㉠

한편, 두 벡터 $\vec{p}$, $\vec{r}$가 서로 수직이므로

$\vec{p}\cdot\vec{r}=0$이다.

즉, $(x, y)\cdot(3, x)=3x+xy=x(3+y)=0$에서

$y=-3$ ($\because x\neq0$)

이를 ㉠에 대입하면 $x=\frac{9}{2}$

$\therefore x+y=\frac{9}{2}+(-3)=\frac{3}{2}$

383 ······ 답 ②

두 벡터 $\vec{a}$, $\vec{b}$가 서로 수직이므로
$\vec{a}\cdot\vec{b}=(-4, 1)\cdot(x, y)=0$
$-4x+y=0$ ······ ㉠
$|\vec{b}|=\sqrt{x^2+y^2}=\sqrt{17}$이므로
$x^2+y^2=17$ ······ ㉡
㉠, ㉡을 연립하여 풀면 $x=1$, $y=4$ ($\because$ x, y는 양수)
$\therefore xy=1\times4=4$

384 ······ 답 ⑤

두 벡터 $\vec{a}$와 $\vec{v}+\vec{b}$가 서로 평행하므로
$k\vec{a}=\vec{v}+\vec{b}$인 0이 아닌 실수 k가 존재한다.
즉, $\vec{v}=k\vec{a}-\vec{b}=(3k-4, k+2)$이므로
$|\vec{v}|^2=(3k-4)^2+(k+2)^2$
$=10k^2-20k+20=10(k-1)^2+10$
따라서 $k=1$일 때 $|\vec{v}|^2$은 최솟값 10을 갖는다.

385 ······ 답 ③

$\vec{p}=(x, y)$로 놓으면
$\vec{p}+\vec{c}=(x, y)+(-3, 1)=(x-3, y+1)$
$\vec{a}-\vec{b}=(1, 2)-(-2, 3)=(3, -1)$
두 벡터가 서로 평행하므로
$k(3, -1)=(x-3, y+1)$을 만족시키는 0이 아닌 실수 k가 존재한다.
즉, $x-3=3k$, $y+1=-k$에서
$x=3k+3$, $y=-k-1$ ······ ㉠
한편, $\vec{p}-\vec{c}=(x, y)-(-3, 1)=(x+3, y-1)$이므로
$|\vec{p}-\vec{c}|=\sqrt{(x+3)^2+(y-1)^2}=2\sqrt{10}$
즉, $(x+3)^2+(y-1)^2=40$ ······ ㉡
㉠을 ㉡에 대입하면 $(3k+6)^2+(-k-2)^2=40$
$10k^2+40k+40=40$, $10k(k+4)=0$
$\therefore k=-4$ ($\because k\neq0$)
따라서 $x=-9$, $y=3$이므로 $x+y=-6$이다.

386 ······ 답 ①

$(\vec{a}-\vec{b})\cdot(2\vec{a}+3\vec{b})=2|\vec{a}|^2+\vec{a}\cdot\vec{b}-3|\vec{b}|^2=0$
에서 $-16+\vec{a}\cdot\vec{b}=0$, $\vec{a}\cdot\vec{b}=16$
두 벡터 $\vec{a}$, $\vec{b}$가 이루는 각의 크기를 θ라 하면
$\vec{a}\cdot\vec{b}=|\vec{a}||\vec{b}|\cos\theta=4\times4\times\cos\theta=16$, $\cos\theta=1$
따라서 구하는 각의 크기는 $0°$이다.

387 ······ 답 ④

$|\vec{b}|=\frac{2}{3}|\vec{a}|$이고, 두 벡터 $\vec{a}-\vec{b}$, $\vec{a}+3\vec{b}$가 서로 수직이므로
$(\vec{a}-\vec{b})\cdot(\vec{a}+3\vec{b})=0$에서
$|\vec{a}|^2+2\vec{a}\cdot\vec{b}-3|\vec{b}|^2=|\vec{a}|^2+2|\vec{a}||\vec{b}|\cos\theta-3|\vec{b}|^2$
$=|\vec{a}|^2+2\times\frac{2}{3}|\vec{a}|^2\cos\theta-3\times\frac{4}{9}|\vec{a}|^2$
$=\frac{4}{3}|\vec{a}|^2\cos\theta-\frac{1}{3}|\vec{a}|^2$
$=0$
이때, $|\vec{a}|\neq0$이므로 $\frac{4}{3}\cos\theta-\frac{1}{3}=0$
$\therefore \cos\theta=\frac{1}{4}$

388 ······ 답 ④

$\overrightarrow{PQ}=\overrightarrow{OQ}-\overrightarrow{OP}=(4-k)\vec{a}-2\vec{b}$
$\overrightarrow{PR}=\overrightarrow{OR}-\overrightarrow{OP}=(3-k)\vec{a}+4\vec{b}$
두 벡터가 서로 평행하려면
$\overrightarrow{PR}=t\overrightarrow{PQ}$를 만족시키는 0이 아닌 실수 t가 존재해야 한다.
$(4-k)\vec{a}-2\vec{b}=t\{(3-k)\vec{a}+4\vec{b}\}$에서 $\vec{a}$, $\vec{b}$가 서로 평행하지 않으므로
$4-k=t(3-k)$, $-2=4t$
따라서 두 식을 연립하여 풀면
$t=-\frac{1}{2}$, $k=\frac{11}{3}$이다.

389 ······ 답 ④

$\overrightarrow{AM}=\frac{1}{2}(\overrightarrow{AB}+\overrightarrow{AC})$이므로
$\overrightarrow{AB}\cdot\overrightarrow{AM}-\overrightarrow{AC}\cdot\overrightarrow{AM}=(\overrightarrow{AB}-\overrightarrow{AC})\cdot\overrightarrow{AM}$
$=\frac{1}{2}(\overrightarrow{AB}-\overrightarrow{AC})\cdot(\overrightarrow{AB}+\overrightarrow{AC})$
$=\frac{1}{2}(|\overrightarrow{AB}|^2-|\overrightarrow{AC}|^2)$
$=\frac{1}{2}(10^2-6^2)=32$

390 ······ 답 ②

$\overrightarrow{AB}=\vec{a}$, $\overrightarrow{AC}=\vec{b}$로 놓으면
점 P는 선분 BC를 1 : 2로 내분하는 점이므로
$\overrightarrow{AP}=\frac{\overrightarrow{AC}+2\overrightarrow{AB}}{1+2}=\frac{1}{3}(2\vec{a}+\vec{b})$
$\overrightarrow{BC}=\overrightarrow{AC}-\overrightarrow{AB}=\vec{b}-\vec{a}$
이때, 다음 그림과 같이 $\angle BAC=\theta$라 하고,
점 C에서 선분 AB에 내린 수선의 발을 H라 하면
$\cos\theta=\frac{2}{5}$이므로
$\vec{a}\cdot\vec{b}=|\vec{a}||\vec{b}|\cos\theta=4\times5\times\frac{2}{5}=8$

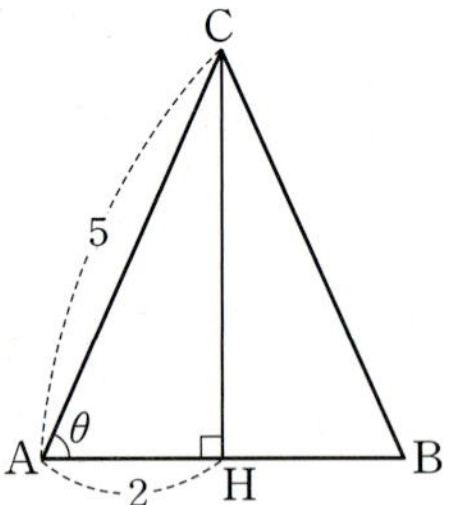

$\therefore \overrightarrow{AP}\cdot\overrightarrow{BC}=\frac{1}{3}(2\vec{a}+\vec{b})\cdot(-\vec{a}+\vec{b})$

$=\frac{1}{3}(-2|\vec{a}|^2+\vec{a}\cdot\vec{b}+|\vec{b}|^2)$

$=\frac{1}{3}(-2\times4^2+8+5^2)=\frac{1}{3}$

391 ········· 답 ④

$\overrightarrow{AB}=\vec{a}$, $\overrightarrow{AC}=\vec{b}$로 놓으면

점 D는 선분 BC를 1 : 4로 내분하는 점이므로

$\overrightarrow{AD}=\frac{\overrightarrow{AC}+4\overrightarrow{AB}}{1+4}=\frac{1}{5}(4\vec{a}+\vec{b})$

점 G는 선분 BC를 4 : 1로 내분하는 점이므로

$\overrightarrow{AG}=\frac{4\overrightarrow{AC}+\overrightarrow{AB}}{4+1}=\frac{1}{5}(\vec{a}+4\vec{b})$

이때, $|\vec{a}|=|\vec{b}|=5$이고, $\angle BAC=60°$이므로

$\vec{a}\cdot\vec{b}=|\vec{a}||\vec{b}|\cos 60°=5\times5\times\frac{1}{2}=\frac{25}{2}$

$\therefore \overrightarrow{AD}\cdot\overrightarrow{AG}=\frac{1}{5}(4\vec{a}+\vec{b})\cdot\frac{1}{5}(\vec{a}+4\vec{b})$

$=\frac{1}{25}(4|\vec{a}|^2+17\vec{a}\cdot\vec{b}+4|\vec{b}|^2)$

$=\frac{1}{25}\left(4\times5^2+17\times\frac{25}{2}+4\times5^2\right)=\frac{33}{2}$

다른 풀이

점 A에서 선분 BC에 내린 수선의 발을 H라 하면 점 H는 선분 DG의 중점이다.

$\overrightarrow{AD}\cdot\overrightarrow{AG}=(\overrightarrow{AH}+\overrightarrow{HD})\cdot(\overrightarrow{AH}+\overrightarrow{HG})$

$=|\overrightarrow{AH}|^2+(\overrightarrow{HD}+\overrightarrow{HG})\cdot\overrightarrow{AH}$

$+\overrightarrow{HD}\cdot\overrightarrow{HG}$ ······ ㉠

이때, $\overrightarrow{AH}=\frac{5\sqrt{3}}{2}$, $\overrightarrow{HD}+\overrightarrow{HG}=\vec{0}$이고

$\overrightarrow{HD}\cdot\overrightarrow{HG}=-|\overrightarrow{HD}|^2=-\left(\frac{3}{2}\right)^2=-\frac{9}{4}$

따라서 ㉠에서

$\overrightarrow{AD}\cdot\overrightarrow{AG}=\left(\frac{5\sqrt{3}}{2}\right)^2+0+\left(-\frac{9}{4}\right)=\frac{75-9}{4}=\frac{33}{2}$

392 ········· 답 ①

$\overrightarrow{PA}=\vec{a}$, $\overrightarrow{PB}=\vec{b}$로 놓으면

$\angle APB=90°$이므로 $\vec{a}\cdot\vec{b}=0$이고

$|\vec{a}|=24$, $|\vec{b}|=\sqrt{26^2-24^2}=10$이다.

$\overrightarrow{PD}=\frac{2}{3}\overrightarrow{PA}=\frac{2}{3}\vec{a}$, $\overrightarrow{PE}=\frac{1}{3}\overrightarrow{PA}=\frac{1}{3}\vec{a}$이므로

$\overrightarrow{BD}=\overrightarrow{PD}-\overrightarrow{PB}=\frac{2}{3}\vec{a}-\vec{b}$

$\overrightarrow{BE}=\overrightarrow{PE}-\overrightarrow{PB}=\frac{1}{3}\vec{a}-\vec{b}$

$\therefore \overrightarrow{BD}\cdot\overrightarrow{BE}=\left(\frac{2}{3}\vec{a}-\vec{b}\right)\cdot\left(\frac{1}{3}\vec{a}-\vec{b}\right)$

$=\frac{2}{9}|\vec{a}|^2-\vec{a}\cdot\vec{b}+|\vec{b}|^2$

$=\frac{2}{9}\times24^2+10^2=228$

393 ········· 답 ③

타원 $\frac{x^2}{36}+\frac{y^2}{16}=1$의 초점은 $F(2\sqrt{5}, 0)$, $F'(-2\sqrt{5}, 0)$이고

점 P의 좌표를 (a, b)로 놓으면

$\overrightarrow{FP}=(a-2\sqrt{5}, b)$, $\overrightarrow{F'P}=(a+2\sqrt{5}, b)$

이므로 $\overrightarrow{FP}\cdot\overrightarrow{F'P}=a^2-20+b^2$

한편, 점 P는 타원 위의 점이므로 $\frac{a^2}{36}+\frac{b^2}{16}=1$에서

$b^2=16-\frac{4}{9}a^2$

즉, $\overrightarrow{FP}\cdot\overrightarrow{F'P}=a^2-20+16-\frac{4}{9}a^2=\frac{5}{9}a^2-4$

따라서 $-6\le a\le6$에서 ······ TIP

$a=\pm6$일 때 최댓값은 16이고, $a=0$일 때 최솟값은 -4이므로

구하는 값은 $16+(-4)=12$이다.

다른 풀이

원점 O에 대하여

$\overrightarrow{FP}\cdot\overrightarrow{F'P}=(\overrightarrow{FO}+\overrightarrow{OP})\cdot(\overrightarrow{F'O}+\overrightarrow{OP})$

$=\overrightarrow{FO}\cdot\overrightarrow{F'O}+(\overrightarrow{FO}+\overrightarrow{F'O})\cdot\overrightarrow{OP}+|\overrightarrow{OP}|^2$

$\overrightarrow{FO}+\overrightarrow{F'O}=\vec{0}$이고,

$\overrightarrow{FO}\cdot\overrightarrow{F'O}=2\sqrt{5}\times2\sqrt{5}\times(-1)=-20$이므로

$\overrightarrow{FP}\cdot\overrightarrow{F'P}=|\overrightarrow{OP}|^2-20$ ······ ㉠

$P(6, 0)$ 또는 $P(-6, 0)$일 때 $|\overrightarrow{OP}|^2$이 최댓값 36을 갖고,

$P(0, 4)$ 또는 $P(0, -4)$일 때 $|\overrightarrow{OP}|^2$이 최솟값 16을 가지므로

㉠의 최댓값은 16, 최솟값은 -4이다.

따라서 구하는 값은 $16+(-4)=12$이다.

TIP

타원 $\frac{x^2}{36}+\frac{y^2}{16}=1$의 그래프는 다음과 같다.

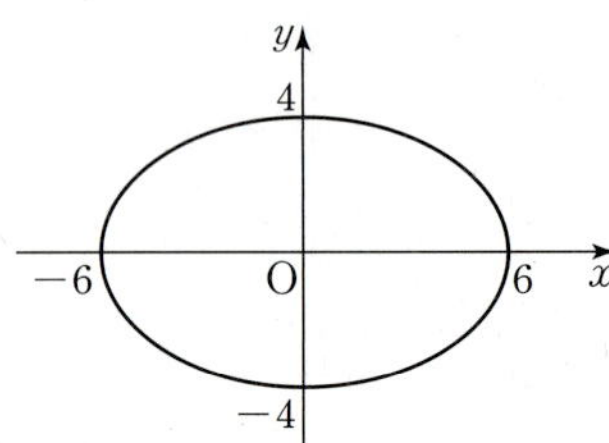

점 $P(a, b)$는 이 타원 위의 점이므로 $-6\le a\le6$이다.

394 ····· 답 ④

주어진 원의 중심을 O라 하면

$\overrightarrow{AB}\cdot\overrightarrow{CX}=\overrightarrow{AB}\cdot(\overrightarrow{OX}-\overrightarrow{OC})$

$=\overrightarrow{AB}\cdot\overrightarrow{OX}-\overrightarrow{AB}\cdot\overrightarrow{OC}$

$=\overrightarrow{AB}\cdot\overrightarrow{OX}+\overrightarrow{BA}\cdot\overrightarrow{BO}$

두 벡터 $\overrightarrow{AB}$, $\overrightarrow{OX}$가 이루는 각의 크기를 θ라 하면

$\overrightarrow{AB}\cdot\overrightarrow{OX}+\overrightarrow{BA}\cdot\overrightarrow{BO}$

$=|\overrightarrow{AB}||\overrightarrow{OX}|\cos\theta+|\overrightarrow{BA}||\overrightarrow{BO}|\cos 60^\circ$

$=6\times3\times\cos\theta+6\times3\times\frac{1}{2}=18\cos\theta+9$

두 벡터 $\overrightarrow{AB}$, $\overrightarrow{OX}$의 방향이 같을 때 $\cos 0^\circ=1$이므로

$\overrightarrow{AB}\cdot\overrightarrow{CX}$는 최댓값 27을 갖고,

두 벡터 $\overrightarrow{AB}$, $\overrightarrow{OX}$의 방향이 반대일 때 $\cos 180^\circ=-1$이므로

$\overrightarrow{AB}\cdot\overrightarrow{CX}$는 최솟값 -9를 갖는다.

따라서 구하는 값은 $27+(-9)=18$이다.

395 ····· 답 ②

그림과 같이 점 O_2를 점 O_1에 대하여 대칭이동시킨 점을 O_3이라 하고, 점 O_3을 중심으로 하고 반지름의 길이가 1인 원을 그려 원 O_1과의 교점을 A′, B′이라 하자.

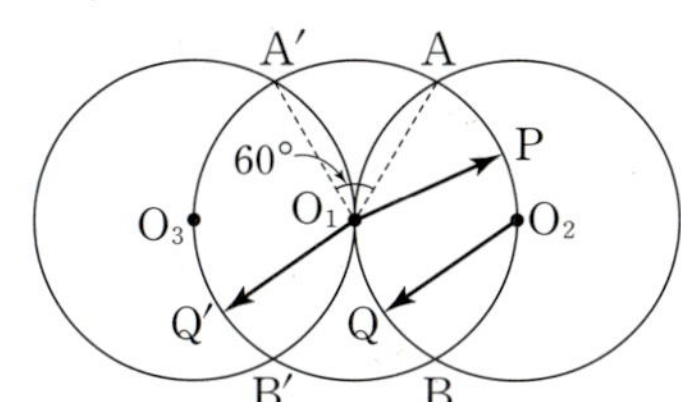

이때, 점 Q를 벡터 $\overrightarrow{O_1O_3}$의 방향으로 1만큼 평행이동시킨 점을 Q′이라 하면 $\overrightarrow{O_2Q}=\overrightarrow{O_1Q'}$이다.

두 벡터 $\overrightarrow{O_1P}$, $\overrightarrow{O_1Q'}$이 이루는 각의 크기를 θ라 하면

$\overrightarrow{O_1P}\cdot\overrightarrow{O_2Q}=\overrightarrow{O_1P}\cdot\overrightarrow{O_1Q'}=|\overrightarrow{O_1P}||\overrightarrow{O_1Q'}|\cos\theta=\cos\theta$

이고 θ의 최솟값은 60°, 최댓값은 180°이므로

$M=\cos 60^\circ=\frac{1}{2}$, $m=\cos 180^\circ=-1$

$\therefore M+m=\frac{1}{2}+(-1)=-\frac{1}{2}$

396 ····· 답 7

그림과 같이 $\angle HPB=\theta$ $(30^\circ\le\theta\le90^\circ)$라 하면

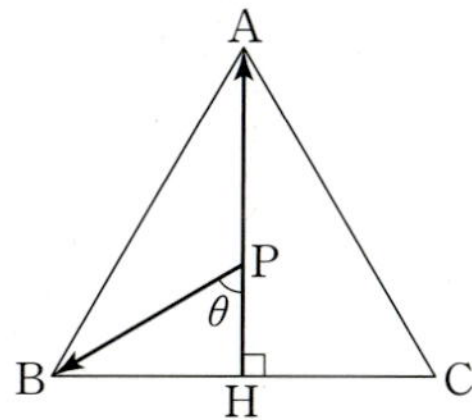

$\overrightarrow{PA}\cdot\overrightarrow{PB}=|\overrightarrow{PA}||\overrightarrow{PB}|\cos(180^\circ-\theta)=-|\overrightarrow{PA}||\overrightarrow{PB}|\cos\theta$

$=-|\overrightarrow{PA}||\overrightarrow{PH}|$

$\therefore |\overrightarrow{PA}\cdot\overrightarrow{PB}|=|\overrightarrow{PA}||\overrightarrow{PH}|$

이때, 한 변의 길이가 2인 정삼각형 ABC에서 $\overline{AH}=\sqrt{3}$이므로

$|\overrightarrow{PH}|=x$ $(0\le x\le\sqrt{3})$라 하면 $|\overrightarrow{PA}|=\sqrt{3}-x$

$\therefore |\overrightarrow{PA}\cdot\overrightarrow{PB}|=x(\sqrt{3}-x)=-\left(x-\frac{\sqrt{3}}{2}\right)^2+\frac{3}{4}$

따라서 $|\overrightarrow{PA}\cdot\overrightarrow{PB}|$는 $x=\frac{\sqrt{3}}{2}$일 때 최댓값 $\frac{3}{4}$을 가지므로

$p=4$, $q=3$

$\therefore p+q=4+3=7$

다른 풀이

그림과 같이 좌표평면 위에 H(0, 0), A(0, $\sqrt{3}$), C(1, 0)이 되도록 정삼각형 ABC를 놓고 점 P의 좌표를 (0, k)라 하자.

이때, $0\le k\le\sqrt{3}$이고

$\overrightarrow{PA}=\overrightarrow{HA}-\overrightarrow{HP}$

$=(0, \sqrt{3})-(0, k)$

$=(0, \sqrt{3}-k)$

$\overrightarrow{PB}=\overrightarrow{HB}-\overrightarrow{HP}$

$=(-1, 0)-(0, k)$

$=(-1, -k)$

이므로

$|\overrightarrow{PA}\cdot\overrightarrow{PB}|=|(0, \sqrt{3}-k)\cdot(-1, -k)|$

$=|k^2-\sqrt{3}k|=\left|\left(k-\frac{\sqrt{3}}{2}\right)^2-\frac{3}{4}\right|$

따라서 $|\overrightarrow{PA}\cdot\overrightarrow{PB}|$는 $k=\frac{\sqrt{3}}{2}$일 때 최댓값 $\frac{3}{4}$을 가지므로

$p=4$, $q=3$

$\therefore p+q=4+3=7$

참고

산술평균과 기하평균의 대소 관계를 이용하여

$|\overrightarrow{PA}||\overrightarrow{PH}|$의 최댓값을 구할 수도 있다.

$|\overrightarrow{PA}|+|\overrightarrow{PH}|=\sqrt{3}$이므로

$\sqrt{|\overrightarrow{PA}||\overrightarrow{PH}|}\le\frac{|\overrightarrow{PA}|+|\overrightarrow{PH}|}{2}=\frac{\sqrt{3}}{2}$

$\therefore |\overrightarrow{PA}||\overrightarrow{PH}|\le\frac{3}{4}$ (단, 등호는 $|\overrightarrow{PA}|=|\overrightarrow{PH}|$일 때 성립)

397 ····· 답 ④

직사각형 ABCD에서 $|\overrightarrow{DC}|=2$, $|\overrightarrow{AD}|=2\sqrt{3}$이고,

$\overrightarrow{AD}\cdot\overrightarrow{DC}=0$이다.

선분 CD의 중점을 O라 하면

$\overrightarrow{AC}\cdot\overrightarrow{AP}=\overrightarrow{AC}\cdot(\overrightarrow{AO}+\overrightarrow{OP})=\overrightarrow{AC}\cdot\overrightarrow{AO}+\overrightarrow{AC}\cdot\overrightarrow{OP}$

이때,

$\overrightarrow{AC}\cdot\overrightarrow{AO}=(\overrightarrow{AD}+\overrightarrow{DC})\cdot\left(\overrightarrow{AD}+\frac{1}{2}\overrightarrow{DC}\right)$

$=|\overrightarrow{AD}|^2+\frac{3}{2}\overrightarrow{AD}\cdot\overrightarrow{DC}+\frac{1}{2}|\overrightarrow{DC}|^2$

$=(2\sqrt{3})^2+\frac{1}{2}\times2^2=14$

또한 $\overline{AC}=4$, $\overline{OP}=1$이므로

두 벡터 $\overrightarrow{AC}$, $\overrightarrow{OP}$의 방향이 서로 같을 때 $\overrightarrow{AC}\cdot\overrightarrow{OP}$는 최댓값 4를 갖는다.

따라서 $\overrightarrow{AC}\cdot\overrightarrow{AP}$의 최댓값은 $14+4=18$이다.

398 ⋯⋯ 답 ③

$2\overrightarrow{PA}+3\overrightarrow{PB}+\overrightarrow{PC}=2(\overrightarrow{BA}-\overrightarrow{BP})-3\overrightarrow{BP}+(\overrightarrow{BC}-\overrightarrow{BP})$

$=2\overrightarrow{BA}+\overrightarrow{BC}-6\overrightarrow{BP}$

이므로 $2\overrightarrow{BA}+\overrightarrow{BC}-6\overrightarrow{BP}=k\overrightarrow{BC}$에서

$6\overrightarrow{BP}=2\overrightarrow{BA}+(1-k)\overrightarrow{BC}$

$\overrightarrow{BP}=\frac{1}{3}\overrightarrow{BA}+\frac{1-k}{6}\overrightarrow{BC}$

그림에서 색칠된 부분 (삼각형 ABC의 변 제외)에 점 P가 있어야 하므로

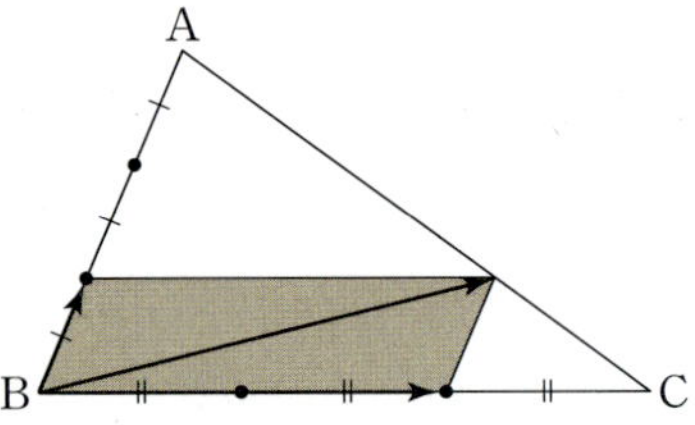

$0<\frac{1-k}{6}<\frac{2}{3}$, $-3<k<1$

따라서 정수 k는 -2, -1, 0이므로 모든 정수 k의 값의 합은 -3이다.

399 ⋯⋯ 답 27

원 C_2의 중심을 O_2라 하고, 점 O_2에서 두 선분 AB, BC에 내린 수선의 발을 각각 H_1, H_2라 하자.

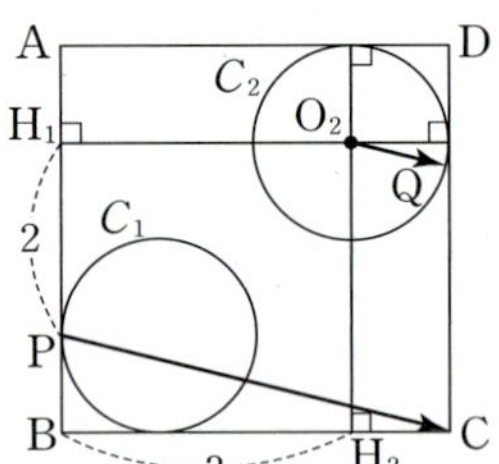

$\overrightarrow{PC}\cdot\overrightarrow{PQ}=\overrightarrow{PC}\cdot(\overrightarrow{PO_2}+\overrightarrow{O_2Q})$

$=(\overrightarrow{PB}+\overrightarrow{BC})\cdot\overrightarrow{PO_2}+\overrightarrow{PC}\cdot\overrightarrow{O_2Q}$

$=\overrightarrow{PB}\cdot\overrightarrow{PO_2}+\overrightarrow{BC}\cdot\overrightarrow{PO_2}+\overrightarrow{PC}\cdot\overrightarrow{O_2Q}$

$\le -|\overrightarrow{PB}||\overrightarrow{PH_1}|+|\overrightarrow{BC}||\overrightarrow{BH_2}|+|\overrightarrow{PC}||\overrightarrow{O_2Q}|$

$=-1\times2+4\times3+\sqrt{1^2+4^2}\times1$

$=10+\sqrt{17}$

이므로 두 벡터 $\overrightarrow{PC}$, $\overrightarrow{O_2Q}$의 방향이 같을 때 $\overrightarrow{PC}\cdot\overrightarrow{PQ}$는 최댓값 $10+\sqrt{17}$을 갖는다.

따라서 $a=10$, $b=17$이므로 $a+b=27$이다.

400 ⋯⋯ 답 ①

ㄱ. $s+t=1$ $(s\ge0,\ t\ge0)$에서

$0<t<1$일 때 점 P는 선분 AB를 $t:(1-t)$로 내분하는 점이고,

$t=0$일 때 $\overrightarrow{OP}=\overrightarrow{OA}$, $t=1$일 때 $\overrightarrow{OP}=\overrightarrow{OB}$이므로

점 P가 그리는 도형은 선분 AB이다. (참)

ㄴ. $s+2t=1$이고

$\overrightarrow{OP}=s\overrightarrow{OA}+t\overrightarrow{OB}=s\overrightarrow{OA}+2t\left(\frac{1}{2}\overrightarrow{OB}\right)$이므로

선분 OB의 중점을 M이라 하면 점 P가 그리는 도형은 선분 AM이다.

[반례] 삼각형 OAB가 정삼각형이면

$\overline{AM}=\frac{\sqrt{3}}{2}\overline{AB}$이므로 $\overline{AM}<\overline{AB}$이다. (거짓)

ㄷ. $s+2t=k$ $(s\ge0,\ t\ge0)$로 놓으면

$0<k\le1$일 때

$\frac{1}{k}\overrightarrow{OP}=\frac{1}{k}(s\overrightarrow{OA}+t\overrightarrow{OB})=\frac{s}{k}\overrightarrow{OA}+\frac{2t}{k}\left(\frac{1}{2}\overrightarrow{OB}\right)$이고,

$k=0$일 때 점 P와 점 O는 서로 일치하므로

점 P가 그리는 영역은 ㄴ에서 삼각형 OAM의 둘레 및 내부의 영역이다.

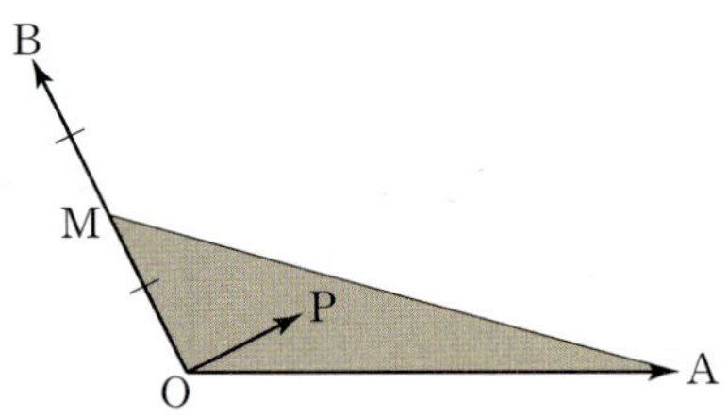

따라서 점 P가 그리는 영역은 삼각형 OAB를 포함하지 않는다. (거짓)

따라서 옳은 것은 ㄱ이다.

401 ⋯⋯ 답 ⑤

주어진 그림을 다음과 같이 좌표평면에서 생각하자.

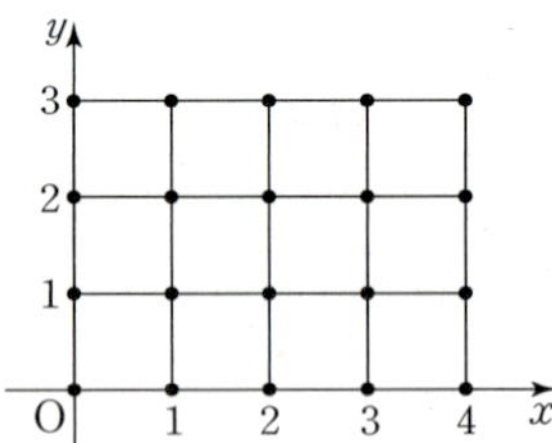

이때,

$S=\{\vec{u}\,|\,\vec{u}=(u_1,\ u_2),\ |u_1|\le4,\ |u_2|\le3,$ u_1과 u_2는 정수이고 $(u_1,\ u_2)\ne(0,\ 0)\}$

이므로

$\vec{x}\in S$, $\vec{y}\in S$에 대하여

ㄱ. [반례] $\vec{x}=(1,\ 1)$, $\vec{y}=(1,\ -1)$이면 $\vec{x}\cdot\vec{y}=0$이지만

$|\vec{x}|=|\vec{y}|=\sqrt{2}$이다. (거짓)

ㄴ. $\vec{x}=(a_1,\ a_2)$, $\vec{y}=(b_1,\ b_2)$로 놓으면

$|\vec{x}|=\sqrt{5}$에서 $(a_1)^2+(a_2)^2=5$이고,

$|\vec{y}|=\sqrt{2}$에서 $(b_1)^2+(b_2)^2=2$

이때, 네 수 a_1, a_2, b_1, b_2는 모두 정수이므로

$(a_1)^2=4$, $(a_2)^2=1$ 또는 $(a_1)^2=1$, $(a_2)^2=4$이고,

$(b_1)^2=(b_2)^2=1$이므로 $\vec{x}\cdot\vec{y}=a_1b_1+a_2b_2\neq 0$이다. (참)

ㄷ. $\vec{x}=(a_1, a_2)$, $\vec{y}=(b_1, b_2)$로 놓으면

네 수 a_1, a_2, b_1, b_2는 모두 정수이므로 $a_1b_1+a_2b_2$의 값은 항상 정수이다.

즉, $\vec{x}\cdot\vec{y}$는 정수이다. (참)

따라서 옳은 것은 ㄴ, ㄷ이다.

402 ······ 답 ⑤

ㄱ. 그림과 같이 $\overrightarrow{AB}+\overrightarrow{AE}=\overrightarrow{AF}$를 만족시키는 점 F를 생각하면 사각형 ABFE는 평행사변형이다. 이때, 평행사변형의 두 대각선의 교점은 두 대각선을 각각 이등분하므로

$\overrightarrow{AB}+\overrightarrow{AE}$와 $\overrightarrow{AM}$은 서로 평행하다. (참)

ㄴ. 그림과 같이 직선 BC와 직선 ED의 교점을 G라 하고 $\angle BAE=\theta$라 하면

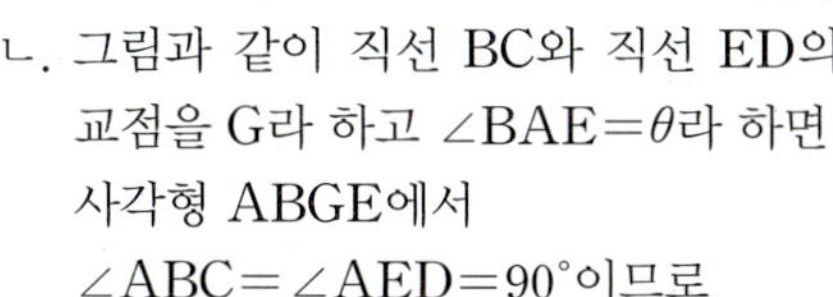

사각형 ABGE에서

$\angle ABC=\angle AED=90°$이므로

$\angle BGE=180°-\theta$이다.

이때, $\overline{AB}=\overline{BC}$, $\overline{AE}=\overline{ED}$이므로

$\overrightarrow{AB}\cdot\overrightarrow{AE}$

$=|\overrightarrow{AB}||\overrightarrow{AE}|\cos\theta$

$=-|\overrightarrow{BC}||\overrightarrow{ED}|\cos(180°-\theta)$

$=-\overrightarrow{BC}\cdot\overrightarrow{ED}$ (참)

ㄷ. $\overline{BC}=\overline{AB}$, $\overline{ED}=\overline{AE}$이고 ㄴ에 의하여 $\overrightarrow{BC}\cdot\overrightarrow{ED}=-\overrightarrow{AB}\cdot\overrightarrow{AE}$이므로

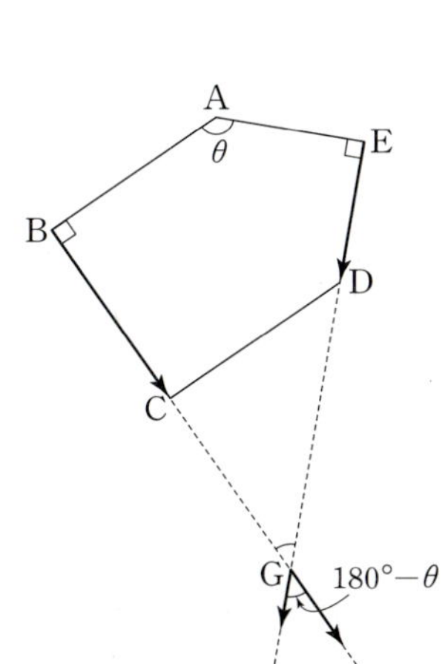

$|\overrightarrow{BC}+\overrightarrow{ED}|^2$

$=|\overrightarrow{BC}|^2+|\overrightarrow{ED}|^2+2\overrightarrow{BC}\cdot\overrightarrow{ED}$

$=|\overrightarrow{AB}|^2+|\overrightarrow{AE}|^2-2\overrightarrow{AB}\cdot\overrightarrow{AE}$

$=|\overrightarrow{AB}-\overrightarrow{AE}|^2$

$=|\overrightarrow{EB}|^2$

$=|\overrightarrow{BE}|^2$

$\therefore |\overrightarrow{BC}+\overrightarrow{ED}|=|\overrightarrow{BE}|$ (참)

따라서 옳은 것은 ㄱ, ㄴ, ㄷ이다.

TIP

ㄴ의 풀이 과정에서 벡터의 평행이동을 고려하면 두 벡터 $\overrightarrow{BC}$, $\overrightarrow{ED}$가 이루는 각의 크기가 $180°-\theta$임을 쉽게 알 수 있다.

403 ······ 답 ⑤

ㄱ. $|\overrightarrow{CB}-\overrightarrow{CP}|=|\overrightarrow{PB}|$이므로 점 P가 점 A의 위치에 있을 때 $|\overrightarrow{CB}-\overrightarrow{CP}|$의 최솟값은 1이다. (참)

ㄴ. 그림에서 $\overline{CD}=1$, $\overline{AD}=\sqrt{3}$이므로 삼각형 ACD에서 $\angle CAD=30°$이다.

또한 삼각형 EAD는 정삼각형이므로 $\angle EAD=60°$이다.

$\therefore \angle EAC=90°$

따라서 $\overrightarrow{CA}\cdot\overrightarrow{CP}=|\overrightarrow{CA}|^2$으로 일정하다. (참)

ㄷ. $\overrightarrow{DA}=\overrightarrow{AA'}$, $\overrightarrow{DA}=\overrightarrow{EE'}$을 만족시키는 두 점 A′, E′에 대하여 사각형 EE′A′A는 네 변의 길이가 같은 평행사변형, 즉 마름모이므로 $\overrightarrow{DA}=\overrightarrow{PP'}$을 만족시키는 점 P′은 선분 A′E′ 위에 존재한다.

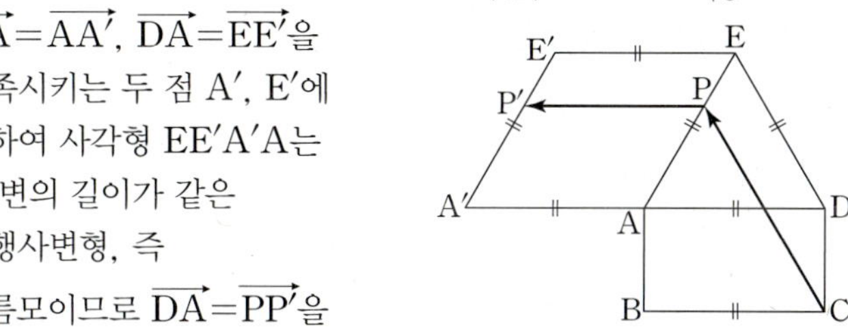

이때, $\overrightarrow{DA}+\overrightarrow{CP}=\overrightarrow{CP}+\overrightarrow{PP'}=\overrightarrow{CP'}$이므로 $|\overrightarrow{DA}+\overrightarrow{CP}|$의 최솟값은 $\overline{CP'}$의 최솟값을 의미한다.

ㄴ에서 두 선분 AC와 AE는 서로 수직이고 두 선분 AE와 A′E′은 서로 평행하므로 직선 AC와 직선 A′E′의 교점을 H라 하면 점 P′이 점 H의 위치에 있을 때 $\overline{CP'}$은 최솟값을 갖는다.

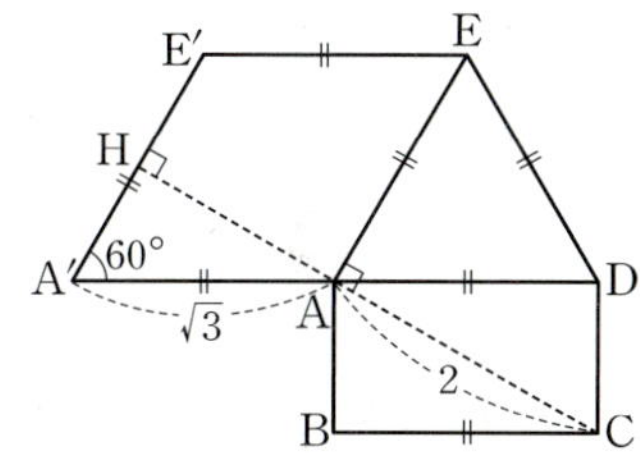

이때, $\angle HA'A=60°$이고 $\overline{AA'}=\sqrt{3}$이므로

$\overline{HA}=\sqrt{3}\times\sin 60°=\dfrac{3}{2}$

따라서 $|\overrightarrow{DA}+\overrightarrow{CP}|$, 즉 $\overline{CP'}$의 최솟값은

$\overline{CH}=\overline{CA}+\overline{HA}=2+\dfrac{3}{2}=\dfrac{7}{2}$ (참)

따라서 옳은 것은 ㄱ, ㄴ, ㄷ이다.

TIP

ㄷ의 $\overrightarrow{DA}+\overrightarrow{CP}$에서 $\overrightarrow{DA}$는 크기와 방향이 정해진 벡터이다. 따라서 $\overrightarrow{DA}+\overrightarrow{CP}=\overrightarrow{CP'}$이라 하면 점 P′은 점 P를 $\overrightarrow{DA}$의 방향으로 $|\overrightarrow{DA}|$만큼 평행이동시킨 점이다. 이때, 점 P는 선분 AE 위의 점이므로 점 P′이 나타내는 도형은 선분 A′E′이다.

404 ······ 답 7

중심이 O이고 반지름의 길이가 1인 원 위의 한 점 A에 대하여 $|\overrightarrow{OA}|=1$이고

중심이 O이고 반지름의 길이가 3인 원 위의 한 점 B에 대하여 $|\overrightarrow{OB}|=3$이다.

벡터 $\overrightarrow{OP}$가 벡터 $\overrightarrow{OA}$, $\overrightarrow{OB}$와 이루는 각의 크기를 각각 α, β라 하면 조건 (가)에 의하여

$|\overrightarrow{OB}||\overrightarrow{OP}|\cos\beta=3|\overrightarrow{OA}||\overrightarrow{OP}|\cos\alpha$이므로

$|\overrightarrow{OP}|\neq0$일 경우 $\beta=\alpha$이다. …… ㉠

한편, $|\overrightarrow{PA}|^2+|\overrightarrow{PB}|^2=|\overrightarrow{PA}-\overrightarrow{PB}|^2+2\overrightarrow{PA}\cdot\overrightarrow{PB}$이므로

조건 (나)에 의하여

$20=|\overrightarrow{BA}|^2+2\overrightarrow{PA}\cdot\overrightarrow{PB}$, 즉 $\overrightarrow{PA}\cdot\overrightarrow{PB}=10-\dfrac{|\overrightarrow{BA}|^2}{2}$

$\overrightarrow{PA}\cdot\overrightarrow{PB}$의 값이 최소이려면 $|\overrightarrow{BA}|$의 값이 최대이어야 한다.

따라서 두 벡터 $\overrightarrow{OA}$, $\overrightarrow{OB}$의 방향이 반대일 때 $|\overrightarrow{BA}|$가 최댓값

$|\overrightarrow{OA}|+|\overrightarrow{OB}|=1+3=4$를 가지므로

$\overrightarrow{PA}\cdot\overrightarrow{PB}$는 최솟값 $m=10-\dfrac{4^2}{2}=2$를 갖고, 이때 ㉠에 의하여

$\alpha=\beta=90°$이다.

직각삼각형 AOP에서 $|\overrightarrow{OA}|^2+|\overrightarrow{OP}|^2=|\overrightarrow{PA}|^2$이고

직각삼각형 BOP에서 $|\overrightarrow{OB}|^2+|\overrightarrow{OP}|^2=|\overrightarrow{PB}|^2$이므로

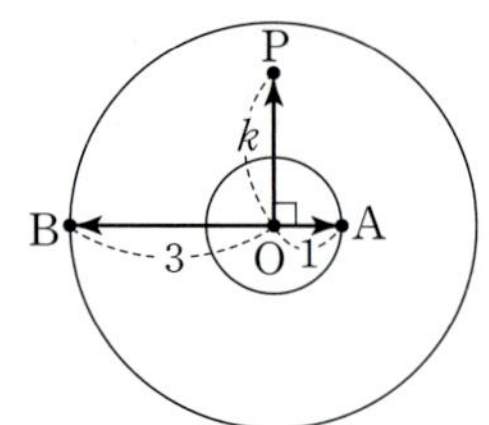

조건 (나)에 의하여

$(1+k^2)+(9+k^2)=20$

$\therefore k^2=5$

$\therefore m+k^2=2+5=7$

다른 풀이

중심이 O이고 반지름의 길이가 1인 원 위의 한 점 A에 대하여

$|\overrightarrow{OA}|=1$이고

중심이 O이고 반지름의 길이가 3인 원 위의 한 점 B에 대하여

$|\overrightarrow{OB}|=3$이다.

이때, 중심이 O이고 반지름의 길이가 3인 원 위의 한 점 A′이

$3\overrightarrow{OA}=\overrightarrow{OA'}$을 만족시킨다고 하면 조건 (가)에 의하여

$\overrightarrow{OB}\cdot\overrightarrow{OP}=\overrightarrow{OA'}\cdot\overrightarrow{OP}$, 즉 $\overrightarrow{A'B}\cdot\overrightarrow{OP}=0$이므로

$|\overrightarrow{OP}|\neq0$일 경우 $|\overrightarrow{A'B}|=0$이거나

이등변삼각형 A′BO에서 직선 OP는 선분 A′B를 수직이등분한다.

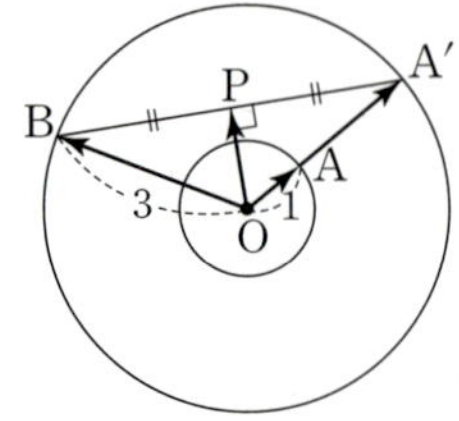

따라서 벡터 $\overrightarrow{OP}$가 벡터 $\overrightarrow{OA}$, $\overrightarrow{OB}$와 이루는 각의 크기를 각각 α, β라 하면 $\alpha=\beta$이다. …… ㉡

조건 (나)에 의하여

$|\overrightarrow{OA}-\overrightarrow{OP}|^2+|\overrightarrow{OB}-\overrightarrow{OP}|^2=20$

$(1^2-2|\overrightarrow{OP}|\cos\alpha+|\overrightarrow{OP}|^2)+(3^2-6|\overrightarrow{OP}|\cos\alpha+|\overrightarrow{OP}|^2)=20$

($\because$ ㉡)

$10-8|\overrightarrow{OP}|\cos\alpha+2|\overrightarrow{OP}|^2=20$

$-4|\overrightarrow{OP}|\cos\alpha+|\overrightarrow{OP}|^2=5$ …… ㉢

$\therefore \overrightarrow{PA}\cdot\overrightarrow{PB}=(\overrightarrow{OA}-\overrightarrow{OP})\cdot(\overrightarrow{OB}-\overrightarrow{OP})$

$=\overrightarrow{OA}\cdot\overrightarrow{OB}-4|\overrightarrow{OP}|\cos\alpha+|\overrightarrow{OP}|^2$ ($\because$ ㉡)

$=\overrightarrow{OA}\cdot\overrightarrow{OB}+5$ ($\because$ ㉢)

$\overrightarrow{PA}\cdot\overrightarrow{PB}$의 값이 최소이려면 $\overrightarrow{OA}\cdot\overrightarrow{OB}$의 값이 최소이어야 한다.

따라서 두 벡터 $\overrightarrow{OA}$, $\overrightarrow{OB}$의 방향이 반대일 때 $\overrightarrow{OA}\cdot\overrightarrow{OB}$가 최솟값

$|\overrightarrow{OA}||\overrightarrow{OB}|\cos 180°=-3$을 가지므로

$\overrightarrow{PA}\cdot\overrightarrow{PB}$는 최솟값 $m=(-3)+5=2$를 갖고, 이때 ㉡에 의하여

$\alpha=\beta=90°$이다.

직각삼각형 AOP에서 $|\overrightarrow{OA}|^2+|\overrightarrow{OP}|^2=|\overrightarrow{PA}|^2$이고

직각삼각형 BOP에서 $|\overrightarrow{OB}|^2+|\overrightarrow{OP}|^2=|\overrightarrow{PB}|^2$이므로

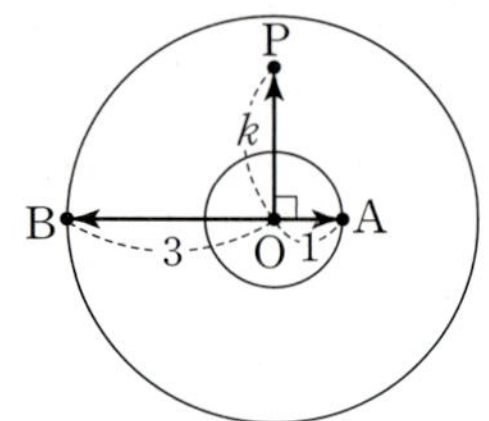

조건 (나)에 의하여

$(1+k^2)+(9+k^2)=20$

$\therefore k^2=5$

$\therefore m+k^2=2+5=7$

참고

풀이의 ㉠에서 만약 $|\overrightarrow{OP}|=0$, 즉 점 P가 점 O와 일치하면 $|\overrightarrow{PA}|^2+|\overrightarrow{PB}|^2=1^2+3^2=10$으로 조건 (나)를 만족시키지 않는다. 따라서 $|\overrightarrow{OP}|\neq0$임을 알 수 있다.

03 벡터를 이용한 직선과 원의 방정식

405 ⋯ 답 ⑤

직선 $3-x=\frac{y-3}{3}$, 즉 $\frac{x-3}{-1}=\frac{y-3}{3}$의 방향벡터를 $\vec{u}$라 하면 $\vec{u}=(-1, 3)$이다.

406 ⋯ 답 ①

점 $(3, 2)$를 지나고 벡터 $\vec{u}=(2, -1)$에 평행한 직선의 방정식은
$\frac{x-3}{2}=\frac{y-2}{-1}$, 즉 $\frac{x-3}{2}=2-y$이다.

407 ⋯ 답 ③

점 $(4, 1)$을 지나고 방향벡터가 $\vec{u}=(5, 3)$인 직선의 방정식은
$\frac{x-4}{5}=\frac{y-1}{3}$이므로 y축과 만나는 점의 y좌표는
$\frac{0-4}{5}=\frac{y-1}{3}$에서 $y=-\frac{7}{5}$이다.

408 ⋯ 답 52

점 $(6, 3)$을 지나고 벡터 $\vec{u}=(2, 3)$에 평행한 직선의 방정식은
$\frac{x-6}{2}=\frac{y-3}{3}$이므로
이 직선이 x축, y축과 각각 만나는 점 A, B는
$A(4, 0)$, $B(0, -6)$이다.
$\therefore \overline{AB}^2=4^2+6^2=52$

409 ⋯ 답 9

점 $(4, 1)$을 지나고 벡터 $\vec{n}=(1, 2)$에 수직인 직선의 방정식은
$1\times(x-4)+2\times(y-1)=0$, 즉 $x+2y=6$이다.
따라서 이 직선이 x축, y축과 만나는 점의 좌표는 각각
$(6, 0)$, $(0, 3)$이다.
$\therefore a+b=6+3=9$

410 ⋯ 답 ②

점 $(1, -1)$을 지나고 법선벡터가 $\vec{n}=(3, 5)$인 직선의 방정식은
$3(x-1)+5(y+1)=0$, 즉 $3x+5y+2=0$
따라서 원점 $(0, 0)$에서 직선 $3x+5y+2=0$까지의 거리는
$\frac{|3\times0+5\times0+2|}{\sqrt{3^2+5^2}}=\frac{2}{\sqrt{34}}=\frac{\sqrt{34}}{17}$

411 ⋯ 답 $3x-2y-7=0$

직선 $\frac{x+2}{3}=\frac{y-1}{-2}$의 방향벡터를 $\vec{u}$라 하면 $\vec{u}=(3, -2)$
따라서 점 $(1, -2)$를 지나고 법선벡터가 $\vec{u}=(3, -2)$인
직선의 방정식은 $3(x-1)-2(y+2)=0$, 즉 $3x-2y-7=0$이다.

412 ⋯ 답 풀이 참조

구하는 직선의 방향벡터는 원점 O에 대하여
$\overrightarrow{AB}=\overrightarrow{OB}-\overrightarrow{OA}=(2, 7)-(1, 4)=(1, 3)$
따라서 구하는 직선의 방정식은 점 $A(1, 4)$를 지나고
방향벡터가 $(1, 3)$이므로
$x-1=\frac{y-4}{3}$

채점 요소	배점
두 점을 이용하여 방향벡터 구하기	50 %
직선의 방정식 구하기	50 %

413 ⋯ 답 ⑤

두 직선 $\frac{x+1}{4}=\frac{y-1}{3}$, $\frac{x+2}{-1}=\frac{y+1}{3}$의 방향벡터를 각각
$\vec{a}$, $\vec{b}$라 하면 $\vec{a}=(4, 3)$, $\vec{b}=(-1, 3)$
$\therefore \cos\theta=\frac{|\vec{a}\cdot\vec{b}|}{|\vec{a}||\vec{b}|}=\frac{|4\times(-1)+3\times3|}{\sqrt{4^2+3^2}\sqrt{(-1)^2+3^2}}=\frac{\sqrt{10}}{10}$

414 ⋯ 답 ④

두 직선 $\frac{x-6}{4}=\frac{y+2}{3}$, $x-5=\frac{3-y}{2}$의 방향벡터를 각각
$\vec{a}$, $\vec{b}$라 하면 $\vec{a}=(4, 3)$, $\vec{b}=(1, -2)$
$\therefore \cos\theta=\frac{|\vec{a}\cdot\vec{b}|}{|\vec{a}||\vec{b}|}=\frac{|4\times1+3\times(-2)|}{\sqrt{4^2+3^2}\sqrt{1^2+(-2)^2}}=\frac{2}{5\sqrt{5}}$
이를 θ를 이용한 직각삼각형으로 나타내면 다음과 같다.

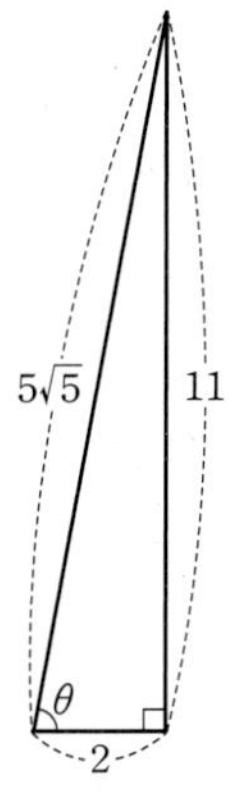

$\therefore \tan\theta=\frac{11}{2}$

415 ⋯ 답 ③

두 직선 $x-2y-2=0$, $x+3y-4=0$의 법선벡터를 각각
$\vec{a}$, $\vec{b}$라 하면
$\vec{a}=(1, -2)$, $\vec{b}=(1, 3)$
$\therefore \cos\theta=\frac{|\vec{a}\cdot\vec{b}|}{|\vec{a}||\vec{b}|}=\frac{|1\times1+(-2)\times3|}{\sqrt{1^2+(-2)^2}\sqrt{1^2+3^2}}=\frac{1}{\sqrt{2}}$

따라서 두 직선이 이루는 각의 크기는 45°이다.

416 ⋯ 답 ③

두 직선 l, m이 수직이므로 $(-5, 5)\cdot(3, k)=0$

$-15+5k=0$

$\therefore k=3$

417 ⋯ 답 ⑤

두 직선 l_1, l_2의 방향벡터를 각각 $\vec{u_1}$, $\vec{u_2}$라 하면

$\vec{u_1}=(6, k)$, $\vec{u_2}=(2, 3)$이다.

두 직선이 서로 평행할 때는

$\vec{u_1}=t\vec{u_2}$를 만족시키는 0이 아닌 실수 t가 존재하므로

$(6, k)=t(2, 3)$에서 $t=3$이고, $k=9$

두 직선이 서로 수직일 때는

$\vec{u_1}\cdot\vec{u_2}=0$이므로 $(6, k)\cdot(2, 3)=0$에서

$12+3k=0$, $k=-4$

따라서 $a=9$, $b=-4$이므로 $a+b=5$이다.

418 ⋯ 답 ④

두 직선 $\frac{x+1}{3}=\frac{y-5}{k}$, $\frac{x-2}{k-2}=\frac{3-y}{2}$의 방향벡터를 각각

$\vec{a}$, $\vec{b}$라 하면

$\vec{a}=(3, k)$, $\vec{b}=(k-2, -2)$

두 직선은 서로 수직이므로 $\vec{a}\cdot\vec{b}=(3, k)\cdot(k-2, -2)=0$

$3(k-2)+(-2k)=0$

$\therefore k=6$

419 ⋯ 답 ②

직선 $\frac{x+1}{2}=\frac{y}{5}$의 방향벡터를 $\vec{u}$라 하면 $\vec{u}=(2, 5)$이고,

직선 $5x+ky+1=0$의 법선벡터를 $\vec{n}$이라 하면 $\vec{n}=(5, k)$이다.

두 직선이 서로 평행하므로 두 벡터 $\vec{u}$와 $\vec{n}$은 서로 수직이다.

즉, $\vec{u}\cdot\vec{n}=0$이므로 $(2, 5)\cdot(5, k)=10+5k=0$

$\therefore k=-2$

420 ⋯ 답 ④

직선 $6x-9y-5=0$의 법선벡터를 $\vec{n}$이라 하면 $\vec{n}=(6, -9)$이고,

직선 $\frac{-x+1}{2}=\frac{y-1}{k}$의 방향벡터를 $\vec{u}$라 하면 $\vec{u}=(-2, k)$이다.

두 직선이 서로 수직이므로 두 벡터 $\vec{u}$와 $\vec{n}$은 서로 평행하다.

즉, $\vec{u}=m\vec{n}$을 만족시키는 0이 아닌 실수 m이 존재하므로

$(-2, k)=m(6, -9)$에서 $-2=6m$, $m=-\frac{1}{3}$

$\therefore k=(-9)\times\left(-\frac{1}{3}\right)=3$

421 ⋯ 답 ⑤

세 직선 l, m, n의 방향벡터를 각각 $\vec{u_1}$, $\vec{u_2}$, $\vec{u_3}$이라 하면

$\vec{u_1}=(a, 3)$, $\vec{u_2}=(4, -3)$, $\vec{u_3}=(6, b)$

두 직선 l과 m은 서로 평행하므로 $\vec{u_1}=k\vec{u_2}$를 만족시키는 0이 아닌 실수 k가 존재한다.

$(a, 3)=k(4, -3)$에서 $k=-1$이므로 $a=-4$

두 직선 l과 n은 서로 수직이므로 $\vec{u_1}\cdot\vec{u_3}=0$을 만족시킨다.

즉, $(-4, 3)\cdot(6, b)=0$, $-24+3b=0$, $b=8$

$\therefore ab=(-4)\times 8=-32$

422 ⋯ 답 ③

$|\overrightarrow{AP}|=4$를 만족시키는 점 P가 나타내는 도형은 점 A$(-1, 2)$를 중심으로 하고 반지름의 길이가 4인 원이다.

$\therefore (x+1)^2+(y-2)^2=16$

다른 풀이

점 P의 좌표를 (x, y)로 놓으면 원점 O에 대하여

$\overrightarrow{AP}=\overrightarrow{OP}-\overrightarrow{OA}=(x+1, y-2)$

$|\overrightarrow{AP}|=\sqrt{(x+1)^2+(y-2)^2}=4$

$\therefore (x+1)^2+(y-2)^2=16$

423 ⋯ 답 풀이 참조

원 위의 점 P(x, y)에 대하여 $\overrightarrow{AP}\cdot\overrightarrow{BP}=0$이므로

$(x-3, y-5)\cdot(x-1, y-7)=0$이 성립한다.

$(x-3)(x-1)+(y-5)(y-7)=0$

$\therefore x^2-4x+y^2-12y+38=0$

채점 요소	배점
$\overrightarrow{AP}\cdot\overrightarrow{BP}=0$임을 구하기	40 %
원의 방정식 구하기	60 %

424 ⋯ 답 ⑤

방정식 $\overrightarrow{AP}\cdot\overrightarrow{BP}=0$을 만족시키는 점 P가 나타내는 도형은 두 점 A, B를 지름의 양 끝점으로 하는 원이다.

$\overline{AB}=\sqrt{(3-5)^2+(2+2)^2}=\sqrt{20}=2\sqrt{5}$이므로 원의 반지름의 길이는 $\sqrt{5}$이다.

따라서 구하는 도형의 넓이는 $\pi\times(\sqrt{5})^2=5\pi$

다른 풀이

점 P의 좌표를 (x, y)라 하면 원점 O에 대하여

$\overrightarrow{AP}=\overrightarrow{OP}-\overrightarrow{OA}=(x-3, y-2)$

$\overrightarrow{BP}=\overrightarrow{OP}-\overrightarrow{OB}=(x-5, y+2)$

$\overrightarrow{AP}\cdot\overrightarrow{BP}=0$이므로 $(x-3)(x-5)+(y-2)(y+2)=0$

$\therefore (x-4)^2+y^2=5$

따라서 점 P가 나타내는 도형은 반지름의 길이가 $\sqrt{5}$인 원이므로 구하는 도형의 넓이는 $\pi\times(\sqrt{5})^2=5\pi$

425 ⋯⋯ 답 ③

방정식 $(\vec{p}-\vec{a})\cdot(\vec{p}-\vec{b})=0$을 만족시키는 점 P가 나타내는 도형은 두 점 A, B를 지름의 양 끝점으로 하는 원이다.
$\overline{AB}=\sqrt{(3-1)^2+(-4+2)^2}=\sqrt{8}=2\sqrt{2}$이므로 원의 반지름의 길이는 $\sqrt{2}$이다.
따라서 구하는 도형의 둘레의 길이는 $2\pi\times\sqrt{2}=2\sqrt{2}\pi$

다른 풀이

$\vec{a}=(3,\ -4)$, $\vec{b}=(1,\ -2)$이고, $\vec{p}=(x,\ y)$로 놓으면
방정식 $(\vec{p}-\vec{a})\cdot(\vec{p}-\vec{b})=0$에서
$(x-3,\ y+4)\cdot(x-1,\ y+2)=0$
$(x-3)(x-1)+(y+4)(y+2)=0$
$\therefore (x-2)^2+(y+3)^2=2$
따라서 점 P가 나타내는 도형은 반지름의 길이가 $\sqrt{2}$인 원이므로 구하는 도형의 둘레의 길이는 $2\pi\times\sqrt{2}=2\sqrt{2}\pi$

426 ⋯⋯ 답 ②

방정식 $(\vec{p}-\vec{a})\cdot(\vec{p}-\vec{b})=0$을 만족시키는 벡터 $\vec{p}$의 종점 P가 나타내는 도형은 두 점 A$(-3,\ 2)$, B$(1,\ -3)$을 지름의 양 끝점으로 하는 원이다.
$\overline{AB}=\sqrt{(-3-1)^2+(2+3)^2}=\sqrt{41}$이므로 원의 반지름의 길이는 $\frac{\sqrt{41}}{2}$이다.
따라서 구하는 도형의 넓이는 $\pi\times\left(\frac{\sqrt{41}}{2}\right)^2=\frac{41}{4}\pi$

다른 풀이

$\vec{a}=(-3,\ 2)$, $\vec{b}=(1,\ -3)$이고 $\vec{p}=(x,\ y)$로 놓으면
$(\vec{p}-\vec{a})\cdot(\vec{p}-\vec{b})=0$에서
$(x+3,\ y-2)\cdot(x-1,\ y+3)=0$
$(x+3)(x-1)+(y-2)(y+3)=0$
$\therefore (x+1)^2+\left(y+\frac{1}{2}\right)^2=\frac{41}{4}$
따라서 점 P가 나타내는 도형은 반지름의 길이가 $\frac{\sqrt{41}}{2}$인 원이므로 구하는 도형의 넓이는 $\pi\times\left(\frac{\sqrt{41}}{2}\right)^2=\frac{41}{4}\pi$

427 ⋯⋯ 답 ③

점 A에서 직선 $\frac{x-1}{3}=y-2$에 내린 수선의 발은
점 A를 지나고 직선 $\frac{x-1}{3}=y-2$에 수직인 직선과
직선 $\frac{x-1}{3}=y-2$의 교점이다.
직선 $\frac{x-1}{3}=y-2$의 방향벡터를 $\vec{u}$라 하면
$\vec{u}=(3,\ 1)$이므로 점 A$(-1,\ 4)$를 지나고 벡터 $\vec{u}=(3,\ 1)$에 수직인 직선의 방정식은
$3(x+1)+(y-4)=0$, 즉 $3x+y=1$ ⋯⋯ ㉠
$\frac{x-1}{3}=y-2$ ⋯⋯ ㉡
㉠, ㉡을 연립하여 풀면 $x=-\frac{1}{5}$, $y=\frac{8}{5}$이므로 수선의 발의 좌표는 $\left(-\frac{1}{5},\ \frac{8}{5}\right)$이다.

428 ⋯⋯ 답 (1) $2x-y-7=0$ (2) $\frac{x-4}{4}=\frac{y-1}{-3}$

두 직선 l, m의 교점은
$x=3+t=4-2s$에서 $t+2s=1$ ⋯⋯ ㉠
$y=-2+3t=1-s$에서 $3t+s=3$ ⋯⋯ ㉡
⋯⋯ TIP
㉠, ㉡을 연립하여 풀면
$t=1$, $s=0$이므로 두 직선의 교점의 좌표는 $(4,\ 1)$
(1) 직선 $\frac{x-1}{4}=\frac{-y+2}{2}$의 방향벡터는 $\vec{u}=(4,\ -2)$
따라서 구하는 직선은 점 $(4,\ 1)$을 지나고 법선벡터가 $\vec{n}=(4, -2)$인 직선이므로
$4(x-4)-2(y-1)=0$, $4x-2y-14=0$
$\therefore 2x-y-7=0$
(2) 직선 $4x-3y+2=0$의 법선벡터가 $\vec{n}=(4,\ -3)$
따라서 구하는 직선은 점 $(4,\ 1)$을 지나고 방향벡터가 $\vec{u}=(4,\ -3)$인 직선이므로
$\frac{x-4}{4}=\frac{y-1}{-3}$

TIP

실수 t에 대하여 직선 $\begin{cases}x=x_1+tu_1\\y=y_1+tu_2\end{cases}$은
점 $(x_1,\ y_1)$을 지나고 방향벡터가 $(u_1,\ u_2)$인 직선이다.
(1) $(x,\ y)=(x_1+tu_1,\ y_1+tu_2)=(x_1,\ y_1)+t(u_1,\ u_2)$
(2) 직선의 방정식을 t에 대하여 정리하면
$t=\frac{x-x_1}{u_1}=\frac{y-y_1}{u_2}$

429 ⋯⋯ 답 ④

원점 O에 대하여 $\vec{a}=\overrightarrow{OA}=(4,\ 5)$, $\vec{b}=\overrightarrow{OB}=(-3,\ 2)$이므로
$\overrightarrow{AB}=\overrightarrow{OB}-\overrightarrow{OA}=(-3,\ 2)-(4,\ 5)=(-7,\ -3)$
따라서 구하는 직선의 방정식은 점 $(1,\ 2)$를 지나고 법선벡터가 $\vec{n}=(-7,\ -3)$이므로
$-7(x-1)-3(y-2)=0$, $7x+3y-13=0$이다.

430 ⋯⋯ 답 ③

두 직선 $x-1=\frac{y+2}{3}$, $\frac{x+3}{m}=\frac{y-5}{2}$의 방향벡터를 각각 $\vec{a}$, $\vec{b}$라 하면
$\vec{a}=(1,\ 3)$, $\vec{b}=(m,\ 2)$
$\cos 60^\circ=\frac{|\vec{a}\cdot\vec{b}|}{|\vec{a}||\vec{b}|}=\frac{|1\times m+3\times 2|}{\sqrt{1^2+3^2}\sqrt{m^2+2^2}}=\frac{|m+6|}{\sqrt{10}\sqrt{m^2+4}}$
즉, $\frac{1}{2}=\frac{|m+6|}{\sqrt{10}\sqrt{m^2+4}}$, $\sqrt{10}\sqrt{m^2+4}=2|m+6|$

양변을 제곱하면 $10(m^2+4)=4(m+6)^2$

$\therefore 3m^2-24m-52=0$

따라서 이차방정식의 근과 계수의 관계에 의하여 모든 실수 m의 값의 합은 8이다.

431 ··· 답 ③

두 직선 l_1, l_2의 방향벡터를 $\vec{a}$, $\vec{b}$라 하면

$\vec{a}=(3, \sqrt{3})$, $\vec{b}=(2, -\sqrt{3})$이므로

$$\cos\theta=\frac{|\vec{a}\cdot\vec{b}|}{|\vec{a}||\vec{b}|}=\frac{|3\times2+\sqrt{3}\times(-\sqrt{3})|}{\sqrt{3^2+(\sqrt{3})^2}\sqrt{2^2+(-\sqrt{3})^2}}=\frac{\sqrt{21}}{14}$$

432 ··· 답 ④

법선벡터는 $\vec{n}=(3, 4)$이고 방향벡터는 $\vec{u}=(2, 1)$이므로

$$\cos(90^\circ-\theta)=\frac{|\vec{n}\cdot\vec{u}|}{|\vec{n}||\vec{u}|}=\frac{|3\times2+4\times1|}{\sqrt{3^2+4^2}\sqrt{2^2+1^2}}=\frac{2}{\sqrt{5}}$$

이를 $90^\circ-\theta$를 이용한 직각삼각형으로 나타내면 다음과 같다.

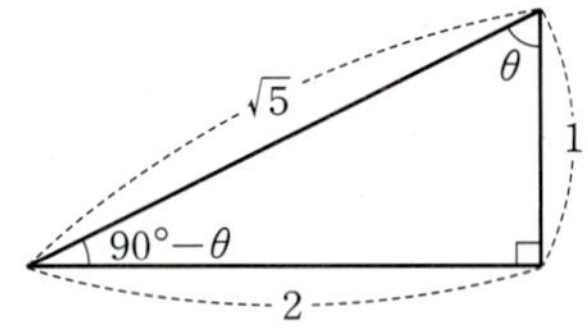

$$\therefore \cos\theta=\frac{1}{\sqrt{5}}=\frac{\sqrt{5}}{5}$$

참고

〈수학 I〉 2. 삼각함수 단원에서 배운 개념을 이용하면 다음과 같이 풀이할 수 있다.

$$\cos\left(\frac{\pi}{2}-\theta\right)=\sin\theta=\frac{2}{\sqrt{5}}$$

$$\therefore \cos\theta=\sqrt{1-\sin^2\theta}=\sqrt{1-\frac{4}{5}}=\sqrt{\frac{1}{5}}=\frac{\sqrt{5}}{5}$$

433 ··· 답 ④

직선 $x+1=\frac{y-2}{3}$의 방향벡터는 $\vec{u}=(1, 3)$이고,

직선 $3x+y-1=0$의 법선벡터는 $\vec{n}=(3, 1)$이므로

$$\cos(90^\circ-\theta)=\frac{|\vec{u}\cdot\vec{n}|}{|\vec{u}||\vec{n}|}=\frac{|1\times3+3\times1|}{\sqrt{1^2+3^2}\sqrt{3^2+1^2}}=\frac{3}{5}$$

이를 $90^\circ-\theta$를 이용하여 직각삼각형으로 나타내면 다음과 같다.

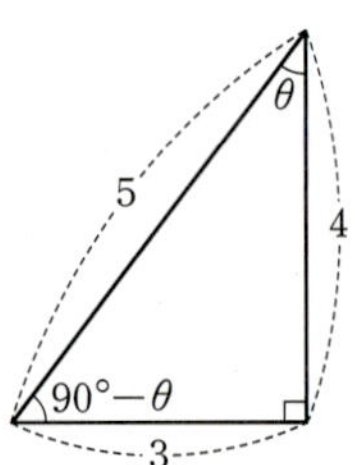

$$\therefore \cos\theta=\frac{4}{5}$$

참고

〈수학 I〉 2. 삼각함수 단원에서 배운 개념을 이용하면 다음과 같이 풀이할 수 있다.

$$\cos\left(\frac{\pi}{2}-\theta\right)=\sin\theta=\frac{3}{5}$$

$$\therefore \cos\theta=\sqrt{1-\sin^2\theta}=\sqrt{1-\frac{9}{25}}=\sqrt{\frac{16}{25}}=\frac{4}{5}$$

434 ··· 답 ④

두 직선 l_1, l_2가 이루는 예각의 크기를 θ라 하면

직선 l_1의 방향벡터를 $\vec{u}$라 하면 $\vec{u}=(3, -\sqrt{3})$이고,

직선 l_2의 법선벡터를 $\vec{n}$이라 하면 $\vec{n}=(\sqrt{3}, 1)$이므로

$$\cos(90^\circ-\theta)=\frac{|\vec{u}\cdot\vec{n}|}{|\vec{u}||\vec{n}|}=\frac{|3\sqrt{3}-\sqrt{3}|}{\sqrt{3^2+(-\sqrt{3})^2}\sqrt{(\sqrt{3})^2+1^2}}=\frac{2\sqrt{3}}{\sqrt{12\times2}}=\frac{1}{2}$$

따라서 $90^\circ-\theta=60^\circ$이므로 $\theta=30^\circ$이다.

435 ··· 답 ①

두 직선 l_2, l_3의 방향벡터를 각각 $\vec{u_1}$, $\vec{u_2}$라 하면

$\vec{u_1}=(a, -1)$, $\vec{u_2}=(b, a)$

조건 (가), (나)에 의하여 $\vec{u}\cdot\vec{u_2}=0$이므로

$b+\sqrt{3}a=0$ ······ ㉠

조건 (다)에 의하여

$$\cos30^\circ=\frac{|\vec{u}\cdot\vec{u_1}|}{|\vec{u}||\vec{u_1}|}=\frac{|a-\sqrt{3}|}{\sqrt{1+(\sqrt{3})^2}\sqrt{a^2+(-1)^2}}=\frac{|a-\sqrt{3}|}{2\sqrt{a^2+1}}$$

$\frac{\sqrt{3}}{2}=\frac{|a-\sqrt{3}|}{2\sqrt{a^2+1}}$의 양변을 제곱하면

$$\frac{3}{4}=\frac{(a-\sqrt{3})^2}{4(a^2+1)}$$

$\therefore a=-\sqrt{3}$ ($\because ab\neq0$)

㉠에 대입하면 $b=3$

$\therefore ab=-3\sqrt{3}$

436 ··· 답 ③

$|\overrightarrow{CP}|=r$를 만족시키는 점 $P(x, y)$가 나타내는 도형은 중심이 $C(0, 6)$이고, 반지름의 길이가 r인 원이므로 이 원의 방정식은

$x^2+(y-6)^2=r^2$

한편 원점을 지나고 방향벡터가 $\vec{u}=(3, 4)$인 직선의 방정식은

$\frac{x}{3}=\frac{y}{4}$, 즉 $4x-3y=0$

이때, 원 $x^2+(y-6)^2=r^2$과 직선 $4x-3y=0$이 한 점에서 만나려면 원의 중심 $(0, 6)$에서 직선 $4x-3y=0$까지의 거리가 반지름의 길이 r와 같아야 한다.

$$\therefore r=\frac{|4\times0-3\times6|}{\sqrt{4^2+(-3)^2}}=\frac{18}{5}$$

다른 풀이

점 P의 좌표를 (x, y)로 놓고 두 점 C, P의 위치벡터를 각각 $\vec{c}$, $\vec{p}$라 하면

$\overrightarrow{CP}=\vec{p}-\vec{c}=(x, y-6)$

$|\overrightarrow{CP}|^2=(\vec{p}-\vec{c})\cdot(\vec{p}-\vec{c})=r^2$에서

$(x, y-6)\cdot(x, y-6)=r^2$

$\therefore x^2+(y-6)^2=r^2$

따라서 점 P가 나타내는 도형은 중심이 C$(0, 6)$이고, 반지름의 길이가 r인 원이다.

한편 원점을 지나고 방향벡터가 $\vec{u}=(3, 4)$인 직선의 방정식은

$\frac{x}{3}=\frac{y}{4}$, 즉 $4x-3y=0$

이때, 원 $x^2+(y-6)^2=r^2$과 직선 $4x-3y=0$이 한 점에서 만나려면 원의 중심 $(0, 6)$에서 직선 $4x-3y=0$까지의 거리가 반지름의 길이 r와 같아야 한다.

$\therefore r=\frac{|4\times0-3\times6|}{\sqrt{4^2+(-3)^2}}=\frac{18}{5}$

437 …… 답 ②

점 A를 원점 O$(0, 0)$, 점 B의 좌표를 $(2\sqrt{7}, 0)$이라 하고, 점 P의 좌표를 (x, y)라 하자.

$\overrightarrow{PA}=\overrightarrow{PO}=-\overrightarrow{OP}=(-x, -y)$

$\overrightarrow{PB}=\overrightarrow{OB}-\overrightarrow{OP}=(2\sqrt{7}-x, -y)$

$\overrightarrow{PA}\cdot\overrightarrow{PB}=2$이므로 $(-x)(2\sqrt{7}-x)+(-y)(-y)=2$

$x^2-2\sqrt{7}x+y^2=2 \qquad \therefore (x-\sqrt{7})^2+y^2=9$

따라서 점 P가 나타내는 도형은 반지름의 길이가 3인 원이므로 구하는 도형의 길이는

$2\pi\times3=6\pi$

다른 풀이

선분 AB의 중점 M에 대하여

$\overrightarrow{PA}\cdot\overrightarrow{PB}=(\overrightarrow{PM}+\overrightarrow{MA})\cdot(\overrightarrow{PM}+\overrightarrow{MB})$

$=|\overrightarrow{PM}|^2+(\overrightarrow{MA}+\overrightarrow{MB})\cdot\overrightarrow{PM}+\overrightarrow{MA}\cdot\overrightarrow{MB}$ …… ㉠

$\overrightarrow{MA}+\overrightarrow{MB}=0$, $\overrightarrow{MA}\cdot\overrightarrow{MB}=\overrightarrow{MA}\cdot(-\overrightarrow{MA})=-|\overrightarrow{MA}|^2=-7$

이므로 ㉠에서

$2=|\overrightarrow{PM}|^2+0-7$, $|\overrightarrow{PM}|^2=9 \qquad \therefore |\overrightarrow{PM}|=3$

따라서 점 P가 나타내는 도형은 점 M을 중심으로 하고, 반지름의 길이가 3인 원이므로 구하는 도형의 길이는 $2\pi\times3=6\pi$

438 …… 답 ⑤

$|\overrightarrow{CP}|=r$를 만족시키는 점 P가 나타내는 도형은 점 C$(1, -1)$을 중심으로 하고 반지름의 길이가 r인 원이다.

또한, $\overline{AP}=\overline{BP}$를 만족시키는 점 P가 나타내는 도형은 선분 AB의 수직이등분선이다.

즉, 선분 AB의 중점 $(-1, 3)$을 지나고 법선벡터가 $\overrightarrow{AB}=(-4, 2)$인 직선이므로

$-4(x+1)+2(y-3)=0$, 즉 $2x-y+5=0$이다.

따라서 점 P가 존재하려면 원 $(x-1)^2+(y+1)^2=r^2$과 직선 $2x-y+5=0$이 만나야 한다.

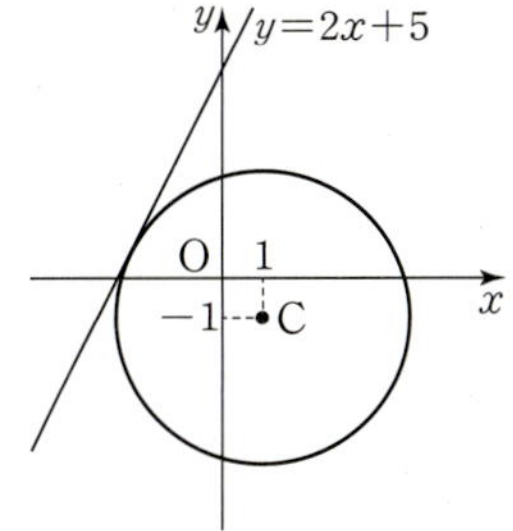

위의 그림과 같이 원의 반지름의 길이가 직선과 접할 때보다 크거나 같으면 된다.

원이 직선과 접할 때의 반지름의 길이는 원의 중심 $(1, -1)$에서 직선 $2x-y+5=0$까지의 거리와 같으므로

$\frac{|2\times1-(-1)+5|}{\sqrt{2^2+(-1)^2}}=\frac{8}{\sqrt{5}}=\frac{8\sqrt{5}}{5}$

따라서 $r\ge\frac{8\sqrt{5}}{5}$이므로 r의 최솟값은 $m=\frac{8\sqrt{5}}{5}$

다른 풀이

점 P의 좌표를 (x, y)로 놓으면 원점 O에 대하여

$\overrightarrow{CP}=\overrightarrow{OP}-\overrightarrow{OC}=(x-1, y+1)$

$|\overrightarrow{CP}|=\sqrt{(x-1)^2+(y+1)^2}=r$에서

$(x-1)^2+(y+1)^2=r^2$

즉, 점 P가 나타내는 도형은 중심이 $(1, -1)$이고, 반지름의 길이가 r인 원이다.

한편 $\overline{AP}=\overline{BP}$이므로

$\sqrt{(x-1)^2+(y-2)^2}=\sqrt{(x+3)^2+(y-4)^2}$의 양변을 제곱하면

$(x-1)^2+(y-2)^2=(x+3)^2+(y-4)^2$

$2x-y+5=0$

즉, 점 P는 직선 $2x-y+5=0$ 위의 점이다.

따라서 점 P가 존재하려면 원 $(x-1)^2+(y+1)^2=r^2$과 직선 $2x-y+5=0$이 만나야 한다.

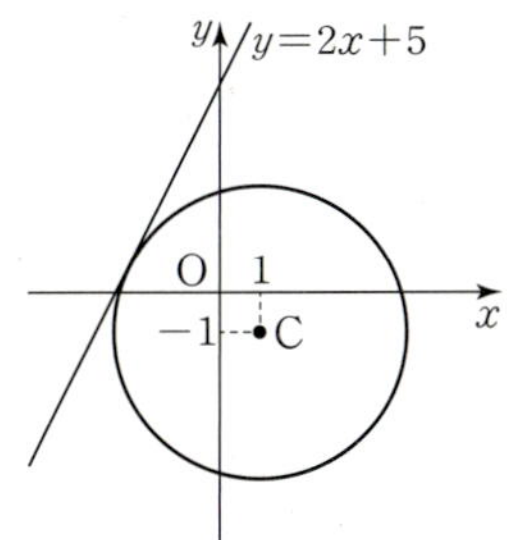

위의 그림과 같이 원의 반지름의 길이가 직선과 접할 때보다 크거나 같으면 된다.

원이 직선과 접할 때의 반지름의 길이는 원의 중심 $(1, -1)$에서 직선 $2x-y+5=0$까지의 거리와 같으므로

$\frac{|2\times1-(-1)+5|}{\sqrt{2^2+(-1)^2}}=\frac{8}{\sqrt{5}}=\frac{8\sqrt{5}}{5}$

따라서 $r\ge\frac{8\sqrt{5}}{5}$이므로 r의 최솟값은 $m=\frac{8\sqrt{5}}{5}$

439 …… 답 ④

$|\vec{p}-\vec{c}|^2=10$, 즉 $|\overrightarrow{CP}|^2=10$을 만족시키는 점 P가 나타내는 도형은 중심의 좌표가 C$(3, 1)$이고 반지름의 길이가 $\sqrt{10}$인 원이므로

$(x-3)^2+(y-1)^2=10$이다.

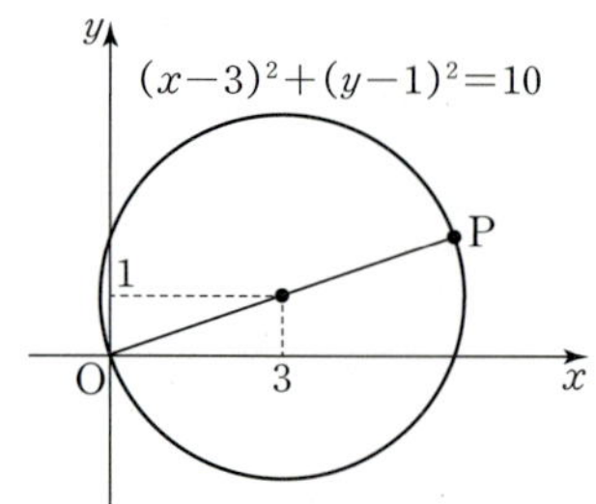

원점 O(0, 0)이 원 위의 점이므로 $\vec{p}=\overrightarrow{OP}$의 크기가 최대일 때는 위의 그림과 같이 선분 OP가 원의 지름인 경우이다.
원의 중심이 선분 OP의 중점이므로 원의 중심의 좌표는 $\left(\frac{x}{2}, \frac{y}{2}\right)$이다.

즉, $\frac{x}{2}=3$, $\frac{y}{2}=1$이므로 $x=6$, $y=2$

$\therefore a+b=6+2=8$

다른 풀이

$\vec{p}=(x, y)$라 하면 $\vec{c}=(3, 1)$이므로
$|\vec{p}-\vec{c}|^2=(x-3)^2+(y-1)^2$
따라서 $(x-3)^2+(y-1)^2=10$이므로
점 P가 나타내는 도형은
중심의 좌표가 C(3, 1)이고 반지름의 길이가 $\sqrt{10}$인 원이다.

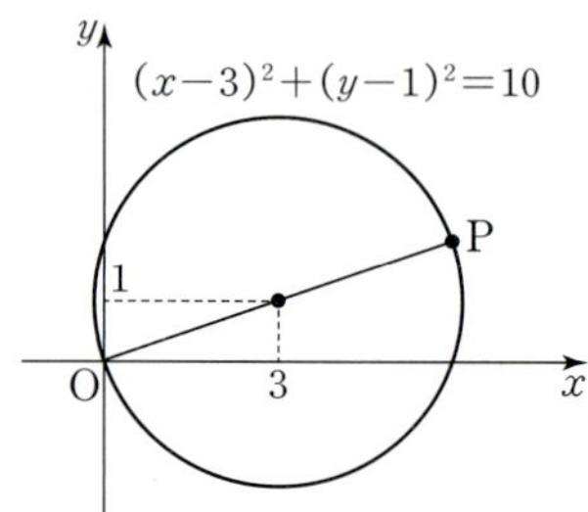

원점 O(0, 0)이 원 위의 점이므로 $\vec{p}=\overrightarrow{OP}$의 크기가 최대일 때는 위의 그림과 같이 선분 OP가 원의 지름인 경우이다.
원의 중심이 선분 OP의 중점이므로 원의 중심의 좌표는 $\left(\frac{x}{2}, \frac{y}{2}\right)$이다.

즉, $\frac{x}{2}=3$, $\frac{y}{2}=1$이므로 $x=6$, $y=2$

$\therefore a+b=6+2=8$

440

답 ④

$(\vec{p}-\vec{a})\cdot(\vec{p}-\vec{a})=|\vec{p}-\vec{a}|^2=|\overrightarrow{AP}|^2=4$를 만족시키는 점 P가 나타내는 도형은 점 A$(-1, 2)$를 중심으로 하고 반지름의 길이가 2인 원이다.
$|\vec{p}-\vec{b}|=|\overrightarrow{BP}|$는 두 점 B, P 사이의 거리이고,
$\overline{AB}=\sqrt{4^2+3^2}=5$

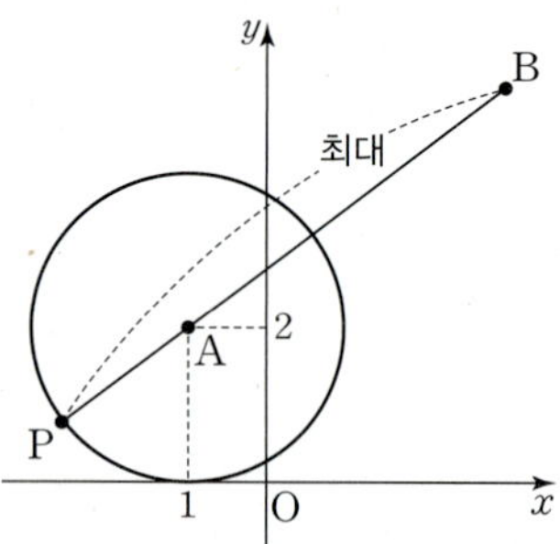

따라서 $|\vec{p}-\vec{b}|$의 최댓값은 $\overline{AB}+2=5+2=7$ …… **TIP**

다른 풀이

$\vec{p}=(x, y)$라 하면 $\vec{a}=(-1, 2)$이므로
$(\vec{p}-\vec{a})\cdot(\vec{p}-\vec{a})=(x+1)^2+(y-2)^2=4$
따라서 점 P가 나타내는 도형의 방정식은
$(x+1)^2+(y-2)^2=4$
이므로 중심의 좌표가 $(-1, 2)$이고 반지름의 길이가 2인 원이다.
$|\vec{p}-\vec{b}|=|\overrightarrow{BP}|$는 두 점 B, P 사이의 거리이고,
$\overline{AB}=\sqrt{4^2+3^2}=5$

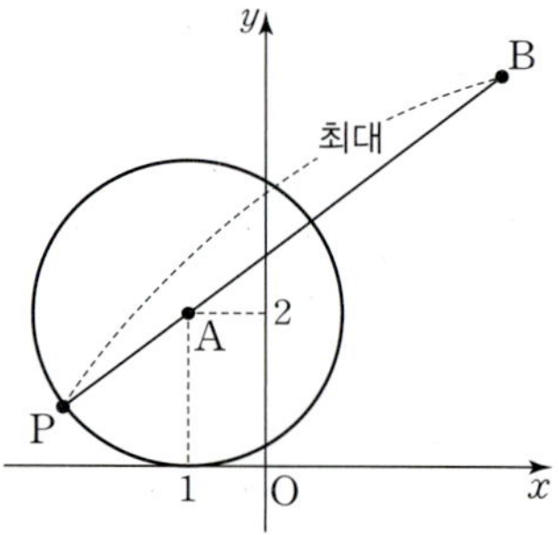

따라서 $|\vec{p}-\vec{b}|$의 최댓값은 $\overline{AB}+2=5+2=7$ …… **TIP**

TIP

원 밖의 점 A와 원 위의 점 P에 대하여 $\overline{AP}$의 최댓값과 최솟값은 다음과 같이 구할 수 있다.

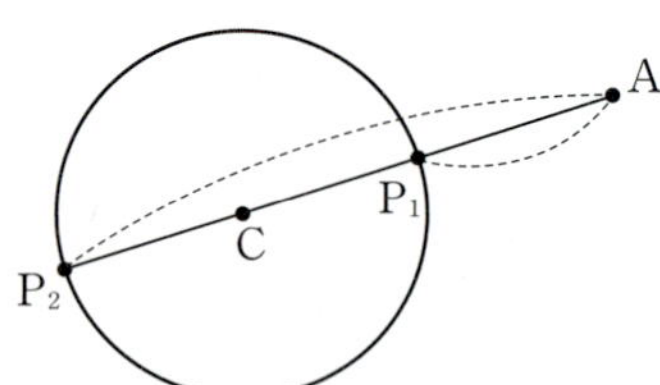

원의 중심을 C라 하고, 점 C와 점 A를 이은 직선이 원과 만나는 두 점 중 점 A에 가까운 점을 P_1, 먼 점을 P_2라 하자.
$P=P_1$일 때 $\overline{AP}$는 최소이고, $P=P_2$일 때 $\overline{AP}$는 최대이다.
즉, 원의 반지름의 길이를 r라 하면 $\overline{AP}$의 최솟값은 $\overline{AP_1}=\overline{AC}-\overline{CP_1}=\overline{AC}-r$이고, 최댓값은 $\overline{AP_2}=\overline{AC}+\overline{CP_2}=\overline{AC}+r$이다.
따라서 $\overline{AP}$는 점 A와 원의 중심 사이의 거리에서 반지름의 길이를 뺀 값을 최솟값으로 갖고, 반지름의 길이를 더한 값을 최댓값으로 갖는다.

441

답 ④

$\vec{c}\cdot(\vec{p}-\vec{a})=0$이므로

점 P는 점 (1, 4)를 지나고 법선벡터가 $\vec{c}=(2,\ -1)$인 직선 $2(x-1)-(y-4)=0$, 즉 $2x-y+2=0$ 위의 점이다.
한편 $|\vec{q}-\vec{b}|=1$이므로
점 Q는 점 (4, 2)를 중심으로 하고 반지름의 길이가 1인 원 $(x-4)^2+(y-2)^2=1$ 위의 점이다.
따라서 $|\overrightarrow{PQ}|$의 최솟값은 원의 중심 (4, 2)에서 직선 $2x-y+2=0$까지의 거리에서 반지름의 길이를 뺀 값과 같으므로

$$\frac{|8-2+2|}{\sqrt{2^2+(-1)^2}}-1=\frac{8}{\sqrt{5}}-1=\frac{8\sqrt{5}}{5}-1$$

다른 풀이

$\vec{p}=(x,\ y)$라 하면 $\vec{c}\cdot(\vec{p}-\vec{a})=0$에서
$(2,\ -1)\cdot(x-1,\ y-4)=0$
$2(x-1)-(y-4)=0$, 즉 $2x-y+2=0$
이므로 점 P가 나타내는 도형은 직선 $2x-y+2=0$이다.
한편 $\vec{q}=(x,\ y)$로 놓으면 $|\vec{q}-\vec{b}|=1$에서
$|\vec{q}-\vec{b}|^2=(x-4,\ y-2)\cdot(x-4,\ y-2)=1$
$\therefore\ (x-4)^2+(y-2)^2=1$
따라서 점 Q가 나타내는 도형은 점 (4, 2)를 중심으로 하고 반지름의 길이가 1인 원 $(x-4)^2+(y-2)^2=1$이다.
따라서 $|\overrightarrow{PQ}|$의 최솟값은 원의 중심 (4, 2)에서 직선 $2x-y+2=0$까지의 거리에서 반지름의 길이를 뺀 값과 같으므로

$$\frac{|8-2+2|}{\sqrt{2^2+(-1)^2}}-1=\frac{8}{\sqrt{5}}-1=\frac{8\sqrt{5}}{5}-1$$

442

답 ④

$\vec{p}\cdot(\vec{p}-\vec{a})=0$에서 $(\vec{p}-\vec{0})\cdot(\vec{p}-\vec{a})=0$을 만족시키는 점 P가 나타내는 도형은 두 점 O(0, 0), A(12, 16)을 지름의 양 끝점으로 하는 원이다.
이 원의 중심을 T라 하면 점 T는 선분 OA의 중점이므로 T(6, 8)이고, 원의 반지름의 길이는 $\overline{OT}=10$이다.

$\overrightarrow{OP}\cdot\overrightarrow{OC}=(\overrightarrow{OT}+\overrightarrow{TP})\cdot\overrightarrow{OC}=\overrightarrow{OT}\cdot\overrightarrow{OC}+\overrightarrow{TP}\cdot\overrightarrow{OC}$ …… ㉠
$\overrightarrow{OT}\cdot\overrightarrow{OC}=(6,\ 8)\cdot(-6,\ 8)=-36+64=28$
$\overrightarrow{TP}\cdot\overrightarrow{OC}=|\overrightarrow{TP}||\overrightarrow{OC}|\cos\theta\ (0^\circ\le\theta\le180^\circ)$
$=10\times10\cos\theta=100\cos\theta$
이므로 $-100\le\overrightarrow{TP}\cdot\overrightarrow{OC}\le100$
따라서 ㉠에서 $\overrightarrow{OP}\cdot\overrightarrow{OC}$의 최댓값은 $M=28+100$, 최솟값은 $m=28-100$이므로 $M=128$, $m=-72$
$\therefore\ M+m=56$

다른 풀이

점 P의 좌표를 $(x,\ y)$라 하자.
$\vec{p}\cdot(\vec{p}-\vec{a})=0$에서 $(x,\ y)\cdot(x-12,\ y-16)=0$
$x(x-12)+y(y-16)=0$
$\therefore\ (x-6)^2+(y-8)^2=100$
따라서 점 P가 나타내는 도형은 중심이 (6, 8)이고 반지름의 길이가 10인 원이다.
이때 $\overrightarrow{OP}\cdot\overrightarrow{OC}=(x,\ y)\cdot(-6,\ 8)=-6x+8y$이고
$-6x+8y=k$로 놓으면 다음 그림과 같이
원 $(x-6)^2+(y-8)^2=100$과 직선 $-6x+8y=k$가 접할 때 k가 최댓값과 최솟값을 갖는다.

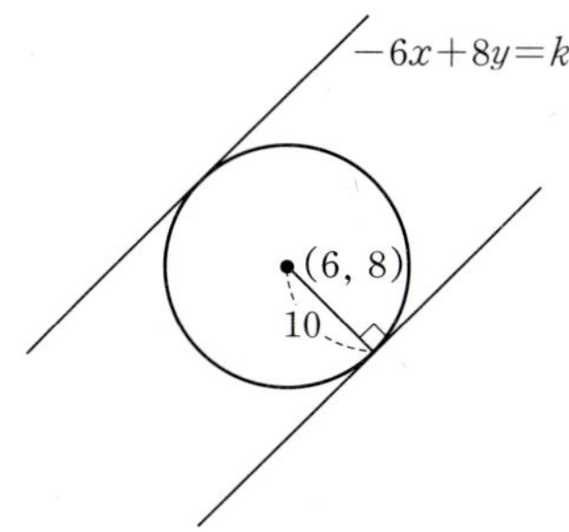

원 $(x-6)^2+(y-8)^2=100$과 직선 $-6x+8y=k$가 접하면 원의 중심에서 직선까지의 거리가 반지름의 길이와 같으므로

$$10=\frac{|(-6)\times6+8\times8-k|}{\sqrt{36+64}},\ 100=|-k+28|$$

$k-28=100$ 또는 $k-28=-100$
즉, $k=128$ 또는 $k=-72$
따라서 최댓값 $M=128$, 최솟값 $m=-72$이므로
$M+m=56$

443

답 ③

두 벡터 $\overrightarrow{AB}$, $\overrightarrow{CD}$가 이루는 각의 크기를 θ라 하면

$$|\overrightarrow{AB}+\overrightarrow{CD}|^2=|\overrightarrow{AB}|^2+2\overrightarrow{AB}\cdot\overrightarrow{CD}+|\overrightarrow{CD}|^2$$
$$=16+2|\overrightarrow{AB}||\overrightarrow{CD}|\cos\theta+9$$
$$=25+24\cos\theta \quad \cdots\cdots ㉠$$

직선 $l_1: x=\frac{y-1}{\sqrt{2}}$의 방향벡터는 $\vec{a}=(1,\ \sqrt{2})$이고,
직선 $l_2: \sqrt{2}(1-x)=y+4$, 즉 $\sqrt{2}x+y+4-\sqrt{2}=0$의 법선벡터는 $\vec{b}=(\sqrt{2},\ 1)$이므로
두 직선이 이루는 예각의 크기를 α라 하면

$$\cos(90^\circ-\alpha)=\frac{|\vec{a}\cdot\vec{b}|}{|\vec{a}||\vec{b}|}=\frac{|1\times\sqrt{2}+\sqrt{2}\times1|}{\sqrt{1^2+(\sqrt{2})^2}\sqrt{(\sqrt{2})^2+1^2}}=\frac{2\sqrt{2}}{3}$$

이를 $90^\circ-\alpha$를 이용한 직각삼각형으로 나타내면 다음과 같다.

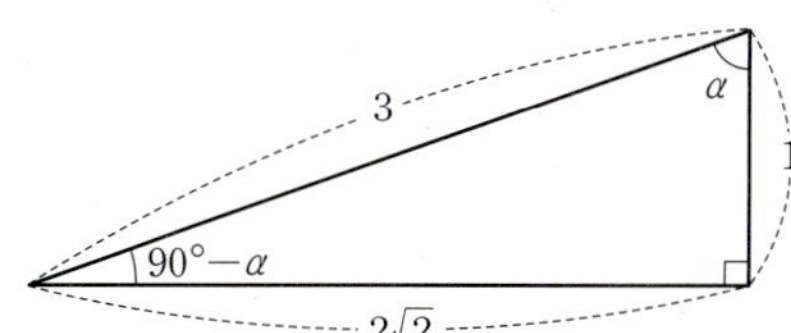

$\therefore\ \cos\alpha=\frac{1}{3}$
이때, 각 θ의 크기가 예각일 때와 둔각일 때를 나누면 다음과 같다.
(i) θ가 예각일 때

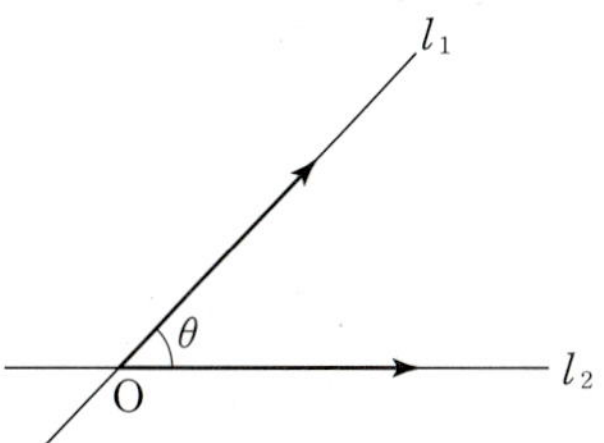

$\cos\theta=\cos\alpha=\frac{1}{3}$

$\therefore\ |\overrightarrow{AB}+\overrightarrow{CD}|^2=25+24\times\frac{1}{3}=33$

(ii) θ가 둔각일 때

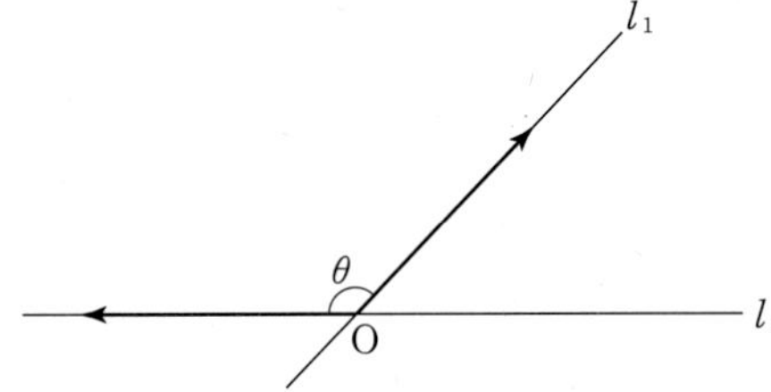

$\cos\theta=\cos(180^\circ-\alpha)=-\cos\alpha=-\frac{1}{3}$

$\therefore\ |\overrightarrow{AB}+\overrightarrow{CD}|^2=25+24\times\left(-\frac{1}{3}\right)=17$

(i), (ii)에 의하여 구하는 합은 $33+17=50$

참고

〈수학 I〉 2. 삼각함수 단원에서 배운 개념을 이용하면 다음과 같이 풀이 할 수 있다.

$\cos\left(\frac{\pi}{2}-\alpha\right)=\sin\alpha=\frac{|\sqrt{2}+\sqrt{2}|}{\sqrt{1+2}\sqrt{2+1}}=\frac{2\sqrt{2}}{3}$

(i) $0<\theta<\frac{\pi}{2}$일 때 $\cos\theta=\sqrt{1-\sin^2\alpha}=\frac{1}{3}$

(ii) $\frac{\pi}{2}<\theta<\pi$일 때 $\cos\theta=-\sqrt{1-\sin^2\alpha}=-\frac{1}{3}$

이다.

III 공간도형과 공간좌표

01 공간도형

444 답 ③

평면의 결정조건은 다음과 같다.
(i) 한 직선 위에 있지 않은 세 점
(ii) 한 직선과 그 위에 있지 않은 한 점
(iii) 한 점에서 만나는 두 직선
(iv) 평행한 두 직선
〈보기〉 중 'ㄱ. 한 직선 위에 있는 세 점이 주어진 경우'는 한 평면이 항상 결정되지 않고, 'ㅁ. 서로 다른 두 직선이 주어진 경우'에는 두 직선이 꼬인 위치에 있을 때 한 평면이 항상 결정되지 않는다. …… TIP
따라서 공간에서 평면을 결정할 수 있는 경우는 ㄴ, ㄷ, ㄹ이다.

TIP
다음과 같은 직육면체에서 꼬인 위치에 있는 두 직선 AB, CG는 한 평면을 결정하지 못한다.

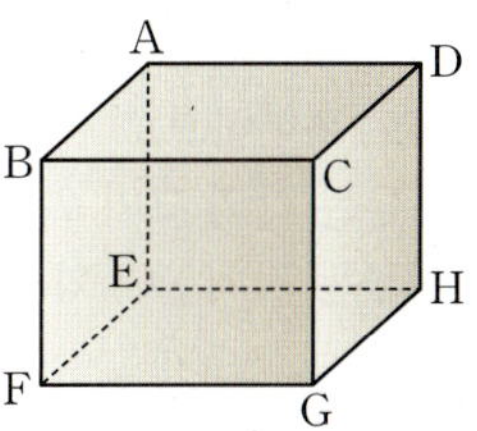

445 답 ③

ㄱ. 세 점 A, B, E는 한 직선 위에 있지 않은 세 점이므로 한 평면 ABE를 결정한다.
ㄴ. 점 C와 직선 GH는 한 직선과 그 위에 있지 않은 한 점이므로 한 평면 CGH를 결정한다.
ㄷ. 직선 AD와 직선 FG는 평행한 두 직선이므로 한 평면 ADGF를 결정한다.
ㄹ. 직선 AB와 직선 EH는 꼬인 위치에 있는 두 직선이므로 한 평면을 결정하지 않는다.
따라서 한 평면을 결정하는 것은 ㄱ, ㄴ, ㄷ이다.

446 답 ③

ㄱ. 직선 AB와 점 H는 한 직선과 그 위에 있지 않은 점이므로 한 평면을 결정한다.
ㄴ. 직선 BD와 직선 DG는 한 점에서 만나는 두 직선이므로 한 평면을 결정한다.
ㄷ. 직사각형 AFGD의 두 대각선의 교점은 두 대각선의 중점과 일치하므로 선분 AG의 중점은 직선 DF 위에 있다.
즉, 직선 DF와 선분 AG의 중점은 한 직선과 그 위에 있는 점이므로 한 평면을 결정하지 못한다.
따라서 한 평면을 결정하는 것은 ㄱ, ㄴ이다.

447 답 ②

직선 AB와 한 점에서 만나는 직선은 직선 AE, 직선 DE, 직선 CD, 직선 BC, 직선 AF, 직선 BG로 6개이고,
직선 AB와 평행한 직선은 직선 FG로 1개이고,
직선 AB와 꼬인 위치에 있는 직선은 직선 EJ, 직선 DI, 직선 CH, 직선 FJ, 직선 JI, 직선 IH, 직선 GH로 7개이므로
$a=6$, $b=1$, $c=7$
$\therefore a+b-c=0$

448 답 ③

직선 AB와 평행한 직선은 직선 CD, 직선 EF, 직선 GH로 3개이고,
직선 AB와 꼬인 위치에 있는 직선은 직선 DH, 직선 CG, 직선 EH, 직선 FG로 4개이므로
$a=3$, $b=4$
$\therefore a+b=7$

449 답 ③

모서리 AB와 평행한 모서리는 선분 DF로 1개이고,
모서리 AB와 꼬인 위치에 있는 모서리는 선분 CD, 선분 DE, 선분 CF, 선분 EF로 4개이므로
$a=1$, $b=4$
$\therefore a+b=5$

450 답 ③

직선 AB를 포함하는 평면은 ABC, ABED로 2개이고,
직선 AB와 한 점에서 만나는 평면은 ADFC, BEFC로 2개이고,
직선 AB와 평행한 평면은 DEF로 1개이므로
$a=2$, $b=2$, $c=1$
$\therefore a-b+c=1$

451 답 ⑤

직선 AB와 만나는 평면은
ABCD, AEFB, ADHE, BCGF로 4개이고,
직선 AB와 평행한 평면은
CDHG, EFGH로 2개이므로
$a=4$, $b=2$
$\therefore a-b=2$

452 ⋯⋯ 답 ③

주어진 정팔면체의 면 중 평면 ABC와 평행한 평면은 평면 DEF뿐이고,
평면 DEF 위에 있는 모든 직선이 평면 ABC와 평행하므로
평면 ABC와 평행한 모서리는 DE, EF, DF로 3개이다.

453 ⋯⋯ 답 ⑤

ㄱ. 한 평면에 평행한 서로 다른 두 평면은 항상 평행하다. (참)

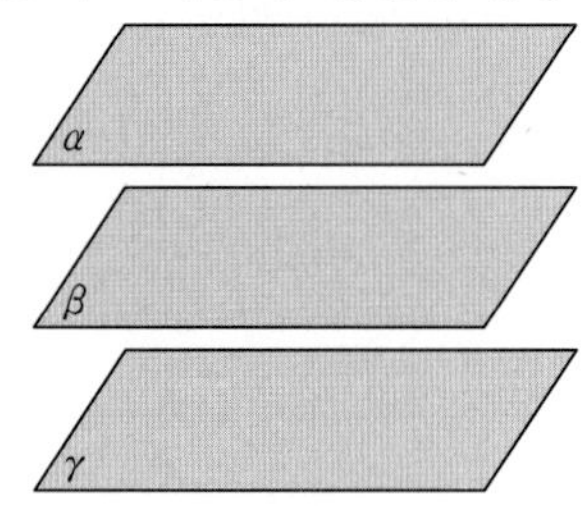

ㄴ. 직선 l이 평면 α와 수직일 때, 평면 α와 평행한 평면 β와 직선 l도 수직이다. (참)

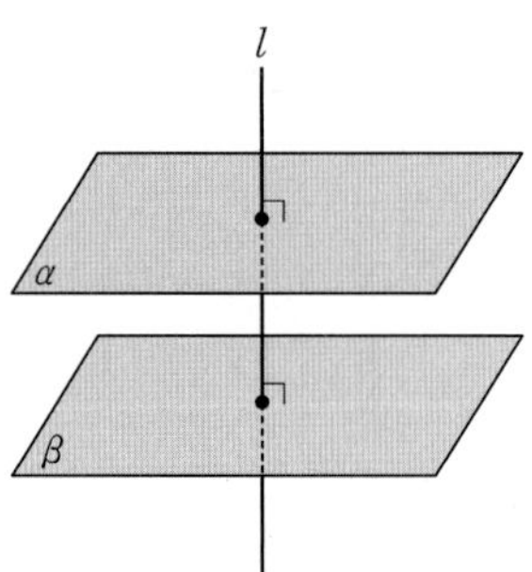

ㄷ. 한 평면에 수직인 서로 다른 두 직선은 항상 평행하다. (참)

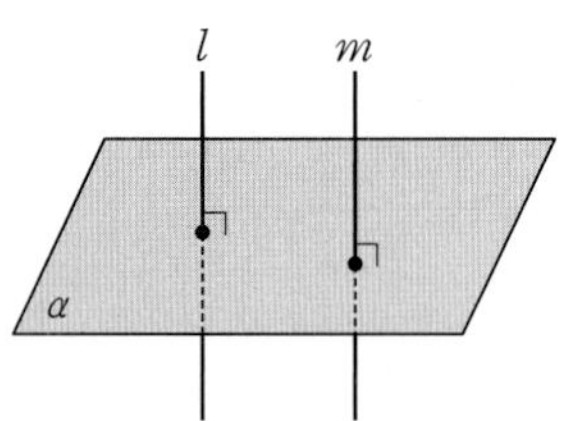

따라서 옳은 것은 ㄱ, ㄴ, ㄷ이다.

454 ⋯⋯ 답 ④

ㄱ. 한 직선에 평행한 서로 다른 두 직선은 평행하다. (참)

ㄴ. 한 직선에 수직인 서로 다른 두 직선은 다음과 같이 한 점에서 만날 수도, 평행할 수도, 꼬인 위치에 있을 수도 있다. (거짓)

한 점에서 만난다.	평행하다.	꼬인 위치에 있다.

ㄷ. 한 직선 l에 평행한 직선 m과 직선 l에 수직인 직선 n에 대하여

(i) 세 직선 l, m, n이 한 평면 위에 있는 경우

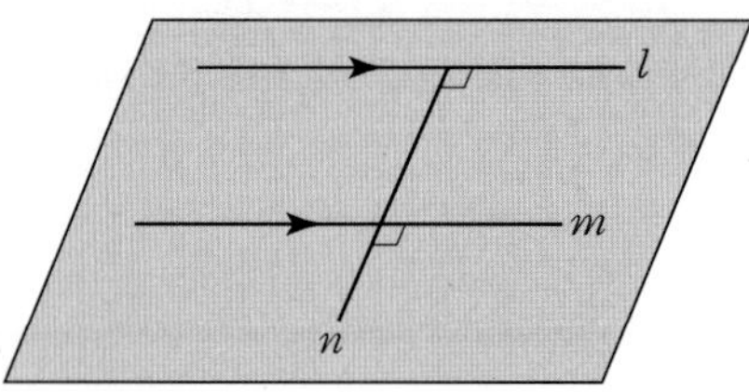

두 직선 m, n은 서로 수직으로 만난다.

(ii) 세 직선 l, m, n이 한 평면 위에 있지 않은 경우

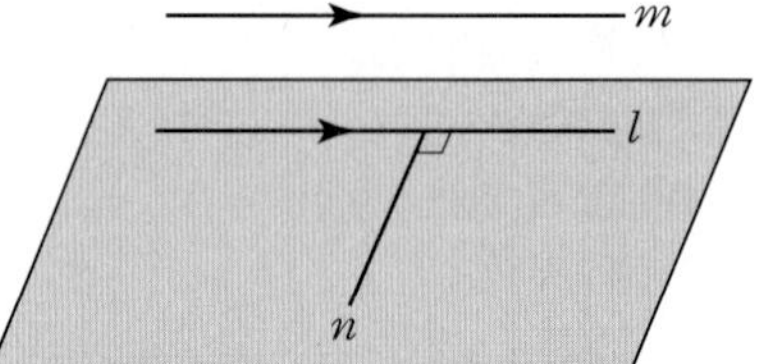

두 직선 m, n은 꼬인 위치에 있고, 이때 두 직선이 이루는 각은 직선 m에 평행하면서 직선 n과 만나는 직선 l과 직선 n이 이루는 각과 같으므로 두 직선 m, n은 서로 수직이다.

(i), (ii)에서 한 직선 l에 평행한 직선 m과 직선 l에 수직인 직선 n은 서로 수직이다. (참)

따라서 옳은 것은 ㄱ, ㄷ이다.

455 ⋯⋯ 답 (1) $\theta=45^\circ$ (2) $\theta=90^\circ$ (3) $\theta=60^\circ$

(1) 두 직선 AC, EG가 서로 평행하므로
두 직선 AB, EG가 이루는 각의 크기 θ는
두 직선 AB, AC가 이루는 각의 크기와 같다.
$\therefore \theta=45^\circ$

(2) 두 직선 BD, FH가 서로 평행하므로
두 직선 AC, FH가 이루는 각의 크기 θ는
두 직선 AC, BD가 이루는 각의 크기와 같다.
$\therefore \theta=90^\circ$

(3) 두 직선 DE, CF가 서로 평행하므로
두 직선 BD, CF가 이루는 각의 크기 θ는
두 직선 BD, DE가 이루는 각의 크기와 같다.
이때, $\overline{BD}=\overline{DE}=\overline{EB}$에서 삼각형 BDE는 정삼각형이므로
$\angle BDE=60^\circ$이다. $\therefore \theta=60^\circ$

456 ⋯⋯ 답 ③

직선 EH가 직선 AD와 평행하므로
두 직선 AG와 EH가 이루는 각의 크기는
두 직선 AG와 AD가 이루는 각의 크기와 같다.
이때, 직선 AD가 두 직선 CD, DH와 수직이므로
직선 AD는 평면 CDHG와 수직이고,
평면 CDHG 위의 직선 DG와도 수직이다.
즉, $\angle ADG=90^\circ$이다.
정육면체의 한 모서리의 길이를 a라 하면
직각삼각형 ADG에서 $\overline{AD}=a$, $\overline{AG}=\sqrt{3}a$이므로

$$\cos\theta=\frac{\overline{AD}}{\overline{AG}}=\frac{a}{\sqrt{3}a}=\frac{1}{\sqrt{3}}=\frac{\sqrt{3}}{3}$$

457 ⓐ ⑤

직선 BD는 직선 AC와 수직이다. …… ㉠
직선 BD는 직선 BF와 수직이고,
직선 CG와 직선 BF가 평행하므로
직선 BD는 직선 CG와 수직이다. …… ㉡
㉠, ㉡에 의하여 직선 BD는 평면 ACG와 수직이다.
따라서 직선 BD는 평면 ACG 위의 모든 직선과 수직이므로 직선 AG와도 수직이다.
즉, 두 직선 AG, BD가 이루는 각의 크기는 90°이다.

458 ⓐ 풀이 참조

선분 CD의 중점을 M이라 하면
정삼각형 ACD에서 두 직선 AM, CD는 서로 수직이고,
정삼각형 BCD에서 두 직선 BM, CD는 서로 수직이므로
직선 CD는 평면 ABM과 수직이다.
따라서 직선 CD는 평면 ABM 위의 모든 직선과 수직이므로
직선 AB와도 서로 수직이다.
즉, 직선 AB와 직선 CD가 이루는 각의 크기는 90°이다.

채점 요소	배점
선분 CD의 중점을 M이라 할 때, 선분 CD가 두 선분 AM, BM과 수직임을 설명하기	40%
직선 CD가 평면 ABM과 수직임을 설명하기	30%
직선 CD가 직선 AB와 수직임을 설명하고 각의 크기 구하기	30%

459 ⓐ ⑤

선분 PH는 평면 α와 수직이고, 선분 AH가 직선 l과 수직이므로
삼수선의 정리에 의하여
선분 PA는 직선 l과 수직이다. 즉, $\angle PAB=90^\circ$이다.
직각삼각형 PHA에서 $\overline{PA}=\sqrt{1^2+2^2}=\sqrt{5}$이므로
직각삼각형 PAB에서
$\overline{AB}=\sqrt{5^2-(\sqrt{5})^2}=2\sqrt{5}$

460 ⓐ ②

선분 OP가 평면 α와 수직이고, 선분 OH가 선분 AB와 수직이므로
삼수선의 정리에 의하여
선분 PH가 선분 AB와 수직이다. 즉, $\angle PHA=90^\circ$이다.
이때, 직각삼각형 POH에서 $\overline{PH}=\sqrt{6^2+4^2}=2\sqrt{13}$이므로
직각삼각형 PHA에서
$\overline{AP}=\sqrt{(2\sqrt{13})^2+(2\sqrt{2})^2}=2\sqrt{15}$

461 ⓐ ②

선분 OP가 평면 α와 수직이고, 선분 PQ가 선분 AB와 수직이므로
삼수선의 정리에 의하여
선분 OQ가 선분 AB와 수직이다.
즉, $\angle AQO=90^\circ$
이때, 직각삼각형 POQ에서 $\overline{OQ}=\sqrt{5^2-4^2}=3$이므로
직각삼각형 AQO에서
$\overline{OA}=\sqrt{3^2+3^2}=3\sqrt{2}$

462 ⓐ ②

선분 PH가 평면 α와 수직이고, 선분 AP와 선분 AB가 수직이므로
삼수선의 정리에 의하여
선분 AH가 선분 AB와 수직이다.

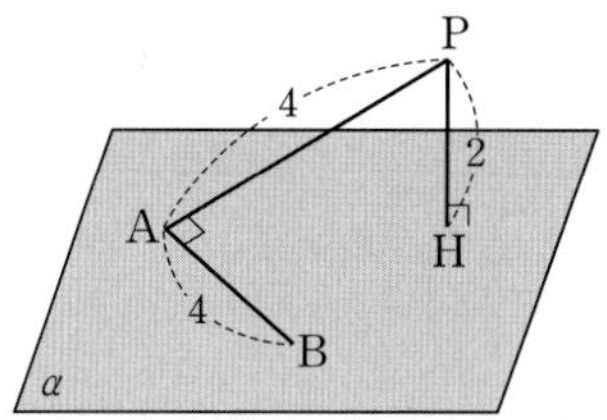

직각삼각형 PHA에서
$\overline{AH}=\sqrt{4^2-2^2}=2\sqrt{3}$이므로
삼각형 ABH의 넓이는
$\frac{1}{2}\times4\times2\sqrt{3}=4\sqrt{3}$

463 ⓐ $\frac{3\sqrt{41}}{5}$

선분 DH가 두 선분 GH, EH와 수직이므로
선분 DH는 평면 GHE와 수직이고, …… ㉠
선분 DI가 선분 EG와 수직이므로 삼수선의 정리에 의하여
선분 HI가 선분 EG와 수직이다.

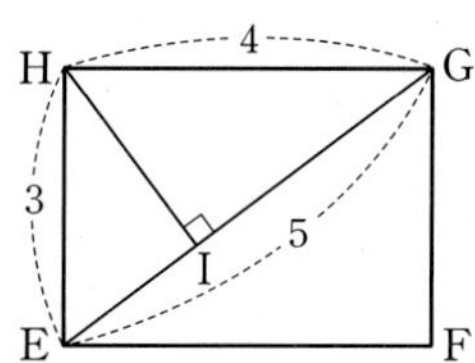

직각삼각형 EGH의 넓이는
$\frac{1}{2}\times\overline{EH}\times\overline{GH}=\frac{1}{2}\times\overline{EG}\times\overline{HI}$이므로
$\frac{1}{2}\times3\times4=\frac{1}{2}\times5\times\overline{HI}$에서
$\overline{HI}=\frac{12}{5}$
㉠에 의하여 선분 DH가 평면 GHE 위의 선분 HI와 수직이므로
직각삼각형 DHI에서
$\overline{DI}=\sqrt{3^2+\left(\frac{12}{5}\right)^2}=\frac{3\sqrt{41}}{5}$

464 ······ 답 ③

점 A에서 밑면에 내린 수선의 발을 H라 하고, 점 A에서 선분 BC에 내린 수선의 발을 M이라 하면 삼수선의 정리에 의하여 선분 HM이 선분 BC와 수직이다.
즉, 두 평면 ABC, BCDE가 이루는 예각의 크기는
두 평면의 교선 BC에 수직인 두 직선 AM, MH가 이루는 각의 크기와 같다.
이때, 이등변삼각형 ABC에서 점 M은 선분 BC의 중점이므로
$\overline{BM}=1$
$\overline{AM}=\sqrt{(\sqrt{3})^2-1^2}=\sqrt{2}$, $\overline{MH}=1$이므로
$\cos(\angle AMH)=\frac{1}{\sqrt{2}}=\frac{\sqrt{2}}{2}$
$\therefore \angle AMH=45°$
따라서 주어진 정사각뿔의 밑면과 옆면이 이루는 예각의 크기는 45°이다.

465 ······ 답 ③

점 A에서 평면 EFGH에 내린 수선의 발이 E이고, 점 A에서 직선 FH에 내린 수선의 발을 M이라 하면 삼수선의 정리에 의하여 선분 EM은 선분 FH와 수직이다.
즉, 두 평면 AFH와 EFGH가 이루는 각의 크기는
두 평면의 교선 FH에 수직인 두 직선 AM, EM이 이루는 각의 크기와 같다. 즉, $\theta=\angle AME$
정육면체의 한 모서리의 길이를 a라 하면
직각삼각형 AEM에서 $\overline{AE}=a$, $\overline{EM}=\frac{\sqrt{2}}{2}a$이므로
$\overline{AM}=\frac{\sqrt{6}}{2}a$
$\therefore \cos\theta=\frac{\frac{\sqrt{2}}{2}a}{\frac{\sqrt{6}}{2}a}=\frac{1}{\sqrt{3}}=\frac{\sqrt{3}}{3}$

466 ······ 답 ①

그림과 같은 정사면체 ABCD에서

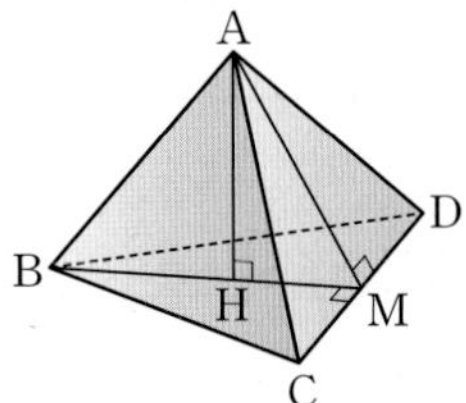

선분 CD의 중점을 M이라 하면
선분 CD는 두 선분 AM, BM과 각각 수직이다.
따라서 두 평면 ACD, BCD가 이루는 각의 크기는
두 직선 AM, BM이 이루는 각의 크기와 같다.
즉, $\theta=\angle AMB$
정사면체의 한 모서리의 길이를 a라 하고,
점 A에서 평면 BCD에 내린 수선의 발을 H라 하면
점 H는 삼각형 BCD의 무게중심이므로
$\overline{AM}=\frac{\sqrt{3}}{2}a$, $\overline{MH}=\frac{\sqrt{3}}{2}a\times\frac{1}{3}$
따라서 직각삼각형 AHM에서
$\cos\theta=\frac{1}{3}$

467 ······ 답 ②

$\overline{AE}\perp\overline{EF}$, $\overline{AE}\perp\overline{EH}$이므로 $\overline{AE}\perp\square EFGH$
$\therefore \overline{AE}\perp\overline{EG}$, 즉 $\angle AEG=90°$
이때, $\overline{AG}=\sqrt{1^2+1^2+(\sqrt{2})^2}=2$,
$\overline{EG}=\sqrt{1^2+(\sqrt{2})^2}=\sqrt{3}$이므로
선분 AG와 평면 EFGH가 이루는 예각의 크기를 θ라 하면
$\overline{AG}\cos\theta=\overline{EG}$에서
$2\cos\theta=\sqrt{3}$, $\cos\theta=\frac{\sqrt{3}}{2}$
$\therefore \theta=30°$ ($\because 0°<\theta<90°$)

468 ······ 답 ⑤

$\overline{A'B'}=\overline{AB}\cos 30°$
$=6\times\frac{\sqrt{3}}{2}$
$=3\sqrt{3}$

469 ······ 답 ③

점 A에서 평면 BCD에 내린 수선의 발을 H, 선분 CD의 중점을 M이라 하면 선분 AB의 평면 BCD 위로의 정사영은 선분 HB와 같다.

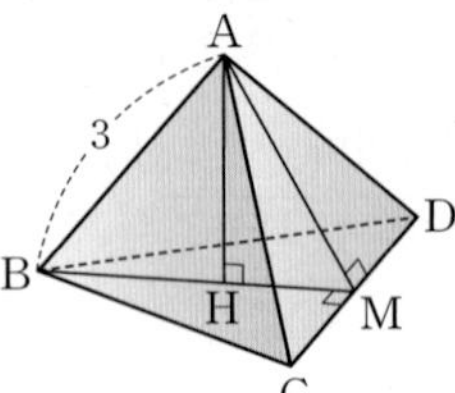

$\therefore \overline{HB}=\frac{2}{3}\times\overline{BM}=\frac{2}{3}\times\frac{\sqrt{3}}{2}\times3=\sqrt{3}$

470 ······ 답 $\frac{8\sqrt{3}}{3}$

도형 F의 넓이를 S라 하면
$S\cos 30°=4$이므로
$\frac{\sqrt{3}}{2}S=4$
$\therefore S=\frac{8\sqrt{3}}{3}$

471 ······ 답 ③

단면의 밑면으로의 정사영이 밑면인 원이 되므로
단면의 넓이를 S라 하면
$S\cos 45^\circ=25\pi$
$\therefore S=25\sqrt{2}\pi$

472 ······ 답 ④

단면인 원의 중심을 O′이라 하자.

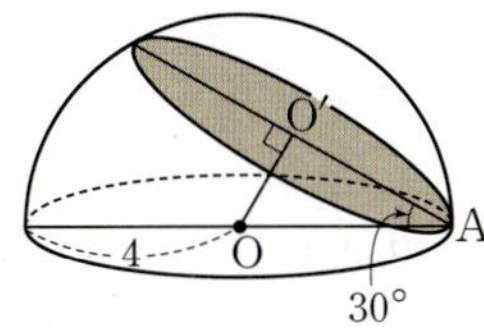

$\overline{\mathrm{OA}}=4$, $\angle\mathrm{OO'A}=90^\circ$, $\angle\mathrm{OAO'}=30^\circ$이므로 ······ TIP
$\overline{\mathrm{O'A}}=2\sqrt{3}$이다.
즉, 단면인 원의 넓이는 $(2\sqrt{3})^2\pi=12\pi$이다.
이 단면의 밑면 위로의 정사영의 넓이는
$12\pi\times\cos 30^\circ=12\pi\times\frac{\sqrt{3}}{2}=6\sqrt{3}\pi$

TIP

구를 평면으로 자른 단면은 항상 원이다.
이때, 구의 중심을 O, 단면인 원의 중심을 O′, 단면인 원의 지름의 양 끝점을 A, B라 할 때, $\overline{\mathrm{OA}}$, $\overline{\mathrm{OB}}$는 구의 반지름의 길이로 서로 같으므로 이등변삼각형 OAB에서 선분 OO′은 선분 AB와 수직이다.

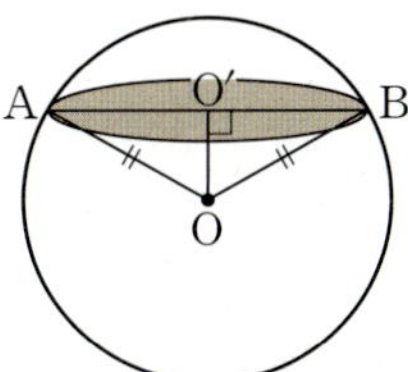

즉, 구의 중심 O에서 단면인 원에 내린 수선의 발은 원의 중심인 O′이다.

473 ······ 답 ②

두 평면 BDE, FHE가 이루는 각의 크기를 θ라 하면
삼각형 BDE의 평면 FHE 위로의 정사영이 삼각형 FHE이므로
(삼각형 BDE의 넓이)$\times\cos\theta=$(삼각형 FHE의 넓이),
즉 $\frac{\sqrt{3}}{4}\times(2\sqrt{2})^2\times\cos\theta=\frac{1}{2}\times 2^2$에서
$\cos\theta=\frac{1}{\sqrt{3}}$
따라서 삼각형 FHE의 평면 BDE 위로의 정사영의 넓이는
(삼각형 FHE의 넓이)$\times\cos\theta=\frac{1}{2}\times 2^2\times\frac{1}{\sqrt{3}}=\frac{2\sqrt{3}}{3}$

474 ······ 답 (1) $\frac{9}{4}$ (2) $\frac{3\sqrt{15}}{5}$

(1) 정사각형 BCDE의 두 대각선의 교점을 F라 하면
삼각형 ABC의 평면 BCDE 위로의 정사영은 삼각형 FBC이고,
삼각형 FBC의 넓이는 $\frac{1}{4}\times 3^2=\frac{9}{4}$이다.

(2) 선분 BC의 중점을 M이라 하고,
정사각형 BCDE의 두 대각선의 교점을 F라 하면
두 선분 AM, FM이 선분 BC와 수직이므로
두 평면 ABC와 BCDE가 이루는 각의 크기는 $\angle\mathrm{AMF}$와 같다.
$\angle\mathrm{AFM}=90^\circ$이고,
$\overline{\mathrm{AM}}=\sqrt{6^2-\left(\frac{3}{2}\right)^2}=\frac{3\sqrt{15}}{2}$, $\overline{\mathrm{FM}}=\frac{3}{2}$이므로
$\cos(\angle\mathrm{AMF})=\frac{1}{\sqrt{15}}$
따라서 정사각형 BCDE의 평면 ABC 위로의 정사영의 넓이는
$9\times\frac{1}{\sqrt{15}}=\frac{3\sqrt{15}}{5}$

다른 풀이

(2) 두 평면 ABC, BCDE가 이루는 각의 크기를 θ라 하면 (1)에 의하여 삼각형 ABC의 평면 BCDE 위로의 정사영이 FBC이므로
(삼각형 ABC의 넓이)$\times\cos\theta=$(삼각형 FBC의 넓이) ······ ㉠
이때, 점 A에서 선분 BC에 내린 수선의 발을 M이라 하면
$\overline{\mathrm{AM}}=\sqrt{6^2-\left(\frac{3}{2}\right)^2}=\frac{3\sqrt{15}}{2}$이므로
삼각형 ABC의 넓이는 $\frac{1}{2}\times 3\times\frac{3\sqrt{15}}{2}=\frac{9\sqrt{15}}{4}$
㉠에서 $\frac{9\sqrt{15}}{4}\times\cos\theta=\frac{9}{4}$이므로 $\cos\theta=\frac{1}{\sqrt{15}}$
따라서 정사각형 BCDE의 평면 ABC 위로의 정사영의 넓이는
(정사각형 BCDE의 넓이)$\times\cos\theta=3^2\times\frac{1}{\sqrt{15}}=\frac{3\sqrt{15}}{5}$

475 ······ 답 ④

그림자의 넓이를 S, 차광막의 넓이를 S'이라 하면
$S\cos\theta=S'$이므로
$24\cos\theta=16$
$\therefore \cos\theta=\frac{2}{3}$

476 ······ 답 ④

구의 중심을 지나고 태양광선과 수직인 평면으로 구를 자른 단면의 넓이를 S'이라 하면 $S'=9\pi$이다.

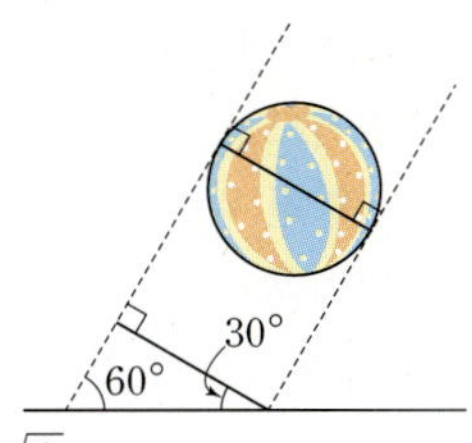

$S\cos 30^\circ=S'$이므로 $\frac{\sqrt{3}}{2}S=9\pi$
$\therefore S=6\sqrt{3}\pi$

477 ⋯⋯ 답 ⑤

원뿔의 꼭짓점을 A, 원뿔의 밑면과 평면 α의 교점을 B라 하자.
또한 원뿔의 밑면과 평면 α가 이루는 각의 크기를
$\theta\ (0^\circ<\theta<90^\circ)$라 하면
직각삼각형 AOB에서 $\cos\theta=\dfrac{\overline{BO}}{\overline{AB}}=\dfrac{1}{3}$

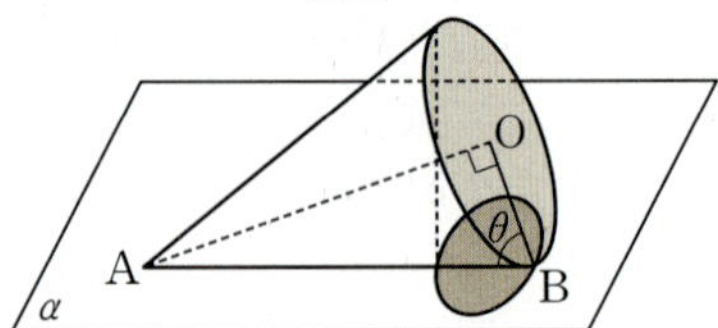

원뿔의 밑면의 넓이는 π이므로
원뿔의 밑면에 의해 평면 α에 생기는 그림자의 넓이는
$\pi\times\cos\theta=\dfrac{\pi}{3}$

478 ⋯⋯ 답 ①

그림과 같은 정팔면체 ABCDEF에서
두 평면 ABC, ACD가 이루는 각의 크기를 구해 보자.

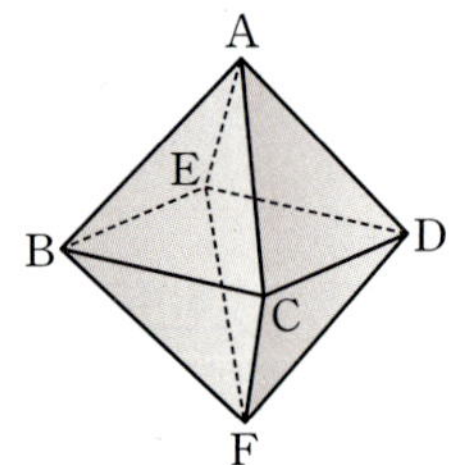

선분 AC의 중점을 M이라 하면
두 선분 BM, DM이 선분 AC에 수직이므로
두 평면 ABC, ACD가 이루는 각의 크기는 $\angle$BMD와 같다.
정팔면체의 한 모서리의 길이를 a라 할 때,
$\overline{BM}=\overline{DM}=\dfrac{\sqrt{3}}{2}a$, $\overline{BD}=\sqrt{2}a$이므로
코사인법칙에 의하여

$$\cos(\angle BMD)=\frac{\left(\frac{\sqrt{3}}{2}a\right)^2+\left(\frac{\sqrt{3}}{2}a\right)^2-(\sqrt{2}a)^2}{2\times\frac{\sqrt{3}}{2}a\times\frac{\sqrt{3}}{2}a}=-\frac{1}{3}$$

$\therefore \cos^2\theta=\dfrac{1}{9}$

479 ⋯⋯ 답 ③

5개의 점이 모두 한 평면에 있는 경우에
결정되는 평면의 개수가 최소이므로 $m=1$이고,
5개의 점 중 어느 네 점도 한 평면 위에 있지 않은 경우에
결정되는 평면의 개수가 최대이고,
이때, 평면의 개수는 5개의 점 중 3개의 점을 택하는 경우의 수와 같으므로
$M={}_5C_3=10$
$\therefore M+m=10+1=11$

480 ⋯⋯ 답 (1) 11 (2) 20

(1) 그림과 같은 오각뿔 A−BCDEF에서

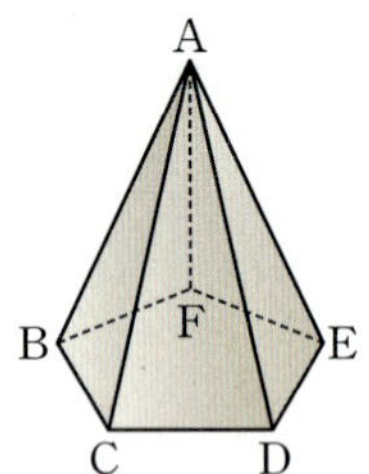

점 A를 포함하는 평면의 개수는
밑면에 포함되는 5개의 꼭짓점 중
어느 세 점도 한 직선 위에 있지 않으므로
5개의 꼭짓점 중 2개의 점을 택하는 경우의 수인
${}_5C_2=10$과 같다.
점 A를 포함하지 않는 평면은 평면 BCDEF의 1개뿐이므로
구하는 평면의 개수는 $10+1=11$이다.

(2) 그림과 같은 직육면체 ABCD−EFGH에서 만들 수 있는 서로 다른 평면은

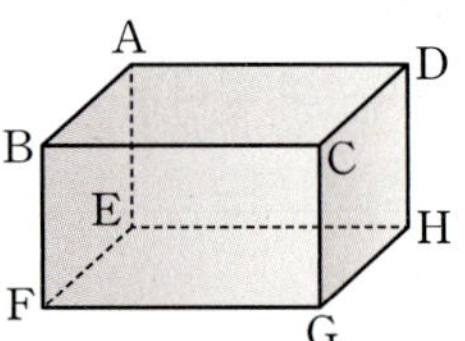

평면 ABCD, EFGH, ABFE, CDHG, AEHD, BFGC와
평면 ABGH, CDEF, AFGD, BCHE, BFHD, AEGC와
평면 BDG, BDE, ACF, ACH, EGB, EGD, FHA, FHC이므로
구하는 평면의 개수는 20이다.

다른 풀이

(2) 직육면체의 꼭짓점의 총 개수는 8이다.
8개의 꼭짓점 중 3개를 택하는 경우의 수는
${}_8C_3=56$이고, ⋯⋯ ㉠
이 중 4개 이상의 점이 한 평면을 결정할 때를 중복해서 세어준 경우의 수만큼을 빼주어야 한다.
그림과 같은 직육면체 ABCD−EFGH에서

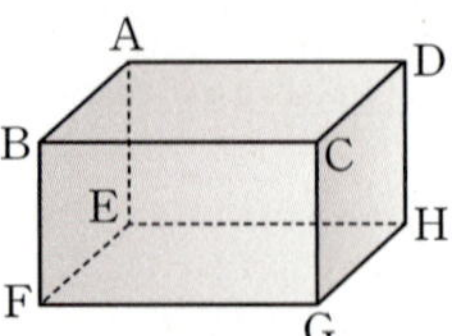

4개 이상의 점이 한 평면을 결정하는 경우는
평면 ABCD, EFGH, ABFE, CDHG, AEHD, BFGC와
평면 ABGH, CDEF, AFGD, BCHE, BFHD, AEGC로
12가지이고,
㉠에서 이 평면을 중복해서 ${}_4C_3=4$(번)씩 세주었으므로
3번씩 다시 빼주어야 한다.
따라서 구하는 평면의 개수는
$56-12\times3=20$이다.

481 ······ 답 ④

주어진 정팔면체에서 만들 수 있는 서로 다른 평면은

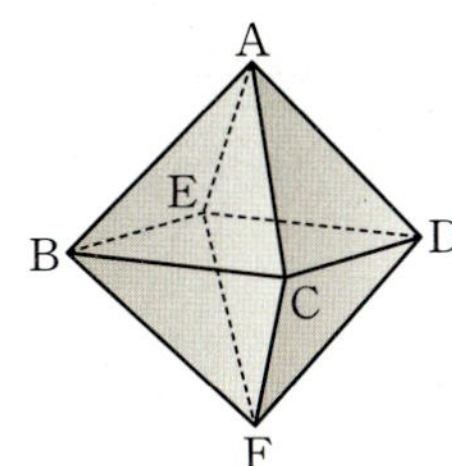

평면 ABC, ACD, ADE, ABE, FBC, FCD, FDE, FBE와
평면 BCDE, ABFD, ACFE이므로
구하는 평면의 개수는 11이다.

다른 풀이

6개의 꼭짓점 중 3개를 택하는 경우의 수는
${}_6C_3=20$이고, ······ ㉠
이 중 4개 이상의 점이 한 평면을 결정할 때를 중복해서 세어준 경우의 수만큼을 빼주어야 한다.
4개 이상의 점이 한 평면을 결정하는 경우는
평면 ABFD, ACFE, BCDE로 3가지이고,
㉠에서 이 평면을 중복해서 ${}_4C_3=4$(번)씩 세주었으므로
다시 3번씩을 빼주어야 한다.
따라서 구하는 평면의 개수는 $20-3\times3=11$이다.

482 ······ 답 ③

ㄱ. 직선 CD와 직선 BQ가 평행하거나 한 점에서 만나기 위해서는 네 점 B, C, D, Q는 한 평면 위에 존재해야 한다. 하지만 점 Q는 평면 BCD 위의 점이 아니므로 직선 CD와 직선 BQ는 꼬인 위치에 있다.

ㄴ. 점 A는 평면 BCD 위의 점이 아니므로 직선 AD와 직선 BC는 꼬인 위치에 있다.

ㄷ. 선분 AC의 중점을 M이라 하면 점 P는 삼각형 ABC의 무게중심이므로 $\overline{BP}:\overline{PM}=2:1$을 만족시키는 선분 BM 위의 점이다. 또한 점 Q는 삼각형 ACD의 무게중심이므로 $\overline{DQ}:\overline{QM}=2:1$을 만족시키는 선분 DM 위의 점이다.
이때, 삼각형 BDM과 삼각형 PQM은 서로 닮음이므로 선분 PQ와 선분 BD는 서로 평행하다. 즉, 직선 PQ와 직선 BD는 서로 평행하다.

따라서 두 직선이 꼬인 위치에 있는 것은 ㄱ, ㄴ이다.

483 ······ 답 ⑤

ㄱ. 선분 BG와 꼬인 위치에 있는 모서리는

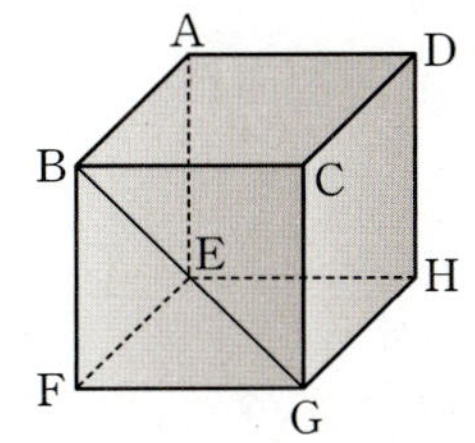

모서리 AD, CD, AE, DH, EH, EF로 6개이다. (참)

ㄴ. 모서리 AB와 평행한 모서리는 모서리 CD, EF, GH로 3개이다.
정육면체의 12개의 각 모서리와 평행한 위치에 있는 모서리의 개수는 3개씩이므로 12×3개이고,
이때 평행한 두 모서리의 한 쌍을 두 번씩 중복해서 세주었으므로 구하는 개수는 $\frac{12\times3}{2}=18$이다. (참)

ㄷ. 모서리 AD와 꼬인 위치에 있는 모서리는 모서리 CG, BF, GH, EF로 4개이다.
정육면체의 12개의 각 모서리와 꼬인 위치에 있는 모서리의 개수는 4개씩이므로 12×4개이고,
이때 꼬인 위치에 있는 두 모서리의 한 쌍을 두 번씩 중복해서 세주었으므로 구하는 개수는 $\frac{12\times4}{2}=24$이다. (참)

따라서 옳은 것은 ㄱ, ㄴ, ㄷ이다.

다른 풀이

ㄴ. 정육면체의 12개의 모서리 중 서로 평행한 것끼리 묶으면 다음과 같다.
모서리 AB, CD, EF, GH
모서리 AD, BC, EH, FG
모서리 BF, CG, DH, AE
그러므로 모서리 중 서로 평행한 두 모서리를 택하는 경우의 수를 구하면
${}_4C_2\times3=18$이다. (참)

484 ······ 답 ①

ㄱ. 한 직선에 수직인 서로 다른 두 평면은 항상 평행하다. (참)

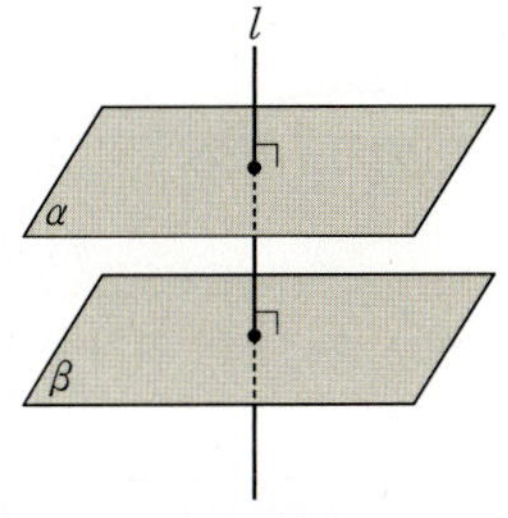

ㄴ. 한 평면에 평행인 서로 다른 두 직선은 다음과 같이 한 점에서 만날 수도, 평행할 수도, 꼬인 위치에 있을 수도 있다. (거짓)

한 점에서 만난다.	평행하다.	꼬인 위치에 있다.

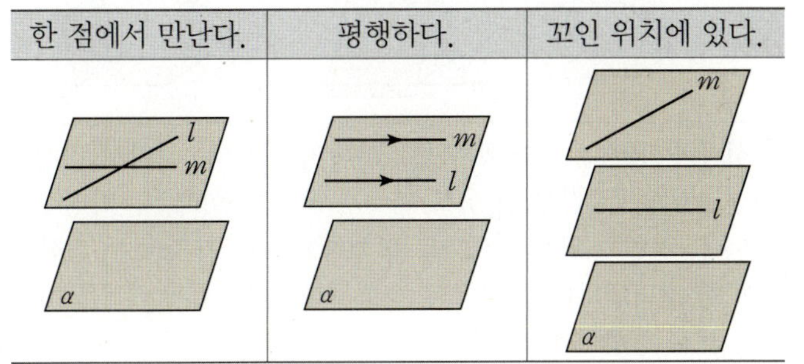

ㄷ. 한 직선에 평행인 서로 다른 두 평면은 다음과 같이 한 직선에서 만날 수도, 평행할 수도 있다. (거짓)

한 직선에서 만난다.	평행하다.

따라서 옳은 것은 ㄱ이다.

485

답 ④

① 직선 l과 평면 α가 평행하면 직선 l과 평면 α에 포함된 직선 m은 만나지 않는다. 이때, 두 직선 l, m이 한 평면 β 위에 있으므로 두 직선 l, m은 평행하다. (참)

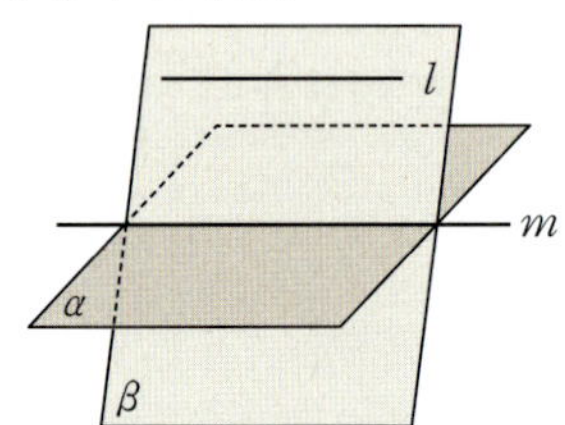

② 직선 l이 평면 α 위의 서로 다른 두 직선과 수직이면 직선 l은 평면 α와 수직이다. (참)

③ 두 평면 α, β가 평행하지 않다고 가정하면 두 평면 α, β의 교선 n이 존재한다. $l /\!/ \alpha$, $m /\!/ \alpha$이고 직선 n은 평면 α와 두 직선 l, m을 포함하는 평면 β의 교선이므로 $l /\!/ n$, $m /\!/ n$이다. 즉, $l /\!/ m$이고, 이는 두 직선 l, m이 한 점 P를 지난다는 가정에 모순이므로 $\alpha /\!/ \beta$이다. (참)

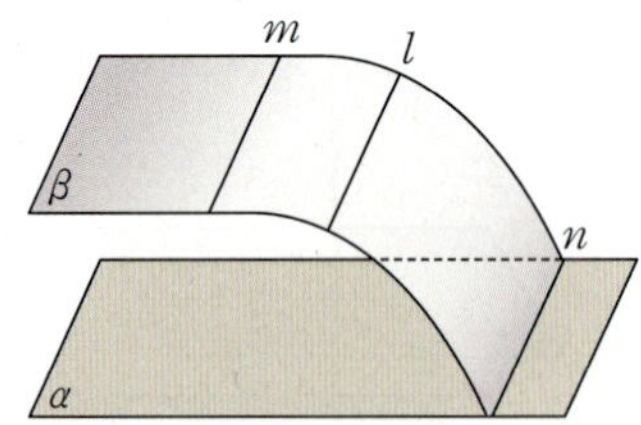

④ 세 평면 α, β, γ의 교선 l, m, n의 위치 관계는 다음과 같은 경우가 가능하다. (거짓)

일치한다.	평행하다.	한 점에서 만난다.
$l=m=n$		

⑤ 직선 l과 평면 γ가 평행하므로 만나지 않는다. 따라서 직선 l과 평면 γ 위의 두 직선 m, n도 만나지 않는다. 이때, 두 직선 l, m이 한 평면 α 위에 있으므로 평행하고, 마찬가지로 두 직선 l, n이 한 평면 β 위에 있으므로 평행하다. 따라서 세 직선 l, m, n은 서로 평행하다. (참)

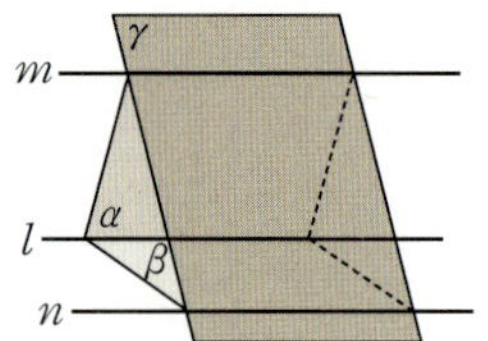

따라서 선지 중 옳지 않은 것은 ④이다.

486

답 풀이 참조

평면 α 위의 임의의 직선 c에 대하여 점 O를 지나도록 평행이동한 직선을 c'이라 하고,
평면 α 위에서 세 직선 m, n, c'과 점 O가 아닌 점에서 만나는 직선을 그어 그 교점을 차례로 A, B, C라 하자.

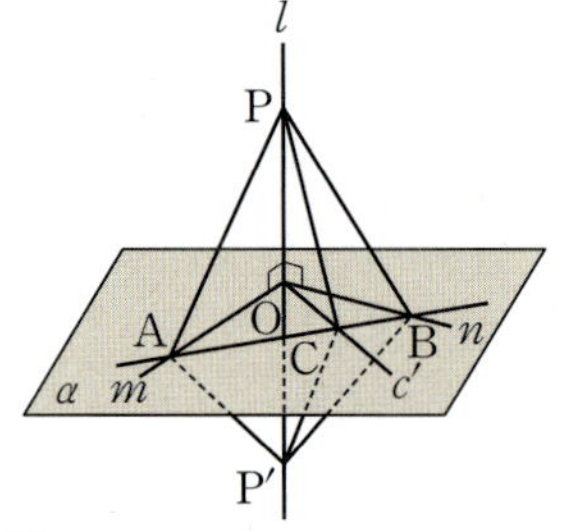

직선 l 위에 $\overline{OP}=\overline{OP'}$인 서로 다른 두 점 P, P′을 잡으면
두 직선 m, n은 모두 선분 PP′의 수직이등분선이므로
$\overline{AP}=\overline{AP'}$, $\overline{BP}=\overline{BP'}$이고,
선분 AB는 공통이므로 두 삼각형 PAB, P′AB는 합동이다.
따라서 $\angle PAC=\angle P'AC$이고,
선분 AC는 공통이므로 두 삼각형 PAC, P′AC는 합동이다.
$\therefore \overline{CP}=\overline{CP'}$
삼각형 PCP′은 이등변삼각형이고 점 O는 선분 PP′의 중점이므로
두 선분 PP′, OC가 서로 수직이다.
즉, $l \perp c'$이므로 $l \perp c$이다.
따라서 직선 l은 평면 α 위의 임의의 직선과 수직이므로 $l \perp \alpha$이다.

채점 요소	배점
평면 위의 임의의 직선을 점 O를 지나도록 평행이동시키기	10 %
두 삼각형 PAB, P′AB가 합동임을 설명하기	30 %
삼각형 PCP′이 이등변삼각형임을 설명하기	30 %
직선 l이 직선 c'과 수직이므로 평면 α와 수직임을 설명하기	30 %

487

답 ③

삼각형 BED는 정삼각형이므로 점 I는 선분 BD의 중점이다.
선분 EA가 두 선분 AB, AD와 수직이므로
평면 ABD와 수직이고, 선분 AI와도 수직이다.
따라서 직각삼각형 EAI에서
$\overline{AI}=\frac{3\sqrt{2}}{2}$, $\overline{AE}=3$이므로 $\overline{EI}=\frac{3\sqrt{6}}{2}$
$\cos(\angle AIE)=\frac{\sqrt{3}}{3}$
따라서 직각삼각형 AIJ에서
$\overline{IJ}=\overline{AI}\cos(\angle AIE)=\frac{3\sqrt{2}}{2}\times\frac{\sqrt{3}}{3}=\frac{\sqrt{6}}{2}$

488 ······ 답 ①

직선 FG와 평면 ABFE는 수직이므로
두 직선 AF와 FG는 서로 수직이다.
따라서 삼각형 AFG는 직각삼각형이므로 점 I에서 직선 AF, FG에 내린 수선의 발을 각각 J, K라 하면 세 삼각형 AFG, AJI, IKG는 서로 닮음이다.

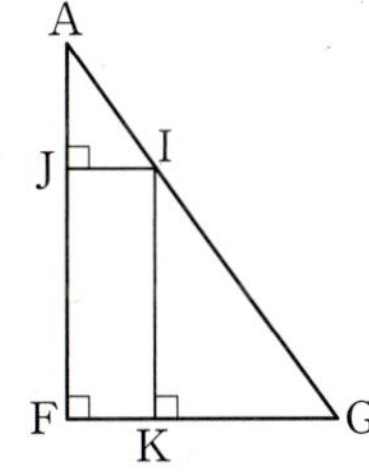

이때, 점 I는 선분 AG를 1 : 2로 내분하는 점이므로 점 J는 선분 AF를 1 : 2로 내분하는 점이고, 점 K는 선분 FG를 1 : 2로 내분하는 점이다.
따라서 $\overline{AF}=3\sqrt{2}$, $\overline{FG}=3$에서 $\overline{FJ}=2\sqrt{2}$, $\overline{FK}=1$
$\therefore \overline{FI}=\sqrt{(2\sqrt{2})^2+1^2}=3$

다른 풀이

'2. 공간좌표' 단원을 공부한 이후 다음과 같이 풀 수 있다.

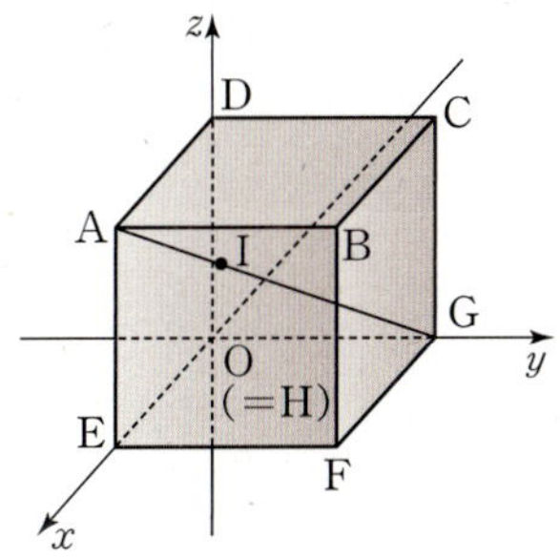

주어진 그림을 좌표공간에 H(0, 0, 0), E(3, 0, 0), G(0, 3, 0), D(0, 0, 3)이 되도록 놓으면
점 A의 좌표는 (3, 0, 3)이므로 선분 AG를 1 : 2로 내분하는 점 I의 좌표는 (2, 1, 2)이다.
점 F의 좌표는 (3, 3, 0)이므로
$\therefore \overline{FI}=\sqrt{(3-2)^2+(3-1)^2+(0-2)^2}=3$

489 ······ 답 ④

점 A에서 직선 BD에 내린 수선의 발을 H라 하면
두 평면 ABD와 BCD는 수직이므로 선분 AH는 평면 BCD와 수직이고, 따라서 선분 CH와도 수직이다.

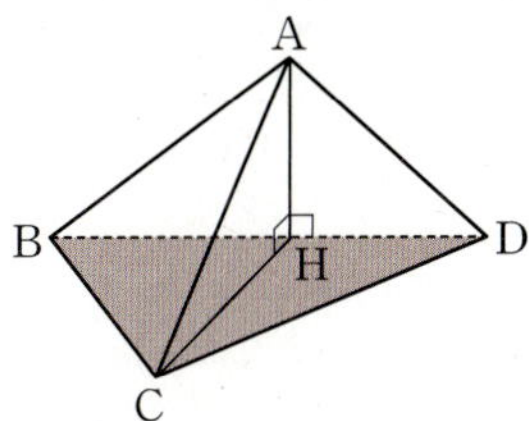

이때, 직사각형 ABCD에서 $\overline{AB}=6\sqrt{3}$, $\overline{BC}=6$이므로 $\angle ABD=30°$이다.

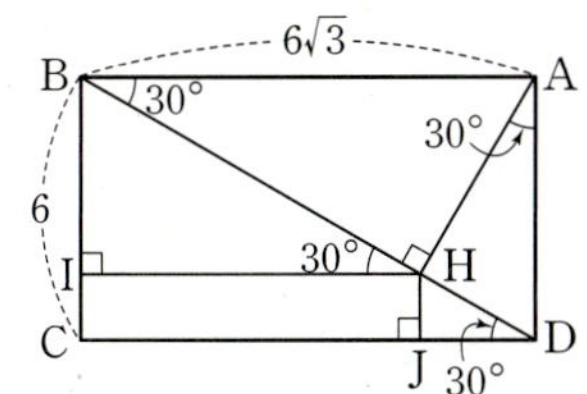

$\overline{AH}=\overline{AB}\sin 30°=3\sqrt{3}$
$\overline{BH}=9$, $\overline{HD}=3$이므로 점 H에서 선분 BC, CD에 내린 수선의 발을 각각 I, J라 하면
$\overline{HI}=\overline{BH}\cos 30°=9\times\frac{\sqrt{3}}{2}=\frac{9\sqrt{3}}{2}$
$\overline{HJ}=\overline{DH}\sin 30°=3\times\frac{1}{2}=\frac{3}{2}$
$\therefore \overline{CH}=\sqrt{\overline{HI}^2+\overline{HJ}^2}=\sqrt{\left(\frac{9\sqrt{3}}{2}\right)^2+\left(\frac{3}{2}\right)^2}=3\sqrt{7}$
따라서 주어진 입체도형의 직각삼각형 AHC에서
$\overline{AC}=\sqrt{\overline{AH}^2+\overline{CH}^2}=\sqrt{(3\sqrt{3})^2+(3\sqrt{7})^2}=3\sqrt{10}$

490 ······ 답 ②

사면체 ABCD를 직선 AC와 직선 BD에 평행한 평면으로 자를 때 생기는 단면을 그림과 같이 사각형 PQRS라 하자.

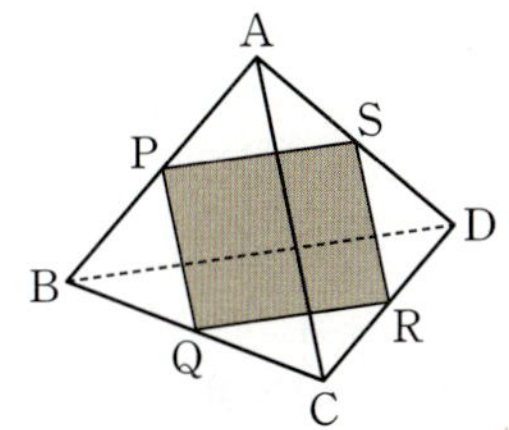

두 직선 PQ, RS는 직선 AC와 평행하고,
두 직선 PS, QR는 직선 BD와 평행하므로
사각형 PQRS는 평행사변형이다. ······ TIP
$\overline{AP}:\overline{BP}=m:n$이라 하면
두 삼각형 ABC, PBQ가 서로 닮음이므로
$\overline{PQ}:\overline{AC}=\overline{PB}:\overline{AB}=n:(m+n)$
$\therefore \overline{PQ}=\frac{n}{m+n}\times\overline{AC}=\frac{3n}{m+n}$
두 삼각형 ABD, APS가 서로 닮음이므로
$\overline{PS}:\overline{BD}=\overline{AP}:\overline{AB}=m:(m+n)$
$\therefore \overline{PS}=\frac{m}{m+n}\times\overline{BD}=\frac{3m}{m+n}$
따라서 구하는 사각형 PQRS의 둘레의 길이는
$2(\overline{PQ}+\overline{PS})=2\times\left(\frac{3n}{m+n}+\frac{3m}{m+n}\right)=6$

TIP

평면 PQRS가 선분 AC와 평행할 때,
평면 PQRS 위의 모든 직선은 직선 AC와 만나지 않으므로 두 직선 PQ, RS는 직선 AC와 만나지 않는다.
이때, 두 직선 PQ, AC가 한 평면 위에 있으므로 서로 평행하고,
두 직선 RS, AC가 한 평면 위에 있으므로 서로 평행하다.
그러므로 두 직선 PQ, RS는 서로 평행하다.
마찬가지 방법에 의하여 두 직선 PS, QR는 서로 평행하다.
따라서 사각형 PQRS는 평행사변형이다.

491 ········· 답 ②

두 직선 FH, BD가 평행하므로
직선 AB와 직선 FH가 이루는 각의 크기는
직선 AB와 직선 BD가 이루는 각의 크기와 같다.
이때, 삼각형 ABD에서 $\overline{AB}=\overline{AD}$이므로
선분 BD의 중점을 M이라 하면 $\angle AMB=90^\circ$이다.
직각삼각형 AMB에서 $\overline{AB}=2$, $\overline{BM}=\sqrt{2}$이므로
$\cos\alpha=\frac{\sqrt{2}}{2}$
두 직선 HI, BC가 평행하므로
직선 AB와 직선 HI가 이루는 각의 크기는
직선 AB와 직선 BC가 이루는 각의 크기 60°와 같다.
$\therefore \cos\beta=\cos 60^\circ=\frac{1}{2}$
$\therefore \cos^2\alpha+\cos^2\beta=\left(\frac{\sqrt{2}}{2}\right)^2+\left(\frac{1}{2}\right)^2=\frac{3}{4}$

492 ········· 답 ④

직선 CD와 직선 EF가 서로 평행하므로
두 직선 MF, CD가 이루는 각의 크기는
두 직선 MF, EF가 이루는 각의 크기와 같다.
삼각형 MEF는 $\overline{ME}=\overline{MF}$인 이등변삼각형이므로
선분 EF의 중점을 N이라 하면
직선 MN과 직선 NF는 서로 수직이다.
따라서 정육면체의 한 모서리의 길이를 a라 하면
직각삼각형 MNF에서
$\overline{MF}=\sqrt{\left(\frac{1}{2}a\right)^2+\left(\frac{1}{2}a\right)^2+a^2}=\frac{\sqrt{6}}{2}a$,
$\overline{NF}=\frac{1}{2}a$이므로
$\cos\theta=\frac{\overline{NF}}{\overline{MF}}=\frac{1}{\sqrt{6}}=\frac{\sqrt{6}}{6}$

493 ········· 답 ②

두 직선 AC, DF가 평행하므로
직선 AC와 직선 BF가 이루는 각의 크기는
직선 DF와 직선 BF가 이루는 각의 크기와 같다.
주어진 입체도형의 한 모서리의 길이를 a라 하면
삼각형 BDF에서 $\overline{BD}=\overline{BF}=\sqrt{2}a$, $\overline{DF}=a$이다.
선분 DF의 중점을 M이라 하면 $\angle BMD=90^\circ$이므로
직각삼각형 BMD에서
$\cos\theta=\cos(\angle BDM)=\frac{\overline{DM}}{\overline{BD}}=\frac{\frac{1}{2}a}{\sqrt{2}a}=\frac{\sqrt{2}}{4}$

494 ········· 답 ⑤

주어진 정팔면체에서 모든 면은 정삼각형이고,
사각형 ABFD, ACFE, BCDE는 정사각형이다.
정사각형 ACFE에서 직선 CF와 직선 AE가 평행하므로
직선 AB와 직선 CF가 이루는 각의 크기는
직선 AB와 직선 AE가 이루는 각의 크기와 같다.
$\sin^2\alpha=\sin^2 60^\circ=\left(\frac{\sqrt{3}}{2}\right)^2=\frac{3}{4}$
선분 CE의 중점을 M이라 하면
사각형 ACFE에서 두 직선 AM, CE가 수직이고,
사각형 BCDE에서 두 직선 BM, CE가 수직이므로
직선 CE는 평면 AMB와 수직이고,
평면 AMB 위의 직선 AB와도 수직이다.
$\sin^2\beta=\sin^2 90^\circ=1^2=1$
$\therefore \sin^2\alpha+\sin^2\beta=\frac{3}{4}+1=\frac{7}{4}$

495 ········· 답 ⑤

ㄱ. 주어진 그림은 사면체의 전개도이므로 $\overline{AD}=\overline{AE}$이다.
따라서 $\overline{AC}=\overline{AE}=\overline{BE}$에서 삼각형 DAC는
직각이등변삼각형이므로
$\overline{CD}=\sqrt{2}\times\overline{AC}=\sqrt{2}\times\overline{BE}$
$\therefore \overline{CP}=\sqrt{2}\times\overline{BP}$ (참)

ㄴ. 직선 CP와 평면 ABC의 교점은 점 C이므로 직선 AB와 직선 CP는 서로 만나지 않는다. 즉, 직선 AB와 직선 CP는 꼬인 위치에 있다. (참)

ㄷ. 주어진 그림에서 선분 AC는 두 선분 DA, AB와 수직이므로 선분 AC와 평면 ABP는 서로 수직이다. 따라서 선분 AC와 선분 PM은 서로 수직이다. 이때, 선분 AB와 선분 PM은 서로 수직이므로 선분 PM과 평면 ABC는 서로 수직이다. 즉, 직선 PM과 직선 BC는 서로 수직이다. (참)

따라서 옳은 것은 ㄱ, ㄴ, ㄷ이다.

참고
주어진 전개도를 접은 사면체는 그림과 같다.

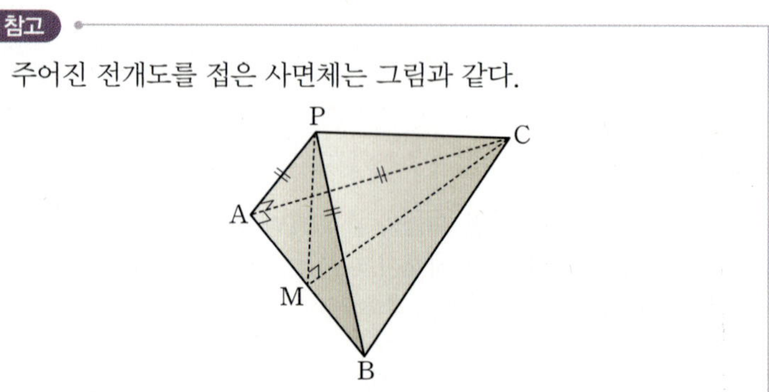

496 ········· 답 ④

구하는 값은 그림과 같은 정사면체에서 두 모서리 BC, AD 사이의 거리와 같다.

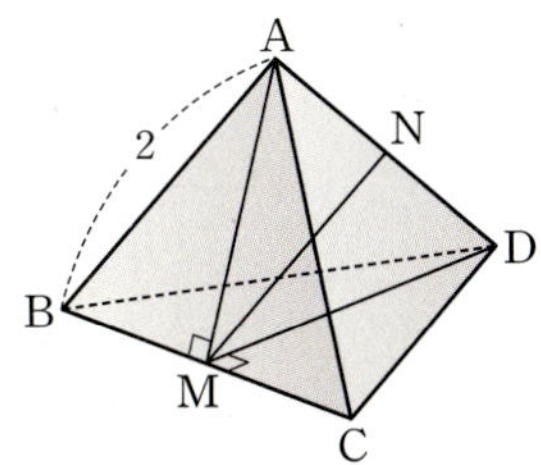

선분 BC의 중점을 M이라 하고, 선분 AD의 중점을 N이라 하면
선분 BC가 두 선분 AM, DM과 수직이므로
선분 BC가 평면 AMD와 수직이고, 선분 MN과도 수직이다.
$\overline{AM}=\overline{DM}$이므로 이등변삼각형 AMD에서 선분 MN은 선분 AD와 수직이다.
즉, 선분 MN이 두 선분 AD, BC와 수직이므로
두 모서리 AD, BC 사이의 거리는 $\overline{MN}$과 같다.
직각삼각형 ANM에서 $\overline{AM}=\sqrt{3}$, $\overline{AN}=1$이므로
$\overline{MN}=\sqrt{(\sqrt{3})^2-1^2}=\sqrt{2}$

497 ······ 답 $\frac{\sqrt{6}}{3}$

선분 CG와 평면 ABCD가 수직이므로
선분 CG와 선분 BD가 수직이고,
선분 AC와 선분 BD가 수직이므로
선분 BD는 평면 ACG와 수직이다.
따라서 점 P는 선분 BD와 평면 ACG의 교점이므로
두 선분 AC, BD의 교점이다.
직각삼각형 ACG에서 $\overline{AG}=2\sqrt{3}$, $\overline{CG}=2$이므로
$\angle CAG=\theta$라 하면 $\sin\theta=\frac{1}{\sqrt{3}}$
$\overline{AP}=\sqrt{2}$이므로 직각삼각형 AQP에서
$\overline{PQ}=\overline{AP}\sin\theta=\frac{\sqrt{2}}{\sqrt{3}}=\frac{\sqrt{6}}{3}$

498 ······ 답 풀이 참조

(1) $\overline{PO}\perp\alpha$, $\overline{OA}\perp l$이면 $\boxed{\overline{PA}\perp l}$ 이다.

(증명)

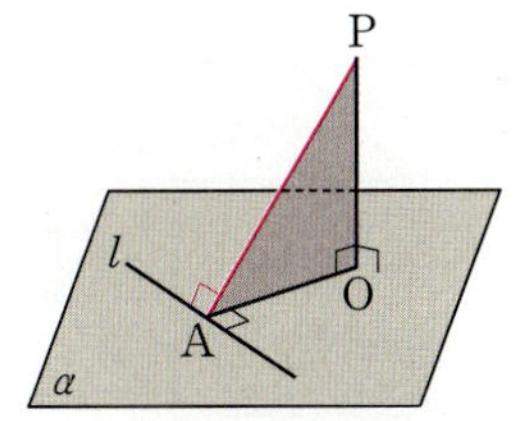

$\overline{PO}\perp\alpha$이고 직선 l은 평면 α 위에 있으므로 $\overline{PO}\perp l$이다.
$\overline{OA}\perp l$이므로 직선 l은 평면 PAO와 수직이다.
$\overline{PA}$는 평면 PAO 위에 있으므로 $\overline{PA}\perp l$이다.

(2) $\overline{PA}\perp l$, $\overline{OA}\perp l$, $\overline{PO}\perp\overline{OA}$이면 $\boxed{\overline{PO}\perp\alpha}$ 이다.

(증명)

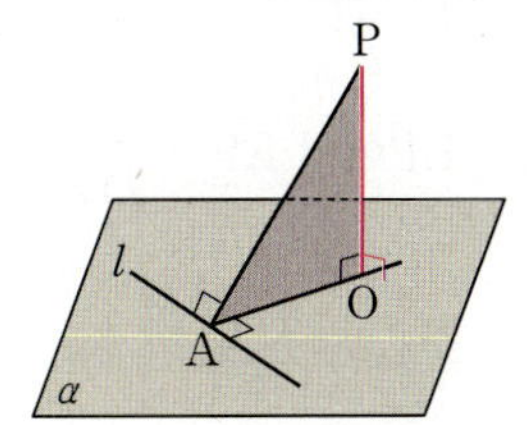

$\overline{PA}\perp l$, $\overline{AO}\perp l$이므로 직선 l은 평면 PAO와 수직이다.
$\overline{PO}$는 평면 PAO 위에 있으므로 $\overline{PO}\perp l$이다.
그런데 $\overline{PO}\perp\overline{AO}$이므로 $\overline{PO}$는 두 직선 AO와 l로 결정되는 평면 α와 수직이다. 즉, $\overline{PO}\perp\alpha$이다.

채점 요소	배점
(1)의 빈칸 채우기	10 %
(1)의 증명 : 직선 l이 직선 PO, 직선 OA와 수직임을 설명하여 $\overline{PA}\perp l$임을 증명하기	40 %
(2)의 빈칸 채우기	10 %
(2)의 증명 : 직선 l이 직선 PO와 수직임을 설명하여 $\overline{PO}\perp\alpha$임을 증명하기	40 %

499 ······ 답 60

$\overline{AB}=\overline{AC}$이므로 선분 BC의 중점을 H라 하면 두 직선 AH, BC는 서로 수직이므로 삼수선의 정리에 의하여
두 직선 DH, BC는 서로 수직이다.

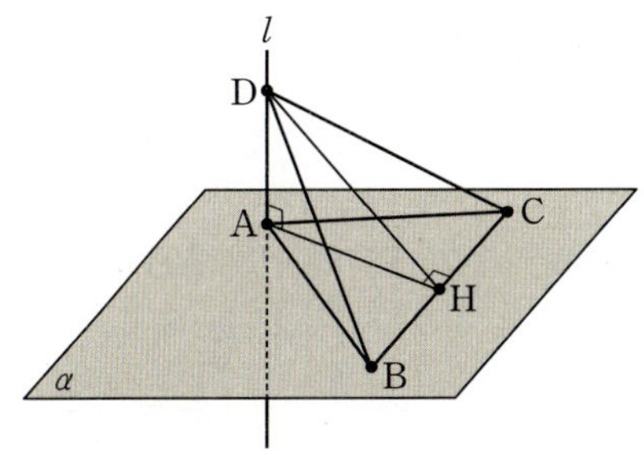

직각삼각형 AHB에서 $\overline{AH}=\sqrt{10^2-6^2}=8$
직각삼각형 DAH에서 $\overline{DH}=\sqrt{6^2+8^2}=10$
따라서 삼각형 DBC의 넓이는
$\frac{1}{2}\times\overline{BC}\times\overline{DH}=\frac{1}{2}\times12\times10=60$

500 ······ 답 ①

선분 PH는 평면 α와 수직이고, 선분 AB의 중점을 M이라 하면
선분 PM과 선분 AB는 서로 수직이므로 삼수선의 정리에 의하여
선분 HM과 선분 AB는 서로 수직이다.
삼각형 PAB는 한 변의 길이가 6인 정삼각형이므로 $\overline{PM}=3\sqrt{3}$이다.
이때, 삼각형 PMH는 직각삼각형이므로 피타고라스 정리에 의하여
$\overline{HM}=\sqrt{(3\sqrt{3})^2-4^2}=\sqrt{11}$
따라서 점 H와 직선 l 사이의 거리는 $\sqrt{11}$이다.

501 ······ 답 ②

선분 BC의 중점을 H라 하면 선분 AH와 선분 BC는 서로
수직이므로 삼수선의 정리에 의하여 선분 PH와 선분 BC는 서로
수직이다.

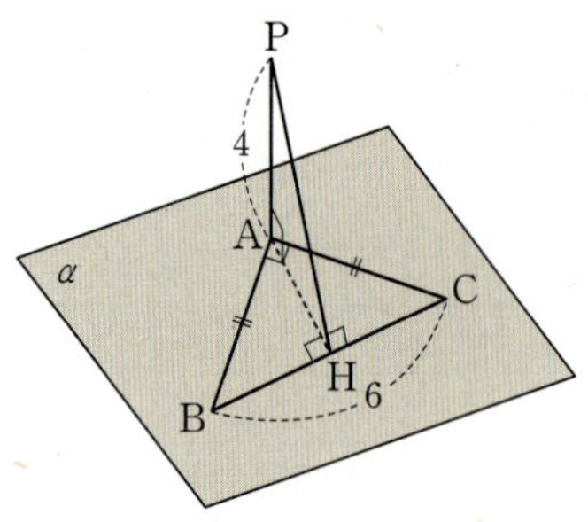

직각이등변삼각형 ABC에서 빗변 BC의 중점 H는 삼각형 ABC의 외심이므로 $\overline{AH}=3$이다.
이때, 삼각형 PAH는 직각삼각형이므로 피타고라스 정리에 의하여
$\overline{PH}=\sqrt{4^2+3^2}=5$
따라서 점 P에서 직선 BC까지의 거리는 5이다.

502 ······ 답 ④

$\overline{OA}=2$, $\angle PAO=45^\circ$이므로 직각삼각형 POA에서
$\overline{OP}=2$, $\overline{AP}=2\sqrt{2}$
$\angle PHO=60^\circ$이므로 직각삼각형 POH에서
$\overline{PH}=\dfrac{\overline{OP}}{\sin 60^\circ}=\dfrac{4}{\sqrt{3}}$
한편, 선분 OP가 평면 α에 수직이고, 선분 OH가 선분 AB와 수직이므로
삼수선의 정리에 의하여 선분 PH와 선분 AB가 수직이다.
즉, $\angle PHA=90^\circ$이므로 직각삼각형 PHA에서
$\overline{AH}=\sqrt{(2\sqrt{2})^2-\left(\dfrac{4}{\sqrt{3}}\right)^2}=\sqrt{8-\dfrac{16}{3}}=\sqrt{\dfrac{8}{3}}=\dfrac{2\sqrt{6}}{3}$
따라서 삼각형 PHA의 넓이는
$\dfrac{1}{2}\times\dfrac{2\sqrt{6}}{3}\times\dfrac{4}{\sqrt{3}}=\dfrac{4\sqrt{2}}{3}$

503 ······ 답 ⑤

주어진 조건을 그림에 나타내면 다음과 같다.

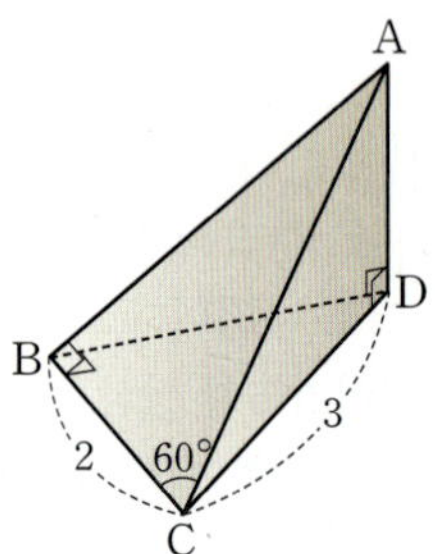

$\overline{AD}\perp\overline{BD}$, $\overline{AD}\perp\overline{CD}$이므로
선분 AD는 평면 BCD와 수직이고,
선분 AB가 선분 BC와 수직이므로 삼수선의 정리에 의하여
선분 BD가 선분 BC와 수직이다.
직각삼각형 CBD에서 $\overline{BD}=\sqrt{3^2-2^2}=\sqrt{5}$이므로
삼각형 CBD의 넓이는 $\dfrac{1}{2}\times2\times\sqrt{5}=\sqrt{5}$
직각삼각형 ABC에서 $\overline{AC}=4$이므로
직각삼각형 ADC에서 $\overline{AD}=\sqrt{4^2-3^2}=\sqrt{7}$

따라서 사면체 ABCD의 부피는
$\dfrac{1}{3}\times\sqrt{5}\times\sqrt{7}=\dfrac{\sqrt{35}}{3}$

504 ······ 답 ④

선분 DH가 두 선분 GH, EH와 각각 수직이므로
선분 DH는 평면 GHE와 수직이고, ······ ㉠
선분 DI가 선분 GM과 수직이므로 삼수선의 정리에 의하여 선분 HI가 선분 GM과 수직이다.

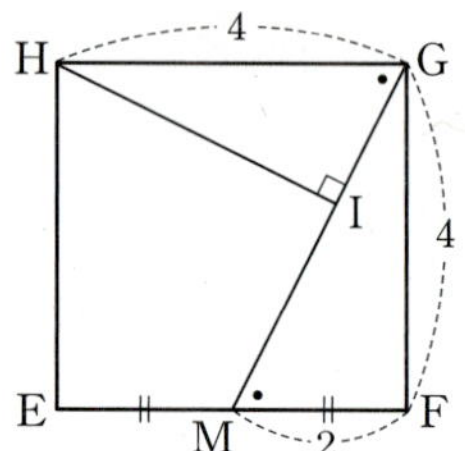

그림과 같이 밑면 EFGH에서
$\angle GMF=\angle HGI$이므로 두 삼각형 GMF, HGI는 서로 닮음이다.
직각삼각형 GMF에서 $\overline{GM}=2\sqrt{5}$이므로
$\sin(\angle GMF)=\dfrac{2}{\sqrt{5}}$
직각삼각형 GIH에서 $\overline{HI}=4\sin(\angle HGI)=\dfrac{8}{\sqrt{5}}$
한편, ㉠에 의하여 선분 DH는 평면 GHE 위의 선분 HI와 수직이므로 직각삼각형 DHI에서
$\overline{DI}=\sqrt{4^2+\left(\dfrac{8}{\sqrt{5}}\right)^2}=\dfrac{12\sqrt{5}}{5}$

505 ······ 답 ②

선분 AE가 두 선분 EH, EF와 모두 수직이므로
선분 AE는 평면 EFH와 수직이다.
점 I에서 선분 HJ에 내린 수선의 발을 P라 하면

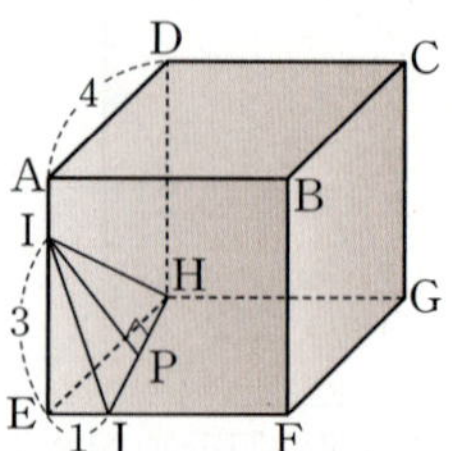

삼수선의 정리에 의하여
선분 EP와 선분 HJ가 수직이다.
이때, 삼각형 EJH의 넓이는
$\dfrac{1}{2}\times\overline{EH}\times\overline{EJ}=\dfrac{1}{2}\times\overline{HJ}\times\overline{EP}$이므로
$\dfrac{1}{2}\times4\times1=\dfrac{1}{2}\times\sqrt{17}\times\overline{EP}$에서 $\overline{EP}=\dfrac{4}{\sqrt{17}}$
직각삼각형 IEP에서
$\overline{IP}=\sqrt{3^2+\left(\dfrac{4}{\sqrt{17}}\right)^2}=\dfrac{13}{\sqrt{17}}=\dfrac{13\sqrt{17}}{17}$

즉, 점 I와 직선 HJ 사이의 거리는 $\frac{13\sqrt{17}}{17}$이다.

506 ······························ 답 15

서로 수직인 두 평면 α, β의 교선을 l이라 하면 직선 AB는 교선 l과 평행하다. ······ ㉠

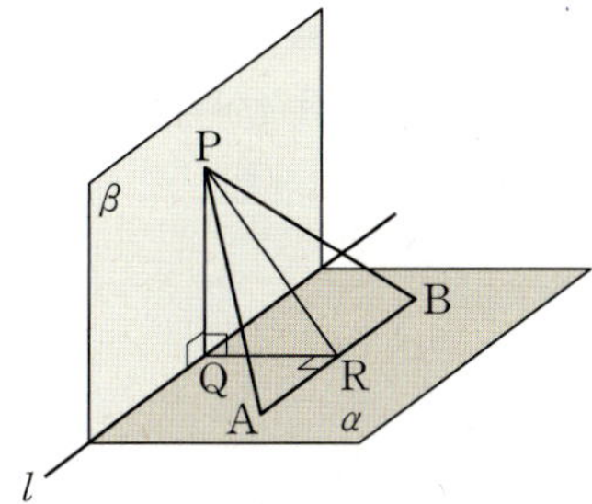

점 P에서 평면 α에 내린 수선의 발을 Q, 점 Q에서 직선 AB에 내린 수선의 발을 R라 하자.
점 A와 평면 β 사이의 거리가 2이므로 ㉠에 의하여 $\overline{QR}=2$
점 P와 평면 α 사이의 거리가 4이므로 ㉠에 의하여 $\overline{PQ}=4$
직각삼각형 PQR에서
$\overline{PR}=\sqrt{\overline{QR}^2+\overline{PQ}^2}=\sqrt{2^2+4^2}=2\sqrt{5}$
또한, 삼수선의 정리에 의하여 두 직선 PR와 AB는 수직이므로
구하는 삼각형 PAB의 넓이는
$\frac{1}{2}\times\overline{AB}\times\overline{PR}=\frac{1}{2}\times3\sqrt{5}\times2\sqrt{5}=15$

참고

풀이에서의 그림과 같이 점 P에서 직선 AB에 내린 수선의 발이 선분 AB의 내분점이 될 수도 있지만, 이 문제만 읽었을 때에는 그렇지 않을 수도 있다. 물론 그렇지 않더라도 구하는 과정은 크게 다르지 않고 답은 동일하게 나온다.

507 ······························ 답 ③

직선 m 위의 한 점 A에서 직선 l에 내린 수선의 발을 B라 하고, 점 B에서 직선 n에 내린 수선의 발을 C라 하자.

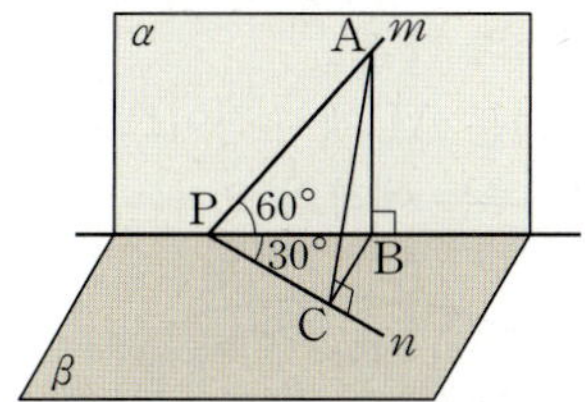

두 평면 α, β가 서로 수직이므로 선분 AB가 평면 β와 수직이고, 선분 BC가 직선 n과 수직이므로
삼수선의 정리에 의하여 선분 AC가 직선 n과 수직이다.
$\overline{BP}=a$라 하면 직각삼각형 ABP에서 $\overline{AP}=2a$,
직각삼각형 PBC에서 $\overline{CP}=\frac{\sqrt{3}}{2}a$
따라서 직각삼각형 ACP에서 $\cos\theta=\cos(\angle APC)=\frac{\sqrt{3}}{4}$

508 ······························ 답 ②, ④

① 한 평면에 수직인 서로 다른 두 평면은 다음과 같이 만날 수도, 평행할 수도 있다. (거짓)

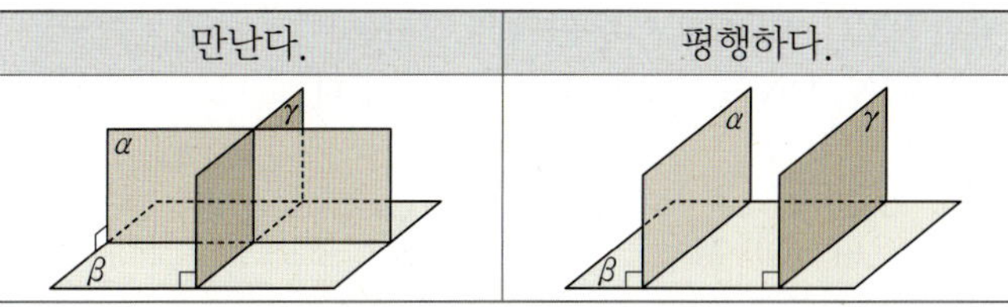

② 평면 α가 직선 l과 평행하고, 평면 β가 직선 l과 수직일 때, 두 평면 α, β의 교선을 m이라 하자. 직선 l과 평면 β의 교점을 P라 하고, 점 P에서 직선 m에 내린 수선의 발을 P′이라 하자. 직선 l과 평행하고 점 P′을 지나는 평면 α 위의 직선 l'에 대하여 $\overline{PP'}\perp m$, $l'\perp m$이고, 평행선의 성질에 의하여 $\overline{PP'}\perp l'$이므로 $\alpha\perp\beta$이다. (참)

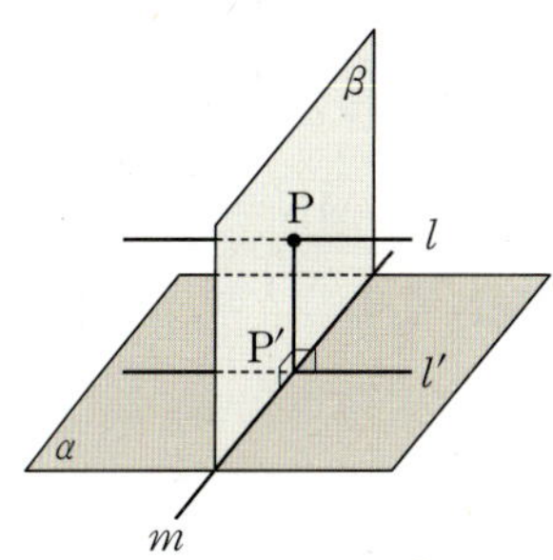

③ 직선 l이 평면 α와 평행하고, 평면 α와 평면 β가 수직이면 직선 l은 평면 β와 수직으로 만날 수도 있고, 수직으로 만나지 않을 수도 있다. (거짓)

평행하다.	수직이다.	한 점에서 만나지만, 수직이 아니다.
l, β, α	l, β, α	l, β, α

④ 두 평면 α, β의 교선을 m이라 하면 $l\perp m$이다. 또한 두 직선 l, m의 교점을 지나고 직선 m에 수직인 평면 α 위의 직선을 n이라 할 때, $l\perp n$이다. 즉, 두 평면 α, β가 이루는 각의 크기가 $90°$이므로 $\alpha\perp\beta$이다. (참)

⑤ 두 평면 α, β가 서로 수직일 때, 평면 α에 포함된 직선은 다음과 같이 평면 β와 수직으로 만날 수도, 평행할 수도, 한 점에서 만나지만 수직으로 만나지 않을 수도 있다. (거짓)

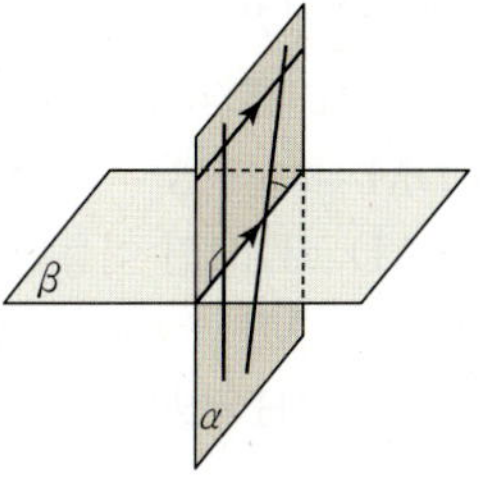

따라서 옳은 것은 ②, ④이다.

509 ⋯⋯⋯ 답 ④

선분 BC의 중점을 N이라 하면
선분 BC는 두 선분 MN, DN과 수직이므로
두 평면 BMC, BDC가 이루는 각의 크기는
두 직선 MN, DN이 이루는 각의 크기와 같다.

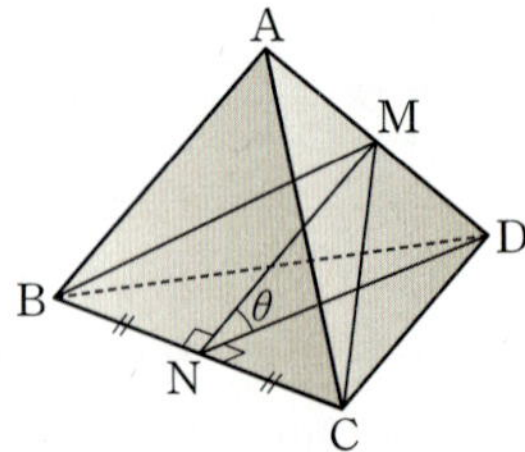

이때, 선분 AD가 두 선분 BM, CM과 수직이므로
선분 AD는 평면 BMC와 수직이고, 평면 BMC 위의 선분 MN과도 수직이다.
즉, $\angle DMN=90^\circ$이다.
정사면체의 한 모서리의 길이를 a라 하면
$\overline{MD}=\frac{a}{2}$, $\overline{DN}=\frac{\sqrt{3}}{2}a$이므로 $\overline{MN}=\frac{\sqrt{2}}{2}a$
따라서 직각삼각형 DMN에서
$\cos\theta=\frac{\sqrt{2}}{\sqrt{3}}=\frac{\sqrt{6}}{3}$

510 ⋯⋯⋯ 답 ②

점 A에서 직선 CD에 내린 수선의 발을 M이라 하자.
이때, 삼각형 ACD의 넓이가 40이므로
$\frac{1}{2}\times 10\times\overline{AM}=40$에서 $\overline{AM}=8$
또한, 평면 BCD와 평면 ACD가 이루는 각의 크기가 30°이므로
$\overline{HM}=\overline{AM}\cos 30^\circ=4\sqrt{3}$
따라서 삼각형 AHM은 직각삼각형이므로 피타고라스 정리에 의하여
$\overline{AH}=\sqrt{8^2-(4\sqrt{3})^2}=4$

511 ⋯⋯⋯ 답 ④

선분 BC의 중점을 M이라 하자.
이등변삼각형 ABC에서 $\overline{AB}=7$이고 $\overline{BC}=6$, $\overline{BM}=3$이므로
직각삼각형 AMB에서 $\overline{AM}=\sqrt{7^2-3^2}=2\sqrt{10}$
또한, 이등변삼각형 BCD에서 $\overline{BD}=5$이므로
직각삼각형 BMD에서 $\overline{DM}=\sqrt{5^2-3^2}=4$
따라서 삼각형 AMD는 $\overline{AD}=\overline{DM}$인 이등변삼각형이다.
선분 AM의 중점을 H라 하면 $\overline{MH}=\sqrt{10}$이고,
이면각의 정의에 의하여 $\angle DMH=\theta$이므로
직각삼각형 DHM에서
$\cos\theta=\frac{\overline{MH}}{\overline{DM}}=\frac{\sqrt{10}}{4}$

512 ⋯⋯⋯ 답 ①

두 평면 α, β의 교선과 두 선분 PQ, PR가 수직이므로
두 평면 α, β가 이루는 각의 크기는 두 선분 PQ, PR가 이루는 각의 크기와 같다.
$\overline{AQ}=3\sqrt{2}$이므로 직각삼각형 APQ에서 $\overline{AP}=\overline{PQ}=3$
직각삼각형 APR에서 $\overline{PR}=\sqrt{3}$
삼각형 PQR에서 $\overline{PQ}=3$, $\overline{PR}=\sqrt{3}$, $\overline{QR}=\sqrt{6}$이
$\overline{PQ}^2=\overline{PR}^2+\overline{QR}^2$을 만족시키므로
삼각형 PQR는 $\angle PRQ=90^\circ$인 직각삼각형이다.
$\therefore \sin\theta=\sin(\angle QPR)=\frac{\overline{QR}}{\overline{PQ}}=\frac{\sqrt{6}}{3}$

513 ⋯⋯⋯ 답 ③

점 E에서 직선 GJ에 내린 수선의 발을 P라 할 때,
두 선분 EP, KP가 선분 GJ와 수직이므로
두 평면 EGJ와 GHIJKL이 이루는 예각의 크기는 $\angle EPK$와 같다.
주어진 정육각기둥의 한 모서리의 길이를 a라 하고,
밑면인 정육각형을 한 변의 길이가 a인 6개의 정삼각형으로 쪼개면

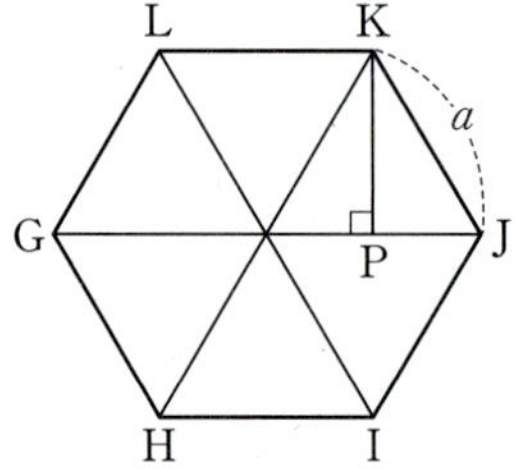

이 정삼각형의 높이는 $\frac{\sqrt{3}}{2}a$이다.
$\overline{EK}=a$, $\overline{KP}=\frac{\sqrt{3}}{2}a$이고, 직각삼각형 EKP에서 $\overline{EP}=\frac{\sqrt{7}}{2}a$이다.
$\therefore \cos\theta=\frac{\overline{KP}}{\overline{EP}}=\frac{\sqrt{3}}{\sqrt{7}}=\frac{\sqrt{21}}{7}$

514 ⋯⋯⋯ 답 ③

점 O를 포함하지 않는 밑면의 원의 중심을 O′이라 하고,
선분 AB의 중점을 M이라 하면
두 선분 O′M, OM이 선분 AB에 수직이므로
평면 OAB와 밑면이 이루는 예각의 크기는 $\angle OMO'$과 같다.

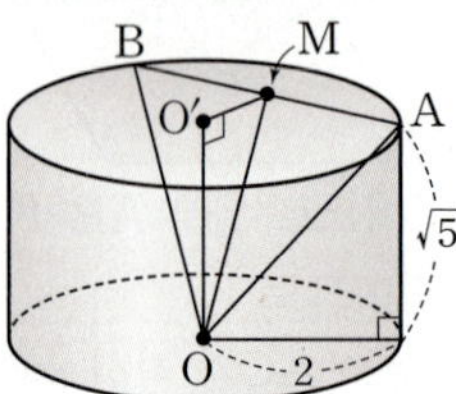

$\overline{OA}=\sqrt{2^2+(\sqrt{5})^2}=3$이므로
정삼각형 OAB에서 $\overline{OM}=\frac{3\sqrt{3}}{2}$이고, $\overline{OO'}=\sqrt{5}$이므로
$\overline{O'M}=\sqrt{\overline{OM}^2-\overline{OO'}^2}=\sqrt{\left(\frac{3\sqrt{3}}{2}\right)^2-(\sqrt{5})^2}=\frac{\sqrt{7}}{2}$

$\cos(\angle OMO')=\dfrac{\overline{O'M}}{\overline{OM}}=\dfrac{\sqrt{7}}{3\sqrt{3}}$이므로 $\cos^2\theta=\dfrac{7}{27}$

따라서 $p=27$, $q=7$이므로 $p+q=27+7=34$

515 ············ 답 ①

선분 AB의 중점을 M이라 하자.
삼각형 PAB는 한 변의 길이가 2인 정삼각형이므로 $\overline{PM}=\sqrt{3}$이다.
또한, 점 P에서 평면 ABCD에 내린 수선의 발을 N이라 하면
삼각형 PBD는 이등변삼각형이므로 점 N은 선분 BD의 중점이고,
$\overline{BD}=2\sqrt{2}$이므로 피타고라스 정리에 의하여 $\overline{PN}=\sqrt{2}$이다.
삼각형 PNM에서 $\angle MPN=180^\circ-\theta$ ($\because 90^\circ<\theta<180^\circ$)이므로

$\cos(180^\circ-\theta)=\dfrac{\overline{PN}}{\overline{PM}}=\dfrac{\sqrt{2}}{\sqrt{3}}=\dfrac{\sqrt{6}}{3}$

$\therefore \cos\theta=-\dfrac{\sqrt{6}}{3}$

516 ············ 답 ⑤

그림과 같이 선분 QC의 중점을 S라 하면 평면 PQR와 평면 DSG는 서로 평행하다.

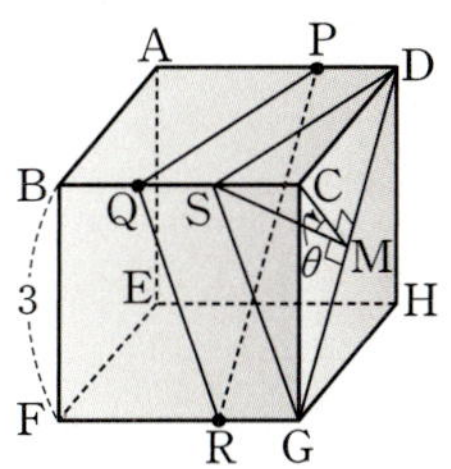

이때, $\overline{SC}=1$, $\overline{CD}=3$에서 $\overline{SD}=\sqrt{10}$이고, 선분 DG의 중점을 M이라 하면 삼각형 SGD는 이등변삼각형이므로 선분 SM은 선분 DG와 서로 수직이다.

$\overline{DG}=2\overline{MD}=3\sqrt{2}$에서 $\overline{MD}=\dfrac{3\sqrt{2}}{2}$

직각삼각형 SMD에서 피타고라스 정리에 의하여

$\overline{SM}=\sqrt{\overline{SD}^2-\overline{MD}^2}=\sqrt{(\sqrt{10})^2-\left(\dfrac{3\sqrt{2}}{2}\right)^2}=\dfrac{\sqrt{22}}{2}$

또한, $\overline{CM}=\dfrac{3\sqrt{2}}{2}$이므로

$\cos\theta=\dfrac{\overline{CM}}{\overline{SM}}=\dfrac{3}{\sqrt{11}}=\dfrac{3\sqrt{11}}{11}$

517 ············ 답 ④

두 선분 CD, EF의 중점을 각각 M, N이라 하면
선분 CD는 네 선분 AM, NM, BM, GM에 모두 수직이다.
따라서 평면 ACD와 평면 BCD가 이루는 예각의 크기를 α라 하고
평면 EDCF와 평면 GCD가 이루는 예각의 크기를 β라 하면
평면 ACD와 평면 EDCF가 이루는 예각의 크기는
$\theta=180^\circ-(\alpha+\beta)$이다. ······ ㉠
또한, $\overline{AB}=\overline{NM}=2$, $\overline{BM}=\overline{AM}=\overline{MG}=\overline{NG}=\sqrt{3}$이므로
두 이등변삼각형 ABM, NMG는 서로 합동이다.

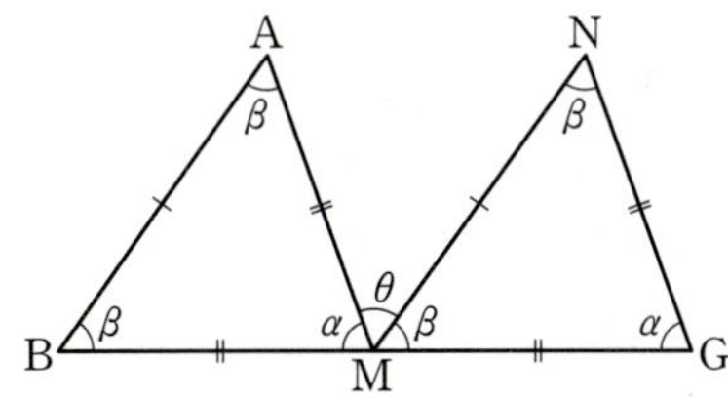

따라서 $\alpha+2\beta=180^\circ$이므로
㉠에서 $\theta=(\alpha+2\beta)-(\alpha+\beta)=\beta$이다.

$\therefore \cos\theta=\cos\beta=\dfrac{\frac{1}{2}\overline{AB}}{\overline{BM}}=\dfrac{1}{\sqrt{3}}=\dfrac{\sqrt{3}}{3}$

518 ············ 답 $\dfrac{11}{15}$

두 구가 서로 외접할 때, 두 구의 중심 사이의 거리는 두 구의 반지름의 길이의 합과 같으므로 ······ 참고
$\overline{AB}=\overline{AC}=4$, $\overline{BC}=2$이다.
세 구 S_1, S_2, S_3이 평면 α와 접하는 점을 각각 A′, B′, C′이라 하면
$\overline{AA'}=3$, $\overline{BB'}=1$, $\overline{CC'}=1$이다.
$\overline{A'A''}=1$인 선분 AA′ 위의 점 A″을 잡으면
평면 A″BC는 평면 α에 평행하다.

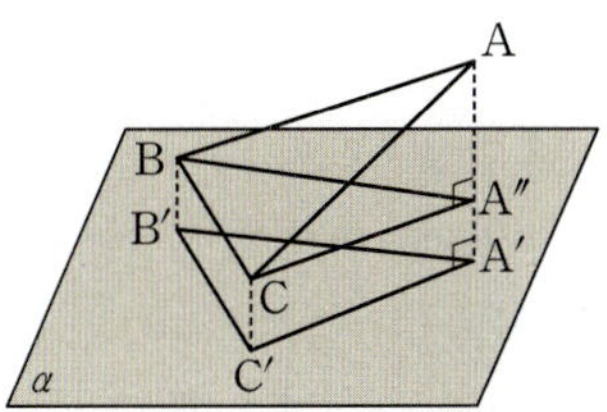

삼각형 ABC, A″BC는 이등변삼각형이므로 선분 BC의 중점을 M이라 하면
평면 ABC와 평면 α가 이루는 각의 크기는 $\angle AMA''$과 같다.

$\overline{AM}=\sqrt{\overline{AC}^2-\overline{CM}^2}=\sqrt{4^2-1^2}=\sqrt{15}$

$\overline{AA''}=2$이므로 직각삼각형 AA″C에서

$\overline{A''C}=\sqrt{\overline{AC}^2-\overline{AA''}^2}=\sqrt{4^2-2^2}=2\sqrt{3}$

$\overline{A''M}=\sqrt{\overline{A''C}^2-\overline{CM}^2}=\sqrt{(2\sqrt{3})^2-1^2}=\sqrt{11}$

직각삼각형 AMA″에서

$\cos\theta=\cos(\angle AMA'')=\dfrac{\sqrt{11}}{\sqrt{15}}$

$\therefore \cos^2\theta=\dfrac{11}{15}$

참고

'두 구의 위치 관계'는 교육과정에서 다루지 않으나 몇몇 학교 내신에서는 이를 포함한 문제를 출제하기도 한다.
그림과 같이 한 구가 다른 구의 외부에서 접할 때, 두 구의 중심 사이의 거리를 d, 두 구의 반지름의 길이를 r_1, r_2라 하면 $d=r_1+r_2$인 관계가 성립한다.

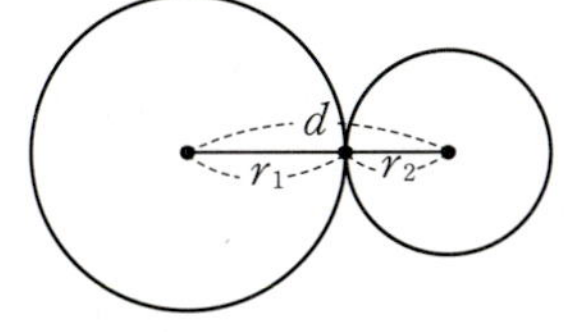

519 ⋯⋯ 답 ⑤

선분 FH의 중점을 M이라 하면 점 G에서 평면 BFHD에 내린 수선의 발이 M이므로
선분 BG의 평면 BFHD 위로의 정사영은 선분 BM이다.
이때, 정육면체의 한 모서리의 길이를 a라 하면
$\overline{BG}=\sqrt{2}a$이고,

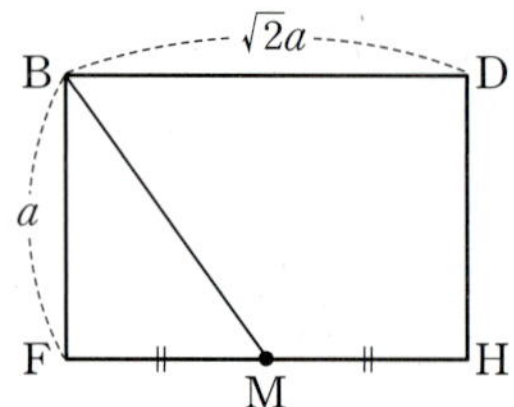

직사각형 BFHD에서 $\overline{BF}=a$, $\overline{HF}=\sqrt{2}a$이므로
$\overline{BM}=\sqrt{a^2+\left(\frac{\sqrt{2}}{2}a\right)^2}=\frac{\sqrt{6}}{2}a$
$\overline{BG}\cos\theta=\overline{BM}$이므로
$\sqrt{2}a\cos\theta=\frac{\sqrt{6}}{2}a$
$\therefore \cos\theta=\frac{\sqrt{3}}{2}$

520 ⋯⋯ 답 ③

점 G의 평면 ABCD, ABFE 위로의 정사영은
각각 점 C, 점 F이고,
점 A의 평면 BFGC 위로의 정사영은 점 B이므로
$\overline{AG}=\sqrt{6}$, $\overline{AC}=\sqrt{5}$, $\overline{BG}=\sqrt{5}$, $\overline{AF}=\sqrt{2}$에서
$\cos\alpha=\frac{\sqrt{5}}{\sqrt{6}}$, $\cos\beta=\frac{\sqrt{5}}{\sqrt{6}}$, $\cos\gamma=\frac{\sqrt{2}}{\sqrt{6}}$
$\therefore \cos^2\alpha+\cos^2\beta+\cos^2\gamma=\frac{5}{6}+\frac{5}{6}+\frac{1}{3}=2$

참고
'2. 공간좌표' 단원을 공부한 이후 다음을 확인할 수 있다.
좌표공간에서 두 점 A$(0, 0, 0)$, G(x, y, z)를
두 꼭짓점으로 하는 직육면체 ABCD−EFGH를 생각하자.
직선 AG가 세 평면 ABCD, BFGC, ABFE와 이루는 각의 크기를 각각 α, β, γ라 할 때
$\cos^2\alpha+\cos^2\beta+\cos^2\gamma$
$=\frac{x^2+y^2}{x^2+y^2+z^2}+\frac{y^2+z^2}{x^2+y^2+z^2}+\frac{z^2+x^2}{x^2+y^2+z^2}$
$=\frac{2(x^2+y^2+z^2)}{x^2+y^2+z^2}=2$
이다. 또한,
$\sin^2\alpha+\sin^2\beta+\sin^2\gamma=3-(\cos^2\alpha+\cos^2\beta+\cos^2\gamma)=1$
이다.

521 ⋯⋯ 답 ①

점 P에서 선분 AB에 내린 수선의 발을 Q라 하고, $\overline{PQ}=x$라 하면

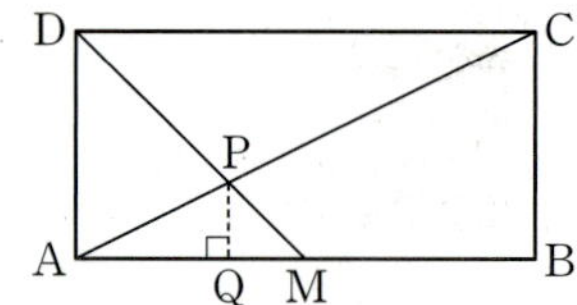

두 삼각형 APQ, ACB가 닮음이므로
$\overline{AQ}:\overline{PQ}=\overline{AB}:\overline{BC}=2:1$에서 $\overline{AQ}=2x$
$\overline{AD}=\overline{AM}=3$에서 $\angle DMA=45°$이므로
$\overline{QM}=\overline{PQ}=x$
$\overline{AM}=\overline{AQ}+\overline{QM}=2x+x=3x=3$에서 $x=1$
즉, $\overline{PQ}=1$, $\overline{AQ}=2$이고, $\overline{AP}=\sqrt{2^2+1^2}=\sqrt{5}$ ⋯⋯ ㉠
두 평면 AEHD, BFGC가 평행하므로 직선 PE와 평면 AEHD가 이루는 각의 크기가 α이다. 점 P에서 평면 AEHD에 내린 수선의 발을 P′이라 하면
$\cos\alpha=\frac{\overline{EP'}}{\overline{EP}}$
이때, $\overline{EP}=\sqrt{\overline{AE}^2+\overline{AP}^2}=\sqrt{3^2+\sqrt{5}^2}=\sqrt{14}$,
$\overline{EP'}=\sqrt{\overline{AE}^2+\overline{AP'}^2}=\sqrt{3^2+1^2}=\sqrt{10}$ ($\because \overline{AP'}=\overline{PQ}=1$)이므로
$\cos\alpha=\frac{\sqrt{10}}{\sqrt{14}}=\sqrt{\frac{5}{7}}$
또한, 두 평면 AEP와 BFGC가 이루는 각의 크기는
두 평면 AEP와 AEHD가 이루는 각의 크기와 같다.
이때, 두 직선 AD, AP가 두 평면의 교선에 수직이므로
$\beta=\angle DAP$이다.
$\cos\beta=\frac{\overline{PQ}}{\overline{AP}}=\frac{1}{\sqrt{5}}$ ($\because$ ㉠)
$\therefore \cos^2\alpha\times\cos^2\beta=\frac{5}{7}\times\frac{1}{5}=\frac{1}{7}$

522 ⋯⋯ 답 ③

정삼각형 ABD에서 선분 AD가 선분 BM과 수직이고,
정삼각형 ACD에서 선분 AD가 선분 CM과 수직이므로
선분 AD는 평면 BMC와 수직이다.
즉, 점 A에서 평면 BCM에 내린 수선의 발이 M이므로
직선 AB와 평면 BCM이 이루는 각의 크기는
두 직선 AB, BM이 이루는 각의 크기와 같다.
즉, $\theta=\angle ABM=30°$
$\cos\theta=\cos 30°=\frac{\sqrt{3}}{2}$이므로
$\cos^2\theta=\frac{3}{4}$에서 $p=4$, $q=3$
$\therefore p+q=7$

523 ⋯⋯ 답 ⑤

사각형 ABFE에서 두 대각선의 교점을 M이라 하면
점 M은 두 평면 AFGD, BEG 위의 점이다.
또한, 점 G는 두 평면 AFGD, BEG 위의 점이므로
직선 MG는 두 평면 AFGD, BEG의 교선 l과 일치한다.

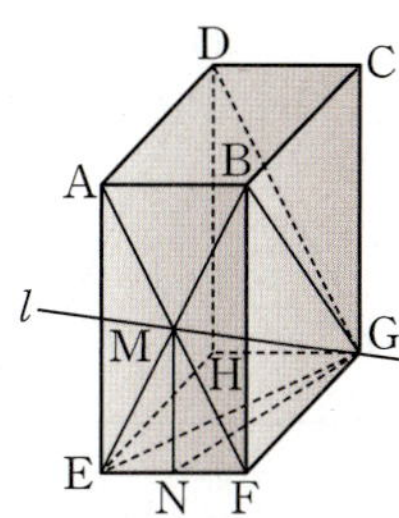

점 M에서 선분 EF에 내린 수선의 발을 N이라 하자.
이때, 직선 MN과 평면 EFGH는 서로 수직이므로
두 직선 MN과 GN은 서로 수직이다.
따라서 두 직선 MG와 GN이 이루는 각의 크기는 θ이다.

$\overline{MN}=\frac{1}{2}\overline{AE}=2$, $\overline{GN}=\sqrt{\overline{NF}^2+\overline{FG}^2}=\sqrt{1^2+3^2}=\sqrt{10}$이므로

직각삼각형 MNG에서 $\overline{MG}=\sqrt{2^2+(\sqrt{10})^2}=\sqrt{14}$

$\therefore \cos^2\theta=\frac{\overline{GN}^2}{\overline{MG}^2}=\frac{10}{14}=\frac{5}{7}$

524 답 ③

직선 l 위의 한 점 P에서 평면 α에 내린 수선의 발을 Q라 하면
점 Q는 직선 m 위의 점이고,
점 Q에서 직선 n에 내린 수선의 발을 R라 하면
삼수선의 정리에 의하여 선분 PR와 직선 n이 수직이다.

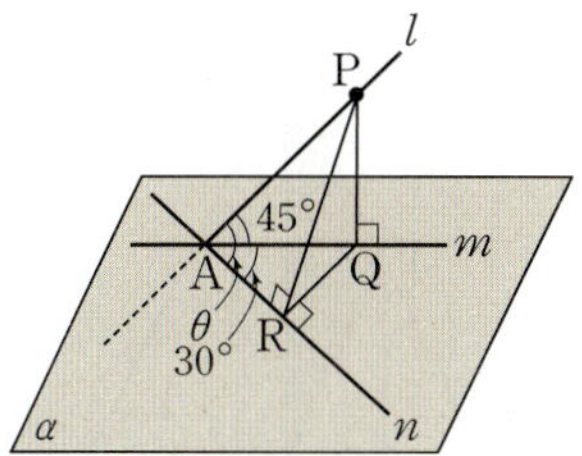

$\overline{AQ}=a$라 하면 직각삼각형 PQA에서 $\overline{AP}=\sqrt{2}a$이고,

직각삼각형 ARQ에서 $\overline{AR}=\frac{\sqrt{3}}{2}a$이므로

직각삼각형 APR에서

$\overline{PR}=\sqrt{\overline{AP}^2-\overline{AR}^2}=\sqrt{(\sqrt{2}a)^2-\left(\frac{\sqrt{3}}{2}a\right)^2}=\frac{\sqrt{5}}{2}a$

$\therefore \sin\theta=\frac{\overline{PR}}{\overline{AP}}=\frac{\frac{\sqrt{5}}{2}a}{\sqrt{2}a}=\frac{\sqrt{10}}{4}$

525 답 ②

그림과 같이 점 A를 지나고 두 평면 α, β의 교선에 평행한 직선이 점 B를 지나고 두 평면 α, β의 교선에 수직인 직선과 만나는 점을 C라 하자.

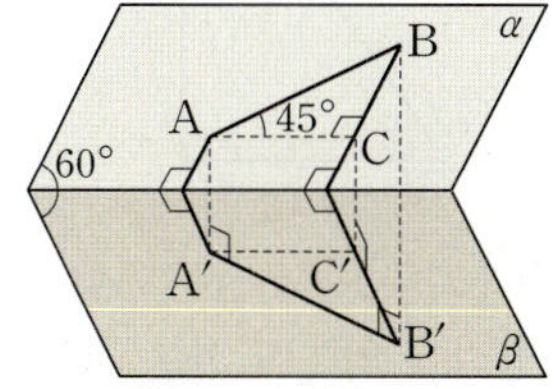

$\overline{AB}=4$이고, $\angle BAC=45°$이므로 직각삼각형 ACB에서
$\overline{AC}=\overline{BC}=2\sqrt{2}$이다.
세 점 A, B, C의 평면 β 위로의 정사영을 각각 A′, B′, C′이라 하면
선분 AC의 평면 β 위로의 정사영의 길이는 변하지 않으므로
$\overline{A'C'}=\overline{AC}=2\sqrt{2}$
선분 BC의 평면 β 위로의 정사영의 길이는

$\overline{B'C'}=\overline{BC}\cos 60°=2\sqrt{2}\times\frac{1}{2}=\sqrt{2}$

따라서 선분 AB의 평면 β 위로의 정사영인 선분 A′B′의 길이는

$\overline{A'B'}=\sqrt{\overline{A'C'}^2+\overline{B'C'}^2}$
$=\sqrt{(2\sqrt{2})^2+(\sqrt{2})^2}=\sqrt{10}$

526 답 ④

원기둥을 자른 단면인 타원의 장축은 원기둥을 자른 평면과 밑면을 포함하는 평면의 교선에 수직이고,
타원의 단축은 교선에 평행하다.
즉, 타원의 단축의 원기둥의 밑면을 포함하는 평면 위로의 정사영의 길이는 변하지 않으므로
단축의 길이는 밑면인 원의 지름의 길이인 8과 같다.
타원의 두 초점 사이의 거리가 8이므로
장축의 길이는 $2\times\sqrt{4^2+4^2}=8\sqrt{2}$이다.
타원의 장축의 원기둥의 밑면을 포함하는 평면 위로의 정사영의 길이는
밑면인 원의 지름의 길이와 같으므로

$8\sqrt{2}\times\cos\theta=8$에서 $\cos\theta=\frac{1}{\sqrt{2}}$

$\therefore \overline{A'B'}=\overline{AB}\cos\theta=8\times\frac{1}{\sqrt{2}}=4\sqrt{2}$

527 답 ④

점 A의 평면 BCD 위로의 정사영은 정삼각형 BCD의 무게중심과 같다.
삼각형 BCD의 무게중심을 G라 하고, 점 P의 평면 BCD 위로의 정사영을 P′이라 하면
점 P가 선분 AC를 1 : 3으로 내분하는 점이므로
점 P′은 선분 GC를 1 : 3으로 내분하는 점이다.

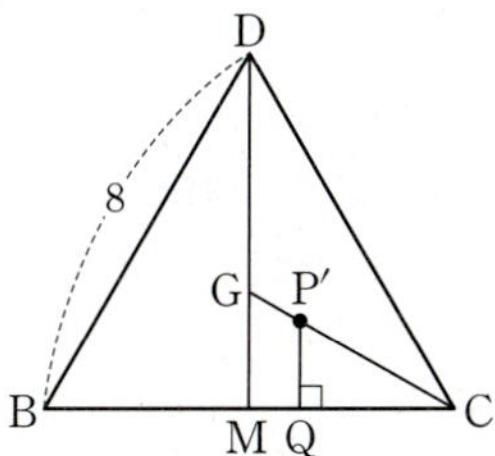

선분 BC의 중점을 M, 점 P′에서 선분 BC에 내린 수선의 발을 Q라 하면 두 삼각형 GMC, P′QC의 닮음비는 4 : 3이다.
$\overline{BM}=4$, $\overline{MQ}=1$에서 $\overline{BQ}=5$이고,

$\overline{GM}=\frac{1}{3}\overline{DM}=\frac{4\sqrt{3}}{3}$이므로 $\overline{P'Q}=\frac{3}{4}\overline{GM}=\sqrt{3}$이다.

따라서 선분 BP의 평면 BCD 위로의 정사영 BP′의 길이는

$\overline{BP'}=\sqrt{\overline{BQ}^2+\overline{P'Q}^2}=2\sqrt{7}$이다.

528 ······ 답 ④

삼각형 CEK의 평면 EFGH 위로의 정사영은 삼각형 GEF이다.

정육면체의 한 모서리의 길이를 a라 하면

삼각형 CEK에서 $\overline{EK}=\overline{KC}=\frac{\sqrt{5}}{2}a$, $\overline{CE}=\sqrt{3}a$

선분 CE의 중점을 M이라 하면

$\overline{KM}=\sqrt{\left(\frac{\sqrt{5}}{2}a\right)^2-\left(\frac{\sqrt{3}}{2}a\right)^2}=\frac{\sqrt{2}}{2}a$이므로

삼각형 CEK의 넓이는

$\frac{1}{2}\times\overline{CE}\times\overline{KM}=\frac{1}{2}\times\sqrt{3}a\times\frac{\sqrt{2}}{2}a=\frac{\sqrt{6}}{4}a^2$

삼각형 GEF의 넓이는 $\frac{1}{2}a^2$

$\frac{\sqrt{6}}{4}a^2\times\cos\theta=\frac{1}{2}a^2$이므로

$\cos\theta=\frac{\sqrt{6}}{3}$

529 ······ 답 ④

직사각형 EFGH의 두 대각선의 교점을 N이라 하면

삼각형 MFC의 평면 EFGH 위로의 정사영은 삼각형 NFG이다.

삼각형 NFG의 넓이는 $4\times3\times\frac{1}{4}=3$이므로

(삼각형 MFC의 넓이)$\times\cos\theta=$(삼각형 NFG의 넓이)에서

(삼각형 MFC의 넓이)$=\frac{3}{\cos\theta}=5$

530 ······ 답 (1) π (2) $5\sqrt{3}$

(1) 점 A에서 평면 BCD에 내린 수선의 발을 H라 하고,
선분 BC의 중점을 M이라 하면
$\overline{AM}=3\sqrt{3}$, $\overline{HM}=\sqrt{3}$이므로
두 평면 ABC, BCD가 이루는 예각의 크기를 θ라 하면
$\cos\theta=\frac{1}{3}$
삼각형 ABC에 내접하는 원의 중심은 삼각형 ABC의 무게중심과 같으므로 내접하는 원의 반지름의 길이는 $\sqrt{3}$이다.
따라서 삼각형 ABC에 내접하는 원의 평면 BCD 위로의 정사영의 넓이는
$3\pi\times\frac{1}{3}=\pi$

(2) 삼각형 BCD의 무게중심을 H라 하자.
선분 HD를 1 : 2로 내분하는 점을 I라 할 때,
점 E의 평면 BCD 위로의 정사영은 I이므로
삼각형 BCE의 평면 BCD 위로의 정사영은 삼각형 BCI이다.

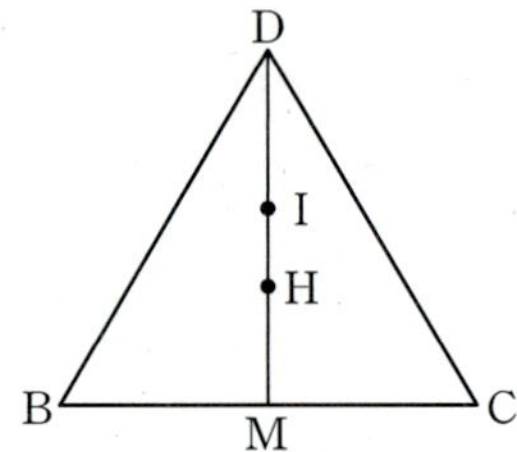

선분 BC의 중점을 M이라 하면 $\overline{MH}=\sqrt{3}$이고,
$\overline{HI}=2\sqrt{3}\times\frac{1}{3}=\frac{2\sqrt{3}}{3}$이므로
$\overline{MI}=\frac{5\sqrt{3}}{3}$
따라서 구하는 정사영의 넓이는
(삼각형 BCI의 넓이)$=\frac{1}{2}\times6\times\frac{5\sqrt{3}}{3}=5\sqrt{3}$

531 ······ 답 ③

선분 CD의 중점을 M이라 하면

두 평면 OAB, OCD가 이루는 예각의 크기는 ∠QOM과 같다.

직각삼각형 AQO에서 $\overline{OA}=2\sqrt{5}$, $\overline{AQ}=2$이므로

$\overline{OQ}=\sqrt{(2\sqrt{5})^2-2^2}=4$이고

직각삼각형 CMO에서 $\overline{OC}=2\sqrt{5}$, $\overline{CM}=2$이므로

$\overline{OM}=\sqrt{(2\sqrt{5})^2-2^2}=4$이다.

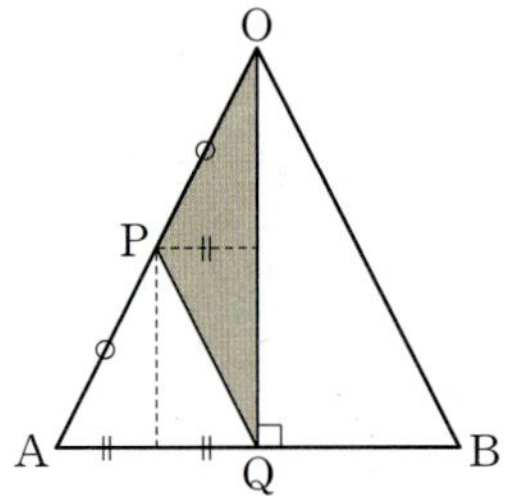

또한, $\overline{QM}=4$이므로 삼각형 OQM은 정삼각형이며 $\theta=60°$이다.

한편 $\overline{AP}=\overline{PO}$이므로 삼각형 OPQ의 넓이는

$\frac{1}{2}\times\overline{OQ}\times\frac{\overline{AQ}}{2}=\frac{1}{2}\times4\times1=2$이다.

따라서 삼각형 OPQ의 평면 OCD 위로의 정사영의 넓이는

$2\times\cos60°=1$이다.

532 ······ 답 162

$\cos(\angle ABC)=\frac{\sqrt{3}}{3}$에서 $\sin(\angle ABC)=\frac{\sqrt{6}}{3}$이다. ······ ㉠

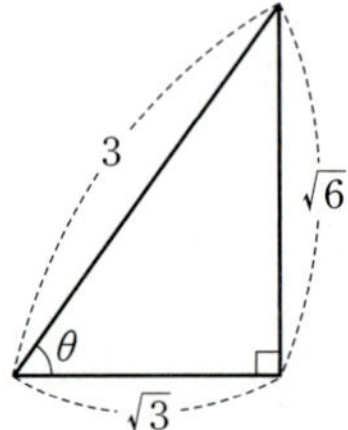

직선 AP와 평면 BCD가 수직이고 선분 AQ가 선분 BC와 수직이므로 삼수선의 정리에 의하여 선분 PQ가 선분 BC와

수직이다. 즉, 두 평면 ABC, BCD가 이루는 예각의 크기가 $\angle$AQP이다. 삼각형 ABC의 평면 BCD 위로의 정사영이 삼각형 BCP이므로

(삼각형 BCP의 넓이)

$=$(삼각형 ABC의 넓이)$\times\cos(\angle\text{AQP})$

$=\frac{1}{2}\times\overline{\text{AB}}\times\overline{\text{BC}}\times\sin(\angle\text{ABC})\times\frac{\sqrt{3}}{6}$

$=\frac{1}{2}\times9\times12\times\frac{\sqrt{6}}{3}\times\frac{\sqrt{3}}{6}$ ($\because$ ㉠)

$=9\sqrt{2}$

$\therefore k=9\sqrt{2}$

$\therefore k^2=(9\sqrt{2})^2=162$

533 답 ⑤

평면 β와 구가 만나서 생기는 단면의 넓이를 S라 하면

$S\cos 30^\circ=2\sqrt{3}\pi$이므로

$S=4\pi$

즉, 이 단면인 원의 반지름의 길이는 2이고,

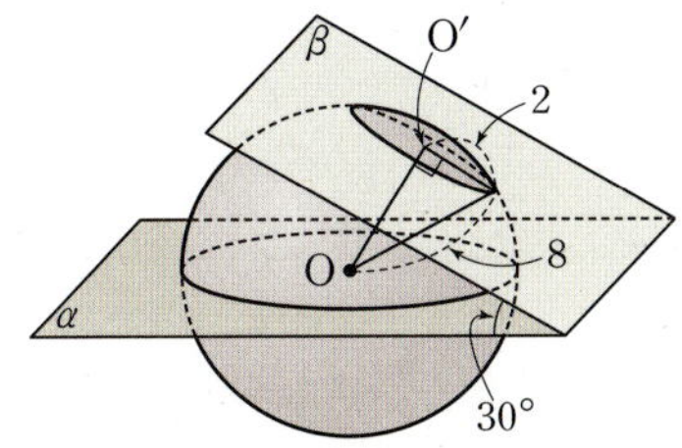

단면인 원의 중심을 O′이라 하면

$\overline{\text{OO}'}=\sqrt{8^2-2^2}=2\sqrt{15}$

즉, 구의 중심 O와 평면 β 사이의 거리는 $2\sqrt{15}$이다.

534 답 ③

점 A의 평면 EFGH 위로의 정사영은 점 E이다.

한 변의 길이가 $4\sqrt{2}$인 정삼각형 AFH의 넓이는

$\frac{\sqrt{3}}{4}\times(4\sqrt{2})^2=8\sqrt{3}$이고,

$\overline{\text{EF}}=\overline{\text{EH}}=4$인 직각이등변삼각형 FEH의 넓이는 8이므로

두 평면 AFH, EFH가 이루는 각의 크기를

θ $(0^\circ<\theta<90^\circ)$라 하면

삼각형 AFH의 평면 EFGH 위로의 정사영이 삼각형 EFH이므로

$\cos\theta=\frac{8}{8\sqrt{3}}=\frac{1}{\sqrt{3}}$

한편, 원기둥의 밑면의 반지름의 길이는 1이므로

밑면의 넓이는 π이다.

원기둥이 평면 AFH에 의하여 잘린 단면의 평면 EFH 위로의 정사영은 반원이므로

구하는 넓이를 S라 하면

$S=\frac{\frac{\pi}{2}}{\cos\theta}=\frac{\sqrt{3}}{2}\pi$

535 답 풀이 참조

원기둥을 자른 평면과 밑면을 포함하는 평면의 교선을 l이라 하면 타원의 장축은 교선 l에 수직이고, 타원의 단축은 교선 l에 평행하다.

또한 장축과 단축의 원기둥의 밑면 위로의 정사영은 밑면인 원의 지름이 된다.

타원의 단축의 밑면을 포함하는 평면 위로의 정사영은

그 길이가 변하지 않으므로 밑면인 원의 지름의 길이인 6과 같다.

타원의 장축의 길이를 k라 하면 타원의 장축의 밑면 위로의 정사영의 길이는

$k\cos 60^\circ=6$이므로 $k=12$

따라서 타원의 장축, 단축을 각각 좌표평면 위의 x축, y축 위에 놓을 때,

타원의 방정식은 $\frac{x^2}{6^2}+\frac{y^2}{3^2}=1$이고,

두 초점 사이의 거리는 $2\times\sqrt{6^2-3^2}=6\sqrt{3}$이다.

채점 요소	배점
타원의 단축의 길이 구하기	30%
타원의 장축의 길이 구하기	30%
타원의 방정식 구하기	20%
타원의 두 초점 사이의 거리 구하기	20%

536 답 ②

선분 AA′이 평면 BCD와 수직이고,

점 A에서 직선 BD에 내린 수선의 발을 E라 하면

삼수선의 정리에 의하여 선분 A′E는 선분 BD와 수직이다.

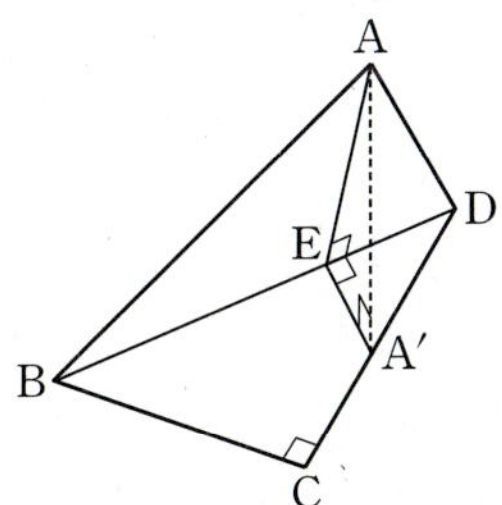

따라서 다음 그림과 같이 직사각형 ABCD에서 두 선분 AA′과 BD는 점 E에서 수직으로 만난다.

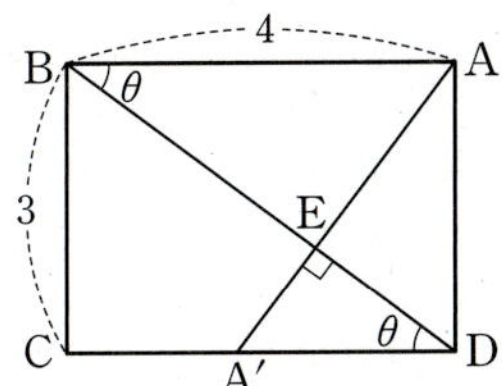

$\angle\text{ABD}=\theta$라 하면 $\overline{\text{BD}}=5$이므로 $\cos\theta=\frac{4}{5}$

직각삼각형 AEB에서 $\overline{\text{BE}}=4\cos\theta=\frac{16}{5}$,

$\overline{\text{DE}}=5-\frac{16}{5}=\frac{9}{5}$이므로

두 삼각형 ABE, A′DE의 닮음비는 16 : 9이다.

$\therefore \overline{\text{AE}}:\overline{\text{A}'\text{E}}=16:9$

두 평면 ABD, BCD가 이루는 예각의 크기를 α라 하면

$\cos\alpha=\dfrac{\overline{\mathrm{A'E}}}{\overline{\mathrm{AE}}}=\dfrac{9}{16}$

한편, 삼각형 ABD에 내접하는 원의 반지름의 길이를 r라 하면

$\dfrac{1}{2}\times4\times3=\dfrac{1}{2}\times(4+3+5)\times r$에서 $r=1$이므로

내접원의 넓이는 π이다.

따라서 삼각형 ABD의 내접원의 평면 BCD 위로의 정사영의 넓이는

$\pi\times\cos\alpha=\dfrac{9}{16}\pi$

537 답 ③

다음 그림과 같이 반구의 밑면을 포함하는 평면과 평면 α의 교선에 평행한 반구의 밑면인 원의 지름을 PQ라 하자.

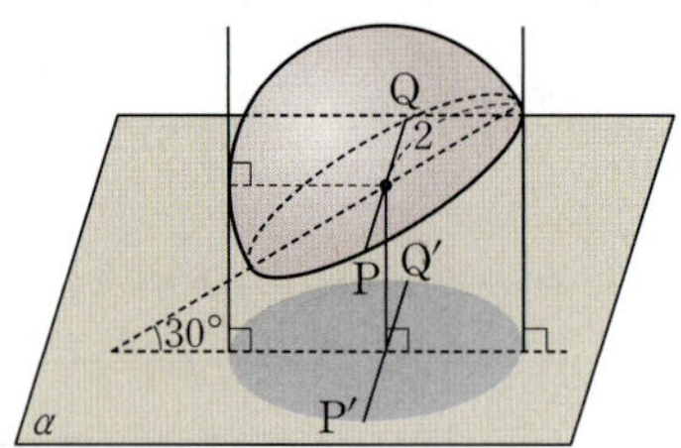

선분 PQ의 평면 α 위로의 정사영을 선분 P′Q′이라 하면

반구의 평면 α 위로의 정사영은 다음 그림과 같다.

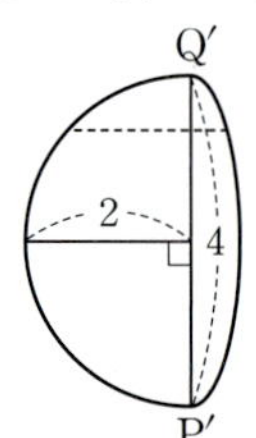

선분 P′Q′의 왼쪽 부분은 평면 α와 평행한 평면 위의 반지름의 길이가 2인 반원의 평면 α 위로의 정사영과 같고,

선분 P′Q′의 오른쪽 부분은 평면 α와 이루는 각의 크기가 30°인 평면 위의 반지름의 길이가 2인 반원의 평면 α 위로의 정사영과 같다.

따라서 구하는 정사영의 넓이는

$\dfrac{1}{2}\times4\pi+\dfrac{1}{2}\times4\pi\times\dfrac{\sqrt{3}}{2}=(2+\sqrt{3})\pi$

538 답 ③

삼각형 BDE의 평면 EFGH 위로의 정사영은 삼각형 FEH이다.

삼각형 BDE는 한 변의 길이가 $\sqrt{2}$인 정삼각형이므로

넓이가 $\dfrac{\sqrt{3}}{4}\times(\sqrt{2})^2=\dfrac{\sqrt{3}}{2}$이고,

삼각형 FEH의 넓이는 $\dfrac{1}{2}\times1^2=\dfrac{1}{2}$이므로

두 평면 BDE, EFGH가 이루는 각의 크기를 θ라 하면

$\dfrac{\sqrt{3}}{2}\cos\theta=\dfrac{1}{2}$에서 $\cos\theta=\dfrac{1}{\sqrt{3}}$

따라서 평면 BDE에 수직으로 빛을 비추었을 때,

지면에 생기는 삼각형 BDE의 그림자의 넓이를 S라 하면

$S\cos\theta=\dfrac{\sqrt{3}}{2}$

$\therefore S=\dfrac{3}{2}$

539 답 ③

구 모양의 축구공의 중심을 지나고, 햇빛의 방향과 수직인 평면과 지면이 만나는 교선을 l이라 할 때, 타원 모양의 그림자의 장축은 직선 l과 수직이고, 단축은 직선 l과 평행하다.

따라서 단축의 길이는 축구공의 지름의 길이와 같으므로

축구공의 지름의 길이는 20 cm이다.

또한, 장축의 길이가 40 cm이므로 햇빛의 방향과 수직이면서 구의 중심을 지나는 평면과 지면이 이루는 각의 크기를 θ라 하면

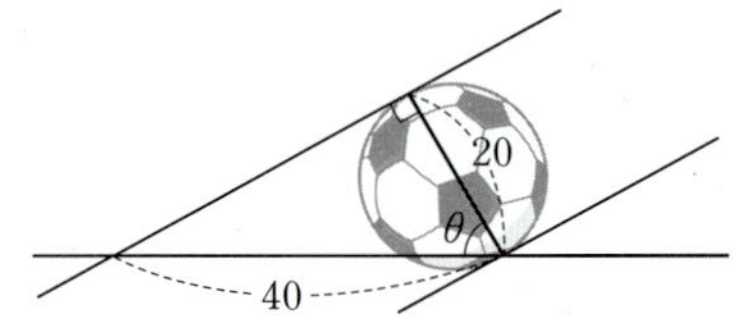

$40\cos\theta=20$에서 $\cos\theta=\dfrac{1}{2}$이다.

그림자의 넓이를 S라 하면

$S\cos\theta=10^2\pi$이므로

$S=200\pi$

540 답 ③

햇빛의 방향과 수직이고 구의 중심을 지나는 평면이 지면과 만나는 교선을 l이라 하면

애드벌룬의 그림자의 장축은 직선 l과 수직이고,

단축은 직선 l과 평행하다.

장축, 단축의 길이를 각각 $13a$, $12a$ $(a>0)$라 하면

단축의 길이는 애드벌룬의 지름의 길이와 같으므로

지름의 길이는 $12a$이고, 장축의 길이가 $13a$이므로

햇빛의 방향과 지면이 이루는 각의 크기를 θ라 하면

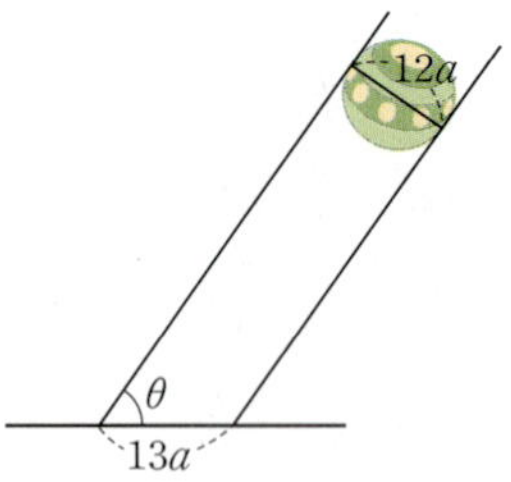

$13a\sin\theta=12a$에서 $\sin\theta=\dfrac{12}{13}$이므로

$\tan\theta=\dfrac{12}{5}$

나무의 높이를 x라 하면

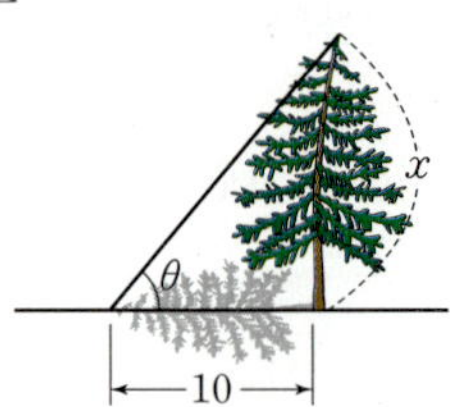

$x=10\tan\theta=10\times\dfrac{12}{5}=24$

541 ⋯⋯ 답 ⑤

두 평면 α, β가 이루는 각의 크기를 θ라 하면

$S_1\cos\theta=S_2$에서 $15\pi\cos\theta=10\pi$이므로 $\cos\theta=\frac{2}{3}$

$S_{n+1}=S_n\cos\theta$ ($n=1, 2, 3, \cdots$)이므로

수열 $\{S_n\}$은 첫째항이 15π이고, 공비가 $\frac{2}{3}$인 등비수열이다.

$\therefore \sum_{n=1}^{\infty}S_n=\frac{15\pi}{1-\frac{2}{3}}=45\pi$

542 ⋯⋯ 답 ④

선분 FH와 선분 BD가 평행하므로
두 직선 FH, DM이 이루는 각의 크기는
두 직선 BD, DM이 이루는 각의 크기와 같다.
삼각형 BDM에서 $\overline{BD}=2\sqrt{2}$, $\overline{BM}=\sqrt{1^2+2^2}=\sqrt{5}$,
$\overline{DM}=\sqrt{2^2+1^2+2^2}=3$이다.

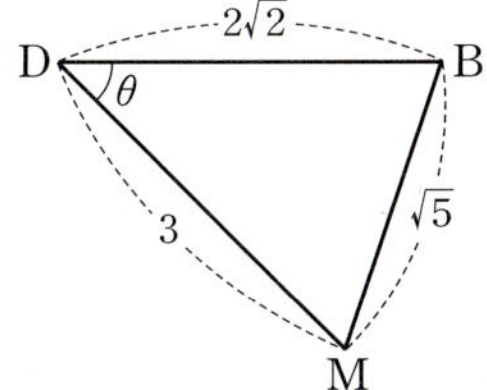

코사인법칙에 의하여

$\cos\theta=\frac{(2\sqrt{2})^2+3^2-(\sqrt{5})^2}{2\times2\sqrt{2}\times3}=\frac{\sqrt{2}}{2}$

543 ⋯⋯ 답 ③

선분 FG와 평면 ABFE는 서로 수직이므로 선분 AF와 선분 FG는 서로 수직이다. 또한, 선분 HG와 평면 AEHD는 서로 수직이므로 선분 HG와 선분 AH는 서로 수직이다.

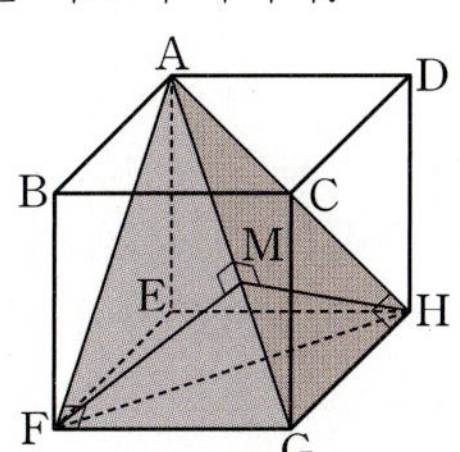

점 F에서 선분 AG에 내린 수선의 발을 M이라 하자.
정육면체 ABCD−EFGH의 한 모서리의 길이를 a라 하면
삼각형 AFG의 넓이는 $\frac{\sqrt{2}}{2}a^2$이다.
또한, $\overline{AG}=\sqrt{3}a$이므로

$\frac{\sqrt{2}}{2}a^2=\frac{1}{2}\times\sqrt{3}a\times\overline{FM}$

$\therefore \overline{FM}=\frac{\sqrt{2}}{\sqrt{3}}a=\frac{\sqrt{6}}{3}a$

$\overline{FM}=\overline{HM}=\frac{\sqrt{6}}{3}a$, $\overline{FH}=\sqrt{2}a$이므로

$\angle FMH=\alpha$ $\left(\frac{\pi}{2}<\alpha<\pi\right)$라 하면 코사인법칙에 의하여

$\cos\alpha=\frac{\left(\frac{\sqrt{6}}{3}a\right)^2+\left(\frac{\sqrt{6}}{3}a\right)^2-(\sqrt{2}a)^2}{2\times\frac{\sqrt{6}}{3}a\times\frac{\sqrt{6}}{3}a}=-\frac{1}{2}$

이때, $\theta=\alpha$ 또는 $\theta=\pi-\alpha$이므로

$\cos\theta=-\frac{1}{2}$ 또는 $\cos\theta=\frac{1}{2}$

$\therefore \cos^2\theta=\frac{1}{4}$

544 ⋯⋯ 답 7

선분 AN의 중점을 P라 하면 삼각형의 두 변의 중점을 연결한 선분의 성질에 의하여 직선 MP가 직선 CN과 평행하므로 두 직선 BM, CN이 이루는 각의 크기는 두 직선 BM, MP가 이루는 각의 크기 $\angle$BMP와 같다.

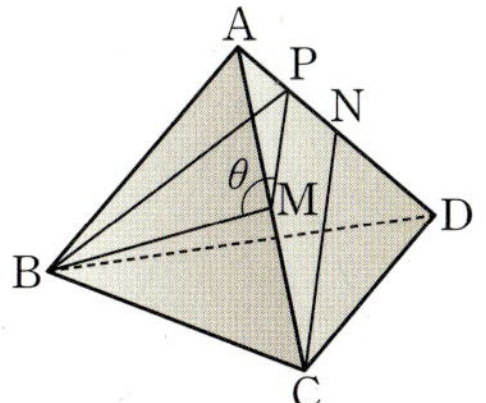

정사면체의 한 모서리의 길이를 a라 하면

$\overline{BM}=\frac{\sqrt{3}}{2}a$, $\overline{MP}=\frac{\sqrt{3}}{2}a\times\frac{1}{2}=\frac{\sqrt{3}}{4}a$

한편, 삼각형 ABD에서

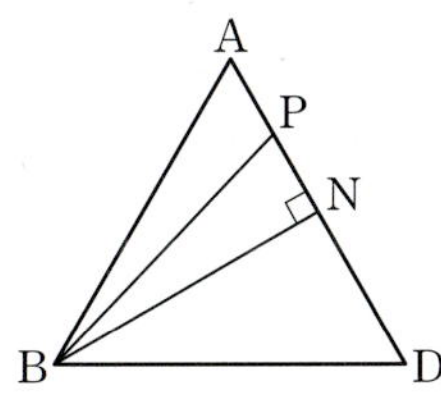

$\overline{NP}=\frac{1}{4}a$, $\overline{BN}=\frac{\sqrt{3}}{2}a$이므로

$\overline{BP}=\sqrt{\overline{BN}^2+\overline{NP}^2}=\sqrt{\left(\frac{\sqrt{3}}{2}a\right)^2+\left(\frac{1}{4}a\right)^2}=\frac{\sqrt{13}}{4}a$

삼각형 BMP에서 코사인법칙에 의하여

$$\cos(\angle BMP)=\frac{\left(\frac{\sqrt{3}}{2}a\right)^2+\left(\frac{\sqrt{3}}{4}a\right)^2-\left(\frac{\sqrt{13}}{4}a\right)^2}{2\times\frac{\sqrt{3}}{2}a\times\frac{\sqrt{3}}{4}a}$$

$$=\frac{1}{6}$$

따라서 $\cos\theta=\frac{1}{6}$에서 $p=6$, $q=1$

$\therefore p+q=7$

545 ⋯⋯ 답 16

$\overline{BP}=\overline{CP}$, $\overline{BQ}=\overline{CQ}$이므로
두 삼각형 BCP와 BCQ는 이등변삼각형이다.
따라서 선분 BC의 중점을 M이라 하면
직선 BC는 두 직선 PM, QM과 각각 서로 수직이다.

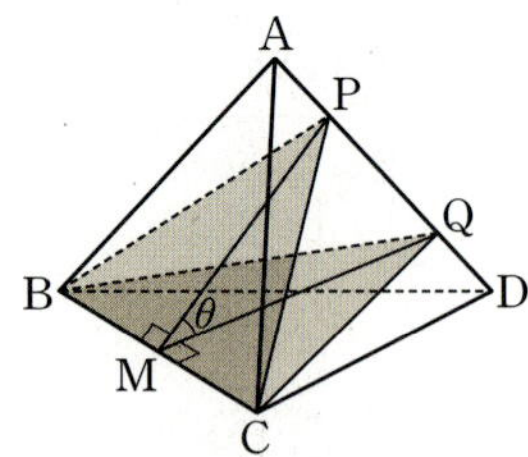

이때, $\overline{\mathrm{AM}}=\overline{\mathrm{DM}}$이므로 삼각형 AMD는 이등변삼각형이다.
따라서 선분 AD의 중점을 N이라 하면
두 직선 MN과 AD는 서로 수직이다.
$\overline{\mathrm{AN}}=2$이고 한 변의 길이가 4인 정삼각형 ABC에서
$\overline{\mathrm{AM}}=\frac{\sqrt{3}}{2}\times 4=2\sqrt{3}$이므로
직각삼각형 ANM에서 $\overline{\mathrm{MN}}=\sqrt{(2\sqrt{3})^2-2^2}=2\sqrt{2}$
또한, 선분 AD를 $1:3$으로 내분하는 점이 P,
$3:1$로 내분하는 점이 Q이므로
$\overline{\mathrm{AP}}=\overline{\mathrm{PN}}=\overline{\mathrm{NQ}}=\overline{\mathrm{QD}}=1$

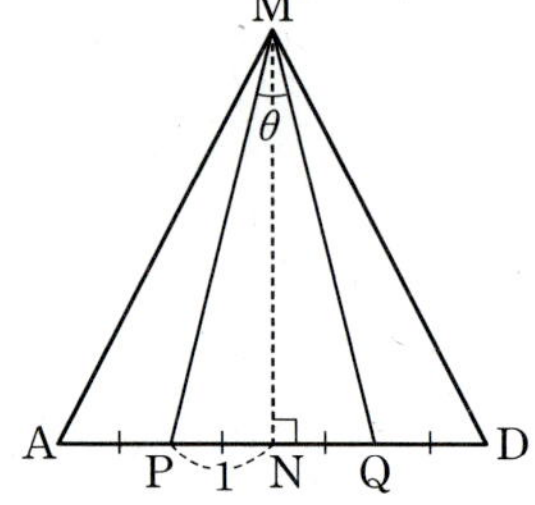

따라서 직각삼각형 PNM에서 $\overline{\mathrm{PM}}=\sqrt{1^2+(2\sqrt{2})^2}=3$이다.
$\theta=\angle\mathrm{PMQ}$이고, $\overline{\mathrm{PM}}=\overline{\mathrm{QM}}=3$, $\overline{\mathrm{PQ}}=2$이므로
코사인법칙에 의하여
$\cos\theta=\frac{3^2+3^2-2^2}{2\times3\times3}=\frac{7}{9}$에서 $p=9$, $q=7$
$\therefore p+q=9+7=16$

546 ⋯⋯ 답 ③

$\overline{\mathrm{AM}}=\overline{\mathrm{CM}}$, $\overline{\mathrm{AB}}=\overline{\mathrm{CB}}$, $\overline{\mathrm{AN}}=\overline{\mathrm{CN}}$이므로
세 삼각형 MCA, BCA, NCA는 이등변삼각형이다.
따라서 선분 AC의 중점을 P라 하면 직선 AC는
세 직선 MP, BP, NP와 각각 서로 수직이다.
한편, $\overline{\mathrm{AM}}=\overline{\mathrm{AB}}\times\sin 60^\circ=\sqrt{3}$, $\overline{\mathrm{AP}}=\frac{1}{2}\times\overline{\mathrm{AC}}=1$이므로
직각삼각형 APM에서 $\overline{\mathrm{MP}}=\sqrt{(\sqrt{3})^2-1^2}=\sqrt{2}$
또한, 다음 그림과 같이 두 점 O, M에서 평면 BCA에 내린
수선의 발을 각각 O′, M′이라 하자.

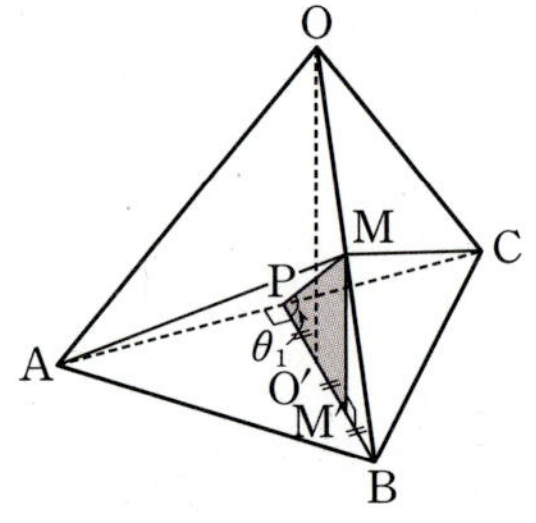

점 O′은 정삼각형 BCA의 무게중심이고
점 M′은 선분 BO′의 중점이므로
$\overline{\mathrm{M'P}}=\frac{2}{3}\times\overline{\mathrm{BP}}=\frac{2\sqrt{3}}{3}$이다.
따라서 두 평면 MCA와 BCA가 이루는 예각의 크기를 θ_1이라 하면
$\cos\theta_1=\frac{\overline{\mathrm{M'P}}}{\overline{\mathrm{MP}}}=\frac{\sqrt{6}}{3}$ ⋯⋯ ㉠
한편 $\overline{\mathrm{AN}}=\sqrt{\overline{\mathrm{AB}}^2+\overline{\mathrm{BN}}^2}=\sqrt{5}$, $\overline{\mathrm{AP}}=1$이므로
직각삼각형 APN에서 $\overline{\mathrm{NP}}=\sqrt{\sqrt{5}^2-1^2}=2$
또한 점 N에서 평면 BCA에 내린 수선의 발은 점 B이므로
두 평면 NCA와 BCA가 이루는 예각의 크기를 θ_2라 하면
$\cos\theta_2=\frac{\overline{\mathrm{BP}}}{\overline{\mathrm{NP}}}=\frac{\sqrt{3}}{2}$ ⋯⋯ ㉡
이때, $\theta=\theta_1+\theta_2$이므로 ㉠, ㉡에 의하여
$\cos\theta=\cos(\theta_1+\theta_2)$
$=\cos\theta_1\cos\theta_2-\sin\theta_1\sin\theta_2$
$=\frac{\sqrt{6}}{3}\times\frac{\sqrt{3}}{2}-\frac{\sqrt{3}}{3}\times\frac{1}{2}=\frac{3\sqrt{2}-\sqrt{3}}{6}$

547 ⋯⋯ 답 ②

평면 α 위의 직각삼각형 ABC에서 $\overline{\mathrm{AB}}=\sqrt{4^2-2^2}=2\sqrt{3}$
점 B에서 직선 AP에 내린 수선의 발을 H라 하자.

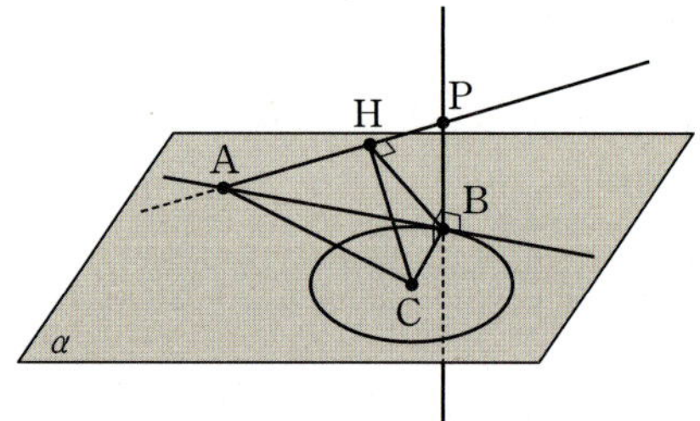

직각삼각형 ABP에서 $\overline{\mathrm{AB}}=2\sqrt{3}$, $\overline{\mathrm{BP}}=2$이므로 $\angle\mathrm{PAB}=30^\circ$이고
직각삼각형 AHB에서 $\overline{\mathrm{BH}}=\overline{\mathrm{AB}}\sin 30^\circ=\sqrt{3}$이다.
한편, 직선 BC는 직선 AB와 수직이고 직선 BP와도 수직이므로
직선 BC는 평면 ABP와 수직이다.
따라서 직각삼각형 CBH에서
$\overline{\mathrm{CH}}=\sqrt{2^2+(\sqrt{3})^2}=\sqrt{7}$ ⋯⋯ ㉠
이때, 두 직선 AP와 BH는 서로 수직이므로
삼수선의 정리에 의하여 두 직선 CH와 AP는 서로 수직이다.
따라서 ㉠에 의하여 점 C와 직선 AP 사이의 거리는 $\sqrt{7}$이다.

548 ⋯⋯ 답 12

점 A에서 평면 β에 내린 수선의 발을 H라 하자.

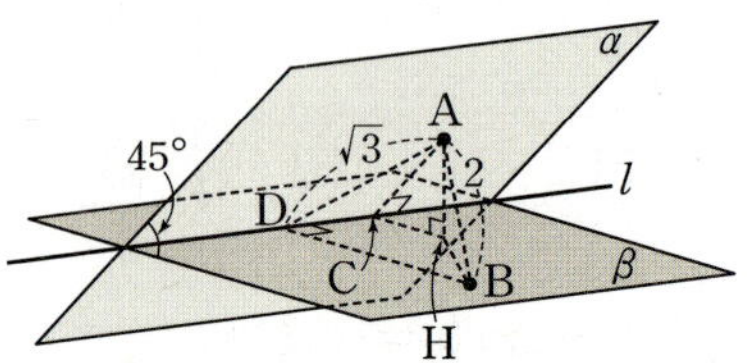

직선 AB와 평면 β가 이루는 각의 크기가 30°이고 $\overline{\mathrm{AB}}=2$이므로
직각삼각형 AHB에서 $\overline{\mathrm{AH}}=\overline{\mathrm{AB}}\sin 30^\circ=1$,
$\overline{\mathrm{BH}}=\overline{\mathrm{AB}}\cos 30^\circ=\sqrt{3}$이다.

삼수선의 정리에 의하여 직선 l과 직선 CH는 서로 수직이고
두 평면 α와 β가 이루는 각의 크기가 45°이므로
이면각의 정의에 의하여 $\angle ACH=45^\circ$이다.
따라서 직각삼각형 AHC에서 $\overline{CH}=\overline{AH}=1$, $\overline{AC}=\sqrt{2}$이고
직각삼각형 ACD에서 $\overline{CD}=\sqrt{\overline{AD}^2-\overline{AC}^2}=1$이다.
평면 β 위의 사다리꼴 CDBH에 대하여
점 H에서 선분 DB에 내린 수선의 발을 I라 하면

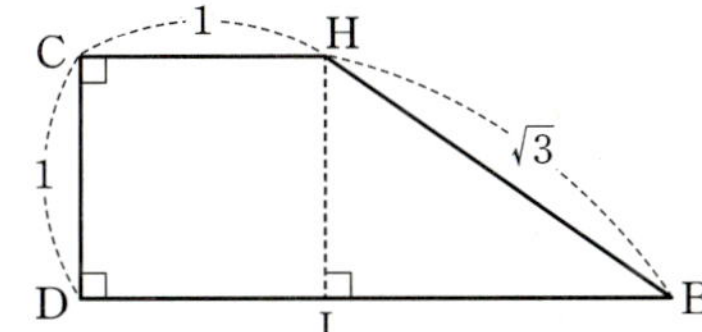

$\overline{HI}=\overline{CD}=1$이므로 $\overline{BI}=\sqrt{\overline{BH}^2-\overline{HI}^2}=\sqrt{2}$이다.
따라서 사면체 ABCD의 밑면인 직각삼각형 CDB의 넓이는
$\frac{1}{2}\times\overline{CD}\times\overline{BD}=\frac{1+\sqrt{2}}{2}$이므로
사면체 ABCD의 부피는 $\frac{1}{3}\times\frac{1+\sqrt{2}}{2}\times\overline{AH}=\frac{1+\sqrt{2}}{6}$이다.

$\therefore a=\frac{1}{6},\ b=\frac{1}{6}$

$\therefore 36(a+b)=36\left(\frac{1}{6}+\frac{1}{6}\right)=12$

549 답 ②

선분 CD의 중점을 E라 하고, 점 A에서 평면 BCD에 내린 수선의 발을 H라 하면
점 H는 정삼각형 BCD의 무게중심이므로 선분 BE를 2 : 1로 내분하는 점이다. …… ㉠
또한 점 H에서 직선 BP에 내린 수선의 발을 I라 할 때 삼수선의 정리에 의하여 두 직선 AI, BP는 서로 수직이므로
이면각의 정의에 의하여 $\cos\theta=\frac{\overline{HI}}{\overline{AI}}$이다. …… ㉡

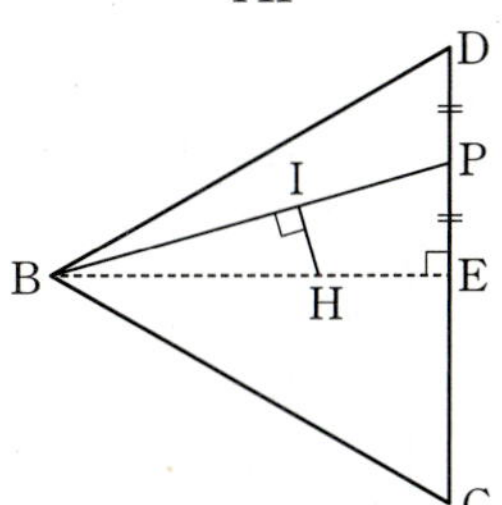

정사면체 ABCD의 한 모서리의 길이를 a라 하고
$\angle PBE=\theta_1$이라 하자.
$\overline{BE}=\frac{\sqrt{3}}{2}a$이고
선분 CD를 3 : 1로 내분하는 점 P에 대하여 $\overline{PE}=\frac{a}{4}$이므로
$\tan\theta_1=\frac{\overline{PE}}{\overline{BE}}=\frac{1}{2\sqrt{3}}$, 즉 $\sin\theta_1=\frac{1}{\sqrt{13}}$이다.
또한 ㉠에 의하여
$\overline{BH}=\frac{2}{3}\times\overline{BE}=\frac{\sqrt{3}}{3}a$이므로
$\overline{HI}=\overline{BH}\times\sin\theta_1=\frac{a}{\sqrt{39}}$
한편, $\overline{AH}=\overline{AE}\times\frac{2\sqrt{2}}{3}=\frac{\sqrt{6}}{3}a$이므로 …… TIP1
직각삼각형 AHI에서
$\overline{AI}=\sqrt{\left(\frac{\sqrt{6}}{3}a\right)^2+\left(\frac{a}{\sqrt{39}}\right)^2}=\frac{3}{\sqrt{13}}a$
따라서 ㉡에 의하여

$$\cos\theta=\frac{\overline{HI}}{\overline{AI}}=\frac{\frac{a}{\sqrt{39}}}{\frac{3}{\sqrt{13}}a}=\frac{\sqrt{3}}{9}$$

TIP1

정사면체 ABCD에서 두 평면 ACD, BCD가 이루는 예각의 크기를 α라 하자.

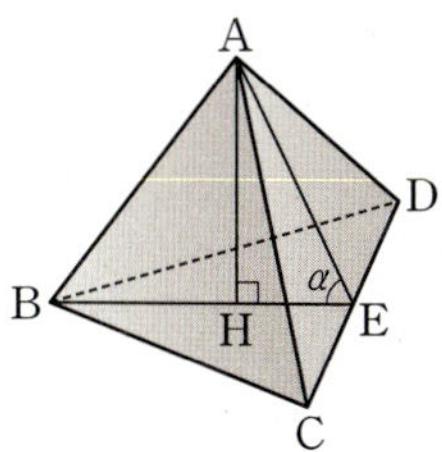

$\overline{HE}=\frac{1}{3}\times\overline{BE}=\frac{1}{3}\times\overline{AE}$이므로
$\cos\alpha=\frac{\overline{HE}}{\overline{AE}}=\frac{1}{3}$, 즉 $\sin\alpha=\frac{2\sqrt{2}}{3}$이다.
따라서 $\overline{AH}=\overline{AE}\times\sin\alpha=\frac{\sqrt{6}}{3}a$이다.

TIP2

점 A에서 평면 BCD에 내린 수선의 발은 점 H이므로 삼각형 ABP의 평면 BCD 위로의 정사영은 삼각형 HBP이다.
따라서 (삼각형 ABP의 넓이)$\times\cos\theta=$(삼각형 HBP의 넓이)를 계산하여 답을 구할 수도 있다.

550 답 $r_1=\frac{\sqrt{6}}{4}$, $r_2=\frac{\sqrt{6}}{12}$

외접하는 구의 중심을 O라 하면 $\overline{OA}=\overline{OB}=\overline{OC}=\overline{OD}$이므로
네 정삼각뿔 O−ABC, O−ABD, O−ACD, O−BCD는 합동이다.
점 A에서 평면 BCD에 내린 수선의 발을 H라 하면 점 O는 선분 AH 위의 점이다.
$\overline{AH}=h$, $\overline{OH}=k$라 하면
정사면체의 ABCD의 부피는
$\frac{1}{3}\times$(삼각형 BCD의 넓이)$\times h$ …… ㉠
또한 정삼각뿔 O−BCD의 부피가
$\frac{1}{3}\times$(삼각형 BCD의 넓이)$\times k$이고,
정사면체 ABCD의 부피는 정삼각뿔 4개의 부피의 합과 같으므로
$\frac{1}{3}\times$(삼각형 BCD의 넓이)$\times k\times 4$ …… ㉡

㉠, ㉡에 의하여 $h=4k$이므로 $k=\frac{1}{4}h$

즉, 외접원의 중심 O는 선분 AH를 3 : 1로 내분하는 점이다.

또한, 네 정삼각뿔 O−ABC, O−ABD, O−ACD, O−BCD가 서로 합동이므로

점 O에서 각 밑면까지의 거리가 같다.

즉, 점 O는 정사면체에 내접하는 구의 중심이기도 하다.

$\overline{BH}=\frac{\sqrt{3}}{2}\times\frac{2}{3}=\frac{\sqrt{3}}{3}$, $\overline{AB}=1$이므로

$\overline{AH}=\sqrt{\overline{AB}^2-\overline{BH}^2}=\sqrt{1^2-\left(\frac{\sqrt{3}}{3}\right)^2}=\frac{\sqrt{6}}{3}$

따라서 외접하는 구의 반지름의 길이는

$r_1=\overline{AO}=\frac{\sqrt{6}}{3}\times\frac{3}{4}=\frac{\sqrt{6}}{4}$이고,

내접하는 구의 반지름의 길이는

$r_2=\overline{OH}=\frac{\sqrt{6}}{3}\times\frac{1}{4}=\frac{\sqrt{6}}{12}$이다.

551 .... 답 ⑤

적도 상에 있는 동경 180°인 지점을 C라 하면 세 점 A, B, C는 그림과 같다.

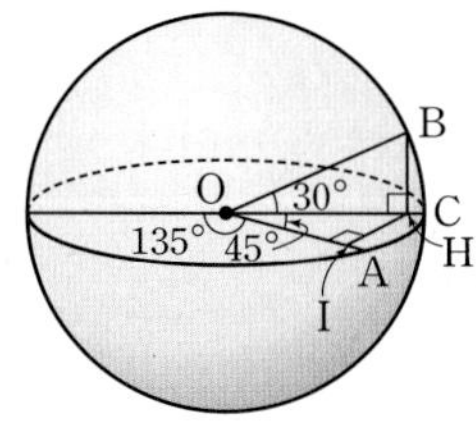

점 B에서 평면 OAC에 내린 수선의 발을 H라 하고,

점 H에서 선분 OA에 내린 수선의 발을 I라 하면

삼수선의 정리에 의하여 선분 BI가 선분 OA에 수직이다.

구의 반지름의 길이를 a라 하면

$\overline{OB}=a$, $\overline{OH}=\frac{\sqrt{3}}{2}a$, $\overline{OI}=\frac{\sqrt{6}}{4}a$이므로

직각삼각형 OIB에서 $\cos\theta=\frac{\sqrt{6}}{4}$

552 .... 답 ④

점 P에서 평면 α에 내린 수선의 발을 Q라 하면

점 Q는 원기둥의 밑면인 원 위의 점이고,

직선 l이 평면 α와 만나는 점을 R라 하면

직선 QR는 평면 α 위의 원기둥의 밑면인 원에 접한다.

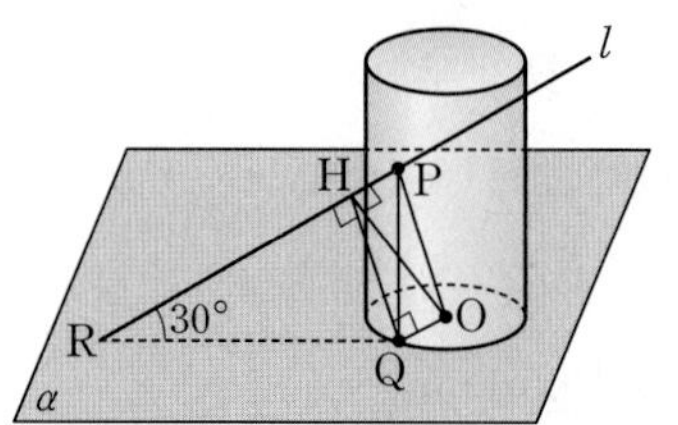

선분 OQ가 직선 PQ, QR와 수직이므로

선분 OQ는 평면 PQR와 수직이다.

점 Q에서 직선 l에 내린 수선의 발을 H라 하면

삼수선의 정리에 의하여 점 O에서 직선 l에 내린 수선의 발이 H이므로 점 O와 직선 l 사이의 거리는 $\overline{OH}$이다.

$\overline{OP}=6$, $\overline{OQ}=2$이므로 직각삼각형 OQP에서

$\overline{PQ}=\sqrt{\overline{OP}^2-\overline{OQ}^2}=\sqrt{6^2-2^2}=4\sqrt{2}$이다.

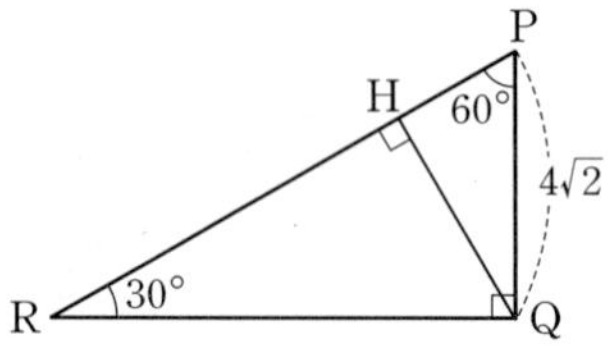

$\overline{QH}=\overline{PQ}\times\sin 60°=4\sqrt{2}\times\frac{\sqrt{3}}{2}=2\sqrt{6}$

따라서 직각삼각형 OQH에서

$\overline{OH}=\sqrt{\overline{QH}^2+\overline{OQ}^2}=\sqrt{(2\sqrt{6})^2+2^2}=2\sqrt{7}$

553 .... 답 30

두 직선 m, n을 포함하는 평면을 α라 하자.

세 직선 l, m, n이 평행하므로 두 점 A, B에서 평면 α에 내린 수선의 발을 각각 A′, B′이라 하면 직선 A′B′은 두 직선 m, n과 평행하고, 선분 A′C와 직선 m, 선분 B′D와 직선 n은 각각 수직이다.

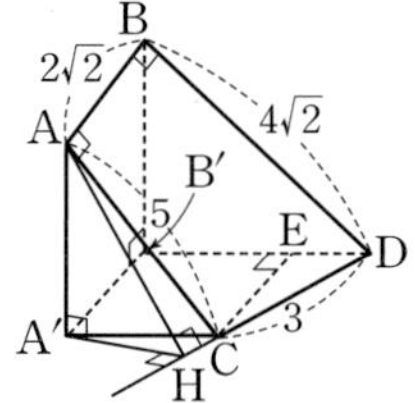

이때, 선분 B′D와 직선 m의 교점을 E라 하면

$\overline{CE}=\overline{AB}=2\sqrt{2}$이므로

$\overline{DE}=\sqrt{\overline{CD}^2-\overline{CE}^2}=\sqrt{3^2-(2\sqrt{2})^2}=1$

또한, $\overline{BE}=\overline{AC}=5$이므로 $\overline{BB'}=h$, $\overline{B'E}=x$라 하면

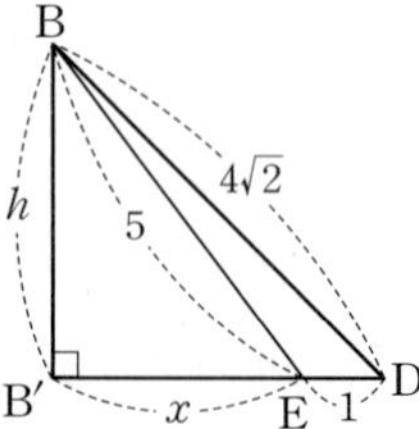

$h^2+x^2=25$, $h^2+(x+1)^2=32$에서

$2x=6$

$\therefore x=3$, $h=4$ ...... ㉠

한편, 직각삼각형 ABD에서

$\overline{AD}=\sqrt{\overline{AB}^2+\overline{BD}^2}=\sqrt{(2\sqrt{2})^2+(4\sqrt{2})^2}$

$=2\sqrt{10}$

점 A에서 직선 CD에 내린 수선의 발을 H라 하고

$\overline{CH}=t$, $\overline{AH}=y$라 하면

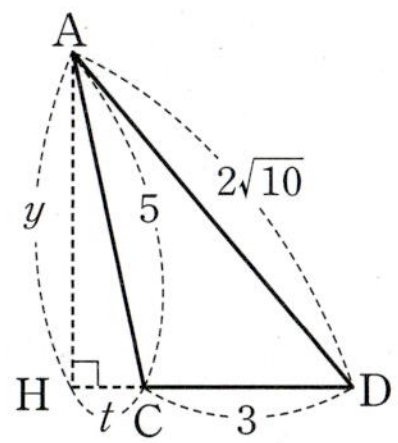

$t^2+y^2=25$, $(t+3)^2+y^2=40$에서

$6t=6$

$\therefore t=1$, $y=2\sqrt{6}$ …… ㉡

삼수선의 정리에 의하여 직선 A′H와 직선 CH가 서로 수직이므로

$\tan\theta=\dfrac{\overline{AA'}}{\overline{A'H}}$

㉠, ㉡에 의하여 직각삼각형 AA′H에서

$\overline{AA'}=\overline{BB'}=4$, $\overline{AH}=2\sqrt{6}$이므로

$\overline{A'H}=\sqrt{\overline{AH}^2-\overline{AA'}^2}=2\sqrt{2}$

$\therefore \tan\theta=\dfrac{\overline{AA'}}{\overline{A'H}}=\sqrt{2}$

$\therefore 15\tan^2\theta=30$

TIP1

평행한 두 직선을 포함하는 평면은 오직 하나로 결정된다.
따라서 두 직선 l, m을 포함하는 평면을 α, 두 직선 m, n을 포함하는 평면을 β, 두 직선 l, n을 포함하는 평면을 γ라 하면 세 직선 l, m, n은 같은 평면 위에 존재하지 않으므로 세 평면 α, β, γ는 서로 다른 평면이다. 따라서 네 점 A, B, C, D는 한 평면 위에 있지 않다. 즉, 네 선분 AB, BD, CD, AC로 이루어진 도형은 사각형이 아니다.

TIP2

점 A에서 평면 α에 내린 수선의 발은 점 A′이므로 삼각형 ACD의 평면 α 위로의 정사영은 삼각형 A′CD이다.
따라서
(삼각형 ACD의 넓이)$\times\cos\theta=$(삼각형 A′CD의 넓이)
를 계산하여 $\tan\theta$의 값을 구할 수도 있다.

554 …… 답 25

평면 α 위에 있는 세 원기둥의 밑면인 원이 서로 외접하므로 두 원의 중심 사이의 거리는 두 원의 반지름의 길이의 합 $2\sqrt{3}$과 같다. …… 참고

즉, 밑면인 원의 중심을 각각 A, B, C라 하면

$\overline{AB}=\overline{BC}=\overline{CA}=2\sqrt{3}$이므로

이등변삼각형 PQR의 평면 α 위로의 정사영은 한 변의 길이가 $2\sqrt{3}$인 정삼각형이다.

$\overline{PQ}=\sqrt{(2\sqrt{3})^2+(a-8)^2}$,

$\overline{QR}=\sqrt{(2\sqrt{3})^2+(b-a)^2}$,

$\overline{RP}=\sqrt{(2\sqrt{3})^2+(b-8)^2}$이고

$b-8>a-8$, $b-8>b-a$ ($\because 8<a<b$)이므로

$\overline{RP}>\overline{PQ}$, $\overline{RP}>\overline{QR}$에서 $\overline{PQ}=\overline{QR}$

즉, $a-8=b-a$이다.

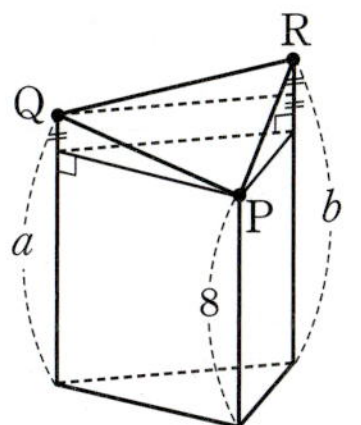

이등변삼각형 QPR의 점 Q에서 선분 PR에 내린 수선의 발을 M이라 하자.

점 Q, R, M에서 평면 α에 내린 수선의 발을 각각 Q′, R′, M′이라 하고 점 M에서 선분 RR′에 내린 수선의 발을 N이라 하자.

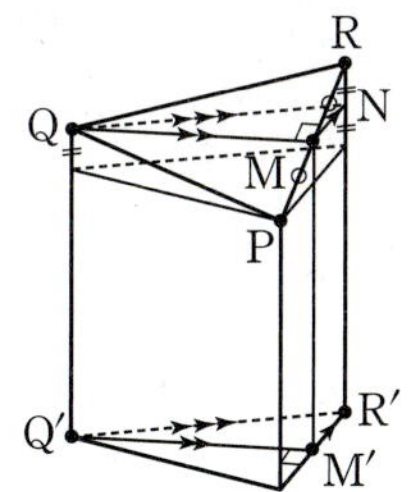

두 직각삼각형 QMN, Q′M′R′은 서로 합동이고 평행이다.

이때, 선분 QM은 두 선분 MR, M′R′에 모두 수직이고

평면 QPR와 평면 α가 이루는 각의 크기는 60°이므로

$\tan 60^\circ=\dfrac{\overline{RN}}{\overline{M'R'}}$에서

$\sqrt{3}=\dfrac{\overline{RN}}{\sqrt{3}}$, $\overline{RN}=3$

따라서 $a-8=b-a=3$이므로

$a=11$, $b=14$

$\therefore a+b=25$

TIP

세 점 P, Q, R에서 평면 α에 내린 수선의 발을 각각 P′, Q′, R′이라 할 때 삼각형 PQR의 평면 α 위로의 정사영은 삼각형 P′Q′R′이다.
따라서
(삼각형 PQR의 넓이)$\times\cos 60^\circ=$(삼각형 P′Q′R′의 넓이)
를 계산하여 a, b의 값을 구할 수도 있다.

참고

'두 원의 위치 관계'는 교육과정에서 삭제되었으나 몇몇 학교 내신에서는 이를 포함한 문제를 출제하기도 한다.
그림과 같이 한 원이 다른 원의 외부에서 접할 때, 외접한다고 한다. 이때 두 원의 중심 사이의 거리를 d, 두 원의 반지름의 길이를 r_1, r_2라 하면 $d=r_1+r_2$인 관계가 성립한다.

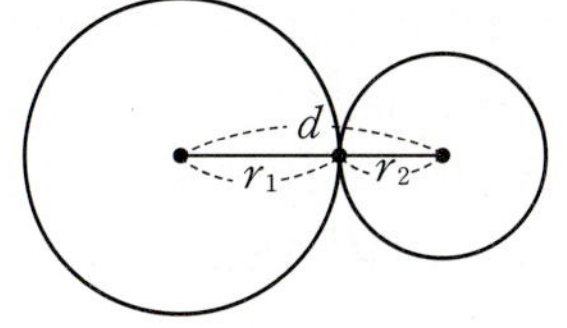

555 ········· 답 40

종이를 접은 상태에서 점 B에서 직선 EF에 내린 수선의 발을 H라 하면 삼수선의 정리에 의하여 선분 DH와 선분 EF는 수직이므로 직사각형 ABCD에서 그림과 같이 생각할 수 있다.

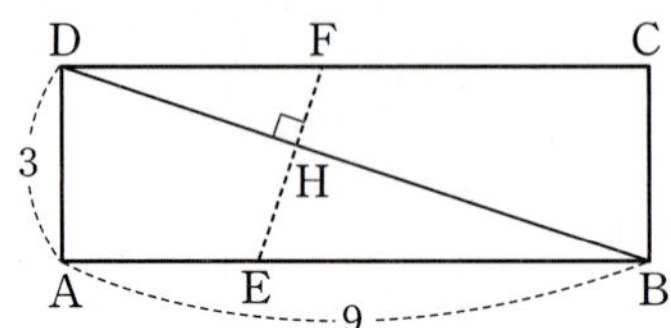

직각삼각형 ABD에서

$\overline{BD}=\sqrt{3^2+9^2}=3\sqrt{10}$

또한, $\overline{AE}=3$이므로 $\overline{BE}=6$

두 삼각형 BAD와 BHE는 서로 닮음이므로

$\overline{BD}:\overline{BE}=\overline{BA}:\overline{BH}$에서 $3\sqrt{10}:6=9:\overline{BH}$

$\therefore \overline{BH}=\frac{9\sqrt{10}}{5}$, $\overline{DH}=3\sqrt{10}-\frac{9\sqrt{10}}{5}=\frac{6\sqrt{10}}{5}$

따라서 $\overline{BH}\cos\theta=\overline{DH}$에서

$\cos\theta=\frac{\overline{DH}}{\overline{BH}}=\frac{2}{3}$

$\therefore 60\cos\theta=40$

다른 풀이 1

$\overline{AD}=\overline{AE}=3$이므로 $\overline{DE}=3\sqrt{2}$

종이를 접은 상태에서 점 B의 평면 AEFD 위로의 정사영이 점 D이므로 삼각형 BDE는 직각삼각형이다.

이때, $\overline{BE}=6$이므로 $\overline{BD}=\sqrt{6^2-(3\sqrt{2})^2}=3\sqrt{2}$

점 B에서 직선 EF에 내린 수선의 발을 H라 하면

삼수선의 정리에 의하여 선분 DH와 선분 EF는 수직이다.

$\overline{BH}+\overline{DH}=\overline{BD}=3\sqrt{10}$에서 $\overline{DH}=x$라 하면 $\overline{BH}=3\sqrt{10}-x$

삼각형 BDH는 직각삼각형이므로

$(3\sqrt{2})^2+x^2=(3\sqrt{10}-x)^2$, $6\sqrt{10}x=72$

$\therefore \overline{DH}=x=\frac{6\sqrt{10}}{5}$, $\overline{BH}=3\sqrt{10}-x=\frac{9\sqrt{10}}{5}$

$\therefore \cos\theta=\frac{\overline{DH}}{\overline{BH}}=\frac{2}{3}$

$\therefore 60\cos\theta=40$

다른 풀이 2

그림에서 점 B의 평면 AEFD 위로의 정사영이 점 D이므로 삼각형 BEF의 평면 AEFD 위로의 정사영은 삼각형 DEF이다.

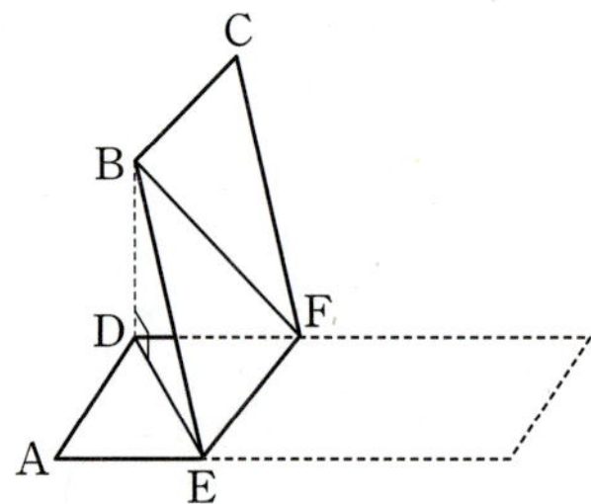

이때, 두 삼각형 BEF, DEF의 넓이의 비는 $\overline{BE}:\overline{DF}$와 같다.

$\overline{AD}=\overline{AE}=3$이므로 $\overline{DE}=3\sqrt{2}$

삼각형 BDE는 직각삼각형이고 $\overline{BE}=6$이므로 $\overline{BD}=3\sqrt{2}$이다.

$\overline{DF}=x$라 하면 두 삼각형 BDF, BCF는 직각삼각형이므로

$(3\sqrt{2})^2+x^2=3^2+(9-x)^2$, $18x=72$ $\quad\therefore x=4$

따라서 $\overline{BE}:\overline{DF}=6:4=3:2$이므로 $\cos\theta=\frac{2}{3}$

$\therefore 60\cos\theta=40$

참고

두 삼각형 BEF, DEF의 넓이의 비가 $\overline{BE}:\overline{DF}$임은 종이를 펼친 상태에서 살핀다면 보다 빠르게 알 수 있다.

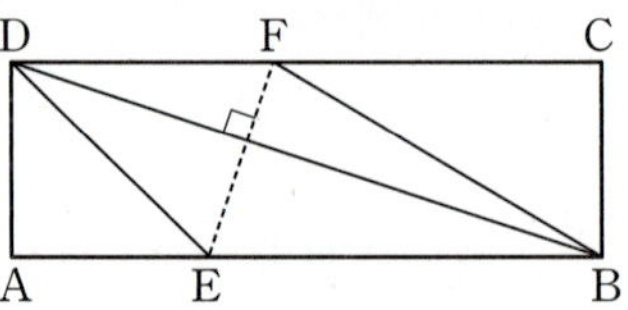

556 ········· 답 27

사면체 OABC는 정사면체이므로 점 O에서 평면 ABC에 내린 수선의 발을 H라 하면 점 H는 삼각형 ABC의 무게중심이다.

따라서 평면 OAB와 평면 ABC가 이루는 예각의 크기를 θ라 하면 $\cos\theta=\frac{1}{3}$이다.

그림과 같이 한 변의 길이가 6인 정삼각형 OAB에 내접하는 원의 반지름의 길이를 r라 하면

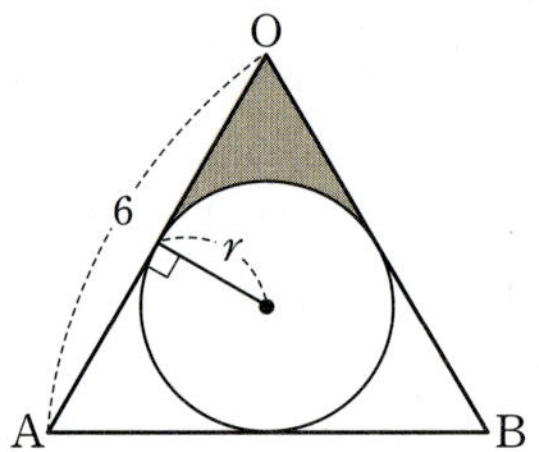

정삼각형 OAB의 넓이는 $9\sqrt{3}$이므로

$9\sqrt{3}=\frac{r}{2}(6+6+6)$

$\therefore r=\sqrt{3}$

따라서 그림에서 색칠한 부분의 넓이는

$\frac{1}{3}(9\sqrt{3}-3\pi)=3\sqrt{3}-\pi$

마찬가지 방법으로 삼각형 OBC, 삼각형 OAC에서도 어두운 부분의 넓이를 구할 수 있고, 3개의 어두운 부분의 평면 ABC 위로의 정사영은 서로 겹치지 않고 세 도형 S_1, S_2, S_3으로 둘러싸인 어두운 부분이 되므로 색칠한 부분의 넓이 S는

$S=3\times(3\sqrt{3}-\pi)\cos\theta$

$\quad=3\sqrt{3}-\pi$

$\therefore (S+\pi)^2=27$

557 ········· 답 15

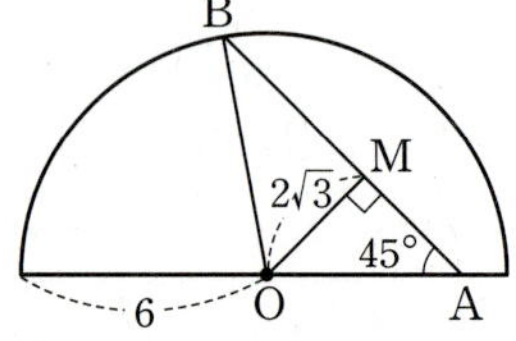

점 O로부터 거리가 $2\sqrt{3}$이고 평면 α와 45°의 각을 이루는 평면을 β라 하자. 또한, 그림과 같이 점 O에서 평면 β에 내린 수선의 발을 M이라 하고, 점 O를 지나고 두 평면 α, β에 수직인 평면과

단면의 교점을 각각 A, B라 하자.
구의 반지름의 길이는 6이므로 $\overline{BM}=\sqrt{6^2-(2\sqrt{3})^2}=2\sqrt{6}$
또한, $\angle MAO=45°$이므로 $\overline{MA}=2\sqrt{3}$
이때, 점 A를 지나고 직선 AB에 수직인 직선이 반구와 만나는 두 점을 각각 C, D라 하자.
직각삼각형 MAD에서
$\overline{AD}=\sqrt{(2\sqrt{6})^2-(2\sqrt{3})^2}=2\sqrt{3}$
이므로 $\angle AMD=45°$
즉, $\angle CMD=90°$이므로 어두운 부분의 넓이를 S라 하면

$$S=\frac{1}{2}\times(2\sqrt{6})^2+(2\sqrt{6})^2\pi\times\frac{3}{4}=12+18\pi$$

두 평면 α, β가 이루는 예각의 크기는 45°이므로 반구에 나타나는 단면의 평면 α 위로의 정사영의 넓이를 S'이라 하면

$$S'=S\cos 45°=(12+18\pi)\times\frac{\sqrt{2}}{2}$$
$$=\sqrt{2}(6+9\pi)$$

$\therefore a=6,\ b=9$
$\therefore a+b=6+9=15$

558 ··· 답 34

반지름의 길이가 6인 원판이 평면 α에 닿는 지점을 A, 평면 β에 닿는 지점을 B라 하면 선분 AB를 포함하고 직선 l에 수직인 평면으로 자른 단면은 그림과 같다. 이때, 선분 AB를 포함하고 직선 l에 수직인 평면과 직선 l의 교점을 L이라 하자. 또한, 태양광선은 평면 α와 30°의 각을 이루므로 $\angle ALH=30°$를 만족시키는 선분 AB 위의 점을 H라 하자.

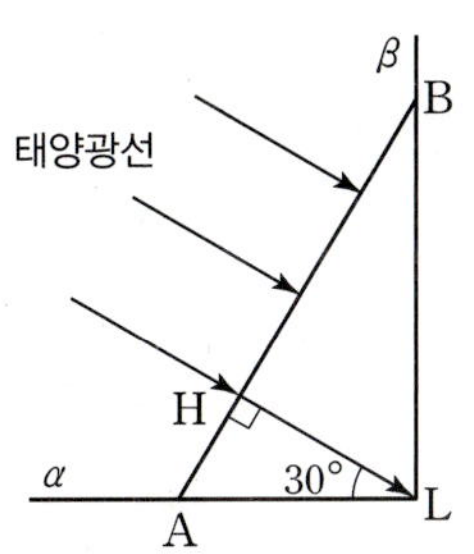

선분 AB는 태양광선과 수직이므로 선분 LH는 선분 AB와 수직이다.
이때, $\overline{AB}=12$이고 $\angle BAL=60°$이므로 $\overline{AL}=6$
$\therefore \overline{AH}=3$
따라서 구하는 그림자는 그림과 같이 원판의 어두운 영역을 비출 때 평면 β에 나타나는 그림자에 해당한다.
원판의 중심을 O라 하면 $\overline{OH}=3$이므로 원판에서 어두운 영역의 넓이를 S'이라 하면

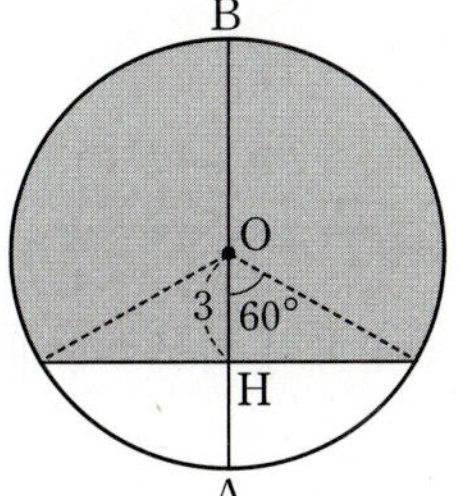

$$S'=36\pi\times\frac{2}{3}+2\times\frac{1}{2}\times3\times3\tan 60°$$
$$=24\pi+9\sqrt{3}$$

이때, 평면 β와 원판이 이루는 예각의 크기는 30°이므로

$$S=\frac{S'}{\cos 30°}=\frac{24\pi+9\sqrt{3}}{\frac{\sqrt{3}}{2}}=18+16\sqrt{3}\pi$$

$\therefore a=18,\ b=16$
$\therefore a+b=18+16=34$

TIP
이 문제에서 구하는 그림자는 타원의 일부라서 직접 그 넓이를 구하기 어려우므로 원의 일부인 활꼴의 넓이를 이용하여 정사영의 개념을 활용한다. 이때, 활꼴의 넓이는 부채꼴의 넓이와 이등변삼각형의 넓이로부터 얻어진다.

559 ··· 답 30

그림과 같이 태양광선에 수직인 평면 α를 생각하면 평면 α에 생기는 판의 그림자가 넓을수록 지면에 생기는 그림자는 넓어진다.

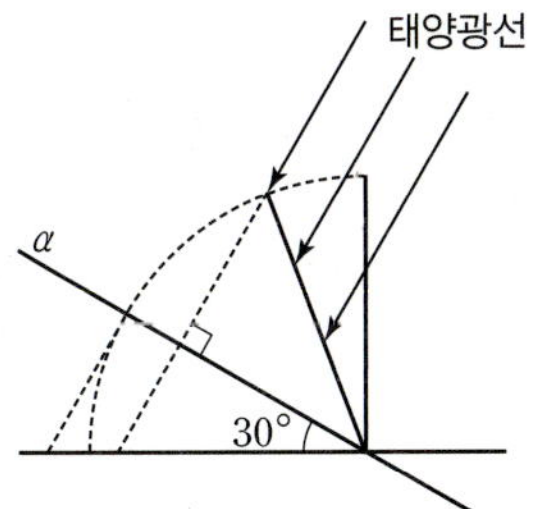

따라서 판과 지면이 이루는 각의 크기가 30°일 때 그림자의 넓이가 최대가 된다.
이때, 판의 넓이는 $16-\pi$이므로 그림자의 최대 넓이 S는

$$S=\frac{16-\pi}{\cos 30°}=\frac{16-\pi}{\frac{\sqrt{3}}{2}}=\frac{\sqrt{3}(32-2\pi)}{3}$$

$\therefore a=32,\ b=-2$
$\therefore a+b=32+(-2)=30$

III

02 공간좌표

560 ⓐ ①

점 P(2, 1, 3)을 y축에 대하여 대칭이동한 점은
P′(−2, 1, −3)이므로
$a+b+c=-2+1+(-3)=-4$

561 ⓐ ②

점 P(2, −3, 1)을 xy평면에 대하여 대칭이동한 점은
Q(2, −3, −1)이고,
점 Q(2, −3, −1)에서 yz평면에 내린 수선의 발은
R(0, −3, −1)이다.
$\therefore a+b+c=0+(-3)+(-1)=-4$

562 ⓐ ⑤

ㄱ. 점 (3, −1, 1)의 y좌표는 −1이므로
점 (3, −1, 1)을 지나고 y축에 수직인 평면은 $y=-1$이다. (참)

ㄴ. xy평면에 평행한 평면은 z축에 수직이다.
점 (2, 4, −1)의 z좌표는 −1이므로
$z=-1$은 점 (2, 4, −1)을 지나고 xy평면에 평행한 평면이다. (참)

ㄷ. 점 P(−3, 2, −4)의 x좌표는 −3이므로
점 P(−3, 2, −4)에서 yz평면까지의 거리는 3이다. (참)

따라서 옳은 것은 ㄱ, ㄴ, ㄷ이다.

563 ⓐ ②

$\overline{AB}=\sqrt{\{2-(-1)\}^2+(1-0)^2+\{(-2)-1\}^2}=\sqrt{19}$

564 ⓐ ④

점 P(2, 2, 3)을 yz평면에 대하여 대칭이동시킨 점은
Q(−2, 2, 3)이므로 두 점 P와 Q 사이의 거리는 4이다.

다른 풀이

점 P와 yz평면 사이의 거리는 2이므로 두 점 P와 Q 사이의 거리는 $2\times2=4$이다.

565 ⓐ ②

$\overline{AB}=\sqrt{4^2+(3-a)^2+7^2}=9$이므로
$(a-3)^2+65=81$
$(a-3)^2=16$
$a-3=\pm4$
$\therefore a=7$ 또는 $a=-1$
따라서 양수 a의 값은 7이다.

566 ⓐ 풀이 참조

z축 위의 점 P의 좌표를 $(0, 0, a)$라 하면
$\overline{AP}=\overline{BP}$이므로
$\sqrt{(-1)^2+(-1)^2+(a-3)^2}=\sqrt{(-3)^2+(-2)^2+(a-4)^2}$
$a^2-6a+11=a^2-8a+29$
$2a=18$
$\therefore a=9$
따라서 P(0, 0, 9)이므로 $\overline{OP}=9$이다.

채점 요소	배점
z축 위의 점 P의 좌표 잡기	20 %
$\overline{AP}=\overline{BP}$임을 이용하여 식 세우기	40 %
선분 OP의 길이 구하기	40 %

567 ⓐ ①

$\overline{AP}=2\overline{BP}$에서 $\overline{AP}^2=4\overline{BP}^2$이므로
$1^2+2^2+(-a)^2=4\{1^2+(-1)^2+(-1)^2\}$, $a^2=7$
$\therefore a=\sqrt{7}$ ($\because a>0$)

568 ⓐ ②

점 P의 좌표를 $(3, y, 1)$이라 하면
$\overline{OP}=\sqrt{3^2+y^2+1^2}=\sqrt{10+y^2}$
따라서 $\overline{OP}$는 $y=0$일 때 최솟값 $\sqrt{10}$을 갖는다.

569 ⓐ ⑤

점 P에서 직선 l에 내린 수선의 발을 M이라 하자.

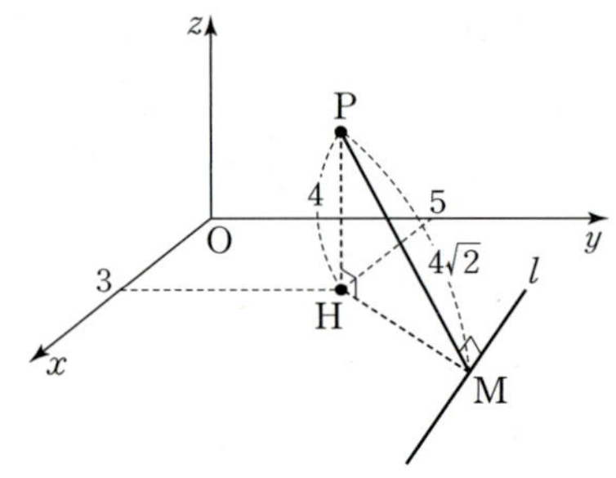

직선 PH는 xy평면과 수직이고,
직선 PM은 xy평면 위의 직선 l과 수직이므로
삼수선의 정리에 의하여 직선 HM은 직선 l과 수직이다.
즉, 점 H와 직선 l 사이의 거리는 $\overline{\mathrm{HM}}$이다.
직각삼각형 PHM에서
$\overline{\mathrm{HM}}=\sqrt{\overline{\mathrm{PM}}^2-\overline{\mathrm{PH}}^2}=\sqrt{(4\sqrt{2})^2-4^2}=4$

570

답 ⑤

두 점 A, B의 yz평면으로의 정사영을 각각 A′, B′이라 하면
$\mathrm{A}'(0,\ -3,\ 3)$, $\mathrm{B}'(0,\ 1,\ 5)$이다.
$\overline{\mathrm{AB}}=\sqrt{(-4)^2+4^2+2^2}=6$
$\overline{\mathrm{A'B'}}=\sqrt{4^2+2^2}=2\sqrt{5}$
$\overline{\mathrm{AB}}\cos\theta=\overline{\mathrm{A'B'}}$이므로
$6\cos\theta=2\sqrt{5}$
$\therefore \cos\theta=\frac{\sqrt{5}}{3}$

571

답 ⑤

두 점 A, B의 z좌표가 모두 양수이므로
좌표공간에서 xy평면에 의해 구분되는 두 부분 중 두 점 A, B는 같은 쪽에 놓여 있다.

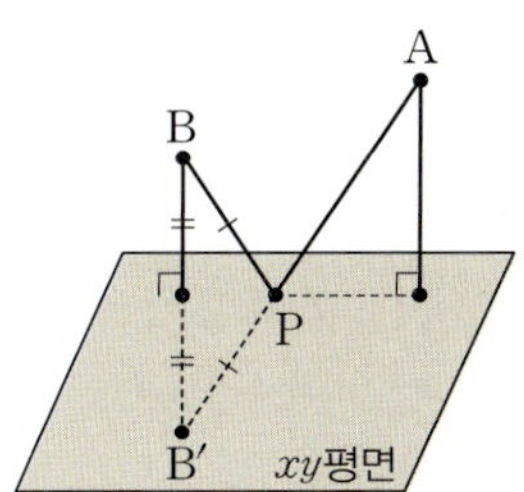

점 B를 xy평면에 대하여 대칭이동한 점을 B′이라 하면
$\mathrm{B}'(-2,\ 3,\ -1)$이고,
$\overline{\mathrm{AP}}+\overline{\mathrm{BP}}=\overline{\mathrm{AP}}+\overline{\mathrm{B'P}}$
$\geq\overline{\mathrm{AB'}}$
$=\sqrt{5^2+(-4)^2+3^2}=5\sqrt{2}$
이므로 $\overline{\mathrm{AP}}+\overline{\mathrm{BP}}$의 최솟값은 $5\sqrt{2}$이다.

572

답 ④

두 점 A, B의 y좌표가 모두 양수이므로
좌표공간에서 zx평면에 의해 구분되는 두 부분 중 두 점 A, B는 같은 쪽에 놓여 있다.

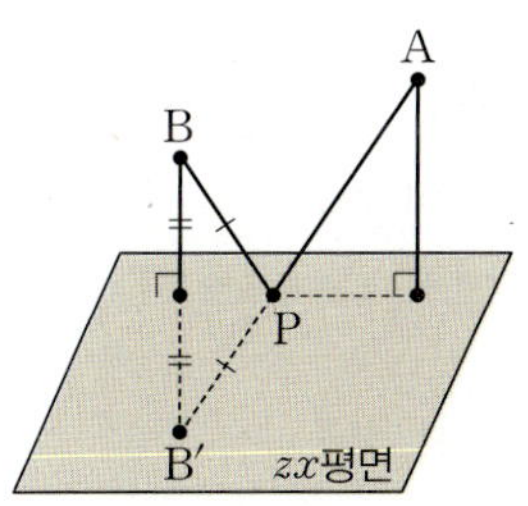

점 B를 zx평면에 대하여 대칭이동한 점을 B′이라 하면
$\mathrm{B}'(2,\ -2,\ 1)$이고,
$\overline{\mathrm{AP}}+\overline{\mathrm{BP}}=\overline{\mathrm{AP}}+\overline{\mathrm{B'P}}$
$\geq\overline{\mathrm{AB'}}$
$=\sqrt{(-3)^2+5^2+(a-1)^2}$
$=\sqrt{a^2-2a+35}$
이때, $\overline{\mathrm{AP}}+\overline{\mathrm{BP}}$의 최솟값이 $\sqrt{43}$이므로
$\sqrt{a^2-2a+35}=\sqrt{43}$
$a^2-2a-8=0$
$(a+2)(a-4)=0$
$\therefore a=-2$ 또는 $a=4$
따라서 양수 a의 값은 4이다.

573

답 (1) $(-1,\ -1,\ 3)$ (2) $(-5,\ -9,\ -1)$

(1) 선분 AB를 2 : 1로 내분하는 점의 좌표는
$\left(\frac{2\times(-2)+1\times1}{2+1},\ \frac{2\times(-3)+1\times3}{2+1},\ \frac{2\times2+1\times5}{2+1}\right)$, 즉
$(-1,\ -1,\ 3)$
(2) 선분 AB를 2 : 1로 외분하는 점의 좌표는
$\left(\frac{2\times(-2)-1\times1}{2-1},\ \frac{2\times(-3)-1\times3}{2-1},\ \frac{2\times2-1\times5}{2-1}\right)$, 즉
$(-5,\ -9,\ -1)$

574

답 10

점 $\mathrm{P}(-3,\ 4,\ 5)$를 yz평면에 대하여 대칭이동한 점 Q의 좌표는
$(3,\ 4,\ 5)$이므로 $(a,\ b,\ c)$는
$\left(\frac{6-3}{2+1},\ \frac{8+4}{2+1},\ \frac{10+5}{2+1}\right)$, 즉 $(1,\ 4,\ 5)$
$\therefore a+b+c=1+4+5=10$

575

답 ⑤

점 P의 좌표는
$\left(\frac{2\times(-4)+1\times5}{2+1},\ \frac{2\times(-5)+1\times1}{2+1},\ \frac{2\times5+1\times2}{2+1}\right)$, 즉
$(-1,\ -3,\ 4)$
점 Q의 좌표는
$\left(\frac{1\times(-4)-2\times5}{1-2},\ \frac{1\times(-5)-2\times1}{1-2},\ \frac{1\times5-2\times2}{1-2}\right)$, 즉
$(14,\ 7,\ -1)$
따라서 두 점 $\mathrm{P}(-1,\ -3,\ 4)$, $\mathrm{Q}(14,\ 7,\ -1)$의 중점의 좌표는
$\left(\frac{13}{2},\ 2,\ \frac{3}{2}\right)$이다.
$\therefore a+b+c=\frac{13}{2}+2+\frac{3}{2}=10$

576 ⋯⋯ 답 ⑤

선분 AB를 3 : 2로 내분하는 점은

$\left(\frac{-6+2a}{3+2}, \frac{10}{3+2}, \frac{21+4}{3+2}\right)$, 즉 $\left(\frac{-6+2a}{5}, 2, 5\right)$이므로

$\frac{-6+2a}{5}=0$, $b=2$

$\therefore a=3, b=2$

$\therefore a+b=5$

577 ⋯⋯ 답 ③

선분 AB를 1 : 2로 내분하는 점은

$\left(\frac{(a+6)+2a}{1+2}, \frac{4+2}{1+2}, \frac{12+6}{1+2}\right)$, 즉 $(a+2, 2, 6)$이므로

$a+2=5$, $b=6$

$\therefore a=3, b=6$

$\therefore a+b=9$

578 ⋯⋯ 답 ⑤

선분 PQ를 2 : 1로 외분하는 점은

$\left(\frac{8-6}{2-1}, \frac{2b-7}{2-1}, \frac{18-a}{2-1}\right)$, 즉 $(2, 2b-7, 18-a)$이므로

$2b-7=5$, $18-a=14$

$\therefore a=4, b=6$

$\therefore a+b=10$

다른 풀이

점 Q$(4, b, 9)$는 점 P$(6, 7, a)$와 점 $(2, 5, 14)$를 이은 선분의 중점이므로

$(4, b, 9)$는 $\left(\frac{6+2}{2}, \frac{7+5}{2}, \frac{a+14}{2}\right)$와 같다.

$\therefore a=4, b=6$

$\therefore a+b=10$

579 ⋯⋯ 답 ②

선분 AB를 2 : 1로 내분하는 점이 xy평면 위에 있으므로 내분하는 점의 z좌표는 0이다.

즉, $\frac{2\times a+1\times 2}{2+1}=0$이므로

$a=-1$

580 ⋯⋯ 답 ④

내분점이 x축 위에 있으므로 내분점의 y좌표, z좌표가 모두 0이다.

즉, $\frac{-6+a}{2+1}=0$이고 $\frac{2b-2}{2+1}=0$이므로

$a=6$, $b=1$

$\therefore a+b=7$

581 ⋯⋯ 답 ①

외분점이 x축 위에 있으므로 외분점의 y좌표, z좌표가 모두 0이다.

즉, $\frac{6-2a}{3-2}=0$이고 $\frac{3b+12}{3-2}=0$이므로

$a=3$, $b=-4$

$\therefore a+b=-1$

582 ⋯⋯ 답 ③

두 점 A$(-3, a, 2)$, B$(b, -4, c)$에 대하여

선분 AB를 1 : 3으로 내분하는 점은 x축 위에 있으므로 y좌표, z좌표가 모두 0이다.

즉, $\frac{-4+3a}{1+3}=0$, $\frac{c+6}{1+3}=0$이므로 $a=\frac{4}{3}$, $c=-6$

선분 AB를 3 : 1로 외분하는 점은 yz평면 위에 있으므로 x좌표는 0이다.

즉, $\frac{3b-(-3)}{3-1}=0$이므로 $b=-1$

$\therefore abc=\frac{4}{3}\times(-1)\times(-6)=8$

583 ⋯⋯ 답 ④

세 점 A$(0, -1, -2)$, B$(2, 4, 2)$, C$(4, 6, -3)$에 대하여

삼각형 ABC의 무게중심 G의 좌표는

$\left(\frac{0+2+4}{3}, \frac{-1+4+6}{3}, \frac{-2+2+(-3)}{3}\right)$, 즉

$(2, 3, -1)$

$\therefore a+b+c=2+3+(-1)=4$

584 ⋯⋯ 답 ④

세 점 A$(a, 0, 5)$, B$(1, b, -3)$, C$(1, 1, 1)$에 대하여

삼각형 ABC의 무게중심의 좌표는

$\left(\frac{a+1+1}{3}, \frac{0+b+1}{3}, \frac{5+(-3)+1}{3}\right)$, 즉

$\left(\frac{a+2}{3}, \frac{b+1}{3}, 1\right)$이므로

$\frac{a+2}{3}=2$, $\frac{b+1}{3}=2$

$\therefore a=4, b=5$

$\therefore a+b=9$

585 ⋯⋯ 답 ③

세 점 A$(1, 2, -1)$, B$(5, -4, 6)$, C(a, b, c)에 대하여

삼각형 ABC의 무게중심의 좌표는

$\left(\frac{1+5+a}{3}, \frac{2+(-4)+b}{3}, \frac{-1+6+c}{3}\right)$, 즉

$\left(\frac{a+6}{3}, \frac{b-2}{3}, \frac{c+5}{3}\right)$이므로

$\frac{a+6}{3}=2$에서 $a=0$

$\frac{b-2}{3}=1$에서 $b=5$

$\frac{c+5}{3}=-2$에서 $c=-11$

$\therefore a+b+c=-6$

586 ⋯ 답 ③

삼각형 PQR의 무게중심의 좌표는 삼각형 ABC의 무게중심의 좌표와 같으므로

$\left(\frac{3+1+(-2)}{3}, \frac{-2+3+(-3)}{3}, \frac{0+4+1}{3}\right)$, 즉

$\left(\frac{2}{3}, -\frac{2}{3}, \frac{5}{3}\right)$

$\therefore a+b+c=\frac{2}{3}+\left(-\frac{2}{3}\right)+\frac{5}{3}=\frac{5}{3}$

587 ⋯ 답 ④

평행사변형 ABCD의 두 대각선은 서로 다른 것을 이등분하므로 두 대각선 AC, BD의 중점의 좌표가 서로 같다.

즉, $\left(\frac{-2+5}{2}, \frac{4-1}{2}, \frac{1+3}{2}\right)$과 $\left(\frac{2+a}{2}, \frac{3+b}{2}, \frac{7+c}{2}\right)$는 같다.

따라서 $a=1$, $b=0$, $c=-3$이므로

$a+b+c=-2$

588 ⋯ 답 풀이 참조

선분 BC의 중점을 M이라 하면

점 M의 좌표는 $\left(\frac{x_2+x_3}{2}, \frac{y_2+y_3}{2}, \frac{z_2+z_3}{2}\right)$이다.

삼각형 ABC의 무게중심은 선분 AM을 2 : 1로 내분하는 점이므로 무게중심 G의 좌표는

$\left(\frac{x_1+x_2+x_3}{3}, \frac{y_1+y_2+y_3}{3}, \frac{z_1+z_2+z_3}{3}\right)$이다.

채점 요소	배점
삼각형 ABC의 한 변의 중점 M의 좌표 구하기	30%
마주 보는 꼭짓점과 중점 M을 연결한 선분을 2 : 1로 내분하는 점이 무게중심임을 설명하고, 무게중심의 좌표 구하기	70%

589 ⋯ 답 ②

구 $x^2+y^2+z^2+2y=3$에서

$x^2+(y^2+2y+1)+z^2=4$

$\therefore x^2+(y+1)^2+z^2=4$

따라서 중심이 $(0, -1, 0)$이고, 반지름의 길이는 2이다.

590 ⋯ 답 $x^2+(y-5)^2+(z-1)^2=18$

두 점 $(1, 4, -3)$, $(-1, 6, 5)$를 양 끝점으로 하는 선분의 중점이 구의 중심이므로 중심의 좌표는 $(0, 5, 1)$이고,

구의 중심에서 점 $(1, 4, -3)$까지의 거리가 구의 반지름의 길이와 같으므로 반지름의 길이는

$\sqrt{(-1)^2+1^2+4^2}=3\sqrt{2}$

따라서 구의 방정식은 $x^2+(y-5)^2+(z-1)^2=18$이다.

591 ⋯ 답 ①

구의 방정식을

$x^2+y^2+z^2+Ax+By+Cz+D=0$ (A, B, C, D는 실수)이라 하면

이 구가 네 점 $(0, 0, 0)$, $(2, 0, 0)$, $(0, 2, 2)$, $(1, -1, 0)$을 지나므로

$D=0$

$4+2A+D=0$에서 $A=-2$

$8+2B+2C+D=0$ ⋯⋯ ㉠

$2+A-B+D=0$ ⋯⋯ ㉡

㉡에서 $B=0$, ㉠에서 $C=-4$

따라서 구의 방정식은 $x^2+y^2+z^2-2x-4z=0$에서

$(x-1)^2+y^2+(z-2)^2=5$이므로

구의 반지름의 길이는 $\sqrt{5}$이다.

592 ⋯ 답 ②

구 $x^2+y^2+z^2-6x-2y+4z-2=0$에서

$(x-3)^2+(y-1)^2+(z+2)^2=16$ ⋯⋯ ㉠

이 구가 yz평면과 만나서 생기는 도형은 ㉠에 $x=0$을 대입하면

$(y-1)^2+(z+2)^2=7$이므로

반지름의 길이가 $\sqrt{7}$인 원이다.

따라서 구하는 원의 넓이는 $\pi\times\sqrt{7}^2=7\pi$이다.

593 ⋯ 답 ⑤

구의 중심 $(-2, 3, 4)$에서 x축에 내린 수선의 발은 $(-2, 0, 0)$이고, x축에 접하는 구의 반지름의 길이는 구의 중심에서 x축까지의 거리와 같으므로 이 구의 반지름의 길이는 두 점 $(-2, 3, 4)$, $(-2, 0, 0)$ 사이의 거리와 같다.

$\therefore r_1=\sqrt{3^2+4^2}=5$

yz평면에 접하는 구의 반지름의 길이는 구의 중심에서 yz평면까지의 거리와 같으므로 이 구의 반지름의 길이는 구의 중심 $(-2, 3, 4)$에서 yz평면까지의 거리인 2와 같다.

$\therefore r_2=2$

$\therefore r_1+r_2=5+2=7$

594 ⋯⋯ 답 ③

구 $x^2+y^2+z^2-4x-6y+2z=0$에서
$(x-2)^2+(y-3)^2+(z+1)^2=14$이므로
중심은 $(2, 3, -1)$이고, 반지름의 길이는 $\sqrt{14}$이다.
구의 중심을 C라 하자.

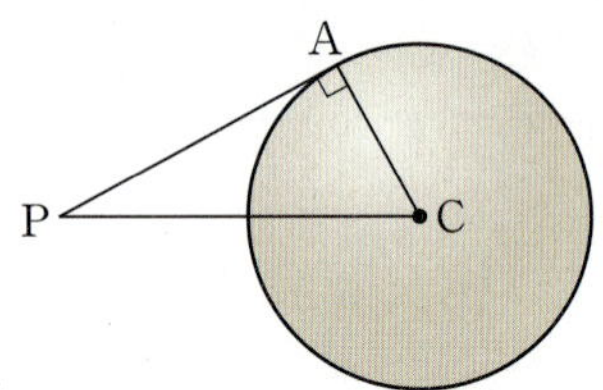

$\overline{CP}=\sqrt{(-1)^2+2^2+5^2}=\sqrt{30}$, $\overline{AC}=\sqrt{14}$이므로
직각삼각형 PAC에서 $\overline{PA}=\sqrt{(\sqrt{30})^2-(\sqrt{14})^2}=4$

595 ⋯⋯ 답 ②

두 구가 서로 외접할 때, 두 구의 중심 사이의 거리가 두 구의 반지름의 길이의 합과 같다. ⋯⋯ 참고
구 $(x-2)^2+(y+3)^2+(z+2)^2=16$의
중심은 $(2, -3, -2)$이고, 반지름의 길이는 4이다.
구 $x^2+(y-1)^2+(z-2)^2=r^2$의
중심은 $(0, 1, 2)$이고, 반지름의 길이는 r이다.
따라서 두 구의 중심 사이의 거리는
$\sqrt{2^2+(-4)^2+(-4)^2}=6$
이 값이 두 구의 반지름의 길이의 합과 같으므로
$r+4=6$
$\therefore r=2$

> **참고**
> 518번의 **참고** 를 확인하자.

596 ⋯⋯ 답 ③

구 $(x-2)^2+y^2+z^2=4$의 중심은 $(2, 0, 0)$이고 반지름의 길이는 2이다.
점 $A(4, -2, 1)$과 구의 중심 $(2, 0, 0)$ 사이의 거리는
$\sqrt{2^2+(-2)^2+1^2}=3$이다.

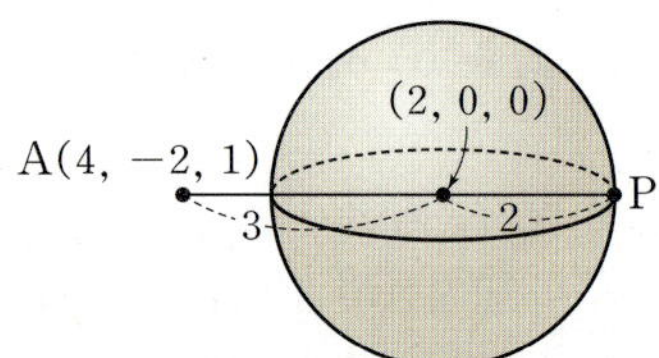

따라서 점 A와 구 위의 점 P 사이의 거리의 최댓값은
$3+2=5$이다.

597 ⋯⋯ 답 ⑤

구 $(x-1)^2+(y-3)^2+(z-6)^2=9$의 중심은 $(1, 3, 6)$이고
반지름의 길이는 3이다.
구의 중심과 x축 사이의 거리는
구의 중심 $(1, 3, 6)$과 구의 중심에서 x축에 내린 수선의 발 $(1, 0, 0)$ 사이의 거리와 같으므로
$\sqrt{0^2+3^2+6^2}=3\sqrt{5}$

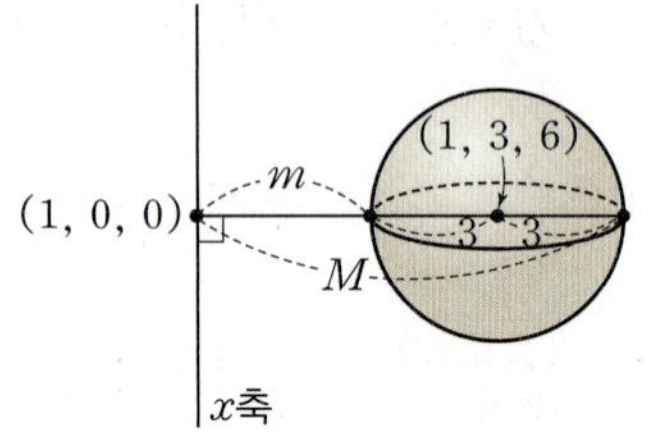

따라서 구 위의 점과 x축 사이의 거리의
최댓값은 $M=3\sqrt{5}+3$, 최솟값은 $m=3\sqrt{5}-3$이므로
$M+m=6\sqrt{5}$

598 ⋯⋯ 답 ②

점 P의 좌표를 (p, q, r)라 하면
점 P의 xy평면에 대한 대칭점의 좌표는 $Q(p, q, -r)$이고,
$(a+b, a-b, c)$와 같다.
점 P의 z축에 대한 대칭점의 좌표는 $R(-p, -q, r)$이고,
$(2a-2, 2b, c-2)$와 같다.
즉,
$a+b=-2a+2$ ⋯⋯ ㉠
$a-b=-2b$ ⋯⋯ ㉡
$c=-c+2$ ⋯⋯ ㉢
㉡에서 $b=-a$이고, 이를 ㉠에 대입하면
$a=1$, $b=-1$
㉢에서 $c=1$
$\therefore abc=-1$

599 ⋯⋯ 답 ②

$\overline{AB}=\overline{AC}=3$, $\overline{BC}=4$인 이등변삼각형 ABC에서
점 A에서 선분 BC에 내린 수선의 발을 H라 하면 $\overline{BH}=2$이므로
$\overline{AH}=\sqrt{3^2-2^2}=\sqrt{5}$이다.
따라서 $A(2, 0, \sqrt{5})$, $F(0, 8, 0)$이고, $D(2, 8, \sqrt{5})$이다.
$\therefore abc=2\times8\times\sqrt{5}=16\sqrt{5}$

600 ⋯⋯ 답 ①

한 변의 길이가 6인 정육각형을 한 변의 길이가 6인 정삼각형 6개로 나누었을 때 이 정삼각형의 높이는 $\frac{\sqrt{3}}{2}\times6=3\sqrt{3}$이므로
$\overline{LH}=2\times3\sqrt{3}=6\sqrt{3}$

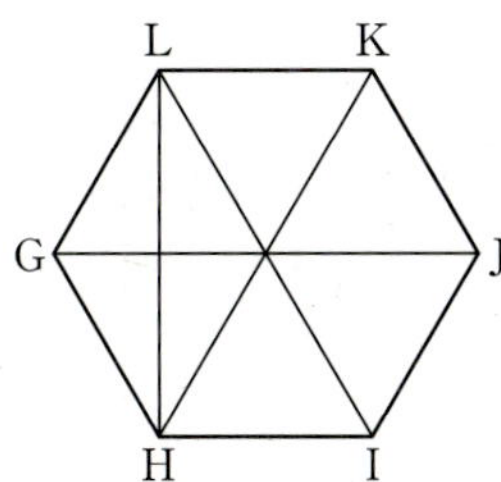

또한 $\overline{LK}=6$, $\overline{CI}=6$이므로 $C(6\sqrt{3},\ 6,\ 6)$
따라서 점 C를 y축에 대하여 대칭이동한 점의 좌표는
$(-6\sqrt{3},\ 6,\ -6)$이므로
$a+b+c=-6\sqrt{3}+6+(-6)=-6\sqrt{3}$

601 답 ④

$\overline{AB}=\sqrt{(a-1)^2+(-1)^2+0^2}=\sqrt{a^2-2a+2}$
$\overline{AC}=\sqrt{(a-3)^2+3^2+(-2)^2}=\sqrt{a^2-6a+22}$
$\overline{BC}=\sqrt{2^2+(-4)^2+2^2}=\sqrt{24}$
$\angle BAC=90°$에서 피타고라스 정리에 의하여
$\overline{AB}^2+\overline{AC}^2=\overline{BC}^2$이므로
$(a^2-2a+2)+(a^2-6a+22)=24$
$a^2-4a=0,\ a(a-4)=0$
$\therefore\ a=0$ 또는 $a=4$
따라서 모든 실수 a의 값의 합은 4이다.

602 답 ②

점 $A(1,\ 3,\ 2)$를 x축에 대하여 대칭이동한 점 B의 좌표는
$(1,\ -3,\ -2)$이고, xy평면에 대하여 대칭이동한 점 C의 좌표는
$(1,\ 3,\ -2)$이므로 삼각형 ABC는 선분 AB를 빗변으로 하는 직각삼각형이다.
이때,
$\overline{AB}=\sqrt{0^2+6^2+4^2}=2\sqrt{13}$
이므로 세 점 A, B, C를 지나는 원의 반지름의 길이는 $\sqrt{13}$이다.

603 답 ②

점 $A(1,\ 5,\ 4)$에서 xy평면에 내린 수선의 발을 P라 하면
점 P의 좌표는 $(1,\ 5,\ 0)$이고, $\overline{AP}=4$이다.
선분 AP가 xy평면과 수직이고, 선분 AH가 xy평면 위의 직선 $y=x$와 수직이므로 삼수선의 정리에 의하여 선분 PH가 xy평면 위의 직선 $y=x$와 수직이다.

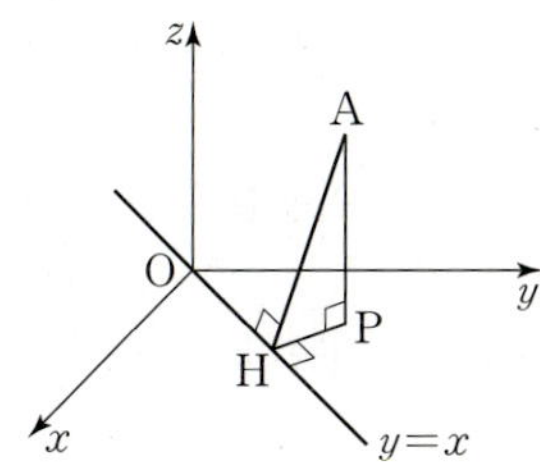

xy평면에서 점 P와 직선 $y=x$, 즉 $x-y=0$ 사이의 거리는
$\overline{PH}=\dfrac{|1-5|}{\sqrt{1^2+(-1)^2}}=2\sqrt{2}$이므로
직각삼각형 APH에서
$\overline{AH}=\sqrt{(2\sqrt{2})^2+4^2}=2\sqrt{6}$

604 답 ⑤

점 $A(0,\ 0,\ 4)$에서 직선 l에 내린 수선의 발을 H라 하면 삼수선의 정리에 의하여 선분 OH와 직선 l은 수직이다.
이때, xy평면에서 직선 l의 방정식은
$y=-\dfrac{6}{a}x+6$, 즉 $6x+ay-6a=0$
이므로 원점과 직선 l 사이의 거리는 $\dfrac{|-6a|}{\sqrt{a^2+36}}$이다.
또한 점 A와 직선 l 사이의 거리가 5이므로 직각삼각형 AOH에서 피타고라스 정리에 의하여
$25=16+\dfrac{36a^2}{a^2+36}$
$25(a^2+36)=16(a^2+36)+36a^2$
$9(a^2+36)=36a^2$
$\therefore\ a^2=12$

605 답 ①

$\overline{AP}=\overline{BP}$이므로
$\sqrt{(a-3)^2+(b+2)^2+(-3)^2}=\sqrt{(a-4)^2+(b+4)^2+(-2)^2}$
$a^2-6a+b^2+4b+22=a^2-8a+b^2+8b+36$
$a-2b-7=0$
즉, $a=2b+7$이므로 …… ㉠
$P(2b+7,\ b,\ 0)$
$\overline{CP}=\sqrt{(2b+6)^2+(b-2)^2+6^2}$
$=\sqrt{5b^2+20b+76}$
$=\sqrt{5(b+2)^2+56}$
이므로 $b=-2$일 때 $\overline{CP}$가 최소이다.
$b=-2$일 때 ㉠에서 $a=3$이다.
즉, $P(3,\ -2,\ 0)$
$\therefore\ a+b=1$

606 답 ③

점 C는 구 S와 평면 ABC가 만나서 생기는 원 위의 점이고 반원에 대한 원주각의 크기는 $90°$이므로 $\angle ACB=90°$이다.
따라서 삼각형 ABC의 넓이는
$\dfrac{1}{2}\times\overline{AC}\times\overline{BC}=\dfrac{1}{2}\times\sqrt{(-1)^2+1^2+2^2}\times\sqrt{1^2+5^2+(-2)^2}$
$=\dfrac{1}{2}\times\sqrt{6}\times\sqrt{30}=3\sqrt{5}$

607 ······ 답 ①

직선 PQ는 xy평면과 서로 수직이고 점 Q에서 선분 BC에 내린 수선의 발을 H라 하면 두 직선 QH, BC는 서로 수직이므로 삼수선의 정리에 의하여 두 직선 PH, BC는 서로 수직이고, 점 P와 직선 BC 사이의 거리는 $\overline{PH}$이다.

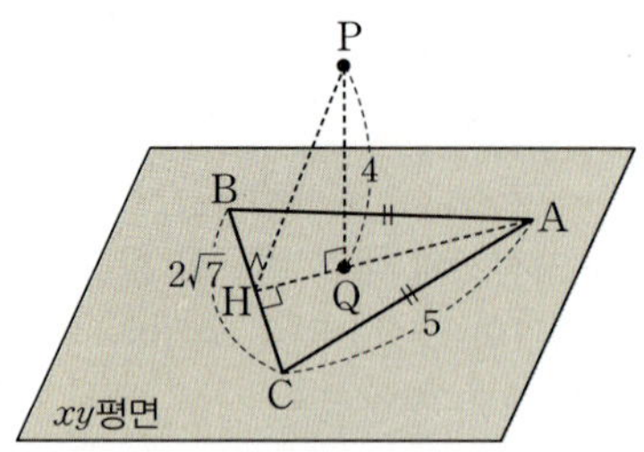

삼각형 ABC는 $\overline{AB}=\overline{AC}=5$인 이등변삼각형이므로 점 H는 선분 BC의 중점이다.
직각삼각형 AHB에서 $\overline{AH}=\sqrt{5^2-\sqrt{7}^2}=3\sqrt{2}$
이때, 점 Q는 삼각형 ABC의 무게중심이므로 $\overline{QH}=\sqrt{2}$이다.
점 P(1, 1, 4)의 xy평면 위로의 정사영은 점 Q(1, 1, 0)이므로 $\overline{PQ}=4$이다.
직각삼각형 PQH에서
$\overline{PH}=\sqrt{4^2+\sqrt{2}^2}=3\sqrt{2}$
따라서 점 P와 직선 BC 사이의 거리는 $3\sqrt{2}$이다.

608 ······ 답 ③

직선 BC와 yz평면은 서로 수직이므로
두 직선 AC와 BC는 서로 수직이다.
따라서 평면 ABC와 xy평면이 이루는 각의 크기를
$\theta(0^\circ<\theta<90^\circ)$라 하면 $\overline{AC}=\sqrt{3^2+4^2}=5$이므로
$\cos\theta=\frac{\overline{OC}}{\overline{AC}}=\frac{4}{5}$

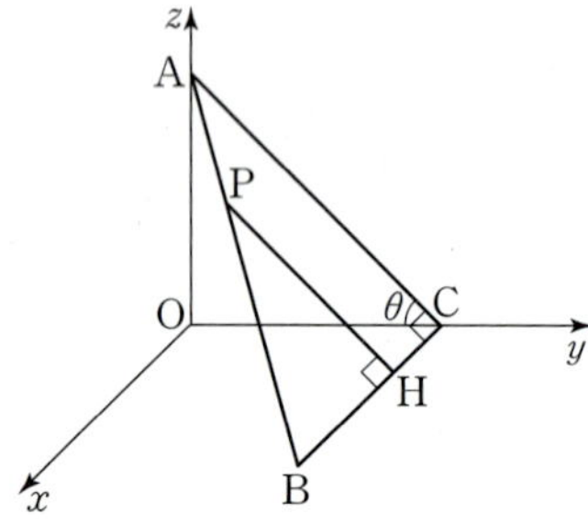

한편, 두 삼각형 ABC와 PBH는 닮음비가 5 : 3이므로 넓이의 비는 25 : 9이고,
삼각형 ABC의 넓이는 $\frac{1}{2}\times\overline{BC}\times\overline{AC}=\frac{1}{2}\times5\times5=\frac{25}{2}$이므로
삼각형 PBH의 넓이는 $\frac{25}{2}\times\frac{9}{25}=\frac{9}{2}$이다.
따라서 삼각형 PBH의 xy평면 위로의 정사영의 넓이는
$\frac{9}{2}\times\cos\theta=\frac{9}{2}\times\frac{4}{5}=\frac{18}{5}$

609 ······ 답 ③

선분 AB를 평행이동하여도 선분 AB의 xy평면, yz평면, zx평면 위로의 정사영의 길이와 선분 AB의 길이는 변하지 않으므로
점 A를 원점, 점 B(a, b, c)라 하자.
점 B의 xy평면 위로의 정사영이 점 $(a, b, 0)$이므로
선분 AB의 xy평면 위로의 정사영의 길이는
$\sqrt{a^2+b^2}=\sqrt{5}$, 즉 $a^2+b^2=5$ ······ ㉠
점 B의 yz평면 위로의 정사영이 점 $(0, b, c)$이므로
선분 AB의 yz평면 위로의 정사영의 길이는
$\sqrt{b^2+c^2}=\sqrt{6}$이므로 $b^2+c^2=6$ ······ ㉡
점 B의 zx평면 위로의 정사영이 점 $(a, 0, c)$이므로
선분 AB의 zx평면 위로의 정사영의 길이는
$\sqrt{a^2+c^2}=3$, 즉 $a^2+c^2=9$ ······ ㉢
㉠, ㉡, ㉢의 양변을 각각 모두 더하면
$2(a^2+b^2+c^2)=20$이므로
$a^2+b^2+c^2=10$
$\therefore\ \overline{AB}=\sqrt{a^2+b^2+c^2}=\sqrt{10}$

610 ······ 답 ③

직선 OA가 밑면과 만나는 점을 P, 직선 OB가 밑면과 만나는 점을 Q라 하자.

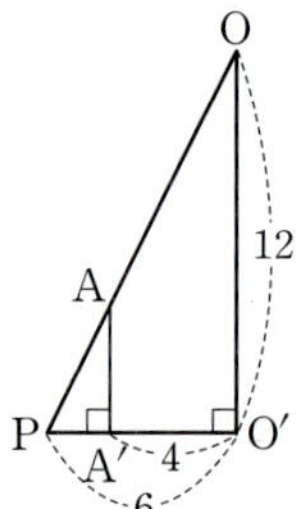

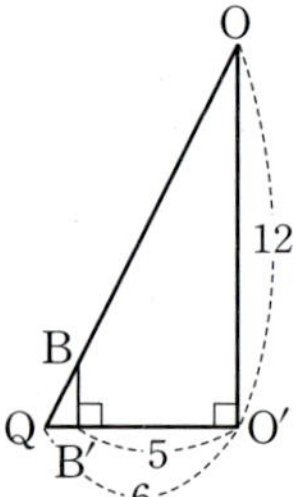

삼각형 OO′P, AA′P, BB′Q가 서로 닮음이므로
$\overline{PO'}:\overline{OO'}=\overline{PA'}:\overline{AA'}=\overline{QB'}:\overline{BB'}$
즉, $6:12=2:\overline{AA'}=1:\overline{BB'}$이므로
$\overline{AA'}=4$, $\overline{BB'}=2$이다.
점 O′을 좌표공간의 원점, 점 A′을 x축 위, 점 B′을 y축 위, 점 O를 z축 위에 놓으면
A(4, 0, 4), B(0, 5, 2)이므로
$\overline{AB}=\sqrt{4^2+(-5)^2+2^2}=3\sqrt{5}$

611 ······ 답 ④

점 A를 xy평면에 대하여 대칭이동한 점을 A′이라 하면
A′(1, 4, −2)
점 B를 yz평면에 대하여 대칭이동한 점을 B′이라 하면
B′(−1, 5, 3)

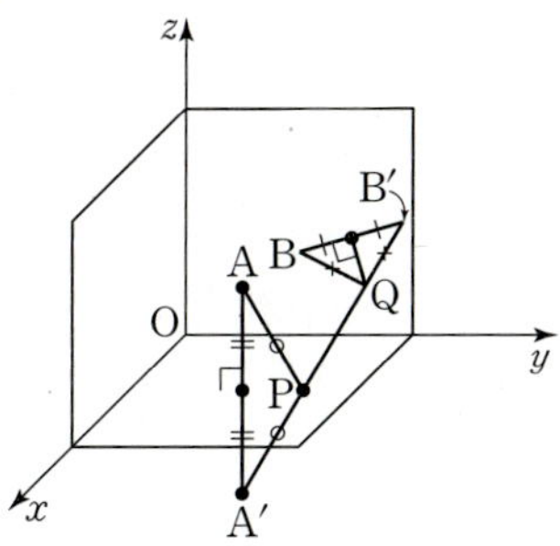

$\overline{AP}+\overline{PQ}+\overline{QB}=\overline{A'P}+\overline{PQ}+\overline{QB'}$
$\geq\overline{A'B'}$
$=\sqrt{(-2)^2+1^2+5^2}$
$=\sqrt{30}$

612 .... 답 ④

xy평면에서 점 B(2, 2, 0)을 중심으로 하고,
x축, y축에 모두 접하는 원의 반지름의 길이는 2이다.
점 A(−2, 5, 6)에서 xy평면에 내린 수선의 발을 A′이라 하면
A′(−2, 5, 0)이고, $\overline{AA'}=6$이다.

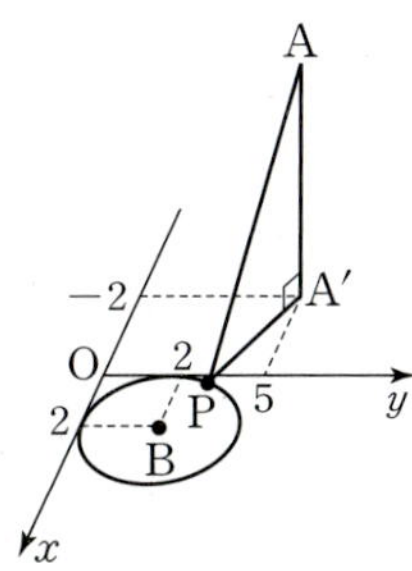

$\overline{AP}=\sqrt{\overline{AA'}^2+\overline{A'P}^2}=\sqrt{36+\overline{A'P}^2}$이므로
$\overline{A'P}$가 최소일 때 $\overline{AP}$도 최솟값을 갖는다.
점 A′에서 원의 중심 B까지의 거리는
$\overline{A'B}=\sqrt{4^2+(-3)^2}=5$이므로
점 A′에서 원 위의 점 P까지의 거리의 최솟값은 $5-2=3$이다.
따라서 선분 AP의 길이의 최솟값은 $\sqrt{36+3^2}=3\sqrt{5}$이다.

613 .... 답 13

점 A에서 xy평면에 내린 수선의 발을 A′이라 하면
A′(9, 0, 0)이므로 점 A′은 x축 위의 점이다.

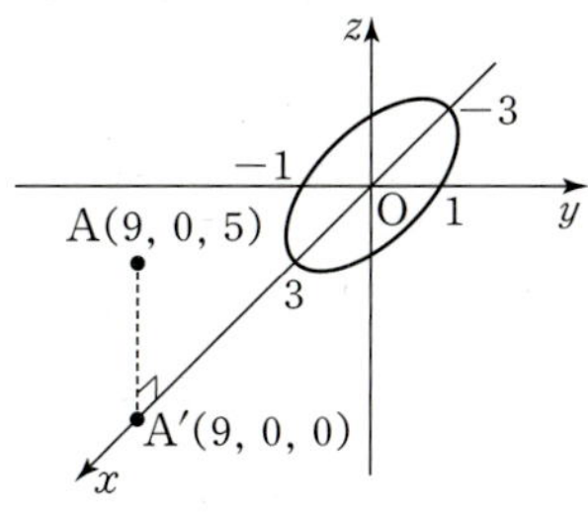

$\overline{AP}=\sqrt{\overline{AA'}^2+\overline{A'P}^2}=\sqrt{5^2+\overline{A'P}^2}$
이므로 $\overline{A'P}$가 최대일 때 $\overline{AP}$는 최댓값을 갖는다.
이때, xy평면 위의 타원 $\frac{x^2}{9}+y^2=1$의 장축은 x축 위에 있으므로
점 P가 점 (−3, 0, 0)의 위치에 있을 때 $\overline{A'P}$는 최대이다.
$\therefore$ ($\overline{AP}$의 최댓값)$=\sqrt{5^2+12^2}=13$

614 .... 답 ①

점 A′(−3, 2, 4)를 z축에 대하여 대칭이동한 점이 A이므로
점 A의 좌표는 (3, −2, 4)이다.
또한 원점을 중심으로 하는 원의 지름의 양 끝점이 A, B이므로 선분 AB의 중점이 원점이다.
즉, $\left(\frac{a+3}{2}, \frac{b-2}{2}, \frac{c+4}{2}\right)$와 (0, 0, 0)은 같다.
$a=-3$, $b=2$, $c=-4$
$\therefore a+b+c=-5$

615 .... 답 ⑤

xy평면에 의하여 선분 AB를 $m:n$으로 내분하는 점의 z좌표가 0이므로
$\frac{-6m+2n}{m+n}=0$에서 $n=3m$
$\therefore \frac{n}{m}=3$

616 .... 답 ①

$\overline{OP}:\overline{OA}=2:3$이므로
점 P는 선분 OA를 2 : 1로 내분하는 점이거나

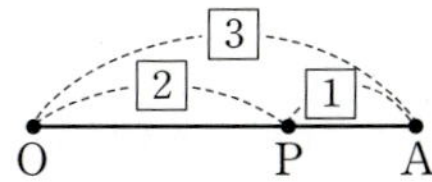

선분 OA를 2 : 5로 외분하는 점이다.

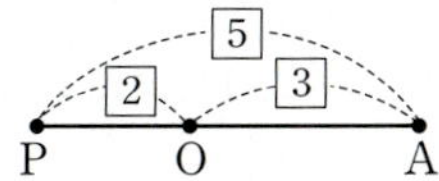

이때, 점 P가 선분 OA 위의 점이 아니므로
점 P는 선분 OA를 2 : 5로 외분하는 점이다. …… ㉠
즉, $\left(\frac{2a}{-3}, \frac{2b}{-3}, \frac{2c}{-3}\right)$와 (2, −2, 6)은 같다.
따라서 $a=-3$, $b=3$, $c=-9$이므로
$a+b+c=-9$

다른 풀이

㉠에서 점 A가 선분 PO를 5 : 3으로 외분하는 점이므로
점 A의 좌표는 $\left(\frac{-3\times2}{2}, \frac{-3\times(-2)}{2}, \frac{-3\times6}{2}\right)$, 즉
(−3, 3, −9)이다.
$\therefore a+b+c=-3+3+(-9)=-9$

617 ······ 답 ①

삼각형 BOC와 삼각형 BP′P는 서로 닮음이고 $\overline{BP}:\overline{PC}=2:1$이므로 점 P′의 좌표는 $(0, 1, 0)$이다.
또한 삼각형 AOC와 삼각형 AQ′Q는 서로 닮음이고 $\overline{AQ}:\overline{QC}=1:2$이므로 점 Q′의 좌표는 $(2, 0, 0)$이다.
이때, 점 P′은 y축 위의 점이고 점 Q′은 x축 위의 점이므로 삼각형 OP′Q′은 직각삼각형이다.

$\therefore$ (삼각형 OP′Q′의 넓이)$=\frac{1}{2}\times2\times1=1$

618 ······ 답 ①

$\overline{AC}=\sqrt{1^2+0^2+(-\sqrt{7})^2}=2\sqrt{2}$,
$\overline{BC}=\sqrt{0^2+5^2+(-\sqrt{7})^2}=4\sqrt{2}$
이고 선분 CP가 각 ACB를 이등분하므로
$\overline{AP}:\overline{BP}=\overline{AC}:\overline{BC}=1:2$에서
점 P는 선분 AB를 $1:2$로 내분하는 점이다.

따라서 점 P의 좌표는 $\left(\frac{2}{3}, \frac{5}{3}, 0\right)$이므로

선분 OP의 길이는 $\sqrt{\left(\frac{2}{3}\right)^2+\left(\frac{5}{3}\right)^2+0^2}=\frac{\sqrt{29}}{3}$이다.

619 ······ 답 ①

정사면체 ABCD는 모든 모서리의 길이가 같으므로
$\overline{AB}=\overline{AC}=\overline{AD}$에서
$\sqrt{9^2+4^2+1^2}=\sqrt{1^2+(a-2)^2+4^2}=\sqrt{4^2+1^2+(b-3)^2}$
$(a-2)^2=9^2$에서 $a-2=\pm9$ $\quad\therefore a=11$ ($\because a>0$)
$(b-3)^2=9^2$에서 $b-3=\pm9$ $\quad\therefore b=12$ ($\because b>0$)
따라서 세 점 B(10, 6, 4), C(2, 11, 7), D(5, 3, 12)에 대하여 삼각형 BCD의 무게중심의 좌표는
$\left(\frac{17}{3}, \frac{20}{3}, \frac{23}{3}\right)$

$\therefore p+q+r=\frac{17}{3}+\frac{20}{3}+\frac{23}{3}=20$

620 ······ 답 ③

평면 α를 xy평면으로 놓으면
세 점 A, B, C의 z좌표는 각각 2, 3, 7이므로

삼각형 ABC의 무게중심의 z좌표는 $\frac{2+3+7}{3}=4$이다.

따라서 삼각형 ABC의 무게중심으로부터 평면 α까지의 거리는 4이다.

621 ······ 답 ②

정육면체 A에 내접하는 구의 중심의 좌표는 (3, 1, 3),
정육면체 B에 내접하는 구의 중심의 좌표는 (3, 3, 1),
정육면체 C에 내접하는 구의 중심의 좌표는 (1, 3, 1)이므로
(p, q, r)는 $\left(\frac{3+3+1}{3}, \frac{1+3+3}{3}, \frac{3+1+1}{3}\right)$, 즉

$\left(\frac{7}{3}, \frac{7}{3}, \frac{5}{3}\right)$와 같다.

$\therefore p+q+r=\frac{19}{3}$

622 ······ 답 ④

주어진 직육면체를 그림과 같이 점 E가 원점, 세 점 F, H, A가 각각 x축, y축, z축 위에 있도록 좌표공간에 놓으면 다음과 같다.

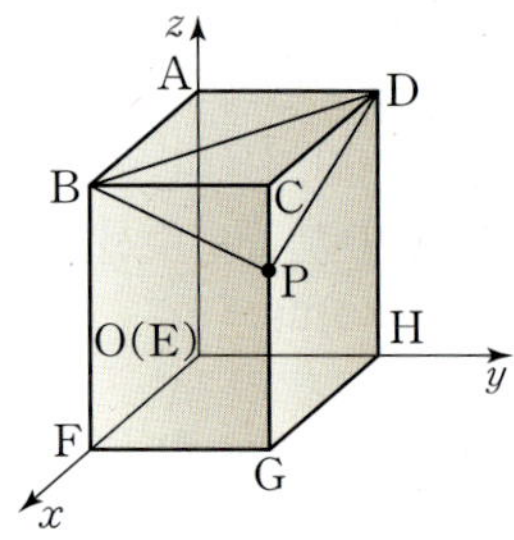

세 점 B, D, P는 B(2, 0, 3), D(0, 2, 3), P(2, 2, 2)이므로

삼각형 BDP의 무게중심의 좌표는 $\left(\frac{4}{3}, \frac{4}{3}, \frac{8}{3}\right)$이다.

따라서 무게중심에서 점 E(0, 0, 0)까지의 거리는
$\sqrt{\left(\frac{4}{3}\right)^2+\left(\frac{4}{3}\right)^2+\left(\frac{8}{3}\right)^2}=\frac{4\sqrt{6}}{3}$

623 ······ 답 ⑤

점 H는 삼각형 OBC의 무게중심이다.
점 C의 좌표는 (0, 12, 0)이고,
점 B의 좌표는 $(6\sqrt{3}, 6, 0)$이므로

점 H의 좌표는 $\left(\frac{0+6\sqrt{3}+0}{3}, \frac{0+6+12}{3}, 0\right)$, 즉 $(2\sqrt{3}, 6, 0)$이다.

한편, $\overline{OA}=12$, $\overline{OH}=\sqrt{(2\sqrt{3})^2+6^2+0^2}=4\sqrt{3}$이므로
$\overline{AH}=\sqrt{12^2-(4\sqrt{3})^2}=4\sqrt{6}$
따라서 선분 AH의 중점 M의 좌표는 $(2\sqrt{3}, 6, 2\sqrt{6})$이므로
$a^2+b^2+c^2=12+36+24=72$

624 ······ 답 풀이 참조

점 A에서 선분 BC에 내린 수선의 발을 H라 하면 삼각형 ABC의 넓이가 $16\sqrt{5}$이므로

$\frac{1}{2}\times8\times\overline{AH}=16\sqrt{5}$에서 $\overline{AH}=4\sqrt{5}$

점 A에서 밑면에 내린 수선의 발을 F라 하면
$\overline{AF}=\sqrt{(4\sqrt{5})^2-4^2}=8$

주어진 정사각뿔을 그림과 같이 점 E를 원점, 점 B가 x축, 점 D가 y축 위에 있도록 좌표공간 위에 놓으면 다음과 같다.

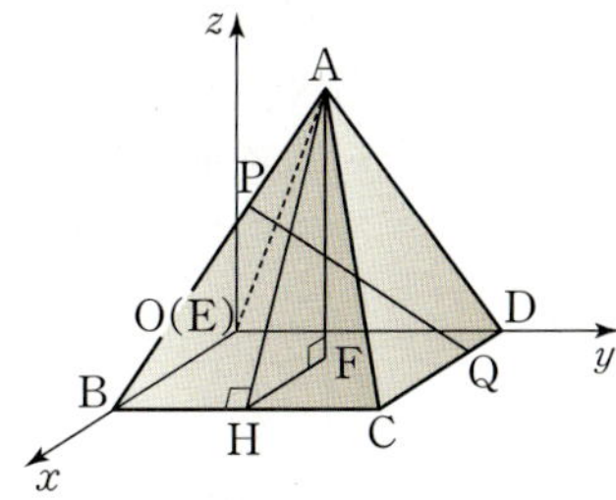

A(4, 4, 8), B(8, 0, 0), C(8, 8, 0), D(0, 8, 0)이므로

선분 AB를 1 : 2로 내분하는 점 P의 좌표는 $\left(\frac{16}{3}, \frac{8}{3}, \frac{16}{3}\right)$

선분 CD를 2 : 1로 내분하는 점 Q의 좌표는 $\left(\frac{8}{3}, 8, 0\right)$

$\therefore \overline{PQ}=\sqrt{\left(\frac{8}{3}\right)^2+\left(-\frac{16}{3}\right)^2+\left(\frac{16}{3}\right)^2}=8$

채점 요소	배점
한 옆면의 넓이를 이용하여 $\overline{AH}$의 길이 구하기	20%
$\overline{AF}$의 길이 구하기	20%
좌표공간 위에 정사각뿔을 놓고, 꼭짓점의 좌표 구하기	20%
두 점 P, Q의 좌표 구하기	20%
두 점 P, Q 사이의 거리 구하기	20%

625 ······ 답 풀이 참조

구 $x^2+y^2+z^2=9$ 위의 점 B의 좌표를 (x_1, y_1, z_1)이라 하고

선분 AB를 1 : 2로 내분하는 점의 좌표를 (x, y, z)라 하면

$x=\frac{x_1+4}{3}$, $y=\frac{y_1-12}{3}$, $z=\frac{z_1+6}{3}$이므로

$x_1=3x-4$, $y_1=3y+12$, $z_1=3z-6$ ······ ㉠

점 (x_1, y_1, z_1)이 구 $x^2+y^2+z^2=9$ 위의 점이므로

㉠을 각각 대입하면

$(3x-4)^2+(3y+12)^2+(3z-6)^2=9$

$\therefore \left(x-\frac{4}{3}\right)^2+(y+4)^2+(z-2)^2=1$

채점 요소	배점
선분 AB를 1 : 2로 내분하는 점 (x, y, z)에 대하여 x, y, z를 점 B의 좌표를 이용하여 나타내기	50%
점 B가 구 위의 점임을 이용하여 도형의 방정식 구하기	50%

626 ······ 답 ⑤

구 $x^2+y^2+z^2-6ax+4y-12z+8b=0$에서

$(x-3a)^2+(y+2)^2+(z-6)^2=9a^2-8b+40$이므로

중심은 $(3a, -2, 6)$이고, 반지름의 길이는 $\sqrt{9a^2-8b+40}$이다.

이 구가 xy평면과 yz평면에 동시에 접하므로

구의 중심의 z좌표와 x좌표의 절댓값이 구의 반지름의 길이와 같다.

즉, $6=|3a|=\sqrt{9a^2-8b+40}$

$6=|3a|$에서 $|a|=2$, $a^2=4$

$6=\sqrt{76-8b}$에서 $b=5$

$\therefore a^2+b^2=4+25=29$

627 ······ 답 ④

xy평면, yz평면, zx평면에 동시에 접하는 구의 반지름의 길이를 r라 하면 구의 중심의 x, y, z좌표의 절댓값이 모두 r이고, 이때 이 구가 점 $(5, -3, 1)$을 지나므로 구의 중심의 x, y, z좌표는 각각 양수, 음수, 양수이어야 한다.

즉, 구의 중심의 좌표는 $(r, -r, r)$이므로 구의 방정식은

$(x-r)^2+(y+r)^2+(z-r)^2=r^2$이다.

이 구가 점 $(5, -3, 1)$을 지나므로

$(5-r)^2+(-3+r)^2+(1-r)^2=r^2$에서

$2r^2-18r+35=0$

이를 만족시키는 두 실수 r의 값을 각각 r_1, r_2라 하면

이차방정식의 근과 계수의 관계에 의하여

$r_1+r_2=9$

따라서 두 구의 반지름의 길이의 합은 9이다.

628 ······ 답 ⑤

xy평면에 접하는 구의 반지름의 길이는 중심의 z좌표의 절댓값과 같으므로 중심의 좌표가 $(1, 1, -3)$이고, xy평면에 접하는 구의 반지름의 길이는 3이다.

즉, 구의 방정식은 $(x-1)^2+(y-1)^2+(z+3)^2=9$이다. ······ ㉠

이 구가 z축과 만나는 두 점의 좌표는 ㉠에 $x=0$, $y=0$을 대입하면

$(z+3)^2=7$에서 $z=-3+\sqrt{7}$ 또는 $z=-3-\sqrt{7}$이므로

두 점의 좌표는 $(0, 0, -3+\sqrt{7})$, $(0, 0, -3-\sqrt{7})$이다.

따라서 구하는 두 점 사이의 거리는 $d=2\sqrt{7}$이다.

$\therefore d^2=28$

629 ······ 답 ③

구가 xy평면과 점 $(2, 3, 0)$에서 접하므로

구의 중심의 좌표는 $(2, 3, k)$이고, 이때 구의 반지름의 길이는 $|k|$이다.

구의 방정식은 $(x-2)^2+(y-3)^2+(z-k)^2=k^2$이므로

구가 yz평면과 만나서 생기는 도형은 이 구의 방정식에 $x=0$을 대입하면

$(y-3)^2+(z-k)^2=k^2-4$

이므로 반지름의 길이가 $\sqrt{k^2-4}$인 원이다.

이 원의 넓이는 $\pi\times(\sqrt{k^2-4})^2=9\pi$이므로 $k^2=13$

따라서 원점에서 구의 중심 $(2, 3, k)$까지의 거리는

$\sqrt{2^2+3^2+k^2}=\sqrt{26}$이다.

630 ··· 답 ③

구 $x^2+y^2+z^2-8x+6y-4z+a=0$은
$(x-4)^2+(y+3)^2+(z-2)^2=29-a$이므로
중심이 $(4,\ -3,\ 2)$이고, 반지름의 길이가 $\sqrt{29-a}$이다.
이 구가 z축에 접하므로 원의 반지름의 길이는 구의 중심과
z축 사이의 거리와 같다.
구의 중심 $(4,\ -3,\ 2)$에서 z축에 내린 수선의 발이
$(0,\ 0,\ 2)$이므로
$\sqrt{4^2+(-3)^2+0^2}=\sqrt{29-a}$
$25=29-a$에서 $a=4$
따라서 구 $(x-4)^2+(y+3)^2+(z-2)^2=25$의 중심이
$(4,\ -3,\ 2)$이고, 반지름의 길이가 5이므로 이 구의 xy평면 위로의 정사영은 중심이 $(4,\ -3,\ 0)$이고, 반지름의 길이가 5인 원이다.
즉, 정사영의 넓이는 $\pi\times5^2=25\pi$이므로 $b=25$
$\therefore\ a+b=4+25=29$

631 ··· 답 ②

중심의 좌표를 $(a,\ b,\ c)$라 하자. (단, $a>0,\ b>0,\ c>0$)
구가 x축, y축, z축에 모두 접하므로
구의 중심 $(a,\ b,\ c)$에서 x축, y축, z축까지의 거리가 모두 반지름의 길이로 같으므로
$\sqrt{b^2+c^2}=\sqrt{a^2+c^2}=\sqrt{a^2+b^2}$
즉, $a^2=b^2=c^2$에서 $a=b=c$ ($\because\ a>0,\ b>0,\ c>0$)
이때, 반지름의 길이는 $\sqrt{2}a$이다.
따라서 구의 방정식은 $(x-a)^2+(y-a)^2+(z-a)^2=2a^2$이고,
구가 xy평면과 만나서 생기는 도형은 이 구의 방정식에
$z=0$을 대입하면
$(x-a)^2+(y-a)^2=a^2$
이 원의 넓이는 $\pi\times a^2=32\pi$이므로 $a^2=32,\ a=4\sqrt{2}$
그러므로 구의 반지름의 길이는 $\sqrt{2}a=8$이다.

632 ··· 답 ③

구 $x^2+y^2+z^2-6x-8y+4z+k=0$에서
$(x-3)^2+(y-4)^2+(z+2)^2=29-k$
이 방정식이 구를 나타내려면 $29-k>0$에서 $k<29$이고,
이 구의 중심은 $(3,\ 4,\ -2)$이고, 구의 반지름의 길이는
$\sqrt{29-k}$이다.
이 구가 xy평면, yz평면과 만나려면 구의 반지름의 길이가 구의 중심의 z좌표, x좌표의 절댓값보다 크거나 같아야 하고, zx평면과는 만나지 않으려면 구의 반지름의 길이가 구의 중심의 y좌표의 절댓값보다 작아야 하므로
$3\le\sqrt{29-k}<4$
$9\le29-k<16$
$\therefore\ 13<k\le20$
따라서 자연수 k의 최솟값은 14이고, 최댓값은 20이므로
자연수 k의 최솟값과 최댓값의 합은 34이다.

633 ··· 답 $3\sqrt{3}\pi$

구 $x^2+y^2+(z+4)^2=9$의 중심의 좌표는 $(0,\ 0,\ -4)$이고 반지름의 길이는 3이다.
다음 그림과 같이 점 A를 지나고 구에 접하는 접점 P가 나타내는 도형은 원이다.

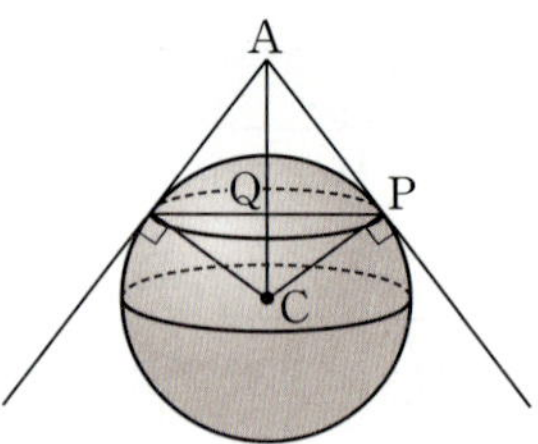

구의 중심을 C라 하고, 선분 AC가 점 P가 나타내는 원을 포함하는 평면과 만나는 점을 Q라 하면
$\overline{AC}=6,\ \overline{CP}=3$이므로 직각삼각형 APC에서 $\angle ACP=60^\circ$이다.
직각삼각형 CPQ에서 $\overline{PQ}=\overline{CP}\sin60^\circ=\frac{3\sqrt{3}}{2}$
따라서 점 P가 나타내는 도형은 반지름의 길이가 $\frac{3\sqrt{3}}{2}$인 원이므로
둘레의 길이는 $2\pi\times\frac{3\sqrt{3}}{2}=3\sqrt{3}\pi$이다.

634 ··· 답 24

반구와 xy평면이 만나서 생기는 원의 중심의 좌표는 $(5,\ 4,\ 0)$이다.
이때, 평면 α는 y축을 포함하므로 주어진 도형을 평면 $y=4$로 자른 단면은 다음 그림과 같다.

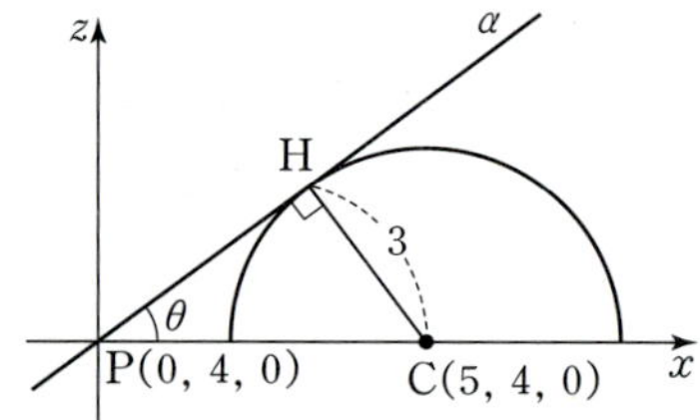

이때, $\mathrm{P}(0,\ 4,\ 0)$, $\mathrm{C}(5,\ 4,\ 0)$이라 하고 평면 α와 구가 접하는 점을
H라 하면 $\overline{PC}=5,\ \overline{CH}=3$이므로
$\overline{PH}=4$
따라서 $\cos\theta=\frac{4}{5}$이므로
$30\cos\theta=24$

635 ··· 답 풀이 참조

구의 방정식 $x^2+y^2+z^2-2x-4y+2z-3=0$에서
$(x-1)^2+(y-2)^2+(z+1)^2=9$이므로
구의 중심의 좌표는 $(1,\ 2,\ -1)$이고 반지름의 길이는 3이다.
구를 xy평면으로 자른 단면인 원의 방정식은 이 구의 방정식에
$z=0$을 대입하면
$(x-1)^2+(y-2)^2=8$

원뿔의 밑면의 반지름의 길이는 $2\sqrt{2}$이므로
넓이는 $\pi\times(2\sqrt{2})^2=8\pi$이다.
또한 원뿔의 밑면의 중심의 좌표는 (1, 2, 0)이므로
구의 중심과의 거리는 1이다.
따라서 원뿔의 부피가 최대가 되는 원뿔의 높이는 $1+3=4$이므로
구하는 부피의 최댓값은

$\frac{1}{3}\times8\pi\times4=\frac{32}{3}\pi$

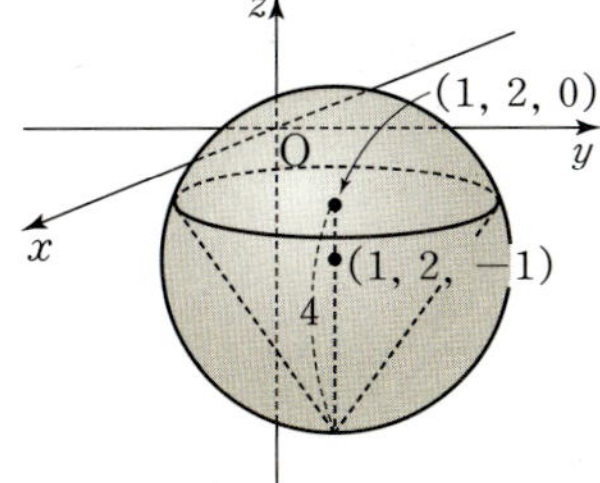

채점 요소	배점
구의 반지름의 길이 구하기	20 %
구를 xy평면으로 자른 단면인 원의 방정식 구하기	20 %
단면인 원의 넓이 구하기	20 %
원뿔의 높이의 최댓값 구하기	20 %
원뿔의 부피의 최댓값 구하기	20 %

636 ······ 답 ②

구 $(x-4)^2+(y-2)^2+(z-3)^2=1$의
중심의 좌표는 (4, 2, 3)이고 반지름의 길이는 1이므로
이 구의 xy평면 위로의 정사영은
중심의 좌표가 (4, 2, 0)이고 반지름의 길이가 1인 원이다.

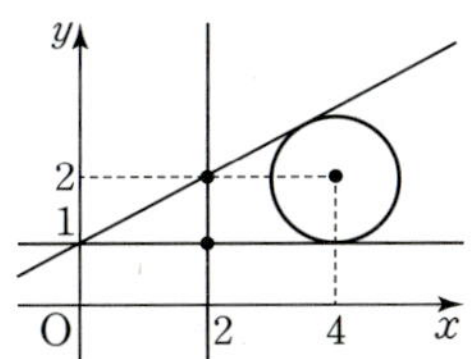

두 점 (0, 1, 4), (2, k, 3)의 xy평면 위로의 정사영이 각각
점 (0, 1, 0), (2, k, 0)이므로
두 점 (0, 1, 4), (2, k, 3)을 지나는 직선의 xy평면 위로의
정사영은 두 점 (0, 1, 0), (2, k, 0)을 지나는 직선이다.
즉, xy평면에서 두 점 (0, 1), (2, k)를 지나는 직선은

$y=\frac{k-1}{2}x+1$, 즉 $(k-1)x-2y+2=0$

이 직선이 원 $(x-4)^2+(y-2)^2=1$에 접해야 하므로
원의 중심 (4, 2)와 직선 $(k-1)x-2y+2=0$ 사이의 거리가
원의 반지름의 길이 1과 같아야 한다.

$\frac{|4(k-1)-4+2|}{\sqrt{(k-1)^2+(-2)^2}}=1$

$|4k-6|=\sqrt{k^2-2k+5}$

$16k^2-48k+36=k^2-2k+5$

$15k^2-46k+31=0$

따라서 이차방정식의 근과 계수의 관계에 의하여
모든 k의 값의 합은 $\frac{46}{15}$이다.

637 ······ 답 ②

구 위의 점 P(a, b, c)에 대하여 $a^2+b^2+c^2$은
점 P에서 원점까지의 거리의 제곱과 같다.
즉, 점 P에서 원점까지의 거리가 최소일 때, $a^2+b^2+c^2$이 최소이다.
구 $(x-3)^2+(y-4)^2+(z-12)^2=64$의 중심의 좌표는
(3, 4, 12)이고 반지름의 길이는 8이므로
원점에서 구의 중심까지의 거리는 $\sqrt{3^2+4^2+12^2}=13$이다.
즉, 원점에서 구 위의 점 P까지의 거리의 최솟값은 $13-8=5$이다.
따라서 $a^2+b^2+c^2$의 최솟값은 $5^2=25$이다.

638 ······ 답 ②

구 $x^2+y^2+z^2+6x-4y-2z+4=0$에서
$(x+3)^2+(y-2)^2+(z-1)^2=10$ ······ ㉠
이 구가 xy평면과 만나서 생기는 원의 방정식은
㉠에 $z=0$을 대입하면 $(x+3)^2+(y-2)^2=9$이다.
점 P(1, −1, 2)라 하고, 점 P에서 xy평면에 내린 수선의 발을
P′이라 하면 P′(1, −1, 0)이다.
xy평면 위의 원 $(x+3)^2+(y-2)^2=9$ 위의 점을 Q라 할 때,

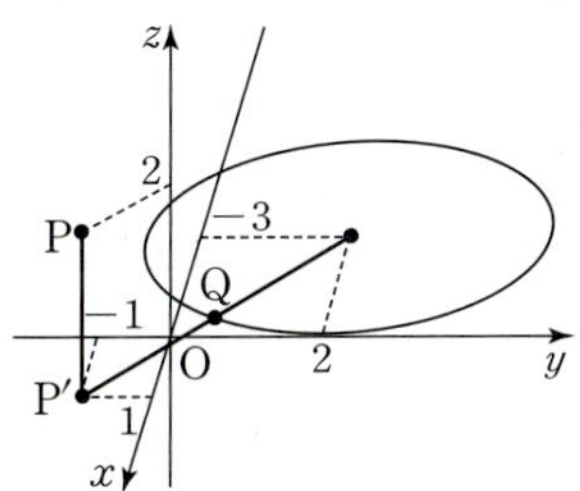

$\overline{PQ}=\sqrt{\overline{PP'}^2+\overline{P'Q}^2}$ ······ ㉡
이때, $\overline{PP'}=2$로 일정하므로 $\overline{P'Q}$가 최소일 때, $\overline{PQ}$가 최소이다.
점 P′과 원 $(x+3)^2+(y-2)^2=9$의 중심 (−3, 2, 0) 사이의 거리는
$\sqrt{(-4)^2+3^2}=5$이므로 점 P′과 원 위의 점 Q 사이의 거리의
최솟값은 $5-3=2$이다.
따라서 ㉡에서 $\overline{P'Q}$가 최솟값 2를 가질 때,
$\overline{PQ}$의 최솟값은 $\sqrt{2^2+2^2}=2\sqrt{2}$이다.

639 ······ 답 ②

점 P의 좌표를 (x, y, z)라 하면
$\overline{AP}:\overline{BP}=2:1$에서 $\overline{AP}=2\overline{BP}$, 즉 $\overline{AP}^2=4\overline{BP}^2$이므로
$(x-4)^2+(y-2)^2+(z+4)^2=4\{(x-1)^2+(y-5)^2+(z+7)^2\}$
$x^2+y^2+z^2-12y+16z+88=0$
$\therefore x^2+(y-6)^2+(z+8)^2=12$
따라서 점 P는 중심의 좌표가 (0, 6, −8)이고 반지름의 길이가
$2\sqrt{3}$인 구 위의 점이다.
원점 O와 구의 중심 (0, 6, −8) 사이의 거리가
$\sqrt{0^2+6^2+(-8)^2}=10$이므로
원점 O와 점 P 사이의 거리의 최댓값은 $10+2\sqrt{3}$이다.
따라서 $p=10$, $q=2$이므로
$p+q=12$

640 ······ 답 ②

반지름의 길이가 5인 구의 중심의 좌표를 (a, b, c)라 하면
구의 방정식은
$(x-a)^2+(y-b)^2+(z-c)^2=25$ ······ ㉠
이 구가 xy평면, yz평면, zx평면과 각각 만나서 생기는 세 원의 방정식은 각각
㉠에 $z=0$, $x=0$, $y=0$을 대입하면
$(x-a)^2+(y-b)^2=25-c^2$,
$(y-b)^2+(z-c)^2=25-a^2$,
$(x-a)^2+(z-c)^2=25-b^2$
이므로 세 원의 넓이는 각각
$(25-c^2)\pi$, $(25-a^2)\pi$, $(25-b^2)\pi$
이다.
이때, 세 원의 넓이의 합이 $\{75-(a^2+b^2+c^2)\}\pi=39\pi$이므로
$a^2+b^2+c^2=36$
따라서 구의 중심 (a, b, c)와 원점 사이의 거리는
$\sqrt{a^2+b^2+c^2}=6$이므로 구 위의 점 P와 원점 사이의 거리의 최댓값은 $6+5=11$이다.

641 ······ 답 ⑤

두 점 A(1, 4, 3), B(4, 1, 2)의 xy평면 위로의 정사영은
각각 A′(1, 4, 0), B′(4, 1, 0)이다.
구 $(x-4)^2+(y-4)^2+(z-4)^2=2$의 중심의 좌표는
(4, 4, 4)이고, 반지름의 길이는 $\sqrt{2}$이므로 이 구 위를 움직이는 점 P의 xy평면 위로의 정사영은 중심의 좌표가 (4, 4, 0)이고, 반지름의 길이가 $\sqrt{2}$인 xy평면 위의 원 $(x-4)^2+(y-4)^2=2$의 둘레와 내부의 점이다.

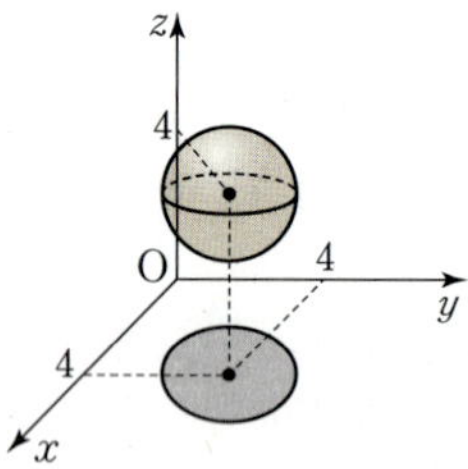

$\overline{A'B'}=\sqrt{3^2+(-3)^2+0^2}=3\sqrt{2}$로 일정하므로
삼각형 A′B′P′에서 밑변을 선분 A′B′이라 하면
높이는 점 P′과 직선 A′B′ 사이의 거리이고 이 거리가 최대일 때, 삼각형 A′B′P′의 넓이가 최대가 된다.

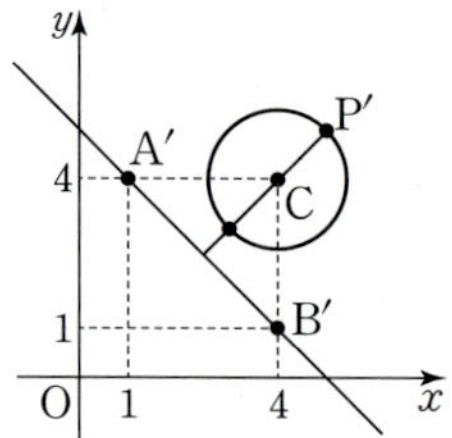

xy평면에서 직선 A′B′의 방정식은 $y=-x+5$이고,
점 P′의 자취가 나타내는 원의 중심을 C라 할 때,
점 C(4, 4, 0)과 직선 $y=-x+5$, 즉 $x+y-5=0$ 사이의 거리는
$\dfrac{|4+4-5|}{\sqrt{1^2+1^2}}=\dfrac{3\sqrt{2}}{2}$이므로
점 P′과 직선 A′B′ 사이의 거리의 최댓값은
$\sqrt{2}+\dfrac{3\sqrt{2}}{2}=\dfrac{5\sqrt{2}}{2}$이다.
따라서 삼각형 A′B′P′의 넓이의 최댓값은
$\dfrac{1}{2}\times3\sqrt{2}\times\dfrac{5\sqrt{2}}{2}=\dfrac{15}{2}$

642 ······ 답 ⑤

그림에서 원 C_1의 평면 α 위로의 정사영 C_1'과 원 C_2의 평면 α 위로의 정사영 C_2'의 넓이는 S로 같다.

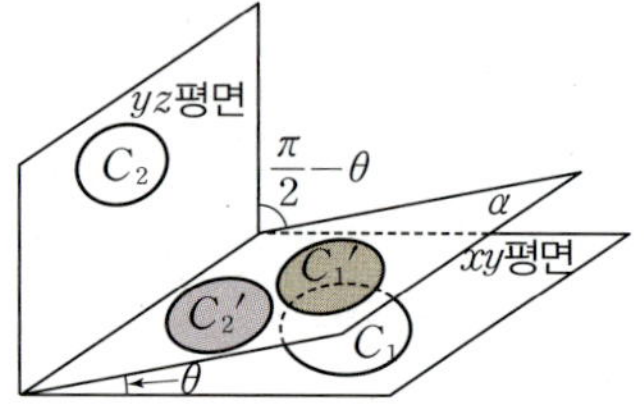

이때, xy평면과 평면 α가 이루는 예각의 크기를 θ라 하면
$S=3\pi\cos\theta$ ······ ㉠
또한 yz평면과 평면 α가 이루는 예각의 크기는 $\dfrac{\pi}{2}-\theta$이므로
$S=\pi\cos\left(\dfrac{\pi}{2}-\theta\right)=\pi\sin\theta$ ······ ㉡
㉠, ㉡에서
$3\pi\cos\theta=\pi\sin\theta$, $\tan\theta=3$, $\cos\theta=\dfrac{1}{\sqrt{10}}$
$\therefore S=3\pi\times\dfrac{1}{\sqrt{10}}=\dfrac{3\sqrt{10}}{10}\pi$

643 ······ 답 9

점 P(0, 5, 5)와 원점 O에 대하여 직선 OP와 xy평면이 이루는 예각의 크기는 $\dfrac{\pi}{4}$이고, 조건 (나)에 의하여 원 C의 넓이는 π이다.
원 C의 중심을 C라 하면 원 C의 xy평면 위로의 정사영의 넓이가 최대일 때, 점 C는 yz평면 위의 점이고 주어진 도형을 세 점 O, P, C를 포함하는 평면으로 자른 단면은 다음 그림과 같다.

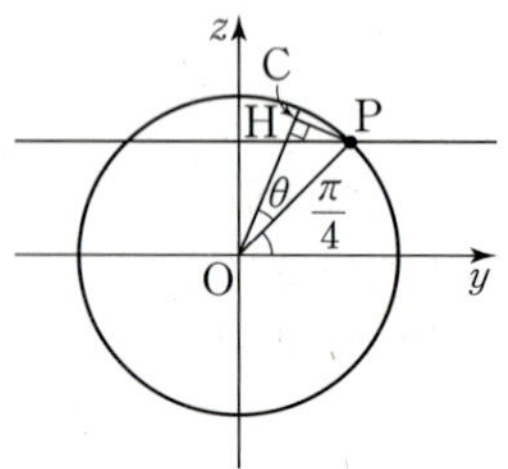

이때, 점 P를 지나고 xy평면에 평행한 평면과 직선 OC의 교점을 H,
$\angle POC=\theta$ $\left(0<\theta<\dfrac{\pi}{4}\right)$라 하면
$\angle HPO=\dfrac{\pi}{4}$, $\angle CPO=\dfrac{\pi}{2}-\theta$이므로 원 C를 포함한 평면과
xy평면이 이루는 예각의 크기는 $\angle CPH=\dfrac{\pi}{4}-\theta$이다.

$\overline{\mathrm{OP}}=\sqrt{50}$, $\overline{\mathrm{CP}}=1$에서 $\overline{\mathrm{OC}}=7$이므로

$\sin\theta=\dfrac{1}{\sqrt{50}}$, $\cos\theta=\dfrac{7}{\sqrt{50}}$

$\therefore \cos\left(\dfrac{\pi}{4}-\theta\right)=\dfrac{\sqrt{2}}{2}\cos\theta+\dfrac{\sqrt{2}}{2}\sin\theta=\dfrac{\sqrt{2}}{2}\times\dfrac{8}{\sqrt{50}}=\dfrac{4}{5}$

따라서 원 C의 xy평면 위로의 정사영의 넓이의 최댓값은

$\pi\times\dfrac{4}{5}=\dfrac{4}{5}\pi$이므로

$p+q=5+4=9$

644 ··· 답 ③

구 $(x+2)^2+(y-3)^2+(z-4)^2=24$의 중심의 좌표는

$(-2, 3, 4)$이고 반지름의 길이는 $2\sqrt{6}$이다.

구의 중심에서 x축, y축, z축까지의 거리를 각각 d_x, d_y, d_z라 하고, 구의 반지름의 길이를 $r=2\sqrt{6}$이라 하면

$d_x=\sqrt{3^2+4^2}=5>r$

$d_y=\sqrt{(-2)^2+4^2}=\sqrt{20}<r$

$d_z=\sqrt{(-2)^2+3^2}=\sqrt{13}<r$

이므로 이 구는 x축과는 만나지 않고, y축, z축과는 만난다.

구의 중심이 $x<0$, $y>0$, $z>0$인 부분에 있으므로

xy평면, yz평면, zx평면과 구가 만나는 도형은 각각 다음과 같다.

xy평면에서의 단면	yz평면에서의 단면	zx평면에서의 단면
z, O, y, x	z, O, y, x	z, O, y, x

좌표평면이 xy평면, yz평면, zx평면에 의하여 나누어지는 8개의 부분은 다음과 같다.

(i) $x>0$, $y>0$, $z>0$인 부분

(ii) $x>0$, $y>0$, $z<0$인 부분

(iii) $x>0$, $y<0$, $z>0$인 부분

(iv) $x>0$, $y<0$, $z<0$인 부분

(v) $x<0$, $y>0$, $z>0$인 부분

(vi) $x<0$, $y>0$, $z<0$인 부분

(vii) $x<0$, $y<0$, $z>0$인 부분

(viii) $x<0$, $y<0$, $z<0$인 부분

주어진 구는 $y>0$인 부분을 모두 지나고, $y<0$인 부분 중에서 $z<0$인 부분은 지나지 않고 $z>0$인 부분은 지나므로

(i), (ii), (iii), (v), (vi), (vii)을 지나고, (iv), (viii)을 지나지 않는다.

따라서 구가 지나는 부분의 개수는 6이다.

645 ··· 답 ②

점 B는 xy평면 위의 점이므로 점 A에서 xy평면에 내린 수선의 발을 A′이라 하면 A′$(0,\ -1,\ 0)$이다.

따라서 xy평면 위의 직선 A′B의 방정식은 $y=2x-1$이다.

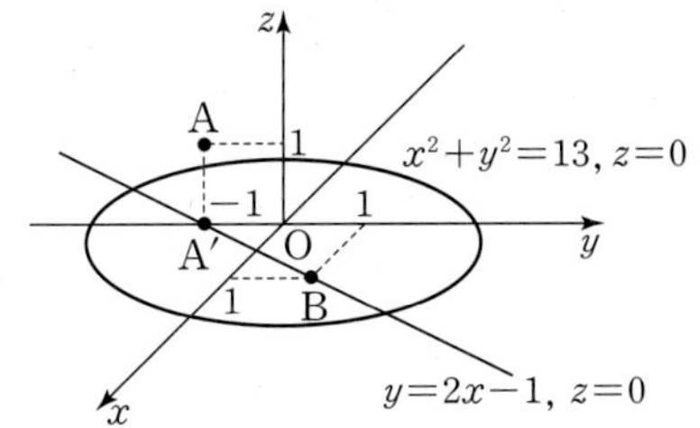

이때, 점 $(a,\ b,\ 0)$은 원 $x^2+y^2=13$, $z=0$과 직선 A′B의 교점 중 x좌표가 음수인 점이다.

연립방정식 $\begin{cases} x^2+y^2=13 \\ y=2x-1 \end{cases}$을 풀면

$x^2+(2x-1)^2=13$, $5x^2-4x-12=0$

$(5x+6)(x-2)=0$

$\therefore x=-\dfrac{6}{5}$ 또는 $x=2$

이때, $a<0$이므로 $a=-\dfrac{6}{5}$, $b=-\dfrac{17}{5}$

$\therefore a+b=-\dfrac{23}{5}$

646 ··· 답 ②

중심이 원점 O인 밑면의 둘레 중 z좌표가 가장 큰 점을 A라 하고 B$(0,\ 0,\ 10)$이라 하자.

이때, 삼각형 OAB는 직각삼각형이므로 $\overline{\mathrm{OA}}=6$

따라서 밑면의 넓이를 S라 하면 $S=36\pi$이다.

한편, 밑면과 평면 $z=10$이 이루는 예각의 크기를 θ라 하자.

이때, 평면 $z=10$은 xy평면과 평행하므로 점 A에서 xy평면에 내린 수선의 발을 A′이라 하면 $\angle\mathrm{AOA'}=\theta$이다.

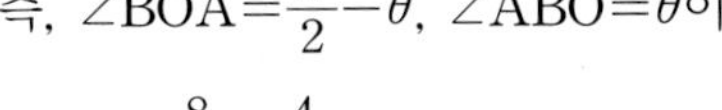

즉, $\angle\mathrm{BOA}=\dfrac{\pi}{2}-\theta$, $\angle\mathrm{ABO}=\theta$이므로

$\cos\theta=\dfrac{8}{10}=\dfrac{4}{5}$

따라서 밑면의 평면 $z=10$ 위로의 정사영의 넓이를 S'이라 하면

$S'=S\cos\theta=36\pi\times\dfrac{4}{5}=\dfrac{144}{5}\pi$

647 ··· 답 ④

구 $S: x^2+y^2+z^2-4ax-10y-2az+4a^2+6a-20=0$에서

$(x-2a)^2+(y-5)^2+(z-a)^2=a^2-6a+45$

이 구의 방정식에 $z=0$, $x=0$, $y=0$을 각각 대입하면

$(x-2a)^2+(y-5)^2=-6a+45$ ······ ㉠

$(y-5)^2+(z-a)^2=-3a^2-6a+45$ ······ ㉡

$(x-2a)^2+(z-a)^2=a^2-6a+20$ ······ ㉢

이때, 구 S가 xy평면, yz평면, zx평면 중 어느 한 평면과는 만나지 않으려면 위의 세 등식의 우변 중 한 개는 0보다 작고, 나머지 두 개는 0보다 크거나 같아야 한다.

㉢의 우변은 항상 $a^2-6a+20>0$을 만족시키므로 다음을 만족시켜야 한다.

(i) $-6a+45<0$, $-3a^2-6a+45\geq 0$인 경우

$-6a+45<0$에서 $a>\frac{15}{2}$

$-3a^2-6a+45=-3(a+5)(a-3)\geq 0$에서 $-5\leq a\leq 3$

두 식을 모두 만족시키는 a의 값이 존재하지 않는다.

(ii) $-6a+45\geq 0$, $-3a^2-6a+45<0$인 경우

$-6a+45\geq 0$에서 $a\leq\frac{15}{2}$

$-3a^2-6a+45=-3(a+5)(a-3)<0$에서 $a<-5$ 또는 $a>3$

두 식을 모두 만족시키는 a의 값의 범위는

$a<-5$ 또는 $3<a\leq\frac{15}{2}$

(i), (ii)에 의하여 $a<-5$ 또는 $3<a\leq\frac{15}{2}$이다.

이때, ㉡의 우변이 음수이므로 구 S는 yz평면과는 만나지 않고, xy평면과 zx평면과 모두 만나므로 두 평면과 만나서 생기는 두 원의 넓이의 합은

$(-6a+45)\pi+(a^2-6a+20)\pi=(a^2-12a+65)\pi$

$=\{(a-6)^2+29\}\pi$

따라서 $a=6$일 때 최솟값이 29π이므로

$k=29$

648

답 11

점 P가 점 (0, 1, 0)의 위치에 있을 때 주어진 도형을 yz평면으로 자른 단면은 그림과 같다.

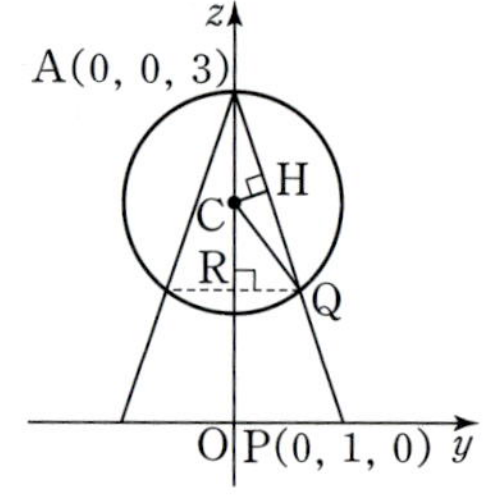

삼각형 AOP에서 원점 O에 대하여

$\overline{AO}=3$, $\overline{OP}=1$이므로 $\overline{AP}=\sqrt{10}$이다.

구의 중심을 C라 하면 C(0, 0, 2)이고 점 C에서 직선 AP에 내린 수선의 발을 H라 하면 두 삼각형 PAO, CAH는 서로 닮음이므로

$\overline{AP}:\overline{AC}=\overline{AO}:\overline{AH}$에서

$\sqrt{10}:1=3:\overline{AH}$

$\therefore \overline{AH}=\frac{3}{\sqrt{10}}=\frac{3\sqrt{10}}{10}$

또한 삼각형 ACQ는 이등변삼각형이므로

$\overline{AQ}=2\overline{AH}=\frac{3\sqrt{10}}{5}$

이때, 점 Q에서 z축에 내린 수선의 발을 R라 하면 두 삼각형 PAO, QAR도 서로 닮음이므로 $\overline{AP}:\overline{AQ}=\overline{OP}:\overline{RQ}$에서

$\sqrt{10}:\frac{3\sqrt{10}}{5}=1:\overline{RQ}$

$\therefore \overline{RQ}=\frac{3}{5}$

따라서 점 Q가 나타내는 도형은 점 R를 중심으로 하고 반지름의 길이가 $\frac{3}{5}$인 원이므로 이 도형 전체의 길이는

$2\pi\times\frac{3}{5}=\frac{6}{5}\pi$이다.

$\therefore a+b=5+6=11$

TIP

구의 중심은 z축 위에 존재하고 원 C의 중심 또한 z축 위에 존재한다. 즉, 문제에서 주어진 입체도형은 그림과 같이 z축을 포함하는 평면에서의 도형을 z축을 회전축으로 하여 회전한 것으로 해석할 수 있다.

따라서 풀이에서 z축을 포함하는 단면 중 하나인 yz평면을 고려한 것이다.

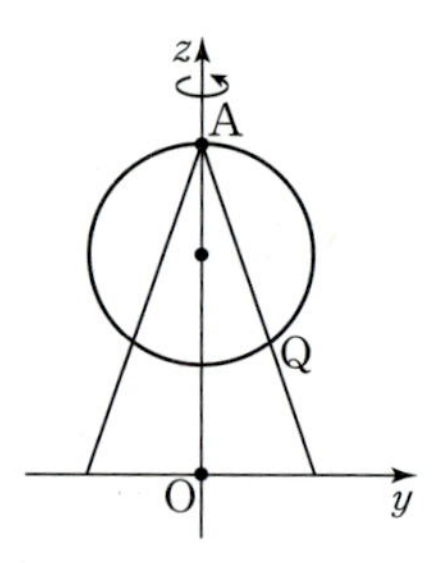

649

답 ④

구 S의 중심을 A(0, 0, 1)이라 하고 원점을 O, 선분 QR의 중점을 M이라 하면

삼각형 OQR에서 $\overline{OQ}=\overline{OR}=2$이므로

직선 OM은 선분 QR를 수직이등분한다. ······ ㉠

또한 점 P의 z좌표는 1보다 크므로 두 점 Q, R를 포함하는 평면 및 구 S와 원 C를 나타내면 [그림 1]과 같고 이를 평면 AOM으로 자른 단면은 [그림 2]와 같다.

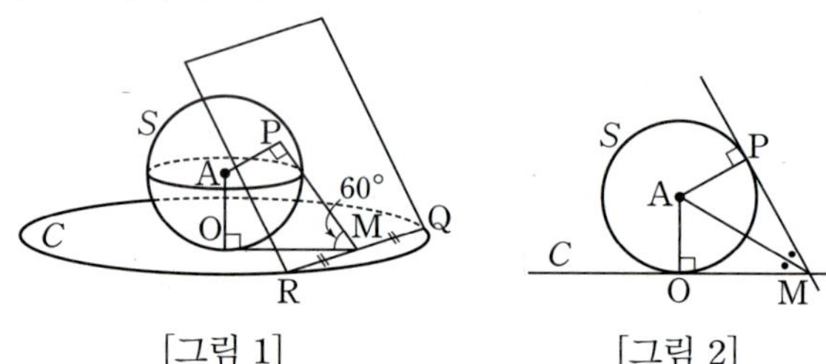

[그림 1] [그림 2]

이때, 두 직각삼각형 AOM, APM은 서로 합동이고 주어진 조건에 의하여 $\angle PMO=60°$이므로

$\overline{OM}=\frac{\overline{OA}}{\tan 30°}=\sqrt{3}$이다.

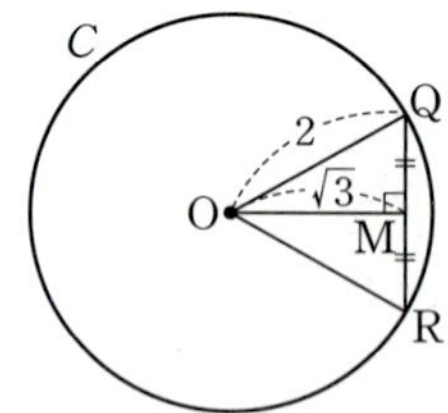

따라서 ㉠에 의하여 $\overline{QR}=2\overline{QM}=2\sqrt{\overline{OQ}^2-\overline{OM}^2}=2$이다.

650

답 ②

원점을 O, 구 S가 x축, y축에 접하는 점을 각각 P, Q라 하고 구 S의 중심을 C라 하자.

또한 점 C에서 xy평면에 내린 수선의 발을 C′이라 하면 사각형 OPC′Q는 정사각형이다.

이때, 구 S가 xy평면과 만나서 생기는 원의 넓이는 64π이므로 $\overline{PC'}=8$이다.
$\therefore \overline{OC'}=8\sqrt{2}$

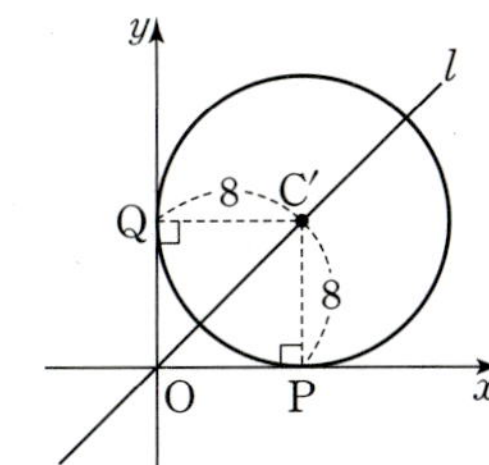

한편, 직선 OC′을 l이라 하면 주어진 도형을 직선 l과 z축을 포함하는 평면으로 자른 단면은 다음 그림과 같다.

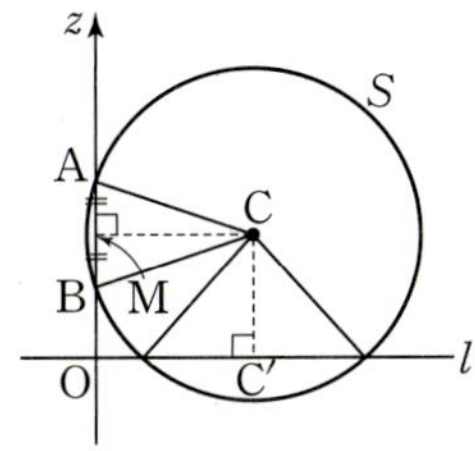

구 S와 z축이 만나는 두 점을 각각 A, B라 하고 선분 AB의 중점을 M이라 하면 $\overline{AB}=8$이므로 $\overline{AM}=4$이다.
또한 $\overline{CM}=\overline{OC'}=8\sqrt{2}$이므로
구 S의 반지름의 길이를 r라 하면
$r^2=\overline{AM}^2+\overline{CM}^2$
$=16+128=144$
$\therefore r=12$ ($\because r>0$)

다른 풀이

구 S의 방정식을 $(x-a)^2+(y-b)^2+(z-c)^2=k^2$ $(k>0)$이라 하면
구 S는 x축과 y축에 각각 접하므로
$(x-a)^2+(y-a)^2+(z-c)^2=k^2$ …… ㉠
구 S가 xy평면과 만나서 생기는 원의 넓이는 64π이므로
㉠에 $z=0$을 대입하면
$(x-a)^2+(y-a)^2=k^2-c^2$에서 $k^2-c^2=64$이고 $a=8$이다.
한편, 구 S가 z축과 만날 때 $x=y=0$이므로 ㉠에 대입하면
$128+z^2-2cz+c^2=c^2+64$ ($\because k^2=c^2+64$)
$\therefore z^2-2cz+64=0$
이때, 방정식 $z^2-2cz+64=0$의 두 실근을 α, β $(\alpha<\beta)$라 하면
이차방정식의 근과 계수의 관계에 의하여
$\alpha+\beta=2c$, $\alpha\beta=64$ …… ㉡
또한 구 S가 z축과 만나는 두 점 사이의 거리가 8이므로
$\beta-\alpha=8$
즉, $\beta=8+\alpha$이므로 ㉡의 $\alpha\beta=64$에 대입하면
$\alpha(8+\alpha)=64$, $\alpha^2+8\alpha-64=0$
$\therefore \alpha=4\sqrt{5}-4$, $\beta=4\sqrt{5}+4$ 또는 $\alpha=-4\sqrt{5}-4$, $\beta=-4\sqrt{5}+4$
그런데 구의 중심의 x좌표, y좌표, z좌표가 모두 양수이므로
$\alpha=4\sqrt{5}-4$, $\beta=4\sqrt{5}+4$
㉡에서 $2c=\alpha+\beta=8\sqrt{5}$이므로 $c=4\sqrt{5}$
$\therefore k^2=c^2+64=80+64=144$
$\therefore k=12$ ($\because k>0$)
따라서 구 S의 반지름의 길이는 12이다.

651 …… 답 13

구 $x^2+y^2+z^2=16$을 S'이라 하자.
두 구 S, S'의 중심 A(1, 1, 1), O(0, 0, 0) 사이의 거리는 $\sqrt{3}$이고
점 P와 점 A 사이의 거리는 2이므로 $\overline{OP}$의 최솟값은 $2-\sqrt{3}$이다.

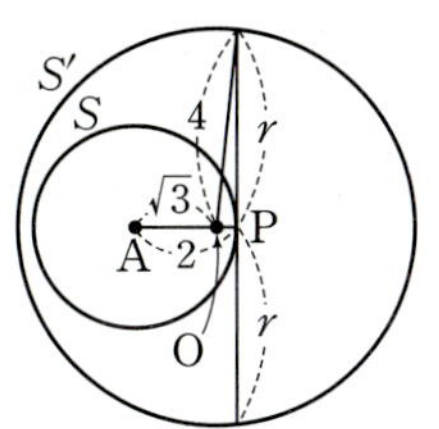

이때, 구 S'의 반지름의 길이는 4이므로 점 P에서 구 S에 접하는 평면이 구 $x^2+y^2+z^2=16$과 만나서 생기는 도형은 원이고 넓이가 최대일 때의 반지름의 길이를 r라 하면
$r^2=4^2-(2-\sqrt{3})^2=9+4\sqrt{3}$
따라서 구하는 도형의 넓이의 최댓값은 $(9+4\sqrt{3})\pi$이므로
$a+b=9+4=13$

MEMO

MEMO

유형 + 내신

고쟁이

유형 + 내신

고쟁이

고득점 쟁취를 이루자!